Pequeno Vocabulário Ortográfico da Língua Portuguesa

Pequeno Vocabulário Ortográfico da Língua Portuguesa

3ª edição

global
EDITORA

ACADEMIA BRASILEIRA DE LETRAS

Diretoria de 2008 e 2009
Presidente: *Cícero Sandroni*
Secretário-Geral: *Ivan Junqueira*
Primeiro-Secretário: *Alberto da Costa e Silva*
Segundo-Secretário: *Nelson Pereira dos Santos*
Tesoureiro: *Evanildo Cavalcante Bechara*

Diretoria de 2010
Presidente: *Marcos Vinicios Vilaça*
Secretária-Geral: *Ana Maria Machado*
Primeiro-Secretário: *Domício Proença Filho*
Segundo-Secretário: *Luiz Paulo Horta*
Tesoureiro: *Murilo Mello Filho*

Comissão de Lexicologia e Lexicografia
Presidente: *Eduardo Portella*
Evanildo Cavalcante Bechara
Alfredo Bosi

Secretária-Geral da Comissão de Lexicologia e Lexicografia
Rita Moutinho

Lexicógrafos
Ângela Barros Montez
Cláudio Mello Sobrinho
Débora Garcia Restom
Dylma Bezerra
Ronaldo Menegaz

Auxiliares de Lexicografia
Ana Laura Mello Berner
Feiga Fiszon

Supervisão
Evanildo Cavalcante Bechara
Cláudio Mello Sobrinho

Toda correspondência deve ser endereçada à
Comissão de Lexicologia e Lexicografia da Academia Brasileira de Letras
Avenida Presidente Wilson, 203 – 5º andar – 20030-021 – Rio de Janeiro, RJ – Brasil
E-mail: ritamoutinho@academia.org.br

*Aos que usam da língua
portuguesa como bem comum
– aqui chamados a colaborar
com achegas, sugestões,
críticas e correções, no
aperfeiçoamento desta obra.*

© Academia Brasileira de Letras, 2010

3ª edição, Global Editora, São Paulo 2011

Diretor-Editorial
Jefferson L. Alves

Gerente de Produção
Flávio Samuel

Coordenadora-Editorial
Dulce S. Seabra

Revisão
Alessandro de Paula
Enymilia Guimarães
Fátima Cezare
Sirlene Prignolato

Capa
Victor Burton

Projeto gráfico e editoração eletrônica
Reverson R. Diniz

Dados Internacionais de Catalogação na Publicação (CIP)
(Câmara Brasileira do Livro, SP, Brasil)

Pequeno vocabulário ortográfico da língua portuguesa /
Academia Brasileira de Letras . – 3. ed. – São Paulo :
Global, 2011.

ISBN 978-85-260-1506-7

1. Língua portuguesa – Vocabulários, glossários, etc.
2. Português – Ortografia I. Academia Brasileira de Letras.

10-11465   CDD-469.152

Índices para catálogo sistemático:
1. Ortografia : Português : Vocabulário : Linguística   469.152

Direitos Reservados

GLOBAL EDITORA E
DISTRIBUIDORA LTDA.

Rua Pirapitingui, 111 – Liberdade
CEP 01508-020 – São Paulo – SP
Tel.: (11) 3277-7999 – Fax: (11) 3277-8141
www.globaleditora.com.br
e-mail: global@globaleditora.com.br

Colabore com a produção científica e cultural.
Proibida a reprodução total ou parcial desta obra
sem a autorização do editor.

Nº de Catálogo: **3221**

Pequeno
Vocabulário
Ortográfico
da Língua
Portuguesa

Sumário

Apresentação da 3ª edição XI

Anexo I do Acordo de 1990 XIII

Nota editorial XLIII

Normas editoriais do
Pequeno Vocabulário da Língua Portuguesa XLV

Vocabulário 1

Estrangeirismos 369

Reduções mais correntes 375

Apresentação da 3ª edição

Esgotada a 2ª edição deste *Pequeno Vocabulário Ortográfico*, elaborada sob a competente orientação de Antônio José Chediak, Diógenes de Almeida Campos e Cilene Cunha, estando na presidência da Academia o confrade Arnaldo Niskier, sai a lume esta 3ª edição dentro do novo Acordo Ortográfico, tornado oficial no Brasil pelo Decreto presidencial nº 6.583, de 29 de setembro de 2008, consoante a implantação das Bases para a 5ª edição do *Vocabulário Ortográfico da Língua Portuguesa* (VOLP) da Academia Brasileira de Letras, pela Global Editora, em 2009.

Beneficia-se esta 3ª edição da enriquecedora experiência haurida na implantação do Acordo Ortográfico, das emendas e sugestões que encaminharam à nossa Comissão de Lexicologia e Lexicografia competentes especialistas da atividade lexicográfica, bem como assíduos leitores do VOLP.

Destinado primordialmente ao público estudantil brasileiro, este novo *Pequeno Vocabulário Ortográfico* esforça-se em suavizá-lo de um número excessivo de palavras pouco frequentes para, em contrapartida, enriquecê-lo daquelas mais correntes no uso de textos literários modernos e utilizadas na prática jornalística desses últimos cinquenta anos.

No mais, este *Pequeno Vocabulário Ortográfico* continua a ministrar a seus consulentes as informações gramaticais, ortoépicas e lexicais que se registram na 5ª edição do VOLP.

Ao oferecer jubiloso esta nova edição, na esperança de levar aos estudantes útil ferramenta de trabalho, nutre-nos a certeza de que a Casa de Machado de Assis vem procurando cumprir sua obrigação estatutária de zelar pela defesa da unidade essencial da língua portuguesa e pelo seu prestígio e difusão internacional.

Marcos Vinicios Vilaça
Presidente

Anexo I
Acordo Ortográfico da Língua Portuguesa (1990)

Base I
Do alfabeto e dos nomes próprios estrangeiros e seus derivados

1º) O alfabeto da língua portuguesa é formado por vinte e seis letras, cada uma delas com uma forma minúscula e outra maiúscula:

a A (á)	j J (jota)	s S (esse)
b B (bê)	k K (capa ou cá)	t T (tê)
c C (cê)	l L (ele)	u U (u)
d D (dê)	m M (eme)	v V (vê)
e E (é)	n N (ene)	w W (dáblio)
f F (efe)	o O (ó)	x X (xis)
g G (gê ou guê)	p P (pê)	y Y (ípsilon)
h H (agá)	q Q (quê)	z Z (zê)
i I (i)	r R (erre)	

Obs.: 1. Além destas letras, usam-se o *ç* (cê cedilhado) e os seguintes dígrafos: *rr* (erre duplo), *ss* (esse duplo), *ch* (cê-agá), *lh* (ele-agá), *nh* (ene-agá), *gu* (guê-u) e *qu* (quê-u).

2. Os nomes das letras acima sugeridos não excluem outras formas de as designar.

2º) As letras *k*, *w* e *y* usam-se nos seguintes casos especiais:

a) Em antropónimos/antropônimos originários de outras línguas e seus derivados: *Franklin, frankliniano*; *Kant, kantismo*; *Darwin, darwinismo*; *Wagner, wagneriano*; *Byron, byroniano*; *Taylor, taylorista*;

b) Em topónimos/topônimos originários de outras línguas e seus derivados: *Kwanza, Kuwait, kuwaitiano; Malawi, malawiano;*

c) Em siglas, símbolos e mesmo em palavras adotadas como unidades de medida de curso internacional: *TWA, KLM; K - potássio* (de *kalium*), *W - oeste* (*West*); *kg - quilograma, km - quilómetro, kW - kilowatt, yd - jarda* (*yard*); *Watt.*

3º) Em congruência com o número anterior, mantêm-se nos vocábulos derivados eruditamente de nomes próprios estrangeiros quaisquer combinações gráficas ou sinais diacríticos não peculiares à nossa escrita que figurem nesses nomes: *comtista*, de *Comte*; *garrettiano*, de *Garrett*; *jeffersónia/ jeffersônia*, de *Jefferson*; *mülleriano*, de *Müller*; *shakesperiano*, de *Shakespeare.*

Os vocábulos autorizados registarão grafias alternativas admissíveis, em casos de divulgação de certas palavras de tal tipo de origem (a exemplo de *fúcsia/fúchsia* e derivados, *bungavília/ bunganvílea/ bougainvíllea*).

4º) Os dígrafos finais de origem hebraica *ch, ph* e *th* podem conservar-se em formas onomásticas da tradição bíblica, como *Baruch, Loth, Moloch, Ziph*, ou então simplificar-se: *Baruc, Lot, Moloc, Zif*. Se qualquer um destes dígrafos, em formas do mesmo tipo, é invariavelmente mudo, elimina-se: *José, Nazaré*, em vez de *Joseph, Nazareth*; e se algum deles, por força do uso, permite adaptação, substitui-se, recebendo uma adição vocálica: *Judite*, em vez de *Judith.*

5º) As consoantes finais grafadas *b, c, d, g* e *t* mantêm-se, quer sejam mudas, quer proferidas, nas formas onomásticas em que o uso as consagrou, nomeadamente antropónimos/antropônimos e topónimos/topônimos da tradição bíblica; *Jacob, Job, Moab, Isaac; David, Gad; Gog, Magog; Bensabat, Josafat.*

Integram-se também nesta forma: *Cid*, em que o *d* é sempre pronunciado; *Madrid* e *Valhadolid*, em que o *d* ora é pronunciado, ora não; e *Calecut* ou *Calicut*, em que o *t* se encontra nas mesmas condições.

Nada impede, entretanto, que dos antropónimos/antropônimos em apreço sejam usados sem a consoante final *Jó, Davi* e *Jacó.*

6º) Recomenda-se que os topónimos/topônimos de línguas estrangeiras se substituam, tanto quanto possível, por formas vernáculas, quando estas sejam antigas e ainda vivas em português ou quando entrem, ou possam entrar, no uso corrente. Exemplo: *Anvers*, substituído por *Antuérpia*; *Cherbourg*, por *Cherburgo*; *Garonne*, por *Garona*; *Genève*, por *Genebra*; *Jutland*, por *Jutlândia*; *Milano*, por *Milão*; *München*, por *Muniche*; *Torino*, por *Turim*; *Zürich*, por *Zurique*, etc.

Base II
Do *h* inicial e final

1º) O *h* inicial emprega-se:

a) Por força da etimologia: *haver, hélice, hera, hoje, hora, homem, humor*.

b) Em virtude da adoção convencional: *hã?, hem?, hum!*.

2º) O *h* inicial suprime-se:

a) Quando, apesar da etimologia, a sua supressão está inteiramente consagrada pelo uso: *erva*, em vez de *herva*; e, portanto, *ervaçal, ervanário, ervoso* (em contraste com *herbáceo, herbanário, herboso*, formas de origem erudita);

b) Quando, por via de composição, passa a interior e o elemento em que figura se aglutina ao precedente: *biebdomadário, desarmonia, desumano, exaurir, inábil, lobisomem, reabilitar, reaver*.

3º) O *h* inicial mantém-se, no entanto, quando, numa palavra composta, pertence a um elemento que está ligado ao anterior por meio de hífen: *anti-higiénico/anti-higiênico, contra-haste, pré-história, sobre-humano*.

4º) O *h* final emprega-se em interjeições: *ah! oh!*.

Base III
Da homofonia de certos grafemas consonânticos

Dada a homofonia existente entre certos grafemas consonânticos, torna-se necessário diferençar os seus empregos, que fundamentalmente se regulam pela história das palavras. É certo que a variedade das condições em que se fixam na escrita os grafemas consonânticos

| XVI |

homófonos nem sempre permite fácil diferenciação dos casos em que se deve empregar uma letra e daqueles em que, diversamente, se deve empregar outra, ou outras, a representar o mesmo som.

Nesta conformidade, importa notar, principalmente, os seguintes casos:

1º) Distinção gráfica entre *ch* e *x*: *achar, archote, bucha, capacho, capucho, chamar, chave, Chico, chiste, chorar, colchão, colchete, endecha, estrebucha, facho, ficha, flecha, frincha, gancho, inchar, macho, mancha, murchar, nicho, pachorra, pecha, pechincha, penacho, rachar, sachar, tacho*; *ameixa, anexim, baixel, baixo, bexiga, bruxa, coaxar, coxia, debuxo, deixar, eixo, elixir, enxofre, faixa, feixe, madeixa, mexer, oxalá, praxe, puxar, rouxinol, vexar, xadrez, xarope, xenofobia, xerife, xícara.*

2º) Distinção gráfica entre *g*, com valor de fricativa palatal, e *j*: *adágio, alfageme, Álgebra, algema, algeroz, Algés, algibebe, algibeira, álgido, almarge, Alvorge, Argel, estrangeiro, falange, ferrugem, frigir, gelosia, gengiva, gergelim, geringonça, Gibraltar, ginete, ginja, girafa, gíria, herege, relógio, sege, Tânger, virgem*; *adjetivo, ajeitar, ajeru* (nome de planta indiana e de uma espécie de papagaio), *canjerê, canjica, enjeitar, granjear, hoje, intrujice, jecoral, jejum, jeira, jeito, Jeová, jenipapo, jequiri, jequitibá, Jeremias, Jericó, jerimum, Jerónimo, Jesus, jibóia, jiquipanga, jiquiró, jiquitaia, jirau, jiriti, jitirana, laranjeira, lojista, majestade, majestoso, manjerico, manjerona, mucujê, pajé, pegajento, rejeitar, sujeito, trejeito.*

3º) Distinção gráfica entre as letras *s, ss, c, ç* e *x*, que representam sibilantes surdas: *ânsia, ascensão, aspersão, cansar, conversão, esconso, farsa, ganso, imenso, mansão, mansarda, manso, pretensão, remanso, seara, seda, Seia, Sertã, Sernancelhe, serralheiro, Singapura, Sintra, sisa, tarso, terso, valsa*; *abadessa, acossar, amassar, arremessar, Asseiceira, asseio, atravessar, benesse, Cassilda, codesso* (identicamente *Codessal ou Codassal, Codesseda, Codessoso*, etc.), *crasso, devassar, dossel, egresso, endossar, escasso, fosso, gesso, molosso, mossa, obsessão, pêssego, possesso, remessa, sossegar, acém, acervo, alicerce, cebola, cereal, Cernache, cetim, Cinfães, Escócia, Macedo, obcecar, percevejo; açafate, açorda, açúcar, almaço, atenção, berço, Buçaco, caçanje, caçula, caraça, dançar, Eça, enguiço, Gonçalves, inserção, linguiça, maçada, Mação, maçar, Moçambique, Monção, muçulmano, murça, negaça, pança, peça, quiçaba, quiçaça, quiçama, quiçamba, Seiça* (grafia que pretere as erróneas/errôneas *Ceiça* e *Ceissa*), *Seiçal, Suíça, terço*; *auxílio, Maximiliano, Maximino, máximo, próximo, sintaxe.*

| XVII |

4º) Distinção gráfica entre *s* de fim de sílaba (inicial ou interior) e *x* e *z* com idêntico valor fónico/fônico: *adestrar, Calisto, escusar, esdrúxulo, esgotar, esplanada, esplêndido, espontâneo, espremer, esquisito, estender, Estremadura, Estremoz, inesgotável; extensão, explicar, extraordinário, inextricável, inexperto, sextante, têxtil; capazmente, infelizmente, velozmente.* De acordo com esta distinção convém notar dois casos:

a) Em final de sílaba que não seja final de palavra, o *x* = *s* muda para *s* sempre que está precedido de *i* ou *u*: *justapor, justalinear, misto, sistino* (cf. *Capela Sistina*), *Sisto*, em vez de *juxtapor, juxtalinear, mixto, sixtina, Sixto*.

b) Só nos advérbios em *-mente* se admite *z*, com valor idêntico ao de *s*, em final de sílaba seguida de outra consoante (cf. *capazmente*, etc.); de contrário, o *s* toma sempre o lugar do *z*: *Biscaia*, e não *Bizcaia*.

5º) Distinção gráfica entre *s* final de palavra e *x* e *z* com idêntico valor fónico/fônico: *aguarrás, aliás, anis, após, atrás, através, Avis, Brás, Dinis, Garcês, gás, Gerês, Inês, íris, Jesus, jus, lápis, Luís, país, português, Queirós, quis, retrós, revés, Tomás, Valdês; cálix, Félix, Fénix, flux; assaz, arroz, avestruz, dez, diz, fez* (substantivo e forma do verbo *fazer*), *fiz, Forjaz, Galaaz, giz, jaez, matiz, petiz, Queluz, Romariz,* [*Arcos de*] *Valdevez, Vaz*. A propósito, deve observar-se que é inadmissível *z* final equivalente a *s* em palavra não oxítona: *Cádis*, e não *Cádiz*.

6º) Distinção gráfica entre as letras interiores *s, x* e *z*, que representam sibilantes sonoras: *aceso, analisar, anestesia, artesão, asa, asilo, Baltasar, besouro, besuntar, blusa, brasa, brasão, Brasil, brisa,* [*Marco de*] *Canaveses, coliseu, defesa, duquesa, Elisa, empresa, Ermesinde, Esposende, frenesi* ou *frenesim, frisar, guisa, improviso, jusante, liso, lousa, Lousã, Luso* (nome de lugar, homónimo/homônimo de *Luso*, nome mitológico), *Matosinhos, Meneses, narciso, Nisa, obséquio, ousar, pesquisa, portuguesa, presa, raso, represa, Resende, sacerdotisa, Sesimbra, Sousa, surpresa, tisana, transe, trânsito, vaso; exalar, exemplo, exibir, exorbitar, exuberante, inexato, inexorável; abalizado, alfazema, Arcozelo, autorizar, azar, azedo, azo, azorrague, baliza, bazar, beleza, buzina, búzio, comezinho, deslizar, deslize, Ezequiel, fuzileiro, Galiza, guizo, helenizar, lambuzar, lezíria, Mouzinho, proeza, sazão, urze, vazar, Veneza, Vizela, Vouzela*.

| XVIII |

Base IV
Das sequências consonânticas

1º) O *c*, com valor de oclusiva velar, das sequências interiores *cc* (segundo *c* com valor de sibilante), *cç* e *ct*, e o *p* das sequências interiores *pc* (*c* com valor de sibilante), *pç* e *pt*, ora se conservam, ora se eliminam.

   Assim:

a) Conservam-se nos casos em que são invariavelmente proferidos nas pronúncias cultas da língua: *compacto, convicção, convicto, ficção, friccionar, pacto, pictural; adepto, apto, díptico, erupção, eucalipto, inepto, núpcias, rapto.*

b) Eliminam-se nos casos em que são invariavelmente mudos nas pronúncias cultas da língua: *ação, acionar, afetivo, aflição, aflito, ato, coleção, coletivo, direção, diretor, exato, objeção; adoção, adotar, batizar, Egito, ótimo.*

c) Conservam-se ou eliminam-se, facultativamente, quando se proferem numa pronúncia culta, quer geral, quer restritamente, ou então quando oscilam entre a prolação e o emudecimento: *aspecto* e *aspeto*, *cacto* e *cato*, *caracteres* e *carateres*, *dicção* e *dição*; *facto* e *fato*, *sector* e *setor*, *ceptro* e *cetro*, *concepção* e *conceção*, *corrupto* e *corruto*, *recepção* e *receção*.

d) Quando, nas sequências interiores *mpc*, *mpç* e *mpt* se eliminar o *p* de acordo com o determinado nos parágrafos precedentes, o *m* passa a *n*, escrevendo-se, respetivamente, *nc*, *nç* e *nt*: *assumpcionista* e *assuncionista*; *assumpção* e *assunção*; *assumptível* e *assuntível*; *peremptório* e *perentório*, *sumptuoso* e *suntuoso*, *sumptuosidade* e *suntuosidade*.

2º) Conservam-se ou eliminam-se, facultativamente, quando se proferem numa pronúncia culta, quer geral, quer restritamente, ou então quando oscilam entre a prolação e o emudecimento: o *b* da sequência *bd*, em *súbdito*; o *b* da sequência *bt*, em *subtil* e seus derivados; o *g* da sequência *gd*, em *amígdala, amigdalácea, amigdalar, amigdalato, amigdalite, amigdalóide, amigdalopatia, amigdalotomia*; o *m* da sequência *mn*, em *amnistia, amnistiar, indemne, indemnidade, indemnizar, omnímodo, omnipotente, omnisciente*, etc.; o *t* da sequência *tm*, em *aritmética* e *aritmético*.

| XIX |

Base V
Das vogais átonas

1º) O emprego do *e* e do *i*, assim como o do *o* e do *u*, em sílaba átona, regula-se fundamentalmente pela etimologia e por particularidades da história das palavras. Assim, se estabelecem variadíssimas grafias:

a) Com *e* e *i*: *ameaça, amealhar, antecipar, arrepiar, balnear, boreal, campeão, cardeal* (prelado, ave, planta; diferente de *cardial* = "relativo à cárdia"), *Ceará, côdea, enseada, enteado, Floreal, janeanes, lêndea, Leonardo, Leonel, Leonor, Leopoldo, Leote, linear, meão, melhor, nomear, peanha, quase* (em vez de *quási*), *real, semear, semelhante, várzea*; *ameixial, Ameixieira, amial, amieiro, arrieiro, artilharia, capitânia, cordial* (adjetivo e substantivo), *corriola, crânio, criar, diante, diminuir, Dinis, ferregial, Filinto, Filipe* (e identicamente *Filipa, Filipinas*, etc.), *freixial, giesta, Idanha, igual, imiscuir-se, inigualável, lampião, limiar, Lumiar, lumieiro, pátio, pior, tigela, tijolo, Vimieiro, Vimioso*.

b) Com *o* e *u*: *abolir, Alpendorada, assolar, borboleta, cobiça, consoada, consoar costume, díscolo, êmbolo, engolir, epístola, esbafonir-se, esboroar, farândola, femoral, Freixoeira, girândola, goela, jocoso, mágoa, névoa, nódoa, óbolo, Páscoa, Pascoal, Pascoela, polir, Rodolfo, távoa, tavoada, távola, tômbola, veio* (substantivo e forma do verbo *vir*); *açular, água, aluvião, arcuense, assumir, bulir, camândulas, curtir, curtume, embutir, entupir, fémur/fêmur, fístula, glândula, ínsua, jucundo, légua, Luanda, lucubração, lugar, mangual, Manuel, míngua, Nicarágua, pontual, régua, tábua, tabuada, tabuleta, trégua, vitualha*.

2º) Sendo muito variadas as condições etimológicas e histórico-fonéticas em que se fixam graficamente *e* e *i* ou *o* e *u* em sílaba átona, é evidente que só a consulta dos vocabulários ou dicionários pode indicar, muitas vezes, se deve empregar-se *e* ou *i*, se *o* ou *u*. Há, todavia, alguns casos em que o uso dessas vogais pode ser facilmente sistematizado. Convém fixar os seguintes:

a) Escrevem-se com *e*, e não com *i*, antes da sílaba tónica/tônica, os substantivos e adjetivos que procedem de substantivos terminados em -*eio* e -*eia*, ou com eles estão em relação direta. Assim se regulam: *aldeão, aldeola, aldeota* por *aldeia*; *areal, areeiro, areento, Areosa* por *areia*; *aveal* por *aveia*; *baleal* por *baleia*; *cadeado* por *cadeia*; *candeeiro* por *candeia*; *centeeira* e *centeeiro* por *centeio*; *colmeal* e *colmeeiro* por *colmeia*; *correada* e *correame* por *correia*.

b) Escrevem-se igualmente com *e*, antes de vogal ou ditongo da sílaba tónica/tônica, os derivados de palavras que terminam em *e* acentuado (o qual pode representar um antigo hiato: *ea*, *ee*): *galeão*, *galeota*, *galeote*, de *galé*; *coreano*, de *Coreia*; *daomeano*, de *Daomé*; *guineense*, de *Guiné*; *poleame* e *poleeiro*, de *polé*.

c) Escrevem-se com *i*, e não com *e*, antes da sílaba tónica/tônica, os adjetivos e substantivos derivados em que entram os sufixos mistos de formação vernácula -*iano* e -*iense*, os quais são o resultado da combinação dos sufixos -*ano* e -*ense* com um *i* de origem analógica (baseado em palavras onde -*ano* e -*ense* estão precedidos de *i* pertencente ao tema: *horaciano*, *italiano*, *duriense*, *flaviense*, etc.): *açoriano*, *acriano* (de *Acre*), *camoniano*, *goisiano* (relativo a Damião de Góis), *siniense* (de *Sines*), *sofocliano*, *torniano*, *torniense* (de *Torre(s)*).

d) Uniformizam-se com as terminações -*io* e -*ia* (átonas), em vez de -*eo* e -*ea*, os substantivos que constituem variações, obtidas por ampliação, de outros substantivos terminados em vogal; *cúmio* (popular), de *cume*; *hástia*, de *haste*; *réstia*, do antigo *reste*, *véstia*, de *veste*.

e) Os verbos em -*ear* podem distinguir-se praticamente, grande número de vezes, dos verbos em -*iar*, quer pela formação, quer pela conjugação e formação ao mesmo tempo. Estão no primeiro caso todos os verbos que se prendem a substantivos em -*eio* ou -*eia* (sejam formados em português ou venham já do latim); assim se regulam: *aldear*, por *aldeia*; *alhear*, por *alheio*; *cear* por *ceia*; *encadear* por *cadeia*; *pear*, por *peia*; etc. Estão no segundo caso todos os verbos que têm normalmente flexões rizotónicas/rizotônicas em -*eio*, -*eias*, etc.: *clarear*, *delinear*, *devanear*, *falsear*, *granjear*, *guerrear*, *hastear*, *nomear*, *semear*, etc. Existem, no entanto, verbos em -*iar*, ligados a substantivos com as terminações átonas -*ia* ou -*io*, que admitem variantes na conjugação: *negoceio* ou *negocio* (cf. *negócio*); *premeio* ou *premio* (cf. *prémio/prêmio*); etc.

f) Não é lícito o emprego do *u* final átono em palavras de origem latina. Escreve-se, por isso: *moto*, em vez de *mótu* (por exemplo, na expressão de *moto próprio*); *tribo*, em vez de *tríbu*.

g) Os verbos em -*oar* distinguem-se praticamente dos verbos em -*uar* pela sua conjugação nas formas rizotónicas/rizotônicas, que têm sempre *o* na sílaba acentuada: *abençoar* com *o*, como *abençoo*, *abençoas*, etc.; *destoar*, com *o*, como *destoo*, *destoas*, etc.; mas *acentuar*, com *u*, como *acentuo*, *acentuas*, etc.

| XXI |

Base VI
Das vogais nasais

Na representação das vogais nasais devem observar-se os seguintes preceitos:

1º) Quando uma vogal nasal ocorre em fim de palavra, ou em fim de elemento seguido de hífen, representa-se a nasalidade pelo til, se essa vogal é de timbre *a*; por *m*, se possui qualquer outro timbre e termina a palavra; e por *n*, se é de timbre diverso de *a* e está seguida de *s*: *afã, grã, Grã-Bretanha, lã, órfã, sã-braseiro* (forma dialetal; o mesmo que *são--brasense* = de S. Brás de Alportel); *clarim, tom, vacum, flautins, semitons, zunzuns*.

2º) Os vocábulos terminados em -*ã* transmitem esta representação do *a* nasal aos advérbios em -*mente* que deles se formem, assim como a derivados em que entrem sufixos iniciados por *z*: *cristãmente, irmãmente, sãmente; lãzudo, maçãzita, manhãzinha, romãzeira*.

Base VII
Dos ditongos

1º) Os ditongos orais, que tanto podem ser tónicos/tônicos como átonos, distribuem-se por dois grupos gráficos principais, conforme o segundo elemento do ditongo é representado por *i* ou *u*: *ai, ei, éi, ui; au, eu, éu, iu, ou: braçais, caixote, deveis, eirado, farnéis* (mas *farneizinhos*), *goivo, goivar, lençóis* (mas *lençoizinhos*), *tafuis, uivar, cacau, cacaueiro, deu, endeusar, ilhéu* (mas *ilheuzito*), *mediu, passou, regougar*.

Obs.: Admitem-se, todavia, excecionalmente, à parte destes dois grupos, os ditongos grafados *ae* (= *âi* ou *ai*) e *ao* (*âu* ou *au*): o primeiro, representado nos antropónimos/antropônimos *Caetano* e *Caetana*, assim como nos respetivos derivados e compostos (*caetaninha, são-caetano,* etc.); o segundo, representado nas combinações da preposição *a* com as formas masculinas do artigo ou pronome demonstrativo *o*, ou seja, *ao* e *aos*.

2º) Cumpre fixar, a propósito dos ditongos orais, os seguintes preceitos particulares:

a) É o ditongo grafado *ui*, e não a sequência vocálica grafada *ue*, que se emprega nas formas de 2ª e 3ª pessoas do singular do presente do indicativo e igualmente na da 2ª pessoa do singular do imperativo dos verbos em *-uir*: *constituis, influi, retribui*. Harmonizam-se, portanto, essas formas com todos os casos de ditongo grafado *ui* de sílaba final ou fim de palavra (*azuis, fui, Guardafui, Rui*, etc.); e ficam assim em paralelo gráfico-fonético com as formas de 2ª e 3ª pessoas do singular do presente do indicativo e de 2ª pessoa do singular do imperativo dos verbos em *-air* e em *-oer*: *atrais, cai, sai*; *móis, remói, sói*.

b) É o ditongo grafado *ui* que representa sempre, em palavras de origem latina, a união de um *u* a um *i* átono seguinte. Não divergem, portanto, formas como *fluido* de formas como *gratuito*. E isso não impede que nos derivados de formas daquele tipo as vogais grafadas *u* e *i* se separem: *fluídico, fluidez* (*u-i*).

c) Além dos ditongos orais propriamente ditos, os quais são todos decrescentes, admite-se, como é sabido, a existência de ditongos crescentes. Podem considerar-se no número deles as sequências vocálicas pós-tónicas/pós-tônicas, tais as que se representam graficamente por *ea, eo, ia, ie, io, oa, ua, ue, uo*: *áurea, áureo, calúnia, espécie, exímio, mágoa, míngua, tênue, tríduo*.

3º) Os ditongos nasais, que na sua maioria tanto podem ser tónicos/tônicos como átonos, pertencem graficamente a dois tipos fundamentais: ditongos representados por vogal com til e semivogal; ditongos representados por uma vogal seguida da consoante nasal *m*. Eis a indicação de uns e outros:

a) Os ditongos representados por vogal com til e semivogal são quatro, considerando-se apenas a língua padrão contemporânea: *ãe* (usado em vocábulos oxítonos e derivados), *ãi* (usado em vocábulos anoxítonos e derivados), *ão* e *õe*. Exemplos: *cães, Guimarães, mãe, mãezinha*; *cãibas, cãibeiro, cãibra, zãibo*; *mão, mãozinha, não, quão, sótão, sotãozinho, tão*; *Camões, orações, oraçõezinhas, põe, repões*. Ao lado de tais ditongos pode, por exemplo, colocar-se o ditongo *ũi*; mas este, embora se exemplifique numa forma popular como *rũi = ruim*, representa-se sem o til nas formas *muito* e *mui*, por obediência à tradição.

b) Os ditongos representados por uma vogal seguida da consoante nasal *m* são dois: *am* e *em*. Divergem, porém, nos seus empregos:

i) *am* (sempre átono) só se emprega em flexões verbais: *amam, deviam, escreveram, puseram*;

ii) *em* (tónico/tônico ou átono) emprega-se em palavras de categorias morfológicas diversas, incluindo flexões verbais, e pode apresentar variantes gráficas determinadas pela posição, pela acentuação ou, simultaneamente, pela posição e pela acentuação: *bem, Bembom, Bemposta, cem, devem, nem, quem, sem, tem, virgem; Bencanta, Benfeito, Benfica, benquisto, bens, enfim, enquanto, homenzarrão, homenzinho, nuvenzinha, tens, virgens, amém* (variação do *ámen*), *armazém, convém, mantém, ninguém, porém, Santarém, também; convêm, mantêm, têm* (3ᵃˢ pessoas do plural); *armazéns, desdéns, convéns, reténs; Belenzada, vintenzinho.*

Base VIII
Da acentuação gráfica das palavras oxítonas

1º) Acentuam-se com acento agudo:

a) As palavras oxítonas terminadas nas vogais tónicas/tônicas abertas grafadas *-a, -e* ou *-o*, seguidas ou não de *-s*: *está, estás, já, olá; até, é, és, olé, pontapé(s); avó(s), dominó(s), paletó(s), só(s)*.

Obs.: Em algumas (poucas) palavras oxítonas terminadas em *-e* tónico/tônico, geralmente provenientes do francês, esta vogal, por ser articulada nas pronúncias cultas ora como aberta ora como fechada, admite tanto o acento agudo como o acento circunflexo: *bebé* ou *bebê, bidé* ou *bidê, canapé* ou *canapê, caraté* ou *caratê, croché* ou *crochê, guichê* ou *guichê, matiné* ou *matinê, nené* ou *nenê, ponjé* ou *ponjê, puré* ou *purê, rapé* ou *rapê*. O mesmo se verifica com formas como *cocó* e *cocô, ró* (letra do alfabeto grego) e *rô*. São igualmente admitidas formas como *judô*, a par de *judo*, e *metrô*, a par de *metro*.

b) As formas verbais oxítonas, quando, conjugadas com os pronomes clíticos *lo(s)* ou *la(s)*, ficam a terminar na vogal tónica/tônica aberta grafada *-a*, após a assimilação e perda das consoantes finais grafadas *-r, -s* ou *-z*: *adorá-lo(s)* (de *adorar-lo(s)*), *dá-la(s)* (de *dar-la(s)* ou *dá(s)-la(s)*), *fá-lo(s)* (de *faz-lo(s)*), *fá-lo(s)-ás* (de *far-lo(s)-ás*), *habitá-la(s)-iam* (de *habitar-la(s)-iam*), *trá-la(s)-á* (de *trar-la(s)-á*).

c) As palavras oxítonas com mais de uma sílaba terminadas no ditongo nasal grafado *-em* (exceto as formas da 3ª pessoa do plural do presente do indicativo dos compostos de *ter* e *vir*: *retêm, sustêm*; *advêm, provêm*, etc.) ou *-ens*: *acém, detém, deténs, entretém, entreténs, harém, haréns, porém, provém, provéns, também*.

d) As palavras oxítonas com os ditongos abertos grafados *-éi, éu* ou *ói*, podendo estes dois últimos ser seguidos ou não de *-s*: *anéis, batéis, fiéis, papéis*; *céu(s), chapéu(s), ilhéu(s), véu(s)*; *corrói* (de *corroer*), *herói(s), remói* (de *remoer*), *sóis*.

2º) Acentuam-se com acento circunflexo:

a) As palavras oxítonas terminadas nas vogais tónicas/tônicas fechadas que se grafam *-e* ou *-o*, seguidas ou não de *-s*: *cortês, dê, dês* (de *dar*), *lê, lês* (de *ler*), *português, você(s); avô(s), pôs* (de *pôr*), *robô(s)*;

b) As formas verbais oxítonas, quando conjugadas com os pronomes clíticos *-lo(s)* ou *-la(s)*, ficam a terminar nas vogais tónicas/tônicas fechadas que se grafam *-e* ou *-o*, após a assimilação e perda das consoantes finais grafadas *-r, -s* ou *-z*: *detê-lo(s)* (de *deter-lo-(s)*), *fazê-la(s)* (de *fazer-la(s)*), *fê-lo(s)* (de *fez-lo(s)*), *vê-la(s)* (de *ver-la(s)*), *compô-la(s)* (de *compor-la(s)*), *repô--la(s)* (de *repor-la(s)*), *pô-la(s)* (de *por-la(s)* ou *pôs-la(s)*).

3º) Prescinde-se de acento gráfico para distinguir palavras oxítonas homógrafas, mas heterofónicas/heterofônicas, do tipo de *cor* (*ô*), substantivo, e *cor* (*ó*), elemento da locução de *cor*; *colher* (*ê*), verbo, e *colher* (*é*), substantivo. Excetua-se a forma verbal *pôr*, para a distinguir da preposição *por*.

Base IX
Da acentuação gráfica das palavras paroxítonas

1º) As palavras paroxítonas não são em geral acentuadas graficamente: *enjoo, grave, homem, mesa, Tejo, vejo, velho, voo; avanço, floresta; abençoo, angolano, brasileiro; descobrimento, graficamente, moçambicano*.

2º) Recebem, no entanto, acento agudo:

a) As palavras paroxítonas que apresentam, na sílaba tónica/tônica, as vogais abertas grafadas *a, e, o* e ainda *i* ou *u* e que terminam em *-l*,

-*n*, -*r*, -*x* e -*ps*, assim como, salvo raras exceções, as respectivas formas do plural, algumas das quais passam a proparoxítonas: *amável* (pl. *amáveis*), *Aníbal*, *dócil* (pl. *dóceis*), *dúctil* (pl. *dúcteis*), *fóssil* (pl. *fósseis*), *réptil* (pl. *répteis*; var. *reptil*, pl. *reptis*); *cármen* (pl. *cármenes* ou *carmens*; var. *carme*, pl. *carmes*); *dólmen* (pl. *dólmenes* ou *dolmens*), *éden* (pl. *édenes* ou *edens*), *líquen* (pl. *líquenes*), *lúmen* (pl. *lúmenes* ou *lumens*), *açúcar* (pl. *açúcares*), *almíscar* (pl. *almíscares*), *cadáver* (pl. *cadáveres*), *caráter* ou *carácter* (mas pl. *carateres* ou *caracteres*), *ímpar* (pl. *ímpares*); *Ájax*, *córtex* (pl. *córtex*; var. *córtice*, pl. *córtices*, *índex* (pl. *índex*; var. *índice*, pl. *índices*), *tórax* (pl. *tórax* ou *tóraxes*; var. *torace*, pl. *toraces*); *bíceps* (pl. *bíceps*; var. *bicípite*, pl. *bicípites*), *fórceps* (pl. *fórceps*; var. *fórcipe*, pl. *fórcipes*).

Obs.: Muito poucas palavras deste tipo, com as vogais tónicas/tônicas grafadas *e* e *o* em fim de sílaba, seguidas das consoantes nasais grafadas *m* e *n*, apresentam oscilação de timbre nas pronúncias cultas da língua e, por conseguinte, também de acento gráfico (agudo ou circunflexo): *sémen* e *sêmen*, *xénon* e *xênon*; *fêmur* e *fémur*, *vómer* e *vômer*, *Fénix* e *Fênix*, *ónix* e *ônix*.

b) As palavras paroxítonas que apresentam, na sílaba tónica/tônica, as vogais abertas grafadas *a, e, o* e ainda *i* ou *u* e que terminam em *-ã(s), -ão(s), -ei(s), -i(s), -um, -uns* ou *-us*: *órfã* (pl. *órfãs*), *acórdão* (pl. *acórdãos*), *órfão* (pl. *órfãos*), *órgão* (pl. *órgãos*), *sótão* (pl. *sótãos*); *hóquei*, *jóquei* (pl. *jóqueis*), *amáveis* (pl. de *amável*), *fáceis* (pl. de *fácil*), *fósseis* (pl. de *fóssil*), *amáreis* (de *amar*), *amáveis* (id.), *cantaríeis* (de *cantar*), *fizéreis* (de *fazer*), *fizésseis* (id.); *beribéri* (pl. *beribéris*), *bílis* (sg. e pl.), *íris* (sg. e pl.), *júri* (pl. *júris*), *oásis* (sg. e pl.); *álbum* (pl. *álbuns*), *fórum* (pl. *fóruns*); *húmus* (sg. e pl.), *vírus* (sg. e pl.).

Obs.: Muito poucas paroxítonas deste tipo, com as vogais tónicas/tônicas grafadas *e* e *o* em fim de sílaba, seguidas das consoantes nasais grafadas *m* e *n*, apresentam oscilação de timbre nas pronúncias cultas da língua, o qual é assinalado com acento agudo, se aberto, ou circunflexo, se fechado: *pónei* e *pônei*; *gónis* e *gônis*, *pénis* e *pênis*, *ténis* e *tênis*; *bónus* e *bônus*, *ónus* e *ônus*, *tónus* e *tônus*, *Vénus* e *Vênus*.

3º) Não se acentuam graficamente os ditongos representados por *ei* e *oi* da sílaba tónica/tônica das palavras paroxítonas, dado que existe oscilação em muitos casos entre o fechamento e a abertura na sua articulação: *assembleia, boleia, ideia,* tal como *aldeia, baleia, cadeia, cheia, meia; coreico, epopeico, onomatopeico, proteico; alcaloide, apoio* (do verbo *apoiar*), tal como *apoio* (subst.), *Azoia, boia, boina, comboio* (subst.), tal como *comboio, comboias*, etc. (do verbo *comboiar*), *dezoito, estroina, heroico, introito, jiboia, moina, paranoico, zoina*.

4º) É facultativo assinalar com acento agudo as formas verbais de pretérito perfeito do indicativo, do tipo *amámos, louvámos*, para as distinguir das correspondentes formas do presente do indicativo (*amamos, louvamos*), já que o timbre da vogal tónica/tônica é aberto naquele caso em certas variantes do português.

5º) Recebem acento circunflexo:

a) As palavras paroxítonas que contêm, na sílaba tónica/tônica, as vogais fechadas com a grafia *a, e, o* e que terminam em *-l, -n, -r*, ou *-x*, assim como as respetivas formas do plural, algumas das quais se tornam proparoxítonas: *cônsul* (pl. *cônsules*), *pênsil* (pl. *pênseis*), *têxtil* (pl. *têxteis*); *cânon*, var. *cânone* (pl. *cânones*), *plâncton* (pl. *plânctons*); *Almodôvar, aljôfar* (pl. *aljôfares*), *âmbar* (pl. *âmbares*), *Câncer, Tânger; bômbax* (sg. e pl.), *bômbix*, var. *bômbice* (pl. *bômbices*).

b) As palavras paroxítonas que contêm, na sílaba tónica/tônica, as vogais fechadas com a grafia *a, e, o* e que terminam em *-ão(s), -eis, -i(s)* ou *-us: bênção(s), côvão(s), Estêvão, zângão(s); devêreis* (de *dever*), *escrevêsseis* (de *escrever*), *fôreis* (de *ser* e *ir*), *fôsseis* (id.), *pênseis* (pl. de *pênsil*), *têxteis* (pl. de *têxtil*); *dândi(s), Mênfis; ânus*.

c) As formas verbais *têm* e *vêm*, 3ªs pessoas do plural do presente do indicativo de *ter* e *vir*, que são foneticamente paroxítonas (respetivamente /tãjãj/, /vãjãj/ ou /têêj/, /vêêj/ ou ainda /têjêj/, /vêjêj/); cf. as antigas grafias preteridas, *têem, vêem*, a fim de se distinguirem de *tem* e *vem*, 3ªs pessoas do singular do presente do indicativo ou 2ªs pessoas do singular do imperativo; e também as correspondentes formas compostas, tais como: *abstêm* (cf. *abstém*), *advêm* (cf. *advém*), *contêm* (cf. *contém*), *convêm* (cf. *convém*), *desconvêm* (cf. *desconvém*), *detêm* (cf. *detem*), *entretêm* (cf. *entretém*), *intervêm* (cf. *intervém*), *mantêm* (cf. *mantém*), *obtêm* (cf. *obtém*), *provêm* (cf. *provém*), *sobrevêm* (cf. *sobrevém*).

Obs.: Também neste caso são preteridas as antigas grafias *detêem, intervêem, mantêem, provêem*, etc.

6º) Assinalam-se com acento circunflexo:

a) Obrigatoriamente, *pôde* (3ª pessoa do singular do pretérito perfeito do indicativo), que se distingue da correspondente forma do presente do indicativo (*pode*).

b) Facultativamente, *dêmos* (1ª pessoa do plural do presente do conjuntivo), para se distinguir da correspondente forma do pretérito perfeito do indicativo (*demos*); *fôrma* (substantivo), distinta de *forma* (substantivo; 3ª pessoa do singular do presente do indicativo ou 2ª pessoa do singular do imperativo do verbo *formar*).

7º) Prescinde-se de acento circunflexo nas formas verbais paroxítonas que contêm um *e* tónico/tônico oral fechado em hiato com a terminação -*em* da 3ª pessoa do plural do presente do indicativo ou do conjuntivo, conforme os casos: *creem, deem* (conj.), *descreem, desdeem* (conj.), *leem, preveem, redeem* (conj.), *releem, reveem, tresleem, veem*.

8º) Prescinde-se igualmente do acento circunflexo para assinalar a vogal tónica/tônica fechada com a grafia *o* em palavras paroxítonas como *enjoo*, substantivo e flexão de *enjoar, povoo*, flexão de *povoar, voo*, substantivo e flexão de *voar*, etc.

9º) Prescinde-se, quer do acento agudo, quer do circunflexo, para distinguir palavras paroxítonas que, tendo respectivamente vogal tónica/tônica aberta ou fechada, são homógrafas de palavras proclíticas. Assim, deixam de se distinguir pelo acento gráfico: *para* (*á*), flexão de *parar*, e *para*, preposição; *pela*(*s*) (*ê*), substantivo e flexão de *pelar*, e *pela*(*s*), combinação de *per* e *la*(*s*); *pelo* (*ê*), flexão de *pelar, pelo*(*s*) (*ê*), substantivo ou combinação de *per* e *lo*(*s*); *polo*(*s*) (*ó*), substantivo, e *polo*(*s*), combinação antiga e popular de *por* e *lo*(*s*); etc.

10º) Prescinde-se igualmente de acento gráfico para distinguir paroxítonas homógrafas heterofónicas/heterofônicas do tipo de *acerto* (*ê*), substantivo, e *acerto* (*é*), flexão de *acertar; acordo* (*ô*), substantivo, e *acordo* (*ó*), flexão de *acordar; cerca* (*ê*), substantivo, advérbio e elemento da locução prepositiva *cerca de*, e *cerca* (*é*), flexão de *cercar; coro* (*ô*), substantivo, e *coro* (*ó*), flexão de *corar; deste* (*ê*), contração da preposição *de* com o demonstrativo *este*, e *deste* (*é*), flexão de *dar; fora* (*ô*), flexão de *ser* e *ir*, e *fora* (*ó*), advérbio, interjeição e substantivo; *piloto* (*ô*), substantivo, e *piloto* (*ó*), flexão de *pilotar*, etc.

Base X
Da acentuação das vogais tónicas/tônicas grafadas *i* e *u* das palavras oxítonas e paroxítonas

1º) As vogais tónicas/tônicas grafadas *i* e *u* das palavras oxítonas e paroxítonas levam acento agudo quando antecedidas de uma vogal com que não formam ditongo e desde que não constituam sílaba com a eventual consoante seguinte, excetuando o caso de *s*: *adaís* (pl. de *adail*), *aí, atraí* (de *atrair*), *baú, caís* (de *cair*), *Esaú, jacuí, Luís, país,* etc.; *alaúde, amiúde, Araújo, Ataíde, atraíam* (de *atrair*), *atraísse* (id.), *baía, balaústre, cafeína, ciúme, egoísmo, faísca, faúlha, graúdo, influíste* (de *influir*), *juízes, Luísa, miúdo, paraíso, raízes, recaída, ruína, saída, sanduíche,* etc.

2º) As vogais tónicas/tônicas grafadas *i* e *u* das palavras oxítonas e paroxítonas não levam acento agudo quando, antecedidas de vogal com que não formam ditongo, constituem sílaba com a consoante seguinte, como é o caso de *nh, l, m, n, r* e *z*: *bainha, moinho, rainha; adail, paul, Raul; Aboim, Coimbra, ruim; ainda, constituinte, oriundo, ruins, triunfo; atrair, demiurgo, influir, influirmos; juiz, raiz,* etc.

3º) Em conformidade com as regras anteriores leva acento agudo a vogal tónica/tônica grafada *i* das formas oxítonas terminadas em *r* dos verbos em -air e -uir, quando estas se combinam com as formas pronominais clíticas *-lo(s), -la(s)*, que levam à assimilação e perda daquele *-r*: *atraí-lo(s)* (de *atrair-lo(s)*); *atraí-lo(s)-ia* (de *atrair-lo(s)-ia*); *possuí-la(s)* (de *possuir-la(s)*); *possuí-la(s)-ia* (de *possuir-la(s)-ia*).

4º) Prescinde-se do acento agudo nas vogais tónicas/tônicas grafadas *i* e *u* das palavras paroxítonas, quando elas estão precedidas de ditongo: *baiuca, boiuno, cauila* (var. *cauira*), *cheiinho* (de *cheio*), *saiinha* (de *saia*).

5º) Levam, porém, acento agudo as vogais tónicas/tônicas grafadas *i* e *u* quando, precedidas de ditongo, pertencem a palavras oxítonas e estão em posição final ou seguidas de *s*: *Piauí, teiú, teiús, tuiuiú, tuiuiús*.

Obs.: Se, neste caso, a consoante final for diferente de *s*, tais vogais dispensam o acento agudo: *cauim*.

6º) Prescinde-se do acento agudo nos ditongos tónicos/tônicos grafados *iu* e *ui*, quando precedidos de vogal: *distraiu, instruiu, pauis* (pl. de *paul*).

7º) Os verbos *arguir* e *redarguir* prescindem do acento agudo na vogal tónica/tônica grafada *u* nas formas rizotónicas/rizotônicas: *arguo, arguis, argui, arguem; argua, arguas, argua, arguam*. Os verbos do tipo de *aguar, apaniguar, apaziguar, apropinquar, averiguar, desaguar, enxaguar, obliquar, delinquir* e afins, por oferecerem dois paradigmas, ou têm as formas rizotónicas/rizotônicas igualmente acentuadas no *u* mas sem marca gráfica (a exemplo de *averiguo, averiguas, averigua, averiguam; averigue, averigues, averigue, averiguem; enxaguo, enxaguas, enxagua, enxaguam; enxague, enxagues, enxague, enxaguem*, etc.; *delinquo, delinquis, delinqui, delinquem*; mas *delinquimos, delinquís*) ou têm as formas rizotónicas/rizotônicas acentuadas fónica/fônica e graficamente nas vogais *a* ou *i* radicais (a exemplo de *averíguo, averíguas, averígua, averíguam; averígue, averígues, averígue, averíguem; enxáguo, enxáguas, enxágua, enxáguam; enxágue, enxágues, enxágue, enxáguem; delínquo, delínques, delínque, delínquem; delínqua, delínquas, delínqua, delínquam*).

Obs.: Em conexão com os casos acima referidos, registe-se que os verbos em *-ingir* (*atingir, cingir, constringir, infringir, tingir*, etc.) e os verbos em *-inguir* sem prolação do *u* (*distinguir, extinguir*, etc.) têm grafias absolutamente regulares (*atinjo, atinja, atinge, atingimos*, etc.; *distingo, distinga, distingue, distinguimos*, etc.).

Base XI
Da acentuação gráfica das palavras proparoxítonas

1º) Levam acento agudo:

a) As palavras proparoxítonas que apresentam na sílaba tónica/tônica as vogais abertas grafadas *a, e, o* e ainda *i, u* ou ditongo oral começado por vogal aberta: *árabe, cáustico, Cleópatra, esquálido, exército, hidráulico, líquido, míope, músico, plástico, prosélito, público, rústico, tétrico, último*;

b) As chamadas proparoxítonas aparentes, isto é, que apresentam na sílaba tónica/tônica as vogais abertas grafadas *a, e, o* e ainda *i, u* ou ditongo oral começado por vogal aberta, e que terminam por sequências vocálicas pós-tónicas praticamente consideradas como ditongos crescentes (-*ea*, -*eo*, -*ia*, -*ie*, -*io*, -*oa*, -*ua*, -*uo*, etc.): *álea, náusea; etéreo, níveo;*

enciclopédia, glória; barbárie, série; lírio, prélio; mágoa, nódoa; exígua, língua; exíguo, vácuo.

2º) Levam acento circunflexo:

a) As palavras proparoxítonas que apresentam na sílaba tónica/tônica vogal fechada ou ditongo com a vogal básica fechada: *anacreôntico, brêtema, cânfora, cômputo, devêramos* (de *dever*), *dinâmico, êmbolo, excêntrico, fôssemos* (de *ser* e *ir*), *Grândola, hermenêutica, lâmpada, lôstrego, lôbrego, nêspera, plêiade, sôfrego, sonâmbulo, trôpego*;

b) As chamadas proparoxítonas aparentes, isto é, que apresentam vogais fechadas na sílaba tónica/tônica, e terminam por sequências vocálicas pós-tónicas/pós-tônicas praticamente consideradas como ditongos crescentes: *amêndoa, argênteo, côdea, Islândia, Mântua, serôdio*.

3º) Levam acento agudo ou acento circunflexo as palavras proparoxítonas, reais ou aparentes, cujas vogais tônicas/tônicas grafadas *e* ou *o* estão em final de sílaba e são seguidas das consoantes nasais grafadas *m* ou *n*, conforme o seu timbre é, respetivamente, aberto ou fechado nas pronúncias cultas da língua: *académico/acadêmico, anatómico/anatômico, cénico/cênico, cómodo/cômodo, fenómeno/fenômeno, género/gênero, topónimo/topônimo; Amazónia/Amazônia, António/Antônio, blasfémia/blasfêmia, fémea/fêmea, gémeo/gêmeo, génio/gênio, ténue/tênue*.

Base XII
Do emprego do acento grave

1º) Emprega-se o acento grave:

a) Na contração da preposição *a* com as formas femininas do artigo ou pronome demonstrativo *o*: *à* (de *a+a*), *às* (de *a+as*);

b) Na contração da preposição *a* com os demonstrativos *aquele, aquela, aqueles, aquelas e aquilo* ou ainda da mesma preposição com os compostos *aqueloutro* e suas flexões: *àquele(s), àquela(s), àquilo; àqueloutro(s), àqueloutra(s)*.

Base XIII
Da supressão dos acentos em palavras derivadas

1º) Nos advérbios em -*mente*, derivados de adjetivos com acento agudo ou circunflexo, estes são suprimidos: *avidamente* (de *ávido*), *debilmente* (de *débil*), *facilmente* (de *fácil*), *habilmente* (de *hábil*), *ingenuamente* (de *ingênuo*), *lucidamente* (de *lúcido*), *mamente* (de *má*), *somente* (de *só*), *unicamente* (de *único*), etc.; *candidamente* (de *cândido*), *cortesmente* (de *cortês*), *dinamicamente* (de *dinâmico*), *espontaneamente* (de *espontâneo*), *portuguesmente* (de *português*), *romanticamente* (de *romântico*).

2º) Nas palavras derivadas que contêm sufixos iniciados por *z* e cujas formas de base apresentam vogal tónica/tônica com acento agudo ou circunflexo, estes são suprimidos: *aneizinhos* (de *anéis*), *avozinha* (de *avó*), *bebezito* (de *bebé*), *cafezada* (de *café*), *chapeuzinho* (de *chapéu*), *chazeiro* (de *chá*), *heroizito* (de *herói*), *ilheuzito* (de *ilhéu*), *mazinha* (de *má*), *orfãozinho* (de *órfão*), *vintenzito* (de *vintém*), etc.; *avozinho* (de *avô*), *bênçãozinha* (de *bênção*), *lampadazita* (de *lâmpada*), *pessegozito* (de *pêssego*).

Base XIV
Do trema

O trema, sinal de diérese, é inteiramente suprimido em palavras portuguesas ou aportuguesadas. Nem sequer se emprega na poesia, mesmo que haja separação de duas vogais que normalmente formam ditongo: *saudade*, e não *saüdade*, ainda que tetrassílabo; *saudar*, e não *saüdar*, ainda que trissílabo; etc.

Em virtude desta supressão, abstrai-se de sinal especial, quer para distinguir, em sílaba átona, um *i* ou um *u* de uma vogal da sílaba anterior, quer para distinguir, também em sílaba átona, um *i* ou um *u* de um ditongo precedente, quer para distinguir, em sílaba tónica/tônica ou átona, o *u* de *gu* ou de *qu* de um *e* ou *i* seguintes: *arruinar*, *constituiria*, *depoimento*, *esmiuçar*, *faiscar*, *faulhar*, *oleicultura*, *paraibano*, *reunião*; *abaiucado*, *auiqui*, *caiuá*, *cauixi*, *piauiense*; *aguentar*, *anguiforme*, *arguir*, *bilíngue* (ou *bilingue*), *lingueta*, *linguista*, *linguístico*; *cinquenta*, *equestre*, *frequentar*, *tranquilo*, *ubiquidade*.

Obs.: Conserva-se, no entanto, o trema, de acordo com a Base I, 3º, em palavras derivadas de nomes próprios estrangeiros: *hübneriano*, de *Hübner*, *mülleriano*, de *Müller*, etc.

Base XV
Do hífen em compostos, locuções e encadeamentos vocabulares

1º) Emprega-se o hífen nas palavras compostas por justaposição que não contêm formas de ligação e cujos elementos, de natureza nominal, adjetival, numeral ou verbal, constituem uma unidade sintagmática e semântica e mantêm acento próprio, podendo dar-se o caso de o primeiro elemento estar reduzido: *ano-luz, arcebispo-bispo, arco-íris, decreto-lei, és-sueste, médico-cirurgião, rainha-cláudia, tenente-coronel, tio-avô, turma-piloto*; *alcaide-mor, amor-perfeito, guarda-noturno, mato-grossense, norte-americano, porto-alegrense, sul-africano; afro-asiático, afro-luso-brasileiro, azul-escuro, luso--brasileiro, primeiro-ministro, primeiro-sargento, primo-infeção, segunda-feira; conta-gotas, finca-pé, guarda-chuva*.

Obs.: Certos compostos, em relação aos quais se perdeu, em certa medida, a noção de composição, grafam-se aglutinadamente: *girassol, madressilva, mandachuva, pontapé, paraquedas, paraquedista*, etc.

2º) Emprega-se o hífen nos topónimos/topônimos compostos iniciados pelos adjetivos *grã*, *grão* ou por forma verbal ou cujos elementos estejam ligados por artigo: *Grã-Bretanha, Grão-Pará; Abre-Campo; Passa-Quatro, Quebra-Costas, Quebra-Dentes, Traga-Mouros, Trinca-Fortes; Albergaria-a--Velha, Baía de Todos-os-Santos, Entre-os-Rios, Montemor-o-Novo, Trás-os--Montes*.

Obs.: Os outros topónimos/topônimos compostos escrevem-se com os elementos separados, sem hífen: *América do Sul, Belo Horizonte, Cabo Verde, Castelo Branco, Freixo de Espada à Cinta*, etc. O topónimo/topônimo *Guiné-Bissau* é, contudo, uma exceção consagrada pelo uso.

3º) Emprega-se o hífen nas palavras compostas que designam espécies botânicas e zoológicas, estejam ou não ligadas por preposição ou qualquer outro elemento: *abóbora-menina, couve-flor, erva-doce, feijão-verde; benção-de-deus, erva-do-chá, ervilha-de-cheiro, fava-de-santo-inácio, bem-me--quer* (nome de planta que também se dá à *margarida* e ao *malmequer*);

andorinha-grande, cobra-capelo, formiga-branca; andorinha-do-mar, cobra-d'água, lesma-de-conchinha; bem-te-vi (nome de um pássaro).

4º) Emprega-se o hífen nos compostos com os advérbios *bem* e *mal*, quando estes formam com o elemento que se lhes segue uma unidade sintagmática e semântica e tal elemento começa por vogal ou *h*. No entanto, o advérbio *bem*, ao contrário de *mal*, pode não se aglutinar com palavras começadas por consoante. Eis alguns exemplos das várias situações: *bem-aventurado, bem-estar, bem-humorado; mal-afortunado, mal-estar, mal-humorado; bem-criado* (cf. *malcriado*), *bem-ditoso* (cf. *malditoso*), *bem-falante* (cf. *malfalante*), *bem-mandado* (cf. *malmandado*), *bem-nascido* (cf. *malnascido*), *bem-soante* (cf. *malsoante*), *bem-visto* (cf. *malvisto*).

Obs.: Em muitos compostos, o advérbio *bem* aparece aglutinado com o segundo elemento, quer este tenha ou não vida à parte: *benfazejo, benfeito, benfeitor, benquerença*, etc.

5º) Emprega-se o hífen nos compostos com os elementos *além, aquém, recém* e *sem*: *além-Atlântico, além-mar, além-fronteiras; aquém-mar, aquém-Pirenéus; recém-casado, recém-nascido; sem-cerimónia, sem-número, sem-vergonha*.

6º) Nas locuções de qualquer tipo, sejam elas substantivas, adjetivas, pronominais, adverbiais, prepositivas ou conjuncionais, não se emprega em geral o hífen, salvo algumas exceções já consagradas pelo uso (como é o caso de *água-de-colónia, arco-da-velha, cor-de-rosa, mais-que-perfeito, pé-de-meia, ao deus-dará, à queima-roupa*). Sirvam, pois, de exemplo de emprego sem hífen as seguintes locuções:

a) Substantivas: *cão de guarda, fim de semana, sala de jantar*;

b) Adjetivas: *cor de açafrão, cor de café com leite, cor de vinho*;

c) Pronominais: *cada um, ele próprio, nós mesmos, quem quer que seja*;

d) Adverbiais: *à parte* (note-se o substantivo *aparte*), *à vontade, de mais* (locução que se contrapõe a *de menos*; note-se *demais*, advérbio, conjunção, etc.), *depois de amanhã, em cima, por isso*;

e) Prepositivas: *abaixo de, acerca de, acima de, a fim de, a par de, à parte de, apesar de, aquando de, debaixo de, enquanto a, por baixo de, por cima de, quanto a*;

f) Conjuncionais: *a fim de que, ao passo que, contanto que, logo que, por conseguinte, visto que.*

7º) Emprega-se o hífen para ligar duas ou mais palavras que ocasionalmente se combinam, formando, não propriamente vocábulos, mas encadeamentos vocabulares (tipo: a divisa *Liberdade-Igualdade-Fraternidade*, a ponte *Rio-Niterói*, o percurso *Lisboa-Coimbra-Porto*, a ligação *Angola-Moçambique*, e bem assim nas combinações históricas ou ocasionais de topónimos/topônimos (tipo: *Áustria-Hungria, Alsácia-Lorena, Angola-Brasil, Tóquio-Rio de Janeiro*, etc.).

Base XVI
Do hífen nas formações por prefixação, recomposição e sufixação

1º) Nas formações com prefixos (como, por exemplo: *ante-, anti-, circum-, co-, contra-, entre-, extra-, hiper-, infra-, intra-, pós-, pré-, pró-, sobre-, sub-, super-, supra-, ultra-*, etc.) e em formações por recomposição, isto é, com elementos não autónomos ou falsos prefixos, de origem grega e latina (tais como: *aero-, agro-, arqui-, auto-, bio-, eletro-, geo-, hidro-, inter-, macro-, maxi-, micro-, mini-, multi-, neo-, pan-, pluri-, proto-, pseudo-, retro-, semi-, tele-*, etc.), só se emprega o hífen nos seguintes casos:

a) Nas formações em que o segundo elemento começa por *h*: *anti-higiênico, circum-hospitalar, co-herdeiro, contra-harmônico, extra-humano, pré-história, sub-hepático, super-homem, ultra-hiperbólico; arqui-hipérbole, eletro-higrômetro, geo-história, neo-helênico, pan-helenismo, semi-hospitalar.*

Obs.: Não se usa, no entanto, o hífen em formações que contêm em geral os prefixos *des-* e *in-* e nas quais o segundo elemento perdeu o *h* inicial: *desumano, desumidificar, inábil, inumano*, etc.

b) Nas formações em que o prefixo ou pseudoprefixo termina na mesma vogal com que se inicia o segundo elemento: *anti-ibérico, contra-almirante, infra-axilar, supra-auricular; arqui-irmandade, auto-observação, eletro-ótica, micro-onda, semi-interno.*

Obs.: Nas formações com o prefixo *co-*, este aglutina-se em geral com o segundo elemento mesmo quando iniciado por *o*: *coobrigação, coocupante, coordenar, cooperação, cooperar*, etc.

c) Nas formações com os prefixos *circum-* e *pan-*, quando o segundo elemento começa por vogal, *m* ou *n* [além de *h*, caso já considerado atrás na alínea a]: *circum-escolar, circum-murado, circum-navegação; pan-africano, pan-mágico, pan-negritude*;

d) Nas formações com os prefixos *hiper-, inter-* e *super-*, quando combinados com elementos iniciados por *r*: *hiper-requintado, inter-resistente, super-revista*.

e) Nas formações com os prefixos *ex-* (com o sentido de estado anterior ou cessamento), *sota-, soto-, vice-* e *vizo-*: *ex-almirante, ex-diretor, ex-hospedeira, ex-presidente, ex-primeiro-ministro, ex-rei; sota-piloto, soto-mestre, vice-presidente, vice-reitor, vizo-rei*;

f) Nas formações com os prefixos tónicos/tônicos acentuados graficamente *pós-, pré-* e *pró-*, quando o segundo elemento tem vida à parte (ao contrário do que acontece com as correspondentes formas átonas que se aglutinam com o elemento seguinte): *pós-graduação, pós-tónico/pós-tônicos* (mas *pospor*); *pré-escolar, pré-natal* (mas *prever*); *pró-africano, pró-europeu* (mas *promover*).

2º) Não se emprega, pois, o hífen:

a) Nas formações em que o prefixo ou falso prefixo termina em vogal e o segundo elemento começa por *r* ou *s*, devendo estas consoantes duplicar-se, prática aliás já generalizada em palavras deste tipo pertencentes aos domínios científico e técnico. Assim: *antirreligioso, antissemita, contrarregra, contrassenha, cosseno, extrarregular, infrassom, minissaia*, tal como *biorritmo, biossatélite, eletrossiderurgia, microssistema, microrradiografia*;

b) Nas formações em que o prefixo ou pseudoprefixo termina em vogal e o segundo elemento começa por vogal diferente, prática esta em geral já adotada também para os termos técnicos e científicos. Assim: *antiaéreo, coeducaçao, extraescolar, aeroespacial, autoestrada, autoaprendizagem, agroindustrial, hidroelétrico, plurianual*.

3º) Nas formações por sufixação apenas se emprega o hífen nos vocábulos terminados por sufixos de origem tupi-guarani que representam formas adjetivas, como *açu, guaçu* e *mirim*, quando o primeiro elemento acaba em vogal acentuada graficamente ou quando a pronúncia exige a distinção gráfica dos dois elementos: *amoré-guaçu, anajá-mirim, andá-açu, capim-açu, Ceará-Mirim*.

Base XVII
Do hífen na ênclise, na tmese e com o verbo *haver*

1º) Emprega-se o hífen na ênclise e na tmese: *amá-lo, dá-se, deixa-o, partir-lhe; amá-lo-ei, enviar-lhe-emos*.

2º) Não se emprega o hífen nas ligações da preposição *de* às formas monossilábicas do presente do indicativo do verbo haver: *hei de, hás de, hão de*, etc.

Obs.: 1. Embora estejam consagradas pelo uso as formas verbais *quer* e *requer*, dos verbos *querer* e *requerer*, em vez de *quere* e *requere*, estas últimas formas conservam-se, no entanto, nos casos de ênclise: *quere-o(s), requere-o(s)*. Nestes contextos, as formas (legítimas, aliás) *qué-lo* e *requé-lo* são pouco usadas.

2. Usa-se também o hífen nas ligações de formas pronominais enclíticas ao advérbio *eis* (*eis-me, ei-lo*) e ainda nas combinações de formas pronominais do tipo *no-lo, vo-las*, quando em próclise (por ex.: *esperamos que no-lo comprem*).

Base XVIII
Do apóstrofo

1º) São os seguintes os casos de emprego do apóstrofo:

a) Faz-se uso do apóstrofo para cindir graficamente uma contração ou aglutinação vocabular, quando um elemento ou fração respetiva pertence propriamente a um conjunto vocabular distinto: *d'*Os Lusíadas, *d'*Os Sertões; *n'*Os Lusíadas, *n'*Os Sertões; *pel'*Os Lusíadas, *pel'*Os Sertões. Nada obsta, contudo, a que estas escritas sejam substituídas por empregos de preposições íntegras, se o exigir razão especial de clareza, expressividade ou ênfase: *de* Os Lusíadas, *em* Os Lusíadas, *por* Os Lusíadas, etc.

As cisões indicadas são análogas às dissoluções gráficas que se fazem, embora sem emprego do apóstrofo, em combinações da preposição *a* com palavras pertencentes a conjuntos vocabulares imediatos: *a* A Relíquia, *a* Os Lusíadas (exemplos: *importância atribuída a* A Relíquia; *recorro a* Os Lusíadas). Em tais casos, como é óbvio, entende-se que a dissolução gráfica nunca impede na leitura a combinação fonética: *a* A = *à*, *a* Os = *aos*, etc.

b) Pode cindir-se por meio do apóstrofo uma contração ou aglutinação vocabular, quando um elemento ou fração respetiva é forma pronominal e se lhe quer dar realce com o uso de maiúscula: *d'Ele, n'Ele, d'Aquele, n'Aquele, d'O, n'O, pel'O, m'O, t'O, lh'O*, casos em que a segunda parte, forma masculina, é aplicável a Deus, a Jesus, etc.; *d'Ela, n'Ela, d'Aquela, n'Aquela, d'A, n'A, pel'A, m'A, t'A, lh'A*, casos em que a segunda parte, forma feminina, é aplicável à mãe de Jesus, à Providência, etc. Exemplos frásicos: *confiamos n'O que nos salvou; esse milagre revelou-m'O; está n'Ela a nossa esperança; pugnemos pel'A que é nossa padroeira.*

À semelhança das cisões indicadas, pode dissolver-se graficamente, posto que sem uso do apóstrofo, uma combinação da preposição *a* com uma forma pronominal realçada pela maiúscula: *a O, a Aquele, a Aquela* (entendendo-se que a dissolução gráfica nunca impede na leitura a combinação fonética: *a O = ao, a Aquela = àquela*, etc.). Exemplos frásicos: *a O que tudo pode, a Aquela que nos protege.*

c) Emprega-se o apóstrofo nas ligações das formas *santo* e *santa* a nomes do hagiológio, quando importa representar a elisão das vogais finais *o* e *a*: *Sant'Ana, Sant'Iago*, etc. É, pois, correto escrever: *Calçada de Sant'Ana, Rua de Sant'Ana; culto de Sant'Iago, Ordem de Sant'Iago*. Mas, se as ligações deste gênero, como é o caso destas mesmas *Sant'Ana* e *Sant'Iago*, se tornam perfeitas unidades mórficas, aglutinam-se os dois elementos: *Fulano de Santana, ilhéu de Santana, Santana de Parnaíba; Fulano de Santiago, ilha de Santiago, Santiago do Cacém.*

Em paralelo com a grafia *Sant'Ana* e congéneres/congêneres, emprega-se também o apóstrofo nas ligações de duas formas antroponímicas, quando é necessário indicar que na primeira se elide um *o* final: *Nun'Álvares, Pedr'Eanes.*

Note-se que nos casos referidos as escritas com apóstrofo, indicativas de elisão, não impedem, de modo algum, as escritas sem apóstrofo: *Santa Ana, Nuno Álvares, Pedro Álvares*, etc.

d) Emprega-se o apóstrofo para assinalar, no interior de certos compostos, a elisão do *e* da preposição *de*, em combinação com substantivos: *borda-d'água, cobra-d'água, copo-d'água, estrela-d'alva, galinha-d'água, mãe-d'água, pau-d'água, pau-d'alho, pau-d'arco, pau-d'óleo.*

2º) São os seguintes os casos em que não se usa o apóstrofo:

| XXXVIII |

Não é admissível o uso do apóstrofo nas combinações das preposições *de* e *em* com as formas do artigo definido, com formas pronominais diversas e com formas adverbiais (excetuado o que se estabelece nas alíneas 1º a e 1º b). Tais combinações são representadas:

a) Por uma só forma vocabular, se constituem, de modo fixo, uniões perfeitas:

      i) *do, da, dos, das; dele, dela, deles, delas; deste, desta, destes, destas, disto; desse, dessa, desses, dessas, disso; daquele, daquela, daqueles, daquelas, daquilo; destoutro, destoutra, destoutros, destoutras; dessoutro, dessoutra, dessoutros, dessoutras; daqueloutro, daqueloutra, daqueloutros, daqueloutras; daqui; daí; dali; dacolá; donde; dantes* (= *antigamente*);

      ii) *no, na, nos, nas; nele, nela, neles, nelas; neste, nesta, nestes, nestas, nisto; nesse, nessa, nesses, nessas, nisso; naquele, naquela, naqueles, naquelas, naquilo; nestoutro, nestoutra, nestoutros, nestoutras; nessoutro, nessoutra, nessoutros, nessoutras; naqueloutro, naqueloutra, naqueloutros, naqueloutras; num, numa, nuns, numas; noutro, noutra, noutros, noutras, noutrem; nalgum, nalguma, nalguns, nalgumas, nalguém.*

b) Por uma ou duas formas vocabulares, se não constituem, de modo fixo, uniões perfeitas (apesar de serem correntes com esta feição em algumas pronúncias): *de um, de uma, de uns, de umas, ou dum, duma, duns, dumas; de algum, de alguma, de alguns, de algumas, de alguém, de algo, de algures, de alhures, ou dalgum, dalguma, dalguns, dalgumas, dalguém, dalgo, dalgures, dalhures; de outro, de outra, de outros, de outras, de outrem, de outrora, ou doutro, doutra, doutros, doutras, doutrem, doutrora; de aquém ou daquém; de além ou dalém; de entre ou dentre.*

De acordo com os exemplos deste último tipo, tanto se admite o uso da locução adverbial *de ora avante* como do advérbio que representa a contração dos seus três elementos: *doravante*.

Obs.: Quando a preposição *de* se combina com as formas articulares ou pronominais *o, a, os, as,* ou com quaisquer pronomes ou advérbios começados por vogal, mas acontece estarem essas palavras integradas em construções de infinitivo, não se emprega o apóstrofo, nem se funde a preposição com a forma imediata, escrevendo-se estas duas separadamente: *a fim de ele compreender; apesar de o não ter visto; em virtude de os nossos pais serem bondosos; o facto de o conhecer; por causa de aqui estares.*

Base XIX
Das minúsculas e maiúsculas

1º) A letra minúscula inicial é usada:

a) Ordinariamente, em todos os vocábulos da língua nos usos correntes.

b) Nos nomes dos dias, meses, estações do ano: *segunda-feira; outubro; primavera.*

c) Nos bibliónimos/bibliônimos (após o primeiro elemento, que é com maiúscula, os demais vocábulos, podem ser escritos com minúscula, salvo nos nomes próprios nele contidos, tudo em grifo): *O Senhor do paço de Ninães* ou *O senhor do paço de Ninães, Menino de engenho* ou *Menino de Engenho, Árvore e Tambor* ou *Árvore e tambor.*

d) Nos usos de *fulano, sicrano, beltrano.*

e) Nos pontos cardeais (mas não nas suas abreviaturas): *norte, sul* (mas: *SW sudoeste*).

f) Nos axiónimos/axiônimos e hagiónimos/hagiônimos (opcionalmente, neste caso, também com maiúscula): *senhor doutor Joaquim da Silva, bacharel Mário Abrantes, o cardeal Bembo; santa Filomena* (ou *Santa Filomena*).

g) Nos nomes que designam domínios do saber, cursos e disciplinas (opcionalmente, também com maiúscula): *português* (ou *Português*), *matemática* (ou *Matemática*); *línguas e literaturas modernas* (ou *Línguas e Literaturas Modernas*).

2º) A letra maiúscula inicial é usada:

a) Nos antropónimos/antropônimos, reais ou fictícios: *Pedro Marques; Branca de Neve, D. Quixote.*

b) Nos topónimos/topônimos, reais ou fictícios: *Lisboa, Luanda, Maputo, Rio de Janeiro, Atlântida, Hespéria.*

c) Nos nomes de seres antropomorfizados ou mitológicos: *Adamastor; Neptuno/Netuno.*

d) Nos nomes que designam instituições: *Instituto de Pensões e Aposentadorias da Previdência Social.*

e) Nos nomes de festas e festividades: *Natal, Páscoa, Ramadão, Todos os Santos.*

f) Nos títulos de periódicos, que retêm o itálico: *O Primeiro de Janeiro, O Estado de São Paulo* (ou *S. Paulo*).

g) Nos pontos cardeais ou equivalentes, quando empregados absolutamente: *Nordeste*, por nordeste do Brasil, *Norte*, por norte de Portugal, *Meio-Dia*, pelo sul da França ou de outros países, *Ocidente*, por ocidente europeu, *Oriente*, por oriente asiático.

h) Em siglas, símbolos ou abreviaturas internacionais ou nacionalmente reguladas com maiúsculas, iniciais ou mediais ou finais ou o todo em maiúsculas: *FAO, NATO, ONU; H2O, Sr., V. Ex.ª*

i) Opcionalmente, em palavras usadas reverencialmente, aulicamente ou hierarquicamente, em início de versos, em categorizações de logradouros públicos: (*rua* ou *Rua da Liberdade, largo* ou *Largo dos Leões*), de templos (*igreja* ou *Igreja do Bonfim, templo* ou *Templo do Apostolado Positivista*), de edifícios (*palácio* ou *Palácio da Cultura, edifício* ou *Edifício Azevedo Cunha*).

Obs.: As disposições sobre os usos das minúsculas e maiúsculas não obstam a que obras especializadas observem regras próprias, provindas de códigos ou normalizações específicas (terminologias antropológica, geológica, bibliológica, botânica, zoológica, etc.), promanadas de entidades científicas ou normalizadoras, reconhecidas internacionalmente.

Base XX
Da divisão silábica

A divisão silábica, que em regra se faz pela soletração (*a-ba-de, bru-ma, ca-cho, lha-no, ma-lha, ma-nha, má-xi-mo, ó-xi-do, ro-xo, te-me-se*), e na qual, por isso, se não tem de atender aos elementos constitutivos dos vocábulos segundo a etimologia (*a-ba-li-e-nar, bi-sa-vó, de-sa-pa-re-cer, di-sú-ri-co, e-xâ-ni-me, hi-pe-ra-cús-ti-co, i-ná-bil, o-bo-val, su-bo-cu-lar, su-pe-rá-ci-do*), obedece a vários preceitos particulares, que rigorosamente cumpre seguir, quando se tem de fazer em fim de linha, mediante o emprego do hífen, a partição de uma palavra:

1º) São indivisíveis no interior de palavra, tal como inicialmente, e formam, portanto, sílaba para a frente as sucessões de duas consoantes que constituem perfeitos grupos, ou sejam (com exceção apenas de vários compostos cujos prefixos terminam em *b* ou *d*: *ab-legação, ad-ligar, sub-*

-lunar, etc., em vez de *a-blegação, a-dligar, su-blunar*, etc.) aquelas sucessões em que a primeira consoante é uma labial, uma velar, uma dental ou uma labiodental e a segunda um *l* ou um *r*: *a-blução, cele-brar, du-plicação, re-primir; a-clamar, de-creto, de-glutição, re-grado; a-tlético, cáte-dra, períme-tro; a-fluir, a-fricano, ne-vrose.*

2º) São divisíveis no interior da palavra as sucessões de duas consoantes que não constituem propriamente grupos e igualmente as sucessões de *m* ou *n*, com valor de nasalidade, e uma consoante: *ab-dicar, Ed-gardo, op-tar, sub-por, ab-soluto, ad-jetivo, af-ta, bet-samita, íp-silon, ob-viar; des-cer, dis-ciplina, flores-cer, nas-cer, res-cisão; ac-ne, ad-mirável, Daf-ne, diafrag-ma, drac-ma, ét-nico, rit-mo, sub-meter, am-nésico, interam-nense; bir-reme, cor-roer, pror-rogar; as-segurar, bis-secular, sos-segar; bissex-to, contex-to, ex-citar, atroz--mente, capaz-mente, infeliz-mente; am-bição, desen-ganar, en-xame, man-chu, Mân-lio*, etc.

3º) As sucessões de mais de duas consoantes ou de *m* ou *n*, com o valor de nasalidade, e duas ou mais consoantes são divisíveis por um de dois meios: se nelas entra um dos grupos que são indivisíveis (de acordo com o preceito 1º), esse grupo forma sílaba para diante, ficando a consoante ou consoantes que o precedem ligadas à sílaba anterior; se nelas não entra nenhum desses grupos, a divisão dá-se sempre antes da última consoante. Exemplos dos dois casos: *cam-braia, ec-lipse, em-blema, ex-plicar, in-cluir, ins-crição, subs-crever, trans-gredir; abs-tenção, disp-neia, inters-telar, lamb-dacismo, sols-ticial, Terp-sícore, tungs-ténio.*

4º) As vogais consecutivas que não pertencem a ditongos decrescentes (as que pertencem a ditongos deste tipo nunca se separam: *ai-roso, cadei--ra, insti-tui, ora-ção, sacris-tães, traves-sões*) podem, se a primeira delas não é *u* precedido de *g* ou *q*, e mesmo que sejam iguais, separar-se na escrita: *ala-úde, áre-as, ca-apeba, co-ordenar, do-er, flu-idez, perdo-as, vo-os.* O mesmo se aplica aos casos de contiguidade de ditongos, iguais ou diferentes, ou de ditongos e vogais: *cai-ais, cai-eis, ensai-os, flu-iu.*

5º) Os digramas *gu* e *qu*, em que o *u* se não pronuncia, nunca se separam da vogal ou ditongo imediato (*ne-gue, ne-guei; pe-que, pe-quei*), do mesmo modo que as combinações *gu* e *qu* em que o *u* se pronuncia: *á-gua, ambí--guo, averi-gueis; longín-quos, lo-quaz, quais-quer.*

6º) Na translineação de uma palavra composta ou de uma combinação de palavras em que há um hífen, ou mais, se a partição coincide com o final de um dos elementos ou membros, deve, por clareza gráfica, repetir-se o hífen no início da linha imediata: *ex- -alferes, serená- -los- -emos* ou *serená- -los- -emos, vice- -almirante.*

Base XXI
Das assinaturas e firmas

Para ressalva de direitos, cada qual poderá manter a escrita que, por costume ou registo legal, adote na assinatura do seu nome.

Com o mesmo fim, pode manter-se a grafia original de quaisquer firmas comerciais, nomes de sociedades, marcas e títulos que estejam inscritos em registo público.

Nota editorial

Na organização desta obra, teve-se em mente atender de um modo rápido, objetivo e seguro às necessidades de qualquer consulente no sentido de sanar eventuais dúvidas sobre a ocorrência de uma dada palavra, sua ortografia, pronúncia, classes gramaticais mais usuais, bem como a maneira como se flexionam adjetivos e substantivos simples e compostos, e a distinção ortográfica entre vocábulos parônimos. Como entre seus objetivos está o de apresentar um panorama real e não virtual da língua portuguesa tal qual vem se expressando nos textos produzidos no Brasil nos últimos dois séculos, foram aqui reunidos 61.451 itens vocabulares, todos grafados segundo a norma ortográfica vigente ditada pelo Acordo Ortográfico da Língua Portuguesa de 1990.

Imagina-se, portanto, que este contingente de vocábulos representa um quadro bastante realista do universo vocabular da língua portuguesa do Brasil na sua modalidade escrita, nos últimos dois séculos, principalmente nas práticas textuais literárias, jornalísticas, ensaísticas, acadêmicas e escolares.

Ao fim da obra, encontram-se dois suplementos. O primeiro, uma lista de palavras estrangeiras, com 946 termos. O segundo, um siglário, contém 335 entradas entre siglas e abreviaturas. Ambos encerram certamente o que há de mais corrente na modalidade escrita do português do Brasil, em particular na linguagem bem marcante dos meios de comunicação social.

É importante também que o consulente leia atentamente as regras editoriais deste Vocabulário que se encontram logo após esta nota editorial.

As omissões, que certamente não serão poucas, constituem um desafio para a equipe de lexicógrafos e, sem dúvida, também para o consulente atento e sempre pronto a indicar as deficiências do produto, no sentido do aprimoramento da próxima edição desta obra.

Normas editoriais do Pequeno Vocabulário da Língua Portuguesa

1 Da estruturação do verbete

Basicamente, o verbete neste vocabulário contém a seguinte organização:

+ **entrada** # (*ortoépia*) + classe gramatical # definição # *indicações de flexão gramatical* # confronto com homônimo ou parônimo

Nota:

O sinal + indica que o elemento que se segue estará necessariamente presente. O sinal # indica que o que se segue a ele pode ocorrer ou não.

2 Da ortoépia

- Indica-se o timbre fechado das vogais tônicas *e* e *o*, sempre que o ambiente fonológico não for decisivo para fazê-lo. Exemplos: *esqueleto* (ê) s.m., *sopro* (ô) s.m., *bochecha* (ê) s.f., *vermelho* (ê) adj. s.m. Observação: Não se indica o timbre fechado de *e* e *o* tônicos quando vierem seguidos de consoante nasal (*m*, *n*, *nh*), já que, no português do Brasil, é de regra o fechamento do timbre dessas vogais nesses contextos fonológicos. Exemplos: *remo*, *pena*, *brenha*, *membro*, *penso*, *soma*, *cone*, *ponte*, *pamonha*, *pomba*.
- Indica-se a pronúncia da letra *x* sempre que esta, ocorrendo entre vogais, tiver o valor de *cs*, *ss* ou *z*. Exemplos: *axila* (cs) s.f., *máximo* (ss) adj., *exemplo* (z) s.m.
- Indica-se, no campo da ortoépia, com (ü) a pronúncia do *u* que, seguindo-se a *g* ou *q*, precede *e* ou *i*. Exemplos: *ambiguidade* (ü), *bilíngue* (ü), *cinquenta* (ü), *delinquir* (ü).

Observação: Não obstante, preferiu-se em alguns poucos casos indicar com (ù) e não com (ü) a pronúncia do *u* descrita no tópico acima. Para tal procedimento, teve-se em conta o fato de que esse *u* em formas flexionadas ou primitivas de uma mesma família vocabular ocupa a posição tônica do vocábulo, o que o caracteriza como vogal plena, a despeito de poder atualizar-

-se frouxamente como semivogal em contextos pretônicos. Exemplos: *arguo* (*ú*)/*arguir* (*ù*), *redarguo* (*ú*)/*redarguir* (*ù*), *Bangu* (*ú*)/ *banguense* (*ù*).
- Indica-se o timbre aberto das vogais *e* e *o* nos ditongos *ei* e *oi*, quando tônicas em vocábulos paroxítonos. Exemplos: *ideia* (*é*) s.f., *assembleia* (*é*) s.f., *jiboia* (*ó*) s.f., *tramoia* (*ó*) s.f.
- Indica-se a pronúncia de parte ou da totalidade do radical de certos vocábulos formados em português a partir de nomes próprios estrangeiros cuja grafia, por não representar as regras ortográficas do português, não permite ao usuário sua real pronúncia. Exemplos: *freudiano* (*froi*) adj., *taylorismo* (*tei*) s.m., *byroniano* (*bai*) adj.
- Indica-se, pela mesma razão, a pronúncia de parte ou da totalidade do radical de termos estrangeiros que geraram formas derivadas em português. Exemplos: *skatista* (*kei*) s.2g. (<ing. *skate*), *pizzaria* (*tsa*) s.f. (<it. *pizza*).

3 Da classificação gramatical

Ainda que não seja uma informação primordial, tradicionalmente os vocabulários ortográficos costumam apresentar as reais ou possíveis classificações gramaticais de cada item lexical. Este vocabulário não deixa de classificar os itens lexicais nele arrolados; fá-lo, entretanto, do modo mais sucinto possível. Assim é que os itens lexicais que vêm rotulados de verbos, pronomes, advérbios, preposições e conjunções receberam apenas esta classificação genérica, não se descendo às subclassificações do tipo verbo auxiliar, verbo transitivo, verbo de ligação, pronome pessoal, pronome demonstrativo, pronome possessivo, pronome indefinido, pronome relativo, pronome interrogativo, advérbio de lugar, advérbio de tempo, advérbio de modo, conjunção subordinativa temporal, conjunção coordenativa aditiva etc.

Os itens lexicais classificados como substantivos ou adjetivos são os únicos que recebem subclassificações que lhes indicam o gênero e às vezes o número. Ainda que teoricamente não caiba falar-se em gênero para os adjetivos, estes, no entanto, do ponto de vista da morfossintaxe, apresentam um quadro flexional de modo que as formas por ele geradas possam combinar-se com os substantivos de acordo com o gênero e o número destes. Assim, tem-se

claro adj.
  dia *claro* dias *claros*
  noite *clara* noites *claras*

| XLVII |

Por princípio, procurou-se indicar para cada entrada apenas as classes gramaticais cujo uso efetivamente se pôde detectar, evitando-se, assim, acrescentar classificação possível, mas não encontrada nos mais diversos contextos pesquisados. Ressalte-se que, desse modo, não se está afirmando a impossibilidade desta ou daquela classe gramatical para determinado vocábulo. De acordo com isso, deixa-se, por exemplo, de apontar a classe gramatical de adjetivo para o vocábulo *motorista*, classificando-o, apenas, como substantivo.

4 Siglas para a classificação de adjetivos e substantivos com os devidos esclarecimentos

adj.

Sigla usada para os adjetivos biformes cujo feminino é obtido flexionalmente, mediante a substituição da vogal final -*o* da forma masculina pela vogal -*a*. Exemplos:

bonito adj. ; **cauteloso** adj.

    cenário *bonito*   criança *bonita*
    rapaz *cauteloso*   moça *cautelosa*

adj.2g.

Sigla usada para item lexical que, funcionando normalmente no discurso apenas como adjetivo, é do tipo uniforme, possuindo, pois, a mesma forma tanto para o masculino quanto para o feminino.

vagante adj.2g.

    coração *vagante* (adj. masc.)
    imaginação *vagante* (adj. fem.)

adj. s.m.

Sigla usada para item lexical que, podendo funcionar no discurso quer como adjetivo quer como substantivo, é do tipo biforme, possuindo, pois, uma forma para o masculino e outra para o feminino. Obtém-se esta última, a partir da forma masculina, trocando-se seu -*o* final por -*a*, ou acrescentando-se -*a* à forma masculina, se esta terminar em -*ês* ou -*or*.

iletrado adj. s.m.; **imitador** adj. s.m.; **português** adj. s.m.

um adulto *iletrado*	uma criança *iletrada*	(adj.)
o idioma *português*	uma casa *portuguesa*	(adj.)
um *iletrado* adulto	a *iletrada* assumida	(s.m e s.f.)
o *português*	a *portuguesa*	(s.m. e s.f.)
o *imitador*	a *imitadora*	(s.m. e s.f.)
pássaro *imitador*	ave *imitadora*	(adj.)

adj. s.2g.
Sigla usada para item lexical que não se flexiona quanto ao gênero quer como adjetivo, quer como substantivo. São os chamados adjetivos ou substantivos uniformes.
> **dependente** adj. s.2g.
>> um indivíduo *dependente* (adj. masc.)
>> uma pessoa *dependente* (adj. fem.)
>> um *dependente* químico (subst. masc.)
>> uma *dependente* química (subst. fem.)

adj.2g. s.m.
Sigla usada para item lexical que pode funcionar no discurso como adjetivo – neste caso, biforme – ou como substantivo apenas masculino.
> **descongestionante** adj.2g. s.m.
>> um creme *descongestionante* (adj. masc.)
>> uma máscara *descongestionante* (adj. fem.)
>> um *descongestionante* nasal s.m.

adj.2g. s.f.
Sigla usada para item lexical que pode funcionar no discurso como adjetivo – neste caso biforme – ou como substantivo apenas feminino.
> **saturnal** adj.2g. s.f.
>> os anéis *saturnais* (adj. masc.)
>> as festas *saturnais* (adj. fem.)
>> a *saturnal* dos ratos no forro s.f.

adj. s.2g.2n.
Sigla usada para item lexical que pode funcionar no discurso como adjetivo ou como substantivo sem que, entretanto, se flexione quer quanto ao gênero, quer quanto ao número.
> **piegas** adj. s.2g.2n.
>> sujeito(s) *piegas* (adj. masc. sing. ou plur.)
>> pessoa(s) *piegas* (adj. fem. sing. ou plur.)
>> o(s) *piegas* (subst. masc. sing. ou plur.)
>> a(s) *piegas* (subst. fem. sing. ou plur.)

adj. s.2g. s.m.
Sigla usada para item lexical que pode funcionar no discurso tanto como adjetivo ou substantivo biforme, quanto como um substantivo masculino.
> **árabe** adj. s.2g. s.m.

o mundo *árabe* (adj. masc.)
a escrita *árabe* (adj. fem.)
um (homem) *árabe*/ uma (mulher) *árabe* s.2g.
o (idioma) *árabe* s.m.

adj.2g. adj.2g.2n. s.m. s.f.
Sigla usada para item lexical que pode funcionar no discurso como adjetivo de dois gêneros, como adjetivo de dois gêneros sem flexão de número, como substantivo masculino e como substantivo feminino.

coral adj.2g. adj.2g.2n. s.m. s.f.
canto *coral* adj.2g. regência *coral*
batons *coral* adj.2g. 2n. blusas *coral*
o *coral* da escola s.m.
a serpente era uma *coral* s.f.

adj.2g.2n. s.m. s.f.
Sigla usada para item lexical que pode funcionar no discurso como adjetivo sem se flexionar nem quanto ao gênero nem quanto ao número ou, então, como substantivo masculino ou como substantivo feminino.

violeta adj.2g.2n. s.m. s.f.
o(s) tecido(s) *violeta* (adj. masc. sing. ou plur.)
a(s) fazenda(s) *violeta* (adj. fem. sing. ou plur.)
o(s) *violeta(s)* s.m.
a(s) *violeta(s)* s.f.

s.m.
Sigla usada para dois tipos de item lexical. Primeiro tipo, aquele que funciona no discurso exclusivamente como substantivo masculino. Exemplos: *campo* s.m., *pente* s.m., *poeta* s.m., *canavial* s.m., *urubu* s.m., *coração* s.m. etc.

Segundo tipo, aquele substantivo que designa pessoa ou animal em que o feminino é obtido mediante a permuta da vogal temática *-o* ou *-e* pelo morfema de gênero feminino *-a* ou, então, pelo acréscimo desse morfema de gênero à forma masculina. Exemplos: *aluno* s.m., *mestre* s.m., *professor* (ô) s.m., *freguês* s.m., *juiz* s.m., *guri* s.m.

s.f.
Sigla usada para item lexical que funciona no discurso exclusivamente como substantivo feminino. Exemplos: *rosa* s.f., *libido* s.f., *tribo* s.f., *ponte* s.f., *mulher* s.f., *sanção* s.f.

s.2g.
Sigla usada para item lexical que funciona no discurso como substantivo uniforme.
    acrobata s.2g.
        o *acrobata*
        a *acrobata*

s.m.2n.
Sigla usada para item lexical que funciona no discurso como substantivo masculino sem, contudo, se flexionar quanto ao número.
    alferes s.m.2n.
        o(s) *alferes*

s.f.2n.
Sigla usada para item lexical que funciona no discurso como substantivo feminino sem, contudo, se flexionar quanto ao número.
    cútis s.f.2n.
        a(s) *cútis*

s.2g.2n.
Sigla usada para item lexical que funciona no discurso como substantivo uniforme e que não se flexiona quanto ao número.
    faixa-preta s.2g.2n.
        o(s) *faixa-preta* (designação de lutador(es) de caratê etc.)
        a(s) *faixa-preta* (designação de lutadora(s) de caratê etc.)

s.m.f.
Sigla usada para item lexical que, funcionando no discurso como substantivo, não tem seu gênero gramatical definitivamente fixado pela norma culta, podendo, pois, ser usado como substantivo masculino ou feminino.
    tapa s.m.f.
        o/a *tapa*

s.m.f.2n.
Sigla usada para item lexical que, funcionando no discurso como substantivo, não tem seu gênero gramatical definitivamente fixado pela norma culta, podendo, pois, ser usado tanto como substantivo masculino quanto feminino, sem, contudo, flexionar-se quanto ao número.
    xerox s.m.f.2n.
        o(s)/a(s) xerox

s.m. s.f.
Sigla usada para item lexical que, funcionando no discurso como

substantivo, pode designar duas diferentes entidades: uma, quando masculina; outra, quando feminina.
    capanga s.m. s.f.
        o *capanga* s.m. "indivíduo valentão"
        a *capanga* s.f. "espécie de sacola"
        o *caguira* (*ü*) s.m. "indivíduo imprestável"
        a *caguira* (*ü*) s.f. "azar no jogo"

s.f. s.m. s.2g.

Sigla usada para item lexical que pode apresentar, conforme a acepção, o gênero feminino, o gênero masculino ou ser um substantivo uniforme, podendo ser masculino, se se referir a um homem, e feminino, se se referir a uma mulher.
    caixa s.f. s.m. s.2g.
        a *caixa* de sapato s.f.
        o *caixa* se extraviou s.m. "livro-caixa"
        o *caixa* do banco é meu amigo/a *caixa* entrou de férias s.2g.

5 Casos em que se indica ou não o gênero feminino de um adjetivo ou de um substantivo

Não se indica o gênero feminino de dois tipos morfológicos de substantivo ou adjetivo. O primeiro tipo compreende aqueles vocábulos nominais cuja flexão de gênero consiste no acréscimo do morfema feminino *-a*, à forma masculina. Nele se incluem tanto os vocábulos terminados em *-r*, *-s* ou *-z*, em que a vogal temática *-e* não se atualiza na forma masculina singular, quanto aqueles cuja forma masculina consiste apenas no radical, terminando estes, sempre, em vogal tônica. Exemplos: *professor/professora, português/portuguesa, juiz/juíza, guri/guria, peru/perua*. O segundo tipo compreende aqueles vocábulos nominais de tema em *-o* e em *-e*, em que a vogal temática, por ser átona final, sofre necessariamente elisão, ao se acrescentar a vogal *-a*, que representa o morfema de gênero feminino. Exemplos: *menino/menina, lobo/loba, mestre/mestra*.

Abre-se, sistematicamente, um verbete remissivo com a forma feminina de todo vocábulo nominal cuja última vogal do radical sofre algum tipo de alteração fonológica ao ser aplicada a regra morfológica de gênero, que consiste no acréscimo do morfema *-a*. Exemplos:
    europeia (*é*) s.f. de *europeu*
    europeu adj. s.m.; fem.: *europeia* (*é*)
    judia s.f. de *judeu*
    judeu adj. s.m.; fem.: *judia*
    avó s.f. de *avô*

avô s.m.; fem.: *avó*
boa (*ô*) adj.f. de *bom*
bom adj.; fem.: *boa*
valentona s.f. de *valentão*
valentão adj. s.m.; fem.: *valentona*
patroa (*ô*) s.f. de *patrão*
patrão s.m.; fem.: *patroa* (*ô*)
ré s.f. de réu
réu s.m.; fem.: *ré*
anã s.f. de *anão*
anão s.m.; fem.: *anã*

Observe-se que, em *ré*, *anã* e em formas tais como *aldeã*, *anciã*, *campeã*, *cidadã* etc., na verdade não ocorre alteração da vogal tônica do radical, na formação do feminino. Nelas, a forma feminina faz-se apenas com o radical; com isso, opondo-se à forma masculina, que contém o radical *anã* + -*o* vogal temática, que se atualiza fonologicamente como semivogal posterior, escrita com *u* em *réu*, com *o* em *anão*.

Outra observação diz respeito ao par *avô/avó*. Nele não ocorre nem a vogal temática -*o*, no masculino singular, nem o morfema -*a* de gênero. Excepcionalmente, o gênero fica indicado pela alternância vocálica -*ô*/-*ó*, alternância esta que está presente, por exemplo, em *senhor/senhora*. No entanto, neste último par, a alternância -*ô*/-*ó* é submorfêmica, ou secundária, já que a ausência *versus* a presença de um morfema de gênero é que é a principal marca distintiva dos gêneros.

Tratando-se, contudo, de vocábulos nominais cuja vogal tônica do radical (*ô*), com o acréscimo dos respectivos morfemas indicadores das flexões de gênero e número, apresenta concomitantemente alternância para (*ó*), o que reforça, incidentalmente, as indicações de gênero e número em vocábulos com tal estrutura mórfica, indica-se este fato no interior do verbete. Exemplos:

famoso (*ô*) adj.; f. e pl.: (*ó*)
senhor (*ô*) adj. s.m. pron.; f.: (*ó*)

Isto quer dizer que as formas *famosa*, *famosas*, *famosos* têm sua vogal tônica aberta, tornando-se, assim, reiterada a informação de gênero e de número de vocábulos com essa estrutura mórfica.
Nota:
Em pares de palavras como *homem/mulher*, *cavalo/égua*, *embaixador/embaixatriz*, *abade/abadessa*, *sacerdote/sacerdotisa*, *galo/galinha* etc., como se sabe, as formas femininas não foram obtidas a partir de um processo morfológico de flexão gramatical de gênero.

| LIII |

Tendo em vista esse fato, cada uma das formas constituintes desses pares será autonomamente registrada.
Assim, ter-se-á: *homem* s.m., *mulher* s.f., *cavalo* s.m., *égua* s.f., *embaixador* s.m., *embaixatriz* s.f., *abade* s.m., *abadessa* s.f., *sacerdote* s.m., *sacerdotisa* s.f., *galo* s.m., *galinha* s.f.

6 Sobre a indicação do plural dos substantivos e adjetivos

Indica-se, invariavelmente, o plural dos adjetivos e substantivos:
- terminados em *-ão*, cujo plural é em *-ãos*, ou *-ães*, ou tem mais de uma forma. Ex.: *irmão/irmãos, cidadão/cidadãos, pão/pães, alemão/alemães, ancião/anciãos, anciães, anciões*;
- compostos em que ocorre hífen. Exemplos: *cana-de-açúcar/canas-de-açúcar, amor-perfeito/amores-perfeitos*.

Observação:
Na indicação do plural dos nomes compostos formados de substantivo + substantivo, apresentam-se sistematicamente duas formas de plural, uma em que apenas o primeiro elemento é pluralizado e outra em que os dois elementos o são. Segundo preceito gramatical, nem todos os substantivos com aquela estrutura deveriam ter os dois elementos pluralizados. Considerando, contudo, que a pluralização desse tipo de palavras não está bem fixada no uso da língua, este Vocabulário segue, nesse particular, a prática lexicográfica dos principais dicionários brasileiros da atualidade. De qualquer maneira, deve-se entender que a primeira das duas formas de plural apresentadas nesta obra é a que os gramáticos costumam indicar como a canônica.

Não se indica a flexão de plural de substantivos, adjetivos e pronomes, nos seguintes casos:
- quando a indicação de plural consiste apenas em acrescentar *-s* ou *-es* à forma do singular; é o caso das palavras terminadas nas vogais *-a, -ã, -e, -o* ou no ditongo *-ei* átonos seguidos ou não de *-m* ou *-n*, nas vogais *-a, -ã, -e, -i, -o, -u* tônicas seguidas ou não de *-m*, nos ditongos orais *-ai, -ei, -oi, -ui, -au, -eu, -iu*, no ditongo nasal *-ãe* ou finalmente em *-r, -s* e *-z*. Exemplos:
casa/casas, mestre/mestres, lobo/lobos, órfã/órfãs, jóquei/jóqueis, homem/homens, bom/bons, nêutron/nêutrons, álbum/álbuns, abará/abarás, café/cafés, você/vocês, caqui/caquis, cipó/cipós, capô/capôs, angu/angus, estai/estais, mingau/mingaus, réu/réus, herói/heróis, tiziu/tizius, mãe/mães, amém/améns, fortim/fortins, atum/atuns, bombom/bombons, amor/amores, mês/meses, feliz/felizes.

- nos adjetivos e substantivos terminados em -*al*, -*el*, -*ol* e -*ul* (tônicos ou átonos) e -*il* átono cujo plural se faz com a terminação -*is*, composta da vogal temática -*e* transformada na semivogal anterior mais o morfema -*s* de plural, terminação que se acrescenta à forma do singular sem o -*l* final. Exemplos: *casal/casais, anel/anéis, afável/afáveis, atol/atóis, azul/azuis, útil/úteis*.
- nos adjetivos e substantivos terminados em -*il* tônico, cujo plural se faz com o morfema -*s*, que se junta à forma do singular sem o -*l* final. Exemplos: *funil/funis, ardil/ardis*.

7 Comentários

Esta 3ª edição do *Pequeno Vocabulário Ortográfico da Língua Portuguesa* difere da anterior e da 5ª edição do *Vocabulário Ortográfico da Língua Portuguesa* pelo fato de neste momento estarmos habilitados a melhorar e corrigir informações aparecidas em ambos os textos lexicográficos.

Sobre o plural de palavras como *bom-caratismo, bom-mocismo, terceiro-mundismo*. Palavras como estas são evidentemente derivadas de *bom-caráter, bom-moço* e *terceiro-mundo*. Na forma primitiva em cada uma delas os dois componentes se flexionam: **bons-caracteres, bons-moços, terceiros-mundos*, seguindo a norma de acordo com a qual um vocábulo composto de adjetivo e substantivo terá os dois componentes pluralizados. Deve-se, porém, levar em consideração o fato de que isto acontece porque, ali, o adjetivo está restringindo a acepção do substantivo. Ora, quando, a partir desse vocábulo composto, se forma um derivado sufixal, neste novo vocábulo a relação entre o adjetivo e o substantivo se congela, passando o segmento *bom-caráter-* a funcionar como um morfema radical tão unitário quanto o é o radical *absolut-* em *absolutismo*. O plano fonológico, inclusive, evidencia este fato com a perda da tonicidade secundária sobre o componente *bom* em *bom-caratismo*, acentuação essa que ocorre em *bom-caráter. Em derivados dessa natureza, só se flexiona, portanto, o segundo termo, aquele que recebe o sufixo. Daí que se têm em Português as formas plurais *bom-caratismos, bom-mocismos, terceiro-mundismos*. Às vezes, compostos como esses são provenientes não de um vocábulo primitivo composto mas de uma locução nominal *adjetivo + substantivo, substantivo + adjetivo* ou *substantivo + preposição + substantivo*, como em muitos gentílicos: *mato-grossense* [Mato Grosso], *rio-clarense* [Rio Claro], *sul-americano* [América do Sul], cujos respectivos plurais serão *mato-grossenses, rio-clarenses, sul-americanos*. Em substantivos com tal estrutura morfológica, este *Vocabulário* apresentará uma única forma de plural, observando a verdadeira norma do Português, para casos desse tipo.

Sobre o plural de *cinta-calça, cinta-liga*. O que caracteriza palavras como estas é que os dois termos nominais que a compõem mantêm entre si uma relação de coordenação aditiva. De fato, os objetos descritos nas duas palavras compostas valem ao mesmo tempo por *cinta* e por *calça*, o primeiro, e por *cinta* e por *liga*, o segundo. Em casos de compostos em que os componentes mantêm entre si uma relação de coordenação, os gramáticos recomendam a pluralização dos dois termos. Os dicionários, Aurélio e Houaiss, não obstante, admitem, em geral, dois plurais para palavras compostas por dois substantivos, sem levar em conta aspectos como os que estamos examinando, atitude dada como boa pelo VOLP, desde a quarta edição. *Cinta-calça, cinta-liga* são, quanto à estrutura semântico-morfológica, diferentes, por exemplo, de uma palavra como *mestre-sala*. Aqui, como se percebe, o segundo termo -*sala* restringe o primeiro *mestre*-. Realmente, *mestre-sala* é o condutor de uma cerimônia (*mestre*) que ocorre num recinto (*sala*). Ora, ensinam os gramáticos que o plural de palavras como *mestre-sala* é *mestres-sala*, exclusivamente. Levando, contudo, em consideração a norma estabelecida algo abusiva e simplificadoramente por esses dois dicionários e acatada pelo VOLP, apresentamos nesses casos duas formas de plural. A particularidade é que neste *Vocabulário*, como está dito na observação do tópico 6 das **Normas Editoriais**, ao indicar as duas formas, dá-se a elas uma hierarquia na apresentação, vindo em primeiro lugar, a recomendada pela norma dos gramáticos e, em segundo, a outra. Tendo isso em vista, segue-se que o plural de *cinta-calça* é *cintas-calças* e *cintas-calça*. E o plural de *cinta-liga* é: *cintas-ligas* e *cintas-liga*. Já o de *mestre-sala* será: *mestres-sala* e *mestres-salas*.

Sobre a pronúncia do -*x* em final de palavras. Neste *Vocabulário* ocorrem cerca de vinte e nove palavras terminadas em -*x*. Citam-se, a seguir, todas elas com a respectiva ortoepia do -*x*.

anticlímax (*cs*), bórax (*cs*), cálix (*s*), clímax (*cs*), cóccix (*s*), códex (*cs*), córtex (*cs*), duplex (*cs*), dúplex (*cs*), durex (*cs*), escólex (*cs*), fax (*cs*), fênix (*s*), flux (*s*), hálux (*cs*), hápax (*cs*), índex (*cs*), inox (*cs*), látex (*cs*), ônix (*cs*), pirex (*cs*), telex (*cs*), tórax (*cs*), tostex (*cs*), triplex (*cs*), tríplex (*cs*), unissex (*cs*) xerox (*cs*), xérox (*cs*). Como se vê, destas somente quatro têm o -*x* final pronunciado como se pronuncia o -*s* final das palavras em português. São elas *cálix* (*s*), *cóccix* (*s*), *fênix* (*s*), *flux* (*s*).

Dentre as demais, *duplex*, *fax*, *telex* e *xerox* apresentam uma segunda forma plural em -*es*, visivelmente por uma forte influência da morfologia inglesa: *duplexes*, *faxes*, *telexes* e *xeroxes*, todas documentadas nos *corpora* pesquisados. As restantes são palavras morfologicamente invariáveis quanto ao número. Ainda que se postulem *cálices* e *fênices* como formas do plural de *cálix* e de *fênix* respectivamente, este *Vocabulário* sustenta o princípio de que ambas as palavras são invariáveis quanto ao número. Primeiro, porque, de acordo com as regras morfológicas de flexão de número no português, não se pode caracterizar a relação -ix/-ices como um processo flexional de número no Português. Segundo, porque nos documentos compulsados comprova-se que ambas as palavras [*cálix* e *fênix*] tanto podem expressar o singular quanto o plural. Ressalte-se que, para *fênix* no plural só se encontra uma única ocorrência e nenhuma de *fênices*, forma às vezes proposta para o plural de *fênix*. Já a forma *cálices* é evidentemente produto da aplicação da regra morfológica de flexão de número sobre a base *cálice*, palavra de origem latina que guarda morfologicamente uma relação diacrônica, mas não sincrônica, com *cálix*.

Sobre a ortoépia dos vocábulos *einsteiniano* e *gramsciano*. Como se sabe, são palavras formadas em português a partir de antropônimos estrangeiros: *Einstein* e *Gramsci*. Sempre que numa palavra seu radical ou parte dele apresentar uma grafia que não permite ao usuário prever exatamente qual a sua pronúncia, reproduzimo-la ortoepicamente. Assim, o nome *Einstein* sugere a seguinte representação fonética [ainistáini] e não [ãistãi] e o nome *Gramsci* sugere a seguinte representação fonética [grâmichi] e não [grânchi]. Segundo nossa percepção, em *Einstein* as duas ocorrências da letra *n* soam com o valor consonantal que o *n* tem em palavras do português como *anine* (subj.pres. 3ª p.sing. do v. *aninar*) *pânico*, *acetilene*, *Elaine*. E não o valor do *n* em palavras como *entrar*, *hífen*. Já o nome *Gramsci* aos ouvidos de um falante nativo de português soa como um vocábulo proparoxítono, tendo, pois, o *m* necessariamente valor consonantal, isto é, ouve-se nitidamente uma sílaba -*mi*- depois da sílaba tônica. Daí a representação da pronúncia [grâmichi] e não [grânchi]. Sendo assim, os adjetivos do português *einsteiniano* e *gramsciano* são representados ortoepicamente como [ainistainiano] e [gramichiano].

Representação ortoépica do *h* aspirado em palavras portuguesas com radical não vernáculo. As palavras *hiponga*, *hipongo*, *hippismo*, *hitchcockiano*, *hitleriano*, *hitlerismo*, *hitlerista*, *hobbesianismo*, *hollywoodiano*, *humboldtiano*, *husserliano* têm todas o *h* inicial pronunciado como o *r* inicial de palavras do português como *rima*, *rota*, russo, que vale como uma consoante fricativa velar surda, pronúncia comum a grande parte do dialeto português do Brasil, como no do Rio de Janeiro, no de Minas Gerais, no do Norte, no do Nordeste em geral, parcialmente no de São Paulo. Será então aquele *h* inicial representado ortoepicamente por esse [r].

O fem. de *incréu*. Para o adjetivo *incréu* não se indica forma feminina "increia", pelo simples fato de que historicamente esta praticamente jamais existiu. A forma *incréu*, que é até certo ponto um anacronismo, está registrada, porque foi encontrada documentação recente para a mesma, ainda que rara. Na verdade, no português contemporâneo usa-se *incrédulo*.

Plural com deslocamento da sílaba tônica. As palavras que se seguem sofrem sistematicamente deslocamento da sílaba tônica ao se lhes aplicar a regra morfológica de flexão de número.

caráter s.m.; pl.: *caracteres*

espécimen s.m.; pl.: *especímenes* ou *espécimens* (esta sem a mudança da sílaba tônica)

júnior s.m.; pl.: *juniores* (ô)

sênior s.m.; pl.: *seniores* (ô)

O mesmo não ocorre com *esfíncter*, cujo plural preferencial é *esfíncteres*. Raramente ocorre *esfincteres*.

Ladra, ladrona, ladroa. A palavra *ladra* não se coloca como feminino de *ladrão*, visto que morfologicamente não é flexão daquele, diferentemente de *ladrona* e *ladroa* que o são.

Sobre *bar-mitzvá*. Esta é a grafia oficial da ABL desde pelo menos a 2ª edição do VOLP em 1998 para este hebraísmo.

Palavras compostas como *meia-tigela* s.f. não têm seu plural indicado pelo fato de que só ocorre na locução *de meia-tigela*, onde obviamente ela jamais é usada no plural.

8 Siglas usadas

A) genéricas

adj.	adjetivo
adv.	advérbio
art.	artigo
conj.	conjunção
interj.	interjeição
num.	numeral
prep.	preposição
pron.	pronome
s.	substantivo
v.	verbo

B) específicas

f.	feminino
fem.	feminino (usa-se no interior do verbete)
2g.	dois gêneros (usa-se para substantivos ou adjetivos uniformes)
m.	masculino
pl.	plural

Abreviaturas

afr.	africâner
al.	alemão
ár.	árabe
chin.	chinês
cf.	confira
contr.	contração
el.	elemento
esp.	espanhol
esp. plat.	espanhol platense
fl.	flexão
fr.	francês
hebr.	hebraico
ingl.	inglês
it.	italiano
jap.	japonês
lat.	latim
port.	português
rom.	romeno
rus.	russo
sâns.	sânscrito
su.	sueco
voc.	vocábulo

Sinais

<	proveniente de

Vocabulário

Aa

a s.m. art., pron. e prep.
à contr. de *a* (prep.) + *a* (art. ou pron.)
aba s.f.
abaçanado adj.
abacatada s.f.
abacate s.m.
abacate-do-mato s.m.; pl.: *abacates-do-mato*
abacateiro s.m.
abacaxi s.m.
abacaxibirra s.f.
abacaxi-branco s.m.; pl.: *abacaxis-brancos*
abacaxi-de-tingir s.m.; pl.: *abacaxis-de-tingir*
abacaxi-silvestre s.m.; pl.: *abacaxis-silvestres*
abacaxizeiro s.m.
abacial adj.2g.
abacista s.2g.
ábaco s.m.
abada s.f.
abadá s.m.
abade s.m.
abadejo (*é* ou *ê*) s.m.
abadesco (*ê*) adj.
abadessa (*ê*) s.f.
abadia s.f.
abadiado adj. s.m.
abado adj.
abafa-banana s.m.; pl.: *abafa-bananas*
abafa-banca s.m.; pl.: *abafa-bancas*
abafadiço adj.
abafador (*ô*) adj. s.m.
abafamento s.m.
abafante adj.2g.
abafar v.
abafeiro s.m.
abafo s.m.
abafume s.m.
abagualado adj.
abagunçado adj.
abaianado adj.
abaixadela s.f.
abaixado adj.
abaixador (*ô*) adj. s.m.
abaixados s.m.pl.
abaixamento s.m.
abaixar v.
abaixável adj.2g.
abaixo adv.
abaixo-assinado s.m.; pl.: *abaixo-assinados*

abajur s.m.
abalado adj.
abalador (*ô*) adj.
abalar v.
abalável adj.2g.
abalizado adj.
abalizamento s.m.
abalizar v.
abalizável adj.2g.
abalo s.m.
abaloado adj.
abaloso (*ô*) adj.; f. e pl.: (*ó*)
abalroada s.f.
abalroado adj.
abalroamento s.m.
abalroar v.
abambaé s.m.
abanação s.f.
abanadela s.f.
abanado adj.
abanador (*ô*) adj. s.m.
abanamento s.m.
abanar v.
abancado adj.
abancar v.
abandeirado adj.
abandidado adj.
abandidar v.
abandonado adj. s.m.
abandonar v.
abandono s.m.
abano s.m.
abantesma (*ê*) s.m.f.
abará s.m.
abarbarado adj.
abarcado adj.
abarcante adj.2g.
abarcar v.
abarcável adj.2g.
abaré s.m.
abaritonado adj.
abarracado adj.
abarracar v.
abarrotado adj.
abarrotamento s.m.
abarrotar v.
abastado adj. s.m.
abastardado adj.
abastardamento s.m.
abastardar v.
abastecedor (*ô*) adj. s.m.
abastecer v.
abastecido adj.
abastecimento s.m.
abatatado adj.

abatatar-se v.
abate s.m.
abatedor (*ô*) adj. s.m.
abatedouro s.m.
abater v.
abatido adj.
abatimento s.m.
abaulado adj.
abaulamento s.m.
abaular v.
abc s.m.
abcedário s.m.
abcesso s.m.
abcissa s.f.
abdicação s.f.
abdicar v.
abdome s.m.
abdômen s.m.
abdominal adj.2g. s.m.
abdução s.f.
abdutor (*ô*) adj. s.m.
abduzido adj.
abduzir v.
abebé s.m.
abeberado adj.
abeberar v.
abecado adj.
abecar v.
abecê s.m.
á-bê-cê s.m.; pl.: *á-bê-cês*
abecedário s.m.
abeirar v.
abelha (*ê*) s.f.
abelha-africana s.f.; pl.: *abelhas-africanas*
abelha-de-chão s.f.; pl.: *abelhas-de-chão*
abelha-mosquito s.f.; pl.: *abelhas-mosquito* e *abelhas-mosquitos*
abelheira s.f.
abelhudar v.
abelhudice s.f.
abelhudismo s.m.
abelhudo adj. s.m.
abemolado adj.
abencerrage adj. s.2g.
abençoado adj.
abençoar v.
aberração s.f.
aberrante adj.2g.
aberrantemente adv.
aberrar v.
aberta s.f.
abertamente adv.

aberto adj. s.m.
abertura s.f.
aberturado adj.
aberturar v.
abespinhado adj.
abespinhar v.
abestado adj.
abestalhado adj.
abestalhamento s.m.
abeto (ê) s.m.
abeto-balsâmico s.m.; pl.:
  abetos-balsâmicos
abicadouro s.m.
abicalhado adj.
abicar v.
abichalhado adj. s.m.
abichar v.
abichornado adj.
abieiro s.m.
abieiro-da-mata s.m.; pl.:
  abieiros-da-mata
abilolado adj.
abio s.m.
abio-de-casca-fina s.m.; pl.:
  abios-de-casca-fina
abio-do-mato s.m.; pl.: *abios--do-mato*
abiótico adj.
abiscoitar v.
abismado adj.
abismal adj.2g.
abismamento s.m.
abismante adj.2g.
abismar v.
abismo s.m.
abissal adj.2g.
abissínio adj. s.m.
abjeção s.f.
abjetamente adv.
abjeto adj. s.m.
abjudicar v.
abjuração s.f.
abjuramento s.m.
abjurar v.
ablação s.f.
ablativo adj. s.m.
ablução s.f.
abluir v.
abnegação s.f.
abnegadamente adv.
abnegado adj. s.m.
abnormal adj.2g.
abnormalidade s.f.
abóbada s.f.
abobadado adj.
abobado adj.
abobalhado adj.
abobalhar v.
abobar v.
abóbora adj.2g.2n. s.m. s.f.
abóbora-amarela s.f.; pl.:
  abóboras-amarelas
abóbora-cabaça s.f.; pl.:
  abóboras-cabaça e *abóboras--cabaças*

abóbora-d'água s.f.; pl.:
  abóboras-d'água
abóbora-moranga s.f.; pl.:
  abóboras-morangas
aboboreira s.f.
abobrinha s.f.
abocanhado adj.
abocanhador (ô) adj. s.m.
abocanhamento s.m.
abocanhar v.
abocar v.
abodegado adj.
abodegar v.
abodego (ê) s.m.
aboiado s.m.
aboiar v.
aboieiro s.m.
aboio (ô) s.m.; cf. *aboio* (ó), fl.
  do v. *aboiar*
abolerado adj.
aboletado adj.
aboletar v.
abolição s.f.
abolicionismo s.m.
abolicionista adj. s.2g.
abolido adj.
abolir v.
abombado adj.
abominação s.f.
abominado adj.
abominar v.
abominável adj.2g.
abomínio s.m.
abominoso (ô) adj.; f. e pl.: (ó)
abonação s.f.
abonado adj. s.m.
abonador (ô) adj. s.m.
abonar v.
abonatório adj.
abonável adj.2g.
abono s.m.
abordado adj.
abordagem s.f.
abordar v.
abordável adj.2g.
aborígene adj. s.2g.
aborígine adj. s.2g.
aborrecedor (ô) adj. s.m.
aborrecer v.
aborrecidamente adv.
aborrecido adj.
aborrecimento s.m.
aborrecível adj.2g.
aborrido adj.
abortado adj.
abortamento s.m.
abortar v.
abortável adj.2g.
aborteira s.f.
aborteiro adj. s.m.
abortista adj. s.2g.
abortivo adj. s.m.
aborto (ô) s.m.; cf. *aborto*, fl.
  do v. *abortar*

aboticado adj.
aboticar v.
abotinado adj.
abotoado adj. s.m.
abotoadura s.f.
abotoamento s.m.
abracadabra s.m.
abraçado adj.
abraçar v.
abraço s.m.
abrandado adj.
abrandamento s.m.
abrandar v.
abrangedor (ô) adj.
abrangência s.f.
abrangente adj.2g.
abranger v.
abrangido adj.
abrangível adj.2g.
abrasado adj.
abrasador (ô) adj.
abrasamento s.m.
abrasante adj.2g.
abrasão s.f.
abrasar v.
abrasileirado adj.
abrasileiramento s.m.
abrasileirar v.
abrasivo adj. s.m.
abre-alas s.m.2n.
abrenunciar v.
abrenúncio s.m. interj.
abre-olhos s.m.2n.
abreugrafia s.f.
abreviação s.f.
abreviadamente adv.
abreviado adj.
abreviador (ô) adj. s.m.
abreviamento s.m.
abreviar v.
abreviatório adj.
abreviatura s.f.
abreviável adj.2g.
abricó s.m.
abricô s.m.
abricó-amarelo s.m.; pl.:
  abricós-amarelos
abricó-da-praia s.m.; pl.:
  abricós-da-praia
abricó-do-brasil s.m.; pl.:
  abricós-do-brasil
abricoteiro s.m.
abrideira s.f.
abridela s.f.
abridor (ô) s.m.
abrigado adj. s.m.
abrigadouro s.m.
abrigamento s.m.
abrigar v.
abrigo s.m.
abril s.m.
abrilhantado adj.
abrilhantador (ô) adj. s.m.
abrilhantamento s.m.

abrilhantar | 5 | acamado

abrilhantar v.
abrir v.
abrochado adj.
ab-rogação s.f.
ab-rogado adj.
ab-rogador (ô) adj. s.m.
ab-rogamento s.m.
ab-rogante adj.2g.
ab-rogar v.
ab-rogativo adj.
ab-rogatório adj.
ab-rogável adj.2g.
abrolhado adj.
abrolhar v.
abrolho (ô) s.m.; pl. (ó)
abrolho-aquático s.m.; pl.:
　abrolhos-aquáticos
abrolhoso (ô) adj.; f. e pl.: (ó)
abroquelado adj.
abroquelar v.
abrumado adj.
abrumar v.
abruptamente adv.
ab-ruptamente adv.
abrupto adj.
ab-rupto adj.
abrutado adj.
abrutalhado adj.
abrutalhar v.
abrutamento s.m.
abscesso s.m.
abscissa s.f.
abscôndito adj.
absconso adj. s.m.
absenteísmo s.m.
absenteísta adj. s.2g.
absentismo s.m.
absentista adj. s.2g.
abside s.f.
absinto s.m.
absolutamente adv.
absolutismo s.m.
absolutista adj. s.2g.
absolutização s.f.
absolutizado adj.
absolutizante adj.2g.
absolutizar v.
absoluto adj. s.m.
absolutório adj.
absolver v.
absolvição s.f.
absolvido adj.
absorção s.f.
absorto (ô) adj.
absorvedor (ô) adj. s.m.
absorvente adj.2g. s.m.
absorver v.
absorvição s.f.
absorvido adj.
absorvível adj.2g.
abstêmio adj. s.m.
abstenção s.f.
abstencionismo s.m.
abstencionista adj. s.2g.

abster v.
abstinência s.f.
abstinente adj. s.2g.
abstração s.f.
abstracionismo s.m.
abstracionista adj. s.2g.
abstraído adj.
abstrair v.
abstratamente adv.
abstrativo adj.
abstratização s.f.
abstratizado adj.
abstratizante adj.2g.
abstratizar v.
abstratizável adj.2g.
abstrato adj.
abstruso adj.
absurdamente adv.
absurdez (ê) s.f.
absurdismo s.m.
absurdista adj.2g.
absurdo adj. s.m.
abufelar-se v.
abulia s.f.
abúlico adj. s.m.
abulismo s.m.
abundância s.f.
abundante adj.2g.
abundantemente adv.
abundar v.
aburguesado adj.
aburguesamento s.m.
aburguesar v.
abusado adj.
abusador (ô) adj. s.m.
abusão s.f.
abusar v.
abusivamente adv.
abusivo adj.
abuso s.m.
abutre s.m.
aça adj. s.2g. "albino"; cf. assa
　s.f. e fl. do v. assar
acabado adj. s.m.
acabadora (ô) s.f.
acaba-lambança s.f.; pl.:
　acaba-lambanças
acabamento s.m.
acabanado adj.
acabar v.
acaboclado adj.
acabrunhado adj.
acabrunhador (ô) adj.
acabrunhamento s.m.
acabrunhante adj.2g.
acabrunhar v.
acaçapado adj.
acaçapar v.
acachapado adj.
acachapador (ô) adj. s.m.
acachapamento s.m.
acachapante adj.2g.
acachapantemente adv.
acachapar v.

acachoeirado adj.
acácia s.f.
acácia-amarela s.f.; pl.:
　acácias-amarelas
acácia-branca s.f.; pl.: acácias-
　-brancas
acácia-de-flores-vermelhas
　s.f.; pl.: acácias-de-flores-
　-vermelhas
acácia-falsa s.f.; pl.: acácias-
　-falsas
acacianamente adv.
acácia-negra s.f.; pl.: acácias-
　-negras
acacianismo s.m.
acaciano adj. s.m.
açacu s.m.
acaculado adj.
açacuzeiro s.m.
academia s.f.
academicamente adv.
academicismo s.m.
academicista adj.2g.
acadêmico adj. s.m.
academismo s.m.
academizante adj. s.2g.
academizar v.
acádio adj. s.m.
acafajestado adj.
acafajestar v.
açafrão s.m.
acafuzado adj.
açaí s.m.
açaí-branco s.m.; pl.: açaís-
　-brancos
açaimar v.
açaí-mirim s.m.; pl.: açaís-
　-mirins
açaimo s.m.
acaipirado adj.
acaipiramento s.m.
açaizal s.m.
açaizeiro s.m.
acajá s.m.
acaju s.m.
acaju-catinga s.m.; pl.: acajus-
　-catinga e acajus-catingas
acalanto s.m.
acalasia s.f.
acalcanhado adj.
acalcanhamento s.m.
acalcanhar v.
acalentado adj.
acalentar v.
acalento s.m.
acalmada s.f.
acalmado adj.
acalmar v.
acalmia s.f.
acaloradamente adv.
acalorado adj.
acaloramento s.m.
acalorar v.
acamado adj.

acamamento s.m.
acamar v.
acamaradado adj.
acamaradar v.
açambarcador (ô) adj. s.m.
açambarcamento s.m.
açambarcar v.
acampado adj.
acampamento s.m.
acampanar v.
acampar v.
acamurçado adj.
acanalhado adj.
acanalhamento s.m.
acanalhante adj.2g.
acanalhar v.
acanelado adj.
acangaceirado adj.
acanhadamente adv.
acanhadão adj. s.m.; fem.: acanhadona
acanhado adj.
acanhadona s.f.
acanhamento s.m.
acanhar v.
acanho s.m.
acantácea s.f.
acantonado adj.
acantonamento s.m.
acantonar v.
ação s.f.
acapangado adj.
acapangar v.
acaparado adj.
acaparador (ô) s.m.
acaparar v.
acapu s.m.
acará s.m.
acará-açu s.m.; pl.: acarás-
-açus
acarajé s.m.
acaramelado adj.
acaramelar v.
acareação s.f.
acareado adj.
acarear v.
acari s.m.
acariciado adj.
acariciador (ô) adj. s.m.
acariciamento s.m.
acariciante adj.2g.
acariciar v.
acaricida adj.2g. s.m.
acarinhado adj.
acarinhante adj.2g.
acarinhar v.
acarino adj. s.m.
acarinose s.f.
acariocado adj.
acariocar v.
acarneirado adj.
ácaro s.m.
acarpetado adj.
acarpetar v.

acarrapachado adj.
acarretar v.
acartonado adj.
acarvoado adj.
acasalamento s.m.
acasalar v.
acaso s.m. adv.
acastanhado adj.
acastelado adj.
acatado adj.
acatamento s.m.
acatar v.
acatassolamento s.m.
acatisia s.f.
acato s.m.
acauã s.m.f.
acausalismo s.m.
acautelado adj.
acautelador (ô) adj. s.m.
acautelamento s.m.
acautelar v.
acavalado adj.
acavalamento s.m.
acavalar v.
acavalgamento s.m.
acebolado adj.
acebolar v.
aceder v.
acefalia s.f.
acéfalo adj.
aceiro s.m.
aceitabilidade s.f.
aceitação s.f.
aceitante adj. s.2g.
aceitar v.
aceitável adj.2g.
aceite s.m.
aceito adj.
aceleração s.f.
acelerado adj. s.m.
acelerador (ô) adj. s.m.
aceleramento s.m.
acelerando s.m. adv.
acelerante adj.2g.
acelerar v.
acelerativo adj.
aceleratório adj.
acelerômetro s.m.
acelga s.f.
acelga-brava s.f.; pl.: acelgas-
-bravas
acelga-vermelha s.f.; pl.: acelgas-vermelhas
acelular adj.2g.
acém s.m.
acenado adj.
acenar v.
acendalha s.f.
acende-candeia s.f.; pl.: acende-candeias
acendedor (ô) adj. s.m.
acender v. "atear fogo"; cf. ascender
acendido adj.

acendimento s.m.
acendível adj.2g.
acendrado adj.
acendrar v.
acenestesia s.f.
acenestésico adj.
acenestético adj.
aceno s.m.
acenoso (ô) adj.; f. e pl.: (ó)
acenso s.m.
acento s.m. "inflexão"; cf. assento s.m. e fl. do v. assentar
acentuação s.f.
acentuadamente adv.
acentuado adj.
acentuar v.
acepção s.f.
acepilhar v.
acepipe s.m.
acerado adj.
acerar v.
acerbado adj.
acerbamente adv.
acerbidade s.f.
acerbo adj.
acerca (ê) adv.; cf. acerca, fl. do v. acercar
acercar v.
acerola s.f.
acérrimo adj.
acertadamente adv.
acertado adj.
acertador (ô) s.m.
acertamento s.m.
acertar v.
acerto (ê) s.m. "ajuste"; cf. acerto, fl. do v. acertar, asserto (ê) s.m. e asserto, fl. do v. assertar
acervo (ê) s.m.
aceso (ê) adj.
acessado adj.
acessão s.f.
acessar v.
acessibilidade s.f.
acessional adj.2g.
acessível adj.2g.
acesso s.m.
acessório adj. s.m.
acetábulo s.m.
acetaldeído s.m.
acetato s.m.
acético adj. "relativo ao vinagre"; cf. ascético
acetilcolina s.f.
acetileno s.m.
acetilênico adj.
acetileno s.m.
acetilsalicílico adj.
acetinado adj.
acetinar v.
acetona s.f.
acetonitrila s.f.
acha s.f.

achacadiço adj.
achacado adj. s.m.
achacador (ô) adj. s.m.
achacar v.
achado adj. s.m.
achador (ô) adj. s.m.
achamalotado adj.
achamento s.m.
achaque s.m.
achar v.
achatado adj.
achatamento s.m.
achatar v.
achega (ê) s.f.
achegado adj.
achegar v.
achego (ê) s.m.
achicar-se v.
achincalhado adj.
achincalhamento s.m.
achincalhar v.
achincalhe s.m.
achismo s.m.
achocolatado adj. s.m.
achômetro s.m.
aciaria s.f.
acicatado adj.
acicatar v.
acicate s.m.
acicatear v.
acíclico adj.
acicular v. adj.2g.
acidamente adv.
acidentado adj. s.m.
acidental adj.2g.
acidentalidade s.f.
acidentalismo s.m.
acidentalista s.2g.
acidentalmente adv.
acidentar v.
acidentário adj.
acidente s.m.
acidez (ê) s.f.
acídia s.f.
acidificação s.f.
acidificado adj.
acidificante adj.2g.
acidificar v.
ácido adj. s.m.
acidogênico adj.
acidose s.f.
acidulação s.f.
acidulado adj.
acidulante adj.2g. s.m.
acidular v.
aciganado adj.
acima adv.
acimentado adj.
acinte s.m.
acintosamente adv.
acintoso (ô) adj.; f. e pl.: (ó)
acinturado adj.
acinzentado adj.
acinzentar v.

acionador (ô) adj. s.m.
acionamento s.m.
acionar v.
acionariamente adv.
acionário adj.
acionável adj.2g.
acionista adj. s.2g.
acirradamente adv.
acirrado adj.
acirramento s.m.
acirrar v.
aclamação s.f.
aclamado adj.
aclamar v.
aclarado adj.
aclaramento s.m.
aclarar v.
aclarear v.
aclimação s.f.
aclimar v.
aclimatação s.f.
aclimatado adj.
aclimatar v.
aclive s.m.
aclividade s.f.
aclorofilado adj.
acme s.m. "ponto mais alto"; cf. *acne*
acmeísmo s.m.
acmeísta s.2g.
acne s.f. "espinha"; cf. *acme*
aço adj. s.m. "liga de ferro e carbono"; cf. *asso*, fl. de *assar*
acobertado adj.
acobertador (ô) adj.
acobertamento s.m.
acobertar v.
acobreado adj.
acochado adj.
acochambramento s.m.
acochambrar v.
acochar v.
acocho (ô) s.m.; cf. *acocho*, fl. do v. *acochar*
acocorado adj.
acocorar v.
açodadamente adv.
açodado adj. s.m.
açodamento s.m.
açodar v.
acoimar v.
açoita-cavalo s.m.; pl.: *açoita-cavalos*
açoitamento s.m.
açoitar v.
açoite s.m.
açoiteira s.f.
acolá adv.
acolado adj.
acolamento s.m.
acolar v.
acolchoado adj. s.m.
acolchoamento s.m.

acolchoar v.
acolhedor (ô) adj.
acolhedoramente adv.
acolher v.
acolherado adj.
acolherar v.
acolhida s.f.
acolhimento s.m.
acolitado adj.
acolitar v.
acólito s.m.
acometedor (ô) adj. s.m.
acometer v.
acometida s.f.
acometimento s.m.
acomodação s.f.
acomodado adj.
acomodador (ô) s.m.
acomodamento s.m.
acomodar v.
acomodatício adj.
acompadrar v.
acompanhado adj.
acompanhador (ô) adj. s.m.
acompanhamento s.m.
acompanhante adj. s.2g.
acompanhar v.
aconchegado adj.
aconchegante adj.2g.
aconchegar v.
aconchego (ê) s.m.
acondicionado adj.
acondicionamento s.m.
acondicionar v.
acondroplasia s.f.
acondroplásico adj.
aconitina s.f.
acônito s.m.
aconselhador (ô) adj. s.m.
aconselhamento s.m.
aconselhar v.
aconselhável adj.2g.
acontecência s.f.
acontecer v.
acontecido s.m.
acontecimento s.m.
acoplado adj.
acoplagem s.f.
acoplamento s.m.
acoplar v.
acoplável adj.2g.
acorcundado adj.
acordado adj.
acórdão s.m.
acordar v.
acorde adj. s.m.
acordeão s.m.
acordeom s.m.
acordeonista s.2g.
acordo (ô) s.m.; cf. *acordo*, fl. do v. *acordar*
acordoamento s.m.
açoriano adj. s.m.
açorita s.f.

acoroçoar v.
acorrência s.f.
acorrentado adj.
acorrentamento s.m.
acorrentar v.
acorrer v.
acossado adj.
acossamento s.m.
acossar v.
acostamento s.m.
acostar v.
acostumado adj.
acostumar v.
acotovelado adj.
acotovelamento s.m.
acotovelar v.
açougue s.m.
açougueiro s.m.
acovardado adj.
acovardamento s.m.
acovardar v.
acracia s.f.
acrania s.f.
acre adj.2g. s.m.
acreditado adj.
acreditar v.
acreditável adj.2g.
acre-doce adj.2g.; pl.: acre-doces
acrescentamento s.m.
acrescentar v.
acrescer v.
acrescido adj.
acréscimo s.m.
acriançado adj.
acriançar v.
acriano adj. s.m.
acribia s.m.
acrílico s.m.
acrimônia s.f.
acrimonioso (ô) adj.; f. e pl.: (ó)
acrisolado adj.
acrisolar v.
acriticamente adv.
acrítico adj.
acroá adj. s.2g.
acrobacia s.f.
acrobata s.2g.
acróbata s.2g.
acrobaticamente adv.
acrobático adj.
acrocefalia s.f.
acrofobia s.f.
acrografia s.f.
acromania s.f.
acromático adj.
acromatópico adj. s.m.
acromegalia s.f.
acromegálico adj.
acrônimo s.m.
acrópole s.f.
acrossomo s.m.
acróstico s.m.

actancial adj.2g.
actante s.2g.
actínia s.f.
actiniário adj. s.m.
actínico adj.
actinídeo s.m.
actínio s.m.
actinolita s.f.
actinomicete s.m.
actinomiceto s.m.
actinomicina s.f.
actinomicose s.f.
actinoterapia s.f.
acuação s.f.
acuado adj.
acuamento s.m.
acuar v.
açúcar s.m.
açucarado adj.
açucaramento s.m.
açucarar v.
açúcar-cande s.m.; pl.: açúcares-cande e açúcares-candes
açúcar-cândi s.m.; pl.: açúcares-cândi e açúcares-cândis
açucareiro adj. s.m.
açucena s.f.
açudagem s.f.
açudamento s.m.
açudar v.
açude s.m.
acudir v.
acuidade s.f.
açulado adj.
açulamento s.m.
açular v.
aculear v.
açuleiro s.m.
acúleo s.m.
açulerado adj.
açulerar v.
aculturação s.f.
aculturado adj.
aculturador (ô) adj. s.m.
aculturamento s.m.
aculturante adj.2g.
aculturar v.
aculturativo adj.
acume s.m.
acúmen s.m.
acuminado adj.
acumpliciado adj.
acumpliciamento s.m.
acumpliciar v.
acumulação s.f.
acumulada s.f.
acumuladamente adv.
acumulado adj.
acumulador (ô) s.m.
acumular v.
acumulativamente adv.
acumulativismo s.m.

acumulativo adj.
acumulável adj.2g.
acúmulo s.m.
acunhar v.
acupuntor (ô) s.m.
acupuntura s.f.
acupunturista s.2g.
acuradamente adv.
acurado adj.
acurar v.
acuri s.m.
acurvado adj.
acusação s.f.
acusado adj. s.m.
acusador (ô) adj. s.m.
acusadoramente adv.
acusante adj. s.2g.
acusar v.
acusativo adj. s.m.
acusatório adj.
acústica s.f.
acusticamente adv.
acústico adj.
acutilar v.
acutíssimo adj.
adaga s.f.
adagiário s.m.
adágio s.m.
adamado adj.
adamantino adj.
adamascado adj.
adâmico adj.
adamismo s.m.
adamítico adj.
adaptabilidade s.f.
adaptação s.f.
adaptado adj. s.m.
adaptador (ô) adj. s.m.
adaptar v.
adaptativo adj.
adaptável adj.2g.
adarrum s.m.
ad-digital adj.2g.
ad-digitalizar v.
adega s.f.
adegueiro s.m.
adejar v.
adejo (ê) adj. s.m.
adelgaçado adj.
adelgaçamento s.m.
adelgaçar v.
ademais adv.
ademanes s.m.pl.
ademão s.m.
ademocrático adj.
adendar v.
adendo s.m.
adenite s.f.
adenocarcinoma s.m.
adenoide (ó) s.f.
adenoidiano adj.
adenoidite s.f.
adenoma s.m.
adenomatoso (ô) adj. ; f. e pl.: (ó)

adenopatia | 9 | adubadora

adenopatia s.f.
adenosina s.f.
adenovírus s.m.2n.
adensado adj. s.m.
adensamento s.m.
adensar v.
adentrar v.
adentro adv.
adepto adj.
adequabilidade s.f.
adequação s.f.
adequadamente adv.
adequado adj.
adequar v.
adereçar v.
aderecista s.2g.
adereço (ê) s.m.
aderência s.f.
aderente adj. s.2g.
aderido adj.
aderir v.
adernado adj.
adernamento s.m.
adernar v.
adesão s.f.
adesismo s.m.
adesista adj. s.2g.
adesivo adj. s.m.
adestrado adj.
adestrador (ô) adj. s.m.
adestramento s.m.
adestrar v.
adeus s.m. interj.
adiabático adj.
adiado adj.
adiamento s.m.
adiantadamente adv.
adiantado adj.
adiantamento s.m.
adiantar v.
adiante adv.
adiar v.
adiável adj.2g.
adição s.f.
adicionado adj.
adicional adj.2g. s.m.
adicionalmente adv.
adicionamento s.m.
adicionar v.
adicto adj. s.m.
adido s.m.
adimensional adj.2g.
adimplência s.f.
adimplente adj.2g.
adinamia s.f.
adinâmico adj.
adiponecrose s.f.
adiposidade s.f.
adiposo (ô) adj.; f. e pl.: (ó)
adistar-se v.
aditamento s.m.
aditar v.
aditivação s.f.
aditivado adj.

aditivo adj. s.m.
adivinha s.f.
adivinhação s.f.
adivinhador (ô) adj. s.m.
adivinhão s.m.; fem.:
    adivinhona
adivinhar v.
adivinhatório adj.
adivinho s.m.
adivinhona s.f. de *adivinhão*
adjacência s.f.
adjacente adj.2g.
adjetivação s.f.
adjetivado adj.
adjetival adj.2g.
adjetivar v.
adjetivo adj. s.m.
adjetivoso (ô) adj.; f. e pl.: (ó)
adjudicação s.f.
adjudicar v.
adjudicativo adj.
adjunção s.f.
adjunto adj. s.m.
adjutorar v.
adjutório s.m.
adjuvado adj.
adjuvante adj. s.2g.
administração s.f.
administrado adj. s.m.
administrador (ô) adj. s.m.
administradora (ô) s.f.
administrar v.
administrativamente adv.
administrativismo s.m.
administrativista adj.2g.
administrativo adj.
administrável adj.2g.
admiração s.f.
admirado adj.
admirador (ô) adj. s.m.
admirar v.
admirativo adj.
admirável adj.2g.
admiravelmente adv.
admissão s.f.
admissibilidade s.f.
admissível adj.2g.
admitidamente adv.
admitido adj.
admitir v.
admoestação s.f.
admoestar v.
admonitório adj.
adnominal adj.2g.
adobe (ô) s.m.
adoçado adj.
adoçamento s.m.
adoçante adj.2g. s.m.
adoção s.f.
adoçar v.
adocicado adj.
adocicar v.
adoecer v.
adoecido adj.

adoecimento s.m.
adoençado adj.
adoençar v.
adoentado adj.
adoentar v.
adoidado adj.
adolescência s.f.
adolescente adj. s.2g.
adolescer v.
adomação s.f.
adomado adj.
adomador (ô) s.m.
adomar v.
adonar-se v.
adônis s.m.
adoração s.f.
adorado adj.
adorador (ô) adj. s.m.
adorar v.
adorável adj.2g.
adoravelmente adv.
adormecedor (ô) adj.
adormecer v.
adormecido adj.
adormecimento s.m.
adormentado adj.
adormentar v.
adornado adj.
adornar v.
adorno (ô) s.m.; cf. *adorno*, fl.
    do v. *adornar*
adotado adj. s.m.
adotante adj.2g.
adotar v.
adotável adj.2g.
adotivo adj.
adquirente adj. s.2g.
adquirido adj.
adquirir v.
adragante adj.2g.
adrede (ê) adv.
adrenal adj.2g.
ad-renal adj.2g.
adrenalina s.f.
adrenalinado adj. s.m.
adrenalínico adj.
adrenarca s.f.
adrenérgico adj.
adrenoleucodistrofia s.f.
adriças s.f.pl.
adro s.m.
ad-rogar v.
adsorção s.f.
adstringência s.f.
adstringente adj.2g.
adstringir v.
adstrito adj.
aduana s.f.
aduaneiro adj.
adubação s.f.
adubadeira s.f.
adubado adj.
adubador (ô) adj.
adubadora (ô) s.f.

adubagem s.f.
adubar v.
adubo s.m.
adução s.f.
aduela s.f.
adufa s.f.
adufe s.m.
adufo s.m.
adulação s.f.
adulador (ô) adj. s.m.
adular v.
adulária s.f.
adulteração s.f.
adulterado adj.
adulterador (ô) adj. s.m.
adulterar v.
adulterino adj.
adultério s.m.
adúltero adj. s.m.
adulto adj. s.m.
aduncar-se v.
adunco adj.
adustão s.f.
adusto adj.
adutor (ô) adj.
adutora (ô) s.f.
aduzir v.
adveniente adj.2g.
adventício adj. s.m.
adventismo s.m.
adventista adj. s.2g
advento s.m.
adverbial adj.2g.
adverbializado adj.
adverbializar v.
advérbio s.m.
adversamente adv.
adversário adj. s.m.
adversativo adj.
adversidade s.f.
adverso adj.
advertência s.f.
advertido adj.
advertir v.
advir v.
advocacia s.f.
advocatício adj.
advogado s.m.
advogar v.
aedo s.m.
aeração s.f.
aerado adj.
aerador (ô) s.m.
aereamente adv.
aerênquima s.m.
aéreo adj.
aerífero adj.
aerobarco s.m.
aeróbica s.f.
aeróbico adj.
aeróbio adj.
aeroclube s.m.
aerocristal s.m.
aerodeslizador (ô) adj.

aerodinâmica s.f.
aerodinâmico adj.
aeródromo s.m.
aeroespacial adj.2g.
aerofagia s.f.
aerofágico adj.
aerofólio s.m.
aerofoto s.f.
aerofotogrametria s.f.
aerofotogramétrico adj.
aerogel s.m.
aerogerador (ô) s.m.
aerografado adj.
aerografia s.f.
aerógrafo s.m.
aerograma s.m.
aerólito s.m.
aerologia s.f.
aerômetro s.m.
aeromoça (ô) s.f.
aeromoço (ô) s.m.
aeromodelismo s.m.
aeromodelista adj. s.2g.
aeromodelo (ê) s.m.
aeromóvel s.m.
aeronauta s.2g.
aeronáutica s.f.
aeronáutico adj.
aeronaval adj.2g.
aeronave s.f.
aeronavegação s.f.
aeroplano s.m.
aeroponia s.f.
aeroporto (ô) s.m.; pl.: (ó)
aeroportuário adj. s.m.
aerossol s.m.
aerostática s.f.
aerostático adj.
aerostato s.m.
aeróstato s.m.
aeroterrestre adj.2g.
aerotimpânico adj.
aerotransportado adj.
aerotransportar v.
aerovia s.f.
aeroviário adj. s.m.
aético adj.
afã s.m.
afabilidade s.f.
afadigado adj.
afadigar v.
afagado adj.
afagar v.
afago s.m.
afalhado s.m.
afamado adj.
afamar v.
afamilhado adj.
afanação s.f.
afanado adj.
afanar v.
afanosamente adv.
afanoso (ô) adj.; f. e pl.: (ó)
afasia s.f.

afásico adj. s.m.
afastado adj.
afastador (ô) adj. s.m.
afastamento s.m.
afastar v.
afável adj.2g.
afavelamento s.m.
afavelmente adv.
afazendado adj.
afazendar-se v.
afazer v.
afazeres (ê) s.m.pl.
afeado adj.; cf. *afiado*
afear v.; "tornar feio"; cf. *afiar*
afecção s.f.
afegã s.f. de *afegão*
afegane adj.2g.
afegão adj. s.m.; fem.: *afegã*;
    pl.: *afegãos, afegães* e *afegões*
afeição s.f.
afeiçoado adj. s.m.
afeiçoamento s.m.
afeiçoar v.
afeito adj.
afélio s.m.
afeminação s.f.
afeminado adj.
afeminar v.
aferência s.f.
aferente adj.2g.
aferentização s.f.
aférese s.f.
aferético adj.
aferição s.f.
aferido adj.
aferidor (ô) adj. s.m.
aferimento s.m.
aferir v.
aferível adj.2g.
aferrado adj.
aferrar v.
aferro (ê) s.m.
aferroar v.
aferrolhado adj.
aferrolhador (ô) adj. s.m.
aferrolhamento s.m.
aferrolhar v.
aferventação s.f.
aferventado adj.
aferventamento s.m.
aferventar v.
afervorar v.
afestoado adj.
afetação s.f.
afetadamente adv.
afetado adj.
afetar v.
afetivamente adv.
afetividade s.f.
afetivo adj.
afeto adj. s.m.
afetuosamente adv.
afetuosidade s.f.
afetuoso (ô) adj.; f. e pl.: (ó)

afiação s.f.
afiadeira s.f.
afiado adj.; cf. *afeado*
afiador (ô) adj. s.m.
afiamento s.m.
afiançado adj.
afiançamento s.m.
afiançar v.
afiançável adj.2g.
afiar v. "amolar"; cf. *afear*
afiável adj.2g.
aficcionado adj. s.m.
aficionado adj. s.m.
afidalgar v.
afídio s.m.
afigurar v.
afigurativo adj.
afilado adj.
afilamento s.m.
afilar v.
afilhado s.m.
afilia s.f.
afiliação s.f.
afiliado adj. s.m.
afiliar v.
afilo adj.
afim adj.
afinação s.f.
afinadamente adv.
afinado adj.
afinador (ô) s.m.
afinagem s.f.
afinal adv.
afinamento s.m.
afinar v.
afincamento s.m.
afincar v.
afinco s.m.
afinidade s.f.
afins s.m.pl.
afirmação s.f.
afirmador (ô) adj.
afirmar v.
afirmativa s.f.
afirmativamente adv.
afirmatividade s.f.
afirmativo adj.
afivelado adj.
afivelamento s.m.
afivelar v.
afixação (cs) s.f.
afixado (cs) adj.
afixar (cs) v.
afixo (cs) s.m.
aflanelado adj.
aflar v.
aflatoxina (cs) s.f.
aflautado adj.
aflautar-se v.
aflição s.f.
afligir v.
aflitamente adv.
aflitivamente adv.
aflitivo adj.

aflito adj. s.m.
afloração s.f.
aflorado adj.
afloramento s.m.
aflorante adj.2g.
aflorar v.
afluência s.f.
afluente adj.2g. s.m.
afluição s.f.
afluir v.
afluxo (cs) s.m.
afobação s.f.
afobadamente adv.
afobado adj.
afobamento s.m.
afobar v.
afocinhar v.
afofado adj.
afofar v.
afogadilho s.m.
afogado adj. s.m.
afogador (ô) s.m.
afogamento s.m.
afogar v.
afogo (ô) s.m. "impetuosidade"; cf. *afogo*, fl. do v. *afogar*
afogueado adj.
afoguear v.
afoitamente adv.
afoitar v.
afoiteza (ê) s.f.
afoito adj.
afolozado adj.
afolozar-se v.
afonia s.f.
afônico adj.
afora adv.
aforado adj.
aforamento s.m.
aforar v.
aforçurado adj.
aforçuramento s.m.
aforismático adj.
aforismo s.m.
aforista adj. s.2g.
aforístico adj.
aformoseado adj.
aformosear v.
aforrar v.
afortunadamente adv.
afortunado adj.
afótico adj.
afoxé s.m.
afracado adj.
afracar v.
afrancesado adj.
afrancesamento s.m.
afrancesar v.
afreguesado adj.
afreguesar v.
afrescalhado adj.
afresco (ê) s.m.
afretado adj.

afretamento s.m.
afretar v.
africanas s.f.pl.
africânder adj. s.2g. s.m.
africâner adj. s.2g. s.m.
africanidade s.f.
africanismo s.m.
africanista adj. s.2g.
africanização s.f.
africanizar v.
africano adj. s.m.
africanólogo s.m.
afro adj.
afro-americano adj.; pl.: *afro--americanos*
afro-asiático adj.; pl.: *afro--asiáticos*
afro-baiano adj.; pl.: *afro--baianos*
afro-brasileiro adj.; pl.: *afro--brasileiros*
afrocêntrico adj.
afrocentrismo s.m.
afrocentrista adj. s.2g.
afro-cubano adj.; pl.: *afro--cubanos*
afrodescendente adj. s.2g.
afrodisia s.f.
afrodisíaco adj. s.m.
afro-luso-brasileiro adj.; pl.: *afro-luso-brasileiros*
afronta s.f.
afrontado adj.
afrontador (ô) adj.
afrontamento s.m.
afrontar v.
afrontoso (ô) adj.; f. e pl.: (ó)
afrouxado adj.
afrouxamento s.m.
afrouxar v.
afta s.f.
aftosa s.f.
aftose s.f.
aftoso (ô) adj.; f. e pl.: (ó)
afuazado adj.
afugentador (ô) adj. s.m.
afugentamento s.m.
afugentar v.
afumentação s.f.
afumentar v.
afundado adj.
afundamento s.m.
afundar v.
afunilado adj.
afunilamento s.m.
afunilar v.
afuturar v.
afuzilar v.
agá s.m.
agachada s.f.
agachado adj.
agachamento s.m.
agachar-se v.
agadanhar v.

agadunhar | 12 | agrupamento

agadunhar v.
agaloado adj.
agalopado adj.
agamaglobulinemia s.f.
agapanto s.m.
ágape s.m.
agárico s.m.
agarra-agarra s.m.; pl.: *agarra-
-agarras* e *agarras-agarras*
agarração s.f.
agarradeira s.f.
agarradio s.m.
agarrado adj.
agarramento s.m.
agarrar v.
agasalhado adj.
agasalhador (ô) adj. s.m.
agasalhamento s.m.
agasalhar v.
agasalho s.m.
agastado adj.
agastamento s.m.
agastar v.
ágata s.f.
agatanhar v.
ágate s.m.
agateado adj.
agauchado adj.
agave s.m.
agência s.f.
agenciado adj. s.m.
agenciador (ô) adj. s.m.
agenciamento s.m.
agenciar v.
agenda s.f.
agendado adj.
agendamento s.m.
agendar v.
agenesia s.f.
agente adj. s.2g.
agentivo adj.
ageométrico adj.
agigantado adj.
agigantamento s.m.
agigantar v.
ágil adj.2g.
agilidade s.f.
agílimo adj.
agilíssimo adj.
agilização s.f.
agilizado adj.
agilizador (ô) s.m.
agilizar v.
agilmente adv.
ágio s.m.
agiota adj. s.2g.
agiotagem s.f.
agiotar v.
agir v.
agitação s.f.
agitadiço adj.
agitado adj.
agitador (ô) adj. s.m.
agitar v.

agito s.m.
aglaia s.f.
aglomeração s.f.
aglomerado adj. s.m.
aglomerante adj.2g. s.m.
aglomerar v.
aglomerar-se v.
aglutinação s.f.
aglutinado adj.
aglutinador (ô) adj. s.m.
aglutinamento s.m.
aglutinante adj.2g. s.m.
aglutinar v.
aglutinina s.f.
aglutinogênio s.m.
aglutinógeno adj. s.m.
agnosticismo s.m.
agnóstico adj. s.m.
agogô s.m.
agonia s.f.
agoniadamente adv.
agoniado adj.
agoniar v.
agônico adj.
agonista adj.2g. s.m.
agonístico adj.
agonizante adj. s.2g.
agonizar v.
agora adv.
ágora s.f.
agorafobia s.f.
agorafóbico adj. s.m.
agorentador (ô) s.m.
agorentar v.
agostiniano adj. s.m.
agostinismo s.m.
agosto (ô) s.m.
agourado adj.
agourar v.
agoureiro adj. s.m.
agourentador (ô) adj. s.m.
agourentar v.
agourento adj.
agouro s.m.
agraciado adj. s.m.
agraciamento s.m.
agraciar v.
agraço s.m.
agradabilíssimo adj.
agradação s.f.
agradadeiro adj.
agradado adj.
agradar v.
agradável adj.2g. s.m.
agradavelmente adv.
agradecer v.
agradecido adj.
agradecimento s.m.
agrado s.m.
ágrafo adj.
agramatical adj.2g.
agrandar-se v.
agranulocitose s.f.
agrário adj.
agravação s.f.

agravado adj.
agravador (ô) adj.
agravamento s.m.
agravante adj. s.2g. s.f.
agravar v.
agravo s.m.
agredido adj. s.m.
agredir v.
agregação s.f.
agregado adj. s.m.
agregador (ô) adj.
agregar v.
agregativo adj.
agremiação s.f.
agremiar v.
agressão s.f.
agressivamente adv.
agressividade s.f.
agressivo adj.
agressor (ô) adj. s.m.
agreste adj.2g. s.m.
agrião s.m.
agrícola adj.2g.
agricultor (ô) adj. s.m.
agricultura s.f.
agriculturável adj.2g.
agridoce (ô) adj.2g.
agrilhoamento s.m.
agrilhoar v.
agrimensor (ô) adj. s.m.
agrimensório adj.
agrimensura s.f.
agroalimentar adj.2g.
agroambiental adj.2g.
agrodoce (ô) adj.2g.
agroecologia s.f.
agroecológico adj.
agroexportação s.f.
agroexportador (ô) adj. s.m.
agroindústria s.f.
agroindustrial adj.2g.
agroindustrialização s.f.
agromercado s.m.
agrometeorologia s.f.
agrometeorológico adj.
agrometeorologista s.2g.
agronegócio s.m.
agronomia s.f.
agronomicamente adv.
agronômico adj.
agrônomo s.m.
agropastoril adj.2g.
agropecuária s.f.
agropecuário adj.
agropecuarista s.2g.
agroquímica s.f.
agroquímico adj.
agrotóxico (cs) s.m.
agroturismo s.m.
agrovia s.f.
agrovila s.f.
agrupação s.f.
agrupado adj.
agrupamento s.m.

agrupar | 13 | alarmar

agrupar v.
agrupável adj.2g.
agrura s.f.
água s.f.
aguaçal s.m.
aguaceiro s.m.
água-choca s.f.: pl.: *águas--chocas*
água com açúcar adj.2g.2n.
aguada s.f.
água de barrela s.f.
água de cheiro s.f.
água de coco s.f.
água-de-colônia s.f.; pl.: *águas-de-colônia*
água de flórida s.f.
água de goma s.f.
aguadeiro s.m.
água de melissa s.f.
aguado adj.
água-doce s.f.; pl.: *águas-doces*
água-forte s.f.; pl.: *águas-fortes*
água-fortista s.2g.; pl.: *água-fortistas*
água-furtada s.f.; pl.: *águas-furtadas*
água-marinha s.f.; pl.: *águas--marinhas*
aguame s.m.
aguamento s.m.
água-morna adj. s.2g.; pl.: *águas-mornas*
aguano s.m.
aguapé s.m.
aguapezal s.m.
aguar v.
aguardar v.
aguardente s.f.
aguardenteiro s.m.
aguardo s.m.
água-régia s.f.; pl.: *águas-régias*
aguarela s.f.
aguaribado adj.
aguarrás s.f.
águas-passadas s.f.pl.
água-viva s.f.; pl.: *águas-vivas*
aguçado adj.
aguçamento s.m.
aguçar v.
agudez (ê) s.f.
agudeza (ê) s.f.
agudização s.f.
agudizado adj.
agudizar v.
agudo adj. s.m.
aguentar (ü) v.
aguerridamente adv.
aguerrido adj.
aguerrimento s.m.
aguerrir v.
águia s.f.
aguilhada s.f.
aguilhão s.m.
aguilhoada s.f.

aguilhoar v.
agulha s.f.
agulhada s.f.
agulhão s.m.
agulheiro s.m.
agulhinha s.f.
ah interj.
a-histórico adj.
ahn interj.
ai interj.
aí adv.
aia s.f.
aiatolá s.m.
aidético adj. s.m.
aids s.f.2n.
ai-jesus s.m.2n.
aimará adj. s.2g. s.m.
aimoré adj. s.2g. s.m.
ainda adv.
aio s.m.
aió s.m.
aipim s.m.
aipo s.m.
airado adj.
airosamente adv.
airoso (ô) adj.; f. e pl.: (ó)
ais s.m.pl.
aíva adj. s.2g. s.f.
aiveca s.f.
ajaezado adj.
ajaezar v.
ajambrado adj.
ajambrar v.
ajanotado adj.
ajantarado adj. s.m.
ajardinado adj.
ajardinamento s.m.
ajardinar v.
ajeitada s.f.
ajeitado adj.
ajeitar v.
ajoelhado adj.
ajoelhar v.
ajoujado adj.
ajoujar v.
ajoujo s.m.
ajuda s.f.
ajudador (ô) s.m.
ajudante s.2g.
ajudante de ordens s.2g.
ajudar v.
ajuizado adj.
ajuizamento s.m.
ajuizar v.
ajuizável adj.2g.
ajuntação s.f.
ajuntado adj.
ajuntamento s.m.
ajuntar v.
ajustado adj.
ajustador (ô) s.m.
ajustador-mecânico s.m.; pl.: *ajustadores-mecânicos*
ajustagem s.f.

ajustamento s.m.
ajustar v.
ajustável adj.2g.
ajuste s.m.
ajutório s.m.
ala s.f.
alabarda s.f.
alabardeiro s.m.
alabardino adj.
alabastrino adj.
alabastro s.m.
alabé s.m.
álacre adj.2g.
alacridade s.f.
aladeirado adj.
ala-direita s.2g.; pl.: *alas-direitas*
alado adj.
ala-esquerda s.2g.; pl.: *alas-esquerdas*
alagação s.f.
alagadiço adj. s.m.
alagado adj. s.m.
alagamento s.m.
alagar v.
alagarça s.f.
alagável adj.2g.
alagoano adj. s.m.
alamanda s.f.
alamar s.m.
alamares s.m.pl.
alambicado adj.
alambicagem s.f.
alambicar v.
alambique s.m.
alambiqueiro s.m.
alambrado s.m.
alambrador (ô) s.m.
alameda (ê) s.f.
álamo s.m.
alancear v.
alano adj. s.m.
alantoide (ó) s.m.
alantoidiano adj.
alantoína s.f.
alão s.m.; pl.: *alães, alãos e alões*
alapardar v.
alar v. adj.2g.
alaranjado adj. s.m.
alarde s.m.
alardeado adj.
alardeador (ô) s.m.
alardeamento s.m.
alardear v.
alargado adj.
alargamento s.m.
alargar v.
alarido s.m.
alarife s.m.
alarma s.m.
alarmado adj.
alarmante adj.2g.
alarmantemente adv.
alarmar v.

alarme s.m.
alarmismo s.m.
alarmista adj. s.2g.
alarve adj. s.2g.
alasquiano adj. s.m.
alastrado adj.
alastramento s.m.
alastrar v.
alastrim s.m.
alatinado adj.
alaúde s.m.
alaudista s.2g.
alauita adj. s.2g.
alavanca s.f.
alavancada s.f.
alavancado adj.
alavancador (ô) adj. s.m.
alavancagem s.f.
alavancamento s.m.
alavancar v.
alazã s.f. de *alazão*
alazão adj. s.m.; fem.: *alazã*; pl.: *alazães* e *alazões*
alba s.f.
albanês adj. s.m.
albarda s.f.
albardã s.f.
albardão s.m.
albardeiro adj.
albatroz s.m.
albergado adj. s.m.
albergar v.
albergaria s.f.
albergue s.m.
albergueiro s.m.
albigense adj. s.2g
albinia s.f.
albinismo s.m.
albino adj. s.m.
albor (ô) s.m.
albornoz s.m.
álbum s.m.
albume s.m.
albúmen s.m.
albumina s.f.
albuminúria s.f.
alburno s.m.
alça s.f.
alcácer s.m.
alcachofra (ô) s.f.
alcaçuz s.m.
alçada s.f.
alçado adj.
alcaguetar (ü) v.
alcaguete (üê) s.2g.
alcaide s.m.
alcaide-mor s.m.; pl.: *alcaides-mores*
álcali s.m.
alcalinidade s.f.
alcalinização s.f.
alcalinizante adj.2g.
alcalinizar v.

alcalino adj.
alcaloide (ó) s.m.
alcaloidífero adj.
alcalose s.f.
alcançado adj.
alcançar v.
alcançável adj.2g.
alcance s.m.
alcancilhos s.m.pl.
alcândora s.f.
alcandorado adj.
alcandorar v.
alcânfora s.f.
alcantil s.m.
alcantilado adj.
alçapão s.m.
alcaparra s.f.
alçar v.
alcateia (ê) s.f.
alcatifa s.f.
alcatifado adj.
alcatifar v.
alcatra s.f.
alcatrão s.m.
alcatraz s.m.
alcatroado adj.
alcatroar v.
alcatruz s.m.
alce s.m.
alcear v.
álcool s.m.; pl.: *álcoois* e *alcoóis*
alcoólatra s.2g.
alcooleiro adj. s.m.
alcoolemia s.f.
alcoólico adj. s.m.
alcoolismo s.m.
alcoolista s.2g.
alcoolização s.f.
alcoolizado adj.
alcoolizar v.
alcoolquímica s.f.
alcouce s.m.
alcova (ô) s.f.
alcovitagem s.f.
alcovitar v.
alcoviteiro adj. s.m.
alcovitice s.f.
alcunha s.f.
alcunhar v.
aldeã s.f. de *aldeão*
aldeamento s.m.
aldeão adj.; fem.: *aldeã*; pl.: *aldeães*, *aldeãos* e *aldeões*
aldear v.
aldeia s.f.
aldeído s.m.
aldeola s.f.
aldeota s.f.
aldosterona s.f.
aldraba s.f.
aldrabão adj. s.m.; fem.: *aldrabona*
aldrabice s.f.
aldrabona s.f. de *aldrabão*

aldragante adj. s.2g.
aldrava s.f.
aleatoriamente adv.
aleatoriedade s.f.
aleatório adj.
alecrim s.m.
alecrim-do-campo s.m.; pl.: *alecrins-do-campo*
alegação s.f.
alegadamente adv.
alegado adj.
alegante adj. s.2g.
alegar v.
alegoria s.f.
alegoricamente adv.
alegórico adj.
alegorização s.f.
alegorizado adj.
alegorizar v.
alegrado adj.
alegrar v.
alegre adj.2g.
alegremente adv.
alegria s.f.
alegrinho adj.
alegro adv.
aleia (é) s.f.
aleijado adj. s.m.
aleijamento s.m.
aleijão s.m.
aleijar v.
aleitação s.f.
aleitamento s.m.
aleitar v.
aleive s.m.
aleivosia s.f.
aleivoso (ô) adj.; f. e pl.: (ó)
alelo adj.
alelomorfo adj. s.m.
alelopático adj.
aleluia s.f.
além adv.
alemã s.f. de *alemão*
alemão adj. s.m.; fem.: *alemã* e *alemoa* (ô); pl.: *alemães*
alemãozada s.f.
alembrar v.
além-mar s.m.; pl.: *além-mares*
alemoa (ô) s.f. de *alemão*
alemoada s.f.
além-túmulo s.m.; pl.: *além-túmulos*
alencariano adj.
alencarino adj.
alentado adj.
alentador (ô) adj.
alentar v.
alentejano adj. s.m.
alento s.m.
alergênico adj.
alérgeno s.m.
alergia s.f.
alérgico adj. s.m.
alergista s.2g.

alergizante adj.2g.
alerta adj.2g. s.m. adv.
alertado adj.
alertador (ô) adj.
alertar v.
aleta (ê) s.f.
aletria s.f.
alevantado adj.
alevantar v.
alevino s.m.
alexandrino adj. s.m.
alexandrita s.f.
alfa adj.2g.2n. s.m.
alfabetação s.f.
alfabetar v.
alfabético adj.
alfabetização s.f.
alfabetizado adj.
alfabetizador (ô) adj. s.m.
alfabetizando s.m.
alfabetizar v.
alfabeto s.m.
alface s.f.
alface-americana s.f.; pl.: alfaces-americanas
alfafa s.f.
alfageme s.m.
alfaia s.f.
alfaiado adj.
alfaiataria s.f.
alfaiate s.m.
alfândega s.f.
alfandegado adj.
alfandegagem s.f.
alfandegamento s.m.
alfandegário adj.
alfanje s.m.
alfanumérico adj.
alfaraz s.m.
alfarrábio s.m.
alfarrabista s.2g.
alfarroba (ô) s.f.
alfavaca s.f.
alfazema s.f.
alfazemado adj.
alfenim s.m.
alféola s.f.
alferes s.m.2n.
alfinetada s.f.
alfinetar v.
alfinete (ê) s.m.
alfombra s.f.
alforje s.m.
alforreca s.f.
alforria s.f.
alforriar v.
alga s.f.
algália s.f.
algaravia s.f.
algarismo s.m.
algaroba (ô) s.f.
algarobeira s.f.
algazarra s.f.
algazarrar v.

algazarrento adj.
álgebra s.f.
algebricamente adv.
algébrico adj.
algebrista s.2g.
algema s.f.
algemado adj.
algemar v.
algeroz s.m.
algia s.f.
algibebe s.m.
algibeira s.f.
algicida adj.2g. s.m.
algidez (ê) s.f.
álgido adj.
algo pron.
algodão s.m.
algodão de açúcar s.m.
algodão-doce s.m.; pl.: algodões-doces
algodãozinho s.m.; pl.: algodõezinhos
algodoado adj.
algodoal s.m.
algodoaria s.f.
algodoeiro adj. s.m.
algodoeiro-da-praia s.m.; pl.: algodoeiros-da-praia
algogênico adj.
algolagnia s.f.
algomenorreia (é) s.f.
algonquiano adj.
algonquino adj. s.m.
algorítmico adj.
algoritmista s.2g.
algoritmo s.m.
algoz (ó ou ô) s.m.
alguém pron.
alguidar s.m.
algum pron.
algures adv.
alhada s.f.
alhal s.m.
alheação s.f.
alheado adj.
alheamento s.m.
alhear v.
alheatório adj.
alheio adj. s.m.
alheira s.f.
alheiro s.m.
alheta (ê) s.f.
alho s.m.
alho-poró s.m.; pl.: alhos-porós
alho-porro s.m.; pl.: alhos-porros
alho-porrô s.m.; pl.: alhos-porrôs
alhures adv.
ali adv.
aliá s.f.
aliácea s.f.
aliáceo adj.

aliado adj. s.m.
aliadofilismo s.m.
aliadófilo adj. s.m.
aliagem s.f.
aliamba s.f.
aliança s.f.
aliancismo s.m.
aliancista adj. s.2g.
aliar v.
aliás adv.
álibi s.m.
alicantina s.f.
alicate s.m.
alicerçado adj.
alicerçamento s.m.
alicerçar v.
alicerce s.m.
aliche s.m.
aliciado adj.
aliciador (ô) adj. s.m.
aliciamento s.m.
aliciante adj.2g.
aliciar v.
aliciável adj.2g.
alienação s.f.
alienado adj. s.m.
alienador (ô) adj.
alienante adj.2g.
alienar v.
alienígena adj. s.2g.
alienismo s.m.
alienista s.2g.
alifático adj.
aligátor s.m.
aligeirado adj.
aligeiramento s.m.
aligeirar v.
alígero adj.
alijado adj.
alijamento s.m.
alijar v.
alimária s.f.
alimentação s.f.
alimentado adj.
alimentador (ô) adj. s.m.
alimentando s.m.
alimentante adj. s.2g.
alimentar v. adj.2g.
alimentarmente adv.
alimentício adj.
alimento s.m.
alindado adj.
alindar v.
alínea s.f.
alinhado adj.
alinhador (ô) s.m.
alinhamento s.m.
alinhar v.
alinhavado adj.
alinhavador (ô) s.m.
alinhavar v.
alinhavo s.m.
alíquota s.f.
alisado adj.

alisador (ô) adj. s.m.
alisamento s.m.
alisante adj.2g. s.m.
alisar v. "tornar plano"; cf. *alizar*
alísio adj. s.m.
alísios s.m.pl.
alistado adj. s.m.
alistamento s.m.
alistar v.
aliteração s.f.
aliterante adj.2g.
aliterar v.
aliterativo adj.
aliviado adj.
aliviador (ô) adj.
aliviante adj.2g.
aliviar v.
alívio s.m.
alizar s.m. "guarnição de madeira"; cf. *alisar*
aljava s.f.
aljôfar s.m.
aljofrado adj.
aljofrar v.
aljofre (ô) s.m.
aljube s.m.
alma s.f.
almácega s.f.
almaço adj.
alma-danada s.f.; pl.: *almas-danadas*
alma-de-gato s.f.; pl.: *almas-de-gato*
almanaque s.m.
almanjarra s.f.
almarado adj.
almargem s.m.f.
almécega s.f.
almeirão s.m.
almejado adj.
almejar v.
almejo (ê) s.m.
almenara s.f.
almiranta s.f.
almirantado s.m.
almirante s.m.
almirante de esquadra s.m.
almíscar s.m.
almiscarado adj.
almiscarar v.
almiscareiro adj. s.m.
almoçado adj.
almocafre s.m.
almoçar v.
almoço (ô) s.m.; cf. *almoço*, fl. do v. *almoçar*
almoço-ajantarado s.m.; pl.: *almoços-ajantarados*
almocreve s.m.
almofada s.f.
almofadinha s.m. s.f.
almofariz s.m.
almôndega s.f.

almorreima s.f.
almotacé s.m.
almotolia s.f.
almoxarifado s.m.
almoxarife s.m.
almude s.m.
alô s.m. interj.
alocação s.f.
alocado adj.
alocar v.
alocativo adj.
alocromático adj.
alocução s.f.
aloé s.m.
áloe s.m.
aloendro s.m.
aloés s.m.2n.
alofone s.m.
alofônico adj.
alogamia s.f.
alogênico adj.
alogênio adj. s.m.
alógeno adj. s.m.
alógico adj.
aloite (ó) s.m.
aloirado adj.
aloirar v.
alojado adj.
alojamento s.m.
alojar v.
alométrico adj.
alongado adj.
alongador (ô) adj.
alongamento s.m.
alongar v.
alopata adj. s.2g.
alópata adj. s.2g.
alopatia s.f.
alopático adj.
alopecia s.f.
alopoliploide (ó) adj.
alopoliploidia s.f.
alopração s.f.
aloprado adj. s.m.
alopramento s.m.
alossauro s.m.
alotropia s.f.
alotrópico adj.
alótropo s.m.
aloucado adj.
alourado adj.
alourar v.
alpaca s.f.
alparcata s.f.
alpargata s.f.
alpendrado adj.
alpendre s.m.
alpercata s.f.
alpergata s.f.
alpestre adj.2g.
alpinismo s.m.
alpinista adj. s.2g.
alpino adj.
alpiste s.m.

alpondra s.f.
alporca s.f.
alporque s.m.
alporquia s.f.
alquebrado adj.
alquebrar v.
alqueire s.m.
alquimia s.f.
alquímico adj.
alquimista s.2g.
alsaciano adj. s.m.
alta s.f.
altabaixo s.m.
alta-costura s.f.; pl.: *altas-costuras*
alta-fidelidade s.f.; pl.: *altas-fidelidades*
altamente adv.
altaneiramente adv.
altaneiro adj.
altaneria s.f.
altar s.m.
altar-mor s.m.; pl.: *altares-mores*
alta-roda s.f.; pl.: *altas-rodas*
alta-tensão s.f.; pl.: *altas-tensões*
alta-traição s.f.; pl.: *altas-traições*
alteado adj.
alteamento s.m.
altear v.
alteração s.f.
alterado adj.
alterador (ô) adj. s.m.
alterante adj.2g. s.m.
alterar v.
alterável adj.2g.
altercação s.f.
altercar v.
alteridade s.f.
alternação s.f.
alternadamente adv.
alternado adj.
alternador (ô) adj. s.m.
alternância s.f.
alternante adj.2g.
alternar v.
alternativa s.f.
alternativamente adv.
alternativo adj.
alteroso (ô) adj.; f. e pl.: (ó)
alteza (ê) s.f.
altimetria s.f.
altimétrico adj.
altímetro s.m.
altiplano s.m.
altiplanura s.f.
altíssimo adj. s.m.
altissonância s.f.
altissonante adj.2g.
altissonar v.
altíssono adj.
altissonoro adj.

altista adj. s.2g. "especulador; cf. *autista*
altitude s.f.
altivamente adv.
altivez (ê) s.f.
altivo adj.
alto adj. s.m.
alto-alemão adj. s.m.; fem.: *alto-alemã*; pl. do adj.: *alto-alemães*; pl. do s.: *altos-alemães*
alto-astral adj.2g. s.m.; pl. do adj.: *alto-astrais*; pl. do s.: *altos-astrais*
alto-comando s.m.; pl.: *altos-comandos*
alto-comissariado s.m.; pl.: *altos-comissariados*
alto-falante s.m.; pl.: *alto-falantes*
alto-forno s.m.; pl.: *altos-fornos*
alto-mar s.m.; pl.: *altos-mares*
alto-relevo s.m.; pl.: *altos-relevos*
altruísmo s.m.
altruísta adj. s.2g.
altruisticamente adv.
altruístico adj.
altura s.f.
aluá s.m.
aluado adj.
aluar-se v.
alucinação s.f.
alucinadamente adv.
alucinado adj. s.m.
alucinante adj.2g.
alucinar v.
alucinatório adj.
alucinogênese s.f.
alucinogênico adj.
alucinógeno adj. s.m.
alucinose s.f.
alude s.m.
aludido adj.
aludir v.
alugado adj. s.m.
alugador (ô) adj. s.m.
alugar v.
alugável adj.2g.
aluguel s.m.
aluguer s.m.
aluído adj.
aluir v.
alumbramento s.m.
alumbrar v.
alume s.m.
alúmen s.m.; pl.: *alumens* e *alúmenes*
alumiado adj.
alumiar v.
aluminato s.m.
alumínio s.m.
aluminizado adj.

aluminizar v.
alunado s.m.
alunissagem s.f.
alunissar v.
alunizar v.
aluno s.m.
alusão s.f.
alusivo adj.
aluvial adj.2g.
aluvião s.f.
aluvional adj.2g.
aluvionamento s.m.
alva s.f.
alvacento adj.
alvadio adj.
alvaiade s.m.
alvamente adv.
alvar adj.2g.
alvará s.m.
alvarenga s.f.
alvarmente adv.
alvedrio s.m.
alveitar s.m.
alvejado adj.
alvejante adj.2g.
alvejar v.
alvenaria s.f.
alvenel s.m.
álveo s.m.
alveolado adj.
alveolar adj.2g. s.f.
alvéolo s.m.
alvião s.m.
alvinegro (ê) adj. s.m.
alvinho adj.
alvirrosado adj.
alvirróseo adj.
alvirrubro adj. s.m.
alvíssara s.f.
alvíssaras s.f.pl.
alvissareiro adj. s.m.
alvitrar v.
alvitre s.m.
alviverde (ê) adj. s.2g.
alvo adj. s.m.
alvor (ô) s.m.
alvorada s.f.
alvorecente adj.2g.
alvorecer v. s.m.
alvoroçadamente adv.
alvoroçado adj.
alvoroçar v.
alvoroço (ô) s.m.; cf. *alvoroço*, fl. do v. *alvoroçar*
alvorotar v.
alvura s.f.
ama s.f.
amabilidade s.f.
amacacado adj.
amachucar v.
amaciado adj.
amaciador (ô) s.m.
amaciamento s.m.
amaciante adj.2g. s.m.

amaciar v.
amadeirado adj.
ama de leite s.f.
amado adj. s.m.
amador (ô) adj. s.m.
amadoresco (ê) adj.
amadorismo s.m.
amadorista adj. s.2g.
amadoristicamente adv.
amadorístico adj.
amadrinhado adj.
amadrinhador (ô) s.m.
amadrinhar v.
amadurar v.
amadurecer v.
amadurecidamente adv.
amadurecido adj.
amadurecimento s.m.
âmago s.m.
amainar v.
amaldiçoado adj.
amaldiçoar v.
amaleitado adj.
amálgama s.m.f.
amalgamação s.f.
amalgamado adj.
amalgamador (ô) adj. s.m.
amalgamar v.
amalucadamente adv.
amalucado adj.
amalucar v.
amame adj.2g.
amamentação s.f.
amamentado adj.
amamentar v.
amancebado adj. s.m.
amancebar-se v.
amandiocar v.
amaneirado adj.
amaneiramento s.m.
amanhã adv. s.m.
amanhar v.
amanhecer v. s.m.
amanhecido adj.
amanho s.m.
amanonsiar v.
amansado adj. s.m.
amansamento s.m.
amansar v.
amante adj. s.2g.
amanteigado adj.
amanteigar v.
amantelado adj.
amantelar v.
amanuense adj. s.2g.
amapaense adj. s.2g.
amapola (ô) s.f.
amar v.
amaragem s.f.
amaranto s.m.
amarar v.
amarelado adj. s.m.
amarelamento s.m.
amarelar v.

amarelecer v.
amarelecido adj.
amarelecimento s.m.
amarelento adj. s.m.
amarelidão s.f.
amarelinha s.f.
amarelo adj. s.m.
amarelo-canário adj.2g.2n. s.m.; pl. do s.: *amarelos--canário* e *amarelos-canários*
amarelo-cidrão adj.2g.2n. s.m.; pl. do s.: *amarelos--cidrão* e *amarelos-cidrões*
amarelo-cinzento adj. s.m.; pl. do adj.: *amarelo-cinzentos*; pl. do s.: *amarelos-cinzentos*
amarelo-claro adj. s.m.; pl. do adj.: *amarelo-claros*; pl. do s.: *amarelos-claros*
amarelo-cobalto adj.2g.2n. s.m.; pl. do s.: *amarelos--cobalto* e *amarelos-cobaltos*
amarelo-enxofre adj.2g.2n. s.m.; pl. do s.: *amarelos--enxofre* e *amarelos-enxofres*
amarelo-escuro adj. s.m.; pl. do adj.: *amarelo-escuros*; pl. do s.: *amarelos-escuros*
amarelo-esverdeado adj. s.m.; pl. do adj.: *amarelo--esverdeados*; pl. do s.: *amarelos-esverdeados*
amarelo-fosco adj. s.m.; pl. do adj.: *amarelo-foscos*; pl. do s.: *amarelos-foscos*
amarelo-gualdo adj. s.m.; pl. do adj.: *amarelo-gualdos*; pl. do s.: *amarelos-gualdos*
amarelo-ouro adj.2g.2n. s.m.; pl. do s.: *amarelos-ouro* e *amarelos-ouros*
amarfanhado adj.
amarfanhar v.
amargado adj.
amargamente adv.
amargar v.
amargo adj. s.m.
amargor (ô) s.m.
amargoso (ô) adj. s.m.; f. e pl.: (ó)
amargura s.f.
amargurado adj.
amargurante adj.2g.
amargurar v.
amaricado adj.
amarílis s.f.2n.
amaríssimo adj.
amaro s.m.
amarra s.f.
amarração s.f.
amarradinho adj.
amarrado adj. s.m.
amarrador (ô) adj. s.m.
amarradura s.f.
amarramento s.m.
amarrar v.
amarrilho s.m.
amarrio s.m.
amarronzado adj.
amarronzar v.
amarrotado adj.
amarrotamento s.m.
amarrotar v.
amartilhar v.
ama-seca s.f.; pl.: *amas-secas*
amasiado adj.
amasiamento s.m.
amasiar-se v.
amásio s.m.
amassadeira s.f.
amassadela s.f.
amassadinha s.f.
amassado adj. s.m.
amassadouro s.m.
amassadura s.f.
amassamento s.m.
amassar v.
amasso s.m.
amatório adj.
amatutado adj.
amatutar-se v.
amaurose s.f.
amaurótico adj.
amável adj.2g.
amavelmente adv.
amavio s.m.
amaxixado adj.
amazona adj. s.f.
amazonense adj. s.2g.
amazônico adj. s.m.
amazônida adj. s.2g.
amazonita s.f.
âmbar s.m.
âmbar-amarelo s.m.; pl.: *âmbares-amarelos*
âmbar-gris s.m.; pl.: *âmbares--grises*
ambarino adj.
ambição s.f.
ambicionado adj.
ambicionar v.
ambicioneiro adj. s.m.
ambiciosamente adv.
ambicioso (ô) adj. sm.; f. e pl.: (ó)
ambidestro (é ou ê) adj. s.m.
ambiência s.f.
ambientação s.f.
ambientado adj.
ambientador (ô) s.m.
ambiental adj.2g.
ambientalismo s.m.
ambientalista adj. s.2g.
ambientalmente adv.
ambientar v.
ambiente adj.2g. s.m.
ambiguamente adv.
ambiguidade (ü) s.f.
ambíguo adj.
âmbito s.m.
ambivalência s.f.
ambivalente adj.2g.
ambivalentemente adv.
ambívio s.m.
ambliopia s.f.
ambos pron.
ambrosia s.f.
ambulância s.f.
ambulante adj. s.2g.
ambulatorial adj.2g.
ambulatório adj. s.m.
ameaça s.f.
ameaçado adj.
ameaçador (ô) adj. s.m.
ameaçadoramente adv.
ameaçante adj.2g.
ameaçar v.
ameaço s.m.
amealhado adj.
amealhar v.
ameba s.f.
amebiano adj.
amebíase s.f.
amebicida adj.2g. s.m.
amebócito s.m.
amedrontado adj.
amedrontador (ô) adj. s.m.
amedrontar v.
ameia s.f.
ameigar v.
amêijoa s.f.
ameixa s.f.
ameixa-amarela s.f.; pl.: *ameixas-amarelas*
ameixa-americana s.f.; pl.: *ameixas-americanas*
ameixa-preta s.f.; pl.: *ameixas--pretas*
ameixa-recheada s.f.; pl.: *ameixas-recheadas*
ameixa-seca s.f.; pl.: *ameixas--secas*
ameixeira s.f.
amélia s.f.
amém s.m. adv.
amêndoa s.f.
amêndoa-brava s.f.; pl.: *amêndoas-bravas*
amêndoa-de-coco s.f.; pl.: *amêndoas-de-coco*
amendoado adj.
amendoeira s.f.
amendoeira-do-mar s.f.; pl.: *amendoeiras-do-mar*
amendoim s.m.
amenidade s.f.
amenização s.f.
amenizado adj.
amenizador (ô) adj.
amenizante adj.2g.
amenizar v.
ameno adj.

amenorreia | 19 | amortecer

amenorreia (é) s.f.
amenorreico (é) adj.
amensalismo s.m.
amenta s.f.
americanismo s.m.
americanista adj. s.2g.
americanização s.f.
americanizado adj.
americanizar v.
americano adj. s.m.
americanofilia s.f.
americanófilo adj. s.m.
americanofobia s.f.
amerício s.m.
ameríndio adj. s.m.
amerissagem s.f.
amerissar v.
amesquinhado adj.
amesquinhador (ô) adj.
amesquinhamento s.m.
amesquinhar v.
amestiçado adj.
amestrado adj.
amestrador (ô) s.m.
amestramento s.m.
amestrar v.
ametabolia s.f.
ametabólico adj.
ametabolismo s.m.
ametista s.f.
ametista-queimada s.f.; pl.: ametistas-queimadas
amianto s.m.
amicacina s.f.
amical adj.2g.
amicíssimo adj.
amídala s.f.
amidalectomia s.f.
amidaliano adj.
amidalite s.f.
amido s.m.
amielia s.f.
amiélico adj.
amigação s.f.
amigado adj.
amigalhaço s.m.
amigança s.f.
amigão s.m.; fem.: amigona
amigar v.
amigável adj.2g.
amigavelmente adv.
amígdala s.f.
amigdalectomia s.f.
amigdaliano adj.
amigdalite s.f.
amigo adj. s.m.
amigo da onça s.m.
amigona s.f. de amigão
amigo-oculto s.m.; pl.: amigos-ocultos
amigo-secreto s.m.; pl.: amigos-secretos
amigo-urso s.m.; pl.: amigos-ursos

amiláceo adj.
amilase s.f.
amilhar v.
amilo s.m.
amiloide (ó) adj.2g. s.m.
amimado adj.
amimar v.
amina s.f.
aminado adj.
aminoácido s.m.
amiotrófico adj.
amiseração s.f.
amistosamente adv.
amistoso (ô) adj. s.m.; f. e pl.: (ó)
amiudadamente adv.
amiudado adj.
amiudar v.
amiúde adv.
amizade s.f.
amizade-colorida s.f.; pl.: amizades-coloridas
amnésia s.f.
amnésico adj. s.m.
âmnio s.m.
amniocentese s.f.
amnioscopia s.f.
amniótico adj.
amo s.m.
amocambado adj.
amocambar-se v.
amochar v.
amodado adj.
amodorrar v.
amoedado adj.
amoedar v.
amofinação s.f.
amofinado adj.
amofinador (ô) adj. s.m.
amofinar v.
amoitado adj.
amoitar v.
amojado adj.
amojar v.
amojo (ó) s.m.; cf. amojo, fl. do v. amojar
amolação s.f.
amoladeira s.f.
amolado adj.
amolador (ô) adj. s.m.
amolar v.
amoldação s.f.
amoldar v.
amoldável adj.2g.
amolecado adj.
amolecar v.
amolecer v.
amolecido adj.
amolecimento s.m.
amolegar v.
amolengado adj.
amolengar v.
amolentado adj.
amolentar v.

amolgar v.
amônia s.f.
amoniacal adj.2g.
amoníaco s.m.
amonificação s.f.
amônio s.m.
amonita adj. s.2g. s.f.
amonite s.f.
amonoide (ó) adj.2g. s.m.
amontado adj.
amontar v.
amontoadinho adj.
amontoado adj. s.m.
amontoamento s.m.
amontoar v.
amor (ô) s.m.
amora s.f.
amoral adj. s.2g.
amoralidade s.f.
amoralismo s.m.
amoralista adj. s.2g.
amoralmente adv.
amora-preta s.f.; pl.: amoras-pretas
amorável adj.2g.
amora-verde s.f.; pl.: amoras-verdes
amora-vermelha s.f.; pl.: amoras-vermelhas
amorcelado adj.
amor-crescido s.m.; pl.: amores-crescidos
amordaçado adj.
amordaçamento s.m.
amordaçar v.
amor-de-negro s.m.; pl.: amores-de-negro
amoreco s.m.
amoreira s.f.
amoreira-branca s.f.; pl.: amoreiras-brancas
amor-em-penca s.m.; pl.: amores-em-penca
amorenado adj.
amorenar v.
amorento adj.
amorfia s.f.
amorfo adj.
amorita adj. s.2g.
amornado adj.
amornar v.
amorosamente adv.
amorosidade s.f.
amoroso (ô) adj. s.m.; f. e pl.: (ó)
amor-perfeito s.m.; pl.: amores-perfeitos
amor-próprio s.m.; pl.: amores-próprios
amorrinhado adj.
amortalhado adj. s.m.
amortalhar v.
amortecedor (ô) adj. s.m.
amortecer v.

amortecido adj.
amortecimento s.m.
amortização s.f.
amortizado adj.
amortizar v.
amortizável adj.2g.
amostra s.f.
amostrado adj.
amostragem s.f.
amostrar v.
amostra-tipo s.f.; pl.:
  amostras-tipo e amostras-tipos
amostrável adj.2g.
amotinado adj. s.m.
amotinador (ô) adj. s.m.
amotinar v.
amouco adj. s.m.
amovível adj.2g.
amoxicilina (cs) s.f.
amparada s.f.
amparado adj.
amparador (ô) adj.
amparar v.
amparo s.m.
amperagem s.f.
ampere s.m.
ampère s.m.
amperímetro s.m.
ampicilina s.f.
amplamente adv.
amplexo (cs) s.m.
ampliação s.f.
ampliado adj.
ampliador (ô) adj. s.m.
ampliamento s.m.
ampliante adj.2g.
ampliar v.
amplidão s.f.
amplificação s.f.
amplificado adj.
amplificador (ô) adj. s.m.
amplificar v.
amplitude s.f.
amplo adj.
ampola (ô) s.f.
ampulheta (ê) s.f.
amputação s.f.
amputado adj.
amputar v.
amuado adj.
amuamento s.m.
amuar v.
amulatado adj.
amulatar v.
amuleto (ê) s.m.
amunhecar v.
amuo s.m.
amurada s.f.
amuralhado adj.
amuralhar v.
anã s.f. de anão
anabatista adj. s.2g.
anabólico adj.
anabolismo s.m.

anabolizado adj.
anabolizante adj.2g. s.m.
anabolizar v.
anacardiácea s.f.
anacoluto s.m.
anaconda s.f.
anacoreta (ê) s.2g.
anacreôntico adj.
anacronia s.f.
anacronicamente adv.
anacrônico adj.
anacronismo s.m.
anadiômena s.f.
anaeróbico adj.
anaeróbio adj. s.m.
anaerobiose s.f.
anafado adj.
anáfase s.f.
anafilático adj.
anafilaxia (cs) s.f.
anáfora s.f.
anaforese s.f.
anafórico adj.
anafrodisia s.f.
anafrodisíaco adj. s.m.
anagrama s.m.
anagramático adj.
anágua s.f.
anais s.m.pl.
anal adj.2g.
analfabetismo s.m.
analfabetização s.f.
analfabeto adj. s.m.
analgesia s.f.
analgésico adj. s.m.
analisador (ô) adj. s.m.
analisar v.
analisável adj.2g.
análise s.f.; cf. analise, fl. do v.
  analisar
analista adj. s.2g.
analiticamente adv.
analítico adj.
analogamente adv.
analogia s.f.
analogicamente adv.
analógico adj. s.m.
análogo adj. s.m.
anamnese s.f.
anamnesia s.f.
anamnésia s.f.
anamnésico adj.
anamorfose s.f.
ananás s.m.
anandamida s.f.
anão adj. s.m.; fem.: anã; pl.:
  anãos e anões
anaplasmose s.f.
anapolino adj. s.m.
anaptixe (cs) s.f.
anarcocapitalista adj. s.2g.
anarcomilitarismo s.m.
anarcossindicalismo s.m.
anarcossindicalista adj. s.2g.

anarquia s.f.
anarquicamente adv.
anárquico adj.
anarquismo s.m.
anarquista adj. s.2g.
anarquização s.f.
anarquizado adj.
anarquizador (ô) adj.
anarquizante adj.2g.
anarquizar v.
anasalado adj.
anasalar v.
anasarca s.f.
anastomosado adj.
anastomosante adj.2g.
anastomosar v.
anastomose s.f.
anastomótico adj.
anástrofe s.f.
anastrófico adj.
anátema s.m.
anatemático adj.
anatematizar v.
anatomia s.f.
anatomicamente adv.
anatômico adj.
anatomista s.2g.
anatomofisiológico adj.
anatomofuncional s.2g.
anatomopatologia s.f.
anatomopatológico adj.
anatomopatologista s.2g.
anauê interj.
anavalhar v.
anca s.f.
ancestral adj. s.2g.
ancestralidade s.f.
ancho adj.
anchova (ô) s.f.
anchovinha s.f.
anciã s.f. de ancião
ancianidade s.f.
ancião adj. s.m.; fem.: anciã;
  pl.: anciãos, anciães e anciões
ancila s.f.
ancilar adj.2g.
ancilose s.f.
ancilostomático adj.
ancilostomíase s.f.
ancilostomídeo adj. s.m.
ancilóstomo s.m.
ancilostomose s.f.
ancinho s.m.
ancípite adj.2g.
âncora s.f. s.2g.
ancorado adj.
ancoradouro s.m.
ancoragem s.f.
ancoramento s.m.
ancorar v.
ancoreta (ê) s.f.
ancorote s.m.
ancudo adj.
andá-açu s.m.; pl.: andás-açus

andaço s.m.
andada s.f.
andadeira s.f.
andadeiro adj.
andador (ô) adj. s.m.
andadura s.f.
andaime s.m.
andaluz adj. s.m.
andamento s.m.
andança s.f.
andante adj. s.2g. s.m. adv.
andar v. s.m.
andarengo adj. s.m.
andarilho adj. s.m.
andejar v.
andejo (ê) adj. s.m.
andilha s.f.
andino adj. s.m.
andiroba s.f.
andor (ô) s.m.
andorinha s.f.
andorinhão s.m.
andorrano adj. s.m.
andradita s.f.
andrajos s.m.pl.
andrajoso (ô) adj.; f. e pl.: (ó)
androcêntrico adj.
androcentrismo s.m.
androceu s.m.
androgênico adj.
androgênio s.m.
androginia s.f.
andrógino adj. s.m.
androide (ô) adj. s.2g.
andrologia s.f.
andrologista s.2g.
andropausa s.f.
andu s.m.
anduzeiro s.m.
anedonia s.f.
anedota s.f.
anedotário s.m.
anedótico adj.
anel s.m.
anelado adj. s.m.
anelante adj.2g.
anelar v. adj.2g.
anelídeo adj. s.m.
anelo s.m.
aneloso (ô) adj.; f. e pl.: (ó)
anemia s.f.
anemiante adj.2g.
anêmico adj. s.m.
anemocoria s.f.
anemocórico adj.
anemofilia s.f.
anemógrafo s.m.
anemômetro s.m.
anêmona s.f.
anêmona-do-mar s.f.; pl.:
    anêmonas-do-mar
anencefalia s.f.
anencefálico adj.
anencéfalo adj. s.m.

anequim s.m.
aneroide (ó) adj.2g. s.m.
anestesia s.f.
anestesiado adj.
anestesiamento s.m.
anestesiante adj.2g. s.m.
anestesiar v.
anestésico adj. s.m.
anestesiologia s.f.
anestesiologista adj. s.2g.
anestesista adj. s.2g.
anestro s.m.
anético adj.
aneto s.m.
aneuploidia s.f.
aneurisma s.m.
aneurismático adj.
anexação (cs) s.f.
anexado (cs) adj.
anexar (cs) v.
anexim s.m.
anexo (cs) adj. s.m.
anfetamina s.f.
anfetaminado adj.
anfetamínico adj.
anfiartrose s.f.
anfíbio adj. s.m.
anfictionia s.f.
anfidromias s.f.pl.
anfidrômico adj.
anfifílico adj.
anfiguri s.m.
anfimixia (cs) s.f.
anfineuro s.m.
anfioxo (cs) s.m.
anfípode adj.2g. s.m.
anfiquelídeo adj. s.m.
anfiteatro s.m.
anfitriã s.f. de *anfitrião*
anfitrião s.m.; fem.: *anfitriã* e
    anfitrioa (ô)
anfitrioa (ô) s.f. de *anfitrião*
anfitrite s.f.
ânfora s.f.
anfracto adj. s.m.
anfractuosidade s.f.
anfratuoso (ô) adj.; f. e
    pl.: (ó)
angariação s.f.
angariador (ô) s.m.
angariamento s.m.
angariar v.
angélica s.f.
angelical adj.2g.
angélico adj. s.m.
angelim s.m.
angelologia s.f.
ângelus s.m.2n.
angico s.m.
angina s.f.
anginoso (ô) adj. s.m.; f. e
    pl.: (ó)
angioblasto s.m.
angiodisplasia s.f.

angiogênese s.f.
angiografia s.f.
angiograma s.m.
angiologia s.f.
angiologista adj. s.2g.
angiólogo adj. s.m.
angioma s.m.
angiopatia s.f.
angioplastia s.f.
angiorrágico adj.
angiosclerose s.f.
angioscopia s.f.
angiosperma s.f.
angiospérmico adj.
angiotensina s.f.
angiporto (ô) s.m.; pl.: (ó)
anglicanismo s.m.
anglicano adj. s.m.
anglicismo s.m.
anglicizar v.
anglo adj. s.m.
anglo-africano adj. s.m.; pl.:
    anglo-africanos
anglo-americano adj. s.m.;
    pl.: *anglo-americanos*
anglo-árabe adj. s.2g.; pl.:
    anglo-árabes
anglo-argentino adj. s.m.; pl.:
    anglo-argentinos
anglo-asiático adj. s.m.; pl.:
    anglo-asiáticos
anglo-brasileiro adj. s.m.; pl.:
    anglo-brasileiros
anglo-bretão adj. s.m.; pl.:
    anglo-bretões
anglo-canadense adj. s.2g.;
    pl.: *anglo-canadenses*
anglo-canadiano adj. s.m.;
    pl.: *anglo-canadianos*
anglocatolicismo s.m.
anglocatólico adj. s.m.
anglofilia s.f.
anglófilo adj. s.m.
anglofobia s.f.
anglófono adj. s.m.
anglo-francês adj. s.m.; pl.:
    anglo-franceses
anglo-gaulês adj. s.m.; pl.:
    anglo-gauleses
anglo-germânico adj. s.m.;
    pl.: *anglo-germânicos*
anglo-indiano adj. s.m.; pl.:
    anglo-indianos
anglo-irlandês adj. s.m.; pl.:
    anglo-irlandeses
anglo-israelismo s.m.; pl.:
    anglo-israelismos
anglo-italiano adj. s.m.; pl.:
    anglo-italianos
anglo-japonês adj. s.m.; pl.:
    anglo-japoneses
anglomania s.f.
anglomaníaco adj. s.m.
anglômano adj. s.m.

anglo-normando adj. s.m.;
  pl.: *anglo-normandos*
anglo-norte-americano
  adj. s.m.; pl.: *anglo-norte-
  -americanos*
anglo-português adj. s.m.;
  pl.: *anglo-portugueses*
anglo-russo adj. s.m.; pl.:
  anglo-russos
anglo-saxão adj. s.m.; pl.:
  anglo-saxões
anglo-saxônico adj. s.m.; pl.:
  anglo-saxônicos
anglo-saxônio adj. s.m.; pl.:
  anglo-saxônios
angola adj. s.2g. s.m. s.f.
angolano adj. s.m.
angolense adj. s.2g.
angolês adj. s.m.
angolista s.f.
angolo-conguês adj.; pl.:
  angolo-congueses
angorá adj. s.2g.
angra s.f.
angstrom s.m.
angu s.m.
anguaia s.f.
angu de caroço s.m.
anguera (*ü*) s.m.
angulação s.f.
angulado adj.
angular v. adj.
ângulo s.m.
angulosamente adv.
angulosidade s.f.
anguloso (*ô*) adj.; f. e pl.: (*ó*)
angústia s.f.
angustiadamente adv.
angustiado adj.
angustiante adj.2g.
angustiar v.
angustiosamente adv.
angustioso (*ô*) adj.; f. e pl.: (*ó*)
angusto adj.
angustura s.f.
anhangá s.m.
anhanguera (*ü*) adj.2g. s.m.
anho s.m.
anhuma s.f.
aniagem s.f.
anidrido s.m.
anidro adj.
anil adj.2g.2n. s.m.
anilado adj.
anilar v.
anileira s.f.
anilha s.f.
anilhado adj.
anilho s.m.
anilina s.f.
animação s.f.
animadamente adv.
animadinho adj.
animado adj.

animador (*ô*) adj. s.m.
animadoramente adv.
animal adj.2g. s.m.
animalada s.f.
animalesco (*ê*) adj.
animalidade s.f.
animalismo s.m.
animalista adj. s.2g.
animalização s.f.
animalizado adj.
animalizar v.
animar v.
anímico adj.
animismo s.m.
animista adj. s.2g.
animização s.f.
ânimo s.m.
animosidade s.f.
animoso (*ô*) adj.; f. e pl.: (*ó*)
aninga s.f.
aningal s.m.
aninhado adj. s.m.
aninhamento s.m.
aninhar v.
ânion s.m.
aniquilação s.f.
aniquilado adj.
aniquilador (*ô*) adj. s.m.
aniquilamento s.m.
aniquilante adj.2g.
aniquilar v.
anis s.m.
anisado adj. s.m.
anisidina s.f.
anisotropia s.f.
anisotrópico adj.
anisótropo adj.
anistia s.f.
anistiado adj. s.m.
anistiar v.
anistoricismo s.m.
anistórico adj.
aniversariante adj. s.2g.
aniversariar v.
aniversário adj. s.m.
anjinho s.m.
anjo s.m.
ano s.m.
ano-base s.m.; pl.: *anos-base* e
  anos-bases
ano-bom s.m.; pl.: *anos-bons*
anodinia s.f.
anódino adj. s.m.
anodizado adj.
ânodo (*ô*) s.m.
anófele s.m.
anofelino adj. s.m.
anoitecer v. s.m.
anoitecido adj.
anoitecimento s.m.
anojadiço adj.
anojado adj. s.m.
anojar v.
ano-luz s.m.; pl.: *anos-luz*

anomalia s.f.
anômalo adj.
anomia s.f.
anona s.f.
anonimamente adv.
anonimato s.m.
anonímia s.f.
anonimidade s.f.
anônimo adj. s.m.
ano-novo s.m.; pl.: *anos-novos*
anopluro adj. s.m.
anopsia s.f.
anópsia s.f.
anóptico adj.
anoraque s.m.
anorético adj. s.m.
anorexia (*cs*) s.f.
anoréxico (*cs*) adj. s.m.
anorexígeno (*cs*) adj. s.m.
anorgânico adj.
anorgasmia s.f.
anorgástico adj.
anormal adj. s.2g.
anormalidade s.f.
anormalmente adv.
anosmia s.f.
anotação s.f.
anotado adj.
anotador (*ô*) adj. s.m.
anotar v.
anovulatório adj. s.m.
anoxemia (*cs*) s.f.
anóxia (*cs*) s.f.
anóxico (*cs*) adj.
anquilosado adj.
anquilosante adj.2g.
anquilose s.f.
anquinhas s.f.pl.
anseio s.m.
anseriforme adj. s.2g.
anserino adj.
ânsia s.f.
ansiado adj.
ansiar v.
ansiedade s.f.
ansiogênico adj.
ansiógeno adj.
ansiolítico adj. s.m.
ansiosamente adv.
ansioso (*ô*) adj. s.m.; f. e pl.: (*ó*)
anspeçada s.m.
anta s.f.
antagônico adj.
antagonismo s.m.
antagonista adj. s.2g.
antagonizar v.
antálgico adj. s.m.
antanho adv. s.m.
antártico adj.
ante prep.
antealcova (*ô*) s.f.
antealexandrino adj.
antealvorada s.f.
anteato s.m.

anteaurora s.f.
anteavante s.f.
anteboca (ô) s.f.
antebraço s.m.
antecâmara s.f.
antecambriano adj. s.m.
antecâmera s.f.
antecanto s.m.
antecarga s.f.
antecedência s.f.
antecedente adj.2g. s.m.
anteceder v.
antecessor (ô) adj. s.m.
antecipação s.f.
antecipadamente adv.
antecipado adj.
antecipador (ô) adj. s.m.
antecipar v.
antecipatório adj.
antedata s.f.
antedatar v.
antediluviano adj. s.m.
ante-estreia (é) s.f.
anteflexão (cs) s.f.
antegostar v.
antegosto (ô) s.m.; cf. *antegosto*, fl. do v. *antegostar*
antegozar v.
antegozo (ô) s.m.; cf. *antegozo*, fl. do v. *antegozar*
antegregoriano adj.
anteguarda s.f.
ante-hipófise s.f.
ante-histórico adj. "pré--histórico"; cf. *anti-histórico*
anteislâmico adj. "pré--islâmico"; cf. *anti-islâmico*
antejulgamento s.m.
antejulgar v.
antemanhã s.f. adv.
antemão adv.
antemeridiano adj.
antena s.f.
antenado adj. s.m.
antenal adj.2g.
antenar v.
antenista s.2g.
antenupcial adj.2g. "pré--nupcial"; cf. *antinupcial*
anteontem adv.
anteparo s.m.
antepassado adj. s.m.
antepasto s.m.
antepenúltimo adj.
antepor (ô) v.
anteporta s.f.
anteposição s.f.
antepositivo adj.
anteposto (ô) adj.; f. e pl.: (ó)
anteprojeto s.m.
antera s.f.
anterídeo adj. s.m.
anterior (ô) adj.2g.
anterioridade s.f.
anteriorização s.f.
anteriormente adv.
anteroinferior (ô) adj.2g.
anterointerno adj.
anterolateral adj.2g.
anteroposterior (ô) adj.2g.
anterossuperior (ô) adj.2g.
anteroventral adj.2g.
anterozoide (ô) adj.2g. s.m.
anterreal adj.2g. "pré-real"; cf. *antirreal*
anterrepublicano adj. "pré-republicano"; cf. *antirrepublicano*
antes adv.
antessala s.f.
antever v.
antevéspera s.f.
antevisão s.f.
antevisto adj.
antiabortista adj. s.2g.
antiabortivo adj. s.m.
antiaborto (ô) adj.2g.2n. s.m.
antiabsolutista adj.2g.
antiacadêmico adj.
antiácido adj. s.m.
antiacústico adj.
antiaderente adj. s.2g.
antiaéreo adj.
antiagrarista adj.2g.
antiagrícola adj.2g.
antiálcool adj.2g.2n.
antialcoólico adj.
antialcoolismo adj.2g.2n. s.m.
antialérgico adj. s.m.
antiálgico adj. s.m.
antiamericanismo s.m.
antiamericano adj.
antianêmico adj.
antiárabe adj.2g.
antiarabismo s.m.
antiarmas adj.2g.2n.
antiarte s.f.
antiartístico adj.
antiassalto adj.2g.2n.
antiatômico adj.
antiautoral adj.2g.
antiautoritário adj.
antiautoritarismo s.m.
antibacteriano adj.
antibala adj. 2g.2n.
antibanditismo adj.2g.2n. s.m.
antibarulho adj.2g.2n.
antibelicismo s.m.
antibelicista adj.2g.
antibélico adj.
antibíblico adj.
antibiograma s.m.
antibiose s.f.
antibiótico adj. s.m.
antibioticoterapia s.f.
antiblenorrágico adj.
antiblocante adj.2g.
antibloqueio adj.2g.2n.
antibolchevique adj. s.2g.
antibomba adj.2g.2n.
antibrasileiro adj.
antiburguês adj.
antiburocracia adj.2g.2n.
antiburocrata adj. s.2g.
antiburocrático adj.
anticalvície adj.2g.2n.
anticâncer adj.2g.2n.
anticancerígeno adj.
anticandidato s.m.
anticandidatura s.f.
anticapitalismo s.m.
anticapitalista adj. 2g.
anticasamento adj.2g.2n.
anticaspa adj.2g.2n.
anticastrismo s.m.
anticastrista adj. s.2g.
anticatólico adj.
anticensura adj.2g.2n.
antichacina adj.2g.2n.
antichoque adj.2g.2n.
anticiclone s.m.
anticiência s.f.
anticientífico adj.
anticlerical adj.2g.
anticlericalismo s.m.
anticlichê s.m.
anticlimático adj.
anticlímax (cs) s.m.2n.
anticoagulante adj.2g. s.m.
anticola adj.2g.2n.
anticolérico adj.
anticolesterol adj.2g.2n.
anticoletivismo s.m.
anticolinérgico adj. s.m.
anticolonial adj.2g.
anticolonialismo s.m.
anticolonialista adj. s.2g.
anticomercial adj.2g.
anticompetitivo adj.
anticomunismo s.m.
anticomunista adj. s.2g.
anticoncepção s.f.
anticoncepcional adj.2g. s.m.
anticonceptivo adj. s.m.
anticonformismo s.m.
anticonformista adj. s.2g.
anticongestionante adj.2g. s.m.
anticonservador (ô) adj.
anticonstitucional adj.2g.
anticonsumismo adj.2g.2n. s.m.
anticonsumista adj. s.2g.
anticonsumo adj.2g.2n. s.m.
anticonvencional adj.2g.
anticonvencionalismo s.m.
anticonvulsivante adj.2g. s.m.
anticonvulsivo adj. s.m.
anticorpo (ô) s.m.; pl.: (ó)
anticorporativismo s.m.

anticorporativo adj.
anticorrosão adj.2g.2n.
anticorrosivo adj. s.m.
anticorrupção adj.2g.2n.
anticrime adj.2g.2n.
anticriminalidade adj.2g.2n.
anticrise adj.2g.2n.
anticristã f. de *anticristão*
anticristão adj.; fem.: *anticristã*
anticristo s.m.
anticubano adj.
anticultura adj.2g.2n. s.f.
antidemagógico adj.
antidemocracia s.f.
antidemocrata adj. s.2g.
antidemocrático adj.
antidengue adj.2g.2n.
antidepressivo adj.
antiderrapante adj.2g.
antidesemprego adj.2g.2n.
antidesportivo adj.
antidetonante adj.2g. s.m.
antidiabético adj. s.m.
antidiarreico (*e*) adj. s.m.
antidietético adj.
antidifamatório adj.
antidiftérico adj.
antidiplomático adj.
antidiscriminação adj.2g.2n.
antidiscriminatório adj.
antidistônico adj. s.m.
antiditatorial adj.2g.
antidiurético adj. s.m.
antidivorcista adj. s.2g.
antidogmático adj.
antidogmatismo s.m.
antidopagem adj.2g.2n.
antídoto s.m.
antidroga adj.2g.2n.
antidualismo s.m.
antidualista adj. s.2g.
antiecológico adj.
antieconomia s.f.
antieconômico adj.
antieleitoral adj.2g.
antielitismo s.m.
antielitista adj. s.2g.
antiembaçante adj.2g. s.m.
antiemético adj. s.m.
antiempresarial adj.2g.
antienchente adj.2g.2n.
antientrópico adj.
antiepidêmico adj.
antiepiléptico adj. s.m.
antiepilético adj. s.m.
antierótico adj.
antiescorbútico adj.
antiescravista adj. s.2g.
antiespasmódico adj. s.m.
antiespeculação adj.2g.2n. s.f.
antiespeculativo adj.
antiespetáculo s.m.

antiespinhas adj.2g.2n.
antiespionagem adj.2g.2n. s.f.
antiesportividade s.f.
antiesportivo adj.
antiesquerdismo s.m.
antiesquerdista adj.2g.
antiestafilocócico adj. s.m.
antiestatal adj.2g.
antiestático adj.
antiestético adj.
antiestratégico adj.
antiestrela s.f.
antiestresse adj.2g.2n.
antiestrogênico adj.
antiético adj.
antieuropeu adj. s.m.
antieutanásia adj.2g.2n.
antievangélico adj.
antiexportador (*ô*) adj.
antifascismo s.m.
antifascista adj. s.2g.
antifebril adj.2g.
antifederativo adj.
antifeminismo s.m.
antifeminista adj. s.2g.
antiferrugem adj.2g.2n.
antiferruginoso (*ô*) adj.; f. e pl.: (*ó*)
antifeudal adj.2g.
antifeudalismo s.m.
antifilantropia s.f.
antifilantrópico adj.
antifilosofia s.f.
antifilosófico adj.
antifilosofismo s.m.
antifilósofo s.m.
antifogo adj.2g.2n.
antifolia adj.2g.2n.
antifona s.f.
antifonário s.m.
antiformal adj.2g.
antiformalista adj.2g.
antifrancês adj.
antifranquista adj. s.2g.
antífrase s.f.
antifraude adj.2g.2n.
antifreudiano (*frói*) adj.
antifuga adj.2g.2n.
antifumo adj.2g.2n.
antifúngico adj. s.m.
antifungo adj.2g.2n. s.m.
antifuracão adj.2g.2n.
antifurto adj.2g.2n.
antifutebol adj.2g.2n. s.m.
antigaláctico adj.
antigalha s.f.
antigamente adv.
antigás adj.2g.2n.
antigênico adj.
antígeno s.m.
antigermânico adj.
antigetulismo s.m.
antigetulista adj. s.2g.

antiginástica s.f.
antigo adj. s.m.
antigovernamental adj.2g.
antigovernista adj. s.2g.
antigoverno adj.2g.2n.
antigravidade s.f.
antigravitacional adj.2g.
antigripal adj.2g. s.m.
antiguerra adj.2g.2n.
antiguerrilha adj.2g.2n.
antiguidade (*ü*) s.f.
anti-helmíntico adj. s.m.
anti-herói s.m.
anti-hidrofóbico adj. s.m.
anti-higiênico adj.
anti-hipertensivo adj. s.m.
anti-histamínico adj. s.m.
anti-histórico adj. "contrário à história"; cf. *ante-histórico*
anti-horário adj.2g.2n.
anti-humanismo s.m.
anti-humanista adj. s.2g.
anti-humanístico adj.
anti-humanitário adj.
anti-humano adj.
anti-ibérico adj.
anti-iberismo s.m.
anti-iberista adj. s.2g.
anti-ictérico adj. s.m.
anti-igualitarismo s.m.
anti-igualitarista adj. s.2g.
anti-igualitarístico adj.
anti-iluminismo s.m.
anti-iluminista adj. s.2g.
anti-imigração adj.2g.2n.
anti-imigrante adj.2g
anti-imigrantista adj. s.2g.
anti-imigrantismo s.m.
anti-imobilizador (*ô*) adj.
anti-imperialismo s.m.
anti-imperialista adj. s.2g.
anti-incêndio adj.2g.2n.
anti-indígena adj.2g.
anti-industrial adj.2g.
anti-infeccioso (*ô*) adj. s.m.; f. e pl.: (*ó*)
anti-inflação adj.2g.2n.
anti-inflacionário adj.
anti-inflamatório adj. s.m.
anti-informativo adj.
anti-integralismo s.m.
anti-integralista adj. s.2g.
anti-intelectual adj. s.2g.
anti-intelectualismo s.m.
anti-intelectualista adj. s.2g.
anti-islâmico adj. "contrário ao islamismo"; cf. *anteislâmico*
anti-israelense adj. s.2g.
anti-israelita adj. s.2g.
antijesuítico adj.
antijesuitismo s.m.
antijogo s.m.

antijornalismo s.m.
antijudaico adj. s.m.
antijudaísmo s.m.
antijurídico adj.
antiladrão adj.2g.2n.
antilatifundiário adj.
antiletárgico adj.
antileucêmico adj. s.m.
antilhano adj. s.m.
antiliberal adj. s.2g.
antiliberalismo s.m.
antilibertário adj.
antilírico adj.
antilirismo s.m.
antiliteratura s.f.
antilogia s.f.
antílope s.m.
antílope-real s.m.; pl.:
 antílopes-reais
antilusitanismo s.m.
antilusitanista adj. s.2g.
antilusitanístico adj.
antilusitano adj. s.m.
antiluso adj. s.m.
antiluteranismo s.m.
antiluteranista adj. s.2g.
antiluterano adj. s.m.
antimachismo s.m.
antimachista adj. s.2g.
antimaconha adj.2g.2n.
antimáfia adj.2g.2n.
antimagnético adj.
antimalária adj.2g.2n.
antimalárico adj. s.m.
antimarxismo (cs) s.m.
antimarxista (cs) adj.2g.
antimatéria s.f.
antimercado adj.2g.2n. s.m.
antimetafísico adj.
antimicótico adj.
antimicrobiano adj.
antimídia adj.2g.2n.
antimilitar adj.2g.
antimilitarismo s.m.
antimilitarista adj. s.2g.
antimíssil adj.2g.2n.
antimito s.m.
antimoda s.f.
antimodelo s.m.
antimodernista adj. s.2g.
antimodernizante adj.2g.
antimofo adj.2g.2n.
antimonárquico adj.
antimonarquismo s.m.
antimonarquista adj. s.2g.
antimônio s.m.
antimonogâmico adj.
antimonopólio adj.2g.2n.
antimotim adj.2g.2n.
antimusical adj.2g.
antimusicalidade s.f.
antinacional adj.2g.
antinacionalismo s.m.
antinacionalista adj. s.2g.

antinarcóticos adj.2g.2n.
antinarrativo adj.
antinatural adj.2g.
antinaturalismo s.m.
antinaturalista adj. s.2g.
antinazismo s.m.
antinazista adj. s.2g.
antinefrítico adj. s.m.
antinegro adj.2g.2n.
antineoliberal adj.2g.
antineoliberalismo s.m.
antineoplásico adj.
antineurítico adj.
antineutrino s.m.
antinomia s.f.
antinômico adj.
antinuclear adj.2g.
antinupcial adj.2g.
 "contra o casamento"; cf.
 antenupcial
antiocidental adj.2g.
antiofídico adj.
antioligárquico adj.
antiordem s.f.
antioxidante (cs) adj.2g. s.m.
antipacifista adj. s.2g.
antipapa s.m.
antiparlamentar adj.2g.
antipartícula s.f.
antipartidário adj.
antipatia s.f.
antipático adj. s.m.
antipatizar v.
antipatriota adj. s.2g.
antipatriótico adj.
antipatriotismo s.m.
antipedagógico adj.
antiperspirante adj.2g. s.m.
antipessoal adj.2g.
antipirataria adj.2g.2n. s.f.
antipirético adj. s.m.
antiplatônico adj.
antipobreza adj.2g.2n.
antípoda adj. s.2g.
antipoético adj.
antipolêmico adj.
antipólio adj.2g.2n.
antipoliomielítico adj.
antipolítico adj. s.m.
antipoluente adj.2g.
antipoluição adj.2g.2n.
antipopular adj.2g.
antipopulista adj.2g.
antipornografia adj.2g.2n.
antipositivista adj.2g.
antiprivatista adj.2g.
antiprivatização adj.2g.2n.
 s.f.
antiprivatizante adj.2g.
antiprofissional adj.2g.
antipropaganda adj.2g.2n.
 s.f.
antipróton s.m.
antipsicológico adj.

antipsicótico adj. s.m.
antipsiquiatria s.f.
antipsiquiátrico adj.
antipulgas adj.2g.2n.
antipuritano adj.
antipútrido adj. s.m.
antiquado adj.
antiqualha s.f.
antiquário s.m.
antiquíssimo (ü) adj.
antirrábico adj.
antirracional adj.2g.
antirracionalismo s.m.
antirracionalista adj.2g.
 s.m.
antirracismo adj.2g.2n. s.m.
antirracista adj. s.2g.
antirradiação s.f.
antirradical adj. s.2g.
antirraquítico adj.
antirreal adj.2g. "que se opõe
 ao real"; cf. *anterreal*
antirregimental adj.2g.
antirrepublicano adj.
 "contrário à república"; cf.
 anterrepublicano
antirressonância s.f.
antirressonante adj.2g. s.m.
antirreumático adj. s.m.
antirrevolução s.f.
antirrevolucionário adj. s.m.
antirruído adj.2g.2n.
antissemita adj. s.2g.
antissemítico adj.
antissemitismo s.m.
antissepsia s.f.
antisséptico adj.
antissifilítico adj.
antissísmico adj.
antissocial adj.2g.
antissocialismo s.m.
antissocialista adj. s.2g.
antissociável adj.2g.
antissolar adj.2g.
antissoro s.m.
antissorologia s.f.
antissorológico adj.
antissoviético adj.
antissovietismo s.m.
antissubmarino adj.
antissudoral adj. s.m.
antístite s.m.
antitabaco adj.2g.2n.
antitabagismo adj.2g.2n.
 s.m.
antitabagista adj. s.2g.
antitanque adj.2g.2n.
antitérmico adj. s.m.
antiterror adj.2g.2n.
antiterrorismo s.m.
antiterrorista adj. s.2g.
antítese s.f.
antitetânico adj. s.m.
antitético adj.

antitotalitarismo | 26 | aparcar

antitotalitarismo s.m.
antitóxico (cs) adj. s.m.
antitoxina (cs) s.f.
antitrabalhismo s.m.
antitrabalhista adj.2g.
antitráfico adj.2g.2n.
antitranspirante adj.2g. s.m.
antitravamento adj.2g.2n.
antitruste adj.2g.2n.
antitumoral adj.2g. s.m.
antitússico adj. s.m.
antitussígeno adj. s.m.
antiultramontano adj. s.m.
antiunionismo s.m.
antiunionista adj. s.2g.
antiunionístico adj.
antiunitário adj.
antiuniversitário adj.
antiúrico adj.
antiutilitário adj.
antiutopia s.f.
antiutópico adj.
antiutopista adj.2g.
antivandalismo adj.2g.2n.
antivariólico adj.
antiveneno adj.2g.2n. s.m.
antivenéreo adj.
antiviolência adj.2g.2n. s.f.
antiviral adj.2g. s.m.
antivirótico adj. s.m.
antivírus adj.2g.2n. s.m.2n.
antociânico adj.
antocianina s.f.
antófago adj. s.m.
antojo (ô) s.m.; pl.: (ó)
antolhar v.
antolho (ô) s.m.; pl.: (ó); cf. antolho, fl. do v. antolhar
antolhos (ó) s.m.pl.
antologia s.f.
antológico adj. s.m.
antonímia s.f.
antônimo v. adj. s.m.
antonomásia s.f.
antonomástico adj.
antozoário adj. s.m.
antracênico adj.
antracito s.m.
antracnose s.f.
antraquinona s.f.
antraquinônico adj.
antraz s.m.
antrectomia s.f.
antro s.m.
antrópico adj.
antropocêntrico adj.
antropocentrismo s.m.
antropofagia s.f.
antropofágico adj.
antropofagismo s.m.
antropófago adj. s.m.
antropofílico adj.
antropofobia s.f.
antropofóbico adj.

antropogênico adj.
antropoide (ó) adj.2g. s.m.
antropologia s.f.
antropologicamente adv.
antropológico adj.
antropologista s.2g.
antropologização s.f.
antropólogo s.m.
antropometria s.f.
antropométrico adj.
antropomorfia s.f.
antropomórfico adj.
antropomorfismo s.m.
antropomorfização s.f.
antropomorfizado adj.
antropomorfizar v.
antropomorfo adj. s.m.
antroponímia s.f.
antropônimo s.m.
antroposofia s.f.
antroposófico adj.
antropozoomórfico adj.
antúrio s.m.
anu s.m.
anual adj.2g.
anualidade s.f.
anualização s.f.
anualizado adj.
anualizar v.
anualmente adv.
anuário s.m.
anu-branco s.m.; pl.: *anus-brancos*
anucleado adj.
anuência s.f.
anuente adj. s.2g.
anuidade s.f.
anuir v.
anulabilidade s.f.
anulação s.f.
anulado adj.
anulador (ó) adj. s.m.
anular v. adj.2g. s.m.
anulável adj.2g.
anum s.m.
anunciação s.f.
anunciador (ô) adj. s.m.
anunciante adj. s.2g.
anunciar v.
anúncio s.m.
ânuo adj.
anurese s.f.
anurético adj.
anuria s.f.
anúria s.f.
anúrico adj.
anuro adj. s.m.
ânus s.m.2n.
anuscopia s.f.
anuscópico adj.
anuscópio s.m.
anuviado adj.
anuviar v.
anverso s.m.

anzol s.m.
anzolado adj.
anzolar v.
ao contr. de *a* (prep.) + *o* (art. ou pron.)
aonde adv.
aorta s.f.
aórtico adj.
aortite s.f.
aortítico adj.
aortografia s.f.
aortográfico adj.
apacanim s.m.
apache adj. s.2g. s.m.
apadrinhação s.f.
apadrinhado adj. s.m.
apadrinhador (ó) adj. s.m.
apadrinhamento s.m.
apadrinhar v.
apagadamente adv.
apagadiço adj.
apagado adj.
apagador (ó) s.m.
apagamento s.m.
apagão s.m.
apagar v.
apagável adj.2g.
apaideguado adj.
apainelado adj.
apaixonadamente adv.
apaixonado adj. s.m.
apaixonante adj.2g.
apaixonar v.
apaixonável adj.2g.
apalacetado adj.
apalacetar v.
apalache adj. s.2g. s.m.
apalavrado adj.
apalavrar v.
apalermado adj. s.m.
apalermar v.
apalhaçado adj.
apalpação s.f.
apalpadela s.f.
apalpar v.
apanágio s.m.
apanha s.f.
apanhado adj. s.m.
apanhador (ó) adj. s.m.
apanhar v.
apaniguado adj. s.m.
apaniguar v.
apapocuva adj. s.2g.
apara s.f.
aparadeira s.f.
aparado adj. s.m.
aparador (ó) adj. s.m.
aparafusado adj.
aparafusar v.
aparar v.
aparatado adj.
aparato s.m.
aparatoso (ô) adj.; f. e .pl.: (ó)
aparcar v.

aparecer | 27 | apódose

aparecer v.
aparecimento s.m.
aparelhado adj.
aparelhagem s.f.
aparelhamento s.m.
aparelhar v.
aparelho (ê) s.m.
aparência s.f.
aparentado adj.
aparentar v.
aparente adj.2g.
aparentemente adv.
aparição s.f.
apartação s.f.
apartado adj. s.m.
apartamento s.m.
apartar v.
aparte s.m.
aparteante adj. s.2g.
apartear v.
apart-hotel s.m; pl.: *apart-hotéis*
apartidário adj.
apartidarismo s.m.
aparvalhadamente adv.
aparvalhado adj.
aparvalhamento s.m.
aparvalhar v.
apascentado adj.
apascentador (ô) adj.
apascentar v.
apassivado adj.
apassivador (ô) adj. s.m.
apassivar v.
apatacado adj.
apatetado adj. s.m.
apatetar v.
apatia s.f.
apático adj.
apatita s.f.
apatogênico adj.
apátrida adj. s.2g.
apaulistado adj. s.m.
apaulistar v.
apavoinhar v.
apavorado adj.
apavorante adj.2g.
apavorar v.
apaziguação s.f.
apaziguado adj.
apaziguador (ô) adj. s.m.
apaziguamento s.m.
apaziguante adj.2g.
apaziguar v.
apê s.m.
apeado adj.
apear v.
apedeuta adj. s.2g.
apedrejado adj.
apedrejamento s.m.
apedrejar v.
apegado adj.
apegar v.
apego (ê) s.m.; cf. *apego*, fl. do v. *apegar*

apelação s.f.
apelar v.
apelativo adj. s.m.
apelável adj.2g.
apelegado adj.
apelegar v.
apelidama s.f.
apelidar v.
apelido s.m.
apelo (ê) s.m.; cf. *apelo*, fl. do v. *apelar*
apenação s.f.
apenado adj. s.m.
apenamento s.m.
apenar v.
apenas adv. conj.
apêndice s.m.
apendicectomia s.f.
apendicite s.f.
apendicular v. adj.2g. s.m.
apendoado adj.
apendoar v.
apensado adj.
apensar v.
apenso adj. s.m.
apequenado adj.
apequenador (ô) adj.
apequenamento s.m.
apequenar v.
aperado adj.
aperar v.
aperceber v.
aperfeiçoado adj.
aperfeiçoador (ô) adj. s.m.
aperfeiçoamento s.m.
aperfeiçoar v.
aperfeiçoável adj.2g.
apergaminhado adj.
aperiódico adj.
aperitivo adj. s.m.
aperreação s.f.
aperreado adj.
aperreamento s.m.
aperrear v.
aperreio s.m.
apertado adj.
apertador (ô) s.m.
apertão s.m.
apertar v.
aperto (ê) s.m.; cf. *aperto*, fl. do v. *apertar*
apertura s.f.
aperuado adj.
apesar adv.
apessoado adj.
apétalo adj.
apetecer v.
apetecido adj.
apetecimento s.m.
apetecível adj.2g.
apetência s.f.
apetibilidade s.f.
apetite s.m.
apetitoso (ô) adj.; f. e pl.: (ó)

apetrechado adj.
apetrechar v.
apetrecho (ê) s.m.
apiário adj. s.m.
apical adj.2g.
ápice s.m.
apícola adj.2g.
apicultor (ô) adj. s.m.
apicultura s.f.
apicum s.m.
apiedado adj.
apiedar v.
apimentado adj.
apimentar v.
apinajé adj. s.m. s.2g.
apinchar v.
apinhado adj.
apinhar v.
apinhoscar v.
apisoado adj.
apitador (ô) adj. s.m.
apitar v.
apito s.m.
apitoxina (cs) s.f.
aplacado adj.
aplacamento s.m.
aplacar v.
aplainado adj.
aplainamento s.m.
aplainar v.
aplanação s.f.
aplanador (ô) adj. s.m.
aplanamento s.m.
aplanar v.
aplasia s.f.
aplásico adj.
aplastado adj.
aplastamento s.m.
aplastar v.
aplástico adj.
aplaudir v.
aplauso s.m.
aplicabilidade s.f.
aplicação s.f.
aplicadamente adv.
aplicado adj. s.m.
aplicador (ô) adj. s.m.
aplicar v.
aplicativo adj. s.m.
aplicável adj.2g.
aplique s.m.
apneia (ê) s.f.
apocalipse s.m.
apocalíptico adj.
apocinácea s.f.
apocopado adj.
apócope s.f.
apócrifo adj. s.m.
ápode adj.2g. s.m.
apoderar v.
apodítico adj.
apodo (ó) s.m.
ápodo adj. s.m.
apódose s.f.

apodrecer | 28 | apropriado

apodrecer v.
apodrecido adj.
apodrecimento s.m.
apófise s.f.
apofonia s.f.
apogeu s.m.
apógrafo adj. s.m.
apoiado adj. s.m.
apoiador (ó) adj. s.m.
apoiamento s.m.
apoiar v.
apoio (ó) s.m.; cf. *apoio (ó)*, fl. do v. *apoiar*
apoitado adj.
apojar v.
apojatura s.f.
apojo (ó) s.m.; cf. *apojo*, fl. do v. *apojar*
apolar adj.2g.
apolegar v.
apólice s.f.
apolíneo adj.
apolipoproteína s.f.
apoliticismo s.m.
apolítico adj. s.m.
apologética s.f.
apologético adj. s.m.
apologia s.f.
apológico adj.
apologista adj. s.2g.
apólogo s.m.
apoltronar v.
aponeurose s.f.
aponeurótico adj.
aponevrose s.f.
aponevrótico adj.
apontação s.f.
apontado adj.
apontador (ó) adj. s.m.
apontamento s.m.
apontar v.
apoplético adj. s.m.
apoplexia (cs) s.f.
apoptose s.f.
apoquentação s.f.
apoquentado adj.
apoquentar v.
apor (ô) v.
aporético adj.
aporia s.f.
aporreado adj.
aporrear v.
aporrinhação s.f.
aporrinhado adj.
aporrinhamento s.m.
aporrinhar v.
aportado adj.
aportar v.
aporte s.m.
aportuguesado adj.
aportuguesamento s.m.
aportuguesar v.
após adv. prep.
aposentado adj. s.m.

aposentadoria s.f.
aposentar v.
aposentável adj. s.2g.
aposento s.m.
após-guerra s.m.; pl.: *após-guerras*
aposição s.f.
apossar v.
aposta s.f.
apostado adj.
apostador (ó) adj. s.m.
apostar v.
apostasia s.f.
apóstata adj. s.2g.
apostatar v.
apostema s.m.
apostemado adj.
apostemar v.
apostila s.f.
apostilado adj.
apostilar v.
apostilha s.f.
apostilhar v.
aposto (ó) adj. s.m.; f. e pl.: (ó); cf. *aposto*, fl. do v. *apostar*
apostolado adj. s.m.
apostolar v. adj.2g.
apostólico adj. s.m.
apóstolo s.m.
apostrofar v.
apóstrofe s.f.
apóstrofo s.m.
apotegma s.m.
apoteosar v.
apoteose s.f.
apoteoticamente adv.
apoteótico adj.
apotrado adj.
apoucado adj.
apoucar v.
apragatar-se v.
aprazado adj.
aprazamento s.m.
aprazar v.
aprazer v.
aprazível adj.2g.
apreçado adj.; cf. *apressado*
apreçamento s.m.; cf. *apressamento*
apreçar v. "atribuir preço"; cf. *apressar*
apreciação s.f.
apreciado adj.
apreciador (ó) adj. s.m.
apreciar v.
apreciativo adj.
apreciável adj.2g.
apreciavelmente adv.
apreço (ê) s.m. "estima"; cf. *apreço*, fl. do v. *apreçar*, e *apresso*, fl. do v. *apressar*
apreender v.
apreendido adj.
apreensão s.f.

apreensivamente adv.
apreensível adj.2g.
apreensivo adj.
apreensor (ô) adj. s.m.
apregoação s.f.
apregoado adj.
apregoador (ô) adj. s.m.
apregoamento s.m.
apregoar v.
aprender v.
aprendiz adj. s.2g.
aprendizado s.m.
aprendizagem s.f.
apresador (ó) adj. s.m.
apresamento s.m.
apresar v.
apresentação s.f.
apresentador (ô) adj. s.m.
apresentar v.
apresentável adj.2g.
apresilhar v.
apressadamente adv.
apressadinho adj.
apressado adj.; cf. *apreçado*
apressamento s.m.; cf. *apreçamento*
apressar v. "acelerar"; cf. *apreçar*
apressurado adj.
apressurar v.
aprestado adj.
aprestamento s.m.
aprestar v.
apresto s.m.
apresuntado s.m.
aprimorado adj.
aprimoramento s.m.
aprimorar v.
apriorismo s.m.
aprioristicamente adv.
apriorístico adj.
aprisco s.m.
aprisionado adj.
aprisionamento s.m.
aprisionar v.
aproar v.
aprobativo adj.
aprobatoriamente adv.
aprobatório adj.
aprochegar-se v.
aprofundado adj.
aprofundamento s.m.
aprofundar v.
aprontação s.f.
aprontado adj.
aprontador (ô) adj. s.m.
aprontamento s.m.
aprontar v.
apronto s.m.
apropinquar v.
apropositado adj.
apropriação s.f.
apropriadamente adv.
apropriado adj.

apropriar v.
aprovação s.f.
aprovado adj. s.m.
aprovador (ô) adj. s.m.
aprovar v.
aproveitador (ô) adj. s.m.
aproveitamento s.m.
aproveitar v.
aproveitável adj.2g.
aprovisionamento s.m.
aprovisionar v.
aproximação (ss) s.f.
aproximadamente (ss) adv.
aproximado (ss) adj.
aproximar (ss) v.
aproximativa (ss) s.f.
aproximativo (ss) adj.
aproximável (ss) adj.2g.
aprumado adj.
aprumar v.
aprumo s.m.
aptidão s.f.
apto adj.
apuizeiro s.m.
apunhalado adj.
apunhalamento s.m.
apunhalar v.
apupar v.
apupo s.m.
apuração s.f.
apurado adj. s.m.
apurador (ô) adj. s.m.
apuramento s.m.
apurar v.
apurativo adj.
apuratório adj.
apurinã adj. s.2g. s.m.
apuro s.m.
aqualouco s.m.
aquaplanagem s.f.
aquarela s.f.
aquarelar v.
aquarelista s.2g.
aquariano adj. s.m.
aquário adj. s.m.
aquarismo s.m.
aquarista s.2g.
aquartelado adj.
aquartelamento s.m.
aquartelar v.
aquático adj. s.m.
aquatizar v.
aquaviário adj.
aquebrantar v.
aquecedor (ô) adj. s.m.
aquecer v.
aquecido adj.
aquecimento s.m.
aqueduto s.m.
aquele (ê) pron.
àquele (ê) contr. de a (prep.) +
 aquele (pron.)
aqueloutro pron.
àqueloutro contr. de a (prep.)
 + aqueloutro (pron.)

aquém adv.
aquemênida adj. s.2g.
aquênio s.m.
aquentado adj.
aquentar v.
aquerenciado adj. s.m.
aquerenciar v.
aqui adv.
aquícola (ü) adj.2g.
aquicultura (ü) s.f.
aquiescência s.f.
aquiescente adj.2g.
aquiescer v.
aquietado adj.
aquietamento s.m.
aquietar v.
aquífero (ü) adj.
aquilão s.m.
aquilatador (ô) adj. s.m.
aquilatar v.
aquileano adj.
aquilino adj.
aquilo pron.
áquilo s.m.
àquilo contr. de a (prep.) +
 aquilo (pron.)
aquilotado adj.
aquinhoado adj.
aquinhoar v.
aquisição s.f.
aquisitivo adj.
aquitanense adj. s.2g.
aquoso (ô) adj.; f. e pl.: (ó)
ar s.m.
ara s.f.
árabe adj. s.2g. s.m.
arabesco (ê) adj. s.m.
arábias s.f.pl.
arábico adj. s.m.
arabinose s.f.
arabismo s.m.
arabista s.2g.
arabizado adj.
arabizar v.
araçá adj.2g. s.m.
aracajuano adj. s.m.
aracajuense adj. s.2g.
aracanga s.f.
araçanga s.f.
aração s.f.
araçari s.m.
araçazeiro s.m.
arácea s.f.
aracnídeo adj. s.m.
aracnídico adj.
aracnoide (ó) adj.2g. s.f.
aracnóideo adj.
aracnoidiano adj.
araçoia (ó) s.f.
aracuã s.m.f.
arado adj. s.m.
arador (ô) adj. s.m.
aragear v.
aragem s.f.

aragano adj.
aragonês adj. s.m.
aramado adj. s.m.
aramador (ô) s.m.
aramaico adj. s.m.
arame s.m.
arameia (é) adj. s.f. de arameu
arameu adj. s.m.; fem.:
 arameia (é)
arandela s.f.
aranha s.f. s.2g.
aranha-caranguejeira s.f.;
 pl.: aranhas-caranguejeiras
aranzel s.m.
arapoca s.f.
araponga s.f. s.2g.
arapongado adj.
arapongagem s.f.
arapongar v.
arapuá s.f.
arapuar v.
arapuca s.f.
araputanga s.f.
araque s.m.
araquidônico adj. s.m.
arar v.
arara s.f. s.2g.
arará s.m.
araracanga s.f.
araraíba s.f.
ararajuba s.f.
arara-vermelha s.f.; pl.:
 araras-vermelhas
ararribá s.f.
araroba s.f.
araruta s.f.
arataca adj. s.f. s.2g.
aratanha s.f.
araticum s.m.
aratim s.f.
araucano adj. s.m.
araucária s.f.
arauto s.m.
arável adj.2g.
araxá s.m.
arbitrador (ô) adj. s.m.
arbitragem s.f.
arbitral adj.2g.
arbitramento s.m.
arbitrar v.
arbitrariamente adv.
arbitrariedade s.f.
arbitrário adj.
arbitrável adj.2g.
arbítrio s.m.
árbitro s.m.
arbóreo adj.
arborescência s.f.
arborescente adj.2g.
arborescer v.
arboreto (ê) s.m.
arborícola adj.2g.
arboricultura s.f.
arborização s.f.

arborizado adj.
arborizar v.
arbuscular adj.2g.
arbustivo adj.
arbusto s.m.
arca s.f.
arcabouço s.m.
arcabuz s.m.
arcabuzeiro adj. s.m.
arcada s.f.
árcade adj. s.2g.
arcádia s.f.
arcádico adj.
arcadismo s.m.
arcado adj.
arcaicidade s.f.
arcaico adj.
arcaísmo s.m.
arcaizante adj. s.2g.
arcaizar v.
arcanjo s.m.
arcano adj. s.m.
arção s.m.
arcar v.
arcebispado s.m.
arcebispo s.m.
archote s.m.
arcipreste s.m.
arco s.m.
arco da aliança s.m.
arco-da-velha s.m.; pl.: arcos-
-da-velha
arco e flecha s.m.
arco-íris s.m.2n.
ar-condicionado s.m.; pl.:
ares-condicionados
arconte s.m.
arcossáurio adj. s.m.
ardedura s.f.
árdego adj.
ardeídeo adj. s.m.
ardência s.f.
ardente adj.2g.
ardentemente adv.
ardentia s.f.
arder v.
ardido adj. s.m.
ardil s.m.
ardileza (ê) s.f.
ardilosamente adv.
ardiloso (ô) adj.; f. e pl.: (ó)
ardor (ô) s.m.
ardorosamente adv.
ardoroso (ô) adj.; f e pl.: (ó)
ardósia s.f.
arduamente adv.
ardume s.m.
árduo adj.
are s.m.
área s.f. "superfície limitada";
cf. ária
areado adj.
areal s.m.
areamento s.m.

areão s.m.
arear v.
areca s.f.
areeiro s.m.
areento adj.
areia adj.2g.2n. s.m. s.f.
arejado adj.
arejador (ô) adj. s.m.
arejamento s.m.
arejar v.
arena s.f.
arenga s.f.
arengueiro adj. s.m.
arenista adj. s.2g.
arenítico adj.
arenoso (ô) adj.; f. e pl.: (ó)
arenque s.m.
arensar v.
aréola s.f.
areolar v. adj.2g.
areópago s.m.
ares s.m.pl.
aresta s.f.
aresto s.m.
arestoso (ô) adj.; f. e pl.: (ó)
arfagem s.f.
arfante adj.2g.
arfar v.
argamassa s.f.
arganaz s.m.
argelino adj. s.m.
argentário adj. s.m.
argênteo adj.
argêntico adj.
argentífero adj.
argentino adj. s.m.
argentinossauro s.m.
argila s.f.
argilito s.m.
argiloso (ô) adj.; f. e pl.: (ó)
arginina s.f.
argivo adj. s.m.
argola s.f.
argolar v.
argonauta s.2g.
argônio s.m.
argúcia s.f.
argueiro s.m.
arguente (ü) adj. s.2g.
arguição (ü) s.f.
arguido s.m.
arguir (ü) v.
argumentação s.f.
argumentador (ô) adj. s.m.
argumentar v.
argumentativo adj.
argumentável adj.2g.
argumentista adj. s.2g.
argumento s.m.
argutamente adv.
arguto adj.
ariá s.f.
ária adj. s.2g. s.f. "ariano",
"canção" etc.; cf. área

arianismo s.m.
arianizar v.
ariano adj. s.m.
aridamente adv.
aridez (ê) s.f.
árido adj.
áries s.2g.2n.
aríete s.m.
arilo s.m.
ariranha s.f.
ariri s.m.
arisco adj. s.m.
aristocracia s.f.
aristocrata adj. s.2g.
aristocraticamente adv.
aristocrático adj.
aristocratismo s.m.
aristocratização s.f.
aristocratizado adj.
aristocratizante adj.2g.
aristocratizar v.
aristofanesco (ê) adj.
aristolóquia s.f.
aristotélico adj. s.m.
aristotelismo s.m.
aritenoide (ô) adj.2g. s.f.
aritmética s.f.
aritmeticamente adv.
aritmético adj. s.m.
arlequim s.m.
arlequinada s.f.
arlequinal adj.2g.
arma s.f.
armação s.f.
armada s.f.
armadilha s.f.
armado adj.
armador (ô) adj. s.m.
armadura s.f.
armagedão s.m.
armamentário adj.
armamentismo s.m.
armamentista adj. s.2g.
armamento s.m.
armar v.
armaria s.f.
armarinho s.m.
armário s.m.
armazém s.m.
armazenado adj.
armazenador (ô) adj. s.m.
armazenagem s.f.
armazenamento s.m.
armazenar v.
armazenista s.2g.
armeiro s.m.
armênio adj. s.m.
armento s.m.
armilar adj.2g.
arminho s.m.
armistício s.m.
armorial adj.2g. s.m.
arnês s.m.
arnica s.f.

aro s.m.
aroeira s.f.
aroma s.m.
aromaterapêutico adj.
aromaterapia s.f.
aromático adj.
aromatização s.f.
aromatizado adj.
aromatizador (ô) adj. s.m.
aromatizante adj.2g. s.m.
aromatizar v.
aromista s.2g.
aromoterapia s.f.
arpão s.m.
arpear v.
arpejar v.
arpejo (ê) s.m.
arpéu s.m.
arpista adj.2g. "arisco"; cf. harpista
arpistar-se v.
arpoador (ô) adj. s.m.
arpoar v.
arqueação s.f.
arqueado adj.
arqueamento s.m.
arqueano adj. s.m.
arquear v.
arquegônio s.m.
arqueiro s.m.
arquejamento s.m.
arquejante adj.2g.
arquejar v.
arquejo (ê) s.m.
arqueocivilização s.f.
arqueográfico adj.
arqueologia s.f.
arqueologicamente adv.
arqueológico adj.
arqueólogo s.m.
arqueópterix (cs) s.m.2n.
arquetipal adj.2g.
arquetípico adj.
arquétipo s.m.
arquiaristocrata s.2g.
arquibancada s.f.
arquicelebrado adj.
arquiconhecido adj.
arquiconservador (ô) adj. s.m.
arquiconservadorismo s.m.
arquidiácono s.m.
arquidiocesano adj.
arquidiocese s.f.
arquiducado s.m.
arquiduque s.m.
arquiduquesa (ê) s.f.
arquiepiscopado s.m.
arquiepiscopal adj.2g.
arquifamoso (ô) adj.
arqui-inimigo adj. s.m.
arqui-inimizade s.f.
arqui-irmandade s.f.
arquiliberal adj. s.2g.
arquimediano adj.
arquimilionário adj. s.m.
arquipélago s.m.
arquipoeta s.m.
arquirrival adj. s.2g.
arquitetado adj.
arquitetar v.
arquiteto s.m.
arquitetonicamente adv.
arquitetônico adj.
arquitetura s.f.
arquitetural adj.2g.
arquitextura s.f.
arquitradicional adj.2g.
arquitrave s.f.
arquivado adj.
arquivamento s.m.
arquivar v.
arquivilã s.f. de arquivilão
arquivilão s.m.; fem.:
    arquivilã; pl.: arquivilãos,
    arquivilães, arquivilões
arquivista s.2g.
arquivística s.f.
arquivo s.m.
arquivologia s.f.
arrabalde s.m.
arraia s.f.
arraial s.m.
arraia-miúda s.f.; pl.: arraias-
    -miúdas
arraieiro s.m.
arraigadamente adv.
arraigado adj.
arraigamento s.m.
arraigar v.
arrais s.m.2n.
arrancada s.f.
arrancado adj.
arrancador (ô) adj. s.m.
arrancamento s.m.
arranca-peito adj. s.m.; pl.:
    arranca-peitos
arrancar v.
arranca-rabo s.m.; pl.:
    arranca-rabos
arranca-toco s.m.; pl.:
    arranca-tocos
arranchado adj. s.m.
arranchamento s.m.
arranchar v.
arrancho s.m.
arranco s.m.
arranha-céu s.m.; pl.: arranha-
    -céus
arranhada s.f.
arranhadela s.f.
arranhado adj. s.m.
arranhadura s.f.
arranha-gato s.m.; pl.:
    arranha-gatos
arranhão s.m.
arranhar v.
arranjação s.f.
arranjado adj.
arranjador (ô) adj. s.m.
arranjamento s.m.
arranjar v.
arranjo s.m.
arranque s.m.
arranquio s.m.
arras s.f.pl.
arrás s.m.
arrasado adj.
arrasador (ô) adj. s.m.
arrasadoramente adv.
arrasamento s.m.
arrasar v.
arraso s.m.
arrastadamente adv.
arrastado adj. s.m.
arrastador (ô) adj. s.m.
arrastamento s.m.
arrastão s.m.
arrasta-pé s.m.; pl.: arrasta-pés
arrastar v.
arrasto s.m.
arrazoado adj. s.m.
arrazoamento s.m.
arrazoar v.
arre interj.
arreado adj.; cf. arriado
arreador (ô) adj. s.m.
arreamento s.m.; cf.
    arriamento
arrear v. "aparelhar"; cf. arriar
arreata s.f.
arrebanhado adj.
arrebanhador (ô) adj. s.m.
arrebanhar v.
arrebatadamente adv.
arrebatado adj.
arrebatador (ô) adj. s.m.
arrebatamento s.m.
arrebatar v.
arrebentação s.f.
arrebenta-cavalo s.m.; pl.:
    arrebenta-cavalos
arrebentado adj.
arrebentador (ô) adj. s.m.
arrebentar v.
arrebicado adj.
arrebique s.m.
arrebitado adj.
arrebitar v.
arrebite s.m.
arrebol s.m.
arrecadação s.f.
arrecadado s.m.
arrecadador (ô) adj. s.m.
arrecadar v.
arrecadatório adj.
arrecadável adj.2g.
arrecear v.
arrecife s.m.
arredado adj.
arredar v.
arredio adj. s.m.

arredondado adj.
arredondamento s.m.
arredondar v.
arredores s.m.pl.
arrefecer v.
arrefecido adj.
arrefecimento s.m.
arreflexia (cs) s.f.
arregaçar v.
arregalado adj.
arregalar v.
arreganhado adj.
arreganhar v.
arreganho s.m.
arregimentação s.f.
arregimentador (ô) adj. s.m.
arregimentar v.
arregar-se v.
arreglar v.
arreglo (ê) s.m.
arrego (ê) s.m.
arreio s.m.
arreitar v.
arrelia s.f.
arreliado adj.
arreliante adj.2g.
arreliar v.
arremangar-se v.
arrematação s.f.
arrematado adj.
arrematador (ô) adj. s.m.
arrematante adj. s.2g.
arrematar v.
arremate s.m.
arremedar v.
arremedo (ê) s.m.; cf. *arremedo*, fl. do v. *arremedar*
arremessador (ô) adj. s.m.
arremessamento s.m.
arremessão s.m.
arremessar v.
arremesso (ê) s.m.; cf. *arremesso*, fl. do v. *arremessar*
arremeter v.
arremetida s.f.
arremetimento s.m.
arrendado adj.
arrendador (ô) adj. s.m.
arrendamento s.m.
arrendar v.
arrendatário s.m.
arrenegado adj. s.m.
arrenegar v.
arrepanhado adj.
arrepanhar v.
arreparar v.
arrepelar v.
arrepender v.
arrependido adj. s.m.
arrependimento s.m.
arrepiado adj.
arrepiador (ô) adj.
arrepiamento s.m.

arrepiante adj.2g.
arrepiar v.
arrepio s.m.
arrestamento s.m.
arrestar v.
arresto s.m.
arretado adj.
arretirar v.
arrevesado adj.
arrevesar v. "pôr às avessas"; cf. *arrevessar*
arrevessar v. "vomitar"; cf. *arrevesar*
arriado adj. cf. *arreado*
arriamento s.m. cf. *arreamento*
arriar v. "abaixar"; cf. *arrear*
arriaz s.m.
arriba adv. interj. s.f.
arribação s.f.
arribada s.f.
arribado adj.
arribar v.
arriçado adj.
arrieiro s.m.
arrimado adj.
arrimar v.
arrimo s.m.
arrinconar v.
arriosca s.f.
arriscada s.f.
arriscado adj.
arriscar v.
arritmia s.f.
arrítmico adj.
arrivismo s.m.
arrivista s.2g.
arrizotônico adj.
arroba (ô) s.f.
arrochado adj.
arrochar v.
arrocho (ô) s.m.; cf. *arrocho*, fl. do v. *arrochar*
arrocinado adj.
arrodilhar v.
arrogância s.f.
arrogante adj.2g.
arrogantemente adv.
arrogar v.
arroio (ô) s.m.
arrojado adj. s.m.
arrojar v.
arrojo (ô) s.m.; cf. *arrojo*, fl. do v. *arrojar*
arrolador (ô) adj. s.m.
arrolamento s.m.
arrolar v.
arrolável adj.2g.
arrolhado adj.
arrolhar v.
arromba s.f.
arrombado adj.
arrombador (ô) adj. s.m.

arrombamento s.m.
arrombar v.
arrostar v.
arrotador (ô) adj. s.m.
arrotar v.
arrotear v.
arroto (ô) s.m.; cf. *arroto*, fl. do v. *arrotar*
arroubado adj.
arroubamento s.m.
arroubo s.m.
arroucado adj.
arroxeado adj. s.m.
arroxear v.
arroz (ô) s.m.
arrozal s.m.
arroz de festa s.m.
arroz-doce s.m.; pl.: *arrozes--doces*
arrozeira s.f.
arrozeiro adj. s.m.
arruaça s.f.
arruaçar v.
arruaceiro adj. s.m.
arruado adj. s.m.
arruador (ô) s.m.
arruamento s.m.
arruar v.
arruda s.f.
arruela s.f.
arrufado adj. s.m.
arrufar v.
arrufo s.m.
arrugado adj.
arruído s.m.
arruinação s.f.
arruinado adj.
arruinamento s.m.
arruinar v.
arruivado adj.
arruivascado adj.
arrulhante adj.2g.
arrulhar v.
arrulho s.m.
arrumação s.f.
arrumada s.f.
arrumadeira s.f.
arrumadinho adj.
arrumado adj.
arrumador (ô) adj. s.m.
arrumar v.
arsenal s.m.
arsênico adj. s.m.
arsênio s.m.
arsenioso (ô) adj.; f. e pl.: (ó)
arsina s.f.
arte s.f.
artefato s.m.
arte-final s.f.; pl.: *artes-finais*
arte-finalista s.2g.; pl.: *arte--finalistas*
arteiro adj.
artelho (ê) s.m.
artemísia s.f.

artéria | 33 | **assear**

artéria s.f.
arterial adj.2g.
arteriografia s.f.
arteríola s.f.
arteriolar adj.2g.
arteriopatia s.f.
arteriosclerose s.f.
arteriosclerótico adj. s.m.
arteriovenoso (ô) adj.; f. e pl.: (ó)
artesã s.f. de *artesão*
artesanal adj.2g.
artesanalmente adv.
artesanato s.m.
artesão s.m.; fem.: *artesã*; pl.: *artesãos* e *artesões*
artesiano adj.
ártico adj.
articulação s.f.
articuladamente adv.
articulado adj.
articulador (ô) adj. s.m.
articular v. adj.2g.
articulatório adj.
articulável adj.2g.
articulista s.2g.
artífice s.2g.
artificial adj.2g.
artificialidade s.f.
artificialismo s.m.
artificialização s.f.
artificializado adj.
artificializar v.
artificialmente adv.
artifício s.m.
artificiosamente adv.
artificioso (ô) adj.; f. e pl.: (ó)
artigo s.m.
artiguete (ê) s.m.
artilharia s.f.
artilheiro s.m.
artimanha s.f.
artimanhoso (ô) adj.; f. e pl.: (ó)
artiodáctilo adj. s.m.
artista adj. s.2g.
artisticamente adv.
artístico adj.
artistificar v.
artralgia s.f.
artrite s.f.
artrítico adj. s.m.
artropatia s.f.
artrópode adj.2g. s.m.
artroscopia s.f.
artrose s.f.
arturiano adj.
aruá adj. s.2g. s.m.
aruanã s.m.
aruaque adj. s.2g. s.m.
arubano adj. s.m.
arubenho adj. s.m.
arumã s.m.
arundináceo adj.

arundinoso (ô) adj.; f. e pl.: (ó)
arupemba s.f.
arúspice s.m.
arvorado adj. s.m.
arvorar v.
árvore s.f.
arvorecer v.
arvoredo (ê) s.m.
arvoreta (ê) s.f.
ás s.m.
asa s.f.; cf. *aza*, fl. do v. *azar*
asa-branca s.f.; pl.: *asas-brancas*
asa-delta s.f.; pl.: *asas-delta* e *asas-deltas*
asbesto (ê) s.m.
asbestose s.f.
ascaríase s.f.
ascaricida adj.2g. s.m.
ascaridíase s.f.
áscaris s.m.2n.
ascendência s.f.
ascendente adj. s.2g. s.m.
ascender v. "subir"; cf. *acender*
ascensão s.f.
ascensional adj.2g.
ascensionista adj. s.2g.
ascenso s.m.
ascensor (ô) adj. s.m.
ascensorista s.2g.
ascese s.f.
asceta s.2g.
asceticismo s.m.
ascético adj. "místico"; cf. *acético*
ascetismo s.m.
ascite s.f.
ascítico adj.
asclepiadácea s.f.
asco s.m.
ascórbico adj.
asfaltadeira s.f.
asfaltado adj.
asfaltador (ô) s.m.
asfaltamento s.m.
asfaltar v.
asfáltico adj.
asfalto s.m.
asfixia (cs) s.f.
asfixiado (cs) adj.
asfixiante (cs) adj.2g.
asfixiantemente (cs) adv.
asfixiar (cs) v.
asfixico (cs) adj.
asfódelo s.m.
asiaticismo s.m.
asiático adj. s.m.
asiatismo s.m.
asilado adj. s.m.
asilar v.
asilo s.m.
asinino adj.
asma s.f.
asmático adj. s.m.

asnático adj.
asneira s.f.
asneirar v.
asneirento adj.
asnice s.f.
asno s.m.
aspa s.f.
aspargo s.m.
aspartame s.m.
aspartato s.m.
aspa-torta s.m.; pl.: *aspas-tortas*
aspear v.
aspecto s.m.
asperamente adv.
aspereza (ê) s.f.
aspergilose s.f.
aspergir v.
áspero adj.
aspérrimo adj.
aspersão s.f.
aspersor (ô) adj. s.m.
aspersório s.m.
áspide s.f.
aspiração s.f.
aspirado adj.
aspirador (ô) adj. s.m.
aspirante adj. s.2g.
aspirar v.
aspirina s.f.
asquelminto s.m.
asquenazim adj. s.2g.
asquenazita adj. s.2g.
asqueroso (ô) adj.; f. e pl.: (ó)
assa s.f. "suco"; cf. *aça* adj. s.2g. e *assa*, fl. do v. *assar*
assacado adj.
assacar v.
assadeira s.f.
assado adj. s.m.
assador (ô) adj. s.m.
assadura s.f.
assa-fétida s.f.; pl.: *assas-fétidas*
assalariado adj. s.m.
assalariamento s.m.
assalariar v.
assaltado adj.
assaltante s.2g.
assaltar v.
assalto s.m.
assanhado adj.
assanhamento s.m.
assanhar v.
assa-peixe s.m.; pl.: *assa-peixes*
assar v. "cozer a seco"; cf. *aça* adj. s.2g. e *assa* s.f.
assassinado adj. s.m.
assassinar v.
assassinato s.m.
assassínio s.m.
assassino adj. s.m.
assaz adv.
asseado adj.
assear v.

assecla s.2g.
assecuratório adj.
assediado adj.
assediador (ô) adj. s.m.
assediar v.
assegurado adj. s.m.
assegurador (ô) adj. s.m.
asseguradora (ô) s.f.
assegurar v.
asseio s.m.
asselvajado adj.
asselvajar v.
assemântico adj.
assembleia (ê) s.f.
assembleísmo s.m.
assemelhado adj. s.m.
assemelhar v.
assenhoreamento s.m.
assenhorear v.
assentado adj. s.m.
assentador (ô) adj. s.m.
assentamento s.m.
assentar v.
assente adj.2g.; cf. assente, fl. dos v. assentar e assentir
assentimento s.m.
assentir v.
assento s.m. "lugar em que se senta"; cf. acento
assepsia s.f.
assepticamente adv.
asséptico adj.
asserção s.f.
asserido adj.
asserir v.
assertar v. "asseverar"; cf. acertar
assertiva s.f.
assertividade s.f.
assertivo adj.
asserto (ê) s.m.; cf. acerto (ê) s.m. e acerto, fl. do v. acertar; e asserto, fl. do v. assertar
assessor (ô) s.m.
assessoramento s.m.
assessorar v.
assessoria s.f.
assestado adj.
assestar v.
asseveração s.f.
asseverar v.
asseverativo adj.
assexuadamente (cs) adv.
assexuado (cs) adj.
assexual (cs) adj.2g.
assexualidade (cs) s.f.
assibilar v.
assiduamente adv.
assiduidade s.f.
assíduo adj.
assim adv.
assimetria s.f.
assimetricamente adv.
assimétrico adj.

assimetrizar v.
assimilação s.f.
assimilacionismo s.m.
assimilado adj. s.m.
assimilador (ô) adj. s.m.
assimilar v.
assimilativo adj.
assimilável adj.2g.
assinalação s.f.
assinalado adj.
assinalador (ô) adj. s.m.
assinalamento s.m.
assinalar v.
assinante s.2g.
assinar v.
assinatura s.f.
assincronia s.f.
assincrônico adj.
assíncrono adj.
assíndeto s.m.
assintomático adj.
assíntota s.f.
assintótico adj.
assinzinho adv.
assírio adj. s.m.
assisado adj.
assistemático adj.
assistência s.f.
assistencial adj.2g.
assistencialismo s.m.
assistencialista adj. s.2g.
assistente adj. s.2g.
assistido adj.
assistir v.
assistível adj.2g.
assistolia s.f.
assoalhada s.f.
assoalhado adj. s.m.
assoalhamento s.m.
assoalhar v.
assoalho s.m.
assoar v.
assoberbado adj.
assoberbamento s.m.
assoberbante adj.2g.
assoberbar v.
assobiadeira s.f.
assobiado adj. s.m.
assobiador (ô) adj. s.m.
assobiar v.
assobio s.m.
assobradado adj. s.m.
associação s.f.
associacionismo s.m.
associacionista adj. s.2g.
associado adj. s.m.
associal adj.2g.
associar v.
associatividade s.f.
associativismo s.m.
associativo adj.
associável adj.2g.
assolado adj.
assolador (ô) adj.

assolamento s.m.
assolar v.
assoleado adj.
assomar v.
assombração s.f.
assombradiço adj.
assombrado adj.
assombramento s.m.
assombrar v.
assombro s.m.
assombrosamente adv.
assombroso (ô) adj.; f. e pl.: (ó)
assomo s.m.
assonância s.f.
assonante adj.2g.
assonsado adj.
assoprada s.f.
assopradela s.f.
assoprado adj.
assoprar v.
assopro (ô) s.m.; cf. assopro, fl. do v. assoprar
assoreado adj.
assoreamento s.m.
assorear v.
assossegar v.
assoviar v.
assovio s.m.
assuada s.f.
assumidamente adv.
assumido adj.
assumir v.
assunção s.f.
assungar v.
assuntar v.
assunto s.m.
assustadiço adj.
assustado adj. s.m.
assustador (ô) adj.
assustadoramente adv.
assustar v.
astatínio s.m.
asteca adj. s.2g.
astenia s.f.
astênico adj. s.m.
astenosfera s.f.
asterácea s.f.
astérico adj.
asterisco s.m.
asterismo s.m.
asteroide (ô) s.m.
astigmata s.2g.
astigmático adj. s.m.
astigmatismo s.m.
astracã s.m.f.
astral adj.2g. s.m.
astro s.m.
astrócito s.m.
astrocitoma s.m.
astrofísica s.f.
astrofísico adj. s.m.
astrofotografia s.f.
astrolábio s.m.

astrologia s.f.
astrologicamente adv.
astrológico adj.
astrólogo s.m.
astrometria s.f.
astrométrico adj.
astronauta s.2g.
astronáutica s.f.
astronáutico adj.
astronave s.f.
astronomia s.f.
astronomicamente adv.
astronômico adj.
astrônomo s.m.
astúcia s.f.
astuciar v.
astuciosamente adv.
astucioso (ô) adj.; f. e pl.: (ó)
asturiano adj. s.m.
astutamente adv.
astuto adj.
ata s.f.
atabalhoadamente adv.
atabalhoado adj.
atabalhoamento s.m.
atabalhoar v.
atabaque s.m.
atabaqueado adj.
atacadista adj. s.2g.
atacado adj. s.m.
atacador (ô) s.m.
atacante adj. s.2g.
atacar v.
atado adj. s.m.
atadura s.f.
atafona s.f.
atafuiado adj.
atafuiar v.
atafulhado adj.
atafulhar v.
atalaia s.m.f. s.f.
atalhador (ô) adj. s.m.
atalhar v.
atalho s.m.
atamacar v.
atamancado adj.
atamancamento s.m.
atamancar v.
atapetado adj.
atapetar v.
ataque s.m.
atar v.
atarantado adj.
atarantamento s.m.
atarantar v.
atarático s.m.
ataraxia (cs) s.f.
ataráxico (cs) adj. s.m.
atarefado adj.
atarefamento s.m.
atarefar v.
atarracado adj.
atarraxado adj.
atarraxar v.

atascadeiro s.m.
atascar v.
ataúde s.m.
ataviado adj.
ataviar v.
atavicamente adv.
atávico adj.
atavio s.m.
atavismo s.m.
ataxia (cs) s.f.
atáxico (cs) adj. s.m.
atazanado adj.
atazanar v.
até prep. adv.
atear v.
ateia (é) s.f. de *ateu*; cf. *ateia*, fl. do v. *atear*
ateísmo s.m.
ateísta adj. s.2g.
atelectasia s.f.
ateliê s.m.
atemoia (ó) s.f.
atemorização s.f.
atemorizado adj.
atemorizador (ô) adj. s.m.
atemorizante adj.2g.
atemorizar v.
atemporal adj.2g.
atemporalidade s.f.
atenazar v.
atenção s.f.
atenciosamente adv.
atencioso (ô) adj.; f. e pl.: (ó)
atendente adj. s.2g.
atender v.
atendido adj.
atendimento s.m.
ateneia (é) s.f. de *ateneu*
ateneu adj. s.m.; fem.: *ateneia* (é)
ateniense adj. s.2g.
atentado adj. s.m.
atentamente adv.
atentar v.
atentatório adj.
atento adj.
atenuação s.f.
atenuador (ô) adj. s.m.
atenuante adj.2g. s.f.
atenuar v.
ater v.
aterogênico adj.
ateroma s.m.
ateromatose s.f.
ateromatoso (ô) adj.; f. e pl.: (ó)
aterosclerose s.f.
aterosclerótico adj. s.m.
aterrado adj. s.m.
aterrador (ô) adj.
aterradoramente adv.
aterragem s.f.
aterramento s.m.
aterrar v.

aterrissagem s.f.
aterrissar v.
aterro (ê) s.m.; cf. *aterro*, fl. do v. *aterrar*
aterrorizador (ô) adj. s.m.
aterrorizante adj.2g.
aterrorizar v.
atestação s.f.
atestado adj. s.m.
atestar v.
atetose s.f.
ateu adj. s.m.; fem.: *ateia* (é)
atiçado adj.
atiçador (ô) adj. s.m.
atiçamento s.m.
atiçar v.
ático adj. s.m.
atijolado adj.
atijolar v.
atilado adj.
atilamento s.m.
atilar v.
atilho s.m.
átimo s.m.
atinar v.
atinente adj.2g.
atingimento s.m.
atingir v.
atingível adj.2g.
atipia s.f.
atipicamente adv.
atipicidade s.f.
atípico adj.
atiradeira s.f.
atirado adj. s.m.
atirador (ô) adj. s.m.
atirar v.
atitude s.f.
ativa s.f.
ativação s.f.
ativado adj.
ativador (ô) adj. s.m.
ativamente adv.
ativar v.
atividade s.f.
ativismo s.m.
ativista adj. s.2g.
ativo adj. s.m.
atlântico adj. s.m.
atlas s.m.2n.
atleta s.2g.
atleticamente adv.
atleticano adj. s.m.
atlético adj.
atletismo s.m.
atmosfera s.f.
atmosférico adj.
ato s.m.
à toa adj.2g.2n. adv.
atoalhado adj. s.m.
atoalhar v.
atoarda s.f.
atobá s.m.
atocaiado adj.

atocaiar v.
atochado adj.
atochar v.
atol s.m.
atoladiço adj.
atolado adj.
atoladouro s.m.
atolamento s.m.
atolar v.
atoleimado adj.
atoleimar v.
atoleiro s.m.
atomicamente adv.
atomicidade s.f.
atômico adj.
atomismo s.m.
atomista adj. s.2g.
atomística s.f.
atomístico adj.
atomização s.f.
atomizador (ô) adj. s.m.
atomizar v.
átomo s.m.
atonal adj.2g.
atonalidade s.f.
atonalismo s.m.
atonalista adj. s.2g.
atonia s.f.
atônito adj.
átono adj.
atontado adj.
atopetado adj.
atopetar v.
atopia s.f.
atópico adj.
ator (ô) s.m.
atordoado adj.
atordoador (ô) adj. s.m.
atordoamento s.m.
atordoante adj.2g.
atordoar v.
atormentação s.f.
atormentado adj. s.m.
atormentador (ô) adj. s.m.
atormentar v.
atóxico (cs) adj.
atrabiliário adj. s.m.
atrabílis s.f.
atracação s.f.
atracado adj.
atracadouro s.m.
atracagem s.f.
atracamento s.m.
atração s.f.
atracar v.
atraente adj.2g.
atraiçoado adj.
atraiçoar v.
atraído adj.
atrair v.
atramento s.m.
atrapalhação s.f.
atrapalhado adj.

atrapalhar v.
atrás adv.
atrasado adj. s.m.
atrasar v.
atraso s.m.
atratividade s.f.
atrativo adj. s.m.
atraumático adj.
atravancado adj.
atravancador (ô) adj. s.m.
atravancamento s.m.
atravancar v.
atravanco s.m.
através adv.
atravessado adj. adv.
atravessador (ô) adj. s.m.
atravessamento s.m.
atravessar v.
atreito adj.
atrelado adj.
atrelar v.
atrever v.
atrevidamente adv.
atrevidinho adj.
atrevido adj. s.m.
atrevimento s.m.
atribuição s.f.
atribuir v.
atribuível adj.2g.
atribulação s.f.
atribulado adj.
atribular v.
atributivo adj.
atributo s.m.
átrio s.m.
atrioventricular adj.2g.
atritar v.
atrito adj. s.m.
atriz s.f.
atro adj.
atroada s.f.
atroador (ô) adj. s.m.
atroar v.
atrocidade s.f.
atrocíssimo adj.
atrofia s.f.
atrofiado adj.
atrofiamento s.m.
atrofiar v.
atropeladamente adv.
atropelado adj.
atropelador (ô) adj. s.m.
atropelamento s.m.
atropelar v.
atropelo (ê) s.m.; cf. *atropelo*, fl. do v. *atropelar*
atropina s.f.
atropínico adj.
atrovado adj.
atrovo (ô) s.m.
atroz adj.2g.
atrozmente adv.
atuação s.f.
atuado adj.

atuador (ô) adj. s.m.
atual adj.2g.
atualidade s.f.
atualidades s.f.pl.
atualismo s.m.
atualístico adj.
atualização s.f.
atualizado adj.
atualizador (ô) adj. s.m.
atualizar v.
atualizável adj.2g.
atualmente adv.
atuante adj.2g.
atuar v.
atuária s.f.
atuarial adj.2g.
atuarialmente adv.
atuário s.m.
atubibar v.
atucanar v.
atufado adj.
atufalhado adj.
atufar v.
atulhado adj.
atulhar v.
atum s.m.
atuneiro adj. s.m.
aturado adj.
aturar v.
aturdido adj.
aturdimento s.m.
aturdir v.
audácia s.f.
audacioso (ô) adj. s.m.; f. e pl.: (ó)
audacíssimo adj.
audaz adj.2g.
audazmente adv.
audibilidade s.f.
audição s.f.
audiência s.f.
audímetro s.m.
áudio s.m.
audioclipe s.m.
audiofrequência (ü) s.f.
audiograma s.m.
audiolivro s.m.
audiologia s.f.
audiólogo s.m.
audiometria s.f.
audiométrico adj.
audiômetro s.m.
audioteca s.f.
audiotexto s.m.
audiovisual adj.2g. s.m.
auditado adj.
auditagem s.f.
auditar v.
auditivo adj.
auditor (ô) adj. s.m.
auditoria s.f.
auditório adj. s.m.
audível adj.2g.
auê s.m.

auferimento s.m.
auferir v.
auge s.m.
augurar v.
áugure s.m.
augúrio s.m.
augusto adj.
aula s.f.
aulicismo s.m.
áulico adj. s.m.
aulido s.m.
aulir v.
aumentado adj.
aumentar v.
aumentativo adj. s.m.
aumento s.m.
aura s.f.
áureo adj.
auréola s.f.
aureolado adj.
aureolar v. adj.2g.
aurícula s.f.
auricular adj.2g. s.m.
aurífero adj.
aurifulgente adj.2g.
auriverde (ê) adj.2g.
auroque s.m.
aurora s.f.
ausculta s.f.
auscultação s.f.
auscultador (ô) adj. s.m.
auscultar v.
ausência s.f.
ausentado adj.
ausentar v.
ausente adj. s.2g.
ausentismo s.m.
ausônio adj. s.m.
auspiciar v.
auspício s.m.
auspiciosamente adv.
auspicioso (ô) adj.; f. e pl.: (ó)
austeramente adv.
austeridade s.f.
austero adj.
austral adj.2g. s.m.
australiano adj. s.m.
australopiteco s.m.
austríaco adj. s.m.
austro s.m.
autarquia s.f.
autárquico adj.
autenticação s.f.
autenticado adj.
autenticador (ô) adj. s.m.
autenticamente adv.
autenticar v.
autenticidade s.f.
autêntico adj.
autismo s.m.
autista adj. s.2g. "que sofre de autismo"; cf. *altista*
auto s.m.
autoabastecer-se v.

autoabastecimento s.m.
autoacusação s.f.
autoadaptação s.f.
autoadesivo adj. s.m.
autoafirmação s.f.
autoafirmar-se v.
autoafirmativo adj.
autoajuda s.f.
autoajustável adj.2g.
autoalimentado adj.
autoalimentar-se v.
autoanalisar-se v.
autoanálise s.f.
autoaperfeiçoamento s.m.
autoaplicação s.f.
autoaplicar-se v.
autoaplicável adj.2g.
autoapreço s.m.
autoaprendizado s.m.
autoaprendizagem s.f.
autoapresentação s.f.
autoapresentar-se v.
autoaprimoramento s.m.
autoaprovação s.f.
autoatribuição s.f.
autoauferir-se v.
autoavaliação s.f.
autobanimento s.m.
autobeneficente adj.2g.
autobeneficiar-se v.
autobiografado adj. s.m.
autobiografia s.f.
autobiográfico adj.
autobiógrafo s.m.
autoblocante adj.2g.
autobronzeador (ô) adj. s.m.
autocanibalização s.f.
autocaricato adj.
autocaricatura s.f.
autocastração s.f.
autocensura s.f.
autocensurar-se v.
autocentrado adj.
autocentramento s.m.
autocitação s.f.
autoclavado adj.
autoclavar v.
autoclave s.f.
autocobrança s.f.
autocolágeno s.m.
autocolante adj.2g. s.m.
autocombustão s.f.
autocomiseração s.f.
autocomiserativo adj.
autocompaixão s.f.
autocompatibilidade s.f.
autocompatível adj.2g.
autocomplacência s.f.
autocomplacente adj.2g.
autocomposição s.f.
autocompreensão s.f.
autoconceder-se v.
autoconcessão s.f.

autocondenação s.f.
autoconferir-se v.
autoconfiança s.f.
autoconfiante adj.2g.
autoconfissão s.f.
autoconhecer-se v.
autoconhecimento s.m.
autoconsciência s.f.
autoconsciente adj.2g.
autoconscientização s.f.
autoconservação s.f.
autoconstrutor (ô) adj. s.m.
autoconsumo s.m.
autocontaminação s.f.
autocontemplação s.f.
autocontenção s.f.
autocontrole (ô) s.m.
autoconvencimento s.m.
autocoria s.f.
autocórico adj.
autocoroar-se v.
autocorreção s.f.
autocorretor (ô) adj. s.m.
autocracia s.f.
autocrata adj. s.2g.
autocrático adj.
autocratismo s.m.
autocrítica s.f.
autocriticar-se v.
autocrítico adj.
autocromo s.m.
autóctone adj. s.2g.
autoctonia s.f.
autocura s.f.
autocustear-se v.
autocusteio s.m.
autodecifrar-se v.
autodeclarar-se v.
auto de fé s.m.
autodefender-se v.
autodefensivo adj.
autodefesa (ê) s.f.
autodefinição s.f.
autodefinir-se v.
autodelegar-se v.
auto de linha s.m.
autodenominação s.f.
autodenominado adj.
autodenominar-se v.
autodepreciação s.f.
autodepreciativo adj.
autodepuração s.f.
autodepurativo adj.
autodesativação s.f.
autodescoberta s.f.
autodescrever-se v.
autodesenvolvimento s.m.
autodesignar-se v.
autodesligar-se v.
autodesprezo (ê) s.m.
autodestruição s.f.
autodestruir-se v.
autodestrutividade s.f.
autodestrutivo adj.

autodeterminação s.f.
autodeterminar-se v.
autodevorador (ô) adj.
autodevorar-se v.
autodidata adj. s.2g.
autodidático adj.
autodidatismo s.m.
autodirecional adj.2g.
autodirecionável adj.2g.
autodisciplina s.f.
autodisciplinar-se v.
autodissolução s.f.
autodissolver-se v.
autodomínio s.m.
autódromo s.m.
autoelogio s.m.
autoempossado adj.
autoencadernação s.f.
autoencadernável adj.2g.
autoengrandecimento s.m.
autoentrega s.f.
autoescola s.f.
autoestima s.f.
autoestimulação s.f.
autoestrada s.f.
autoexaltação s.f.
autoexame s.m.
autoexilado adj. s.m.
autoexilar-se v.
autoexplicativo adj.
autoexpressão s.f.
autoexpurgo s.m.
autofagia s.f.
autofágico adj.
autófago adj. s.m.
autofavorecimento s.m.
autofecundação s.f.
autofecundar-se v.
autofertilizar-se v.
autofinanciamento s.m.
autofinanciar v.
autofinanciável adj.2g.
autoflagelação s.f.
autoflagelar-se v.
autoflagelo s.m.
autofocalização s.f.
autofoco s.m.
autogênese s.f.
autógeno adj.
autogerência s.f.
autogerenciamento s.m.
autogestão s.f.
autogestionário adj.
autogiro s.m.
autoglorificação s.f.
autogovernar-se v.
autogoverno (ê) s.m.
autogozação s.f.
autogozador (ô) adj.
autografar v.
autógrafo adj. s.m.
auto-hipnose s.f.
auto-homenagem s.f.
autoidentidade s.f.

autoidentificação s.f.
autoidolatria s.f.
autoiludir-se v.
autoiluminação s.f.
autoimagem s.f.
autoimolação s.f.
autoimportância s.f.
autoimune adj.2g.
autoimunidade s.f.
autoincluir-se v.
autoincriminação s.f.
autoincriminar-se v.
autoindicar-se v.
autoindução s.f.
autoindulgência s.f.
autoindulgente adj.2g.
autoinjetar-se v.
autointeresse s.m.
autointitulado adj.
autointitular-se v.
autoisolamento s.m.
autojustificação s.f.
autojustificar-se v.
autolançamento s.m.
autolançar-se v.
autolimitação s.f.
autolimitante adj.2g.
autolimitar-se v.
autolimpante adj.2g.
autolimpeza s.f.
autoliquidação s.f.
autoliquidar-se v.
autólise s.f.
autolocadora (ô) s.f.
autólogo adj.
autolouvação s.f.
autoludíbrio s.m.
automação s.f.
automaníaco s.m.
automanter-se v.
automassagem s.f.
automática s.f.
automaticamente adv.
automaticidade s.f.
automático adj. s.m.
automatismo s.m.
automatização s.f.
automatizado adj.
automatizar v.
autômato s.m.
automecânica s.f.
automedicação s.f.
automedicar-se v.
automobilismo s.m.
automobilista adj. s.2g.
automobilístico adj.
automodificar-se v.
automotivo adj.
automotor (ô) adj. s.m.
automotriz adj.2g. s.f.
automóvel adj.2g. s.m.
automutilação s.f.
automutilador (ô) adj.
automutilar-se v.

autonomamente adv.
autonomear-se v.
autonomia s.f.
autonômico adj.
autonomismo s.m.
autonomista adj. s.2g.
autonomização s.m.
autonomizado adj.
autonomizar v.
autônomo adj. s.m.
auto-observação s.f.
auto-ônibus s.m.2n.
auto-organização s.f.
auto-organizar-se v.
auto-ortoterapia s.f.
auto-ortoterápico adj.
auto-oscilação s.f.
auto-oscilador (ô) adj.
auto-oxidação (cs) s.f.
auto-oxidado (cs) adj.
auto-oxidador (cs...ô) adj. s.m.
auto-oxidante (cs) adj.2g.
auto-oxidar (cs) v.
auto-oxidável (cs) adj.2g.
autoparódia s.f.
autoparódico adj.
autopatrulhamento s.m.
autopeça s.f.
autopercepção s.f.
autoperpetuar-se v.
autopiedade s.f.
autopista s.f.
autopoliciar-se v.
autopolinização s.f.
autopoliploide (ô) adj.2g.
autopoliploidia s.f.
autoposto (ô) s.m.
autopreservação s.f.
autopreservar-se v.
autoproclamação s.f.
autoproclamar-se v.
autoprodução s.f.
autoprodutor (ô) adj. s.m.
autoproduzir-se v.
autoprogramar-se v.
autopromoção s.f.
autopromocional adj.2g.
autopromover-se v.
autopropelido adj.
autopropulsão s.f.
autoproteção s.f.
autoproteger-se v.
autoprotetor (ô) adj.
autopsia s.f.
autópsia s.f.
autopsiado adj.
autopsiar v.
autopunição s.f.
autopunir-se v.
autopunitivo adj.
autopurificação s.f.
autoqualificar-se v.
autor (ô) s.m.

autoral adj.2g.
autorama s.m.
autoria s.f.
autoridade s.f.
autoritariamente adv.
autoritário adj.
autoritarismo s.m.
autorização s.f.
autorizado adj.
autorizar v.
autorrádio s.m.
autorradiografar v.
autorradiografia s.f.
autorradiográfico adj.
autorreajuste s.m.
autorrealização s.f.
autorrealizar-se v.
autorreconhecimento s.m.
autorredenção s.f.
autorredução s.f.
autorredutor (ô) adj. s.m.
autorreferência s.f.
autorreflexão (cs) s.f.
autorrefrigeração s.f.
autorregeneração s.f.
autorregenerar-se v.
autorreger-se v.
autorregressão s.f.
autorregressivo adj.
autorregulação s.f.
autorregulado adj.
autorregulador (ô) adj.
autorregulamentação s.f.
autorregulamentar-se v.
autorregulável adj.2g.
autorrenovação s.f.
autorrespeito s.m.
autorretratar-se v.
autorretrato s.m.
autorrotular-se v.
autossatisfação s.f.
autossegregação s.f.
autossegurança s.f.
autosserviço s.m.
autossômico adj.
autossomo s.m.
autossuficiência s.f.
autossuficiente adj.2g.
autossugestão s.f.
autossugestionar-se v.
autossugestionável adj.2g.
autossuperação s.f.
autossustentação s.f.
autossustentado adj.
autossustentável adj.2g.
autotélico adj.
autotransformador (ô) s.m.
autotransformar-se v.
autotrófico adj. s.m.
autótrofo adj. s.m.
autovacina s.f.
autovalor (ô) s.m.
autovalorização s.f.
autovalorizar-se v.
autoveículo s.m.
autovenoso (ô) adj.; f. e pl.: (ó)
autovetor (ô) adj. s.m.
autovetorial adj.2g.
autuação s.f.
autuar v.
auxiliador (ss...ô) adj. s.m.
auxiliar (ss) v. adj. s.2g.
auxílio (ss) s.m.
avacalhação s.f.
avacalhado adj.
avacalhar v.
avá-canoeiro adj. s.2g. s.m.;
    pl. avás-canoeiros
aval s.m.; pl.: avais e avales
avalanche s.f.
avalentoar v.
avaliação s.f.
avaliado adj.
avaliador (ô) adj. s.m.
avaliar v.
avaliativamente adv.
avaliativo adj.
avalista adj. s.2g.
avalizar v.
avançada s.f.
avançadinho adj.
avançado adj.
avançamento s.m.
avançar v.
avanço s.m.
avantajado adj.
avantajar v.
avante adv.
avaramente adv.
avarandado adj. s.m.
avarandar v.
avarento adj. s.m.
avareza (ê) s.f.
avaria s.f.
avariado adj.
avariar v.
avaro adj. s.m.
avascular adj.2g.
avassalador (ô) adj. s.m.
avassalar v.
avatar s.m.
ave s.f. interj.
aveia s.f.
avelã s.f.
aveleira s.f.
avelhentado adj.
avelós s.m.
aveludado adj.
aveludar v.
ave-maria s.f.; pl.: ave-marias
avenca s.f.
avença s.f.
avençado adj.
avenca-dourada s.f.; pl.:
    avencas-douradas
avenca-peluda s.f.; pl.:
    avencas-peludas
avenida s.f.
avental s.m.
aventar v.
aventura s.f.
aventurado adj.
aventurar v.
aventureira s.f.
aventureirismo s.m.
aventureiro adj. s.m.
aventuresco (ê) adj.
aventurina s.f.
aventurinado adj.
aventurismo s.m.
aventuroso (ô) adj.; f. e pl.: (ó)
averbação s.f.
averbamento s.m.
averbar v.
averdengar v.
averiguação s.f.
averiguar v.
avermelhado adj. s.m.
avermelhamento s.m.
avermelhar v.
averroísmo s.m.
aversão s.f.
avessas (ê) s.f.pl.
avesso (ê) adj. s.m.
avesta s.m.
avestruz s.m.f. s.2g.
avexar v.
avezar v.
aviação s.f.
aviado adj. s.m.
aviador (ô) adj. s.m.
aviamento s.m.
avião s.m.
aviar v.
aviário adj. s.m.
avícola adj. s.2g. "avicultor";
    cf. avícula
avícula s.f. "pequena ave"; cf.
    avícola
avicultor (ô) s.m.
avicultura s.f.
avidamente adv.
avidez (ê) s.f.
ávido adj.
avigorar v.
aviltado adj.
aviltamento s.m.
aviltante adj.2g.
aviltar v.
avinagrado adj.
avindo adj.
avinhado adj. s.m.
avio s.m.
aviógrafo s.m.
avir v.
avisado adj.
avisar v.
aviso s.m.
avispado adj.
avistar v.
avitaminose s.f.
avivado adj.

avivamento s.m.
avivar v.
aviventar v.
avizinhar v.
avo s.m.
avó s.f. de *avô*
avô s.m.; fem.: *avó*; pl.: *avós* e *avôs*
avoação s.f.
avoaçar v.
avoadeira s.f.
avoado adj.
avoamento s.m.
avoante s.f.
avoão s.m.
avoar v.
avocação s.f.
avocar v.
avocatória s.f.
avocatório adj.
avoengo adj. s.m.
avolumado adj.
avolumar v.
avulsamente adv.
avulso adj. s.m.
avultado adj.
avultar v.
avunculado s.m.
avuncular adj.2g.
avunculato s.m.
axadrezado adj.
axé s.m. interj.
axila (*cs*) s.f.
axilar (*cs*) adj.2g.
axiologia (*cs*) s.f.
axiológico (*cs*) adj.
axioma (*cs* ou *ss*) s.m.
axiomático (*cs* ou *ss*) adj.
axônio (*cs*) s.m.
axoplasma (*cs*) s.m.
azado adj.
azáfama s.f.
azafamado adj.
azafamar v.
azagaia s.f.
azálea s.f.
azaleia (*é*) s.f.
azambado adj.
azar v. s.m.
azaração s.f.
azarado adj. s.m.
azarão s.m.
azarar v.
azarento adj.

azatioprina s.f.
azebuzado adj.
azedado adj.
azedamente adv.
azedamento s.m.
azedar v.
azedia s.f.
azedinha s.f.
azedo (*ê*) adj. s.m.; cf. *azedo*, fl. do v. *azedar*
azedume s.m.
azeitado adj.
azeitamento s.m.
azeitão adj. s.m.
azeitar v.
azeite s.m.
azeite de dendê s.m.
azeite-doce s.m.; pl.: *azeites-doces*
azeiteiro s.m.
azeitona adj. s.2g. s.m. s.f.
azeitonado adj.
azenha s.f.
azerbaijano adj. s.m.
azeviche s.m.
azevinho s.m.
azia s.f.
aziago adj.
ázimo adj.
azimutal adj.2g.
azimute s.m.
azinhaga s.f.
azinhavrado adj.
azinhavrar v.
azinhavre s.m.
azitromicina s.f.
azo s.m.
azoinar v.
azonzado adj.
azoospermia s.f.
azoospérmico adj.
azoretado adj.
azorragar v.
azorrague s.m.
azorrar v. "arrastar"; cf. *azurrar*
azótico adj.
azoto (*ô*) s.m.
azougado adj.
azougue s.m.
azucrim s.m.
azucrinação s.f.
azucrinante adj.2g.
azucrinar v.

azul adj.2g. s.m.
azuladinha s.f.
azulado adj. s.m.
azulão s.m.
azular v.
azulego (*ê*) adj. s.m.
azulejado adj.
azulejador (*ô*) adj. s.m.
azulejar v.
azulejaria s.f.
azulejeiro s.m.
azulejista adj. s.2g.
azulejo (*ê*) s.m.
azuleno s.m.
azulescência s.f.
azulescente adj.2g.
azul-ferrete adj.2g.2n. s.m.; pl. do s.: *azuis-ferrete* e *azuis-ferretes*
azul-marinho adj.2g.2n. s.m.; pl. do s.: *azuis-marinhos*
azulona s.f.
azul-piscina adj.2g.2n. s.m.; pl. do s.: *azuis-piscina* e *azuis-piscinas*
azul-seda adj.2g.2n. s.m.; pl. do s.: *azuis-seda* e *azuis-sedas*
azul-turquesa adj.2g.2n. s.m.; pl. do s.: *azuis-turquesa* e *azuis-turquesas*
azulzinha s.f.
azulzinho adj. s.m.
azumara adj. s.2g. s.m.
azumbrado adj.
azumbrar v.
azumbre s.m.
azurado adj. s.m.
azuraque s.m.
azuretado adj.
azuretar v.
azurita s.f.
azurite s.f.
azuritense adj. s.2g.
azurítico adj.
azurmalaquita s.f.
azurracha s.f.
azurrador (*ô*) adj.
azurrar v. "ornejar"; cf. *azorrar*

Bb

b s.m.
bá s.f.
baba s.f.
babá s.f. s.m.
babaca adj. s.2g. s.f.
babação s.f.
babaçu s.m.
babaçual s.m.
babaçuê s.m.
baba-de-boi s.f.; "espécie de palmeira"; pl.: *babas-de-boi*
baba de moça s.f.
babado adj. s.m.
babador (*ô*) adj. s.m.
babadouro s.m.
babaganuche s.m.
babal s.m.
babalaô s.m.
babalaxé s.m.
babalorixá s.m.
babante adj.2g.
babão adj. s.m.; fem.: *babona*
baba-ovo s.m.; pl.: *baba-ovos*
babaquara adj. s.2g.
babaquice s.f.
babar v. s.m.
babau s.m. interj.
babeiro s.m.
babel s.f.
babelesco (*ê*) adj.
babeliano adj.
babélico adj.
babelismo s.m.
babento adj.
babilônia s.f.
babilônico adj. s.m.
babilônio adj. s.m.
babona s.f. de *babão*
babosa s.f.
babosa-de-pau s.f.; pl.: *babosas-de-pau*
baboseira s.f.
baboso (*ô*) adj. s.m.; f. e pl.: (*ó*)
babucha s.f.
babugem s.f.
babugi s.m.
babuíno s.m.
babujar v.
babujento adj.
bacaba s.f.
bacaba de azeite s.f. "fibra"
bacaba-de-azeite s.f. "espécie de palmeira, fruto dessa palmeira"; pl.: *bacabas-de-azeite*

bacabal s.m.
bacabeira s.f.
bacáceo adj.
bacada s.f.
bacafuzada s.f.
bacalhau s.m.
bacalhoada s.f.
bacalhoeiro adj. s.m.
bacamarte s.m.
bacamarteiro s.m.
bacana adj. s.2g.
bacanal adj.2g. s.f.
bacanear-se v.
bacaneza s.f.
bacante s.f.
bacará s.m.
bacelo (*ê*) s.m.
bacento adj.
bacharel s.m.; fem.: *bacharela*
bacharelado adj. s.m.
bacharelando s.m.
bacharelar v.
bacharelesco (*ê*) adj.
bacharelício adj.
bacharelismo s.m.
bachiano (*qui*) adj.
bacia s.f.
baciada s.f.
bacia das almas s.f.
bacilar adj.2g.
bacilo s.m.
bacinete (*ê*) s.m.
bacio s.m.
baciona s.f.
bacitracina s.f.
baço adj. s.m.
bacoco (*ô*) adj.
baconiano (*bei*) adj. s.m.
bacorejar v.
bacorinha s.f.
bacorinho s.m.
bácoro s.m.
bactéria s.f.
bacteriano adj.
bactericida adj.2g. s.m.
bacteriófago adj. s.m.
bacteriologia s.f.
bacteriológico adj.
bacteriologista adj. s.2g.
bacterioscopia s.f.
bacterioscópico adj.
bacteriostático adj. s.m.
bacteriúria s.f.
bactofuga s.f.
bactofugação s.f.

bacu s.m.
baculelê s.m.
báculo s.m.
baculovírus s.m.
bacupari s.m.
bacurau s.m.
bacuri s.m.
badalação s.f.
badalada s.f.
badalado adj.
badalar v.
badalativo adj.
badalo s.m.
badame s.m.
badameco s.m.
badana s.f.
badejo (*ê* ou *é*) adj. s.m.
baderna s.f.
badernar v.
baderneiro adj. s.m.
badroca s.f.
badulaque s.m.
badulaqueira s.f.
baé adj. s.m.
baependiense adj. s.2g.
baeta (*ê*) s.m. s.f.
baetatá s.m.
bafafá s.m.
bafagem s.f.
bafar v.
bafejador (*ô*) adj. s.m.
bafejar v.
bafejo (*ê*) s.m.
bafio s.m.
bafioso (*ô*) adj.; f. e pl.: (*ó*)
bafo s.m.
bafômetro s.m.
baforada s.f.
baforar v.
baga s.f.
bagaceira s.f.
bagaceiro adj. s.m.
bagaço s.m.
bagada s.f.
bagageiro adj. s.m.
bagagem s.f.
bagana s.f.
bagarote s.m.
bagatela s.f.
bago s.m.
bagre s.m.
bagrense adj. s.2g.
bagrinho s.m.
baguá adj.2g. s.m.
bagual adj. s.m.

bagualada s.f.
bagualo adj.
baguari adj.2g. s.m.
baguete s.f.
bagulhada s.f.
bagulho s.m.
bagunça s.f.
bagunçado adj.
bagunçar v.
bagunceiro adj. s.m.
baia s.f.
baía s.f.
baiacu s.m.
baiana s.f.
baianada s.f.
baianês s.m.
baianidade s.f.
baianização s.f.
baianizar v.
baiano adj. s.m.
baião s.m.
baião de dois s.m.
baila s.f.
bailadeira s.f.
bailado adj. s.m.
bailador (ô) adj. s.m.
bailanta s.f.
bailar v.
bailareco s.m.
bailarico s.m.
bailarim s.m.
bailarino s.m.
baile s.m.
baileco s.m.
bailezito s.m.
bainha s.f.
bainha-de-espada s.f.; pl.: bainhas-de-espada
baio adj. s.m.
baioneta (ê) s.f.
baionetada s.f.
bairrismo s.m.
bairrista adj. s.2g.
bairro s.m.
baita adj.2g.
baitaca s.f.
baitola (ô) adj.2g. s.m.
baiuca s.f.
baiuqueiro adj. s.m.
baixa s.f.
baixada s.f.
baixado adj.
baixa-mar s.f.; pl.: baixa-mares
baixão s.m.
baixar v.
baixaria s.f.
baixeiro adj. s.m.
baixel adj. s.m.
baixela s.f.
baixeza (ê) s.f.
baixinho adj. s.m. adv.
baixio s.m.
baixista adj. s.2g.
baixo adj. s.m. adv.

baixo-astral adj. s.2g.; pl. do adj.: baixo-astrais; pl. do s.: baixos-astrais
baixo-espiritismo s.m.; pl.: baixos-espiritismos
baixo-relevo s.m.; pl.: baixos-relevos
baixote adj. s.m.
baixo-ventre s.m.; pl.: baixos-ventres
bajerê s.m.
bajoujar v.
bajulação s.f.
bajulador (ô) adj. s.m.
bajular v.
bajulativo adj.
bajulatório adj.
bala s.f.
balaclava s.f.
balaço s.m.
balacobaco s.m.
balada s.f.
baladeira s.f.
baladeiro s.m.
baladista s.2g.
balaiada s.f.
balaieiro adj. s.m.
balaio s.m.
balaio de gatos s.m.
balalaica s.f.
balança s.f.
balançada s.f.
balançado adj.
balançante adj.
balançar v.
balancê s.m.
balanceado adj. s.m.
balanceador s.m.
balanceamento s.m.
balancear v.
balanceiro s.m.
balancela s.f.
balancete (ê) s.m.
balancim s.m.
balanço s.m.
balanço-d'água s.m.; pl.: balanços-d'água
balandrau s.m.
balangandã s.m.
balangar v.
balanopostite s.f.
balão s.m.
balão de ensaio s.m.
balão-sonda s.m.; pl.: balões-sonda e balões-sondas
balãozinho s.m.; pl.: balõezinhos
balar v.
balastraca s.f.
balata s.f.
balaustrada s.f.
balaústre s.m.
balázio s.m.
balbuciamento s.m.

balbuciante adj.2g.
balbuciar v.
balbucio s.m.
balbúrdia s.f.
balburdiar v.
balcânico adj. s.m.
balcanização s.f.
balcanizado adj.
balcanizar v.
balcão s.m.
balção s.m.
balcão-frigorífico s.m.; pl.: balcões-frigoríficos
balconista s.2g.
balda s.f.
baldado adj.
baldão s.m.
baldaquim s.m.
baldar v.
balde s.m.
baldeação s.f.
baldear v.
baldio adj. s.m.
baldo adj. s.m.
baldoso (ô) adj.; f. e pl.: (ó)
baldrame s.m.
baldroca s.f.
balé s.m.
baleado adj.
balear v. adj.2g.
baleeira s.f.
baleeiro adj. s.m.
baleia s.f.
baleia-azul s.f.; pl.: baleias-azuis
baleiro s.m.
balela s.f.
balenídeo adj. s.m.
baleote s.m.
balestilha s.f.
balestra s.f.
baletomania s.f.
balido s.m.
balinês adj. s.m.
balir v.
balística s.f.
balístico adj. s.m.
baliza s.f.
balizado adj.
balizador (ô) adj. s.m.
balizamento s.m.
balizar v.
balneabilidade s.f.
balnear v. adj.2g.
balneário adj. s.m.
balneável adj.2g.
baloeiro adj. s.m.
balofo (ô) adj.
baloiçante adj.2g.
baloneiro s.m.
balonismo s.m.
balonista adj. s.2g.
balouçante adj.2g.
balouçar v.

balsa | 43 | **baratinado**

balsa s.f.
balsâmico adj.
balsamizar v.
balseador s.m.
balsedo (ê) s.m.
balseiro adj. s.m.
báltico adj. s.m.
baluarte s.m.
baludo adj.
balustrino s.m.
balzaca s.f.
balzaquiana s.f.
bamba adj. s.2g.
bambambã adj. s.2g.
bambear v.
bambeira s.f.
bambeza (ê) s.f.
bambo adj. s.m.
bambochata s.f.
bambolê s.m.
bamboleado adj.
bamboleante adj.2g.
bambolear v.
bamboleio s.m.
bambolina s.f.
bambu s.m.
bambuada s.f.
bambual s.m.
bamburra s.f.
bamburrado adj.
bamburral s.m.
bamburrar v.
bambúrrio s.m.
bamburrista adj. s.2g.
bamburro s.m.
bambuzal s.m.
bambuzinho s.m.
banal adj.2g.
banalidade s.f.
banalização s.f.
banalizado adj.
banalizador (ô) adj.
banalizante adj.
banalizar v.
banalmente adv.
banana s.f. s.2g.

banana-d'água s.f.; pl.:
    bananas-d'água
bananada s.f.
bananal s.m.
banana-maçã s.f.; pl.:
    bananas-maçã e *bananas-
    -maçãs*
banana-nanica s.f.; pl.:
    bananas-nanicas
banana-ouro s.f.; pl.: *bananas-
    -ouro* e *bananas-ouros*
banana-prata s.f.; pl.:
    bananas-prata e *bananas-
    -pratas*
banana-real s.f.; pl.: *bananas-
    -reais*
bananeira s.f.

bananeiro adj. s.m.
bananice s.f.
bananicultor (ô) s.m.
bananicultura s.f.
bananinha s.f.
bananosa s.f.
banca s.f.
bancada s.f.
bancado adj.
bancador (ô) adj. s.m.
bancar v.
bancário adj. s.m.
bancarrota (ô) s.f.
bancável adj.
banco s.m.
banda s.m. s.f.
bandada s.f.
banda de couro s.f.
bandagem s.f.
bandalha s.f.
bandalheira s.f.
bandalhice s.f.
bandalho s.m.
bandana s.f.
bandarilha s.f.
bandarilheiro s.m.
bandarra s.2g. s.f.
bandear v.
bandeira s.f.
bandeirada s.f.
bandeira de reis s.f.
bandeira de são joão s.f.
bandeirante adj. s.2g. s.f.
bandeirantismo s.m.
bandeirar v.
bandeireiro s.m.
bandeiriano adj.
bandeirinha s.f. s.2g.
bandeirismo s.m.
bandeirista adj. s.2g.
bandeiro s.m.
bandeiroso (ô) adj.; f. e pl.: (ó)
bandeja (ê) s.f.
bandejão s.m.
bandidaço s.m.
bandidada s.f.
bandidagem s.f.
bandidão s.m.
bandidinho s.m.
bandidismo s.m.
bandido adj. s.m.
banditismo s.m.
bando s.m.
bandó s.m.
bandô s.m.
bandola s.f.
bandoleira s.f.
bandolim s.m.
bandolinista adj. s.2g.
bandulho s.m.
bandurra s.f.
bangalafumenga s.m.
bangalô s.m.
bangolar v.

banguê (ü) s.m.
banguela adj. s.2g.
banguense (ü) adj. s.2g.
banguezeiro (ü) s.m.
banha s.f.
banhadal s.m.
banhado adj. s.m.
banhar v.
banheira s.f.
banheiro s.m.
banhista s.2g.
banho s.m.
banho de cheiro s.m.
banho de igreja s.m.
banho-maria s.m.; pl.: *banhos-
    -maria* e *banhos-marias*
banhudo adj.
banido adj. s.m.
banimento s.m.
banir v.
banisterina s.f.
baniva adj. s.2g. s.m.
banjo s.m.
banjoísta adj. s.2g.
banqueiro s.m.
banqueta (ê) s.f.
banquete (ê) s.m.
banquetear v.
banqueteiro s.m.
banto adj. s.m.
bantustão s.m.
banzar v.
banzé s.m.
banzeirar v.
banzeiro adj. s.m.
banzo adj. s.m.
baobá s.m.
baque s.m.
baqueado adj.
baquear v.
baquelite s.f.
baqueta (ê) s.f.
báquico adj.
bar s.m.
baraço s.m.
barafunda s.f.
barafustar v.
baralhada s.f.
baralhadamente adv.
baralhador (ô) adj. s.m.
baralhamento s.m.
baralhar v.
baralho s.m.
baranga s.f.
barão s.m.
barata s.f.
barata-cascuda s.f.; pl.:
    baratas-cascudas
barata-da-praia s.f.; pl.:
    baratas-da-praia
barateamento s.m.
baratear v.
barateiro adj. s.m.
baratinado adj.

baratinar v.
baratinha s.f.
baratinha-da-praia s.f.; pl.:
    baratinhas-da-praia
barato adj. s.m. adv.
baraúna s.f.
barba s.f.
barba-azul s.m.; pl.: *barbas--azuis*
barbacã s.f.
barbaça s.f.
barbada s.f.
barba de baleia s.f.
barba-de-bode s.f.; pl.: *barbas--de-bode*
barbadiano adj. s.m.
barbadinho adj. s.m.
barbado adj. s.m.
barbante s.m.
barbaquá s.m.
barbaquazeiro s.m.
barbará s.m.
barbarucho adj.
barbaramente adv.
barbaresco (ê) adj.
barbaria s.f.
barbaridade s.f.
barbárie s.f.
barbarismo s.m.
barbarização s.f.
barbarizar v.
bárbaro adj. s.m.
barbata s.f.
barbatimão s.m.
barbeado adj.
barbeador (ô) s.m.
barbear v.
barbearia s.f.
barbeirada s.f.
barbeiragem s.f.
barbeiro adj. s.m.
barbela s.f.
barbialçado adj.
barbicacho s.m.
barbicha s.f.
barbiturato s.m.
barbitúrico adj. s.m.
barbudo adj. s.m.
barca s.f.
barcaça s.f.
barcarola s.f.
barcelonense adj. s.2g.
barcelonês adj. s.m.
barco s.m.
barda s.f.
bardana s.f.
bardo s.m.
barganha s.f.
barganhar v.
bário s.m.
barisfera s.f.
barítono adj. s.m.
bar-mitzvá s.m.
barnabé s.m.

barnabita adj.2g. s.m.
baro-hiperestesia s.f.
baro-hipoestesia s.f.
baroiperestesia s.f.
baroipoestesia s.f.
barométrico adj.
barômetro s.m.
baronato s.m.
baronesa (ê) s.f.
baronete (ê) s.m.
baronia s.f.
barqueiro s.m.
barquete s.f.
barra s.f.
barraca s.f.
barracão s.m.
barracento adj.
barraco s.m.
barraconista s.2g.
barracuda s.f.
barrado adj. s.m.
barragem s.f.
barra-limpa adj. s.2g.; pl.:
    barras-limpas
barramento s.m.
barranca s.f.
barranceira s.f.
barranco s.m.
barrancoso (ô) adj.; f. e pl.: (ó)
barranquear v.
barranqueira s.f.
barranqueiro s.m.
barrão s.m.; fem.: *barroa* (ô)
barra-pesada adj. s.2g.; pl.:
    barras-pesadas
barraqueiro adj. s.m.
barraquista adj. s.2g.
barrar v.
barreado s.m.
barregã s.f. de *barregão*
barregão s.m.; fem.: *barregã*
barreira s.f.
barreirar v.
barreiro s.m.
barrela s.f.
barreleiro s.m.
barrento adj.
barretada s.f.
barrete (ê) s.m.
barretense adj. s.2g.
barretina s.f.
barrica s.f.
barricada s.f.
barriga s.f.
barriga-d'água s.f.; pl.:
    barrigas-d'água
barrigada s.f.
barriga de freira s.f.
barriga-verde adj. s.2g.; pl.:
    barrigas-verdes
barriguda s.f.
barrigudo adj. s.m.
barrigueira s.f.
barril s.m.
barrilete (ê) s.m.

barrilha s.f.
barrilheira s.f.
barrilote s.m.
barrista s.2g.
barrito s.m.
barro s.m.
barroa s.f. de *barrão*
barroada s.f.
barroar v.
barroca s.f.
barroco (ô) adj. s.m.
barroquismo s.m.
barroquizante adj.2g.
barroso (ô) adj. s.m.; f. e
    pl.: (ó)
barrote s.m.
barulhada s.f.
barulhar v.
barulheira s.f.
barulhentamente adv.
barulhento adj. s.m.
barulho s.m.
basal adj.2g.
basáltico adj.
basalto s.m.
basbaque adj. s.2g.
basco adj. s.m.
basconço adj.
báscula s.f.
basculamento s.m.
basculante adj.2g. s.m.
bascular v.
basculejar v.
básculo s.m.
base s.f.
baseado adj. s.m.
baseamento s.m.
basear v.
basicamente adv.
básico adj.
basilar adj.2g.
basílica s.f.
basilicão s.m.
basílico adj. s.m.
basilisco s.m.
basismo s.m.
basista adj.
basite s.f.
basófilo adj. s.m.
basquete s.m.
basquetebol s.m.
basquetebolista s.2g.
bassê s.m.
basta s.m.
bastante adj.2g. s.m. pron.
    adv.
bastão adj. s.m.
bastar v.
bastardia s.f.
bastardo adj. s.m.
basteira s.f.
bastião s.m.
bastidor (ô) s.m.
basto adj. s.m.

bastonada | 45 | **belchior**

bastonada s.f.
bastonete (ê) adj. s.m.
bata s.f.
batalha s.f.
batalhador (ô) adj. s.m.
batalha-naval s.f.; pl.: *batalhas-navais*
batalhão s.m.
batalhar v.
batará s.m.
batata s.f.
batata-baroa s.f.; pl.: *batatas-baroas*
batatada s.f.
batata-doce s.f.; pl.: *batatas-doces*
batata-inglesa s.f.; pl.: *batatas-inglesas*
batatal s.m.
batata-semente s.f.; pl.: *batatas-semente* e *batatas-sementes*
batateiro adj. s.m.
batatinha s.f.
batatudo adj.
batavo adj. s.m.
bateada s.f.
bateador (ô) s.m.
batear v.
bate-boca s.m.; pl.: *bate-bocas*
bate-bola s.m.; pl.: *bate-bolas*
bateção s.f.
bate-chapa s.2g.; pl.: *bate-chapas*
bate-coxa s.m.; pl.: *bate-coxas*
bate-cu s.m.; pl.: *bate-cus*
batecum s.m.
batedeira s.f.
batedor (ô) adj. s.m.
bateeiro s.m.
bate-estacas s.m.2n.
bátega s.f.
bateia s.f.
batel s.m.
batelada s.f.
batelão s.m.
batente adj.2g. s.m.
bate-papo s.m.; pl.: *bate-papos*
bate-pau s.m.; pl.: *bate-paus*
bate-pé s.m.; pl.: *bate-pés*
bate-pronto s.m.2n.
bater v.
bateria s.f.
baterista adj. s.2g.
baticum s.m.
batida s.f.
batido adj. s.m.
batimento s.m.
batimetria s.f.
batimétrico adj.
batina s.f.
batineiro adj. s.m.
batismal adj.2g.
batismo s.m.

batista adj. s.2g.
batistério s.m.
batizado adj. s.m.
batizar v.
batom s.m.
batoque s.m.
batoré adj. s.2g.
batoreba adj. s.2g.
batota s.f.
batotar v.
batráquio adj. s.m.
batucada s.f.
batucado adj.
batucador (ô) s.m.
batucar v.
batuíra s.f.
batuque s.m.
batuqueiro s.m.
batuta adj. s.2g. s.f.
baú s.m.
baudelairiano (*bodelé*) adj.
baunilha s.f.
bauru s.m.
bauruense adj. s.2g.
bauxita s.f.
bávaro adj. s.m.
bazar s.m.
bazófia s.f.
bazofiar v.
bazuca s.f.
bê s.m.
beabá s.m.
bê-á-bá s.m.; pl.: *bê-á-bás*
beata s.f.
beatamente adv.
beatério s.m.
beatice s.f.
beatificação s.f.
beatificado adj.
beatificar v.
beatífico adj.
beatismo s.m.
beatitude s.f.
beatlemania (*bitol*) s.f.
beatlemaníaco (*bitol*) adj. s.m.
beato adj. s.m.
bêbado adj. s.m.
bebé s.2g.
bebê s.2g.
bebê-conforto s.m.; pl.: *bebês-conforto* e *bebês-confortos*
bebedeira s.f.
bebê de proveta s.2g.
bebedice s.f.
bêbedo adj. s.m.
bebedor (ô) adj. s.m.
bebedouro s.m.
bebemoração s.f.
bebemorar v.
beber v.
beberagem s.f.
beberete (ê) s.m.
bebericar v.

beberico s.m.
beberrão adj. s.m.; fem.: *beberrona*
beberrona s.f. de *beberrão*
bebes s.m.pl.
bebida s.f.
bebido adj.
bebível adj.2g.
bebum adj. s.2g.
beca s.f.
beça s.f.
becança s.f.
becape s.m.
bechamel adj.2g. s.m.
beckettiano adj.
beco (ê) s.m.
bedel s.m.
bedelho (ê) s.m.
beduíno adj. s.m.
bege adj.2g.2n. s.m.
begônia s.f.
behaviorismo (*birrei*) s.m.
behaviorista (*birrei*) adj. s.2g.
beiçal s.m.
beiçana s.f.
beiço s.m.
beiçola s.f. s.2g.
beiçorra (ô) s.f.
beiçudo adj. s.m.
beijação s.f.
beijador (ô) adj. s.m.
beija-flor s.m.; pl.: *beija-flores*
beija-mão s.m.; pl.: *beija-mãos*
beija-pé s.m.; pl.: *beija-pés*
beijar v.
beijinho s.m.
beijo s.m.
beijoca s.f.
beijocar v.
beijo-de-frade s.m.; pl.: *beijos-de-frade*
beijoqueiro adj. s.m.
beiju s.m.
beira s.f.
beirã s.f. de *beirão*
beirada s.f.
beiradear v.
beiradeiro adj. s.m.
beiral s.m.
beira-mar s.f.; pl.: *beira-mares*
beirão adj. s.m.; fem.: *beirã* e *beiroa* (ô)
beirar v.
beira-rio s.f.; pl.: *beira-rios*
beiroa (ô) s.f. de *beirão*
beirute s.m.
beisebol s.m.
beisebolista adj. s.2g.
beladona s.f.
bela-emília s.f.; pl.: *belas-emílias*
belamente adv.
belas-artes s.f.pl.
belchior s.m.

beldade s.f.
beldroega s.f.
beleguim s.m.
beleléu s.m.
belenense adj. s.2g.
beletrismo s.m.
beletrista adj. s.2g.
beleza (ê) s.f.
belezama s.f.
belezinha s.f.
belezoca s.2g.
belezura s.f.
belga adj. s.2g.
beliche s.m.
belicismo s.m.
belicista adj. s.2g.
bélico adj.
belicosidade s.f.
belicoso (ô) adj.; f. e pl.: (ó)
belida s.f.
beligerância s.f.
beligerante adj. s.2g.
beliscador (ô) s.2g.
beliscão s.m.
beliscar v.
belisco s.m.
belissimamente adv.
belo adj. s.m.
belo-horizontino adj. s.m.; pl.: *belo-horizontinos*
belonave s.f.
bel-prazer s.m.; pl.: *bel-prazeres*
beltranização s.f.
beltrano s.m.
beluíno adj.
belveder s.m.
belzebu s.m.
bem s.m. adv.
bem-acabado adj.; pl.: *bem-acabados*
bem-amado adj. s.m.; pl.: *bem-amados*
bem-apanhado adj.; pl.: *bem-apanhados*
bem-apessoado adj.; pl.: *bem-apessoados*
bem-aventurado adj. s.m.; pl.: *bem-aventurados*
bem-aventurança s.f.; pl.: *bem-aventuranças*
bem-bom s.m.; pl.: *bem-bons*
bem-casado s.m.; pl.: *bem-casados*
bem-comportado adj.; pl.: *bem-comportados*
bem-composto adj.; pl.: *bem-compostos*
bem-criado adj.; pl.: *bem-criados*
bem-disposto adj.; pl.: *bem-dispostos*
bem-dizer v.
bem-dormido adj.; pl.: *bem-dormidos*

bem-dotado adj.; pl.: *bem-dotados*
bem-educado adj.; pl.: *bem-educados*
bem-estar s.m.; pl.: *bem-estares*
bem-falante adj. s.2g.; pl.: *bem-falantes*
bem-humorado adj.; pl.: *bem-humorados*
bem-intencionado adj. s.m.; pl.: *bem-intencionados*
bem-me-quer s.m.; pl.: *bem-me-queres*
bem-nascido adj. s.m.; pl.: *bem-nascidos*
bemol adj.2g. s.m.
bemolizar v.
bem-posto adj.; pl.: *bem-postos*
bem-querer v. s.m.; pl.: *bem-quereres*
bem-sucedido adj.; pl.: *bem-sucedidos*
bem-te-vi s.m.; pl.: *bem-te-vis*
bem-vestido adj.; pl.: *bem-vestidos*
bem-vindo adj.; pl.: *bem-vindos*
bem-visto adj.; pl.: *bem-vistos*
bênção s.f.
bendito adj. s.m.
bendizer v.
beneditino adj. s.m.
beneficamente adv.
beneficência s.f.
beneficente adj.2g.
beneficiado adj. s.m.
beneficiador (ô) adj. s.m.
beneficiamento s.m.
beneficiar v.
beneficiário adj. s.m.
beneficiável adj.2g.
benefício s.m.
benéfico adj.
benemerência s.f.
benemerente adj.2g.
benemérito adj. s.m.
beneplácito s.m.
benesse s.f.
benevolamente adv.
benevolência s.f.
benevolente adj.2g.
benevolentemente adv.
benévolo adj.
benfazejo (ê) adj.
benfeitor adj. s.m.
bengala s.f.
bengalada s.f.
bengalafumenga s.m.
bengalês adj. s.m.
bengali adj. s.2g. s.m.
bengue s.m.
benguela adj. s.2g.
benignamente adv.
benignidade s.f.

benigno adj.
benjamim s.m.
benjoeiro s.m.
benjoim s.m.
benquerença s.f.
benquerer v. s.m.
benquisto adj.
bens s.m.pl.
bentinho s.m.
bento adj. s.m.
benzedeira s.f.
benzedeiro adj. s.m.
benzedor (ô) s.m.
benzedrina s.f.
benzedura s.f.
benzeno s.m.
benzer v.
benzido adj.
benzimento s.m.
benzina s.f.
benzinho s.m.
benzoca s.2g.
benzodiazepina s.f.
benzodiazepínico adj.
benzoico (ó) adj.
benzol s.m.
benzopireno s.m.
beócio adj. s.m.
beque s.m.
bequeira s.f.
béquer s.m.
béquico adj. s.m.
bequilha s.f.
berbere adj. s.2g. s.m.
berçário s.m.
berço (ê) s.m.
berdamerda s.m.
berém s.m.
bergamota s.f.
bergamoteira s.f.
bergantim s.m.
bergsoniano adj.
beribéri s.m.
beribérico adj. s.m.
berílio s.m.
beriliose s.f.
berilo s.m.
berimbau s.m.
berimbau-viola s.m.; pl.: *berimbaus-viola e berimbaus-violas*
berinjela s.f.
beriva adj. s.2g.
berkélio s.m.
berlinda s.f.
berlinense adj. s.2g.
berloque s.m.
berma s.f.
bermuda s.f.
bermudão s.m.
berne s.m.
bernento adj.
bernicida adj.2g. s.m.
berra-boi s.m.; pl.: *berra-bois*

berrador (ô) adj. s.m.
berrame s.m.
berrante adj.2g. s.m.
berranteiro s.m.
berrar v.
berraria s.f.
berreiro s.m.
berro s.m.
berruga s.f.
bertalha s.f.
besourar v.
besouro s.m.
besta s.f. "arma"; cf. *besta* (ê)
besta (ê) adj. s.2g. s.f. "animal"; cf. *besta*
besta-fera s.2g.; pl.: *bestas-feras*
bestagem s.f.
bestalhão adj. s.m.; fem.: *bestalhona*
bestalhona s.f. de *bestalhão*
bestamente adv.
bestar v.
besteira s.f.
besteirada s.f.
besteiro s.m.
besteirol s.m.
bestial adj.2g.
bestialidade s.f.
bestialismo s.m.
bestialização s.f.
bestializado adj.
bestializar v.
bestialogia s.f.
bestialógico adj. s.m.
bestiário s.m.
bestice s.f.
bestidade s.f.
bestificação s.f.
bestificado adj.
bestificante adj.2g.
bestificar v.
bestiola s.f.
bestunto s.m.
besuntado adj.
besuntão s.m.; fem.: *besuntona*
besuntar v.
besuntona s.f. de *besuntão*
beta s.f.
betabloqueador (ô) adj. s.m.
betacaroteno s.m.
betalactamase s.f.
betalactâmico adj.
betaterapia s.f.
bete s.m.
beterraba s.f.
betoneira s.f.
bétula s.f.
betulínico adj.
betumar v.
betume s.m.
betuminoso (ô) adj.; f. e pl.: (ó)
bexiga s.f.

bexigoso (ô) adj. s.m.; f. e pl.: (ó)
bexiguento adj. s.m.
bezerrada s.f.
bezerreiro s.m.
bezerro (ê) s.m.
biafrense adj. s.2g.
bialado adj.
biangular adj.2g.
bianual adj.2g.
biarticulado adj.
biarticular adj.2g.
bibelô s.m.
bibico s.m.
bíblia s.f. s.2g.
biblicamente adv.
bíblico adj.
bibliofilia s.f.
bibliófilo s.m.
bibliofobia s.f.
bibliografia s.f.
bibliográfico adj.
bibliógrafo s.m.
bibliologia s.f.
bibliômano s.m.
bibliometria s.f.
bibliométrico adj.
biblionimo s.m.
biblioteca s.f.
bibliotecário adj. s.m.
biblioteconomia s.f.
biblioteconomista s.2g.
biboca s.f.
bica s.f.
bicada s.f.
bicama s.f.
bicameral adj.2g.
bicameralismo s.m.
bicampeã s.f. de *bicampeão*
bicampeão adj. s.m.; fem.: *bicampeã*
bicampeonato s.m.
bicanca adj. s.2g. s.f.
bicão s.m.
bicar v.
bicarbonato s.m.
bicefalia s.f.
bicéfalo adj. s.m.
bicentenário adj. s.m.
bíceps s.m.2n.
bicha s.f. s.m.f.
bichado adj.
bichano s.m.
bichão s.m.
bichar v.
bicharada s.f.
bicharedo s.m.
bicharoco (ô) s.m.
bicheira s.f.
bicheiro adj. s.m.
bichice s.f.
bichinha s.f.
bichinho s.m.
bicho s.m.

bicho-cabeludo s.m.; pl.: *bichos-cabeludos*
bicho-da-seda s.m.; pl.: *bichos-da-seda*
bicho de coco s.m. "cauteloso"
bicho-de-coco s.m.; "espécie de inseto"; pl.: *bichos-de-coco*
bicho-de-parede s.m.; pl.: *bichos-de-parede*
bicho-de-pé s.m.; pl.: *bichos-de-pé*
bicho de sete cabeças s.m.
bicho do mato s.m.
bicho-grilo s.m.; pl.: *bichos-grilos*
bichona s.f.
bicho-papão s.m.; pl.: *bichos-papões*
bicho-pau s.m.; pl.: *bichos-pau* e *bichos-paus*
bichoso (ô) adj.; f. e pl.: (ó)
bicicleta s.f.
bicicletaria s.f.
bicicletário s.m.
bicicleteiro s.m.
biciclo s.m.
bicicross s.f.
bicilíndrico adj.
bico s.m.
bicoca s.f.
bico-de-lacre s.m.; pl.: *bicos-de-lacre*
bico de papagaio s.m.; "formação óssea"
bico-de-papagaio s.m.; "espécie de planta"; pl.: *bicos-de-papagaio*
bico de pato s.m.; "pinça" etc.
bico-de-pato s.m.; "espécie de árvore e de peixe"; pl.: *bicos-de-pato*
bico de pena s.m.
bico de viúva s.m.
bico-doce s.m.; pl.: *bicos-doces*
bicolor (ô) adj.2g.
bicombustível adj.2g. s.m.
bicorada s.f.
bicota s.f.
bicromático adj.
bicromia s.f.
bicuda s.f.
bicudo adj. s.m.
bicuíba s.f.
bidé s.m.
bidê s.m.
bidestilado adj. s.m.
bidimensional adj.2g.
bidimensionalidade s.f.
bidirecional adj.2g.
bidongo s.m.
bidu adj.2g.
biebdomadário adj. s.m.
biela s.f.

bielorrusso adj. s.m.
bienal adj.2g. s.f.
bienalmente adv.
biênio s.m.
bifacetado adj.
bifásico adj.
bife s.m.
bífido adj.
bifocal adj.2g.
biforme adj.2g.
bifrontalidade s.f.
bifronte adj.2g.
bifurcação s.f.
bifurcado adj.
bifurcamento s.m.
bifurcar v.
biga s.f.
bigamia s.f.
bígamo adj. s.m.
bigato s.m.
bigênito adj.
bignoniácea s.f.
bigode s.m.
bigodear v.
bigodeira s.f.
bigodudo adj. s.m.
bigorna s.f.
bigorrilha s.2g.
bigorrilhas s.2g.2n.
bigotismo s.m.
biguá s.m.
biguatinga s.f.
bigue-bangue s.m.; pl.: *bigue-
-bangues*
bi-hebdomadário adj. s.m.
biju s.m.
bijuteria s.f.
bilabiado adj.
bilabial adj.2g. s.f.
bilaminado adj.
bilateral adj.2g.
bilateralmente adv.
bilau s.m.
bilboquê s.m.
bile s.f.
bilha s.f.
bilhão num. s.m.
bilhar s.m.
bilhetagem s.f.
bilhete (ê) s.m.
bilheteiro adj. s.m.
bilheteria s.f.
biliar adj.2g.
biliardário adj. s.m.
bilíngue (ü) adj. s.2g.
bilinguismo (ü) s.m.
bilionário adj. s.m.
bilionésimo num.
bilioso (ô) adj.; f. e pl.: (ó)
bílis s.f.2n.
bilobulado adj.
biloca s.f.
bilocação s.f.
bilontra adj. s.2g.

bilontragem s.f.
bilro s.m.
biltragem s.f.
biltre adj. s.2g.
bilu-bilu s.m.; pl.: *bilu-bilus*
bímano adj. s.m.
bímare adj.2g.
bimba s.f.
bimbada s.f.
bimbalhar v.
bimensal adj.2g.
bimestral adj.2g.
bimestralidade s.f.
bimestralmente adv.
bimestre s.m.
bimetálico adj.
bimetalismo s.m.
bimodal adj.2g.
bimonetário adj.
bimonetarismo s.m.
bimotor (ô) adj. s.m.
bina s.f.
binacional adj.2g. s.f.
binário adj. s.m.
binarismo s.m.
binga s.f.
bingo s.m.
bingueiro s.m.
binóculo s.m.
binômio s.m.
bioacumulação s.f.
bioacumulativo adj.
biobibliográfico adj.
biocenose s.f.
biociclo s.m.
biociência s.f.
bioclima s.m.
bioclimático adj.
bioco (ô) s.m.
biocombustível s.m.
biocompatibilidade s.f.
biocompatível adj.2g.
biocomunidade s.f.
bioconversão s.f.
biodança s.f.
biodegradabilidade s.f.
biodegradação s.f.
biodegradar v.
biodegradável adj.2g.
biodiesel (di) s.m.
biodigestão s.f.
biodigestor s.m.
biodisponibilidade s.f.
biodiversidade s.f.
biodo (ô) s.m.
bioecologia s.f.
bioecológico adj.
bioecologista s.2g.
bioeconomia s.f.
bioeletricidade s.f.
bioelétrico adj.
bioenergética s.f.
bioenergético adj.
bioenergia s.f.

bioengenharia s.f.
bioengenheiro s.m.
bioesférula s.f.
bioestatística s.f.
bioética s.f.
biofábrica s.f.
biofarmacêutico adj. s.m.
biofato s.m.
biofertilizante adj. s.m.
biofilia s.f.
biofilmografia s.f.
biófilo adj. s.m.
biofísica s.f.
biofísico adj. s.m.
biofobia s.f.
biofundamentalismo s.m.
biofundamentalista adj. s.2g.
biogás s.m.
biogênese s.f.
biogenética s.f.
biogenético adj.
biogeografia s.f.
biogeográfico adj.
biogeoquímica s.f.
biogeoquímico adj. s.m.
biografado adj. s.m.
biografar v.
biografia s.f.
biograficamente adv.
biográfico adj.
biografismo s.m.
biógrafo s.m.
bio-história s.f.
bioimpedância s.f.
bioindústria s.f.
bioinseticida adj. s.m.
biolinguista (ü) s.2g.
biolinguística (ü) s.f.
biolinguístico (ü) adj.
biologia s.f.
biologicamente adv.
biológico adj.
biologista s.2g.
biologizante adj.2g.
biólogo s.m.
bioluminescência s.f.
bioma s.m.
biomassa s.f.
biomássico adj.
biomaterial s.m.
biombo s.m.
biomecânica s.f.
biomecânico adj.
biomedicina s.f.
biomédico adj. s.m.
biometria s.f.
biométrico adj.
biomicroscopia s.f.
biomolécula s.f.
biomolecular adj.2g.
biomórfico adj.
bionauta s.2g.
bionáutica s.f.

biônica s.f.
biônico adj. s.m.
biopesticida s.m.
biopirataria s.f.
bioprodução s.f
bioprospecção s.f.
biopsia s.f.
biópsia s.f.
biopsicológico adj.
biopsicossocial adj.2g.
biopsiquiatria s.f.
bioquímica s.f.
bioquimicamente adv.
bioquímico adj. s.m.
biorreator (ô) s.m.
biorrítmico adj.
biorritmo s.m.
bioscópio s.m.
biosfera s.f.
biossegurança s.f.
biossíntese s.f.
biossintético adj.
biota s.f.
biotecnia s.f.
biotécnico adj. s.m.
biotecnologia s.f.
biotecnológico adj.
biotecnologista s.2g.
biotecnólogo s.m.
biotério s.m.
biotérmico adj.
biótico adj.
biotina s.f.
biotipo s.m.
biótipo s.m.
biotipologia s.f.
biotipologista adj. s.2g.
biotônico s.m.
bióxido (cs) s.m.
bipar v.
bipartição s.f.
bipartidário adj.
bipartidarismo s.m.
bipartir v.
bipartite adj.2g.
bipe s.m.
bipedalismo s.m.
bípede adj.2g. s.m.
bipedismo s.m.
bipenado adj.
biplano adj. s.m.
bipolar adj.2g.
bipolaridade s.f.
bipolarização s.f.
bipolarizado adj.
bipotencial adj.2g.
biqueira s.f.
biqueiro adj. s.m.
biquense adj. s.2g.
biquíni s.m.
biraia s.f.
birarubu s.m.
biriba adj. s.2g. s.m. s.f.
birigui s.m.

birinaite s.m.
birita s.f.
biritado adj.
biritar v.
biriteiro adj. s.m.
birmanês adj. s.m.
birô s.m.
biroca s.f.
birosca s.f.
birosqueiro s.m.
birote s.m.
birra s.f.
birrefringência s.f.
birrefringente adj.2g.
birreme adj.2g. s.f.
biruta adj. s.2g. s.f.
birutar v.
birutice s.f.
biruzento adj.
biruzinho s.m.
bis adv.
bisaco s.m.
bisado adj.
bisagô s.m.
bisagra s.f.
bisão s.m.
bisar v.
bisavó s.f. de *bisavô*
bisavô s.m.; fem.: *bisavó*; pl.: *bisavós* e *bisavôs*
bisbilhotagem s.f.
bisbilhotar v.
bisbilhoteiro adj. s.m.
bisbilhotice s.f.
bisca s.f.
biscate s.m.
biscatear v.
biscateiro s.m.
bisco adj.
biscoito s.m.
biscuí s.m.
biselado adj.
bismarquiano adj.
bismuto s.m.
bisnaga s.f.
bisneto s.m.
bisnocar v.
bisonhamente adv.
bisonhice s.f.
bisonho adj. s.m.
bisonte s.m.
bisotado adj.
bispado adj. s.m.
bispar v.
bispo s.m.
bissecular adj.2g.
bissemanal adj.2g.
bissetriz s.f.
bissexto (ê) adj. s.m.
bissexual (cs) adj. s.2g.
bissexualidade (cs) s.f.
bissexualismo (cs) s.m.
bisso s.m.
bissulfito s.m.

bisteca s.f.
bistrô s.m.
bisturi s.m.
bitácula s.f.
bite s.m.
bitelo adj. s.m.
bitemporal adj.2g.
bitínio adj. s.m.
bitola s.f.
bitolado adj.
bitolamento s.m.
bitolante adj.2g.
bitolar v.
bitolinha s.f.
bitoque s.m.
bitransitividade (z) s.f.
bitransitivo (z) adj.
bitrém s.m.
bitributação s.f.
bitributado adj.
bitributador (ô) adj.
bitributar v.
bitributável adj.2g.
bituca s.f.
biturbo adj.
biunívoco adj.
bivacar v.
bivalência s.f.
bivalente adj. s.2g.
bivalve adj. s.2g. s.m.
bivaque s.m.
bivitelino adj.
bivolt adj.2g.
bizantinice s.f.
bizantinismo s.m.
bizantino adj. s.m.
bizarramente adv.
bizarria s.f.
bizarrice s.f.
bizarro adj.
blá-blá s.m.; pl.: *blá-blás*
blá-blá-blá s.m.; pl.: *blá-blá--blás*
blague s.f.
blandícia s.f.
blandície s.f.
blandicioso (ô) adj.; f. e pl.: (ó)
blasfemador (ô) adj. s.m.
blasfemar v.
blasfematório adj.
blasfêmia s.f.
blasfemo adj. s.m.
blasonar v.
blasto s.m.
blastoma s.m.
blastômero s.m.
blaterar v.
blau adj.2g. s.m.
blecaute s.m.
blefado adj.
blefador (ô) adj. s.m.
blefar v.
blefarite s.f.

blefarítico adj.
blefaroespasmo s.m.
blefaroptose s.f.
blefável adj.2g.
blefe (é ou ê) s.m.
blendagem s.f.
blenorragia s.f.
blenorrágico adj.
bleomicina s.f.
blindado adj. s.m.
blindagem s.f.
blindar v.
bloco s.m.
blogueiro s.m.
blondeliano adj. s.2g.
bloqueado adj.
bloqueador (ô) adj. s.m.
bloqueamento s.m.
bloqueante adj.2g.
bloquear v.
bloqueio s.m.
bloquete s.m.
bloquista s.2g.
blusa s.f.
blusão s.m.
boa (ô) adj. s.f. de bom
boá s.m.
boaba adj. s.2g.
boabá s.m.
boa-fé s.f.; pl.: boas-fés
boa-noite s.m. s.f.; pl.: boas-noites
boa-nova s.f.; pl.: boas-novas
boa-pinta adj. s.2g.; pl.: boas-pintas
boa-praça adj. s.2g.; pl.: boas-praças
boas-entradas s.f.pl.
boas-festas s.f.pl.
boa-tarde s.m. s.f.; pl.: boas-tardes
boataria s.f.
boate s.f.
boateiro adj. s.m.
boato s.m.
boa-vida adj. s.2g.; pl.: boas-vidas
boas-vindas s.f.pl.
boa-vistense adj. s.2g.; pl.: boa-vistenses
boaz s.f.
boazinha s.f.
boazona s.f. de bonzão
boazuda s.f.
bobageira s.f.
bobagem s.f.
bobaginha s.f.
bobajada s.f.
bobalhão adj. s.m.; fem.: bobalhona
bobalhona s.f. de bobalhão
bobão adj. s.m.; fem.: bobona
bobar v.
bobe s.m.

bobeada s.f.
bobear v.
bobeira s.f.
bobice s.f.
bobina s.f.
bobinado adj.
bobinador (ô) adj. s.m.
bobinagem s.f.
bobinar v.
bobinho adj. s.m.
bobinosa s.f.
bobo (ô) s.m.
bobó s.m.
boboca adj. s.2g.
bobona s.f. de bobão
boca (ô) s.f.
boca-aberta s.f.; pl.: bocas-abertas
boca-acriano adj. s.m.; pl.: boca-acrianos
bocada s.f.
boca da noite s.f.
boca de fogo s.f. "peça de artilharia"
boca-de-fogo s.m. "espécie de peixe"; pl.: bocas-de-fogo
boca de forno s.f.
boca de fumo s.f.
boca-de-leão s.f.; pl.: bocas-de-leão
boca de lobo s.f. "bueiro"
boca-de-lobo s.f.; "espécie de erva"; pl.: bocas-de-lobo
boca de sapo s.2g. "pessoa de boca grande"
boca-de-sapo s.f. "espécie de arbusto"; pl.: bocas-de-sapo
boca de sino s.f.
boca de siri s.f.
boca de urna s.f.
boca-de-velha s.f.; pl.: bocas-de-velha
bocadinho s.m.
bocado s.m.
boca do lixo s.f.
bocadura s.f.
bocaina s.f.
bocainense adj. s.2g.
bocaiuva s.f.
bocal s.m.
boçal adj. s.2g.
boçalidade s.f.
boca-livre s.f.; pl.: bocas-livres
boca-mole s.2g.; pl.: bocas-moles
bocão s.m.
boca-rica s.f.; pl.: bocas-ricas
bocarra s.f.
bocejador (ô) adj. s.m.
bocejante adj.2g.
bocejar v.
bocejo (ê) s.m.
boceta (ê) s.f.
bocha (ê) s.f.

bochecha (ê) s.f.
bochechar v.
bochecho (ê) s.m.
bochechudo adj. s.m.
bochicho s.m.
bochincho s.m.
bochorno (ô) s.m.
bócio s.m.
bocó adj. s.2g.
bocudo adj.
boda (ô) s.f.
bodarrão s.m.
bodas (ô) s.f.pl.
bode s.m.
bodeado adj.
bodega s.f.
bodegueiro s.m.
bodejar v.
bodinho s.m.
bodocar v.
bodoque s.m.
bodoqueira s.f.
bodum s.m.
boemia s.f.
boêmia s.f.
boêmio adj. s.m.
bôer adj. s.2g.
bofe s.m.
bofeira s.f.
bofes s.m.pl.
bofetada s.f.
bofetão s.m.
bofete (é ou ê) s.m.
bogari s.m.
bogó adj. s.2g. s.m.
bogotano adj. s.m.
boi s.m.
bói s.m.
boia (ô) s.f.
boi-corneta s.m. pl.: bois-corneta ou bois-cornetas
boiada s.f.
boiadeiro adj. s.m.
boia-fria (ó) s.2g. ; pl.: boias-frias
boiama s.f.
boiante adj.2g.
boião s.m.
boiar v.
boiardo s.m.
boi-bumbá s.m.; pl.: bois-bumbá e bois-bumbás
boicininga s.f.
boi-corneta s.m.; pl.: bois-cornetas
boicotador (ô) adj. s.m.
boicotar v.
boicote s.m.
boieco s.m.
boieiro adj. s.m.
boina s.f.
boi na vara s.m.
boiola s.m.
boiota adj. s.2g. s.f.
boitatá s.m.

boiuna s.f.
bojar v.
bojo (ô) s.m.
bojudo adj.
bola s.f.
bola ao cesto s.f.
bolação s.f.
bolacha s.f.
bolachada s.f.
bolacha-d'água s.f.; pl.:
  bolachas-d'água
bolacha-da-praia s.f.; pl.:
  bolachas-da-praia
bolachão s.m.
bolachudo adj.
bolaço s.m.
bolada s.f.
bola de neve s.f. "o que toma vulto rapidamente"; cf.
  bola-de-neve
bola-de-neve s.f. "arbusto"; cf. bola de neve; pl.: bolas-de-neve
bolado adj.
bolador (ô) s.m.
bolandeira s.f.
bolanha s.f.
bolão s.m.
bola-preta s.f.; pl.: bolas-pretas
bolar v. adj.2g.
bolbilho s.m.
bolchevique adj. s.2g.
bolchevismo s.m.
bolchevista adj. s.2g.
bolchevização s.f.
bolchevizar v.
boldo (ô) s.m.
boldrié s.m.
boleadeiras s.f.pl.
boleado adj. s.m.
boleador (ô) s.m.
bolear v.
bole-bole s.m.; pl.: bole-boles e boles-boles
boleia (ê) s.f.
boleio s.m.
boleira s.f.
boleiro adj. s.m.
bolerão s.m.
bolerar v.
bolerização s.f.
bolero adj. s.m.
boleta (ê) s.f.
boletado adj.
boletim s.m.
boleto (ê) s.m.
bolha (ô) adj. s.2g. s.f.
bolhante adj.2g.
bolhoso (ô) adj.; f. e pl.: (ó)
boliche s.m.
bolicheiro s.m.
bolicho s.m.
bólide s.m.f.
bolidismo s.m.

bolidista adj. s.2g.
bólido s.m.
bolina s.f. s.m.
bolinação s.f.
bolinada s.f. s.m.
bolinador (ô) s.m.
bolinagem s.f.
bolinar v.
bolinete (ê) s.m.
bolinha s.f.
bolinho s.m.
bolívar s.m.
bolivariano adj.
bolivarista adj. s.2g.
boliviano adj. s.m.
bolo (ô) s.m.; cf. bolo, fl. do v. bolar
bolo de rolo s.m.
bololô s.m.
bolonhês adj. s.m.
bolonhesa s.f.
bolor (ô) s.m.
bolorento adj.
bolota s.f.
bolsa (ô) s.f.; cf. bolsa, fl. do v. bolsar
bolsada s.f.
bolsão s.m.
bolsar v.
bolseiro s.m.
bolsista adj. s.2g.
bolso (ô) s.m.
bom adj. s.m.; fem.: boa
bomba s.f.
bombacácea s.f.
bombachas s.f.pl.
bombachudo adj. s.m.
bombada s.f.
bomba-d'água s.f.; pl.:
  bombas-d'água
bombado adj.
bombar v.
bombarda s.f.
bombardeado adj.
bombardeamento s.m.
bombardear v.
bombardeio s.m.
bombardeiro adj. s.m.
bomba-relógio s.f.; pl.:
  bombas-relógio e bombas-relógios
bombasticamente adv.
bombástico adj.
bombeação s.f.
bombeado adj.
bombeamento s.m.
bombear v.
bombeiro s.m.
bombinha s.f.
bombista adj. s.2g.
bombo s.m.
bom-bocado s.m.; pl.: bons-bocados.
bombom s.m.

bomboneira s.f.
bombordo s.m.
bom-caráter adj.2g. s.m.; pl.:
  bons-caracteres
bom-caratismo s.m.; pl.: bom-caratismos
bom de bico adj. s.m.
bom-dia s.m.; pl.: bons-dias
bom-mocismo s.m.; pl.: bom-mocismos
bom-moço (ô) s.m.; pl.: bons-moços
bom-samaritanismo s.m.; pl.: bom-samaritanismos
bom-tom s.m.; pl.: bons-tons
bonachão adj. s.m.; fem.: bonachona
bonacheirão adj. s.m.; fem.: bonacheirona
bonacheirice s.f.
bonacheirona s.f. de bonacheirão
bonachona s.f. de bonachão
bonança s.f.
bonançoso (ô) adj.; f. e pl.: (ó)
bonapartismo s.m.
bonapartista adj. s.2g.
bondade s.f.
bonde s.m.
bondinho s.m.
bondosamente adv.
bondoso (ô) adj.; f. e pl.: (ó)
boné s.m.
boneca s.f.
bonecar v.
boneco s.m.
bonequeiro adj. s.m.
bonfinense adj. s.2g.
bongô s.m.
bonificação s.f.
bonificado adj.
bonificar v.
bonifrate s.m.
bonina s.f.
boníssimo adj.
bonitaço adj.
bonitão adj. s.m.; fem.: bonitona
boniteza (ê) s.f.
bonitinha s.f.
bonitinho adj.
bonito adj. s.m. adv.
bonitona s.f. de bonitão
bonomia s.f.
bonômico adj.
bonsai s.m.
bons-dias s.m.pl.
bônus s.m.2n.
bonzão adj.; fem.: boazona
bonzo s.m.
bopiano adj.
boque s.m.
boqueira s.f.
boqueirão s.m.

boqueiro | 52 | braço de ferro

boqueiro s.m.
boquejar v.
boquejo (ê) s.m.
boquete s.m.
boquiaberto adj.
boquilha s.f.
boquinha s.f.
boquirrotismo s.m.
boquirroto (ô) adj.
borá s.f.
borato s.m.
bórax (cs) s.m.2n.
borboleta (ê) s.m. s.f.
borboleta-azul s.f.; pl.:
    borboletas-azuis
borboletário s.m.
borboleteamento s.m.
borboleteante adj.2g.
borboletear v.
borborigmo s.m.
borborinhar v.
borbotão s.m.
borbotar v.
borbulha s.f.
borbulhante adj.2g.
borbulhar v.
borco (ô) s.m.
borda s.f.
bordadeira s.f.
bordado adj. s.m.
bordador (ô) adj. s.m.
bordadura s.f.
bordalês adj. s.m.
bordalesa s.f.
bordão s.m.
bordar v.
bordeado adj.
bordear v.
bordejar v.
bordejo (ê) s.m.
bordel s.m.
borderô s.m.
bordo s.m.
bordô adj.2g.2n. s.m.
bordoada s.f.
bordoar v.
bordonear v.
borduna s.f.
bordunada s.f.
boreal adj.2g.
boresca s.f.
boreste s.m.
borgiano adj.
borguinhão adj. s.m.; fem.:
    borguinhona
borguinhona s.f. de
    borguinhão
boricado adj.
bórico adj. s.m.
bório s.m.
borla s.f.
borlado adj.
bornal s.m.
bornear v.

boro s.m.
boroa (ô) s.f.
borocoxô adj.2g. s.m.
borogodó s.m.
bororo (ô) adj. s.2g. s.m.
borra (ô) s.f.
borra-botas s.2g.2n.
borração s.f.
borracha s.f.
borrachada s.f.
borracharia s.f.
borracheira s.f.
borracheiro s.m.
borrachento adj.
borracho adj. s.m.
borrachudo adj. s.m.
borrado adj.
borrador (ô) adj. s.m.
borradura s.f.
borralheiro adj. s.m.
borralho adj. s.m.
borrão s.m.
borrar v.
borrasca s.f.
borrascoso (ô) adj.; f. e pl.: (ó)
borra-tintas s.2g.2n.
borrego (ê) s.m.
borrifação s.f.
borrifada s.f.
borrifadela s.f.
borrifado adj.
borrifador (ô) adj. s.m.
borrifamento s.m.
borrifante adj.2g.
borrifar v.
borrifo s.m.
borzeguim s.m.
bósnio adj. s.m.
bosque s.m.
bosquejar v.
bosquejo (ê) s.m.
bosquímano adj. s.m.
bossa s.f.
bossa-nova adj.2g.2n.
bossa-novista adj. s.2g.; pl.:
    bossa-novistas
bosta s.f.
bostear v.
bostejar v.
bostinha s.2g.
bostoniano adj. s.m.
bota s.f.
botada s.f.
bota de sete léguas s.f.
botado adj.
botador (ô) s.m.
botafogo (ô) adj. s.2g.
botafoguense adj. s.2g.
bota-fora s.m.2n.
botânica s.f.
botanicamente adv.
botânico adj. s.m.
botanista adj. s.2g.
botante adj.2g. s.m.

botão s.m.
botar v.
bote s.m.
boteco s.m.
botelha (ê) s.f.
botequim s.m.
botequineiro s.m.
botica s.f.
boticão s.m.
boticário s.m.
botija s.f.
botijão s.m.
botim s.m. "pequena bota";
    cf. butim
botina s.f.
botinada s.f.
botinar v.
botinha s.f.
boto (ô) adj. s.m.; cf. boto, pl.
    do v. botar
botocudo adj. s.m.
botoeira s.f.
botoneira s.m.
botoque s.m.
botuca s.f. "olho"; cf. butuca
botulínico adj.
botulismo s.m.
bouba s.f. "doença"; cf. boba
    (ô), f. de bobo (ô)
boubento adj. s.m.
bovarismo s.m.
bovarista adj. s.2g.
bovídeo adj. s.m.
bovinamente adv.
bovino adj. s.m.
bovinocultor (ô) adj. s.m.
bovinocultura s.f.
boxe (cs) s.m.
boxeador (cs...ô) s.m.
boxear (cs) v.
bóxer (cs) s.m.
boxímane adj. s.2g. s.m.
boximano adj. s.m.
bozó s.m.
brabeira s.f.
brabeza (ê) s.f.
brabo adj. s.m.
braboso (ô) adj.; f. e pl.: (ó)
braça s.f.
braçaço s.m.
braçada s.f.
braçadeira s.f.
braçagem s.f.
braçal adj.2g. s.m.
braçaria s.f.
bracatinga s.f.
bracear v.
braceira s.f.
braceiro s.m.
bracejar v.
bracelete (ê) s.m.
brachola s.f.
braço s.m.
braço de ferro s.m.

braçote s.m.
bráctea s.f.
braçudo adj.
bradar v.
bradejar v.
bradicinesia s.f.
bradicinina s.f.
brado s.m.
bragado adj.
bragal s.m.
bragantim s.m.
bragantino adj. s.m.
bragas s.f.pl.
bragueta (ê) s.f.
braguilha s.f.
braile adj.2g. s.m.
brâmane adj. s.2g.
bramânico adj.
bramanismo s.m.
bramar v.
bramido s.m.
bramir v.
bramura s.f.
branco adj. s.m.
brancoide (ó) adj.
brancura s.f.
brandamente adv.
brandir v.
brando adj. s.m.
brandura s.f.
branqueado adj.
branqueador (ô) adj. s.m.
branqueamento s.m.
branquear v.
branquejante adj.2g.
branquejar v.
branquelo adj. s.m.
brânquia s.f.
branquial adj.2g.
branquicento adj.
branquidão s.f.
branquinha s.f.
braquia s.f.
braquiária s.f.
braquicefalia s.f.
braquicefálico adj.
braquicéfalo adj. s.m.
braquiópode adj.2g. s.m.
braquiossauro s.m.
brasa s.f.
brasão s.m.
braseiro s.m.
brasiguaio adj. s.m.
brasileirada s.f.
brasileiramente adv.
brasileirice s.f.
brasileirismo s.m.
brasileiro adj. s.m.
brasiliana s.f.
brasilianista s.2g.
brasílico adj. s.m.
brasilidade s.f.
brasiliense adj. s.2g.
brasilo-argentino adj.; pl.:
 brasilo-argentinos

brasilo-boliviano adj.; pl.:
 brasilo-bolivianos
brasilo-chileno adj.; pl.:
 brasilo-chilenos
brasilo-colombiano adj.; pl.:
 brasilo-colombianos
brasilo-equatoriano adj.; pl.:
 brasilo-equatorianos
brasilo-paraguaio adj.; pl.:
 brasilo-paraguaios
brasilo-peruano adj.; pl.:
 brasilo-peruanos
brasilo-venezuelano adj.; pl.:
 brasilo-venezuelanos
brasil-rosado s.m.; pl.: *brasis-
 -rosados*
brasino adj. s.m.
brasonado adj.
brasonar v.
brasuca adj. s.2g.
braúna s.f.
bravamente adv.
bravata s.f.
bravatear v.
bravateiro adj. s.m.
bravejar v.
braveza (ê) s.f.
bravio adj. s.m.
bravo adj. s.m.
bravura s.f.
breado adj.
breca s.f.
brecada s.f.
brecar v.
brecha s.f.
brechar v.
brechó s.m.
brechtiano adj. s.m.
bredo (ê) s.m.
bredoso (ô) adj.; f. e pl.: (ó)
brega adj. s.2g.
bregma s.m.
bregmático adj.
bregueces s.m.f. pl.
breguice s.f.
brejal s.m.
brejeirice s.f.
brejeiro adj. s.m.
brejo s.m.
brenha s.f.
breque s.m.
bressoniano adj.
bretã s.f. de *bretão*
bretão adj. s.m.; fem.: *bretã*
brete (ê) s.m.
breu s.m.
breve adj.2g. s.m. s.f. adv.
brevê s.m.
brevemente adv.
brevetado adj. s.m.
brevetar v.
breviário s.m.
brevidade s.f.
brevilíneo adj.

bricabraque s.m.
bricolagem s.f.
brida s.f.
bridão s.m.
briga s.f.
brigada s.f.
brigadeiro s.m.
brigadeiro do ar s.m.
brigadiano s.m.
brigadista s.m.
brigado adj.
brigador (ô) adj. s.m.
brigalhada s.f.
brigão adj. s.m.; fem.: *brigona*
brigar v.
brigona s.f. de *brigão*
brigue s.m.
briguento adj. s.m.
brilhância s.f.
brilhante adj.2g. s.m.
brilhantemente adv.
brilhantina s.f.
brilhantismo s.m.
brilhar v.
brilhareco s.m.
brilho s.m.
brilhoso (ô) adj.; f. e pl.: (ó)
brim s.m.
brincadeira s.f.
brincador (ô) s.m.
brincalhão adj. s.m.; fem.:
 brincalhona
brincalhona s.f. de *brincalhão*
brincante s.2g.
brincar v.
brinco s.m.
brinco-de-princesa s.m.; pl.:
 brincos-de-princesa
brindar v.
brinde s.m.
brinquedo (ê) s.m.
brinquedoteca s.f.
brinquinho s.m.
brio s.m.
brioche s.m.
briófito s.m.
briônia s.f.
brioso (ó) adj.; f. e pl.: (ó)
briozoário adj. s.m.
brique adj.2g.2n. s.m.
briquetagem s.f.
briquitar v.
brisa s.f.
brita s.f.
britadeira s.f.
britado adj.
britador (ô) adj. s.m.
britagem s.f.
britanicamente adv.
britânico adj. s.m.
britanizar v.
britar v.
brizolão s.m.
brizolismo s.m.

brizolista adj. s.2g.
broa (ó) s.f. s.2g.
broca s.f.
brocado adj. s.m.
brocal s.m.
brocante adj.2g.
brocar v.
brocardo s.m.
brocha s.f. "prego"; cf. *broxa*
broche s.m.
brochura s.f.
brócolis s.m.pl.
brócolos s.m.pl.
brodagem s.f.
bródio s.m.
brogojé s.m.
bromato s.m.
bromatologia s.f.
bromatológico adj.
bromélia s.f.
bromeliácea s.f.
bromelina s.f.
brometo (é) s.m.
bromídrico adj.
bromismo s.m.
bromo s.m.
bronca s.f.
bronco adj. s.m.
broncodilatador (ô) adj. s.m.
broncografia s.f.
broncopneumonia s.f.
broncopulmonar adj.2g.
broncoscopia s.f.
broncoscópico adj.
broncoscopista s.2g.
broncovascular adj.2g.
bronha s.f.
bronqueado adj.
bronquear v.
bronquial adj.2g.
bronquice s.f.
brônquico adj.
brônquio s.m.
bronquiolar adj.2g.
bronquiolite s.f.
bronquíolo s.m.
bronquite s.f.
bronquítico adj.
brontossauro s.m.
bronze s.m.
bronzeado adj. s.m.
bronzeador (ô) adj. s.m.
bronzeamento s.m.
bronzear v.
brônzeo adj.
bronzina s.f.
broquear v.
broquel s.m.
brotação s.f.
brotamento s.m.
brotante adj.2g.
brotar v.
brotinho s.m.
broto (ô) s.m.

brotoeja (é) s.f.
broxa adj. s.m. s.f. "impotente", "pincel"; cf. *brocha*
broxada s.f.
broxante adj.2g.
broxar v.
bruaca s.f.
bruaqueiro adj. s.m.
brucelose s.f.
bruxelas s.f. 2n.
brucina s.f.
bruços s.m.pl.
brucutu s.m.
bruma s.f.
brumaceiro adj.
brumado adj. s.m.
brumal adj.2g.
brumoso (ô) adj.; f. e pl.: (ó)
brunido adj. s.m.
brunir v.
bruscamente adv.
brusco adj.
brusquidão s.f.
brutal adj.2g.
brutalhão adj. s.m.
brutalidade s.f.
brutalismo s.m.
brutalista adj. s.2g.
brutalização s.f.
brutalizado adj.
brutalizar v.
brutalmente adv.
brutamonte s.2g.
brutamontes s.2g.2n.
bruteza (é) s.f.
bruto adj.
bruxa s.f.
bruxaria s.f.
bruxedo s.m.
bruxismo s.m.
bruxo s.m.
bruxuleante adj.2g.
bruxulear v.
bruxuleio s.m.
bruzundanga s.f.
bubalino adj. s.m.
bubão s.m.
bubônica s.f.
bubônico adj.
bubu s.m.
bubuca s.f.
bubuia s.f.
bucal adj.2g.
buçal s.m.
buçalete (é) s.m.
bucaneiro s.m.
bucha s.f.
buchada s.f.
buchinha s.f.
bucho s.m."estômago"; cf. *buxo*
bucho-furado s.m.; pl.: *buchos-furados*

buchudo adj.
bucinador (ô) adj. s.m.
buclê s.m.
buço s.m.
bucodentário adj.
bucolicamente adv.
bucólico adj.
bucolismo s.m.
bucomaxilofacial (cs) adj.2g.
búdico adj.
budismo s.m.
budista adj. s.2g.
bueiro s.m.
bufa s.f.
bufada s.f.
búfalo s.m.
bufante adj.2g.
bufão s.m.
bufar v.
bufaria s.f.
bufarinha s.f.
bufarinheiro s.m.
bufê s.m.
bufento adj.
bufo adj. s.m.
bufonada s.f.
bufonamente adv.
bufonaria s.f.
bufonesco (ê) adj.
bufunfa s.f.
bufúrdio s.m.
bugalho s.m.
buganvília s.f.
bugarana s.f.
bugari s.f.
bugia s.f.
bugiada s.f.
bugiar v.
bugiganga s.f.
bugigangada s.f.
bugio s.m.
bugrada s.f.
bugrado adj.
bugre adj. s.m.
bugrino adj. s.m.
bugueiro s.m.
bujão s.m.
bula s.f.
bulbar adj.2g.
bulbilho s.m.
bulbo s.m.
bulboso (ô) adj.; f. e pl.: (ó)
buldogue s.m.
bule s.m.
bule-bule s.m.; pl.: *bule-bules* e *bules-bules*
bulevar s.m.
bulgariana s.f.
búlgaro adj. s.m.
bulha s.f.
bulhento adj. s.m.
bulhufas pron.
bulício s.m.
buliçoso (ô) adj.; f. e pl.: (ó)

bulidor (ô) adj. s.m.
bulimia s.f.
bulímico adj. s.m.
bulir v.
bum s.m. interj.
bumba s.m.
bumba meu boi s.m.
bumbo s.m.
bumbum s.m.
bumerangue s.m.
bunda s.f.
bundada s.f.
bunda-mole s.2g.; pl.: *bundas--moles*
bundão s.m.; fem.: *bundona*
bunda-suja s.2g.; pl.: *bundas--sujas*
bundona s.f. de *bundão*
bundudo adj.
buque s.m.
buquê s.m.
buquê-de-noiva s.m.; pl.: *buquês-de-noiva*
buquinista s.2g.
buracão s.m.
buraco s.m.
buraqueira s.f.
burburinhante adj.2g.
burburinhar v.
burburinho s.m.
burca s.f.
burel s.m.
burgo s.m.
burgomestre s.m.
burguês adj.
burgueia (é) s.f.
burguesia s.f.
buri s.m.
buril s.m.
burilada s.f.
burilado adj.
burilador (ô) adj. s.m.

burilamento s.m.
burilar v.
burino s.m.
buriti s.m.
buritizal s.m.
buritizeiro s.m.
burla s.f.
burlado adj.
burlador (ô) adj. s.m.
burlar v.
burlequear v.
burlescamente adv.
burlesco (ê) adj.
burleta (ê) s.f.
burocracia s.f.
burocrata s.2g.
burocratês s.m.
burocrático adj.
burocratismo s.m.
burocratização s.f.
burocratizado adj.
burocratizante adj.2g.
burocratizar v.
burquinense adj. s.2g.
burra s.f.
burrada s.f.
burrama s.f.
burrame s.m.
burramente adv.
burrica s.f.
burrice s.f.
burrico s.m.
burrificar v.
burrinha s.f.
burrinho s.m.
burriqueiro adj. s.m.
burro s.m.
bursátil adj.2g.
bursite s.f.
bursunda s.f.
burundinês adj. s.m.
busão s.f.

busca s.f.
buscado adj.
buscador (ô) adj. s.m.
busca-pé s.m.; pl.: *busca-pés*
buscar v.
busílis s.m.2n.
bússola s.f.
bustiê s.m.
busto s.m.
butanês adj. s.m.
butano s.m.
bute s.m.
butelo s.m.
butiá s.m.
butiazeiro s.m.
butim s.m.; "bens tomados aos inimigos" cf. *botim*
butique s.f.
butírico adj.
butuca s.f. "espora"; cf. *botuca*
buxo s.m. "planta"; cf. *bucho*
buzanfã s.m.
buzina adj. s.2g. s.f.
buzinação s.f.
buzinaço s.m.
buzinada s.f.
buzinadela s.f.
buzinado adj.
buzinador (ô) adj. s.m.
buzinar v.
búzio s.m.
buzo s.m.
buzuzu s.m.
byroniano (*bai*) adj.
byronismo (*bai*) s.m.
byronista (*bai*) adj. s.2g.

Cc

c s.m.
cá adv. s.m.
cã s.f.
caaba s.f.
caapora s.2g.
caatinga s.f.
caatingal s.m.
caatingueira s.f.
cabaça s.f.
cabaçal adj.2g. s.m.
cabaceira s.f.
cabaceiro s.m.
cabacinha s.f.
cabaço s.m.
cabaçudo adj. s.m.
cabaia s.f.
cabal adj.2g.
cabala s.f.
cabalar v.
cabaleta (ê) s.f.
cabalista adj. s.2g.
cabalístico adj.
cabalmente adv.
cabana s.f.
cabanada s.f.
cabanagem s.f.
cabanha s.f.
cabano adj. s.m.
cabaré s.m.
cabaz s.m.
cabazeiro s.m.
cabeado adj.
cabeamento s.m.
cabear v.
cabeça (ê) s.m. s.f.
cabeça-chata s.2g.; pl.: cabeças-chatas
cabeçada s.f.
cabeça-d'água s.f.; pl.: cabeças-d'água
cabeça de área s.2g.
cabeça de bagre s.2g.
cabeça de campo s.m.
cabeça de casal s.m.
cabeça de chave s.m.
cabeça de cuia s.m.
cabeça-de-ferro s.m.; pl.: cabeças-de-ferro
cabeça-de-fogo s.m.; pl.: cabeças-de-fogo
cabeça-de-frade s.f.; pl.: cabeças-de-frade
cabeça de negro s.f.
cabeça de ponte s.f.
cabeça de porco s.f.
cabeça de praia s.f.
cabeça de prego s.f.
cabeça de vento s.2g.
cabeçado s.m.
cabeça-dura s.2g.; pl.: cabeças-duras
cabeça-inchada s.f.; pl.: cabeças-inchadas
cabeçalho s.m.
cabeção s.m.
cabeça-tonta s.2g.; pl.: cabeças-tontas
cabeceada s.f.
cabeceador (ô) adj. s.m.
cabeceamento s.m.
cabecear v.
cabeceio s.m.
cabeceira s.f.
cabecilha s.2g.
cabeço (ê) s.m.
cabeçorra (ô) s.f.
cabeçorro (ô) s.m.
cabeçote s.m.
cabeçuda s.f.
cabeçudo adj. s.m.
cabeçulinha s.f.
cabedal s.m.
cabedelo (ê) s.m.
cabelama s.f.
cabeleira s.m. s.f.
cabeleireiro s.m.
cabelo (ê) s.m.
cabelo de anjo s.m.
cabelo-de-vênus s.m.; pl.: cabelos-de-vênus
cabeluda s.f.
cabeludo adj. s.m.
caber v.
cabide s.m.
cabidela s.f.
cabido adj. s.m.
cabimento s.m.
cabina s.f.
cabinda adj. s.2g. s.m. s.f.
cabine s.f.
cabineiro s.m.
cabisbaixo adj.
cabista adj. s.2g.
cabiúna adj. s.2g. s.f.
cabível adj.2g.
cablagem s.f.
cabo s.m.
cabochão s.m.
cabocla (ô) s.f.
caboclada s.f.
caboclismo s.m.
caboclo (ô) adj. s.m.
caboclo-d'água s.m.; pl.: caboclos-d'água
cabocó s.m.
cabo de esquadra s.m.
cabo de guerra s.m.
cabodifusão s.f.
cabo-friense adj. s.2g.; pl.: cabo-frienses
cabograma s.m.
cabo-guia s.m.; pl.: cabos-guia e cabos-guias
caboje s.m.
caboré s.2g.
cabortagem s.f.
caborteiro adj. s.m.
cabotagem s.f.
cabotinice s.f.
cabotinismo s.m.
cabotino adj.
cabo-verdiano adj. s.m.; pl.: cabo-verdianos
cabra s.f. s.2g.
cabra-cega s.f.; pl.: cabras-cegas
cabrada s.f.
cabra da peste s.m.
cabralino adj.
cabra-macho s.m.; pl.: cabras-machos
cabrão s.m.
cabreiro adj. s.m.
cabrestante s.m.
cabrestar v.
cabrestear v.
cabresteiro adj. s.m.
cabrestilho s.m.
cabresto (ê) s.m.
cabreúva s.f.
cabrinha s.f.
cabriola s.f.
cabriolé s.m.
cabrita s.f.
cabritagem s.f.
cabritante adj.
cabritão s.m.
cabritar v.
cabrito s.m.
cabriúva s.f.
cabrobó s.m.
cabrocar v.
cabrocha s.f.
cabroeira s.f.
cabrum adj.2g.
cabuchão s.m.

cabuçu | 58 | café da manhã

cabuçu s.m.
cabula s.f.; cf. *cabula*, fl. do v. *cabular*
cábula adj. s.2g. s.f.
cabulador (ô) s.m.
cabular v.
cabulice s.f.
cabuloso (ô) adj.; f. e pl.: (ó)
cabungo s.m.
cabungueiro s.m.
caburé s.m.
caca s.f.
cacá s.m.
cã-cã s.m."pássaro"; cf. *cancã*; pl.: *cã-cãs*
caça s.m. s.f. "ação de caçar", "avião"; cf. *cassa* s.f. e fl. do v. *cassar*
caça-bombardeiro s.m.; pl.: *caças-bombardeiros*
caçada s.f.
caçadeira s.f.
caçador (ô) adj. s.m.
caça-dotes s.2g.2n.
cacaio s.m.
caçamba s.f.
caçambar v.
caça-minas s.m.2n.
caça-níqueis s.m.2n.
cação s.m.
cação-frango s.m.; pl.: *cações-frango* e *cações-frangos*
cação-martelo s.m.; pl.: *cações-martelo* e *cações-martelos*
caçapa s.f.
caça-palavra s.m.; pl.: *caça-palavras*
caçar v. "perseguir animais"; cf. *cassar*
cacareco s.m.
cacarejador (ô) adj. s.m.
cacarejante adj.2g.
cacarejar v.
cacarejo (ê) s.m.
caçarola s.f.
caçarolada s.f.
caça-submarino s.m.; pl.: *caça-submarinos*
caça-torpedeiro s.m.; pl.: *caça-torpedeiros*
cacatua s.f.
cacau s.m.
cacaual s.m.
cacaueiro adj. s.m.
cacauicultor (ô) s.m.
cacauicultura s.f.
cacauzeiro s.m.
caceta (ê) s.f.; cf. *caceta*, fl. do v. *cacetar*
cacetada s.f.
cacetar v.
cacete (ê) adj.2g. s.m. "pedaço de madeira"; cf. *cacete*, fl. do v. *cacetar* e *cassete* s.m.

caceteação s.f.
caceteado adj.
cacetear v.
caceteiro s.m.
cacetinho s.m.
cachaça s.f.
cachaçada s.f.
cachação s.m.
cachaçaria s.f.
cachaceiro adj. s.m.
cachaço s.m.
cachalote s.m.
cachão s.m. "borbotão" etc.; cf. *caixão*; pl.: *cachões*
cachar v.
cachara s.m.
cachê s.m.
cacheado adj.
cachear v.
cachecol s.m.
cachenê s.m.
cachepô s.m.
cachimbada s.f.
cachimbar v.
cachimbo s.m.
cachimbó s.m.
cachimônia s.f.
cachinar v.
cacho s.m.
cachoeira s.f.
cachoeirense adj. s.2g.
cachoeiro s.m.
cachola s.f.
cacholeta (ê) s.f.
cachorra (ô) s.f.
cachorrada s.f.
cachorreiro s.m.
cachorrinho s.m.
cachorrismo s.m.
cachorro (ô) s.m.
cachorro-d'água s.m.; pl.: *cachorros-d'água*
cachorro-do-mato s.m.; pl.: *cachorros-do-mato*
cachorro-quente s.m.; pl.: *cachorros-quentes*
cachucha s.f.
cacicado s.m.
cacifar v.
cacife s.m.
cacimba s.f.
cacimbado adj.
cacimbar v.
cacique s.m.
caciquia s.f.
caciquismo s.m.
caciquista adj.2g.
caco s.m.
caçoada s.f.
caçoar v.
cacoete (ê) s.m.
cacófato s.m.
cacofonia s.f.
cacofônico adj.

cacografia s.f.
cacógrafo adj. s.m.
caçoísta adj. s.2g.
cactácea s.f.
cacto s.m.
cáctus s.m.2n.
caçuá s.m.
caçula adj. s.2g.
cacunda s.2g. s.f.
cacuri s.m.
cada pron.
cadafalso s.m.
cadarço s.m.
cadastrado adj.
cadastrador adj. s.m.
cadastral adj.2g.
cadastramento s.m.
cadastrar v.
cadastro s.m.
cadáver s.m.
cadavérico adj.
cadê adv.
cadeado s.m.
cadeia s.f.
cadeião s.m.
cadeira s.f.
cadeirada s.f.
cadeirante s.2g.
cadeireiro s.m.
cadeirinha s.f.
cadeirudo adj. s.m.
cadela s.f.
cadena s.f.
cadência s.f.
cadenciadamente adv.
cadenciado adj.
cadenciar v.
cadente adj.2g.
caderneta (ê) s.f.
caderno s.m.
cadete (ê) s.m.
cadinho s.m.
cádmio s.m.
caducante adj.2g.
caducar v.
caduceu s.m.
caducidade s.f.
caducifólio adj.
caduco adj.
caduquice s.f.
caduveu adj. s.2g.
caê s.m.
caeté adj. s.2g.
caetê s.m.
cafajestada s.f.
cafajestagem s.f.
cafajeste adj.2g. s.m.
cafajestice s.f.
cafajestismo s.m.
cafangar v.
café s.m.
café com leite adj.2g.2n. s.m.
café-concerto s.m.; pl.: *cafés-concerto* e *cafés-concertos*
café da manhã s.m.

cafeeiro | 59 | caladura

cafeeiro s.m.
café-expresso s.m.; pl.: *cafés--expressos*
cafeicultor (*ô*) s.m.
cafeicultura s.f.
cafeína s.f.
cafeinado adj.
caferana s.f.
café-soçaite s.m.; pl.: *cafés--soçaites*
cafetã s.m.
cafetão s.m.
café-teatro s.m.; pl.: *cafés--teatro* e *cafés-teatros*
cafeteira s.f.
cafeteria s.f.
cafetina s.f.
cafetinagem s.f.
cafetinar v.
cafezal s.m.
cafezeiro s.m.
cafezinho s.m.
cafifa s.m. s.f. s.2g.
cafifar v.
cafife s.m.
cáfila s.f.
cafiotes s.m.pl.
cafofo (*ô*) s.m.
cafona adj. s.2g.
cafonagem s.f.
cafonice s.f.
cafra s.f.
cafraria s.f.
cafre adj. s.2g. s.m.
cafta s.f.
cáften s.m.
cafua s.f.
cafubira s.f.
cafuçu s.m.
cafundó s.m.
cafundó de judas s.m.
cafuné s.m.
cafungada s.f.
cafungagem s.f.
cafungar v.
cafuringa s.m.
cafuzo adj. s.m.
cagaço s.m.
cagada s.f.
cagado adj. s.m.
cágado s.m.
caga-fogo s.m.; pl.: *caga-fogos*
cagaita s.f.
cagaiteira s.f.
cagalhão s.m.
caganeira s.f.
cagão adj. s.m.; fem.: *cagona*
cagar v.
caga-regras s.2g.2n.
caga-sebo s.m.; pl.: *caga-sebos*
cagatório s.m.
cagona s.f. de *cagão*
caguetagem (*ü*) s.f.
caguetar (*ü*) v.

caguete (*üê*) s.2g.
caguincha s.m.
caguira (*ü*) s.f.
caiação s.f.
caiado adj.
caiador (*ô*) s.m.
caiana s.f.
caiapó adj. s.2g. s.m.
caiaque s.m.
caiar v.
caiaué s.m.
cãibra s.f.
caibro s.m.
caiçara adj. s.2g. s.m. s.f.
caicó s.m.
caicoense adj. s.2g.
caiçuma s.f.
caída s.f.
caído adj.
caieira s.f.
caieiro s.m.
caiena s.f.
caim s.m.
caimão s.m.
câimbra s.f.
caimento s.m.
cainca s.f.
cainçada s.f.
cainçalha s.f.
caingangue adj. s.2g. s.m.
cainho adj. s.m.
caio s.m.
caiová adj. s.2g. s.m.
caipira adj. s.2g.
caipirada s.f.
caipiragem s.f.
caipirice s.f.
caipirinha s.f.
caipirismo s.m.
caipirosca s.f.
caipora adj. s.2g. s.f. s.m.f. s.m.
caiporismo s.m.
caíque s.m.
cair v.
cairina s.f.
cairota adj. s.2g.
cais s.m.2n.
cáiser s.m.
caiserismo s.m.
caititu s.m.
caitituada s.f.
caitituar v.
caiuá adj. s.2g.
caíva s.f.
caixa s.m. s.f. s.2g.
caixa-alta adj. s.2g. s.f.; pl.: *caixas-altas*
caixa-baixa adj. s.2g. s.f.; pl.: *caixas-baixas*
caixa-d'água s.f.; pl.: *caixas--d'água*
caixa de fósforos s.f.
caixa-forte s.f.; pl.: *caixas--fortes*

caixão s.m. "caixa grande"; cf. *cachão*
caixão-de-defunto s.m.; pl.: *caixões-de-defunto*
caixa-pregos s.m.2n.
caixa-preta s.f.; pl.: *caixas--pretas*
caixaria s.f.
caixeirada s.f.
caixeiragem s.f.
caixeirar v.
caixeiro s.m.
caixeiro-viajante s.m.; pl.: *caixeiros-viajantes*
caixeta (*ê*) s.f.
caixilharia s.f.
caixilho s.m.
caixinha s.f.
caixotão s.m.
caixotaria s.f.
caixote s.m.
cajá s.m.
cajá-açu s.m.; pl.: *cajás-açus*
cajabi adj. s.2g.
cajadada s.f.
cajado s.m.
cajá-manga s.m.; pl.: *cajás--manga* e *cajás-mangas*
cajá-mirim s.m.; pl.: *cajás--mirins*
cajarana s.f.
cajazeira s.f.
cajazeiro s.m.
cajazinha s.f.
cajetilha s.f.
cajila s.f.
caju s.m.
cajuaçu s.m.
cajuada s.f.
cajual s.m.
caju-amigo s.m.; pl.: *cajus--amigos*
cajubi s.m.
cajueiral s.m.
cajueiro s.m.
cajuí s.m.
cajuína s.f.
cajuru s.m.
cajuzal s.m.
cajuzeiro s.m.
cajuzinho s.m.
cal s.f.; pl.: *cais* e *cales*
cala s.f.
calabarina s.f.
cala-boca s.m.; pl.: *cala-bocas*
calabouço s.m.
calabrês adj. s.m.
calaçaria s.f.
calada s.f.
caladão adj. s.m.; fem.: *caladona*
calado adj. s.m.
caladona s.f. de *caladão*
caladura s.f.

calafate s.m.
calafetação s.f.
calafetado adj.
calafetagem s.f.
calafetar v.
calafrio s.m.
calagem s.f.
calamar s.m.
calamidade s.f.
calamina s.f.
calamitoso (ó) adj.; f. e pl.: (ó)
cálamo s.m.
calandra s.f.
calandrado adj.
calandragem s.f.
calandrar v.
calandreiro adj. s.m.
calandrista s.2g.
calango s.m.
calangro s.m.
calangueiro s.m.
calão s.m.
calapalo adj. s.2g. s.m.
calar v.
calca s.f.
calça s.f.
calça-curta s.m.; pl.: calças-
 -curtas
calcada s.f.
calçada s.f.
calçadão s.m.
calçadeira s.f.
calçadista adj. s.2g.
calcado adj.
calçado adj. s.m.
calcador (ó) adj. s.m.
calçamento s.m.
calcâneo adj. s.m.
calcanhar s.m.
calcanhar de aquiles s.m.
calcanhar de judas s.m.
calção s.m.
calcar v.
calçar v.
calcário adj. s.m.
calças s.f.pl.
calcedônia s.f.
calceiforme adj.2g.
calceiro s.m.
calcemia s.f.
calceta (ê) s.f.
calcetar v.
calceteiro s.m.
cálcico adj.
calcífero adj.
calcificação s.f.
calcificado adj.
calcificar v.
calcífilo adj.
calcífugo adj.
calcinação s.f.
calcinado adj.
calcinar v.
calcinha s.f.

calcinose s.f.
cálcio s.m.
calcioterapia s.f.
calciotermia s.f.
calcita s.f.
calcitonina s.f.
calciúria s.f.
calco s.m.
calço s.m.
calções s.m.pl.
calcografia s.f.
calcogravura s.f.
calçola s.f.
calcolítico adj.
calçudo adj.
calculabilidade s.f.
calculadamente adv.
calculado adj.
calculador (ó) s.m.
calculadora (ó) s.f.
calcular v.
calculável adj.2g.
calculismo s.m.
calculista adj. s.2g.
cálculo s.m.
calculose s.f.
calda s.f.
caldeado adj.
caldeamento s.m.
caldear v.
caldeia (ê) s.f. de caldeu
caldeira s.f.
caldeirada s.f.
caldeirão s.m.
caldeiraria s.f.
caldeireiro s.m.
caldeiro s.m.
caldeu adj. s.m.; fem.: caldeia
 (ê)
caldo s.m.
caldo de cana s.m.
caldoso (ó) adj.; f. e pl.: (ó)
caleça s.f.
caleche s.f.
caledônio adj. s.m.
calefação s.f.
caleidoscópio s.m.
caleira s.f.
calejado adj.
calejar v.
calembur s.m.
calemburgo s.m.
calemburista s.2g.
calendário s.m.
calendas s.f.pl.
calêndula s.f.
calepino s.m.
calha s.f.
calhado adj.
calhamaço s.m.
calhambeque s.m.
calhambola s.2g.
calhar v.
calhau s.m.

calhe s.f.
calhorda adj. s.2g.
calhordice s.f.
caliandra s.f.
calibração s.f.
calibrado adj.
calibrador (ô) s.m.
calibragem s.f.
calibrar v.
calibre s.m.
calibroso (ô) adj.; f. e pl.: (ó)
caliça s.f.
cálice s.m.
calicida adj.2g. s.m.
caliciforme adj.2g.
caliculado adj.
calículo s.m.
calidamente adv.
calidez (ê) s.f.
cálido adj.
calidoscópio s.m.
califa s.m.
califado s.m.
californiano adj. s.m.
califórnio s.m.
caligem s.f.
calígeno adj.
caliginoso (ó) adj.; f. e pl.: (ó)
caligrafia s.f.
caligráfico adj.
calígrafo s.m.
calinada s.f.
calino adj. s.m.
calipígio adj.
calipso s.m.
caliptra s.f.
calista s.2g.
calistenia s.f.
cálix (s) s.m.2n.
calma s.f.
calmamente adv.
calmante adj.2g. s.m.
calmar v.
calmaria s.f.
calmo adj.
calmoso (ô) adj.; f. e pl.: (ó)
calo s.m.
calombento adj.
calombo s.m.
calomelano s.m.
calopsita s.f.
calor (ô) s.m.
calorão s.m.
calorento adj.
caloria s.f.
calórico adj.
calorífero adj. s.m.
calorífico adj.
calorígeno adj.
calorimetria s.f.
calorimétrico adj.
calorímetro s.m.
calorosamente adv.
caloroso (ô) adj.; f. e pl.: (ó)

calosidade s.f.
caloso (ó) adj.; f. e pl.: (ó)
calota s.f.
calote s.m.
calotear v.
caloteiro adj. s.m.
calourada s.f.
calouro s.m.
caluda interj.
calundu s.m.
calunga s.m. s.2g.
calúnia s.f.
caluniado adj.
caluniador (ó) adj. sm.
caluniar v.
caluniável adj.2g.
calunioso (ó) adj.; f. e pl.: (ó)
calva s.f.
calvário s.m.
calvície s.f.
calvinismo s.m.
calvinista adj. s.2g.
calvo adj. s.m.
calvura s.f.
cama s.f.
cama-beliche s.f.; pl.: *camas--beliche* e *camas-beliches*
camaçada s.f.
cama de gato s.f.
cama de varas s.2g.
cama de vento s.f.
camada s.f.
camafeu s.m.
camaiurá adj. s.2g. s.m.
camaleão s.m.
camaleônico adj.
camalote s.m.
câmara s.f.
camará s.m.
câmara-ardente s.f.; pl.: *câmaras-ardentes*
camarada adj. s.2g.
camaradagem s.f.
câmara de ar s.f.
camaradinha s.2g.
camarão s.m.
camarão-d'água-doce s.m.; pl.: *camarões-d'água-doce*
camarão-de-sete-barbas s.m.; pl.: *camarões-de-sete--barbas*
camareira s.f.
camareiro s.m.
camarilha s.f.
camarim s.m.
camarinha s.f.
camarista s.2g.
camaronense adj. s.2g.
camaronês adj. s.m.
camarote s.m.
camartelo s.m.
camarupi s.m.
camba s.f.
cambada s.f.

cambado adj.
cambagem s.f.
cambaio adj. s.m.
cambalacheiro adj. s.m.
cambalacho s.m.
cambaleante adj.2g.
cambalear v.
cambaleio s.m.
cambalhota s.f.
cambalhotar v.
cambão s.m.
cambapé s.m.
cambar v.
cambará s.m.
cambaxirra s.f.
cambento adj.
cambeta (ê) adj. s.2g.
cambetear v.
cambial adj.2g.
cambiante adj.2g. s.m.
cambiar v.
cambiário adj.
cambiável adj.2g.
cambina s.m.
câmbio s.m.
cambista s.2g.
cambiteiro s.m.
cambito s.m.
camboatá s.m.
camboatã s.m.
cambojano adj. s.m.
cambona s.f.
cambono s.m.
cambota s.f.
camboteiro s.m.
cambraia s.f.
cambrainha s.f.
cambriano adj. s.m.
cambucá s.m.
cambucazeiro s.m.
cambuci s.m.
cambucu s.m.
cambuí s.m.
cambulha s.f.
cambulhada s.f.
cambulhar v.
cambulho s.m.
cambuquira s.f.
camburão s.m.
camburona s.f.
cameleiro adj. s.m.
camélia s.f.
camelídeo adj. s.m.
camelo s.m.
camelô s.2g.
camelódromo s.m.
camelotagem s.f.
câmera s.f.
camerista adj. s.2g.
camerístico adj.
camerlengo s.m.
camicase s.m.
camiliano adj. s.m.
caminhada s.f.

caminhante adj. s.2g.
caminhão s.m.
caminhão-baú s.m.; pl.: *caminhões-baú* e *caminhões-baús*
caminhão-tanque s.m.; pl.: *caminhões-tanque* e *caminhões-tanques*
caminhar v.
caminheiro adj. s.m.
caminho s.m.
caminho de rato s.m.
caminhoneiro s.m.
caminhoneta (ê) s.f.
caminhonete s.f.
camioneta (ê) s.f.
camionete s.f.
camisa s.f.
camisa de força s.f.
camisa de vênus s.f.
camisa-negra adj. s.2g.; pl.: *camisas-negras*
camisão s.m.
camisaria s.f.
camisa-verde adj. s.2g.; pl.: *camisas-verdes*
camiseira s.f.
camiseiro adj. s.m.
camiseta (ê) s.f.
camisinha s.f.
camisola s.f.
camisolão s.m.
camita adj. s.2g.
camoatim s.m.
camoeca s.f.
camomila s.f.
camondongo s.m.
camoniano adj.
camonista s.2g.
camorim s.m.
camorra (ó) s.f.
campa s.f.
campainha s.f.
campainhada s.f.
campainhar v.
campal adj.2g.
campana s.f.
campanado adj.
campanar v.
campanário s.m.
campanha s.f.
campaniforme adj.2g.
campanudo adj.
campânula s.f.
campanular v. adj.2g.
campão s.m.
campar v.
campeã s.f. de *campeão*
campeada s.f.
campeador (ó) adj. s.m.
campeão adj. s.m.; fem.: *campeã*
campear v.
campeche s.m.
campeio s.m.

campeirada s.f.
campeiragem s.f.
campeiro adj. s.m.
campeonato s.m.
camperear v.
campesinato s.m.
campesino adj.
campestre adj.2g. s.m.
campimetria s.f.
campimétrico adj.
campina s.f.
campineiro adj. s.m.
campismo s.m.
campista adj. s.2g.
campo s.m.
campo-grandense adj. s.2g.; pl.: *campo-grandenses*
campolina adj. s.2g.
camponês adj. s.m.
campônio adj. s.m.
campo-objeto s.m.; pl.: *campos-objeto* e *campos-objetos*
campo-santo s.m.; pl.: *campos-santos*
camucim s.m.
camuflado adj.
camuflagem s.f.
camuflar v.
camundongo s.m.
camurça s.f.
camurçado s.f.
cana s.f.
canabiáceo adj.
canábico adj.
canabinoide (ó) adj.
cânabis s.f.2n.
canabrava s.f.
cana-caiana s.f.; pl.: *canas-caianas*
canada s.f.
cana-da-índia s.f.; pl.: *canas-da-índia*
cana-de-açúcar s.f.; pl.: *canas-de-açúcar*
cana-de-macaco s.f.; pl.: *canas-de-macaco*
canadense adj. s.2g.
cana-de-víbora s.f.; pl.: *canas-de-víbora*
cana-doce s.f.; pl.: *canas-doces*
canafístula s.f.
canal s.m.
canaleta (ê) s.f.
canalete (ê) s.m.
canalha adj. s.2g. s.f.
canalhada s.f.
canalhice s.f.
canalhismo s.m.
canalículo s.m.
canalização s.f.
canalizado adj.
canalizador (ó) adj. s.m.
canalizar v.
canalizável adj.2g.

cananeia (é) s.f. de *cananeu*
cananeu adj. s.m.; fem.: *cananeia (é)*
cananga s.f.
cananga-do-japão s.f.; pl.: *canangas-do-japão*
canapé s.m.
canarana s.f.
canaricultor (ô) s.m.
canaricultura s.f.
canarinho adj. s.m.
canarino adj. s.m.
canário s.m.
canário-da-terra s.m.; pl.: *canários-da-terra*
canarista s.2g.
canas s.f.pl.
canastra s.f.
canastrada s.f.
canastrão adj. s.m.; fem.: *canastrona*
canastrice s.f.
canastro s.m.
canastrona s.f. de *canastrão*
cana-verde s.f.
canavial s.m.
canavieira s.f.
canavieiro adj.
cancã s.m. "dança"; cf. *cã-cã*
cancanear v.
canção s.f.
canção-tema s.f.; pl.: *canções-tema* e *canções-temas*
cancela s.f.
cancelado adj.
cancelamento s.m.
cancelar v.
cancelável adj.2g.
câncer s.m.
cancerar v.
canceriano adj. s.m.
canceriforme adj.2g.
cancerígeno adj.
cancerização s.f.
cancerizado adj.
cancerizar v.
cancerologia s.f.
cancerológico adj.
cancerologista adj. s.2g.
canceroso (ó) adj.; f. e pl.: (ó)
cancha s.f.
cancheado adj. s.m.
cancheador (ô) adj. s.m.
cancheamento s.m.
canchear v.
cancheiro adj. s.m.
cancioneiro s.m.
cancionista s.2g.
cançoneta (ê) s.f.
cançonetista adj. s.2g.
cancriforme adj.2g.
cancro s.m.
candango s.m.
cande s.m.

candeeiro s.m.
candeia s.f.
candelabro s.m.
candelária s.f.
candência s.f.
candente adj.2g.
cândida s.f.
candidamente adv.
candidatar-se v.
candidato s.m.
candidatura s.f.
candidez (ê) s.f.
candideza (ê) s.f.
candidíase s.f.
cândido adj.
candiru s.m.
candomblé s.m.
candonga s.f.
candongueiro adj. s.m.
candor (ô) s.m.
candoroso adj.; f. e pl.: (ó)
candura s.f.
caneca s.f.
canecada s.f.
caneco s.m.
canela s.f.
canelada s.f.
canela-da-índia s.f.; pl.: *canelas-da-índia*
canela-de-ema s.f.; pl.: *canelas-de-ema*
canelado adj. s.m.
canela-goiaba s.f.; pl.: *canelas-goiaba* e *canelas-goiabas*
canelal s.m.
canelar v.
caneleira s.f.
canelinha s.f.
canelone s.m.
canelura s.f.
canequeiro s.m.
caneta (ê) s.f.
canetada s.f.
canetar v.
caneta-tinteiro s.f.; pl.: *canetas-tinteiro* e *canetas-tinteiros*
cânfora s.f.
canforado adj.
canforar v.
canforeira s.f.
canforeiro s.m.
canga s.f.
cangá s.m.
cangaceirada s.f.
cangaceiro s.m.
cangaço s.m.
cangalha s.f.
cangalhada s.f.
cangalhas s.f.pl.
cangalheiro adj. s.m.
cangalheta (ê) s.f.
cangalho s.m.
cangambá s.m.

cangancha s.f.
cangapé s.m.
cangar v.
cangolar v.
cangoleio s.m.
cangoletê s.m.
cangote s.m.
canguçu s.m.
canguincho s.m.
canguinhas s.m.2n.
canguleiro adj. s.m.
cangulo s.m.
canguru s.m.
canha s.f.
canhada s.f.
cânhamo s.m.
canhão s.m.
canhenho s.m.
canhestramente adv.
canhestro (ê) adj.
canheta (ê) s.m.
canhonaço s.m.
canhonada s.f.
canhonear v.
canhoneio s.m.
canhoneira s.f.
canhoneiro adj. s.m.
canhota s.f.
canhoteiro adj. s.m.
canhotismo s.m.
canhoto (ô) adj. s.m.
canibal adj. s.2g.
canibalesco (ê) adj.
canibalismo s.m.
canibalístico adj.
canibalização s.f.
canibalizar v.
caniçada s.f.
canície s.f.
caniço s.m.
canícula s.f.
canicular adj.2g.
canicultor (ô) s.m.
canicultura s.f.
caníideo adj. s.m.
canífobo adj. s.m.
canil s.m.
caninamente adv.
caninana s.f.
canindé s.m.
caninha s.f.
canino adj. s.m.
cânion s.m.
canitar s.m.
canivetada s.f.
canivete s.m.
canja s.f.
canjebrina s.f.
canjerana s.f.
canjerê s.m.
canjica s.f.
canjicar v.
canjiquinha s.f.
canjirão s.m.

cano s.m.
canoa (ô) s.f.
canoagem s.f.
canoeiro s.m.
canoísta s.2g.
canola s.f.
cânon s.m.
cânone s.m.
canônica s.f.
canonicidade s.f.
canônico adj.
canonista s.2g.
canonização s.f.
canonizado adj.
canonizador (ô) adj.
canonizante adj.2g.
canonizável adj.2g.
canopla s.f.
canorizar v.
canoro adj.
cansaço s.m.
cansado adj.
cansanção s.m.
cansanção-de-leite s.m.; pl.: cansanções-de-leite
cansar v.
cansativamente adv.
cansativo adj.
cansável adj.2g.
canseira s.f.
cantábrico adj. s.m.
cantada s.f.
cantado adj.
cantador (ô) adj. s.m.
cantante adj.2g. s.m.
cantão s.m.
cantar v.
cântara s.f.
cantareira s.f.
cantaria s.f.
cântaro s.m.
cantarola s.f.
cantarolante adj.2g.
cantarolar v.
cantata s.f.
cantável adj.2g.
cantear v.
canteira s.f.
canteiro s.m.
cânter s.m.
cântico s.m.
cantiga s.f.
cantil s.m.
cantilena s.f.
cantiléver s.m.
cantimplora s.f.
cantina s.f.
cantineiro s.m.
cantinho s.m.
canto s.m.
cantochão s.m.
cantoeira s.f.
cantonal adj.2g.
cantoneira s.f.

cantonense adj. s.2g.
cantonês adj. s.m.
cantonização s.f.
cantor (ô) s.m.
cantoria s.f.
canudinho s.m.
canudo s.m.
cânula s.f.
canutilho s.m.
canzá s.m.
canzarrão s.m.
canzil s.m.
canzoada s.f.
cão adj. s.m.; pl.: cães
cão de guarda s.m.
cão-guia s.m.; pl.: cães-guia e cães-guias
caol s.m.
caolho (ô) adj. s.m.
cão-policial s.m.; pl.: cães-policiais
caos s.m.2n.
caoticamente adv.
caótico adj.
cão-tinhoso s.m.; pl.: cães-tinhosos
caotização s.f.
caotizar v.
capa s.f.
capação s.f.
capacete (ê) s.m.
capachismo s.m.
capacho s.m.
capacidade s.f.
capacímetro s.m.
capacíssimo adj.
capacitação s.f.
capacitado adj.
capacitador (ô) s.m.
capacitância s.f.
capacitar v.
capacitor (ô) adj. s.m.
capado adj. s.m.
capadócio adj. s.m.
capador (ô) adj. s.m.
capadura s.f.
capanga s.m. s.f.
capangada s.f.
capangar v.
capangueiro s.m.
capão s.m.
capar v.
capataz s.m.
capatazia s.f.
capaz adj.2g.
capciosamente adv.
capciosidade s.f.
capcioso (ô) adj.; f. e pl.: (ó)
capeado adj.
capeador (ô) adj. s.m.
capeamento s.m.
capear v.
capeba s.f.
capeiro s.m.

capela s.f.
capela-mor s.f.; pl.: capelas-
 -mores
capelania s.f.
capelão s.m.; pl.: capelães
capelão-mor s.m.; pl.:
 capelães-mores
capelina s.f.
capelinha de melão s.f.
capelo (ê) s.m.
capemba s.f.
capenga adj. s.2g.
capengante adj.2g.
capengar v.
capeta (ê) s.m.
capetice s.f.
capetinha s.2g.
capiau adj. s.m.; fem.: capioa
capiba s.f.
capiláceo adj.
capilar adj.2g. s.m.
capilaridade s.f.
capilarizado adj.
capilé s.m.
capiliforme adj.2g.
capim s.m.
capim-açu s.m.; pl.: capins-
 -açus
capim-gordura s.m; pl.:
 capins-gordura e capins-
 -gorduras
capim-limão s.m.; pl.: capins-
 -limão e capins-limões
capim-santo s.m.; pl.: capins-
 -santos
capina s.f.
capinação s.f.
capinadeira s.f.
capinado adj.
capinador (ô) adj. s.m.
capinagem s.f.
capinal s.m.
capinar v.
capincho s.m.
capineira s.f.
capineiro s.m.
capinha s.f.
capinzal s.m.
capioa (ô) s.f. de capiau
capiongo adj.
capiroto (ô) s.m.
capiscar v.
capista s.2g.
capistrana s.f.
capital adj.2g. s.m. s.f.
capitalismo s.m.
capitalista adj. s.2g.
capitalização s.f.
capitalizado adj.
capitalizar v.
capitalizável adj.2g.
capitaneador (ô) adj. s.m.
capitanear v.
capitania s.f.

capitão s.m.; pl.: capitães
capitão-aviador s.m.; pl.:
 capitães-aviadores
capitão de corveta s.m.
capitão de fragata s.m.
capitão de longo curso s.m.
capitão de mar e guerra s.m.
capitão do mato s.m. "feitor"
capitão-do-mato s.m.
 "espécie de ave"; "planta";
 pl.: capitães-do-mato
capitão-mor s.m.; pl.: capitães-
 -mores
capitari s.m.
capitel s.m.
capitolino adj. s.m.
capitólio s.m.
capitonê adj.2g.
capitonado adj.
capitongo adj.
capitoso (ô) adj.; f. e pl.: (ó)
capitulação s.f.
capitulado adj.
capitular v. adj.2g. s.f.
capitulável adj.2g.
capítulo s.m.
capivara s.f.
capivariano adj. s.m.
capixaba adj. s.2g.
capô s.m.
capoeira s.m. s.f.
capoeiragem s.f.
capoeiral s.m.
capoeirão s.m.
capoeirar v.
capoeirista s.2g.
caponete (ê) s.m.
caporal s.m.
capota s.f.
capotagem s.f.
capotão s.m.
capotar v.
capote s.m.
caprichado adj.
caprichar v.
capricho s.m.
caprichosamente adv.
caprichoso (ô) adj.; f. e pl.: (ó)
capricorniano adj. s.m.
capricórnio s.m.
capril s.m.
caprino adj. s.m.
caprinocultor (ô) s.m.
caprinocultura s.f.
caprípede adj.2g.
cápsula s.f.
capsulação s.f.
capsulado adj.
capsular v. adj.2g.
captação s.f.
captador (ô) adj. s.m.
captar v.
captável adj.2g.
captor (ô) adj. s.m.

captura s.f.
capturado adj. s.m.
capturador (ô) adj. s.m.
capturar v.
capuaba s.f.
capuava adj. s.2g.
capucha s.f.
capuchinha s.f.
capuchinho adj. s.m.
capucho adj. s.m.
capucino adj. s.m.
capuz s.m.
caquear v.
caqueirada s.f.
caqueiro s.m.
caquético adj.
caquetizante adj.2g.
caquexia (cs) s.f.
caqui s.m.
cáqui adj.2g. s.m.
caquizeiro s.m.
cara s.m. s.f.
cará s.m.
cará-açu s.m.; pl.: carás-açus
carabina s.f.
carabinada s.f.
carabineiro s.m.
caraca s.f.
caraça s.m. s.f.
caracará s.m.
caracati s.m.
caracaxá s.m.
caracol s.m.
caracolado adj.
caracolante adj.2g.
caracolar v.
caractere s.m.
caracteres s.m.pl.
característica s.f.
caracteristicamente adv.
característico adj.
caracterização s.f.
caracterizadamente adv.
caracterizado adj.
caracterizador (ô) adj. s.m.
caracterizante adj.2g.
caracterizar v.
caracterizável adj.2g.
caracterologia s.f.
caracterológico adj.
caracu adj.2g. s.m.
cara-de-gato s.m.; pl.: caras-
 -de-gato
cara de mamão macho s.2g.
cara de pau adj. s.2g.
caradura adj. s.2g. s.f.
caradurismo s.m.
cara-fechada s.f.; pl.: caras-
 -fechadas
caraguatá s.m.
caraguatazeiro s.m.
caraíba s.m. s.f.
carajá adj. s.2g. s.m.
caralho s.m.

caramanchão | 65 | carência

caramanchão s.m.
caramanchel s.m.
caramanhola s.f.
caramba interj.
carambola s.f.
carambolagem s.f.
carambolar v.
caramboleira s.f.
caramelado adj. s.m.
caramelar v.
carameleiro s.m.
caramelização s.f.
caramelizado adj.
caramelizar v.
caramelo s.m.
cara-metade s.2g.; pl.: caras--metades
caraminguá s.m.
caraminhola s.f.
caraminholar v.
caramujo s.m.
caramunha s.f.
caramunhar v.
caramunheiro adj. s.m.
caramuru s.m.
caranambu s.m.
carancho s.m.
carandá s.f.
carandazal s.m.
caranga s.f.
carango s.m.
caranguejada s.f.
caranguejar v.
caranguejeira s.f.
caranguejeiro adj. s.m.
caranguejo (ê) s.m.
caranguejola s.f.
caranha s.f.
carantonha s.f.
carão s.m.
caraoquê s.m.
carapaça s.f.
carapaná s.m.
carapanã s.m.
carapeba s.f.
carapicu s.m.
carapina s.m.
carapinha s.f.
carapinhada s.f.
carapinhado adj.
carapinhé s.m.
cara-pintada s.2g.; pl.: caras--pintadas
carapuça s.f.
caraquenho adj. s.m.
cara-suja s.m.; pl.: caras-sujas
caraté s.m.
caratê s.m.
carateca s.2g.
caráter s.m.; pl.: caracteres
caraterizador (ô) adj. s.m.
caraterizante adj.2g.
caraterizável adj.2g.
caratinga s.m.

caravana s.f.
caravançará s.m.
caravançarai s.m.
caravaneiro s.m.
caravanismo s.m.
caravela s.f.
carbamato s.m.
carbamida s.f.
carbo-hidrato s.m.
carboidrato s.m.
carbólico adj. s.m.
carbonáceo adj.
carbonado adj. s.m.
carbonar v.
carbonária s.f.
carbonário adj. s.m.
carbonarismo s.m.
carbonarista adj. s.2g.
carbonatação s.f.
carbonatado adj.
carbonático adj.
carbonato s.m.
carboneto (ê) s.m.
carbônico adj.
carbonífero adj. s.m.
carbonificação s.f.
carbonificar v.
carbonila s.f.
carbônio adj.
carbonização s.f.
carbonizado adj.
carbonizador (ô) adj. s.m.
carbonizar v.
carbonizável adj.2g.
carbono s.m.
carboquímica s.f.
carboquímico adj.
carboxila (cs) s.f.
carboxílico (cs) adj.
carbuncular adj.2g.
carbúnculo s.m.
carbunculoso (ô) adj.; f. e pl.: (ó)
carburação s.f.
carburado adj.
carburador (ô) adj. s.m.
carburante adj.2g. s.m.
carburar v.
carbureto (ê) s.m.
carburização s.f.
carburizar v.
carcaça s.f.
carcamano s.m.
carcará s.m.
carcel s.m.
carcela s.f.
carceragem s.f.
carcerário adj.
cárcere s.m.
carcereiro s.m.
carcinogênese s.f.
carcinogênico adj.
carcinogênio s.m.
carcinógeno s.m.

carcinologista adj. s.2g.
carcinoma s.m.
carcinomatoso (ô) adj.; f. e pl.: (ó)
carcinose s.f.
carcinossarcoma s.m.
carcoma s.f.
carcomer v.
carcomido adj.
cárcova s.f.
carcunda s.f.
carda s.f.
cardã s.f. de cardão
cardação s.f.
cardagem s.f.
cardamomo s.m.
cardão adj. s.m.; fem.: cardã; pl.: cardãos
cardápio s.m.
cardar v.
cardeal adj.2g. s.m.
cardeiro s.m.
cardenismo s.m.
cárdia s.f.
cardíaco adj. s.m.
cardial adj.2g.
cardigã s.m.
cardinal adj.2g. s.m.
cardinalato s.m.
cardinalício adj.
cardinalidade s.f.
cardiocirculatório adj.
cardiogênico adj.
cardiogeriatra s.2g.
cardiograma s.m.
cardiologia s.f.
cardiológico adj.
cardiologista s.2g.
cardiólogo s.m.
cardiomiopatia s.f.
cardiomioplastia s.f.
cardiopata s.2g.
cardiopatia s.f.
cardiopático adj.
cardiopulmonar adj.2g.
cardiorrespiratório adj.
cardiotocografia s.f.
cardiotóxico (cs) adj.
cardiovascular adj.2g.
cardo s.m.
cardume s.m.
careca adj. s.2g. s.f.
carecedor (ô) adj.
carecer v.
carecido adj.
carecimento s.m.
careiro adj.
carena s.f.
carenação s.f.
carenado adj.
carenagem s.f.
carenamento s.m.
carenar v.
carência s.f.

carencial adj.2g.
carente adj. s.2g.
carepa s.f.
careposo (ô) adj.; f. e pl.: (ó)
carestia s.f.
careta (ê) adj. s.2g. s.f.
caretear v.
careteiro adj.
caretice s.f.
careza (ê) s.f.
carga s.f.
carga-d'água s.f.; pl.: *cargas-
-d'água*
cargas-d'água s.f.pl.
cargo s.m.
cargueira s.f.
cargueiro adj. s.m.
cariado adj.
cariar v.
cariátide s.f.
caribé s.m.
caribenho adj. s.m.
cariboca s.2g.
caricatamente adv.
caricato adj.
caricatura s.f.
caricaturado adj. s.m.
caricatural adj.2g.
caricaturalmente adv.
caricaturar v.
caricaturável adj.2g.
caricaturesco (ê) adj.
caricaturista adj. s.2g.
caricaturização s.f.
caricaturizar v.
carícia s.f.
caridade s.f.
caridosamente adv.
caridoso (ô) adj.; f. e pl.: (ó)
cárie s.f.
carijó adj. s.2g. s.m.
caril s.m.
carimã s.m.f.
carimbada s.f.
carimbado adj.
carimbador (ô) adj. s.m.
carimbagem s.f.
carimbar v.
carimbé s.m.
carimbo s.m.
carimbó s.m.
carinho s.m.
carinhosa s.f.
carinhosamente adv.
carinhoso (ô) adj.; f. e pl.: (ó)
carioca adj. s.2g. s.m.
cariocada s.f.
cariocar s.m.
cariocinese s.f.
cariocinético adj.
carioquês s.m.
carioquice s.f.
carioquismo s.m.
carioquizar v.

carioso (ô) adj.; f. e pl.: (ó)
carioteca s.f.
cariotina s.f.
cariótipo s.m.
cariri adj. s.2g. s.m.
carisma s.m.
carismático adj.
caritativo adj.
caritó s.m.
cariz s.m.
carlinga s.f.
carlismo s.m.
carlista adj. s.2g.
carma s.m.
carmelita adj. s.2g.
carmesi adj.2g. s.m.
carmesim adj.2g. s.m.
cármico adj.
carmim adj.2g.2n. s.m.
carminado adj.
carminar v.
carmíneo adj.
carmona s.f.
carnaça s.f.
carnação s.f.
carnada s.f.
carnadura s.f.
carnagem s.f.
carnal adj.2g.
carnalidade s.f.
carnalmente adv.
carnático adj.
carnatina s.f.
carnaúba s.f.
carnaubal s.m.
carnaubeira s.f.
carnaval s.m.
carnavalescamente adv.
carnavalesco (ê) adj. s.m.
carnavalização s.f.
carnavalizado adj.
carnavalizador (ô) adj. s.m.
carnavalizar v.
carne s.f.
carnê s.m.
carneação s.f.
carneadeira s.f.
carnear v.
carne de sol s.f.
carne-de-vaca s.f.; pl.: *carnes-
-de-vaca*
carne de vento s.f.
carne do sertão s.f.
carnegão s.m.
carneirada s.f.
carneirinho s.m.
carneiro s.m.
cárneo adj.
carne-seca s.f.; pl.: *carnes-secas*
carniça s.f.
carniçal adj.2g.
carnicão s.m.
carniceiro adj. s.m.
carniceria s.f.

carnificina s.f.
carnitina s.f.
carnívoro adj. s.m.
carnosidade s.f.
carnoso (ô) adj.; f. e pl.: (ó)
carnossauro s.m.
carnudo adj.
caro adj. s.m. adv. "que tem
    preço elevado"; pl.: *caros*;
    cf. *cárus*
caroá s.m.
caroável adj.2g.
caroba s.f.
carobeira s.f.
carobinha s.f.
carocha s.f.
carochinha s.f.
caroço (ô) s.m.; pl: (ó)
caroçudo adj.
carófita s.f.
carola adj. s.2g. s.f.
carolice s.f.
carolina s.f.
carolíngio adj.
carolino adj.
carolismo s.m.
carolo (ô) s.m.
carona s.f.
caronear v.
caroneiro s.m.
caronista s.2g.
caroquento adj.
carotenemia s.f.
caroteno s.m.
carotenoide (ô) adj. s.m.
carotenose s.f.
carótida s.f.
carotídeo adj.
carpa s.f.
carpal adj.2g.
carpelo s.m.
cárpeo adj.
carpeta (ê) s.f.
carpetado adj.
carpetar v.
carpete s.m.
carpição s.f.
carpicultura s.f.
carpideira s.f.
carpidor (ô) adj. s.m.
carpina s.m.
carpintaria s.f.
carpinteiro s.m.
carpintejar v.
carpir v.
carpo s.m.
carqueja (ê) s.f.
carquilha s.f.
carrada s.f.
carranca s.f.
carrança adj. s.2g.
carrancismo s.m.
carrancista adj. s.2g.
carrancudo adj.

carrão s.m.
carrapatal s.m.
carrapateira s.f.
carrapateiro s.m.
carrapaticida adj.2g. s.m.
carrapato s.m.
carrapatudo adj.
carrapeta (ê) s.f.
carrapetear v.
carrapicho s.m.
carrascal s.m.
carrasco s.m.
carrascoso (ô) adj.; f. e pl.: (ó)
carraspana s.f.
carrasquento adj.
carrê s.m.
carreação s.f.
carreador (ô) adj. s.m.
carrear v.
carreata s.f.
carregação s.f.
carregadeira s.f.
carregado adj.
carregador (ô) adj. s.m.
carregamento s.m.
carregar v.
carregável adj.2g.
carrego (ê) s.m.
carreira s.f.
carreirinha s.f.
carreirismo s.m.
carreirista adj. s.2g.
carreiro s.m.
carreta (ê) s.f.
carretagem s.f.
carretão s.m.
carretar v.
carretear v.
carreteira s.f.
carreteiro adj. s.m.
carretel s.m.
carreteleira s.f.
carretilha s.f.
carreto (ê) s.m.
carril s.m.
carrilhão s.m.
carrinheiro s.m.
carrinho s.m.
carriola s.f.
carro s.m.
carro-bomba s.m.; pl.: *carros-
-bomba* e *carros-bombas*
carroça s.f.
carroçada s.f.
carroção s.m.
carroçaria s.f.
carroçável adj.2g.
carroceiro s.m.
carroceria s.f.
carro-chefe s.m.; pl.: *carros-
-chefe* e *carros-chefes*
carrocinha s.f.
carro-correio s.m.; pl.: *carros-
-correio* e *carros-correios*

carro de combate s.m.
carro-forte s.m.; pl.: *carros-
-fortes*
carro-guincho s.m.; pl.:
carros-guincho e *carros-
-guinchos*
carro-leito s.m.; pl.: *carros-
-leito* e *carros-leitos*
carro-madrinha s.m.; pl.:
carros-madrinha e *carros-
-madrinhas*
carro-pipa s.m.; pl.: *carros-
-pipa* e *carros-pipas*
carro-restaurante s.m.; pl.:
carros-restaurante e *carros-
-restaurantes*
carrossel s.m.
carro-tanque s.m.; pl.: *carros-
-tanque* e *carros-tanques*
carruagem s.f.
carta s.f.
carta-bomba s.f.; pl.: *cartas-
-bomba* e *cartas-bombas*
carta-branca s.f.; pl.: *cartas-
-brancas*
cartada s.f.
cartaginês adj. s.m.
cartão s.m.
cartão-postal s.m.; pl.: *cartões-
-postais*
cartão-resposta s.m.; pl.:
cartões-resposta e *cartões-
-respostas*
cartapácio s.m.
carta-piloto s.f.; pl.: *cartas-
-piloto* e *cartas-pilotos*
cartar v.
carta-resposta s.f.; pl.: *cartas-
-resposta* e *cartas-respostas*
cartaz s.m.
cartazete (ê) s.m.
cartazista s.2g.
carteado adj. s.m.
carteamento s.m.
cartear v.
carteio s.m.
carteira s.f.
carteirada s.f.
carteirinha s.f.
carteiro s.m.
cartel s.m.
cartela s.f.
carteleiro s.m.
cartelista adj. s.2g.
cartelização s.f.
cartelizado adj.
cartelizador (ô) adj. s.m.
cartelizar v.
cárter s.m.
cartesianismo s.m.
cartesianista adj. s.2g.
cartesiano adj. s.m.
cartilagem s.f.
cartilagíneo adj.

cartilaginoso (ô) adj.; f. e
pl.: (ó)
cartilha s.f.
cartinha s.f.
cartismo s.m.
cartista adj. s.2g.
cartódromo s.m.
cartografado adj.
cartografar v.
cartografia s.f.
cartográfico adj.
cartógrafo s.m.
cartola s.f. s.2g.
cartolada s.f.
cartolagem s.f.
cartolina s.f.
cartomancia s.f.
cartomante s.2g.
cartonado adj. s.m.
cartonageiro adj. s.m.
cartonagem s.f.
cartonar v.
cartonista s.2g.
cartorário adj. s.m.
cartorial adj.2g.
cartorialismo s.m.
cartorialista adj.2g.
cartorialização s.f.
cartorializado adj.
cartorialmente adv.
cartório s.m.
cartuchame s.m.
cartucheira s.f.
cartucho s.m. "invólucro"; cf.
cartuxo
cartum s.m.
cartunesco (ê) adj.
cartunismo s.m.
cartunista s.2g.
cartuxa s.f.
cartuxo adj. s.m. "religioso da
ordem cartuxa"; cf. *cartucho*
caruá s.m.
caruara adj.2g. s.m.f.
carumbé s.m.
carunchado adj.
carunchar v.
carunchento adj.
caruncho s.m.
carunchoso (ô) adj.; f. e pl.:
(ó)
carúncula s.f.
caruru s.m.
cárus s.m.2n.; cf. *caros*, pl.
de *caro*
carvalhal adj.2g. s.m.
carvalho s.m.
carvão s.m.
carvão de pedra s.m.
carvoaria s.f.
carvoeira s.f.
carvoeiro adj. s.m.
cãs s.f.pl.
casa s.f.

casaca s.f.
casacão s.m.
casaco s.m.
casa da mãe joana s.f.
casa de orates s.f.
casadinho s.m.
casado adj. s.m.
casadouro adj.
casa-forte s.f.; pl.: casas-fortes
casa-grande s.f.; pl.: casas-
-grandes
casal s.m.
casamata s.f.
casamenteiro adj.
casamento s.m.
casanova s.m.
casão s.m.
casaqueta (ê) s.f.
casaquinha s.f.
casar v.
casarão s.m.
casario s.m.
casável adj.2g.
casbá s.f.
casca s.f.
cascabulho s.m.
cascadura s.f.
casca-grossa adj. s.2g.; pl.: cascas-grossas
cascalhar v.
cascalheira s.f.
cascalho s.m.
cascalvo adj.
cascão s.m.
cascar v.
cascaria s.f.
cascata s.f.
cascateante adj.2g.
cascatear v.
cascateiro adj. s.m.
cascavel s.m.f. s.m. s.f.
cascavilhador (ô) adj. s.m.
cascavilhar v.
casco s.m.
casco de burro s.m.
cascorento adj.
cascoso (ô) adj.; f. e pl.: (ó)
cascudo adj. s.m.
caseado adj. s.m.
casear v.
casebre s.m.
caseína s.f.
caseinogênio s.m.
caseiro adj. s.m.
caseoso (ô) adj.; f. e pl.: (ó)
caserna s.f.
casimira s.f.
casinhola s.f.
casmófito s.m.
casmurrice s.f.
casmurro adj.
caso s.m. conj.
casório s.m.
caspa s.f.

caspento adj.
cáspite interj.
casqueamento s.m.
casqueiro s.m.
casquento adj.
casquete s.m.
casquilho adj. s.m.
casquinada s.f.
casquinar v.
casquinha s.f.
cassa s.f. "tecido"; cf. caça s.m. s.f. e fl. do v. caçar
cassação s.f.
cassaco s.m.
cassado adj.
cassandra s.f.
cassar v. "anular"; cf. caçar
cassatório adj.
cassável adj. s.2g.
cassete s.m. "caixa com fita magnética"; cf. cacete (ê) adj.2g. s.m. e cacete (é), fl. do v. cacetar
cassetete s.m.
cássia s.f.
cassiano s.m.
cassino s.m.
cassiterita s.f.
casta s.f.
castamente adv.
castanha s.f.
castanha-do-pará s.f.; pl.: castanhas-do-pará
castanhal s.m.
castanheira s.f.
castanheiro s.m.
castanheta (ê) s.f.
castanho adj. s.m.
castanho-claro adj. s.m.; pl. do adj.: castanhos-claros; pl. do s.: castanhos-claros
castanho-escuro adj. s.m.; pl. do adj.: castanho-claros; pl. do s.: castanhos-claros
castanhola s.f.
castanholar v.
castão s.m.
castear v.
castelã s.f. de castelão
castelania s.f.
castelão adj. s.m.; fem.: castelã e casteloa; pl.: castelãos e castelões
casteleira s.f.
casteleiro adj. s.m.
castelhanismo s.m.
castelhanizar v.
castelhano adj. s.m.
castelinha s.f.
castelo s.m.
casteloa s.f. de castelão
castiçal s.m.
castiçar v.
casticidade s.f.

casticismo s.m.
casticista adj.2g.
castiço adj.
castidade s.f.
castigado adj.
castigador (ô) adj. s.m.
castigar v.
castigável adj.2g.
castigo s.m.
castilhismo s.m.
castilhista adj. s.2g.
casto adj.
castor (ô) s.m.
castorina s.f.
castração s.f.
castrado adj. s.m.
castrador (ô) adj. s.m.
castrar v.
castrense adj. s.2g.
castrismo s.m.
castrista adj. s.2g.
casual adj.2g.
casualidade s.f.
casualismo s.m.
casualmente adv.
casuarina s.f.
casuísmo s.m.
casuísta adj.2g.
casuística s.f.
casuisticamente adv.
casuístico adj.
casula s.f.
casulo s.m.
cata s.f.
catabólico adj.
catabolismo s.m.
catabolizar v.
catação s.f.
catacego adj. s.m.
cataclísmico adj.
cataclismo s.m.
catacrese s.f.
catacumba s.f.
catadeira s.f.
catadióptrica s.f.
catadióptrico adj. s.m.
catador (ô) adj. s.m.
catadupa s.f.
catadura s.f.
catafalco s.m.
catáfora s.f.
cataforese s.f.
catafórico adj.
catalanismo s.m.
catalã s.f. de catalão
catalão adj. s.m.; fem.: catalã; pl.: catalães
catalepsia s.f.
cataléptico adj.
catalisação s.f.
catalisador (ô) adj. s.m.
catalisar v.
catálise s.f.
catalítico adj.

catalogação s.f.
catalogado adj.
catalogador (ó) adj. s.m.
catalogar v.
catálogo s.m.
catalográfico adj.
catamarã s.m.
catamenial adj.2g.
catamênio s.m.
catana s.f.
catanduba s.f.
catanduva s.f.
catanduval s.m.
catão s.m.
cata-piolho s.m.; pl.: cata-piolhos
cataplana s.f.
cataplasma s.m.f.
catapora s.f.
catapulta s.f.
catapultado adj.
catapultar v.
catar v.
catarata s.f.
catarina s.2g.
catarinense adj. s.2g.
catarineta (ê) adj. s.2g.
catarino adj.
cátaro adj. s.m.
catarral adj.
catarreira s.f.
catarrento adj.
catarro s.m.
catarse s.f.
catártico adj.
catástrofe s.f.
catastroficamente adj.
catastrófico adj.
catastrofismo s.m.
catastrofista adj. s.2g.
catatau s.m.
catatonia s.f.
catatônico adj. s.m.
catatonismo s.m.
cata-vento s.m.; pl.: cata-ventos
catecismo s.m.
catecolamina s.f.
catecolaminérgico adj.
catecúmeno s.m.
cátedra s.f.
catedral s.f.
catedraticamente adv.
catedrático adj. s.m.
categoria s.f.
categorial adj.2g.
categoricamente adv.
categórico adj.
categorização s.f.
categorizado adj.
categorizar v.
categute s.m.
catemba s.f.
catenária s.f.
catenga s.f.

catepsina s.f.
catequese s.f.
catequético adj.
catequista adj. s.2g.
catequização s.f.
catequizador (ó) adj. s.m.
catequizando s.m.
catequizante adj.2g.
catequizar v.
cateretê s.m.
caterva s.f.
catervagem s.f.
cateter s.m.
cateterismo s.m.
cateterização s.f.
cateto (ê) s.m.
catexia (cs) s.f.
catibum interj.
catiguá s.m.
catilinária s.f.
catimba s.f.
catimbado adj.
catimbar v.
catimbau s.m.
catimbauzeiro adj. s.m.
catimbeiro s.m.
catimbó s.m.
catimbozeiro s.m.
catinga s.f.
catinga-de-barrão s.f.; pl.: catingas-de-barrão
catinga-de-bode s.f.; pl.: catingas-de-bode
catinga-de-mulata s.f.; pl.: catingas-de-mulata
catingar v.
catingoso (ó) adj.; f. e pl.: (ó)
catingudo adj.
catingueira s.f.
catingueiro adj. s.m.
catinguento adj.
cátion s.m.
catiônico adj.
catiônio s.m.
cationte s.m.
catira s.m. s.f.
catiripapo s.m.
catita adj. s.2g. s.f.
cativação s.f.
cativado adj.
cativante adj.2g.
cativar v.
cativeiro s.m.
cativo adj.
cativoso (ó) adj.; f. e pl.: (ó)
catleia (ê) s.f.
catódico adj.
catódio s.m.
catodo (ó) s.m.
cátodo s.m.
catolé s.m.
catolicidade s.f.
catolicismo s.m.
católico adj. s.m.

catorze (ô) num.
catraca s.f.
catraia s.f.
catraieiro s.m.
catre s.m.
catrevagem s.f.
catrumano adj. s.m.
catuaba s.f.
catucada s.f.
catucado s.f.
catucar v.
catulé s.m.
caturra adj. s.2g.
caturrice s.f.
caturrismo s.m.
caturrita s.f.
caturritar v.
catuzado adj.
cauã s.m.f.
caubói s.m.
caução s.f.
caucasiano adj. s.m.
caucásico adj. s.m.
caucasoide (ó) adj. s.2g.
caucho s.m.
caucionado adj.
caucionar v.
cauda s.f.
caudado adj. s.m.
caudal adj.2g. s.m.f.
caudalmente adv.
caudaloso (ó) adj.; f. e pl.: (ó)
caudatário s.m.
caudilhesco (ê) adj.
caudilhismo s.m.
caudilho s.m.
caudino adj.
cauim s.m.
cauira adj. s.2g.
cauirismo s.m.
cauixana adj. s.2g.
caule s.m.
caulídeo s.m.
caulim s.m.
caulinar adj.2g.
caulinita s.f.
caulinítico adj.
caulino adj. s.m.
caulítico adj.
cauloide (ó) s.m.
caúna s.f.
caupônio s.m.
cauri s.m.
causa s.f.
causação s.f.
causacional adj.2g.
causador (ó) adj. s.m.
causal adj.2g.
causalidade s.f.
causalista adj.2g.
causalmente adv.
causar v.
causídico s.m.
causo s.m.

causticante adj.2g.
causticar v.
causticidade s.f.
cáustico adj.
cautchu s.m.
cautela s.f.
cautelar adj.2g.
cautelarmente adv.
cauteleiro s.m.
cautelosamente adv.
cauteloso (ô) adj.; f. e pl.: (ó)
cautério s.m.
cauterização s.f.
cauterizante adj.2g.
cauterizar v.
cauto adj.
cauxixi s.m.
cava s.f.
cavação s.f.
cavacar v.
cavaco s.m.
cavadeira s.f.
cavado adj.
cavador (ô) adj. s.m.
cavala s.f.
cavalama s.f.
cavalão s.m.; fem.: cavalona
cavalar adj.2g.
cavalaria s.f.
cavalariano adj. s.m.
cavalariça s.f.
cavalariço s.m.
cavaleiro adj. s.m.
cavalete (ê) s.m.
cavalgada s.f.
cavalgadura s.f.
cavalgamento s.m.
cavalgar v.
cavalhada s.f.
cavalheirescamente adv.
cavalheiresco (ê) adj.
cavalheirismo s.m.
cavalheiro s.m.
cavalice s.f.
cavalicoque s.m.
cavalinha s.f.
cavalinho s.m.
cavalo s.m.
cavalo de batalha s.m.
  "argumento principal"
cavalo-de-batalha s.m. "árvore
  da família das lauráceas"; pl.:
  cavalos-de-batalha
cavalo-de-cão s.m.; pl.:
  cavalos-de-cão
cavalo de pau s.m.
cavalo de troia (ó) s.m.
cavalo-marinho s.m.; pl.:
  cavalos-marinhos
cavalona s.f. de cavalão
cavalo-vapor s.m.; pl.: cavalos-
  -vapor
cavanhaque s.m.
cavaquear v.

cavaqueira s.f.
cavaquinha s.f.
cavaquinho s.m.
cavar v.
cavatina s.f.
cave s.f.
caveira s.f.
caveira de burro s.f.
caverna s.f.
cavername s.m.
cavernícola adj. s.2g.
cavernoso (ô) adj.; f. e pl.: (ó)
caviar s.m.
cavidade s.f.
cavilação s.f.
cavilar v.
cavilha s.f.
cavilheira s.f.
cavilosamente adv.
cavilosidade s.f.
caviloso (ô) adj.; f. e pl.: (ó)
cavitação s.f.
cavitário adj.
caviúna s.f.
cavo adj.
cavoucar v.
cavouqueiro s.m.
cavucar v.
caxambu s.m.
caxangá s.m.
caxango s.m.
caxerenguengue s.m.f.
caxeta (ê) s.f.
caxias adj.2g.2n.
caxiense adj. s.2g.
caxingar v.
caxinguelê s.m.
caxiri s.m.
caxixi adj.2g. s.f. s.m.
caxumba s.f.
caxumbento adj.
cazaque adj. s.2g.
cê s.m.
cear v.
cearense adj. s.2g.
ceata s.f.
cebola (ô) s.f.
cebolão s.m.
cebolinha s.f.
cecal adj.2g.
cecê s.m.
cecear v.
cê-cedilha s.m.; pl.: cês-cedilhas
ceceio s.m.
ceco s.m. "parte do intestino";
  cf. seco (ê)
cecostomia s.f.
cecrópia s.f.
cedente adj.2g.
ceder v.
cediço adj.
cedilha s.f.
cedilhado adj.
cedilhar v.

cedinho adv.
cedo (ê) adv.
cedrinho s.m.
cedro s.m.
cedro-do-líbano s.m.; pl.:
  cedros-do-líbano
cedrorana s.f.
cédula s.f.
cefaleia (ê) s.f.
cefálico adj.
cefalocordado adj. s.m.
cefalometria s.f.
cefalopélvico adj.
cefalópode adj.2g. s.m.
cefeida s.f.
cegamente adv.
cegante adj.2g.
cegar v. "tornar cego"; cf. segar
cega-rega s.f.; pl.: cega-regas
cego adj. s.m.
cegonha s.f.
cegonheiro s.m.
cegueira s.f.
cegueta (ê) s.2g.
ceia s.f.
ceifa s.f.
ceifadeira s.f.
ceifador (ô) adj. s.m.
ceifar v.
ceifeiro adj. s.m.
ceitil s.m.
cela s.f. "pequeno quarto de
  dormir"; cf. sela
celacanto s.m.
celafobia s.f.
celagem s.f. "cariz"; cf. selagem
celebérrimo adj.
celebração s.f. "ato de
  celebrar"; cf. cerebração
celebrado adj.
celebrador (ô) adj. s.m.
celebrante adj.2g. s.m.
celebrar v.
celebrativo adj.
celebratório adj.
célebre adj.2g.
celebridade s.f.
celebrizado adj.
celebrizar v.
celeiro s.m. "depósito de
  cereais"; cf. seleiro
celenterado adj. s.m.
celerado adj. s.m.
célere adj.2g.
celeremente adv.
celeridade s.f.
celeríssimo adj.
celérrimo adj.
celesta s.f.
celeste adj.2g.
celestial adj.2g.
celetista adj. s.2g.
celeuma s.f.
celíaco adj.

celibatário adj.
celibato s.m.
celiotomia s.f.
celista s.2g.
celo s.m.
celofane adj.2g. s.m.
celoidina s.f.
célsius adj.2g.2n.
celso adj.
celta adj. s.2g. s.m.
celtibérico adj. s.m.
celtibero adj. s.m.
céltico adj.
célula s.f.
célula-filha s.f.; pl.: *células-filha* e *células-filhas*
célula-flama s.f.; pl.: *células-flama* e *células-flamas*
célula-mãe s.f.; pl.: *células-mãe* e *células-mães*
célula-ovo s.f.; pl.: *células-ovo* e *células-ovos*
celular adj.2g. s.m.
celulase s.f.
célula-tronco s.f.; pl.: *células-tronco* e *células-troncos*
celulite s.f.
celuloide (*ó*) s.m.
celulose s.f.
celulósico adj.
celurossauro adj. s.m.
cem num.
cementita s.f.
cemento s.m. "substância na forma de liga com que se envolve um corpo"; cf. *cimento*
cemiterial adj.2g.
cemitério s.m.
cena s.f.
cenáculo s.m.
cenada s.f.
cenário s.m.
cenarista s.2g.
cendal s.m.
cenho s.m.
cenicamente adv.
cênico adj.
cenóbio s.m.
cenobita adj. s.2g.
cenografar v.
cenografia s.f.
cenograficamente adv.
cenográfico adj.
cenografista s.2g.
cenógrafo s.m.
cenotáfio s.m.
cenotécnica s.f.
cenotécnico adj.
cenoura s.f.
cenozoico (*ó*) adj. s.m.
censitário adj.
censo s.m. "recenseamento"; cf. *senso*

censor (*ô*) s.m. "crítico"; cf. *sensor* (*ô*)
censório adj. "relativo a censor ou a censura"; cf. *sensório*
censura s.f.
censurado adj.
censurar v.
censurável adj.2g.
centauro s.m.
centavo s.m.
centeio s.m.
centelha (*ê*) s.f.
centelhamento s.m.
centelhar v.
centena s.f.
centenar s.m.
centenário adj. s.m.
centesimal adj.2g.
centésimo num.
centiare s.m.
centifólio adj.
centígrado adj.
centigrama s.m.
centilitro s.m.
centimetragem s.f.
centímetro s.m.
cêntimo s.m.
cento s.m.
centopeia (*ê*) s.f.
centrado adj.
central adj.2g. s.m. s.f.
centralidade s.f.
centralismo s.m.
centralista adj. s.2g.
centralização s.f.
centralizadamente adv.
centralizado adj.
centralizador (*ô*) adj. s.m.
centralizante adj.2g.
centralizar v.
centralmente adv.
centramento s.m.
centrar v.
centrífuga s.f.
centrifugação s.f.
centrifugador (*ô*) adj. s.m.
centrifugadora (*ô*) s.f.
centrifugar v.
centrífugo adj.
centríolo s.m.
centrípeto adj.
centrismo s.m.
centrista adj. s.2g.
centro s.m.
centro-africano adj. s.m.; pl.: *centro-africanos*
centro-americano adj. s.m.; pl.: *centro-americanos*
centroavante s.m.
centro-direita s.f.; pl.: *centro-direitas*
centro-esquerda s.f.; pl.: *centro-esquerdas*

centrolécito adj.
centro-leste adj.2g. s.m.; pl.: *centro-lestes*
centromédio s.m.
centrômero s.m.
centro-norte adj.2g. s.m.; pl.: *centro-nortes*
centro-oeste adj.2g. s.m.; pl.: *centro-oestes*
centro-oriental adj.2g.; pl.: *centro-orientais*
centro-sul adj.2g. s.m.; pl.: *centro-suis*
centuplicação s.f.
centuplicado adj.
centuplicar v.
cêntuplo num.
centúria s.f.
centurião s.m.
cepa (*ê*) s.f.
cepilhar v.
cepilho s.m.
cepo (*ê*) s.m.
cera (*ê*) s.f.
cerâmica s.f.
cerâmico adj.
ceramista s.2g.
ceratina s.f.
ceratite s.f.
ceratocone s.m.
ceratoplastia s.f.
ceratose s.f.
cerca (*ê*) adv. s.f.
cercado adj. s.m.
cercadura s.f.
cercamento s.m.
cercania s.f.
cercar v.
cercária s.f.
cerca-viva s.f.; pl.: *cercas-vivas*
cerce adj.2g. adv.
cerceado adj.
cerceador (*ô*) adj. s.m.
cerceamento s.m.
cercear v.
cerceio s.m.
cerco (*ê*) s.m.
cercosporiose s.f.
cerda s.f.
cerdear v.
cerdo s.m.
cerdoso (*ô*) adj.; f. e pl.: (*ó*)
cereal s.m.
cerealífero adj.
cerealista adj. s.2g.
cerebelar adj.2g.
cerebelite s.f.
cerebelo (*ê*) s.m.
cerebração s.f. "atividade intelectual"; cf. *celebração*
cerebral adj.2g.
cerebralidade s.f.
cerebralismo s.m.

cerebralizado | 72 | chamador

cerebralizado adj.
cerebriforme adj.2g.
cerebrino adj.
cérebro s.m.
cerebroespinhal adj.2g.
cerebrospinal adj.2g.
cerebrotônico adj. s.m.
cerebrovascular adj.2g.
cerefólio s.m.
cereja (ê) s.f.
cereja-das-antilhas s.f.; pl.: cerejas-das-antilhas
cerejal s.m.
cerejeira s.f.
céreo adj. s.m. "da cor de cera"; cf. cério e sério
cerífero adj.
ceriguela (ü) s.f.
cerimônia s.f.
cerimonial adj.2g. s.m.
cerimonialismo s.m.
cerimoniosamente adv.
cerimonioso (ô) adj.; f. e pl.: (ó)
cério s.m. "elemento químico"; cf. céreo e sério
cerne s.m.
cernelha s.f.
cerol s.m.
ceroma s.f.
ceroso (ô) adj. "céreo"; f. e pl.: (ó); cf. seroso
ceroula s.f.
cerqueiro adj. s.m.
cerração s.f. "nevoeiro"; cf. serração
cerradamente adv.
cerrado adj. s.m. "fechado", "tipo de vegetação" etc.; cf. serrado
cerramento s.m.
cerrar v. "fechar"; cf. serrar
cerro (ê) s.m. "colina"; cf. cerro, fl. do v. cerrar, serro (ê) s.m. e serro, fl. do v. serrar
certame s.m.
certâmen s.m.
certamente adv.
certeiramente adv.
certeiro adj.
certeza (ê) s.f.
certidão s.f.
certificação s.f.
certificado adj. s.m.
certificador (ô) adj. s.m.
certificar v.
certinho adj. s.m. adv.
certo adj.
cerúleo adj.
ceruloplasmina s.f.
cerume s.m.
cerúmen s.m.
ceruminoso (ô) adj.; f. e pl.: (ó)

cervantesco (ê) adj.
cervantino adj.
cerveja (ê) s.f.
cervejada s.f.
cervejaria s.f.
cervejeiro adj. s.m.
cervical adj.2g.
cervice s.f.
cervicite s.f.
cervicodorsal adj.2g.
cervicoplegia s.f.
cervicotorácico adj.
cervídeo s.m.
cerviz s.f.
cervo (é ou ê) s.m. "veado"; cf. servo
cerzideira s.f.
cerzido adj. s.m.
cerzidura s.f.
cerzimento s.m.
cerzir v.
césar s.m.
cesárea s.f.
cesáreo adj.
cesariana s.f.
cesariano adj.
cesarismo s.m.
cesarista adj. s.2g.
césio s.m.
céspede s.f.
cespitoso (ô) adj.; f. e pl.: (ó)
cessação s.f.
cessamento s.m.
cessante adj.2g.
cessão s.f. "ato de ceder"; cf. seção e sessão
cessar v.
cessar-fogo s.m.2n.
cessionário s.m.
cesta (ê) s.f. "utensílio"; cf. sexta (ê) e sesta
cestada s.f.
cestaria s.f.
cesteiro s.m. "aquele que faz cestos"; cf. sesteiro
cestinha s.f. s.2g.
cesto (ê) s.m. "cesta"; cf. sexto
cestobol s.m.
cestoide (ó) adj.2g. s.m.
cestoidíase s.f.
cesura s.f.
cetáceo adj. s.m.
ceticamente adv.
ceticismo s.m.
cético adj. s.m.
cetim s.m.
cetineta (ê) s.f.
cetinoso (ô) adj.; f. e pl.: (ó)
cetona s.f.
cetônico adj.
cetro s.m.
céu s.m.
ceva s.f.
cevada s.f.

cevado adj.
cevar v.
chá s.m. "beberagem"; cf. xá
chã adj. s.f. de chão
chaboque s.m.
chabu s.m.
chaça s.f.
chacal s.m.
chácara s.f. "propriedade campestre"; cf. xácara
chacareiro s.m.
chá-chá-chá s.m.
chacina s.f.
chacinado adj.
chacinador (ô) adj. s.m.
chacinar v.
chacoalhada s.f.
chacoalhante adj.2g.
chacoalhão s.m.
chacoalhar v.
chacoalho s.m.
chacona s.f.
chacota s.f.
chacotear v.
chacra s.m.
chacreiro s.m.
chacrete s.f.
chacrinha s.f.
chacrona s.f.
chá da meia noite s.m.
chá-dançante s.m.; pl.: chás--dançantes
chá de bico s.m.
chá de cadeira s.m.
chã de dentro s.f.
chá de espera s.m.
chã de fora s.f.
chá de panela s.m.
chá de sumiço s.m.
chadiano adj. s.m.
chafariz s.m.
chafurdado adj.
chafurdar v.
chafurdo s.m.
chaga s.f.
chagado adj.
chagador (ô) adj. s.m.
chagásico adj.
chagrém s.m.
chalaça s.f.
chalacear v.
chalaceiro s.m.
chalamprada s.f.
chalana s.f.
chalé s.m.
chaleira s.f.
chaleirar v.
chalrar v.
chalrear v.
chalupa s.f.
chama s.f.
chamada s.f.
chamado adj. s.m.
chamador (ô) adj. s.m.

chamalote s.m.
chamamento s.m.
chamar v.
chamarisco s.m.
chamariz s.m.
chá-mate s.m.; pl.: *chás-mate* e *chás-mates*
chamativo adj.
chambão adj. s.m.; fem.: *chambona*
chambona s.f. de *chambão*
chambre s.m.
chamegar v.
chamego (ê) s.m.
chameguento adj.
chamejante adj.2g.
chamejar v.
chamejo (ê) s.m.
chamiço s.m.
chaminé s.f.
champanha s.m.
champanhe s.m.
chamurro adj. s.m.
chamusca s.f.
chamuscada s.f.
chamuscadela s.f.
chamuscado adj.
chamuscamento s.m.
chamuscar v.
chamusco s.m.
chanca s.f.
chance s.f.
chancela s.f.
chancelador (ô) adj. s.m.
chancelar v.
chancelaria s.f.
chanceler s.m.
chanchada s.f.
chanchadesco (ê) adj.
chanfalho s.m.
chanfana s.f.
chanfradeira s.f.
chanfrado adj.
chanfrador (ô) s.m.
chanfradura s.f.
chanfrar v.
chanfro s.m.
changa s.f.
changador (ô) s.m.
changar v.
changueador (ô) s.m.
changuear v.
changuerito s.m.
chanha s.f.
chantageador (ô) adj. s.m.
chantagear v.
chantageável adj.2g.
chantagem s.f.
chantagismo s.m.
chantagista adj. s.2g
chantili s.m.
chão adj. s.m.; fem. do adj.: *chã*
chapa s.f.
chapa-branca s.m.; pl.: *chapas-brancas*

chapada s.f.
chapadão s.m.
chapadeiro s.m.
chapado adj.
chapante adj.2g. s.m.
chapar v.
chaparral s.m.
chapeadeira s.f.
chapeado adj.
chapeamento s.m.
chapear v.
chape-chape s.m.; pl.: *chape-chapes*
chapeirão s.m.
chapelada s.f.
chapelão s.m.
chapelaria s.f.
chapeleira s.f.
chapeleiro s.m.
chapeleta (ê) s.f.
chapelinho s.m.
chapéu s.m.
chapéu-chile s.m.; pl.: *chapéus-chile* e *chapéus-chiles*
chapéu-coco s.m.; pl.: *chapéus-coco* e *chapéus-cocos*
chapéu de chuva s.m.
chapéu de couro s.m. "tipo de beiju", "certo doce"
chapéu-de-couro s.m. "erva"; pl.: *chapéus-de-couro*
chapéu de frade s.m. "diamante"
chapéu-de-frade s.m. "arbusto"; pl.: *chapéus-de-frade*
chapéu de sol s.m. "guarda-sol"
chapéu-de-sol s.m. "espécie de árvore"; pl.: *chapéus-de-sol*
chapéu do chile s.m.
chapéu-panamá s.m.; pl.: *chapéus-panamá* e *chapéus-panamás*
chapéu-velho s.m.; pl.: *chapéus-velhos*
chapim s.m.
chapinha s.f.
chapinhar v.
chapiscado adj.
chapiscar v.
chapisco s.m.
chapliniano adj.
chapoletada s.f.
chapoletar v.
chapulhar v.
chaquenho adj.2g. s.m.
charada s.f.
charadismo s.m.
charadista s.2g.
charadístico adj.
charanga s.f.
charão s.m.

charco s.m.
charcutaria s.f.
charcuteiro s.m.
charge s.f.
chargista s.2g.
charivari s.m.
charla s.f.
charlar v.
charlatã s.f. de *charlatão*
charlatanesco (ê) adj.
charlatanice s.f.
charlatanismo s.m.
charlatão s.m.; fem.: *charlatã* e *charlatona*; pl.: *charlatães* e *charlatões*
charme s.m.
charmosamente adv.
charmoso (ô) adj.; f. e pl.: (ó)
charneca s.f.
charneira s.f.
charola s.f.
charolês adj. s.m.
charque s.m.
charqueada s.f.
charqueador (ô) adj. s.m.
charquear v.
charrascal s.m.
charrete s.f.
charreteiro s.m.
charro adj.
charrua s.f.
charutar v.
charutaria s.f.
charuteiro s.m.
charuto s.m.
chasque s.m.
chasquear v.
chassi s.m.
chassídico adj.
chassidismo s.m.
chata s.f.
chateação s.f.
chateado adj.
chatear v.
chateza (ê) s.f.
chatice s.f.
chato adj. s.m.
chatô s.m.
chatura s.f.
chauvinismo (chô) s.m.
chauvinista (chô) adj.2g.
chavão s.m.
chavascal s.m.
chave s.f.
chaveamento s.m.
chavear v.
chaveiro s.m.
chavelha (ê) s.f.
chavelho (ê) s.m.
chávena s.f.
chaveta (ê) s.f.
chê interj.
checada s.f.
checador (ô) adj. s.m.

checagem s.f.
checamento s.m.
checape s.m.
checar v.
checheno adj. s.m.
checo adj. s.m.
checo-eslovaco adj. s.m.; pl.: checo-eslovacos
cheda (ê) s.f.
chefão s.m.
chefatura s.f.
chefe s.2g.
chefia s.f.
chefiar v.
chega pra lá s.m.2n.
chegada s.f.
chegado adj.
chegança s.f.
chegante adj. s.2g.
chegar v.
cheia s.f.
cheio adj.
cheirada s.f.
cheirado adj.
cheirador (ô) adj. s.m.
cheirar v.
cheiro s.m.
cheiroso (ô) adj.; f. e pl.: (ó)
cheiro-verde s.m.; pl.: cheiros-verdes
chelpa s.f.
chenile s.f.
cheque s.m. "ordem de pagamento"; cf. xeque
cherne s.m.
chéster s.m.
chi interj. s.m.
chiadeira s.f.
chiado s.m.
chiador (ô) adj.
chiante adj.2g.
chiar v.
chibanca s.f.
chibança s.f.
chibante adj.
chibarro s.m.
chibata s.f.
chibatada s.f.
chibatar v.
chibatear v.
chibé s.m.
chibeiro s.m.
chibo s.m.
chicana s.f.
chicanar v.
chicanaria s.f.
chicanear v.
chicaneiro adj. s.m.
chicanista adj. s.2g.
chicano adj. s.m.
chicha s.f.
chichisbéu s.m.
chiclete s.m.
chicória s.f.

chicotada s.f.
chicotar v.
chicote s.m.
chicoteamento s.m.
chicoteante adj.2g.
chicotear v.
chicote-queimado s.m.; pl.: chicotes-queimados
chicotinho-queimado s.m.; pl.: chicotinhos-queimados
chifarote s.m.
chifrada s.f.
chifrar v.
chifre s.m.
chifrudo adj.
chilena s.f.
chileno adj. s.m.
chilique s.m.
chilrear v.
chilreio s.m.
chilro s.m.
chim adj. s.2g.
chimanga s.f.
chimango s.m.
chimarrão adj. s.m.; fem.: chimarrona
chimarrear v.
chimarrona s.f. de chimarrão
chimbé adj.2g.
chimpanzé s.m.
china s.2g. s.m. s.f.
chinaredo (ê) s.m.
chincha s.f.
chinchila s.f.
chinchorro s.m.
chineiro adj. s.m.
chinela s.f.
chinelada s.f.
chinelo s.m.
chinês adj. s.m.
chinfrim adj.2g.
chinó s.m.
chinoca s.f.
chinoquinha s.f.
chipa s.f.
chipanzé s.m.
chique adj.2g. s.m.
chiquê s.m.
chiqueirador (ô) s.m.
chiqueirinho s.m.
chiqueiro s.m.
chiqueza (ê) s.f.
chirca s.f.
chircal s.m.
chiripá s.m.
chiru adj. s.m.
chispa s.f.
chispada s.f.
chispado adj.
chispalhada s.f.
chispante adj.2g.
chispar v.
chispe s.m.
chiste s.m.

chistoso (ô) adj.; f. e pl.: (ó)
chita s.f.
chitado adj. s.m.
chitão s.m.
choça s.f.
chocadeira s.f.
chocado adj.
chocalhado adj.
chocalhante adj.2g.
chocalhar v.
chocalho s.m.
chocante adj.2g.
chocantemente adv.
chocar v.
chocarrear v.
chocarreiro adj.
chocarrice s.f.
chocho (ô) adj.
choco (ô) adj. s.m.; cf. choco, fl. do v. chocar
chocolataria s.f.
chocolate s.m.
chocolateira s.f.
chofer s.m.
chofre (ô) s.m.
choldra (ô) s.f.
choparia s.f.
chope (ô) s.m.
chopeira s.f.
choperia s.f.
choque s.m.
chorada s.f.
choradeira s.f.
chorado adj.
choramingação s.f.
choramingante adj.2g.
choramingar v.
choramingas s.2g.2n.
choramingo s.m.
choraminguento adj. s.m.
chorão adj. s.m.; fem.: chorona
chorar v.
chorinho s.m.
choro (ô) s.m.
chorona s.f. de chorão
chororô s.m.
choroso (ô) adj.; f. e pl.: (ó)
chorrilhar v.
chorrilho s.m.
chorume s.m.
chorumela s.f.
choupana s.f.
chouriço s.m.
choutador (ô) adj. s.m.
choutão adj. s.m.
choutar v.
choutear v.
chouto s.m.
chove não molha s.m.2n.
chover v.
chuá s.m.
chuca-chuca s.m.; pl.: chuca-chucas
chuçada s.f.

chuçar v.
chuchado adj.
chuchão s.m.
chuchar v.
chuchu s.m.
chuchurrear v.
chuchuzeiro s.m.
chuço s.m.
chucrute s.m.
chué adj.2g.
chufa s.f.
chula s.f.
chulé s.m.
chulear v.
chuleio s.m.
chuleta (ê) s.f.
chulice s.f.
chulo adj.
chumaço s.m.
chumbada s.f.
chumbado adj.
chumbar v.
chumbeado adj.
chumbeira s.f.
chumbeiro ad. s.m.
chumbo s.m.
chumbrega adj.2g.
chunga s.f.
chupada s.f.
chupado adj.
chupador (ô) adj. s.m.
chupa-flor s.m.; pl.: *chupa-flores*
chupança s.f.
chupão adj. s.m.
chupar v.
chupeta (ê) s.f.
chupim s.m.
chupitar v.
churrascada s.f.
churrascaria s.f.
churrasco s.m.
churrasqueado adj.
churrasquear v.
churrasqueira s.f.
churrasqueiro s.f.
churrasquinho s.m.
churro s.m.
chusma s.f.
chutador (ô) s.m.
chutar v.
chute s.m.
chuteira s.f.
chuva s.f.
chuvada s.f.
chuvarada s.f.
chuveirada s.f.
chuveirinho s.m.
chuveiro s.m.
chuviscado adj.
chuviscar v.
chuvisco s.m.
chuvisqueiro s.m.
chuvoso (ô) adj.; f. e pl.: (ó)

cianamida s.f.
cianeto (ê) s.m.
cianídrico adj.
cianina s.f.
cianita s.f.
cianobactéria s.f.
cianocarpo adj.
cianoficea s.f.
cianogênio s.m.
cianosado adj.
cianose s.f.
cianótico adj.
cianureto (ê) s.m.
ciar v.
ciática s.f.
ciático adj.
ciberespacial adj.2g.
ciberespaço s.m.
cibernauta s.2g.
cibernética s.f.
cibernético adj.
ciberpornografia s.f.
cibório s.m.
cica s.f.
cicadácea s.f.
cicatricial adj.2g.
cicatriz s.f.
cicatrização s.f.
cicatrizado adj.
cicatrizador (ô) adj. s.m.
cicatrizante adj.2g. s.m.
cicatrizar v.
cícero s.m.
cicerone s.m.
ciceronear v.
ciceroniano adj.
ciciante adj.2g.
ciciar v.
cicindela s.f.
cicio s.m.
ciclagem s.f.
ciclamato s.m.
ciclame s.m.
ciclâmico adj.
ciclar v.
ciclicamente adv.
ciclicidade s.f.
cíclico adj.
ciclídeo adj. s.m.
ciclismo s.m.
ciclista s.2g.
ciclístico adj.
ciclo s.m.
ciclodiatermia s.f.
ciclofosfamida s.f.
cicloide (ô) adj.
ciclomotor (ô) s.m.
ciclone s.m.
ciclônico adj.
ciclope s.m.
ciclópico adj.
ciclose s.f.
ciclosporina s.f.
ciclostomado s.m.

ciclotimia s.f.
ciclotimicamente adv.
ciclotímico adj. s.m.
cicloturismo s.m.
cicloturista s.2g.
ciclovia s.f.
cicloviário adj.
ciconiídeo adj. s.m.
ciconiiforme adj.2g. s.m.
cicuta s.f.
cidadania s.f.
cidadã s.f. de *cidadão*
cidadão adj. s.m.; fem.: *cidadã*; pl.: *cidadãos*
cidade s.f.
cidade-estado s.f.; pl.: *cidades-estado* e *cidades-estados*
cidadela s.f.
cidade-satélite s.f.; pl.: *cidades-satélite* e *cidades-satélites*
cidra s.f. "fruta da cidreira"; cf. *sidra*
cidrão s.m.
cidreira s.f.
ciência s.f.
ciências s.f.pl.
cienciometria s.f.
ciente adj.2g.
cientificamente adv.
cientificar v.
cientificidade s.f.
cientificismo s.m.
cientificista adj. s.2g.
científico adj. s.m.
cientista adj.2g.
cientologia s.f.
cientológico adj.
cientologista s.2g.
cientólogo s.m.
cifistoma s.m.
cifose s.f.
cifótico adj.
cifozoário adj. s.m.
cifra s.m.
cifrado adj.
cifrão s.m.
cifrar v.
cigana-do-mato s.f.; pl.: *ciganas-do-mato*
ciganagem s.f.
cigano adj. s.m.
cigarra s.f.
cigarreira s.f.
cigarrilha s.f.
cigarrinha s.f.
cigarro s.m.
ciima adj.2g.
cilada s.f.
cilha s.f.
cilhão adj. s.m.
ciliado s.m.
ciliar adj.2g.
cilício s.m.

cilindrada | 76 | circum-navegação

cilindrada s.f.
cilindrado adj.
cilindrar v.
cilíndrico adj.
cilindro s.m.
cilindroide (ó) adj.2g. s.m.
cilindrúria s.f.
cílio s.m.
cima s.f. "cume, extremidade"; cf. *sima*
cimalha s.f.
címbalo s.m.
cimeira s.f.
cimeiro adj.
cimentação s.f.
cimentado adj.
cimentar v.
cimenteiro adj.
cimento s.m. "aglutinante"; cf. *cemento*
cimitarra s.f.
cimo s.f.
cinábrio s.m.
cinamomo s.m.
cinase s.f.
cínase s.f.
cinca s.f.
cincada s.f.
cincerro s.m.
cincha s.f.
cinchona s.f.
cinco num.
cinderela s.f.
cindido adj.
cindir v.
cine s.m.
cineangiocoronariografia s.f.
cineasta s.2g.
cinebiografia s.f.
cineclube s.m.
cineclubismo s.m.
cineclubista s.2g.
cineclubístico adj.
cinecromático adj.
cinecromatismo s.m.
cinecronista s.2g.
cinedocumentário s.m.
cinedocumentarista s.2g.
cinefilia s.f.
cinefílico adj.
cinéfilo s.m.
cinegenia s.f.
cinegética s.f.
cinegrafista s.2g.
cinejornal s.m.
cinema s.m.
cinemania s.f.
cinemaníaco s.m.
cinemascópico adj.
cinemateca s.f.
cinemática s.f.
cinemático adj.
cinematizar v.

cinematografia s.f.
cinematograficamente adv.
cinematográfico adj.
cinematografista s.2g.
cinematógrafo s.m.
cinerama s.m.
cinerária s.f.
cinerário adj.
cinéreo adj.
cinerradiografia s.f.
cinerradiográfico adj.
cinescópio s.m.
cinesiologia s.f.
cinesiológico adj.
cinesiologista s.2g.
cinesioterapia s.f.
cinestesia s.f. "percepção do movimento muscular"; cf. *sinestesia*
cineteatro s.m.
cinética s.f.
cinético adj.
cinetoscópio s.m.
cinetose s.f.
cinevideasta s.2g.
cinevídeo s.m.
cingalês adj. s.m.
cingapurense adj. s.2g.
cingapuriano adj. s.m.
cingido adj.
cingir v.
cinicamente adv.
cínico adj. s.m.
cinismo s.m.
cinocéfalo adj. s.m.
cinodonte s.2g.
cinofilia s.f.
cinófilo adj. s.m.
cinografia s.f.
cinologia s.f.
cinológico adj.
cinomose s.f.
cinquenta (ü) num. s.m.
cinquentão (ü) adj. s.m.; fem.: *cinquentona*
cinquentenário (ü) s.m.
cinquentona (ü) s.f. de *cinquentão*
cinta s.f.
cinta-calça s.f.; pl.: *cintas-calças* e *cintas-calça*
cintada s.f.
cinta-larga s.2g. s.m.; pl.: *cintas-largas*
cinta-liga s.f.; pl.: *cintas-ligas* e *cintas-liga*
cintar v.
cintigrafia s.f.
cintilação s.f.
cintilância s.f.
cintilante adj.2g.
cintilar v.
cintilografia s.f.
cintilográfico adj.

cinto s.m.
cintura s.f.
cinturado adj.
cinturão s.m.
cinza adj.2g.2n. s.m. s.f.
cinzeiro s.m.
cinzel s.m.
cinzelado adj.
cinzelador (ó) adj. s.m.
cinzeladura s.f.
cinzelamento s.m.
cinzelar v.
cinzento adj.
cio s.m.
ciofilia s.f.
ciófilo adj.
ciófito adj. s.m.
ciomórfico adj.
cioso (ô) adj.; f. e pl.: (ó)
ciperácea s.f.
cipo s.m.
cipó s.m.
cipoaba s.m.
cipoada s.f.
cipoal s.m.
cipoama s.m.
cipó-cruz s.m.; pl.: *cipós-cruz* e *cipós-cruzes*
cipó de boi s.m. "chicote"
cipó-de-boi s.m. "espécie de planta"; pl.: *cipós-de-boi*
cipó-de-cobra s.m.; pl.: *cipós-de-cobra*
cipó-quebrador s.m.; pl.: *cipós-quebradores*
cipozal s.m.
cipreste s.m.
cipriota adj. s.2g.
ciranda s.f.
cirandar v.
cirandeiro adj. s.m.
cirandinha s.f.
circadiano adj.
circassiano adj. s.m.
circense adj.2g.
circinado adj.
circo s.m.
circuito s.m.
circulação s.f.
circulado adj.
circulador (ó) adj. s.m.
circulante adj.2g.
circular v. adj.2g. s.m. s.f.
circularidade s.f.
circularmente adv.
circulatório adj.
círculo s.m.
circum-articular adj.2g.; pl.: *circum-articulares*
circum-mediterrâneo adj.; pl.: *circum-mediterrâneos*
circum-meridiano adj.; pl.: *circum-meridianos*
circum-navegação s.f.; pl.: *circum-navegações*

circum-navegar v.
circum-orbital adj.2g.; pl.: *circum-orbitais*
circumpolar adj.2g.
circuncentro s.m.
circuncidado adj.
circuncidar v.
circuncisão s.f.
circunciso adj.
circundado adj.
circundante adj.2g.
circundar v.
circundução s.f.
circunferência s.f.
circunferencial adj.2g.
circunflexão (cs) s.f.
circunflexo (cs) adj.
circunfluente adj.2g.
circunfluir v.
circunjacente adj.2g.
circunlocução s.f.
circunloquial adj.2g.
circunlóquio s.m.
circunscrever v.
circunscrição s.f.
circunscricional adj.2g.
circunscrito adj.
circunspecção s.f.
circunspecto adj.
circunstância s.f.
circunstanciadamente adv.
circunstanciado adj.
circunstancial adj.2g.
circunstancialmente adv.
circunstanciar v.
circunstante adj. s.2g.
circunvagar v.
circúnvago adj.
circunvizinhança s.f.
circunvizinho adj.
circunvolução s.f.
cirigado adj. s.m.
ciriguela (ü) s.f.
cirílico adj. s.m.
círio s.m.
cirro s.m.
cirro-cúmulo s.m.; pl.: *cirros- -cúmulo* e *cirros-cúmulos*
cirrose s.f.
cirrótico adj. s.m.
ciruela s.f.
cirurgia s.f.
cirurgiã s.f. de *cirurgião*
cirurgião s.m.; fem.: *cirurgiã*; pl.: *cirurgiões* e *cirurgiães*
cirurgião-dentista s.m.; pl.: *cirurgiões-dentistas* e *cirurgiães-dentistas*
cirurgicamente adv.
cirúrgico adj.
cisalhamento s.m.
cisalhar v.
cisalpino adj.
cisandino adj.

cisão s.f.
ciscador (ô) adj. s.m.
ciscar v.
cisco s.m.
cisma s.m. s.f.
cismado adj.
cismador (ô) adj. s.m.
cismar v.
cismarento adj.
cismático adj.
cismativo adj.
cismento adj.
cisne s.m.
cisplatino adj.
cissiparidade s.f.
cissura s.f.
cisteína s.f.
cisterciense adj. s.2g.
cisterna s.f.
cisticerco (ê) s.m.
cisticercoide (ói) s.f.
cisticercose s.f.
cisticercótico adj.
cístico adj.
cistite s.f.
cistítico adj.
cisto s.m.
cistocele s.f.
cistografia s.f.
cistoscopia s.f.
cistostomia s.f.
cita adj.2g. s.m. s.f.
citação s.f.
citadino adj.
citado adj. s.m.
citar v.
cítara s.f.
citaredo (ê) s.m.
citarista s.2g.
citável adj.2g.
citocina s.f.
citogenética s.f.
citogeneticista s.2g.
citogenético adj.
citologia s.f.
citológico adj.
citologista s.2g.
citólogo s.m.
citômetro s.m.
citopático adj.
citopatologia s.f.
citoplasma s.m.
citoplasmático adj.
citoplásmico adj.
citosina s.f.
citostático adj.
citotóxico (cs) adj.
citotoxidade (cs) s.f.
citratado adj.
citrato s.m.
cítrico adj. s.m.
citrícola adj.2g.
citricultor (ô) s.m.
citricultura s.f.

citrino adj. s.m.
citro s.m.
citronela s.f.
ciumada s.f.
ciúme s.m.
ciumeira s.f.
ciumento adj.
cível adj.2g. s.m.
civeta (ê) s.f.
civicamente adv.
cívico adj.
civil adj. s.m.
civilidade s.f.
civilismo s.m.
civilista adj. s.2g.
civilização s.f.
civilizacional adj.2g.
civilizadamente adv.
civilizado adj.
civilizador (ô) adj. s.m.
civilizar v.
civilizatório adj.
civilmente adv.
civismo s.m.
cizânia s.f.
clã s.m.
cladosseláquio s.m.
clamar v.
clâmide s.f.
clamídia s.f.
clamor (ô) s.m.
clamorosamente adv.
clamoroso (ô) adj.; f. e pl.: (ó)
clandestinamente adv.
clandestinidade s.f.
clandestino adj. s.m.
clangor (ô) s.m.
clangorar v.
claque s.f.
claquete s.f.
clara s.f.
claraboia (ó) s.f.
claramente adv.
clarão s.m.
clareado adj.
clareador (ô) adj. s.m.
clareamento s.m.
clareante adj.2g.
clarear v.
clareira s.f.
clarejar v.
clarete (ê) adj.2g. s.m.
clareza (ê) s.f.
claridade s.f.
clarificação s.f.
clarificador (ô) adj. s.m.
clarificante adj.2g. s.m.
clarificar v.
clarim s.m.
clarinada s.f.
clarinar v.
clarineta (ê) s.f.
clarinete (ê) s.m.
clarinetista s.2g.

clarinista s.2g.
clarissa s.f.
clarividência s.f.
clarividente adj.2g.
claro adj. s.m.
claro-escuro s.m.; pl.: *claros-escuros* e *claro-escuros*
clarone s.m.
clarume s.m.
classe s.f.
classicamente adv.
classicismo s.m.
classicista adj. s.2g.
classicizante adj.2g.
clássico adj. s.m.
classificação s.f.
classificado adj.
classificador (ô) adj. s.m.
classificar v.
classificatório adj.
classificável adj.2g.
classismo s.m.
classista adj. s.2g.
classudo adj.
clástico adj.
claudicação s.f.
claudicância s.f.
claudicante adj.2g.
claudicar v.
claustral adj.2g.
claustro s.m.
claustrofobia s.f.
claustrofóbico adj.
cláusula s.f.
clausulado adj.
clausura s.f.
clausurado adj.
clausurar v.
clava s.f.
clave s.f.
clavecino s.m.
clavicórdio s.m.
clavícula s.f.
clavicular adj.2g.
claviforme adj.2g.
clavina s.f.
clavinote s.m.
clavinoteiro s.m.
clemência s.f.
clemente adj.2g.
clepsidra s.f.
cleptocracia s.f.
cleptomania s.f.
cleptomaníaco adj.
cleptômano s.m.
clerestório s.m.
clerical adj.2g.
clericalismo s.m.
clérigo s.m.
clero s.m.
clicada s.f.
clicar v.
clichê s.m.
clicheria s.f.

cliente s.2g.
clientela s.f.
clientelesco (ê) adj.
clientelismo s.m.
clientelista adj.2g.
clientelístico adj.
clima s.m.
climatérico adj.
climatério s.m.
climaticamente adv.
climático adj.
climatização s.f.
climatizado adj.
climatizar v.
climatogenético adj.
climatograma s.m.
climatologia s.f.
climatológico adj.
climatologista adj. s.2g.
clímax (cs) s.m.2n.
clina s.f.
clinche s.m.
clínica s.f.
clinicamente adv.
clinicar v.
clínico adj.
clinômetro s.m.
clinudo adj. s.m.
clipagem s.f.
clipe s.m.
clipeiro s.m.
clique s.m.
cliqueiro s.m.
clister s.m.
clitelo s.m.
clitoridiano adj.
clitóris s.m.2n.
clivado adj.
clivagem s.f.
clivar v.
cloaca s.f.
cloacal adj.2g.
cloasma s.m.
clonação s.f.
clonado adj.
clonagem s.f.
clonal adj.2g.
clonar v.
clonável adj.2g.
clone s.m.
clônico adj.
clonificação s.f.
cloque s.m.
cloquear v.
cloqueio s.m.
cloração s.f.
clorado adj.
cloral s.m.
cloralose s.f.
cloranfenicol s.m.
clorar v.
clorato s.m.
cloreto (ê) s.m.
cloridrato s.m.

clorídrico adj.
cloríneo adj.
clorinidade s.f.
clorita s.f.
cloro s.m.
cloroficea s.f.
clorofila s.f.
clorofilado adj.
clorofiliano adj.
clorofluorcarboneto (ê) s.m.
clorofluorcarbono s.m.
clorofórmico adj.
clorofórmio s.m.
cloroformizar v.
cloroplasto s.m.
cloroquímico adj.
cloroquina s.f.
clorose s.f.
clorótico adj.
clostrídico adj.
clostrídio s.m.
clostridiose s.f.
clownesco (claunê) adj.
clube s.m.
clubismo s.m.
clubístico adj.
cnidário s.m.
coa (ó) s.f.
coabitação s.f.
coabitar v.
coação s.f.
coadjutor (ô) adj. s.m.
coadjuvação s.f.
coadjuvante adj. s.2g.
coadjuvar v.
coadministração s.f.
coado adj.
coador (ô) s.m.
coadunar v.
coagir v.
coagulação s.f.
coagulado adj.
coagulador (ô) adj. s.m.
coagulante adj.2g. s.m.
coagular v.
coagulável adj.2g.
coágulo s.m.
coala s.m.
coalescência s.f.
coalescente adj.2g.
coalescer v.
coalhada s.f.
coalhado adj.
coalhar v.
coalheira s.f.
coalho s.m.
coalização s.f.
coalizão s.f.
coalizar-se v.
coapresentador (ô) s.m.
coar v.
coarctado adj.
coarctar v.
coarrendador (ô) adj. s.m.

coarrendamento s.m.
coarrendar v.
coator (ô) adj. s.m.
coautor (ô) s.m.
coautoria s.f.
coaxante adj.2g.
coaxar v.
coaxial (cs) adj.2g.
coaxo s.m.
cobaia s.f.
cobalto s.m.
cobarde adj. s.2g.
cobardia s.f.
coberta s.f.
coberto adj.
cobertor (ô) s.m.
cobertura s.f.
cobiça s.f.
cobiçado adj.
cobiçador (ô) s.m.
cobiçar v.
cobiçável adj.2g.
cobiçoso (ô) adj. s.m.; f. e pl.: (ó)
cobogó s.m.
cobra s.f.
cobra-cipó s.f.; pl.: *cobras-cipó* e *cobras-cipós*
cobra-coral s.f.; pl.: *cobras-coral* e *cobras-corais*
cobra-d'água s.f.; pl.: *cobras-d'água*
cobrada s.f.
cobrado adj.
cobrador (ô) adj. s.m.
cobrança s.f.
cobrar v.
cobrável adj.2g.
cobre s.m.
cobreado adj.
cobrear v.
cobreiro s.m.
cobrejar v.
cobrelo (ê) s.m.
cobrimento s.m.
cobrinha s.f.
cobrinho s.m.
cobrir v.
cobro (ô) s.m.; cf. *cobro*, fl. do v. *cobrar*
coca s.f.
coça s.f.
cocada s.f.
coçada s.f.
coçado adj.
coçadura s.f.
cocaína s.f.
cocainado adj.
cocainomania s.f.
cocainômano adj. s.m.
cocal s.m.
cocão s.m.
cocar s.m.
coçar v.

cocção s.f.
coccidiose s.f.
coccidiostático adj. s.m.
coccígeo adj.
coccigiano adj.
cóccix (csis) s.m.2n.
cócega s.f.
cócegas s.f.pl.
coceira s.f.
cocelebrar v.
coche (ô) s.m.
cocheira s.f.
cocheiro s.m.
cochichada s.f.
cochichado adj.
cochichar v.
cochicho s.m.
cochicholo (ô) s.m.
cochilada s.f.
cochilar v.
cochilo s.m.
cochinilha s.f.
cocho (ô) s.m.
cochonilha s.f.
cociente s.m.
cóclea s.f.
coclear adj.2g.
coco (ô) s.m. "fruto", "dança"; cf. *coco* s.m. e fl. do v. *cocar*
coco s.m. "bactéria"; cf. *coco* (ô)
cocô s.m.
có-có s.m. "galinha"; pl.: *có-cós*
cocoa (ô) s.f.
cocobacilar adj.2g.
coco-da-baía s.m.; pl.: *cocos-da-baía*
coco da praia s.m. "dança"
coco-da-praia s.m. "planta"; pl.: *cocos-da-praia*
coco-de-catarro s.m.; pl.: *cocos-de-catarro*
cocolitoforídeo s.m.
cócoras s.f.pl.
cocoricar v.
cocoroca adj. s.2g. s.f.
cocorocó s.m.
cocorote s.m.
cocota adj. s.f.
cocote s.f.
cocuruto s.m.
côdea s.f.
codeína s.f.
codelinquente (ü) s.2g.
codescobridor (ô) s.m.
códex (cs) s.m.2n.
codialeto s.m.
códice s.m.
codificação s.f.
codificado adj.
codificador (ô) adj. s.m.
codificar v.
código s.m.
codinome s.m.

codireção s.f.
codiretor (ô) s.m.
codirigente s.2g.
codirigir v.
codorna s.f.
codorneiro s.m.
codorniz s.f.
coedição s.f.
coeditar v.
coeditor (ô) s.m.
coeducação s.f.
coeducar v.
coeficiente s.m.
coelheira s.f.
coelho (ê) s.m.
coentro s.m.
coenzima s.f.
coerção s.f.
coercibilidade s.f.
coercitivamente adv.
coercitivo adj.
coercivo adj.
coerdar v.
coerdeiro s.m.
coerência s.f.
coerente adj.2g.
coerentemente adv.
coesão s.f.
coesivo adj.
coeso (ê) adj.
coesor (ô) adj. s.m.
coestrelar v.
coetâneo adj. s.m.
coevo adj. s.m.
coexistência (z) s.f.
coexistente (z) adj.2g.
coexistir (z) v.
coextensivo adj.
cofator (ô) s.m.
cofiar v.
cofo (ô) s.m.
cofragem s.f.
cofre s.m.
cofre-forte s.m.; pl.: *cofres-fortes*
cofundador (ô) s.m.
cogestão s.f.
cogestor (ô) adj. s.m.
cogitabundo adj.
cogitação s.f.
cogitar v.
cogitável adj.2g.
cognato adj. s.m.
cognição s.f.
cognitivismo s.m.
cognitivista adj. s.2g.
cognitivo adj.
cognome s.m.
cognominado adj. s.m.
cognominar v.
cognoscente adj. s.2g.
cognoscitivo adj.
cognoscível adj.2g.
cogote s.m.

cogula | 80 | colonato

cogula s.f.
cogumelo s.m.
coibição s.f.
coibidor (ô) adj.
coibir v.
coibitivo adj.
coice s.m.
coiceiro adj.
coifa s.f.
coima s.f.
coimbrã s.f. de *coimbrão*
coimbrão adj. s.m.; fem.: *coimbrã*
coimeiro adj. s.m.
coinchar v.
coincho s.m.
coincidência s.f.
coincidente adj.2g.
coincidentemente adv.
coincidir v.
coió adj. s.m.
coiote s.m.
coirmã s.f. de *coirmão*
coirmão adj. s.m.; fem.: *coirmã*; pl.: *coirmãos*
coisa s.f.
coisa à toa s.f.
coisa em si s.f.
coisa-feita s.f.; pl.: *coisas-feitas*
coisar v.
coisa-ruim s.m.; pl.: *coisas-ruins*
coisificação s.f.
coisificado adj.
coisificar v.
coitado adj. s.m.
coité s.f.
coiteiro s.m.
coito s.m.
coivara s.f.
coivaral s.m.
cola s.f.
colabado adj.
colabamento s.m.
colabar v.
colaboração s.f.
colaboracionismo s.m.
colaboracionista adj. s.2g.
colaborador (ô) adj. s.m.
colaborar v.
colaborativo adj.
colação s.f.
coladeira s.f.
colado adj.
colador (ô) adj. s.m.
colagem s.f.
colágeno s.m.
colagogo (ô) adj. s.m.
colamento s.m.
colangiografia s.f.
colangite s.f.
colante adj. s.2g.
colapsar v.
colapso s.m.

colar v. s.m.
colarinho s.m.
colarinho-branco s.m; pl.: *colarinhos-brancos*
colateral adj. s.2g.
cola-tudo s.m.2n.
colcha (ô) s.f.
colchão s.m.
colcheia s.f.
colchete (ê) s.m.
colchoado s.m.
colchoaria s.f.
colchoeiro s.m.
colchonete s.m.
coldre (ô) s.m.
coleante adj.2g.
colear v.
coleção s.f.
colecionador (ô) s.m.
colecionamento s.m.
colecionar v.
colecionável adj.2g.
colecionismo s.m.
colecistectomia s.f.
colecistite s.f.
colecistopatia s.f.
colectomia s.f.
colédoco adj. s.m.
colega s.2g.
colegiado adj. s.m.
colegial adj. s.2g.
colegialidade s.f.
colégio s.m.
coleguismo s.m.
coleira s.f.
coleirinha s.m.
coleiro s.m.
coleiro-do-brejo s.m.; pl.: *coleiros-do-brejo*
colemia s.f.
colendo adj.
colênquima s.m.
coleóptero adj. s.m.
cólera s.m. s.f.
cólera-morbo s.m.f.; pl.: *cóleras-morbo* e *cóleras-morbos*
colérico adj.
coléstase s.f.
colestático adj.
colesterol s.m.
colesterolemia s.f.
colestiramina s.f.
coleta s.f.
coletado adj.
coletador (ô) s.m.
coletânea s.f.
coletar v.
colete (ê) s.m.
coletiva s.f.
coletivamente adv.
coletividade s.f.
coletivismo s.m.
coletivista adj. s.2g.
coletivização s.f.

coletivizado adj.
coletivizar v.
coletivo adj.
coletor (ô) adj. s.m.
coletoria s.f.
colgadura s.f.
colhão s.m.
colhedeira s.f.
colhedor (ô) s.m.
colheita s.f.
colheitadeira s.f.
colher (ê) v. "coletar"; cf. *colher*
colher s.f. "talher"; cf. *colher* (ê)
colherada s.f.
colher-de-vaqueiro s.f.; pl.: *colheres-de-vaqueiro*
colhereira s.f.
colhereiro s.m.
colhudo adj. s.m.
colibacilo s.m.
colibacilose s.f.
colibri s.m.
cólica s.f.
cólico adj.
colidir v.
coliforme adj.2g. s.m.
coligação s.f.
coligado adj. s.m.
coligar v.
coligido adj.
coligir v.
colimado adj.
colimar v.
colina s.f.
colinérgico adj.
colinesterase s.f.
colinomimético adj.
colírio s.m.
colisão s.f.
coliseu s.m.
colite s.f.
colmado adj. s.m.
colmeia (ê ou ê) s.f.
colmilho s.m.
colmilhudo adj. s.m.
colmo (ô) s.m.
colo s.m.
colocação s.f.
colocado adj. s.m.
colocar v.
colódio s.m.
colofão s.m.
cólofon s.m.
colofônia s.f.
cologaritmo s.m.
coloidal adj.2g.
coloide (ô) adj.2g. s.m.
colomba s.f.
colombiano adj. s.m.
colombina s.f.
cólon s.m.
colonato s.m.

colônia | 81 | comovido

colônia s.f.
colonial adj.2g.
colonialismo s.m.
colonialista adj. s.2g.
colonião s.m.
colonização s.f.
colonizado adj. s.m.
colonizador (ô) adj. s.m.
colonizar v.
colono s.m.
colonoscopia s.f.
colonoscópio s.m.
coloproctologia s.f.
coloquial adj.2g. s.m.
coloquialidade s.f.
coloquialismo s.m.
colóquio s.m.
coloração s.f.
colorante adj. s.2g.
colorau s.m.
colorido adj. s.m.
colorir v.
colorista s.2g.
colorização s.f.
colorizado adj.
colorizar v.
colorretal adj.2g.
colossal adj.2g.
colosso (ô) s.m.
colostomia s.f.
colostro (ó) s.m.
colpite s.f.
colposcopia s.f.
colposcópio s.m.
colpotomia s.f.
colquicina s.f.
colubrina s.f.
columbário s.m.
columbofilia s.f.
columbófilo adj. s.m.
coluna s.f.
colunar adj.2g.
colunata s.f.
colunável adj. s.2g.
colunismo s.m.
colunista s.2g.
colutório s.m.
com prep.
coma s.m. s.f.
comadre s.f.
comanche adj. s.2g.
comanda s.f.
comandado adj. s.m.
comandância s.f.
comandante s.2g.
comandante em chefe s.2g.
comandar v.
comandita s.f.
comanditário adj. s.m.
comando s.m.
comarca s.f.
comatoso (ó) adj.; f. e pl.: (ó)
combalido adj.
combalir v.

combate s.m.
combatente adj. s.2g.
combater v.
combatividade s.f.
combativo adj.
combinação s.f.
combinadamente adv.
combinado adj. s.m.
combinar v.
combinatória s.f.
combinatório adj.
combinável adj.2g.
comboiar v.
comboieiro s.m.
comboio (ô) s.m.
comborço (ô) s.m.; f. e pl.: (ó)
comburente adj.2g. s.m.
combustão s.f.
combustível adj.2g. s.m.
combustor (ô) s.m.
começado adj.
começar v.
começo (ê) s.m.
comédia s.f.
comediante s.2g.
comédia-pastelão s.f.; pl.:
    comédias-pastelão e comédias-
    -pastelões
comedidamente adv.
comedido adj.
comedimento s.m.
comediógrafo s.m.
comedir v.
comedor (ô) adj. s.m.
comedoria s.f.
come-dorme s.m.2n.
comedouro s.m.
comemoração s.f.
comemorar v.
comemorativo adj.
comenda s.f.
comendador (ô) s.m.
comenos s.m.2n.
comensal adj. s.2g.
comensalidade s.f.
comensalismo s.m.
comensurável adj.2g.
comentador (ô) s.m.
comentar v.
comentário s.m.
comentarista s.2g.
comento s.m.
come-quieto s.m.2n.
comer v.
comercial adj.2g. s.m.
comercialismo s.m.
comercialista adj. s.2g.
comercialização s.f.
comercializado adj.
comercializar v.
comercializável adj.2g.
comercialmente adv.
comerciante adj. s.2g.
comerciar v.

comerciário s.m.
comerciável adj.2g.
comércio s.m.
comes s.m.pl.
comestível adj.2g. s.m.
cometa (ê) s.m.
cometer v.
cometimento s.m.
comezaina s.f.
comezinho adj.
comicamente adv.
comichão s.f.
comichar v.
comichoso (ó) adj.; f. e pl.: (ó)
comicidade s.f.
comício s.m.
cômico adj.
comida s.f.
comidia s.f.
comigo pron.
comigo-ninguém-pode
    s.m.2n.
comilança s.f.
comilão adj. s.m.; fem.:
    comilona
comilona s.f. de comilão
cominação s.f.
cominar v.
cominatório adj.
cominho s.m.
comiseração s.f.
comiserar-se v.
comiserativo adj.
comissão s.f.
comissariado s.m.
comissário s.m.
comissionado adj.
comissionamento s.m.
comissionar v.
comissura s.f.
comissural adj.2g.
comitê s.m.
comitente s.2g.
comitiva s.f.
comível adj.2g.
como adv. conj.
comoção s.f.
cômoda s.f.
comodamente adv.
comodatário s.m.
comodato s.m.
comodidade s.f.
comodismo s.m.
comodista adj.2g.
cômodo adj.
comodoro s.m.
cômoro s.m.
comovedor (ô) adj.
comovedoramente adv.
comovente adj.2g.
comoventemente adv.
comover v.
comovidamente adv.
comovido adj.

compacidade | 82 | compulsória

compacidade s.f.
compactação s.f.
compactado adj.
compactador (ó) adj. s.m.
compactamente adv.
compactar v.
compacto adj.
compactuar v.
compadecer v.
compadecido adj.
compadecimento s.m.
compadragem s.f.
compadre s.m.
compadresco (ê) adj. s.m.
compadrio s.m.
compadrismo s.m.
compaixão s.f.
companheirada s.f.
companheiragem s.f.
companheirismo s.m.
companheiro adj. s.m.
companhia s.f.
comparação s.f.
comparado adj.
comparador (ô) adj. s.m.
comparar v.
comparatismo s.m.
comparatista adj.2g.
comparativamente adv.
comparativismo s.m.
comparativista adj. s.2g.
comparativo adj. s.m.
comparável adj.2g.
comparecer v.
comparecimento s.m.
comparsa s.2g.
comparsaria s.f.
comparticipação s.f.
comparticipar v.
compartilhado adj.
compartilhador (ô) adj. s.m.
compartilhamento s.m.
compartilhar v.
compartilhável adj.2g.
compartimentação s.f.
compartimentado adj.
compartimentagem s.f.
compartimentalização s.f.
compartimentalizado adj.
compartimentalizar v.
compartimentar v.
compartimento s.m.
compartir v.
compassadamente adv.
compassado adj.
compassar v.
compassividade s.f.
compassivo adj.
compasso s.m.
compatibilidade s.f.
compatibilização s.f.
compatibilizado adj.
compatibilizar v.
compatível adj.2g.

compatrício adj. s.m.
compatriota adj. s.2g.
compelir v.
compendiado adj.
compendiar v.
compêndio s.m.
compendioso (ô) adj.; f. e pl.: (ó)
compenetração s.f.
compenetradamente adv.
compenetrado adj.
compenetrar-se v.
compensação s.f.
compensado adj.
compensador (ô) adj. s.m.
compensar v.
compensatório adj.
competência s.f.
competente adj.2g.
competentemente adv.
competição s.f.
competidor (ô) adj. s.m.
competir v.
competitivamente adv.
competitividade s.f.
competitivo adj.
compilação s.f.
compilador (ô) s.m.
compilar v.
complacência s.f.
complacente adj.2g.
complacentemente adv.
compleição s.f.
complementação s.f.
complementar v. adj.2g.
complementaridade s.f.
complementarmente adv.
complemento s.m.
completação s.f.
completamente adv.
completamento s.m.
completar v.
completo adj.
completório s.m.
completude s.f.
complexado (cs) adj.
complexidade (cs) s.f.
complexificação (cs) s.f.
complexificar (cs) v.
complexo (cs) adj. s.m.
complicação s.f.
complicado adj.
complicador (ô) adj. s.m.
complicar v.
complô s.m.
componente adj.2g. s.m. s.f.
compor (ô) v.
comporta s.f.
comportadamente adv.
comportado adj.
comportamental adj.2g.
comportamentalismo s.m.
comportamentalmente adv.
comportamento s.m.

comportar v.
composição s.f.
composicional adj.2g.
compositivo adj.
compósito adj. s.m.
compositor (ô) adj. s.m.
composta s.f.
compostagem s.f.
compostar v.
compostável adj.2g.
composto (ô) adj.
compostura s.f.
compota s.f.
compoteira s.f.
compra s.f.
comprador (ô) adj. s.m.
comprar v.
comprazer v.
comprazimento s.m.
compreender v.
compreendido adj.
compreensão s.f.
compreensibilidade s.f.
compreensivamente adv.
compreensível adj.2g.
compreensivelmente adv.
compreensivo adj.
compressa s.f.
compressão s.f.
compressibilidade s.f.
compressível adj.2g.
compressivo adj.
compressor (ô) adj. s.m.
comprido adj. "extenso"; cf. cumprido
comprimento s.m. "dimensão horizontal"; cf. cumprimento
comprimido adj. s.m.
comprimir v.
comprista adj. s.2g.
comprobatório adj.
comprometedor (ô) adj.
comprometer v.
comprometido adj.
comprometimento s.m.
compromissado adj.
compromissário s.m.
compromisso s.m.
compromissório adj.
compromitente s.2g.
comprovação s.f.
comprovadamente adv.
comprovador (ô) adj.
comprovante adj.2g. s.m.
comprovar v.
comprovativo adj.
comprovável adj.2g.
comprovinciano s.m.
compulsão s.f.
compulsar v.
compulsivamente adv.
compulsivo adj.
compulsória s.f.

compulsoriamente | 83 | condenação

compulsoriamente adv.
compulsoriedade s.f.
compulsório adj.
compunção s.f.
compungido adj.
compungimento s.m.
compungir v.
computação s.f.
computacional adj.2g.
computado adj.
computador (ô) adj. s.m.
computadorização s.f.
computadorizado adj.
computar v.
computável adj.2g.
cômputo s.m.
comtiano adj.
comum adj.2g. s.m.
comumente adv.
comuna s.f. s.2g.
comunal adj.2g.
comungante adj. s.2g.
comungar v.
comunhão s.f.
comunicabilidade s.f.
comunicação s.f.
comunicacional adj.2g.
comunicado s.m.
comunicador (ô) adj. s.m.
comunicante adj. s.2g.
comunicar v.
comunicativo adj.
comunicável adj.2g.
comunicólogo s.m.
comunidade s.f.
comunismo s.m.
comunista adj. s.2g.
comunitariamente adv.
comunitário adj.
comunitarismo s.m.
comunitarista adj. s.2g.
comunização s.f.
comunizante adj.2g.
comunizar v.
comuno-nacionalismo s.m.;
  pl.: *comuno-nacionalismos*
comutação s.f.
comutador (ô) adj. s.m.
comutar v.
comutativo adj.
comutável adj.2g.
conativo adj.
concatenação s.f.
concatenado adj.
concatenar v.
concavidade s.f.
côncavo adj.
côncavo-convexo adj.; pl.:
  côncavo-convexos
conceber v.
concebível adj.2g.
concedente adj. s.2g.
conceder v.
conceito s.m.

conceituação s.f.
conceituado adj.
conceitual adj.2g.
conceitualismo s.m.
conceitualização s.f.
conceitualizar v.
conceitualmente adv.
conceituar v.
conceituoso (ô) adj.; f. e
  pl.: (ó)
concelebração s.f.
concelebrar v.
concelho (ê) s.m.
  "município"; cf. *conselho* (ê)
concentração s.f.
concentradamente adv.
concentrado adj. s.m.
concentrador (ô) adj. s.m.
concentrar v.
concêntrico adj.
concepção s.f.
conceptismo s.m.
conceptista adj.2g.
conceptivo adj.
conceptual adj.2g.
conceptualização s.f.
concernente adj.2g.
concernir v.
concertação s.f.
concertado adj.; cf. *consertado*
concertamento s.m.
concertante adj.2g. s.m.
concertar v. "compor,
  ajustar"; cf. *consertar*
concertina s.f.
concertista s.2g.
concerto (ê) s.m.
  "comparação"; cf. *concerto*,
  fl. do v. *concertar, conserto*
  (ê) s.m. e *conserto*, fl. do v.
  consertar
concessão s.f.
concessionária s.f.
concessionário adj. s.m.
concessiva s.f.
concessivo adj.
concessório adj.
concha s.f.
conchavado adj. s.m.
conchavar v.
conchavo s.m.
conchegar v.
conchego (ê) s.m.
concho adj.
conchostráceo adj. s.m.
concidadã s.f. de *concidadão*
concidadão s.m.; fem.:
  concidadã; pl.: *concidadãos*
conciliábulo s.m.
conciliação s.f.
conciliador (ô) adj. s.m.
conciliar v. adj.2g.
conciliativo adj.
conciliatório adj.

conciliável adj.2g.
concílio s.m.
concisamente adv.
concisão s.f.
conciso adj.
concitação s.f.
concitar v.
conclamação s.f.
conclamar v.
conclave s.m.
concludente adj.2g.
concluído adj.
concluinte adj. s.2g.
concluir v.
conclusão s.f.
conclusivamente adv.
conclusivo adj.
concluso adj.
concoide (ó) adj.2g.
concomitância s.f.
concomitante adj.2g.
concomitantemente adv.
concordância s.f.
concordante adj.2g.
concordar v.
concordata s.f.
concordatário adj.
concorde adj.2g.
concórdia s.f.
concorrência s.f.
concorrencial adj.2g
concorrente adj. s.2g.
concorrer v.
concorrido adj.
concreção s.f.
concretagem s.f.
concretamente adv.
concreticidade s.f.
concretismo s.m.
concretista adj. s.2g.
concretização s.f.
concretizado adj.
concretizador (ô) adj. s.m.
concretizar v.
concreto adj. s.m.
concretude s.f.
concriador (ô) adj. s.m.
concriz s.m.
concubina s.f.
concubinagem s.f.
concubinato s.m.
conculcado adj.
concunhado s.m.
concupiscência s.f.
concupiscente adj.2g.
concursado adj. s.m.
concurso s.m.
concussão s.f.
condado s.m.
condão s.m.
conde s.m.
condecoração s.f.
condecorar v.
condenação s.f.

condenado adj. s.m.
condenador (ô) adj. s.m.
condenar v.
condenatório adj.
condenável adj.2g.
condensação s.f.
condensado adj.
condensador (ô) adj. s.m.
condensar v.
condescendência s.f.
condescendente adj.2g.
condescender v.
condessa (ê) s.f.
condestável s.m.
condição s.f.
condicionado adj.
condicionador (ô) adj. s.m.
condicional adj.2g. s.m. s.f.
condicionalidade s.f.
condicionalmente adv.
condicionamento s.m.
condicionante adj. s.2g.
condicionar v.
condignamente adv.
condigno adj.
côndilo s.m.
condiloma s.m.
condilomatoso (ô) adj. s.m.; f. e pl.: (ó)
condimentação s.f.
condimentado adj.
condimentar v.
condimento s.m.
condiscípulo s.m.
condizente adj.2g.
condizer v.
condoer v.
condoído adj.
condolência s.f.
condominial adj.2g.
condomínio s.m.
condômino s.m.
condor (ô) s.m.
condoreirismo s.m.
condoreiro adj.
condricte adj.2g. s.m.
condrósteo adj. s.m.
condução s.f.
conducente adj.2g.
conduíte s.m.
conduta s.f.
condutância s.f.
condutibilidade s.f.
condutível adj.2g.
condutividade s.f.
conduto s.m.
condutor (ô) adj. s.m.
conduzir v.
cone s.m.
conectado adj.
conectar v.
conectável adj.2g.
conectividade s.f.
conectivo adj.

conector (ô) adj. s.m.
cônego s.m.
conexão (cs) s.f.
conexidade (cs) s.f.
conexo (cs) adj.
confabulação s.f.
confabular v.
confecção s.f.
confeccionador (ô) adj. s.m.
confeccionar v.
confeccionista adj. s.2g.
confederação s.f.
confederado adj. s.m.
confederar v.
confederativo adj.
confeitar v.
confeitaria s.f.
confeiteiro s.m.
confeito s.m.
conferência s.f.
conferenciar v.
conferencista s.2g.
conferente s.2g.
conferição s.f.
conferir v.
confessando s.m.
confessar v.
confessável adj.2g.
confessional adj.2g.
confessionário s.m.
confesso adj.
confessor (ô) adj. s.m.
confessório adj.
confete s.m.
confiabilidade s.f.
confiado adj.
confiança s.f.
confiante adj.2g.
confiantemente adv.
confiar v.
confiável adj.2g.
confidência s.f.
confidencial adj.2g.
confidencialmente adv.
confidenciar v.
confidencioso (ô) adj.; f. e pl.: (ó)
confidente adj.2g.
configuração s.f.
configurado adj.
configurador (ô) adj.
configurar v.
configurativo adj.
configurável adj.2g.
confim adj.2g. s.m.
confinado adj.
confinador (ô) adj. s.m.
confinamento s.m.
confinar v.
confirmação s.f.
confirmado adj.
confirmar v.
confirmativo adj.

confirmatório adj.
confirmável adj.2g.
confiscação s.f.
confiscado adj.
confiscador (ô) adj. s.m.
confiscar v.
confiscatório adj.
confiscável adj.2g.
confisco s.m.
confissão s.f.
conflagração s.f.
conflagrado adj.
conflagrar v.
conflitante adj.2g.
conflitar v.
conflitivo adj.
conflito s.m.
conflituado adj.
conflitual adj.2g.
conflituosidade s.f.
conflituoso (ô) adj.; f. e pl.: (ó)
confluência s.f.
confluente adj.2g.
confluir v.
conformação s.f.
conformado adj. s.m.
conformar v.
conformativa s.f.
conformativo adj.
conforme adj.2g. prep. conj.
conformidade s.f.
conformismo s.m.
conformista adj. s.2g.
confortado adj.
confortador (ô) adj.
confortante adj.2g.
confortar v.
confortável adj.2g.
confortavelmente adv.
conforto (ô) s.m.
confrade s.m.
confrangedor (ô) adj.
confranger-se v.
confrangido adj.
confrangimento s.m.
confraria s.f.
confraternidade s.f.
confraternização s.f.
confraternizar v.
confrei s.m.
confreira s.f.
confrontação s.f.
confrontado adj.
confrontante adj. s.2g.
confrontar v.
confronte adj.2g. adv.
confronto s.m.
confuciano adj. s.m.
confucionismo s.m.
confucionista adj.2g.
confundido adj.
confundir v.
confundível adj.2g.
confusamente adv.

confusão s.f.
confusionismo s.m.
confusionista adj. s.2g.
confuso adj.
confutação s.f.
confutar v.
conga s.f.
congá s.m.
congada s.f.
congado s.m.
congelação s.f.
congelado adj.
congelador (ó) adj. s.m.
congelamento s.m.
congelante adj.2g.
congelar v.
congeminar v.
congênere adj.2g.
congenérico adj.
congenial adj.2g.
congenitamente adv.
congênito adj.
congérie s.f.
congestão s.f.
congestionado adj.
congestionamento s.m.
congestionar v.
congestivo adj.
congesto adj.
côngio s.m.
conglomeração s.f.
conglomerado adj.
conglomerar v.
congo s.m.
congolês adj. s.m.
congonha s.f.
congraçamento s.m.
congraçar v.
congratulação s.f.
congratular v.
congratulatório adj.
congregação s.f.
congregacional adj.2g.
congregado adj. s.m.
congregar v.
congressista adj. s.2g.
congresso s.m.
congressual adj.2g.
congro s.m.
côngrua s.f.
congruência s.f.
congruente adj.2g.
congruentemente adv.
conhaque s.m.
conhecedor (ô) adj. s.m.
conhecer v.
conhecidamente adv.
conhecido adj. s.m.
conhecimento s.m.
conhecível adj.2g.
conicidade s.f.
cônico adj.
coniforme adj.2g.
conivência s.f.

conivente adj.2g.
conjectura s.f.
conjectural adj.2g.
conjecturar v.
conjetura s.f.
conjetural adj.2g.
conjeturar v.
conjugação s.f.
conjugado adj. s.m.
conjugal adj.2g.
conjugar v.
conjugável adj.2g.
cônjuge s.m.
conjuminação s.f.
conjuminância s.f.
conjuminar v.
conjunção s.f.
conjuncional adj.2g.
conjuntamente adv.
conjuntiva s.f.
conjuntival adj.2g.
conjuntivite s.f.
conjuntivo s.m.
conjunto adj. s.m.
conjuntura s.f.
conjuntural adj.2g.
conjura s.f.
conjuração s.f.
conjurado adj. s.m.
conjurador (ô) adj. s.m.
conjurar v.
conjuro s.m.
conluiado adj.
conluiar v.
conluio s.m.
conosco (ô) pron.
conoscópio s.m.
conotação s.f.
conotar v.
conotativo adj.
conquanto conj.
conquista s.f.
conquistado adj.
conquistador (ô) adj. s.m.
conquistar v.
conquistável adj.2g.
consabido adj.
consagração s.f.
consagrado adj.
consagrador (ô) adj.
consagrar v.
consagrável adj.2g.
consanguíneo (u ou ü) adj. s.m.
consanguinidade (ü) s.f.
consciência s.f.
conscienciosamente adv.
consciencioso (ô) adj.; f. e pl.: (ó)
consciente adj.2g.
conscientemente adv.
conscientização s.f.
conscientizado adj.
conscientizar v.

cônscio adj.
conscrição s.f.
conscrito adj.
consectário s.m.
consecução s.f.
consecutiva s.f.
consecutivamente adv.
consecutividade s.f.
consecutivo adj.
conseguinte adj.2g. s.m.
conseguintemente adv.
conseguir v.
conselheiral adj.2g.
conselheirismo s.m.
conselheirista adj. s.2g.
conselheiro adj. s.m.
conselho (ê) s.m. "parecer, juízo"; cf. *concelho* (ê)
consenso s.m.
consensual adj.2g.
consensualmente adv.
consentâneo adj.
consentido adj. s.m.
consentimento s.m.
consentir v.
consequência (ü) s.f.
consequente (ü) adj.2g.
consequentemente (ü) adv.
consertado adj.; cf. *concertado*
consertador (ô) s.m.
consertar v. "corrigir"; *concertar*
consertável adj.2g.
conserto (ê) s.m. "reparo"; cf. *conserto*, fl. do v. *consertar*, *concerto* (ê) s.m. e *concerto*, fl. do v. *concertar*
conserva s.f.
conservação s.f.
conservacionismo s.f.
conservacionista adj. s.2g.
conservado adj.
conservador (ô) adj. s.m.
conservadorismo s.m.
conservante adj.2g. s.m.
conservantismo s.m.
conservar v.
conservativo adj.
conservatório s.m.
consideração s.f.
considerado adj.
considerando s.m.
considerar v.
considerável adj.2g.
consideravelmente adv.
consignação s.f.
consignado adj.
consignar v.
consignatário s.m.
consignatório adj. s.m.
consigo pron.
consistência s.f.
consistente adj.2g.
consistentemente adv.

consistir v.
consistorial adj.2g.
consistório s.m.
consoada s.f.
consoante adj.2g. s.f. prep. conj.
consolação s.f.
consolado adj.
consolador (ô) adj. s.m.
consolar v.
console s.m.
consolidação s.f.
consolidado adj.
consolidador (ô) adj. s.m.
consolidar v.
consolo (ô) s.m.
consomê s.m.
consonância s.f.
consonantal adj.2g.
consonante adj.2g.
consonântico adj.
consorciado adj. s.m.
consorciar v.
consórcio s.m.
consorte s.2g.
conspicuidade s.f.
conspícuo adj.
conspiração s.f.
conspirador (ô) adj. s.m.
conspirar v.
conspirativo adj.
conspiratório adj.
conspurcação s.f.
conspurcado adj.
conspurcar v.
constância s.f.
constante adj.2g.
constantemente adv.
constar v.
constatação s.f.
constatar v.
constatável adj.2g.
constelação s.f.
constelado adj.
constelar v. adj.2g.
consternação s.f.
consternado adj.
consternamento s.m.
consternar v.
constipação s.f.
constipado adj.
constipar v.
constitucional adj.2g.
constitucionalidade s.f.
constitucionalismo s.m.
constitucionalista adj. s.2g.
constitucionalização s.f.
constitucionalizar v.
constitucionalmente adv.
constituição s.f.
constituído adj.
constituidor (ô) adj.
constituinte adj. s.m. s.f.
constituir v.

constitutivamente adv.
constitutivo adj.
constrangedor (ô) adj. s.m.
constrangedoramente adv.
constranger v.
constrangido adj.
constrangimento s.m.
constrição s.f.
constricto adj.
constringir v.
constritante adj.2g.
constritiva adj. s.f.
constritivo adj.
constritor (ô) adj. s.m.
construção s.f.
constructo s.m.
construir v.
construtivamente adv.
construtivismo s.m.
construtivista adj. s.2g.
construtivo adj.
construto s.m.
construtor (ô) adj. s.m.
construtora (ô) s.f.
consubstanciação s.f.
consubstanciado adj.
consubstancial adj.2g.
consubstancialidade s.f.
consubstanciar v.
consuetudinário adj.
cônsul s.m.
consulado s.m.
consular adj.2g.
consulente adj. s.m.
consulesa (ê) s.f.
consulta s.f.
consultante adj. s.2g.
consultar v.
consultivo adj.
consultor (ô) adj. s.m.
consultoria s.f.
consultório s.m.
consumação s.f.
consumado adj.
consumar v.
consumição s.f.
consumido adj.
consumidor (ô) adj. s.m.
consumir v.
consumismo s.m.
consumista adj. s.2g.
consumível adj.2g.
consumo s.m.
consumpção s.f.
consumptível adj.2g.
consumptivo adj.
consuntivo adj.
consútil adj.2g.
conta s.f.
contábil adj.2g.
contabilidade s.f.
contabilista adj. s.2g.
contabilístico adj.
contabilização s.f.

contabilizar v.
contabilizável adj.2g.
contabilmente adv.
conta-corrente s.f.; pl.: contas-correntes
contactar v.
contacto s.m.
contado adj.
contador (ô) adj. s.m.
contadoria s.f.
contagem s.f.
contagiado adj.
contagiante adj.2g.
contagiar v.
contágio s.m.
contagioso (ô) adj.; f. e pl.: (ó)
conta-giros s.m.2n.
conta-gotas s.m.2n.
contaminação s.f.
contaminado adj.
contaminador (ô) adj. s.m.
contaminante adj. s.2g.
contaminar v.
contaminativo adj.
contar v.
contatar v.
contato s.m.
contator (ô) s.m.
contável adj.2g.
contêiner s.m.
contemplação s.f.
contemplado adj. s.m.
contemplador (ô) s.m.
contemplar v.
contemplativo adj.
contemporaneamente adv.
contemporaneidade s.f.
contemporâneo adj.
contemporização s.f.
contemporizador (ô) adj. s.m.
contemporizar v.
contenção s.f.
contencionista adj.2g.
contencioso (ô) adj.; f. e pl.: (ó)
contenda s.f.
contender v.
contendor (ô) adj. s.m.
contentamento s.m.
contentar v.
contente adj.2g.
contento s.m.
contentor (ô) s.m.
conter v.
conterrâneo adj.
contestabilidade s.f.
contestação s.f.
contestador (ô) adj. s.m.
contestante s.2g.
contestar v.
contestatório adj.
contestável adj.2g.
conteste adj.2g.

conteudista adj.2g.
conteudístico adj.
conteúdo s.m.
contexto (ê) s.m.
contextual adj.2g.
contextualização s.f.
contextualizado adj.
contextualizar v.
contextualmente adv.
contextura s.f.
contido adj.
contigo pron.
contiguidade (ü) s.f.
contíguo adj.
continência s.f.
continental adj.2g.
continentalidade s.f.
continentalmente adv.
continente adj.2g. s.m.
contingência s.f.
contingenciado adj.
contingencial adj.2g.
contingenciamento s.m.
contingenciar v.
contingente adj.2g. s.m.
continuação s.f.
continuadamente adv.
continuado adj.
continuador (ô) adj. s.m.
continuamente adv.
continuar v.
continuidade s.f.
continuísmo s.m.
continuísta adj. s.2g.
contínuo adj. s.m.
contista s.2g.
contística s.f.
conto s.m.
conto do vigário s.m.
contorção s.f.
contorcer v.
contorcido adj.
contorcionismo s.m.
contorcionista s.2g.
contornado adj.
contornar v.
contornável adj.2g.
contorno (ô) s.m.
contra prep.
contra-almirante s.m.
contra-apelação s.f.
contra-argumentar v.
contra-argumento s.m.
contra-arrestado adj.
contra-arrestar v.
contra-atacar v.
contra-ataque s.m.
contra-aviso s.m.
contrabaixista s.2g.
contrabaixo s.m.
contrabalançado adj.
contrabalançar v.
contrabandeado adj.
contrabandear v.

contrabandeável adj.2g.
contrabandista adj. s.2g.
contrabando s.m.
contrabordo s.m.
contracampo s.m.
contracanto s.m.
contração s.f.
contracapa s.f.
contracena s.f.
contracenar v.
contracepção s.f.
contraceptivo adj. s.m.
contracheque s.m.
contracionista adj.2g.
contracorrente s.f.
contráctil adj.2g.
contracultura s.f.
contracultural adj.2g.
contradança s.f.
contradançar v.
contradição s.f.
contradita s.f.
contraditado adj.
contraditante adj. s.2g.
contraditar v.
contraditável adj.2g.
contradito adj.
contraditor (ô) adj. s.m.
contraditória s.f.
contraditoriamente adv.
contraditório adj. s.m.
contradizer v.
contraemergente adj.2g.
contraencosta s.f.
contraescritura s.f.
contraespião s.m.
contraespionagem s.f.
contraestimular v.
contraexemplo s.m.
contrafação s.f.
contrafatual adj.2g.
contrafazer v.
contrafé s.f.
contrafeito adj.
contrafilé s.m.
contrafluxo s.m.
contraforça s.f.
contraforte s.m.
contragolpe s.m.
contragolpear v.
contragosto (ô) s.m.
contraguerrilha s.f.
contraído adj.
contraimpelir v.
contraindicação s.f.
contraindicado adj.
contraindicar v.
contrainformação s.f.
contrainteligência s.f.
contrair v.
contrairritação s.f.
contraível adj.2g.
contralto s.m.
contraluz s.f.

contramanifestação s.f.
contramão adj.2g.2n. s.f.; pl.: contramãos
contramarca s.f.
contramarcha s.f.
contramarco s.m.
contramaré s.f.
contramedida s.f.
contramestre s.m.
contramoldar v.
contramolde s.m.
contramovimento s.m.
contramuro s.m.
contranível s.m.
contraofensiva s.f.
contraoferta s.f.
contraofertar v.
contraordem s.f.
contraordenar v.
contraparente s.2g.
contraparte s.f.
contrapartida s.f.
contrapasso s.m.
contrapé s.m.
contrapelo (ê) s.m.
contrapeso (ê) s.m.
contrapino s.m.
contrapiso s.m.
contraplano s.m.
contraponteado adj.
contrapontear v.
contrapontístico adj.
contraponto s.m.
contrapor v.
contraposição s.f.
contraposto adj. s.m.
contrapressão s.f.
contraprestação s.f.
contraproducente adj.2g.
contraproduzir v.
contraprojeto s.m.
contrapropaganda s.f.
contrapropor v.
contraproposta s.f.
contraproposto (ô) adj. s.m.
contraprova s.f.
contraquilha s.f.
contrariado adj.
contrariador (ô) adj. s.m.
contrariamente adv.
contrariante adj.2g.
contrariar v.
contrariável adj.2g.
contrariedade s.f.
contrário adj. s.m.
contrarreforma s.f.
contrarregra s.2g. s.f.
contrarréplica s.f.
contrarrepto s.m.
contrarrevolta s.f.
contrarrevolução s.f.
contrarrevolucionário adj. s.m.
contrasseguro s.m.

contrassenha s.f.
contrassenso s.m.
contrassugestão s.f.
contrastado adj.
contrastante adj.2g.
contrastar v.
contrastável adj.2g.
contraste s.m.
contratação s.f.
contratado adj. s.m.
contratador (ô) adj. s.m.
contratante adj. s.2g.
contratar v.
contratável adj.2g.
contratela s.f.
contratempo s.m.
contratenor (ô) s.m.
contrátil adj.2g.
contratilidade s.f.
contrativo adj.
contrato adj. s.m.
contratorpedeiro s.m.
contratual adj.2g.
contratualismo s.m.
contratualista adj. s.2g.
contratualmente adv.
contratura s.f.
contravenção s.f.
contraveneno s.m.
contravento s.m.
contraventor (ô) s.m.
contravir v.
contravolta s.f.
contribuição s.f.
contribuidor (ô) adj. s.m.
contribuinte adj. s.2g.
contribuir v.
contributivo adj.
contributo s.m.
contrição s.f.
contristado adj.
contristador (ô) adj.
contristar v.
contrito adj.
controlacionista adj.2g.
controladamente adv.
controlado adj.
controlador (ô) adj. s.m.
controladoria s.f.
controlar v.
controlável adj.2g.
controle (ô) s.m.
controlismo s.m.
controvérsia s.f.
controverso adj.
controverter v.
controvertido adj.
contubérnio s.m.
contudo conj.
contumácia s.f.
contumaz adj.2g.
contumélia s.f.
contumelioso (ô) adj.; f. e
 pl.: (ó)

contundência s.f.
contundente adj.2g.
contundentemente adv.
contundido adj.
contundir v.
conturbação s.f.
conturbado adj.
conturbador (ô) adj.
conturbar v.
contusão s.f.
contuso adj.
conubial adj.2g.
conúbio s.m.
convales s.m.pl.
convalescença s.f.
convalescente adj.2g.
convalescer v.
convalidação s.f.
convalidar v.
convecção s.f.
convenção s.f.
convencer v.
convencido adj.
convencimento s.m.
convencional adj.2g.
convencionalidade s.f.
convencionalismo s.m.
convencionalista adj.
 s.2g.
convencionalmente adv.
convencionar v.
conveniado adj.
conveniência s.f.
conveniente adj.2g.
convenientemente adv.
convênio s.m.
convento s.m.
conventual adj.2g.
convergência s.f.
convergente adj.2g.
convergir v.
conversa s.f.
conversação s.f.
conversacional adj.2g.
conversadeira s.f.
conversador (ô) adj. s.m.
conversa-fiada s.2g.; pl.:
 conversas-fiadas
conversão s.f.
conversar v.
conversibilidade s.f.
conversível adj.2g. s.m.
converso adj.
conversor (ô) adj. s.m.
converter v.
convertido adj.
convertível adj.2g.
convés s.m.
convescote s.m.
convexidade (cs) s.f.
convexo (cs) adj.
convicção s.f.
convictamente adv.
convicto adj.

convidado adj. s.m.
convidar v.
convidativo adj.
convincente adj.2g.
convincentemente adv.
convinhável adj.2g.
convir v.
convite s.m.
conviva s.2g.
convivência s.f.
convivente s.2g.
conviver v.
convívio s.m.
convocação s.f.
convocado adj. s.m.
convocar v.
convocatória s.f.
convocatório adj.
convolar v.
convosco (ô) pron.
convulsão s.f.
convulsionado adj.
convulsionar v.
convulsivamente adv.
convulsivante adj.2g.
convulsivo adj.
convulso adj.
convulsogênico adj.
convulsógeno adj.
convulsoterápico adj.
coocorrência s.f.
coocorrer v.
coonestar v.
cooperação s.f.
cooperado adj. s.m.
cooperador (ô) adj. s.m.
cooperante adj. s.2g.
cooperar v.
cooperativa s.f.
cooperativado s.f.
cooperativismo s.m.
cooperativista adj. s.2g.
cooperativização s.f.
cooperativo adj.
cooptação s.f.
cooptado adj.
cooptador (ô) adj. s.m.
cooptar v.
cooptável adj.2g.
coordenação s.f.
coordenada s.f.
coordenadamente adv.
coordenado adj.
coordenador (ô) adj. s.m.
coordenadoria s.f.
coordenar v.
coordenativo adj.
coorte s.f.
copa s.f.
copado adj.
copaíba s.f.
copaibeira s.f.
copaífera s.f.
coparticipação s.f.

coparticipar v.
coparticipe adj. s.2g.
copatrocinar v.
copázio s.m.
copeiro s.m.
copépode adj.2g. s.m.
copépodo s.m.
copernicano adj. s.m.
cópia s.f.
copiador (ó) adj. s.m.
copiadora (ó) s.f.
copiagem s.f.
copião s.m.
copiar s.m. v.
copidescar v.
copidesque s.m.
copiloto (ô) s.m.
copiosamente adv.
copioso (ó) adj.; f. e pl.: (ó)
copista s.2g.
copla s.f.
copo s.m.
copo-de-leite s.m.; pl.: *copos--de-leite*
copra s.f.
coprocessador (ó) s.m.
coprodução s.f.
coprodutor (ô) s.m.
coproduzir v.
coprófago adj. s.m.
coprofilia s.f.
coprófilo adj. s.m.
coprolalia s.f.
coprologia s.f.
copromotor (ó) s.m.
coproparasitológico adj.
copropriedade s.f.
coproprietário s.m.
copta adj. s.2g. s.m.
cóptico adj.
cópula s.f.
copulação s.f.
copulador (ó) adj. s.m.
copular v.
copulativo adj.
coque s.m.
coqueiral s.m.
coqueiro s.m.
coqueiro-da-baía s.m.; pl.: *coqueiros-da-baía*
coqueluche s.f.
coqueria s.f.
coquete adj. s.2g. adv.
coquetel s.m.
coquetelaria s.f.
coqueteleira s.f.
coqueteria s.f.
coquetismo s.m.
cor s.f. "coração"; cf. *cor* (ô)
cor (ô) s.f. "coloração"; cf. *cor*
coração s.m.
coração-de-boi s.m.; pl.: *corações-de-boi*
coracoide (ó) adj. s.m.

coraçonaço s.m.
corado adj.
coradouro s.m.
coragem s.f.
corajoso (ó) adj. s.m.; f. e pl.: (ó)
coral adj.2g. adj.2g.2n. s.m. s.f.
coraleira s.f.
coralígeno adj.
coralíneo adj.
coralino adj.
coralista s.2g.
coramina s.f.
corânico adj.
corante adj.2g. s.m.
corar v.
corbelha s.f.
corça (ô) s.f.
corcel s.m.
corço (ô) s.m.
corcova s.f.
corcovado adj.
corcoveante adj.2g.
corcovear v.
corcovo (ô) s.m.; pl.: (ó)
corcunda adj. s.2g. s.f.
corda s.f.
cordado s.m.
corda-dorsal s.f.; pl.: *cordas--dorsais*
cordame s.m.
cordão s.m.
cordato adj.
cordeiro s.m.
cordel s.m.
cordelista adj. s.2g.
cordeona s.f.
cor-de-rosa adj.2g.2n. s.m.2n.
cordial adj.2g. s.m.
cordialidade s.f.
cordialmente adv.
cordilheira s.f.
cordoalha s.f.
cordoame s.m.
cordoaria s.f.
cordovão s.m.
cordoveias s.f.pl.
cordura s.f.
coreano adj. s.m.
coreia (ê) s.f.
coreiforme adj.2g.
coreografia s.f.
coreograficamente adv.
coreográfico adj.
coreógrafo s.m.
coreto (ê) s.m.
coriáceo adj.
corifeu s.m.
corimbo s.m.
corincho s.m.
coríndon s.m.
coringa s.m.
corintiano adj. s.m.

coríntio adj. s.m.
cório s.m.
corioide (ó) adj.2g. s.f.
coriscar v.
corisco s.m.
corista s.2g.
corixo s.m.
coriza s.f.
corja s.f.
cormo s.m.
cormófita s.f.
cormorão s.m.
cornada s.f.
cornalina s.f.
cornamusa s.f.
córnea s.f.
corneano adj.
cornear v.
córneo adj.
córner s.m.
corneta (ê) s.f.
cornetada s.f.
corneteiro s.m.
cornetista s.2g.
cornicha s.f.
cornífero adj.
cornija s.f.
cornimboque s.m.
corno (ó) s.m.; pl.: (ó)
cornucópia s.f.
cornudo adj. s.m.
coro (ó) s.m.; pl.: (ó); cf. *coro*, fl. do v. *corar*
coroa (ô) s.f.
coroá adj. s.2g. s.m.
coroação s.f.
coroa-de-frade s.f.; pl.: *coroas--de-frade*
coroado adj. s.2g. s.m.
coroador (ô) adj. s.m.
coroamento s.m.
coroar v.
coroatá s.m.
coroca adj. s.2g.
corografia s.f.
corográfico adj.
coroide (ó) adj.2g. s.f.
coroideano adj.
coroinha s.m.
corola s.f.
corolário s.m.
corologia s.f.
corológico adj.
corona s.f.
coronária s.f.
coronariano adj.
coronário adj.
coronel s.m.
coronelato s.m.
coronel-aviador s.m.; pl.: *coronéis-aviadores*
coronelismo s.m.
coronelista adj.2g.
coronelístico adj.
coronha s.f.

coronhada s.f.
coronilha s.f.
corpaço s.m.
corpanzil s.m.
corpete (ê) s.m.
corpinho s.m.
corpo (ô) s.m.
corpo a corpo s.m.2n.
corpo-amarelo s.m.; pl.: *corpos-amarelos*
corpo-lúteo s.m.; pl.: *corpos-lúteos*
corporação s.f.
corporal adj.2g.
corporalidade s.f.
corporalmente adv.
corporativamente adv.
corporativismo s.m.
corporativista adj. s.2g.
corporativo adj.
corpóreo adj.
corporificação s.f.
corporificado adj.
corporificar v.
corpulência s.f.
corpulento adj.
corpuscular adj.2g.
corpúsculo s.m.
corré s.f. de *corréu*
correada s.f.
correção s.f.
correcional adj.2g. s.m.
corre-corre s.m.; pl.: *corre-corres* e *corres-corres*
corredeira s.f.
corrediça s.f.
corrediço adj.
corredio adj.
corredor (ô) adj. s.m.
corregedor (ô) s.m.
corregedoria s.f.
córrego s.m.
correia s.f.
correição s.f.
correio s.m.
correlação s.f.
correlacionado adj.
correlacionamento s.m.
correlacionar v.
correlacionável adj.2g.
correlatamente adv.
correlativamente adv.
correlativo adj.
correlato adj.
correligionário adj. s.m.
corre-mundo adj. s.2g.; pl.: *corre-mundos*
corrente adj.2g. s.f.
correntemente adv.
correnteza (ê) s.f.
correntio adj.
correntista adj. s.2g.
correr v.
correria s.f.

correspondência s.f.
correspondente adj. s.2g.
correspondentemente adv.
corresponder v.
correspondido adj.
corresponsabilidade s.f.
corresponsável adj.2g.
corretagem s.f.
corretivo adj. s.m.
correto adj. adv.
corretor (ô) adj. s.m.
corretora (ô) s.f.
corréu s.m.; fem.: *corré*
corrico s.m.
corrida s.f.
corrido adj.
corrigenda s.f.
corrigibilidade s.f.
corrigir v.
corrigível adj.2g.
corrilho s.m.
corrimão s.m.; pl.: *corrimãos* e *corrimões*
corrimento s.m.
corriola s.f.
corriqueiramente adv.
corriqueiro adj.
corroboração s.f.
corroborante adj.2g.
corroborar v.
corroborativo adj.
corroer v.
corroído adj.
corromper v.
corrompido adj. s.m.
corrosão s.f.
corrosivo adj.
corroteirista s.2g.
corrugado adj.
corruíra s.f.
corrupção s.f.
corrupião s.m.
corrupiar v.
corrupio s.m.
corruptela s.f.
corruptível adj.2g.
corruptivo adj.
corrupto adj. s.m.
corruptor (ô) adj. s.m.
corrutela s.f.
corruto adj.
corrutor (ô) adj. s.m.
corsário s.m.
corselete (ê) s.m.
córsico adj. s.m.
corso (ô) adj. s.m.
corta s.f.
cortação s.f.
cortada s.f.
cortadeira s.f.
cortadela s.f.
cortado adj. s.m.
cortador (ô) adj. s.m.
cortadora (ô) s.f.

cortadouro s.m.
cortadura s.f.
cortagem s.f.
corta-jaca s.2g. s.f.; pl.: *corta-jacas*
corta-legumes s.m.2n.
corta-luz s.m.; pl.: *corta-luzes*
cortante adj.2g. s.m.
corta-papel s.m.; pl.: *corta-papéis*
cortar v.
cortável adj.2g.
corta-vento s.m.; pl.: *corta-ventos*
corta-vidros s.m.2n.
corte s.m.
corte (ô) s.f.
cortejador (ô) adj. s.m.
cortejar v.
cortejo (ê) s.m.
cortês adj.2g.
cortesã s.f. de *cortesão*
cortesania s.f.
cortesanice s.f.
cortesão s.m.; fem.: *cortesã*; pl.: *cortesãos*
cortesia s.f.
cortesmente adv.
córtex (cs) s.m.2n.
cortiça s.f.
cortical adj.2g.
córtice s.m.
corticeira s.f.
cortiço s.m.
corticoide (ó) adj.2g. s.m.
corticosteroide (ó) adj.2g. s.m.
corticotrofina s.f.
cortina s.f.
cortinado s.m.
cortisona s.f.
corucão s.m.
coruja s.f.
corujão s.m.
corujar v.
corujice s.f.
corujismo s.m.
corumba s.m.
coruscação s.f.
coruscante adj.2g.
coruscar v.
corusco s.m.
corveia (ê) s.f.
corvejar v.
corveta (ê) s.f.
corvídeo adj. s.m.
corvina s.f.
corvo (ô) s.m.; pl.: (ó)
corvo-marinho s.m.; pl.: *corvos-marinhos*
cós s.m.
coscorão s.m.
coscorento adj.
coscuvilhar v.

coser v. "costurar"; cf. *cozer*
cosido adj.; cf. *cozido*
cosmética s.f.
cosmético s.m.
cosmetologia s.f.
cosmetologista s.2g.
cosmetólogo s.m.
cósmico adj.
cosmo s.m.
cosmogonia s.f.
cosmogônico adj.
cosmografia s.f.
cosmográfico adj.
cosmógrafo s.m.
cosmologia s.f.
cosmológico adj.
cosmólogo s.m.
cosmonauta s.2g.
cosmonáutica s.f.
cosmonave s.f.
cosmopolita adj. s.2g.
cosmopolitano adj.
cosmopolitismo s.m.
cosmopolitização s.f.
cosmos s.m.2n.
cosmovisão s.f.
cossaco s.m.
cossecante s.f.
cosseno s.m.
costa s.f.
costado s.m.
costal adj.2g. s.m.
costaneira s.f.
costaneiro s.m.
costa-riquenho adj. s.m.; pl.: *costa-riquenhos*
costear v.
costeira s.f.
costeiro adj.
costela s.f.
costela de vaca s.f.
costeleta (ê) s.f.
costilhar s.m.
costumado adj.
costumar v.
costumário adj.
costume s.m.
costumeiramente adv.
costumeiro adj.
costura s.f.
costurado adj.
costurador (ó) adj. s.m.
costurar v.
costureiro s.m.
cota s.f.
cotação s.f.
cotado adj.
cotangente s.f.
cota-parte s.f.; pl.: *cotas-partes*
cotar v.
cotejar v.
cotejo (ê) s.m.
cotidianamente adv.
cotidianidade s.f.

cotidiano adj. s.m.
cotilédone s.m.
cotinina s.f.
cotista s.2g.
cotização s.f.
cotizar v.
coto (ô) s.m.
cotó adj. s.2g.
cotoco (ô) s.m.
cotonete s.m.
cotonicultor (ó) s.m.
cotonicultura s.f.
cotonifício s.m.
cotovelada s.f.
cotoveleira s.f.
cotovelo (ê) s.m.
cotovia s.f.
coturno s.m.
couceira s.f.
couraça s.f.
couraçado adj. s.m.
courame s.m.
coureiro s.m.
couro s.m.
cousa s.f.
couto s.m.
couve s.f.
couve-chinesa s.f.; pl.: *couves-chinesas*
couve-de-bruxelas s.f.; pl.: *couves-de-bruxelas*
couve-flor s.f.; pl.: *couves-flor* e *couves-flores*
couveira s.f.
couveiro s.m. "vendedor de couve"; cf. *coveiro*
couve-manteiga s.f.; pl.: *couves-manteiga* e *couves-manteigas*
couve-rábano s.f.; pl.: *couves-rábano* e *couves-rábanos*
couve-rábão s.f.; pl.: *couves-rábão* e *couves-rábãos*
cova s.f.
cova de touro s.f.
côvado s.m.
covarde adj. s.2g.
covardemente adv.
covardia s.f.
covariação s.f.
coveiro s.m. "abridor de covas"; cf. *couveiro*
covil s.m.
covinha s.f.
covo s.m.
coxa (ô) s.m.
coxal adj.2g.
coxálgico adj.
coxeante adj.2g.
coxear v.
coxia s.f.
coxilha s.f.
coxilhão s.m.
coxim s.m.

coxinha s.f.
coxinilho s.m.
coxo (ô) adj. s.m.
coxonilho s.m.
coxudo adj.
cozedura s.f.
cozer v. "cozinhar"; cf. *coser*
cozido adj.; cf. *cosido*
cozimento s.m.
cozinha s.f.
cozinhado adj.
cozinhamento s.m.
cozinhar v.
cozinheiro s.m.
craca s.f.
crachá s.m.
craniano adj.
craniar v.
crânio s.m.
cranioencefálico adj.
craniofacial adj.2g.
craniologia s.f.
craniológico adj.
craniométrico adj.
craniômetro s.m.
craniotabes s.f.2n.
cranioterapia s.f.
craniotomia s.f.
crápula adj. s.2g.
crapuloso (ó) adj.; f. e pl.: (ó)
craque s.m.
craqueamento s.m.
craquelado adj.
craquelê s.m.
crase s.f.
craseado adj.
crasear v.
crasso adj.
cratera s.f.
crateriforme adj.2g.
craterização s.f.
cravação s.f.
cravado adj.
cravador (ó) adj. s.m.
cravagem s.f.
cravar v.
craveira s.f.
craveiro s.m.
cravejado adj.
cravejar v.
cravelha (ê) s.f.
cravelho (ê) s.m.
cravina s.f.
cravinho s.m.
cravista s.2g.
cravo s.m.
cravo-da-índia s.m.; pl.: *cravos-da-índia*
cravo-de-defunto s.m.; pl.: *cravos-de-defunto*
creatina s.f.
creatinina s.f.
creatinoquinase s.f.
creche s.f.

credenciado adj.
credenciador (ô) adj. s.m.
credencial adj.2g. s.f.
credenciamento s.m.
credenciar v.
crediário s.m.
credibilidade s.f.
creditar v.
creditício adj.
crédito s.m.
creditório adj.
credível adj.2g.
credo s.m.
credor (ô) adj. s.m.
credulidade s.f.
crédulo adj.
creiom s.m.
cremação s.f.
cremado adj. s.m.
cremalheira s.f.
cremar v.
crematório adj. s.m.
creme adj.2g.2n. s.m.
cremeira s.f.
cremosidade s.f.
cremoso (ô) adj.; f. e pl.: (ó)
crenaque adj. s.2g.
crença s.f.
crendeiro adj.
crendice s.f.
crenoterapia s.f.
crente adj. s.2g.
creodonte s.m.
creolina s.f.
creosotado adj.
creosoto s.m.
crepe s.m.
creperia s.f.
crépido adj.
crepitação s.f.
crepitante adj.2g.
crepitar v.
crepom adj. s.m.
crepuscular adj.2g.
crepúsculo s.m.
crer v.
crescendo s.m.
crescente adj.2g. s.m.
crescentemente adv.
crescer v.
crescido adj.
crescimento s.m.
cresol s.m.
crespo (ê) adj.
crestado adj.
crestar v.
cretáceo adj.
cretense adj. s.2g.
cretinice s.f.
cretinismo s.m.
cretinização s.f.
cretino adj.
cretone s.m.
cria s.f.

criação s.f.
criacionismo s.m.
criacionista adj. s.2g.
criadagem s.f.
criado adj. s.m.
criado-mudo s.m.; pl.: criados-
 -mudos
criador (ô) adj. s.m.
criadouro s.m.
criança s.f.
criançada s.f.
criação s.m.
criancice s.f.
criançola s.m.
criar v.
criativamente adv.
criatividade s.f.
criativo adj.
criatório s.m.
criatura s.f.
cribriforme adj.2g.
criceto s.m.
cricofaríngeo adj.
cricoide (ó) adj.2g. s.f.
cricri adj. s.2g. "maçante";
 cf. cri-cri
cri-cri adj.2g. s.m. "canto do
 grilo"; cf. cricri ; pl.: cri-cris
cricrilar v.
crime s.m.
criminal adj.2g.
criminalidade s.f.
criminalista s.2g.
criminalística s.f.
criminalístico adj.
criminalização s.f.
criminalizar v.
criminalmente adv.
criminógeno adj.
criminologia s.f.
criminológico adj.
criminologista s.2g.
criminólogo s.m.
criminosamente adv.
criminoso (ô) adj. s.m.; f. e
 pl.: (ó)
crina s.f.
crineira s.f.
crinoide (ó) adj.2g. s.m.
crinudo adj.
crioclastia s.f.
criogenia s.f.
criogênico adj.
criogenização s.f.
crioglobulina s.f.
crioprecipitado s.m.
crioterapia s.f.
crioulada s.f.
criroulização s.f.
crioulo adj. s.m.
cripta s.f.
críptico adj.
criptococose s.f.
criptocomunista adj. s.2g.

criptoconservador (ô) adj.
criptocristalino adj. s.m.
criptofone s.m.
criptogâmico adj.
criptógamo s.m.
criptografado adj.
criptografar v.
criptografia s.f.
criptográfico adj.
criptógrafo s.m.
criptograma s.m.
criptônimo s.m.
criptônio s.m.
criptorquidia s.f.
críquete s.m.
crisálida s.f.
crisântemo s.m.
crise s.f.
crisma s.m. s.f.
crismado adj.
crismar v.
crisoberilo s.m.
crisol s.m.
crisólita s.f.
crisólito s.m.
crisoprásio s.m.
crisotila s.f.
crispação s.f.
crispado adj.
crispamento s.m.
crispante adj.2g.
crispar v.
crisso s.m.
crista s.f.
cristã s.f. de cristão
crista-de-galo s.f.; pl.:cristas-
 -de-galo
cristal s.m.
cristaleira s.f.
cristalinamente adv.
cristalinidade s.f.
cristalino adj. s.m.
cristalização s.f.
cristalizado adj.
cristalizador (ô) adj. s.m.
cristalizar v.
cristalografia s.f.
cristalográfico adj.
cristalógrafo s.m.
cristaloide (ó) adj.2g. s.m.
cristalúria s.f.
cristãmente adv.
cristandade s.f.
cristão adj. s.m.; fem.: cristã;
 pl.: cristãos
cristão-novo s.m.; pl.: cristãos-
 -novos
cristianismo s.m.
cristianização s.f.
cristianizado adj.
cristianizar v.
cristo s.m.
cristogênese s.f.
cristologia s.f.

critério | 93 | cultural

critério s.m.
criteriosamente adv.
criterioso (ô) adj.; f. e pl.: (ó)
crítica s.f.
criticamente adv.
criticar v.
criticável adj.2g.
criticismo s.m.
crítico adj. s.m.
crivado adj.
crivar v.
crível adj.2g.
crivo s.m.
croata adj. s.2g.
crocante adj.2g.
croché s.m.
crochê s.m.
crocidolita s.f.
crocitar v.
crocodiliano s.m.
crocodilo s.m.
cromado adj.
cromagem s.f.
cromar v.
cromática s.f.
cromático adj.
cromátide s.f.
cromatina s.f.
cromatismo s.m.
cromatização s.f.
cromatóforo s.m.
cromatografia s.f.
cromatógrafo s.m.
crômio s.m.
cromo s.m.
cromófilo adj.
cromóforo s.m.
cromomicose s.f.
cromonema s.m.
cromorno s.m.
cromosfera s.f.
cromossoma s.m.
cromossomial adj.2g.
cromossômico adj.
cromossomo s.m.
cromoterapia s.f.
crônica s.f.
cronicamente adv.
cronicário s.m.
crônico adj.
cronificação s.f.
cronista s.2g.
cronobiologia s.f.
cronobiológico adj.
cronobiologista s.2g.
cronofotografia s.f.
cronografia s.f.
cronógrafo s.m.
cronograma s.m.
cronologia s.f.
cronologicamente adv.
cronológico adj.
cronologista s.2g.
cronometragem s.f.

cronometrar v.
cronometria s.f.
cronométrico adj.
cronometrista s.2g.
cronômetro s.m.
cronotrópico adj.
croque s.m.
croquete s.m.
croqui s.m.
crossa s.f.
crosta (ô) s.f.
crostoso (ô) adj.; f. e pl.: (ó)
crotalária s.f.
crótalo s.m.
cróton s.m.
cru adj.
cruamente adv.
crucial adj.2g.
crucialmente adv.
cruciante adj.2g.
cruciar v.
crucífera s.f.
cruciferário s.m.
crucífero s.m.
crucificação s.f.
crucificado adj. s.m.
crucificar v.
crucifixão (cs) s.f.
crucifixo (cs) s.m.
cruciforme adj.2g.
crucígero s.m.
crudelíssimo adj.
crudívoro adj. s.m.
cruel adj.2g.
crueldade s.f.
cruelmente adv.
cruento adj.
crueza (ê) s.f.
crupe s.m.
crupiê s.m.
crural adj.2g.
crustáceo s.m.
cruz s.f
cruza s.f.
cruzada s.f.
cruzado adj. s.m.
cruzador (ô) adj. s.m.
cruzamento s.m.
cruzar v.
cruz-de-malta s.f.; pl.: cruzes--de-malta
cruzeira s.f.
cruzeirense adj. s.2g.
cruzeiro s.m.
cruzeta (ê) s.f.
cruz-maltino adj. s.m.; pl.: cruz-maltinos
cteníideo adj. s.m.
cu s.m.
cuba s.f.
cubagem s.f.
cuba-libre s.f.; pl.: cubas-libres
cubano adj. s.m.
cubar v.

cubata s.f.
cúbico adj.
cubículo s.m.
cubismo s.m.
cubista adj. s.2g.
cubital adj.2g.
cubo s.m.
cubofuturismo s.m.
cubofuturista adj.2g.
cuca s.m. s.f.
cuco adj. s.m.
cucumbi s.m.
cucurbitácea s.f.
cu de ferro s.m.
cu de judas s.m.
cu do mundo s.m.
cueca s.f.
cuecas s.f.pl.
cueiro s.m.
cuera s.f.
cuia s.f.
cuiabano adj. s.m.
cuíca s.f.
cuidado s.m.
cuidadosamente adv.
cuidadoso (ô) adj.; f. e pl.: (ó)
cuidar v.
cuidoso (ô) adj.; f. e pl.: (ó)
cuieté s.m.
cuietê s.m.
cuíra adj.2g.
cuiú-cuiú s.m.; pl.: cuiú-cuiús
cujo pron.
culatra s.f.
culatreiro adj. s.m.
culinária s.f.
culinário adj.
culminação s.f.
culminância s.f.
culminante adj.2g.
culminar v.
culote s.m.
culpa s.f.
culpabilidade s.f.
culpabilização s.f.
culpabilizar v.
culpado adj.
culpar v.
culpável adj.2g.
culposamente adv.
culposo (ô) adj.; f. e pl.: (ó)
cultismo s.m.
cultista adj. s.2g.
cultivado adj.
cultivador (ô) adj. s.m.
cultivar v.
cultivável adj.2g.
cultivo s.m.
culto adj. s.m.
cultor (ô) s.m.
cultual adj.2g.
cultuar v.
cultura s.f.
cultural adj.2g.

culturalismo s.m.
culturalista adj.2g.
culturalmente adv.
culturismo s.m.
culturista adj. s.2g.
cumaru s.m.
cumbuca s.f.
cume s.m.
cumeada s.f.
cumeeira s.f.
cúmplice s.2g.
cumpliciar v.
cumplicidade s.f.
cumprido adj. "que se cumpriu"; cf. *comprido*
cumpridor (ô) adj. s.m.
cumprimentar v.
cumprimento s.m. "gesto ou palavra"; cf. *comprimento*
cumprir v.
cumulação s.f.
cumulado adj.
cumular v.
cumulativamente adv.
cumulatividade s.f.
cumulativo adj.
cúmulo s.m.
cúmulo-cirro s.m.; pl.: *cúmulos-cirro* e *cúmulos-cirros*
cúmulo-estrato s.m.; pl.: *cúmulos-estrato* e *cúmulos-estratos*
cúmulo-nimbo s.m.; pl.: *cúmulos-nimbo* e *cúmulos-nimbos*
cuneiforme adj.2g.
cunha s.f.
cunhã s.f.
cunhada s.f.
cunhado adj. s.m.
cunhagem s.f.
cunhar v.
cunhatã s.f.
cunhete (ê) s.m.
cunho s.m.
cunicultor (ô) s.m.
cunicultura s.f.
cupão s.m.
cupê s.m.
cupidez (ê) s.f.
cupidinoso (ô) adj.; f. e pl.: (ó)
cupido s.m.
cúpido adj.
cupim s.m.
cupincha s.2g.
cupinzada s.f.
cupinzeiro s.m.
cupom s.m.
cuponagem s.f.
cúpreo adj.
cúprico adj.
cuproso (ô) adj.; f. e pl.: (ó)
cupuaçu s.m.
cúpula s.f.

cura s.m. s.f.
curaçau s.m.
curado adj.
curador (ô) s.m.
curadoria s.f.
curandeirice s.f.
curandeirismo s.m.
curandeiro s.m.
curar v.
curare s.m.
curarizante adj.2g. s.m.
curatela s.f.
curativo adj. s.m.
curato s.m.
curau s.m.
curável adj.2g.
curdo adj. s.m.
cureta (ê) s.f.
curetagem s.f.
curetar v.
cúria s.f.
curial adj.2g.
curiango s.m.
curiboca s.2g.
curicaca s.f.
curie s.m.
curimbaba s.m.
curimbatá s.m.
curinga s.m.
curió s.m.
cúrio s.m.
curiosamente adv.
curiosidade s.f.
curioso (ô) adj.; f. e pl.: (ó)
curitibano adj. s.m.
curra s.f.
curral s.m.
curraleiro adj. s.m.
currar v.
curricular adj.2g.
currículo s.m.
cursar v.
cursilhista s.2g.
cursilho s.m.
cursinho s.m.
cursivo adj.
curso s.m.
cursor (ô) s.m.
curta s.m.
curta-metragem s.m.; pl.: *curtas-metragens*
curtição s.f.
curtido adj.
curtidor (ô) s.m.
curtimento s.m.
curtir v.
curto adj. s.m.
curto-circuito s.m.; pl.: *curtos-circuitos*
curtume s.m.
curuá s.m.
curuatá s.m.
curul adj.2g. s.f.
curumi s.m.

curumim s.m.
curupira s.m.
curuquerê s.m.
curureiro s.m.
cururu s.m.
curva s.f.
curvado adj.
curvamento s.m.
curvar v.
curvatura s.f.
curvelano adj. s.m.
curveta (ê) s.f.
curvetear v.
curvilíneo adj.
curvo adj.
cusco s.m.
cuscuz s.m.
cuscuzeira s.f.
cusparada s.f.
cuspe s.m.
cuspida s.f.
cúspide s.f.
cuspideira s.f.
cuspidela s.f.
cuspido adj.
cuspidor (ô) s.m.
cuspidura s.f.
cuspilhar v.
cuspinhar v.
cuspir v.
cuspo s.m.
custa s.f.
custar v.
custas s.f.pl.
custeamento s.m.
custear v.
custeio s.m.
custo s.m.
custódia s.f.
custodial adj.2g.
custodiante adj. s.2g.
custodiar v.
custódio adj.
customizado adj.
customizar v.
custoso (ô) adj.; f. e pl.: (ó)
cutâneo adj.
cutâneo-mucoso adj.; pl.: *cutâneos-mucosos*
cutelaria s.f.
cuteleiro s.m.
cutelo s.m.
cutia s.f.
cutícula s.f.
cuticular adj.2g.
cutilada s.f.
cutiliquê s.m.
cutina s.f.
cutinização s.f.
cutinizado adj.
cútis s.f.2n.
cutuba adj.2g.
cutucada s.f.
cutucão s.m.

cutucar v.
cuvete s.f.
cuxá s.m.
cuxiú s.m.
czar s.m.
czarda s.f.
czarina s.f.
czarismo s.m.
czarista adj.2g.

Dd

d s.m.
da contr. de *de* (prep.) + *a* (art. ou pron.)
dáblio s.m.
dacha s.f.
dacolá contr. de *de* (prep.) + *acolá* (adv.)
dácron s.m.
dadaísmo s.m.
dadaísta adj. s.2g.
dadeira s.f.
dádiva s.f
dadivosamente adv.
dadivoso (*ô*) adj.; f. e pl.: (*ó*)
dado adj. s.m.
dagã s.f.
daguerreotipar v.
daguerreotipia s.f.
daguerreótipo s.m.
daí contr. de *de* (prep.) + *aí* (adv.)
dalai-lama s.m.; pl.: *dalai-lamas*
dalgum contr. de *de* (prep.) + *algum* (pron.)
dali contr. de *de* (prep.) + *ali* (adv.)
dália s.f.
daliniano adj.
dálmata adj. s.2g. s.m.
daltônico adj. s.m.
daltonismo s.m.
dama s.f.
dama-da-noite s.f.; pl.: *damas-da-noite*
damasco s.m.
danação s.f.
danadamente adv.
danadão adj. s.m.; fem.: *danadona*
danadinho adj. s.m.
danado adj. s.m.
danadona s.f. de *danadão*
danar v.
dança s.f.
dançadeira s.f.
dançado adj.
dançador (*ô*) adj. s.m.
dançante adj.2g.
dançar v.
dançarino s.m.
dançarola s.f.
dançável adj.2g.
danceteria s.f.
dândi s.m.

dandismo s.m.
dandarana s.f.
danificação s.f.
danificado adj.
danificador (*ô*) adj. s.m.
danificar v.
danificável adj.2g.
danifício s.m.
daninho adj.
danisco adj.
dano s.m.
danosamente adv.
danoso (*ô*) adj.; f. e pl.: (*ó*)
dantes contr. de *de* (prep.) + *antes* (adv.)
dantescamente adv.
dantesco (*ê*) adj.
danura s.f.
daomeano adj. s.m.
daquele (*ê*) contr. de *de* (prep.) + *aquele* (pron.)
daqueloutro contr. de *de* (prep.) + *aqueloutro* (pron.)
daquém contr. de *de* (prep.) + *aquém* (adv.)
daqui contr. de *de* (prep.) + *aqui* (adv.)
daquilo contr. de *de* (prep.) + *aquilo* (pron.)
dar v.
dardânio s.m.
dardejante adj.2g.
dardejar v.
dardo s.m.
dartro s.m.
darwiniano (*vi*) adj. s.m.
darwinismo (*vi*) s.m.
darwinista (*vi*) adj. s.2g.
data s.f.
datação s.f.
datado adj.
datador (*ô*) adj. s.m.
datar v.
datilografado adj.
datilografar v.
datilografia s.f.
datilógrafo s.m.
datiloscopia s.f.
datiloscópico adj.
datiloscopista s.2g.
dativo adj. s.m.
davídico adj.
davinciano adj.
de prep.; cf. *dê*

dê s.m.
deã s.f. de *deão*
dealbar v.
deambulação s.f.
deambular v.
deambulatório adj.
deão s.m.; fem.: *deã*; pl.: *deãos, deães, deões*
debacle s.f.
debaixo adv.
debalde adv.
debandada s.f.
debandar v.
debate s.m.
debatedor (*ô*) s.m.
debater v.
debatido adj.
debelação s.f.
debelamento s.m.
debelar v.
debelatório adj.
debênture s.f.
debenturista s.2g.
debicador (*ô*) adj. s.m.
debicar v.
débil adj. s.2g.
debilidade s.f.
debilitação s.f.
debilitado adj.
debilitador (*ô*) adj.
debilitamento s.m.
debilitante adj.2g.
debilitar v.
debilmente adv.
debiloide (*ó*) adj.
debique s.m.
debitado adj.
debitar v.
débito s.m.
deblaterar v.
debochadamente adv.
debochado adj.
debochador (*ô*) s.m.
debochar v.
deboche s.m.
debocheira s.f.
debreagem s.f.
debrear v.
debridamento s.m.
debridar v.
debruado adj.
debruar v.
debruçado adj.
debruçar v.
debrum s.m.

debulha s.f.
debulhadeira s.f.
debulhado adj.
debulhador (ô) adj. s.m.
debulhamento s.m.
debulhar v.
debutante adj. s.2g.
debutar v.
debuxar v.
debuxo s.m.
decacampeã s.f.
decacampeão adj. s.m.; fem.: *decacampeã*
década s.f.
decadência s.f.
decadente adj. s.2g.
decadentemente adv.
decadentismo s.m.
decadentista adj. s.2g.
decaedro s.m.
decagonal adj.2g.
decágono s.m.
decaída s.f.
decaído adj. s.m.
decaimento s.m.
decair v.
decalcado adj.
decalcar v.
decalcomania s.f.
decálogo s.m.
decalque s.m.
decamerônico adj.
decamétrico adj.
decâmetro s.m.
decanato s.m.
decano s.m.
decantação s.f.
decantado adj.
decantador (ô) s.m.
decantamento s.m.
decantar v.
decantatório adj.
decapado adj.
decapagem s.f.
decapar v.
decapê adj.2g. s.m.
decapitação s.f.
decapitado adj. s.m.
decapitador (ô) s.m.
decapitar v.
decapitável adj.2g.
decápode adj. s.2g. s.m.
decapotável adj.2g.
decasségui adj. s.2g.
decassílabo adj. s.m.
decatleta s.2g.
decatlo s.m.
decenal adj.2g.
decenário s.m.
decência s.f. "decoro"; cf. *deiscência*
decendial adj.2g.
decendialmente adv.
decêndio s.m.

decênio s.m.
decente adj. "decoroso"; cf. *deiscente* e *discente*
decentemente adv.
decepação s.f.
decepado adj.
decepador (ô) adj.
decepamento s.m.
decepar v.
decepção s.f.
decepcionado adj.
decepcionante adj.2g.
decepcionantemente adv.
decepcionar v.
decerto adv.
decesso s.m.
decibel s.m.
decididamente adv.
decidido adj.
decididor (ô) adj.
decidir v.
decidível adj.2g.
deciduidade s.f.
decíduo adj.
decifração s.f.
decifrado adj.
decifrador (ô) s.m.
decifragem s.f.
decifrar v.
decifrável adj.2g.
decigrama s.m.
decilitro s.m.
decimal adj.2g.
decímetro s.m.
décimo num.
decisão s.f.
decisão-chave s.f.; pl.: *decisões--chave* e *decisões-chaves*
decisivamente adv.
decisivo adj.
decisório adj.
declamação s.f.
declamador (ô) adj. s.m.
declamar v.
declamativo adj.
declamatório adj.
declaração s.f.
declaradamente adv.
declarado adj. s.m. adv.
declarante s.2g.
declarar v.
declarativo adj.
declaratório adj.
declinação s.f.
declinado adj.
declinador (ô) s.m.
declinante adj.2g.
declinar v.
declinatória s.f.
declinável adj.2g.
declínio s.m.
declive s.m.
declividade s.f.
declívio s.m.

decô adj.2g.
decoada s.f.
decocção s.f.
decocto adj. s.m.
decodificação s.f.
decodificado adj.
decodificador (ô) adj. s.m.
decodificar v.
decodificável adj.2g.
decolada s.f.
decolagem s.f.
decolar v.
de-comer s.m.; pl.: *de-comeres*
decomponível adj.2g.
decompor (ô) v.
decomposição s.f.
decompositor (ô) adj. s.m.
decomposto (ô) adj.; pl.: (ó)
decoração s.f.
decorado adj.
decorador (ô) adj. s.m.
decorar v.
decorativamente adv.
decorativismo s.m.
decorativo adj.
decoreba s.f.
decoro (ô) s.m.; cf. *decoro*, fl. do v. *decorar*
decorosamente adv.
decoroso (ô) adj.; f. e pl.: (ó)
decorrência s.f.
decorrente adj.2g.
decorrentemente adv.
decorrer v.
decorrido adj.
decotado adj.
decotar v.
decote s.m.
decrépito adj.
decrepitude s.f.
decrescente adj.2g.
decrescer v.
decréscimo s.m.
decretação s.f.
decretado adj.
decretar v.
decreto s.m.; cf. *decreto*, fl. do v. *decretar*
decreto-lei s.m.; pl.: *decretos-lei* e *decretos-leis*
decuada s.f.
decúbito s.m.
decupagem s.f.
decuplicado adj.
decuplicar v.
décuplo adj. s.m. num.
decúria s.f.
decurso s.m.
decussação s.f.
decussado adj.
decussar v.
dedação s.f.
dedada s.f.
dedal s.m.

dedaleira s.f.
dedalino adj.
dédalo s.m.
dedão s.m.
dedar v.
dedeira s.f.
dedetê s.m.
dedetização s.f.
dedetizado adj.
dedetizar v.
dedéu s.m.
dedicação s.f.
dedicado adj.
dedicar v.
dedicatória s.f.
dedilhado s.m.
dedilhamento s.m.
dedilhar v.
dedilho s.m.
dedinho s.m.
dedo (ê) s.m.; cf. *dedo*, fl. do v. *dedar*
dedo-de-moça s.m.; pl.: *dedos-de-moça*
dedo-duro s.m.; pl.: *dedos-duros*
dedução s.f.
dedurado adj.
deduragem s.f.
dedurar v.
dedurismo s.m.
dedutibilidade s.f.
dedutivamente adv.
dedutível adj.2g.
dedutivo adj.
deduzido adj.
deduzir v.
deduzível adj.2g.
defasado adj.
defasagem s.f.
defasar v.
defecação s.f.
defecar v.
defecção s.f.
defectível adj.2g.
defectivo adj.
defeito s.m.
defeituosamente adv.
defeituoso (ô) adj.; f. e pl.: (ó)
defender v.
defendido adj.
defenestração s.f.
defenestrado adj. s.m.
defenestrador (ô) adj. s.m.
defenestrar v.
defensa s.f.
defensável adj.2g.
defensiva s.f.
defensivamente adv.
defensivismo s.m.
defensivista adj. s.2g.
defensivo adj. s.m.
defensor (ô) adj. s.m.
defensoria s.f.

deferência s.f.
deferencial adj.2g.; cf. *diferencial*
deferente adj.2g. "cortês"; cf. *diferente*
deferido adj. "aprovado"; cf. *diferido*
deferimento s.m. "aprovação"; cf. *diferimento*
deferir v. "atender"; cf. *diferir*
deferível adj.2g.; cf. *diferível*
defesa (ê) s.f.
defeso (ê) adj.
deficiência s.f.
deficiente adj. s.2g.
deficientemente adv.
deficitário adj.
definhado adj.
definhamento s.m.
definhar v.
definição s.f.
definidamente adv.
definido adj.
definidor (ô) adj. s.m.
definir v.
definitivamente adv.
definitividade s.f.
definitivo adj.
definitório adj.
definível adj.2g.
deflação s.f.
deflacionado adj.
deflacionar v.
deflacionário adj.
deflacionável adj.2g.
deflacionismo s.m.
deflacionista adj. s.2g.
deflagração s.f.
deflagrado adj.
deflagrador (ô) adj. s.m.
deflagrar v.
deflagrável adj.2g.
deflator (ô) s.m.
deflectível adj.2g.
defletir v.
defletor (ô) adj. s.m.
deflexão (cs) s.f.
deflexo (cs) adj.
defloculação s.f.
defloculante adj.2g. s.m.
defloração s.f.
deflorado adj.
deflorador (ô) adj. s.m.
defloramento s.m.
deflorar v.
defluência s.f.
defluente adj.2g. s.m.
defluir v.
deflúvio s.m.
defluxão (cs) s.f.
defluxo (cs) s.m.
deformação s.f.
deformado adj.

deformador (ô) adj. s.m.
deformante adj.2g.
deformar v.
deformável adj.2g.
deformidade s.f.
defragmentador (ô) s.m.
defraudação s.f.
defraudado adj. s.m.
defraudador (ô) adj. s.m.
defraudar v.
defrontação s.f.
defrontado adj.
defrontar v.
defronte adv.
defumação s.f.
defumado adj.
defumador (ô) adj. s.m.
defumadouro s.m.
defumagem s.f.
defumar v.
defuntar v.
defunteiro s.m.
defunto s.m.
degas s.m.
degaullista (go) adj.2g.
degelado adj.
degelar v.
degelo (ê) s.m.; cf. *degelo*, fl. do v. *degelar*
degeneração s.f.
degenerado adj. s.m.
degenerador (ô) adj. s.m.
degenerar v.
degenerativo adj.
degenerescência s.f.
degenerescente adj.2g.
deglaçar v.
deglutição s.f.
deglutinação s.f.
deglutir v.
deglutível adj.2g.
degola s.f.
degolação s.f.
degolado adj. s.m.
degolador (ô) adj. s.m.
degolamento s.m.
degolar v.
degomado adj.
degradação s.f.
degradado adj.
degradador (ô) adj. s.m.
degradante adj.2g.
degradar v.
degradável adj.2g.
degrau s.m.
degredado adj. s.m.
degredar v.
degredo (ê) s.m.; cf. *degredo*, fl. do v. *degredar*
degringolada s.f.
degringolar v.
degustação s.f.
degustado adj.
degustador (ô) s.m.

degustar v.
degustativo adj.
deicídio s.m.
deidade s.f.
deificação s.f.
deificado adj.
deificador (ô) adj.
deificar v.
deiscência s.f. "rompimento"; cf. *decência*
deiscente adj.2g. "que se abre depois de maduro, deixando cair as sementes"; cf. *decente* e *discente*
deísmo s.m.
deísta adj. s.2g.
deitado adj.
deitar v.
deixa s.f.
deixar v.
dejeção s.f.
dejejum s.m.
dejetar v.
dejeto s.m.
delação s.f. "denúncia"; cf. *dilação*
delatado adj. s.m.; cf. *dilatado*
delatador (ô) adj.; cf. *dilatador*
delatar v. "denunciar"; cf. *dilatar*
delator (ô) adj. s.m.
dele (ê) contr. de *de* (prep.) + *ele* (pron.)
deleção s.f.
delegação s.f.
delegacia s.f.
delegado adj. s.m.
delegante adj. s.2g.
delegar v.
delegatário adj. s.m.
delegável adj.2g.
deleitação s.f.
deleitado adj.
deleitante adj.2g.
deleitar v.
deleitável adj.2g.
deleite s.m.
deleitoso (ô) adj.; f. e pl.: (ó)
deletar v.
deletério adj.
delfim s.m.
delgadeza (ê) s.f.
delgado adj.
delibação s.f.
delibar v.
deliberação s.f.
deliberadamente adv.
deliberado adj.
deliberante adj. s.2g
deliberar v.
deliberativo adj.
deliberatório adj.2g.
delicadamente adv.
delicadeza (ê) s.f.

delicado adj.
delícia s.f.
deliciado adj.
deliciar v.
deliciosamente adv.
delicioso (ô) adj.; f. e pl.: (ó)
delimitação s.f.
delimitado adj.
delimitador (ô) adj. s.m.
delimitar v.
delimitativo adj.
delimitável adj.2g.
delineação s.f.
delineado adj.
delineador (ô) adj. s.m.
delineamento s.m.
delinear v.
delinquência (ü) s.f.
delinquencial (ü) adj.2g.
delinquente (ü) adj. s.2g.
delinquir (ü) v.
deliquescência (ü) s.f.
deliquescente (ü) adj.2g.
delíquio s.m.
delir v.
delirante adj.2g.
delirantemente adv.
delirar v.
delírio s.m.
delito s.m.
delituoso (ô) adj.; f. e pl.: (ó)
delonga s.f.
delongado adj.
delongador (ô) adj.
delongar v.
delta s.m.
deltaico adj.
deltoide (ó) adj. s.m.
demagogia s.f.
demagógico adj.
demagogo (ô) adj. s.m.
demais adv.
demanda s.f.
demandado adj. s.m.
demandador (ô) adj. s.m.
demandante adj. s.2g.
demandar v.
demandista s.2g.
demão s.f.
demaquilante adj.2g. s.m.
demarcação s.f.
demarcado adj.
demarcador (ô) adj. s.m.
demarcar v.
demarcatório adj.
demarquia s.f.
demarragem s.f.
demarrar v.
demasia s.f.
demasiadamente adv.
demasiado adj.
demasiar-se v.
demência s.f.
demencial adj.2g.

dementado adj.
dementar v.
demente adj. s.2g.
demérito s.m.
demeritório adj.
demissão s.f.
demissibilidade s.f.
demissional adj.2g.
demissionário adj. s.m.
demissível adj.2g.
demitido adj. s.m.
demitir v.
demiúrgico adj.
demiurgo s.m.
demo s.m.
democracia s.f.
democrata adj. s.2g.
democraticamente adv.
democrático adj.
democratismo s.m.
democratista adj.2g.
democratização s.f.
democratizado adj.
democratizador (ô) adj.
democratizante adj.2g.
democratizar v.
demodulação s.f.
demodulador (ô) s.m.
demografia s.f.
demograficamente adv.
demográfico adj.
demógrafo s.m.
demolição s.f.
demolido adj.
demolidor (ô) adj. s.m.
demolir v.
demoníaco adj.
demônio s.m.
demonismo s.m.
demonização s.f.
demonizado adj.
demonizar v.
demonologia s.f.
demonstração s.f.
demonstrado adj.
demonstrador (ô) adj. s.m.
demonstrar v.
demonstrativo adj. s.m.
demonstrável adj.2g.
demora s.f.
demoradamente adv.
demorado adj.
demorar v.
demoroso (ô) adj.; f. e pl.: (ó)
demótico adj. s.m.
demover v.
demovido adj.
demudado adj.
demudar v.
denário s.m.
dendê s.m.
dendezal s.m.
dendezeiro s.m.
dendrítico s.m.

dendrito s.m.
dendrobata adj. s.2g.
dendróbata adj. s.2g.
dendrocronologia s.f.
dendrocronologista s.2g.
dendrofilia s.f.
dendrograma s.f.
dendroide (ó) adj.2g.
dendrolatria s.f.
dendrolátrico adj.
dendrologia s.f.
dendrológico adj.
denegação s.f.
denegar v.
denegatório adj.
denegrido adj. s.m.
denegridor (ô) adj. s.m.
denegrir v.
dengar v.
dengo s.m.
dengoso (ô) adj.; f. e pl.: (ó)
dengue s.m.f.
denguice s.f.
denodadamente adv.
denodado adj.
denodo (ô) s.m.
denominação s.f.
denominado adj.
denominador (ô) adj. s.m.
denominar v.
denominativo adj.
denotação s.f.
denotador (ô) adj. s.m.
denotar v.
denotativo adj.
densamente adv.
densidade s.f.
densificação s.f.
densificante adj.2g.
densificar v.
densimetria s.f.
densímetro s.m.
densitometria s.f.
densitômetro s.m.
denso adj.
dentada s.f.
dentado adj.
dentadura s.f.
dental adj.2g.
dentálio s.m.
dentar v.
dentário adj.
dente s.m.
denteação s.f.
denteado adj.
dentear v.
dente de coelho s.m.
dente-de-leão s.m.; pl.: dentes-
-de-leão
dente de leite s.m.
dentição s.f.
dentículo s.m.
dentifrício adj. s.m.
dentina s.f.
dentinário adj.
dentista s.2g.
dentola s.m.
dentolas adj. s.2g.2n.
dentre contr. de de (prep.) +
 entre (prep.)
dentro adv.
dentuça s.f.
dentuço adj.
denudação s.f.
denúncia s.f.
denunciação s.f.
denunciado adj. s.m.
denunciador (ô) adj. s.m.
denunciante s.2g.
denunciar v.
denunciativo adj.
denunciatório adj.
denunciável adj.2g.
denuncismo s.f.
denuncista adj. s.2g.
deontologia s.f.
deontológico adj.
deoxidado (cs) adj.
deparado adj.
deparar v.
departamental adj.2g.
departamento s.m.
depauperação s.f.
depauperado adj.
depauperamento s.m.
depauperante adj.2g.
depauperar v.
depenação s.f.
depenado adj.
depenador (ô) adj. s.m.
depenagem s.f.
depenar v.
dependência s.f.
dependente adj. s.2g.
depender v.
dependura s.f.
dependurado adj.
dependuramento s.m.
dependurar v.
deperecer v.
deperecimento s.m.
depilação s.f.
depilado adj.
depilador (ô) adj. s.m.
depilar v.
depilatório adj.
depleção s.f.
deploração s.f.
deplorado adj.
deplorador (ô) adj. s.m.
deplorar v.
deplorável adj.2g.
deploravelmente adv.
depoente adj. s.2g.
depoimento s.m.
depois adv.
depor (ô) v.
deportação s.f.
deportado adj. s.m.
deportar v.
deportável adj.2g.
deposição s.f.
deposicional adj.2g.
depositado adj.
depositador (ô) adj. s.m.
depositante adj. s.2g.
depositar v.
depositário s.m.
depósito s.m.
depositório s.m.
deposto (ô) adj. s.m.; f. e
 pl.: (ó)
depravação s.f.
depravado adj. s.m.
depravador (ô) adj. s.m.
depravar v.
deprê adj.2g. s.f.
deprecação s.f.
deprecar v.
depreciação s.f.
depreciado adj.
depreciador (ô) adj. s.m.
depreciar v.
depreciativamente adv.
depreciativo adj.
depreciável adj.2g.
depredação s.f.
depredado adj.
depredador (ô) adj. s.m.
depredar v.
depredatório adj.
depreender v.
depreendido adj.
depreensão s.f.
depressa adv.
depressão s.f.
depressível adj.2g
depressivo adj. s.m.
depressor (ô) adj. s.m.
deprimente adj.2g.
deprimido adj. s.m.
deprimir v.
depuração s.f.
depurado adj.
depurador (ô) adj. s.m.
depuramento s.m.
depurar v.
depurativo adj. s.m.
deputação s.f.
deputado s.m.
deque s.m.
deriva s.f.
derivabilidade s.f.
derivação s.f.
derivacional adj.2g.
derivada s.f.
derivado adj. s.m.
derivante adj.2g. s.f.
derivar v.
derivativo adj. s.m.
derivável adj.2g.
derma s.m.

dermatite s.f.
dermatófito s.m.
dermatofitose s.f.
dermatologia s.f.
dermatológico adj.
dermatologista adj. s.2g.
dermatose s.f.
derme s.f.
dérmico adj.
derradeiramente adv.
derradeiro adj.
derrama s.f.
derramado adj.
derramamento s.m.
derramar v.
derrame s.m.
derrapada s.f.
derrapagem s.f.
derrapante adj.2g.
derrapar v.
derreado adj.
derreamento s.m.
derrear v.
derredor adv.
derreio s.m.
derrengado adj.
derrengar v.
derrengue s.m.
derreter v.
derretido adj.
derretimento s.m.
derribado adj.
derribar v.
derriça s.f.
derriçar v.
derriço s.m.
derrisão s.f.
derrisório adj.
derrocada s.f.
derrocado adj.
derrocamento s.m.
derrocar v.
derrogabilidade s.f.
derrogação s.f.
derrogar v.
derrogatório adj.
derrogável adj.2g.
derrota s.f.
derrotar v.
derrotável adj.2g.
derrotismo s.m.
derrotista adj. s.2g.
derrubada s.f.
derrubado adj.
derrubar v.
derruído adj.
derruir v.
dervixe s.m.
desabado adj.
desabafado adj.
desabafar v.
desabafo s.m.
desabalado adj.
desabalar v.

desabamento s.m.
desabar v.
desabastecimento s.m.
desabilitação s.f.
desabilitado s.f.
desabilitar v.
desabitação s.f.
desabitado adj.
desabitar v.
desabituado adj.
desabitual adj.2g.
desabituar v.
desabonado adj. s.m.
desabonador (ô) adj.
desabonar v.
desabono s.m.
desabotoado adj.
desabotoar v.
desabridamente adv.
desabrido adj.
desabrigado adj. s.m.
desabrigar v.
desabrigo s.m.
desabrimento s.m.
desabrochado adj.
desabrochamento s.m.
desabrochar v.
desabusadamente adv.
desabusado adj. s.m.
desabusar v.
desabuso s.m.
desaçaimar v.
desacatar v.
desacato s.m.
desacautelado adj.
desacautelar v.
desaceleração s.f.
desacelerado adj.
desacelerar v.
desacertar v.
desacerto (ê) s.m.
desacismado adj.
desacomodação s.f.
desacomodado adj.
desacomodar v.
desacompanhado adj.
desacompanhar v.
desaconselhado adj.
desaconselhar v.
desaconselhável adj.2g.
desacoplamento s.m.
desacoplar v.
desacorçoado adj.
desacorçoar v.
desacordado adj.
desacordar v.
desacordo (ô) s.m.; desacordo, fl. do v. desacordar
desacorrentado adj.
desacorrentar v.
desacostumado adj.
desacostumar v.
desacreditado adj.
desacreditar v.

desadorado adj.
desadouro s.m.
desafastar v.
desafeição s.f.
desafeiçoado adj.
desafeiçoar v.
desafeito adj.
desaferrado adj.
desaferrolhar v.
desafetação s.f.
desafeto adj. s.m.
desafiado adj. s.m.
desafiador (ô) adj. s.m.
desafiante adj.2g.
desafiar v.
desafinação s.f.
desafinado adj.
desafinamento s.m.
desafinar v.
desafio s.m.
desafivelado adj.
desafivelar v.
desafogado adj.
desafogamento s.m.
desafogar v.
desafogo (ô) s.m.
desaforado adj.
desaforamento s.m.
desaforar v.
desaforo (ô) s.m.
desafortunado adj. s.m.
desafronta s.f.
desafrontado adj.
desafrontar v.
desafrouxar v.
desagarrar v.
desagasalhado adj. s.m.
desagasalhar v.
deságio s.m.
desagradar v.
desagradável adj.2g.
desagradavelmente adv.
desagrado s.m.
desagravado adj. s.m.
desagravar v.
desagravo s.m.
desagregação s.f.
desagregado adj.
desagregador (ô) adj. s.m.
desagregar v.
desagrupamento s.m.
desagrupar v.
desaguachar v.
desaguache s.m.
desaguadouro s.m.
desaguar v.
desaguisado s.m.
desaire s.m.
desairoso (ô) adj.; f. e pl.: (ó)
desajeitadamente adv.
desajeitado adj.
desajeitamento s.m.
desajeitar v.
desajeito s.m.

desajudado adj. s.m.
desajudar v.
desajuizado adj. s.m.
desajustado adj. s.m.
desajustador (ô) adj.
desajustamento s.m.
desajustar v.
desajuste s.m.
desaleitar v.
desalentado adj.
desalentador (ô) adj.
desalentar v.
desalento s.m.
desalinhado adj.
desalinhamento s.m.
desalinhar v.
desalinhavar v.
desalinho s.m.
desalmado adj. s.m.
desalojado adj. s.m.
desalojamento s.m.
desalojar v.
desamar v.
desamarrado adj.
desamarrar v.
desamarrotado adj.
desamarrotar v.
desamassado adj.
desamassar v.
desambição s.f.
desambicioso (ô) adj.; f. e pl.: (ó)
desambientação s.f.
desambientado adj.
desambientar v.
desamolgar v.
desamontar v.
desamontoar v.
desamor (ô) s.m.
desamparado adj.
desamparar v.
desamparo s.m.
desancamento s.m.
desancar v.
desancorar v.
desandado adj.
desandar v.
desanimação s.f.
desanimado adj.
desanimador (ô) adj.
desanimar v.
desânimo s.m.
desanuviado adj.
desanuviador (ô) adj.
desanuviamento s.m.
desanuviar v.
desapaixonado adj.
desapaixonar v.
desaparafusado adj.
desaparafusar v.
desaparecer v.
desaparecido adj. s.m.
desaparecimento s.m.
desaparelhado adj.

desaparelhamento s.m.
desaparelhar v.
desaparição s.f.
desapartar v.
desapegar v.
desapego (ê) s.m.; cf. *desapego*, fl. do v. *desapegar*
desaperceber v.
desapercebido adj.
desapertado adj.
desapertar v.
desaperto (ê) s.m.; cf. *desaperto*, fl. do v. *desapertar*
desapiedadamente adv.
desapiedado adj.
desapiedar v.
desapoiar v.
desapontado adj.
desapontador (ô) adj.
desapontamento s.m.
desapontar v.
desaponto s.m.
desapossado adj. s.m.
desapossar v.
desapreciado adj.
desapreciar v.
desapreço (ê) s.m.
desaprender v.
desapropriação s.f.
desapropriado adj. s.m.
desapropriador (ô) adj. s.m.
desapropriar v.
desapropriatório adj.
desapropriável adj.2g.
desaprovação s.f.
desaprovado adj.
desaprovador (ô) adj. s.m.
desaprovar v.
desaprovativo adj.
desaproveitado adj.
desaprumado adj.
desaprumar v.
desaprumo s.m.
desaquecer v.
desaquecimento s.m.
desar s.m.
desarmado adj.
desarmador (ô) s.m.
desarmamento s.m.
desarmante adj.2g.
desarmar v.
desarme s.m.
desarmonia s.f.
desarmônico adj.
desarmonioso (ô) adj.; f. e pl.: (ó)
desarmonizar v.
desarquivado adj.
desarquivamento s.m.
desarquivar v.
desarraigado adj.
desarraigamento s.m.
desarraigar v.
desarranchar v.

desarranjado adj.
desarranjar v.
desarranjo s.m.
desarrazoado adj.
desarrazoar v.
desarreado adj.
desarrear v.
desarregaçar v.
desarreio s.m.
desarrochar v.
desarrolhado adj.
desarrolhar v.
desarrumação s.f.
desarrumado adj.
desarrumar v.
desarticulação s.f.
desarticulado adj.
desarticulador (ô) adj. s.m.
desarticular v.
desarvorado adj.
desarvorar v.
desasnado adj.
desasnar v.
desasriado adj. s.m.
desassalariamento s.m.
desasseio s.m.
desassentado adj. s.m.
desassentamento s.m.
desassimilação s.f.
desassimilar v.
desassisado adj.
desassistência s.f.
desassistido adj.
desassistir v.
desassociação s.f.
desassociar v.
desassombrado adj.
desassombrar v.
desassombro s.m.
desassoreado adj.
desassoreamento s.m.
desassorear v.
desassossegado adj.
desassossegar v.
desassossego (ê) s.m.; cf. *desassossego*, fl. do v. *desassossegar*
desastrado adj.
desastre s.m.
desastroso (ô) adj.; f. e pl.: (ó)
desatado adj.
desatamento s.m.
desatar v.
desatarraxado adj.
desatarraxar v.
desataviado adj.
desataviar v.
desatenção s.f.
desatencioso (ô) adj.; f. e pl.: (ó)
desatender v.
desatendido adj.
desatendimento s.m.
desatento adj.

desatinado | 104 | descentrado

desatinado adj. s.m.
desatinar v.
desatino s.m.
desativação s.f.
desativado adj.
desativamento s.m.
desativar v.
desatolado adj.
desatolamento s.m.
desatolar v.
desatracação s.f.
desatracar v.
desatravancar v.
desatrelamento s.m.
desatrelar v.
desatualizado adj.
desatualizar v.
desautomatização s.f.
desautomatizar v.
desautoração s.f.
desautorar v.
desautorização s.f.
desautorizado adj.
desautorizar v.
desavença s.f.
desavergonhado adj. s.m.
desavergonhamento s.m.
desavergonhar v.
desavindo adj.
desavir v.
desavisadamente adv.
desavisado adj. s.m.
desavisar v.
desaviso s.m.
desazo s.m.
desbalanceado adj.
desbalanceamento s.m.
desbancado adj.
desbancar v.
desbaratado adj.
desbarataments.m.
desbaratar v.
desbarato s.m.
desbarrancado adj. s.m.
desbarrancamento s.m.
desbarrancar v.
desbarretar v.
desbarrigado adj.
desbastado adj.
desbastamento s.m.
desbastar v.
desbaste s.m.
desbeiçado adj.
desbeiçar v.
desbloqueado adj.
desbloqueador (ô) adj. s.m.
desbloqueamento s.m.
desbloquear v.
desbloqueio s.m.
desbobinadeira s.f.
desbocação s.f.
desbocado adj.
desbocador (ô) adj.
desbocamento s.m.

desbordamento s.m.
desbordar v.
desbotado adj.
desbotamento s.m.
desbotar v.
desbotável adj.2g.
desbragadamente adv.
desbragado adj.
desbragamento s.m.
desbragar v.
desbraguilhamento s.f.
desbravado adj.
desbravador (ô) adj. s.m.
desbravamento s.m.
desbravar v.
desbriado adj. s.m.
desbridamento s.m.
desbridar v.
desbrota s.f.
desbrotar v.
desbundado adj.
desbundante adj.2g.
desbundar v.
desbunde s.m.
desburocratização s.f.
desburocratizante adj.2g.
desburocratizar v.
descabaçamento s.m.
descabaçar v.
descabeçado adj. s.m.
descabeçar v.
descabeceio s.m.
descabelado adj.
descabelamento s.m.
descabelar v.
descabidamente adv.
descabido adj.
descabimento s.m.
descadeirado adj.
descadeirar v.
descafeinado adj.
descaída s.f.
descaído adj.
descaimento s.m.
descair v.
descalabro s.m.
descalçadeira s.f.
descalçado adj. s.m.
descalçar v.
descalcificação s.f.
descalcificado adj.
descalcificar v.
descalço adj.
descalibrado adj.
descalibrar v.
descamação s.f.
descamado adj.
descamar v.
descamativo adj.
descambada s.f.
descambado adj.
descambar v.
descaminhador (ô) s.m.
descaminhar v.

descaminho s.m.
descamisado adj. s.m.
descampado adj.
descansadamente adv.
descansado adj.
descansar v.
descanso s.m.
descantar v.
descante s.m.
descapado adj.
descapitalização s.f.
descapitalizado adj.
descapitalizar v.
descaração s.f.
descaracterização s.f.
descaracterizado adj.
descaracterizador (ô) adj.
descaracterizar v.
descaradamente adv.
descarado adj. s.m.
descaramento s.m.
descarga s.f.
descarnado adj.
descarnador (ô) adj.
descarnar v.
descaro s.m.
descaroçado adj.
descaroçador (ô) adj. s.m.
descaroçamento s.m.
descaroçar v.
descarrear v.
descarregado adj.
descarregador (ô) adj. s.m.
descarregamento s.m.
descarregar v.
descarrego (ê) s.m.; cf.
  descarrego, fl. do v.
  descarregar
descarrilado adj.
descarrilamento s.m.
descarrilar v.
descarrilhado adj.
descarrilhamento s.m.
descarrilhar v.
descartabilidade s.f.
descartado adj.
descartar v.
descartável adj.2g.
descarte s.m.
descasado adj. s.m.
descasamento s.m.
descasar v.
descascado adj.
descascamento s.m.
descascar v.
descascável adj.2g.
descaso s.m.
descasque s.m.
descendência s.f.
descendente adj. s.2g.
descender v.
descensão s.f.
descenso s.m.
descentrado adj.

descentralização s.f.
descentralizado adj.
descentralizador (ô) adj.
descentralizante adj.2g.
descentralizar v.
descentramento s.m.
descentrar v.
descer v.
descerebração s.f.
descerebrado adj.
descerrado adj.
descerramento s.m.
descerrar v.
descida s.f.
desclassificação s.f.
desclassificado adj. s.m.
desclassificante adj.2g.
desclassificar v.
descoberta s.f.
descoberto adj.
descobridor (ô) adj. s.m.
descobrimento s.m.
descobrir v.
descodificado adj.
descodificador (ô) s.m.
descodificar v.
descolado adj. s.m.
descolador (ô) adj.
descolagem s.f.
descolamento s.m.
descolar v.
descolonização s.f.
descoloração s.f.
descolorado adj.
descoloramento s.m.
descolorante adj.2g. s.m.
descolorar v.
descolorido adj.
descolorir v.
descombinação s.f.
descombinado adj.
descombinar v.
descomedido adj.
descomedimento s.m.
descomedir-se v.
descomer v.
descomissionado adj.
descomissionamento s.m.
descômodo adj.
descompactação s.f.
descompactado adj.
descompactador (ô) s.m.
descompactar v.
descomparecimento s.m.
descompartimentar v.
descompassado adj. s.m.
descompassador (ô) adj.
descompassar v.
descompasso s.m.
descompensação s.f.
descompensado adj.
descompensar v.
descompetente adj.2g.
descomplexar (cs) v.

descomplicação s.f.
descomplicado adj.
descomplicar v.
descompor (ô) v.
descomposição s.f.
descomposto (ô) adj.; f. e pl.: (ó)
descompostura s.f.
descompressão s.f.
descompressivo adj.
descomprimir v.
descomprometer v.
descomprometido adj. s.m.
descomprometimento s.m.
descompromisso s.m.
descomunal adj.2g.
desconcatenado adj.
desconceito s.m.
desconceituado adj.
desconcentração s.f.
desconcentrado adj.
desconcentrador (ô) adj.
desconcentrar v.
desconcertado adj.
desconcertante adj.2g.
desconcertantemente adv.
desconcertar v.
desconcerto (ê) s.m.;
    cf. *desconcerto*, fl. do v.
    desconcertar
desconchavado adj.
desconchavar v.
desconchavo s.m.
desconcordância s.f.
descondicionado adj.
descondicionamento s.m.
descondicionar v.
desconectado adj.
desconectar v.
desconector (ô) s.m.
desconexão (cs) s.f.
desconexo (cs) adj.
desconfiado adj.
desconfiança s.f.
desconfiar v.
desconfiômetro s.m.
desconforme adj.2g.
desconformidade s.f.
desconfortante adj.2g.
desconfortável adj.2g.
desconfortavelmente adv.
desconforto (ô) s.m.
descongelado adj.
descongelamento s.m.
descongelar v.
descongestionado adj.
descongestionamento s.m.
descongestionante adj.2g. s.m.
descongestionar v.
desconhecedor (ô) adj.
desconhecer v.
desconhecido adj.
desconhecimento s.m.

desconjuntado adj.
desconjuntamento s.m.
desconjuntar v.
desconjurar v.
desconsideração s.f.
desconsiderado adj.
desconsiderar v.
desconsolação s.f.
desconsolado adj.
desconsolador (ô) adj.
desconsolar v.
desconsolo (ô) s.m.; cf.
    desconsolo, fl. do v. *desconsolar*
desconstituição s.f.
desconstituir v.
desconstrução s.f.
desconstrucionismo s.m.
desconstrucionista adj. s.2g.
desconstruído adj.
desconstruir v.
desconstrutivismo s.m.
desconstrutivista adj. s.2g.
descontado adj.
descontaminação s.f.
descontaminante adj.2g. s.m.
descontaminar v.
descontar v.
descontentamento s.m.
descontentar v.
descontente adj.2g.
descontextualização s.f.
descontextualizado adj.
descontextualizar v.
descontingenciamento s.m.
descontingenciar v.
descontinuação s.f.
descontinuar v.
descontinuidade s.f.
descontínuo adj.
desconto s.m.
descontração s.f.
descontraidamente adv.
descontraído adj.
descontrair v.
descontratar v.
descontroladamente adv.
descontrolado adj.
descontrolar v.
descontrole (ô) s.m.;
    cf. *descontrole*, fl. do v.
    descontrolar
desconversa s.f.
desconversar v.
desconvidado adj.
desconvidar v.
desconvir v.
desconvite s.m.
desconvocação s.f.
desconvocado adj.
desconvocar v.
descoordenação s.f.
descoordenado adj.
descoordenar v.
descorado adj.

descoramento s.m.
descorante adj.2g. s.m.
descorar v.
descorável adj.2g.
descorçoado adj.
descorçoamento s.m.
descorçoar v.
descoroçoado adj.
descoroçoamento s.m.
descoroçoar v.
descortês adj.2g.
descortesia s.f.
descorticar v.
descortinado adj.
descortinador (ô) adj. s.m.
descortinar v.
descortínio s.m.
descortino s.m.
descoser v.
descosido adj.
descostume s.m.
descosturado adj.
descosturar v.
descravar v.
descredenciado adj.
descredenciamento s.m.
descredenciar v.
descrédito s.m.
descrença s.f.
descrente adj.2g.
descrer v.
descrever v.
descrição s.f. "ação de descrever"; cf. *discrição*
descrido adj. s.m.
descriminação s.f. "retirada da condição de crime"; cf. *discriminação*
descriminalização s.f.
descriminalizar v.
descriminar v. "tirar a culpa"; cf. *discriminar*
descristianização s.f.
descristianizado adj.
descristianizar v.
descritério s.m.
descriterioso (ô) adj.; f. e pl.: (ó)
descritível adj.2g.
descritivismo s.m.
descritivista adj. s.2g.
descritivo adj.
descrito adj. s.m.
descritor (ô) s.m.
descruzar v.
descuidado adj.
descuidadoso (ô) adj.; f. e pl.: (ó)
descuidar v.
descuido s.m.
descuidoso (ô) adj.; f. e pl.: (ó)
desculpa s.f.
desculpado adj.
desculpar v.
desculpável adj.2g.

descumprido adj.
descumpridor (ô) adj. s.m.
descumprimento s.m.
descumprir v.
descupinização s.f.
descupinizadora (ô) s.f.
descupinizar v.
descurado adj.
descurar v.
desde (ê) prep.
desdém s.m.
desdenhado adj.
desdenhador (ô) adj. s.m.
desdenhar v.
desdenhoso (ô) adj.; f. e pl.: (ó)
desdentado adj. s.m.
desdentar v.
desdita s.f.
desditado adj.
desditoso (ô) adj.; f. e pl.: (ó)
desdizer v.
desdobrado adj.
desdobramento s.m.
desdobrar v.
desdobrável adj.2g.
desdourar v.
desdouro s.m.
desduplicação s.f.
desduplicar v.
deseducação s.f.
deseducado adj. s.m.
deseducador (ô) adj.
deseducar v.
deseducativo adj.
desejado adj.
desejante adj.2g.
desejar v.
desejável adj.2g.
desejo (ê) s.m.
desejosamente adv.
desejoso (ô) adj.; f. e pl.: (ó)
deselegância s.f.
deselegante adj.2g.
deselegantemente adv.
desemaranhado adj.
desemaranhar v.
desembaçado adj.
desembaçador (ô) s.m.
desembaçamento s.m.
desembaçar v.
desembainhado adj.
desembainhar v.
desembalado adj.
desembalar v.
desembaraçado adj.
desembaraçamento s.m.
desembaraçar v.
desembaraço s.m.
desembaralhamento s.m.
desembaralhar v.
desembarcado adj. s.m.
desembarcadouro s.m.
desembarcar v.

desembargador (ô) s.m.
desembargadoria s.f.
desembargar v.
desembargo s.m.
desembarque s.m.
desembestado adj.
desembestar v.
desembocadura s.f.
desembocar v.
desembolsado adj.
desembolsar v.
desembolso (ô) s.m.; cf. *desembolso*, fl. do v. *desembolsar*
desembrulhado adj.
desembrulhar v.
desembuchar v.
desempacar v.
desempacotar v.
desempanar v.
desemparelhado adj.
desemparelhar v.
desempatar v.
desempate s.m.
desempenadeira s.f.
desempenado adj.
desempenar v.
desempenhado adj.
desempenhar v.
desempenho s.m.
desempeno s.m.
desempestar v.
desempilhar v.
desemplumado adj.
desempoar v.
desempoçar v. "tirar do poço"; cf. *desempossar*
desempoeirar v.
desempossar v. "privar da posse"; cf. *desempoçar*
desempregado adj. s.m.
desempregar v.
desemprego (ê) s.m.; cf. *desemprego*, fl. do v. *desempregar*
desencabeçar v.
desencabrestar v.
desencabular v.
desencadeado adj.
desencadeador (ô) adj. s.m.
desencadeamento s.m.
desencadeante adj.2g.
desencadear v.
desencadernar v.
desencaixado adj.
desencaixar v.
desencaixe s.m.
desencaixotamento s.m.
desencaixotar v.
desencalacrar v.
desencalhar v.
desencalhe s.m.
desencaminhado adj.
desencaminhador (ô) adj. s.m.

desencaminhamento s.m.
desencaminhar v.
desencanação s.f.
desencanado adj.
desencanar v.
desencantamento s.m.
desencantar v.
desencanto s.m.
desencapado adj.
desencapar v.
desencarar v.
desencarceramento s.m.
desencardir v.
desencargo s.m.
desencarnação s.f.
desencarnado adj. s.m.
desencarnar v.
desencarregado adj.
desencarregar v.
desencarrilamento s.m.
desencarrilar v.
desencarrilhamento s.m.
desencarrilhar v.
desencavado adj.
desencavar v.
desencilhar v.
desencontradamente adv.
desencontrado adj.
desencontrar-se v.
desencontro s.m.
desencorajado adj.
desencorajador (ô) adj. s.m.
desencorajamento s.m.
desencorajar v.
desencordoar v.
desencorpar v.
desencostar v.
desencovar v.
desencravar v.
desencrespar v.
desencriptação s.f.
desencriptar v.
desencurvar v.
desendividamento s.m.
desendividar v.
desenergizado adj.
desenergizar v.
desenevoar v.
desenfadar v.
desenfado s.m.
desenfaixar v.
desenfastiar v.
desenfeitado adj.
desenfeitar v.
desenfeitiçado adj.
desenfeitiçar v.
desenferrujar v.
desenfiar v.
desenformar v. "tirar da forma (ô)"; cf. *desinformar*
desenfreadamente adv.
desenfreado adj.
desenfurnar v.
desengaiolar v.

desengajado adj. s.m.
desengajamento s.m.
desengajar-se v.
desenganado adj.
desenganador (ô) adj. s.m.
desenganar v.
desenganchar v.
desengano s.m.
desengarrafar v.
desengasgar v.
desengastar v.
desengatado adj.
desengatar v.
desengate s.m.
desengatilhar v.
desengavetado adj.
desengavetamento s.m.
desengavetar v.
desengonçado adj.
desengonçar v.
desengonço s.m.
desengordar v.
desengordurado adj.
desengorduramento s.m.
desengordurante adj.2g. s.m.
desengordurar v.
desengrenar v.
desengrossadeira s.f.
desengrossar v.
desenguiçar v.
desenhado adj. s.m.
desenhador (ô) s.m.
desenhar v.
desenhista s.2g.
desenho s.m.
desenho-animado s.m.; pl.: *desenhos-animados*
desenlaçar v.
desenlace s.m.
desenlamear v.
desenovelar v.
desenquadramento s.m.
desenquadrar v.
desenraizamento s.m.
desenraizar v.
desenrascar v.
desenredar v.
desenrodilhar v.
desenrolado adj.
desenrolamento s.m.
desenrolar v.
desenrugamento s.m.
desenrugar v.
desensaboar v.
desensacar v.
desensebar v.
desensofrido adj.
desentalar v.
desentediar v.
desentender v.
desentendido adj.
desentendimento s.m.
desenterrado adj.
desenterramento s.m.

desenterrar v.
desentoado adj.
desentoar v.
desentocado adj.
desentocar v.
desentorpecer v.
desentortar v.
desentranhado adj.
desentranhamento s.m.
desentranhar v.
desentravado adj.
desentravar v.
desentrave s.m.
desentrevar v.
desentristecer v.
desentrosado adj.
desentrosamento s.m.
desentrosar v.
desentulhar v.
desentupido adj.
desentupidor (ô) s.m.
desentupimento s.m.
desentupir v.
desenvolto (ô) adj.
desenvoltura s.f.
desenvolvedor (ô) s.m.
desenvolver v.
desenvolvido adj.
desenvolvimentismo s.m.
desenvolvimentista adj. s.2g.
desenvolvimento s.m.
desenxabido adj.
desequilibrado adj. s.m.
desequilibrar v.
desequilíbrio s.m.
deserção s.f.
deserdação s.f.
deserdado adj. s.m.
deserdar v.
desertado adj. s.m.
desertar v.
desértico adj.
desertificação s.f.
desertificado adj.
desertificar v.
deserto adj. s.m.
desertor (ô) s.m.
desesperação s.f.
desesperado adj.
desesperador (ô) adj.
desesperança s.f.
desesperançado adj.
desesperançar v.
desesperançoso (ô) adj.; f. e pl.: (ó)
desesperante adj.2g.
desesperar v.
desespero (ê) s.m.
desestabilização s.f.
desestabilizado adj.
desestabilizante adj.2g.
desestabilizar v.
desestatização s.f.
desestatizado adj.

desestatizante adj.2g.
desestatizar v.
desestimulado adj.
desestimulador (ô) adj.
desestimulante adj.2g.
desestimular v.
desestímulo s.m.
desestruturação s.f.
desestruturado adj.
desestruturador (ô) adj.
desestruturante adj.2g.
desestruturar v.
deseuropeizar v.
desfaçatez (ê) s.f.
desfalcado adj.
desfalcar v.
desfalecer v.
desfalecido adj.
desfalecimento s.m.
desfalque s.m.
desfastio s.m.
desfavelamento s.m.
desfavelar v.
desfavelização s.f.
desfavelizar v.
desfavor (ô) s.m.
desfavorável adj.2g.
desfavoravelmente adv.
desfavorecer v.
desfavorecido adj. s.m.
desfazer v.
desfazimento s.m.
desfear v. "tornar feio"; cf. *desfiar*
desfechado adj.
desfechar v.
desfecho (ê) s.m.
desfeita s.f.
desfeitear v.
desfeiteiro adj.
desfeito adj.
desfeminilização s.f.
desfeminilizar v.
desferir v.
desfiado adj. s.m.
desfiamento s.m.
desfiar v. "reduzir a fio"; cf. *desfear*
desfiável adj.2g.
desfibradeira s.f.
desfibrado adj.
desfibragem s.f.
desfibramento s.m.
desfibrar v.
desfibrilador (ô) s.m.
desfiguração s.f.
desfigurado adj.
desfigurador (ô) adj.
desfiguramento s.m.
desfigurante adj.2g.
desfigurar v.
desfiladeiro s.m.
desfilante s.2g.
desfilar v.
desfile s.m.

| 108 |

desfitar v.
desfloculação s.f.
desfloculante adj.2g. s.m.
desflocular v.
desfloração s.f.
desfloramento s.m.
desflorar v.
desflorestado adj.
desflorestamento s.m.
desflorestar v.
desfocado adj.
desfocalização s.f.
desfocalizado adj.
desfocamento s.m.
desfocar v.
desfolhação s.f.
desfolhamento s.m.
desfolhante adj.2g. s.m.
desfolhar v.
desfoque s.m.
desforço (ô) s.m.
desforra s.f.
desforrado adj.
desforrar v.
desfosforilação s.f.
desfragmentação s.f.
desfragmentado adj.
desfragmentador (ô) s.m.
desfragmentar v.
desfraldado adj.
desfraldamento s.m.
desfraldar v.
desfralde s.m.
desfranzido adj.
desfranzir v.
desfrequentado (ü) adj.
desfrutar v.
desfrutável adj.2g.
desfrute s.m.
desfuncionalidade s.f.
desgalhar v.
desgarrado adj.
desgarramento s.m.
desgarrar v.
desgarre s.m.
desgarro s.m.
desgaseificação adj.
desgaseificado adj.
desgaseificar v.
desgastado adj.
desgastante adj.2g.
desgastar v.
desgaste s.f.
desglamorização s.f.
desglamorizado adj.
desglamorizante adj.2g.
desgostar v.
desgosto (ô) s.m.; cf. *desgosto*, fl. do v. *desgostar*
desgostoso (ô) adj.; f. e pl.: (ó)
desgovernado adj.
desgovernar v.
desgoverno (ê) s.m.; cf. *desgoverno*, fl. do v. *desgovernar*

desgraça s.f.
desgraçadamente adv.
desgraçado adj. s.m.
desgraçar v.
desgraceira s.f.
desgracioso (ô) adj.; f. e pl.: (ó)
desgramado adj. s.m.
desgravação s.f.
desgravamento s.m.
desgravar v.
desgrenhado adj.
desgrenhamento s.m.
desgrenhar v.
desgrudado adj.
desgrudar v.
desguaritado adj.
desguaritar v.
desguarnecer v.
desguarnecido adj.
desguarnecimento s.m.
desguiar v.
desidentificação s.f.
desideologização s.f.
desideologizado adj.
desideologizar v.
desiderato s.m.
desídia s.f.
desidioso (ô) adj.; f. e pl.: (ó)
desidratação s.f.
desidratado adj. s.m.
desidratante adj.2g. s.m.
desidratar v.
desidrogenação s.f.
desidrogenar v.
desidrogenase s.f.
designação s.f.
designado adj.
designador (ô) adj. s.m.
designante adj. s.2g.
designar v.
designatário s.m.
designativo adj.
desígnio s.m.
desigual adj.2g.
desigualar v.
desigualdade s.f.
desigualitário adj.
desigualmente adv.
desiludido adj.
desiludir v.
desilusão s.f.
desimpedido adj.
desimpedimento s.m.
desimpedir v.
desimportância s.f.
desimportante adj.2g.
desincentivador (ô) adj.
desincentivante adj.2g.
desincentivo s.m.
desinchaço s.m.
desinchar v.
desincompatibilização s.f.
desincompatibilizado adj.
desincompatibilizar v.

desincorporação s.f.
desincorporado adj.
desincorporar v.
desincumbência s.f.
desincumbir-se v.
desindexação (cs) s.f.
desindexado (cs) adj.
desindexar (cs) v.
desindicado adj.
desindividualizar v.
desindustrialização s.f.
desindustrializado adj.
desindustrializante adj.2g.
desindustrializar v.
desinência s.f.
desinfecção s.f.
desinfeliz adj. s.2g.
desinfestação s.f.
desinfestar v.
desinfetado adj.
desinfetador (ô) s.m.
desinfetante adj.2g. s.m.
desinfetar v.
desinflação s.f.
desinflacionar v.
desinflacionário adj.
desinflamação s.f.
desinflamar v.
desinflar v.
desinformação s.f.
desinformado adj.
desinformar v. "informar mal"; cf. *desenformar*
desinformativo adj.
desinibição s.f.
desinibidamente adv.
desinibido adj.
desinibir v.
desinquietação s.f.
desinquietar v.
desinquieto adj.
desinserção s.f.
desinserir v.
desinsetização s.f.
desinsetizar v.
desinsofrido adj.
desintegração s.f.
desintegrado adj.
desintegrador (ô) adj. s.m.
desintegrante adj.2g.
desintegrar v.
desinteirado adj.
desinteligência s.f.
desinteligente adj.2g.
desinterdição s.f.
desinterditar v.
desinteressadamente adv.
desinteressado adj.
desinteressante adj.2g.
desinteressar v.
desinteresse (ê) s.m.; cf. *desinteresse*, fl. do v. *desinteressar*
desintoxicação (cs) s.f.

desintoxicado (cs) adj.
desintoxicador (cs...ô) adj. s.m.
desintoxicante (cs) adj.2g.
desintoxicar (cs) v.
desintumescer v.
desinventar v.
desistência s.f.
desistente adj. s.2g.
desistir v.
desjejum s.m.
deslaçar v.
deslacrar v.
deslacre s.m.
deslambido adj.
deslanchar v.
deslanche s.m.
deslavadamente adv.
deslavado adj.
desleal adj.2g.
deslealdade s.f.
deslegitimação s.f.
deslegitimar v.
desleixado adj. s.m.
desleixar v.
desleixo s.m.
deslembrar v.
desligada s.f.
desligado adj. s.m.
desligamento s.m.
desligar v.
deslindamento s.m.
deslindar v.
deslinde s.m.
deslizada s.f.
deslizamento s.m.
deslizante adj.2g.
deslizar v.
deslize s.m.
deslocação s.f.
deslocado adj. s.m.
deslocamento s.m.
deslocar v.
deslombar v.
deslumbrado adj.
deslumbramento s.m.
deslumbrante adj.2g.
deslumbrar v.
deslumbre s.m.
deslustrar v.
deslustre s.m.
desmagnetização s.f.
desmagnetizado adj.
desmagnetizador (ô) s.m.
desmagnetizar v.
desmaiado adj. s.m.
desmaiar v.
desmaio s.m.
desmama s.f.
desmamado adj.
desmamar v.
desmame s.m.
desmanchado adj.
desmancha-prazeres s.2g.2n.

desmanchar v.
desmanche s.m.
desmandado adj. s.m.
desmandar v.
desmando s.m.
desmanear v.
desmantelado adj.
desmantelamento s.m.
desmantelar v.
desmantelo (ê) s.m.
desmarcado adj.
desmarcar v.
desmascarado adj.
desmascaramento s.m.
desmascarar v.
desmastreado adj.
desmastrear v.
desmatado adj.
desmatador (ô) adj. s.m.
desmatamento s.m.
desmatar v.
desmate s.m.
desmaterialização s.f.
desmaterializado adj.
desmaterializar v.
desmazelado adj.
desmazelar-se v.
desmazelo (ê) s.m.; cf. *desmazelo*, fl. do v. *desmazelar*
desmedido adj.
desmembrado adj.
desmembramento s.m.
desmembrar v.
desmemória s.f.
desmemoriado adj.
desmemoriar v.
desmentido adj.
desmentir v.
desmerecedor (ô) adj.
desmerecer v.
desmerecido adj.
desmerecimento s.m.
desmesura s.f.
desmesuradamente adv.
desmesurado adj.
desmesurar v.
desmilinguido (ü) adj.
desmilinguir-se (ü) v.
desmilitarização s.f.
desmilitarizado adj.
desmilitarizar v.
desmineralização s.f.
desmineralizado adj.
desmineralizar v.
desmiolado adj.
desmistificação s.f.
desmistificado adj.
desmistificador (ô) adj. s.m.
desmistificar v.
desmitificação s.f.
desmitificar v.
desmobilhar v.
desmobiliar v.

desmobilização s.f.
desmobilizado adj.
desmobilizador (ó) adj.
desmobilizante adj.2g.
desmobilizar v.
desmonetização s.f.
desmonetizado adj.
desmonetizar v.
desmonopolização s.f.
desmonopolizar v.
desmontado adj.
desmontagem s.f.
desmontar v.
desmontável adj.2g.
desmonte s.m.
desmoralização s.f.
desmoralizado adj.
desmoralizador (ó) adj.
desmoralizante adj.2g.
desmoralizar v.
desmoronado adj.
desmoronamento s.m.
desmoronar v.
desmotivação s.f.
desmotivado adj.
desmotivar v.
desmunhecada s.f.
desmunhecado adj.
desmunhecar v.
desnacionalização s.f.
desnacionalizado adj.
desnacionalizante adj.2g.
desnacionalizar v.
desnalgado adj.
desnasalizar v.
desnatadeira s.f.
desnatado adj.
desnatamento s.m.
desnatar v.
desnate s.m.
desnaturação s.f.
desnaturado adj.
desnaturalização s.f.
desnaturalizar v.
desnaturar v.
desnecessariamente adv.
desnecessário adj.
desnecessidade s.f.
desnível s.m.
desnivelado adj.
desnivelamento s.m.
desnivelar v.
desnorteado adj.
desnorteamento s.m.
desnorteante adj.2g.
desnortear v.
desnorteio s.m.
desnucar v.
desnudação s.f.
desnudado adj.
desnudamento s.m.
desnudar v.
desnudez (ê) s.f.
desnudo adj.

desnutrição s.f.
desnutrido adj. s.m.
desnutrir v.
desobedecer v.
desobediência s.f.
desobediente adj. s.2g.
desobriga s.f.
desobrigação s.f.
desobrigado adj.
desobrigar v.
desobstrução s.f.
desobstruído adj.
desobstruir v.
desobstrutivo adj.
desocupação s.f.
desocupado adj. s.m.
desocupar v.
desodorante adj.2g. s.m.
desodorização s.f.
desodorizado adj.
desodorizador (ó) adj.
desodorizante adj.2g. s.m.
desodorizar v.
desolação s.f.
desolado adj.
desolador (ó) adj.
desolamento s.m.
desolar v.
desonerar v.
desonestidade s.f.
desonesto adj.
desonra s.f.
desonrado adj.
desonrar v.
desonroso (ô) adj.; f. e pl.: (ó)
desopilante adj.2g.
desopilar v.
desoprimido adj.
desoprimir v.
desoras s.f.pl.
desordeiro adj. s.m.
desordem s.f.
desordenadamente adv.
desordenado adj.
desordenar v.
desorganização s.f.
desorganizado adj.
desorganizador (ó) adj.
desorganizar v.
desorientação s.f.
desorientado adj.
desorientador (ó) adj.
desorientar v.
desossa s.f.
desossado adj.
desossador (ó) adj. s.m.
desossadora (ô) s.f.
desossar v.
desova s.f.
desovar v.
desoxidação (cs) s.f.
desoxidar (cs) v.
desoxigenação (cs) s.f.
desoxigenar (cs) v.

desoxirribonucleico (cs...
  ê) adj.
despachado adj.
despachante s.2g.
despachar v.
despacho s.m.
despacito adv.
despalatizar v.
desparafusado adj.
desparafusar v.
desparamentar v.
desparramar v.
despautério s.m.
despedaçado adj.
despedaçamento s.m.
despedaçar v.
despedida s.f.
despedimento s.m.
despedir v.
despegar v.
despeitado adj.
despeito s.m.
despejado adj.
despejar v.
despejo (ê) s.m.
despenalização s.f.
despenalizado adj.
despenalizar s.f.
despencado adj.
despencar v.
despender v.
despendido adj.
despendurar v.
despenhadeiro s.m.
despenhar v.
despensa s.f. "lugar para
  guardar mantimentos"; cf.
  dispensa
despenseiro s.m.
despenteado adj.
despentear v.
desperceber v.
despercebido adj.
despercebimento s.m.
desperdiçado adj. s.m.
desperdiçador (ó) adj. s.m.
desperdiçar v.
desperdício s.m.
despersonalização s.f.
despersonalizado adj.
despersonalizante adj.2g.
despersonalizar v.
despersuadir v.
despersuasão s.f.
despertado adj.
despertador (ó) adj. s.m.
despertar v.
desperto adj.
despesa (ê) s.f.
despetalar v.
despiciendo adj.
despido adj.
despigmentação s.f.
despilchado adj.

despique | 111 | destaque

despique s.m.
despir v.
despirocado adj.
despirocar v.
despistado adj.
despistamento s.m.
despistar v.
despiste s.m.
desplante s.m.
desplugado adj. s.m.
desplugar v.
despojado adj.
despojamento s.m.
despojar v.
despojo (ô) s.m.; pl.: (ó); cf. *despojo*, fl. do v. *despojar*
despojos s.m.pl.
despolarização s.f.
despolarizado adj.
despolarizar v.
despoliciado adj.
despolitização s.f.
despolitizado adj.
despolitizador (ô) adj.
despolitizante adj.2g.
despolitizar v.
despolpadeira s.f.
despolpado adj.
despolpadora (ô) s.f.
despolpamento s.m.
despolpar v.
despoluente adj.2g. s.m.
despoluição s.f.
despoluído adj.
despoluir v.
despontado adj.
despontar v.
desporte s.m.
desportista adj. s.2g.
desportividade s.f.
desportivismo s.m.
desportivo adj.
desporto (ô) s.m.; pl.: (ó)
desposado adj. s.m.
desposar v.
despossuído adj. s.m.
déspota adj. s.2g.
despótico adj.
despotismo s.m.
despotizar v.
despovoação s.f.
despovoado adj.
despovoador (ô) adj.
despovoamento s.m.
despovoar v.
desprazer v.
desprazeroso (ô) adj.; f. e pl.: (ó)
desprecatado adj.
desprecatar-se v.
desprecaver v.
desprecavido adj.
despregado adj.
despregar v.

desprender v.
desprendido adj.
desprendimento s.m.
despreocupação s.f.
despreocupadamente adv.
despreocupado adj.
despreocupar v.
despreparado adj.
despreparo s.m.
despressurização s.f.
despressurizado adj.
despressurizar v.
desprestigiado adj.
desprestigiar v.
desprestígio s.m.
despresunçoso (ô) adj.; f. e pl.: (ó)
despretensão s.f.
despretensiosamente adv.
despretensioso (ô) adj.; f. e pl.: (ó)
desprevenido adj.
desprezado adj.
desprezar v.
desprezível adj.2g.
desprezo (ê) s.m.; cf. *desprezo*, fl. do v. *desprezar*
desprimor (ô) s.m.
desprimoroso (ô) adj.; f. e pl.: (ó)
desprivatização s.f.
desprivatizar v.
desprivilegiado adj. s.m.
desprivilégio s.m.
desprofissionalização s.f.
desproporção s.f.
desproporcionado adj.
desproporcional adj.2g.
desproporcionalidade s.f.
despropositado adj.
despropositai adj.2g.
despropositar v.
despropósito s.m.
desproteção s.f.
desproteger v.
desprotegido adj. s.m.
desproveito s.m.
desprover v.
desprovido adj.
despudor (ô) s.m.
despudoradamente adv.
despudorado adj. s.m.
desqualificação s.f.
desqualificado adj.
desqualificador (ô) adj.
desqualificante adj.2g.
desqualificar v.
desqualificativo adj.
desquitado adj. s.m.
desquitar v.
desquite s.m.
desratização s.f.
desratizar v.
desrazão s.f.

desrecalcamento s.m.
desrecalcar v.
desrecalque s.m.
desregrado adj.
desregramento s.m.
desregrar v.
desregulação s.f.
desregulado adj.
desregulagem s.f.
desregulamentação s.f.
desregulamentar v.
desregular v.
desreprimido adj.
desreprimir v.
desrespeitado adj.
desrespeitador (ô) adj. s.m.
desrespeitante adj.2g.
desrespeitar v.
desrespeito s.m.
desrespeitoso (ô) adj.; f. e pl.: (ó)
dessacralização s.f.
dessacralizante adj.2g.
dessacralizar v.
dessalinização s.f.
dessalinizador (ô) adj. s.m.
dessalinizar v.
dessangrado adj.
dessarte adv.
dessazonalização s.f.
dessazonalizado adj.
dessazonalizar v.
desse (ê) contr. de *de* (prep.) + *esse* (pron.); cf. *desse*, fl. do v. *dar*
dessecação s.f. "dessecamento"; cf. *dissecação*
dessecamento s.m.
dessecar v. "secar"; cf. *dissecar*
dessedentar v.
dessemelhança s.f.
dessemelhante adj.2g.
desserviço s.m.
desservir v.
dessincronizar v.
dessoldar v.
dessorado adj.
dessorador (ô) adj. s.m.
dessoragem s.f.
dessoramento s.m.
dessorar v.
dessueto adj.
destabocado adj.
destacado adj.
destacador (ô) s.m.
destacamento s.m.
destacar v.
destacável adj.2g.
destampado adj.
destampar v.
destampatório s.m.
destapar v.
destaque s.m.

destarte | 112 | detestado

destarte adv.
deste (ê) contr. de *de* (prep.) + *este* (pron.); cf. *deste*, fl. do v. *dar*
destelhado adj.
destelhamento s.m.
destelhar v.
destemido adj.
destemor (ô) s.m.
destemperado adj.
destemperar v.
destempero (ê) s.m.
desterrado adj. s.m.
desterrar v.
desterro (ê) s.m.; cf. *desterro*, fl. do v. *desterrar*
destilação s.f.
destilado adj. s.m.
destilador (ô) adj. s.m.
destilamento s.m.
destilar v.
destilaria s.f.
destinação s.f.
destinado adj.
destinar v.
destinatário s.m.
destino s.m.
destituição s.f.
destituído adj.
destituir v.
destoante adj.2g.
destoar v.
destoca s.f.
destocado adj.
destocar v.
destorcer v. "desfazer a torcedura"; cf. *distorcer*
destorcido adj.; cf. *distorcido*
destorroar v.
destra (é ou ê) s.f.
destrambelhado adj.
destrambelhamento s.m.
destrambelhar v.
destramelado adj.
destramelar v.
destrancado adj.
destrancamento s.m.
destrancar v.
destrançar v.
destratar v. "tratar mal"; cf. *distratar*
destrato s.m. "insulto"; cf; *distrato*
destravado adj.
destravamento s.m.
destravar v.
destreinado adj.
destreinar v.
destreza (ê) s.f.
destrinçado adj.
destrinçar v.
destrinchado adj.
destrinchamento s.m.
destrinchar v.

destripar v.
destro (é ou ê) adj.
destroçado adj.
destroçador (ô) adj. s.m.
destroçamento s.m.
destroçante adj.2g.
destrocar v.
destroçar v.
destroço (ô) s.m; cf. *destroço*, fl. do v. *destroçar*; pl.: (ó)
destróier s.m.
destronado adj.
destronar v.
destroncado adj.
destroncamento s.m.
destroncar v.
destruição s.f.
destruído adj.
destruidor (ô) adj. s.m.
destruir v.
destrutividade s.f.
destrutivo adj.
desumanidade s.f.
desumanização s.f.
desumanizado adj.
desumanizador (ô) adj.
desumanizante adj.2g.
desumanizar v.
desumano adj.
desumidificação s.f.
desumidificador (ô) adj. s.m.
desumidificar v.
desunhar v.
desunião s.f.
desunido adj.
desunir v.
desusado adj.
desuso s.m.
desvairado adj.
desvairamento s.m.
desvairar v.
desvalia s.f.
desvalido adj. s.m.
desvalimento s.m.
desvalor (ô) s.m.
desvalorização s.f.
desvalorizado adj.
desvalorizador (ô) adj.
desvalorizar v.
desvanecedor (ô) adj.
desvanecer v.
desvanecido adj.
desvanecimento s.m.
desvantagem s.f.
desvantajar v.
desvantajoso (ô) adj.; f. e pl.: (ó)
desvão s.m.
desvario s.m.
desvelado adj.
desvelamento s.m.
desvelar v.
desvelo (ê) s.m.; cf. *desvelo*, fl. do v. *desvelar*
desvencilhado adj.

desvencilhamento s.m.
desvencilhar v.
desvendador (ô) adj. s.m.
desvendamento s.m.
desvendar v.
desventura s.f.
desventurado adj. s.m.
desventuroso (ô) adj.; f. e pl.: (ó)
desvergonhado adj. s.m.
desverticalização s.f.
desverticalizar v.
desvestimento s.m.
desvestir v.
desviado adj.
desviante adj.2g.
desviar v.
desvincar v.
desvinculação s.f.
desvinculado adj.
desvinculamento s.m.
desvincular v.
desvio s.m.
desvirar v.
desvirginamento s.m.
desvirginar v.
desvirtuação s.f.
desvirtuado adj.
desvirtuamento s.m.
desvirtuar v.
desvitalização s.f.
desvitalizado adj.
desvitalizar v.
detalhado adj.
detalhamento s.m.
detalhar v.
detalhe s.m.
detalhismo s.m.
detalhista adj. s.2g.
detecção s.f.
detectado adj.
detectar v.
detectável adj.2g.
detector (ô) adj. s.m.
detenção s.f.
detento s.m.
detentor (ô) adj. s.m.
deter v.
detergente adj.2g. s.m.
deterioração s.f.
deteriorado adj.
deterioramento s.m.
deteriorar v.
deteriorável adj.2g.
determinação s.f.
determinado adj.
determinador (ô) adj. s.m.
determinante adj.2g. s.m.
determinar v.
determinável adj.2g.
determinismo s.m.
determinista adj. s.2g.
detestação s.f.
detestado adj.

detestar v.
detestável adj.2g.
detetive s.2g.
detido adj. s.m.
detonação s.f.
detonado adj.
detonador (ô) adj. s.m.
detonante adj.2g.
detonar v.
detração s.f.
detrair v.
detrás adv.
detratar v.
detrator (ô) adj. s.m.
detrimento s.m.
detrito s.m.
deturpação s.f.
deturpado adj.
deturpador (ô) adj. s.m.
deturpar v.
deus s.m.
deus nos acuda s.m.2n.
deusa s.f.
deus-dará s.m.
dêuteron s.m.
devagar adv.
devanear v.
devaneio s.m.
devassa s.f.
devassado adj.
devassador (ô) adj. s.m.
devassamento s.m.
devassar v.
devassável adj.2g.
devassidão s.f.
devasso adj. s.m.
devastação s.f.
devastado adj.
devastador (ô) adj.
devastamento s.m.
devastar v.
devedor (ô) adj. s.m.
dever v.
deveras adv.
deverbal adj.2g. s.m.
devido adj. s.m.
devir s.m.
devoção s.f.
devocional adj.2g.
devocionismo s.m.
devocionista adj.2g.
devolução s.f.
devolutivo adj.
devoluto adj.
devolver v.
devoniano adj. s.m.
devoração s.f.
devorado adj.
devorador (ô) adj. s.m.
devoramento s.m.
devorar v.
devotado adj.
devotamento s.m.
devotar v.

devoto adj. s.m.
dextrogiro adj. s.m.
dextrose s.f.
dez num.
dezembro s.m.
dezena s.f.
dezenove num.
dezesseis num.
dezessete num.
dezoito num.
dia s.m.
diabete s.f.
diabetes s.f.2n.
diabético adj.
diabinho s.m.
diabo s.m.
diabólico adj.
diabolismo s.m.
diabolô s.m.
diabrete (ê) s.m.
diabrura s.f.
diacho s.m. interj.
diaconato s.m.
diaconisa s.f.
diácono s.m.
diacrítico adj.
diacronia s.f.
diacrônico adj.
díade s.f.
diadema s.m.
diafaneidade s.f.
diáfano adj.
diafonia s.f.
diafragma s.m.
diafragmático adj.
diagnose s.f.
diagnosticado adj.
diagnosticador (ô) adj. s.m.
diagnosticar v.
diagnóstico s.m.
diagonal adj.2g. s.f.
diagrama s.m.
diagramação s.f.
diagramado adj.
diagramador (ô) s.m.
diagramar v.
dial s.m.
dialetal adj.2g.
dialética s.f.
dialeticamente adv.
dialético adj.
dialeto s.m.
dialisador (ô) s.m.
diálise s.f.
dialítico adj.
dialogação s.f.
dialogador (ô) adj. s.m.
dialogante adj.2g.
dialogar v.
dialógico adj.
dialogismo s.m.
dialogista adj. s.2g.
diálogo s.m.
diamante s.m.

diamantífero adj.
diamantino adj.
diamba s.f.
diambeiro s.m.
diametral adj.2g.
diametralmente adv.
diâmetro s.m.
dianho s.m.
dianoético adj.
diante adv.
dianteira s.f.
dianteiro adj. s.m.
diapasão s.m.
diapositivo s.m.
diarca s.m.
diária s.f.
diariamente adv.
diário adj. s.m.
diarista adj. s.2g.
diarquia s.f.
diarreia (ê) s.f.
diarreico (ê) adj. s.m.
diáspora s.f.
diásporo s.m.
diastema s.f.
diástole s.f.
diastólico adj.
diatermia s.f.
diátese s.f.
diatomácea s.f.
diatônico adj.
diatonismo s.m.
diatribe s.f.
diazepina s.f.
diazepínico adj.
dica s.f.
dicção s.f.
dichote s.m.
dicionário s.m.
dicionarista adj. s.2g.
dicionarizar v.
dicloreto (ê) s.m.
dicotiledônea s.f.
dicotomia s.f.
dicotômico adj.
dicotomização s.f.
dicotomizado adj.
dicotomizante adj.2g.
dicotomizar v.
dicroico (ó) adj.
dicroísmo s.m.
didata s.2g.
didática s.f.
didaticamente adv.
didático adj.
didatismo s.m.
didatização s.f.
didatizado adj.
didatizar v.
diedro adj.
diencéfalo s.m.
dieta s.f.
dietético adj.
dietista s.2g.

dietólogo | 114 | direcionar

dietólogo s.m.
difamação s.f.
difamado adj. s.m.
difamador (ô) adj. s.m.
difamante adj.2g.
difamar v.
difamatório adj.
diferença s.f.
diferençar v.
diferenciação s.f.
diferenciadamente adv.
diferenciado adj.
diferenciador (ô) adj.
diferencial adj.2g. s.m.; cf. *deferencial*
diferenciar v.
diferenciável adj.2g.
diferente adj.2g. "não semelhante"; cf. *deferente*
diferentemente adv.
diferido adj. "adiado"; cf. *deferido*
diferimento s.m. "adiamento"; cf. *deferimento*
diferir v. "adiar"; cf. *deferir*
diferível adj.2g.; cf. *deferível*
difícil adj.2g.
dificílimo adj.
dificuldade s.f.
dificultação s.f.
dificultar v.
dificultoso (ô) adj.; f. e pl.: (ó)
difração s.f.
difratado adj.
difratar v.
difteria s.f.
diftérico adj.
difundido adj.
difundir v.
difusão s.f.
difusibilidade s.f.
difusionismo s.m.
difusionista adj. s.2g.
difusivo adj.
difuso adj.
difusor (ô) adj. s.m.
digeribilidade s.f.
digerido adj.
digerir v.
digerível adj.2g.
digestão s.f.
digestivo adj. s.m.
digesto s.m.
digestor (ô) adj. s.m.
digestório adj.
digitação s.f.
digitado adj.
digitador (ô) s.m.
digital adj.2g. s.f.
digitalizar v.
digitar v.
digitável adj.2g.
dígito s.m.
digladiar v.

dignamente adv.
dignar-se v.
dignidade s.f.
dignificação s.f.
dignificado adj.
dignificador (ô) adj.
dignificante adj.2g.
dignificar v.
dignitário s.m.
digno adj.
dígrafo adj. s.m.
digressão s.f.
dilação s.f. "adiamento"; cf. *delação*
dilaceração s.f.
dilacerado adj.
dilaceramento s.m.
dilacerante adj.2g.
dilacerar v.
dilapidação s.f.
dilapidado adj.
dilapidador (ô) s.m.
dilapidar v.
dilatação s.f.
dilatado adj.; cf. *delatado*
dilatador (ô) adj. s.m.; cf. *delatador*
dilatar v. "aumentar", etc.; cf. *delatar*
dileção s.f.
dilema s.m.
dilemático adj.
diletante adj. s.2g.
diletantismo s.m.
dileto adj.
diligência s.f.
diligenciar v.
diligente adj.2g.
diligentemente adv.
diluente adj.2g. s.m.
diluição s.f.
diluído adj.
diluidor (ô) adj. s.m.
diluir v.
diluvial adj.2g.
diluviano adj.
dilúvio s.m.
dimanar v.
dimensão s.f.
dimensionado adj.
dimensionamento s.m.
dimensionar v.
dimensionável adj.2g.
diminuendo s.m.
diminuição s.f.
diminuído adj.
diminuidor (ô) adj.
diminuir v.
diminutivo adj. s.m.
diminuto adj.
dimorfismo s.m.
dinamarquês adj. s.m.
dinâmica s.f.
dinamicamente adv.

dinamicidade s.f.
dinâmico adj.
dinamismo s.m.
dinamitação s.f.
dinamitado adj.
dinamitador (ô) adj. s.m.
dinamitar v.
dinamite s.f.
dinamização s.f.
dinamizado adj.
dinamizador (ô) adj.
dinamizar v.
dínamo s.m.
dinamômetro s.m.
dinar s.m.
dinastia s.f.
dinástico adj.
dindinho s.m.
dindo s.m.
dinheirama s.f.
dinheirão s.m.
dinheiro s.m.
dinheiro-em-penca s.m.; pl.: *dinheiros-em-penca*
dinheiro-papel s.m.; pl.: *dinheiros-papel* e *dinheiros-papéis*
dinossauro s.m.
diocesano adj.
diocese s.f.
diodo (ó) s.m.
díodo s.m.
dionisíaco adj.
dionísico adj.
diorito s.m.
dióxido (cs) s.m.
dioxina (cs) s.f.
dipeptídeo s.m.
dipirona s.f.
diploide (ô) adj.
diploma s.m.
diplomação s.f.
diplomacia s.f.
diplomado adj. s.m.
diplomando s.m.
diplomar v.
diplomata s.2g.
diplomático adj.
diplopia s.f.
diplópico adj.
dipolar adj.2g.
dipolo s.m.
dipsomania s.f.
dipsomaníaco adj. s.m.
díptero adj. s.m.
dique s.m.
direção s.f.
direcionado adj.
direcionador (ô) adj. s.m.
direcional adj.2g.
direcionalidade s.f.
direcionalmente adv.
direcionamento s.m.
direcionar v.

direcionável adj.2g.
direita s.f.
direitismo s.m.
direitista adj. s.2g.
direitização s.f.
direito adj. s.m.
diretamente adv.
diretiva s.f.
diretivo adj.
direto adj.
diretor (ô) adj. s.m.
diretoria s.f.
diretório s.m.
diretriz s.f.
dirigente adj. s.2g
dirigibilidade s.f.
dirigido adj.
dirigir v.
dirigismo s.m.
dirigível adj.2g. s.m.
dirimido adj.
dirimir v.
dirupção s.f.
diruptivo adj.
disartria s.f.
disbasia s.f.
discagem s.f.
discal adj.2g.
discar v.
discente adj.2g. "relativo a alunos"; cf. *decente* e *deiscente*
discernimento s.m.
discernir v.
discernível adj.2g.
disciplina s.f.
disciplinação s.f.
disciplinado adj.
disciplinador (ô) adj. s.m.
disciplinamento s.m.
disciplinar v. adj.2g.
disciplinatório adj.
disciplinável adj.2g.
discípulo s.m.
disco s.m.
discóbulo s.m.
discofilia s.f.
discófilo adj. s.m.
discografia s.f.
discográfico adj.
discoide (ó) adj.2g.
discolor (ô) adj.2g.
discordância s.f.
discordante adj.2g.
discordar v.
discorde adj.2g.
discórdia s.f.
discorrer v.
discoteca s.f.
discotecagem s.f.
discotecário s.m.
discrasia s.f.
discrásico adj.
discrepância s.f.

discrepante adj.2g.
discrepar v.
discretamente adv.
discretear v.
discreto adj.
discrição s.f. "reserva"; cf. *descrição*
discricionariedade s.f.
discricionário adj.
discriminação s.f. "segregação preconceituosa"; cf. *descriminação*
discriminado adj. s.m.
discriminador (ô) adj. s.m.
discriminante adj. s.2g.
discriminar v. "diferençar"; cf. *descriminar*
discriminativo adj.
discriminatório adj.
discriminável adj.2g.
discromia s.f.
discursar v.
discurseira s.f.
discursividade s.f.
discursivo adj.
discurso s.m.
discursório s.m.
discussão s.f.
discutidor (ô) adj. s.m.
discutir v.
discutível adj.2g.
disenteria s.f.
disfagia s.f.
disfágico adj.
disfarçadamente adv.
disfarçado adj.
disfarçar v.
disfarçável adj.2g.
disfarce s.m.
disfasia s.f.
disfásico adj. s.m.
disfêmico adj.
disfemismo s.m.
disfonia s.f.
disfônico adj. s.m.
disforia s.f.
disfórico adj.
disforme adj.2g.
disformidade s.f.
disfunção s.f.
disfuncional adj.2g.
disfuncionalidade s.f.
disgenesia s.f.
disgênico adj.
disgrafia s.f.
disjunção s.f.
disjungir v.
disjuntor (ô) s.m.
dislalia s.f.
dislálico adj. s.m.
dislate s.m.
dislexia (cs) s.f.
disléxico (cs) adj. s.m.

dismenorreia (é) s.f.
dismenorreico (é) adj.
dismorfia s.f.
dismórfico adj.
dismorfofobia s.f.
dismorfofóbico adj.
díspar adj.2g.
disparada s.f.
disparadamente adv.
disparado adj. adv.
disparador (ô) adj. s.m.
disparar v.
disparatado adj.
disparatar v.
disparate s.m.
disparidade s.f.
disparo s.m.
dispender v.
dispendido adj.
dispêndio s.m.
dispendioso (ô) adj.; f. e pl.: (ó)
dispensa s.f. "licença"; cf. *despesa*
dispensado adj.
dispensador (ô) adj. s.m.
dispensadora (ô) s.f.
dispensar v.
dispensário s.m.
dispensável adj.2g.
dispepsia s.f.
dispersante adj.2g. s.m.
dispersão s.f.
dispersar v.
dispersividade s.f.
dispersivo adj.
disperso adj.
displasia s.f.
displásico adj.
displicência s.f.
displicente adj.2g.
displicentemente adv.
dispneia (é) s.f.
disponente adj. s.2g.
disponibilidade s.f.
disponibilização s.f.
disponibilizar v.
disponível adj.2g.
dispor v. s.m.
disposição s.f.
dispositivo adj. s.m.
disposto (ô) adj.; f. e pl. (ó)
disprósio s.m.
disputa s.f.
disputado adj.
disputante adj. s.2g.
disputar v.
disputável adj.2g.
disquete s.m.
disritmia s.f.
disrítmico adj. s.m.
disrupção s.f.
disruptivo adj.
dissabor (ô) s.m.

disse que disse s.m.
dissecação s.f. "separação das partes de um todo"; cf. *dessecação*
dissecador (ô) adj. s.m.
dissecamento s.m.
dissecar v. "retalhar"; cf. *dessecar*
disseminação s.f.
disseminado adj.
disseminador (ô) adj. s.m.
disseminar v.
disseminável adj.2g.
dissensão s.f.
dissenso s.m.
dissentir v.
dissertação s.f.
dissertar v.
dissertativo adj.
dissidência s.f.
dissidente adj. s.2g.
dissidial adj.2g.
dissídio s.m.
dissílabo adj. s.m.
dissimetria s.f.
dissimétrico s.f.
dissimulação s.f.
dissimuladamente adv.
dissimulado adj.
dissimulador (ô) adj. s.m.
dissimular v.
dissimulativo adj.
dissintonia s.f.
dissipação s.f.
dissipado adj.
dissipador (ô) adj. s.m.
dissipar v.
dissipativo adj.
disso contr. de *de* (prep.) + *isso* (pron.)
dissociação s.f.
dissociar v.
dissociativo adj.
dissociável adj.2g.
dissolubilidade s.f.
dissolução s.f.
dissolutamente adv.
dissolutivo adj.
dissoluto adj.
dissolúvel adj.2g.
dissolvente adj.2g. s.m.
dissolver v.
dissolvido adj.
dissonância s.f.
dissonante adj.2g.
dissuadir v.
dissuasão s.f.
dissuasivo adj.
dissuasório adj.
distal adj.2g.
distanásia s.f.
distância s.f.
distanciado adj.
distanciador (ô) adj. s.m.

distanciamento s.m.
distanciar v.
distante adj.2g.
distar v.
distender v.
distendido adj.
distensão s.f.
distensível adj.2g.
distenso adj.
dístico s.m.
distimia s.f.
distímico adj. s.m.
distinção s.f.
distinguido adj.
distinguidor (ô) adj.
distinguir v.
distintamente adv.
distintivo adj. s.m.
distinto adj.
disto contr. de *de* (prep.) + *isto* (pron.)
distonia s.f.
distônico adj.
distorção s.f.
distorcedor (ô) s.m.
distorcer v. "desvirtuar"; cf. *destorcer*
distorcidamente adv.
distorcido adj.; cf. *destorcido*
distração s.f.
distraidamente adv.
distraído adj.
distraimento s.m.
distrair v.
distratar v. "romper contrato"; cf. *destratar*
distrato s.m. "rescisão de contrato"; cf. *destrato*
distribucional adj.2g.
distribucionalismo s.m.
distribucionalista adj.2g.
distribucionismo s.m.
distribuição s.f.
distribuído adj.
distribuidor (ô) adj. s.m.
distribuidora (ô) s.f.
distribuir v.
distribuível adj.2g.
distributividade s.f.
distributivismo s.m.
distributivista adj. s.2g.
distributivo adj. s.m.
distrital adj. s.2g.
distrito s.m.
distrofia s.f.
distúrbio s.m.
ditado s.m.
ditador (ô) adj. s.m.
ditadura s.f.
ditame s.m.
ditar v.
ditatorial adj.2g.
ditatorialesco adj.
ditatorialismo s.m.

ditatorialista adj. s.2g.
ditatorialmente adv.
ditirambo s.m.
dito adj. s.m.
dito-cujo s.m.; pl.: *ditos-cujos*
ditongação s.f.
ditongo s.m.
ditoso (ô) adj.; f. e pl.: (ó)
diu s.m.
diurese s.f.
diurético adj. s.m.
diurno adj.
diuturno adj.
diva s.f.
divã s.m.
divagação s.f.
divagador (ô) adj. s.m.
divagante adj.2g.
divagar v.
divagatório adj.
divergência s.f.
divergente adj.2g.
divergir v.
diversamente adv.
diversão s.f.
diversidade s.f.
diversificação s.f.
diversificado adj.
diversificante adj.2g.
diversificar v.
diversionista adj.2g.
diverso adj.
diverticulite s.f.
divertículo s.m.
divertido adj.
divertimento s.m.
divertir v.
dívida s.f.
dividendo s.m.
dividido adj.
dividir v.
divinal adj.2g.
divinatório adj.
divindade s.f.
divinização s.f.
divinizado adj.
divinizar v.
divino adj. s.m.
divisa s.f.
divisão s.f.
divisar v.
divisibilidade s.f.
divisionário adj.
divisionismo s.m.
divisionista adj. s.2g.
divisível adj.2g.
divisor (ô) adj. s.m.
divisória s.f.
divisório adj.
divorciado adj. s.m.
divorciar v.
divorciável adj.2g.
divórcio s.m.
divorcista adj. s.2g.

divulgação

divulgação s.f.
divulgado adj.
divulgador (ô) adj. s.m.
divulgar v.
divulgativo adj.
diz que diz s.m.
dizedor (ô) adj. s.m.
dizer v. s.m.
dizigótico adj.
dízima s.f.
dizimação s.f.
dizimado adj.
dizimador (ô) adj. s.m.
dizimar v.
dízimo s.m.
dizível adj.2g.
do contr. de *de* (prep.) + *o* (art. ou pron.)
dó s.m.
doação s.f.
doado adj. s.m.
doador (ô) adj. s.m.
doar v.
dobadoura s.f.
dobar v.
dobra s.f.
dobradeira s.f.
dobradiça s.f.
dobradinha s.f.
dobrado adj. s.m.
dobrador (ô) adj. s.m.
dobradura s.f.
dobragem s.f.
dobramento s.m.
dobrão s.m.
dobrar v.
dobrável adj.2g.
dobre s.
dobro (ô) s.m.
doca s.f.
doçaria s.f.
doce (ô) adj.2g. s.m.
doceiro s.m.
docemente adv.
docência s.f.
docente adj. s.2g.
doceria s.f.
dócil adj.2g.
docilidade s.f.
docilmente adv.
documentação s.f.
documentado adj.
documentador (ô) adj. s.m.
documental adj.2g.
documentar v.
documentário s.m.
documentarismo s.m.
documentarista s.2g.
documentável adj.2g.
documento s.m.
doçura s.f.
dodecaedro s.m.
dodecafônico adj.
dodecafonismo s.m.

| 117 |

dodecágono s.m.
dodecassílabo adj.
dodói adj.2g. s.m.
doença s.f.
doenceira s.f.
doente adj. s.2g.
doentio adj.
doer v.
doesto s.m.
doge s.m.
dogma s.m.
dogmática s.f.
dogmático adj. s.m.
dogmatismo s.m.
dogmatização s.f.
dogmatizar v.
doidamente adv.
doidão adj. s.m.; fem.: *doidona*
doideira s.f.
doidejar v.
doidice s.f.
doidivanas adj. s.2g.2n.
doido adj.
doído adj.
doidona s.f. de *doidão*
dois de paus s.m.2n.
dois num. s.m.
dois-pontos s.m.2n.
dólar s.m.
dolarização s.f.
dolarizado adj.
dolarizar v.
doleiro s.m.
dolência s.f.
dolente adj.2g.
dólmã s.m.
dolo s.m.
dolomita s.f.
dolomítico adj.
dolorido adj.
dolorimento s.m.
dolorosa s.f.
dolorosamente adv.
doloroso (ô) adj.; f. e pl.: (ó)
doloso (ô) adj.; f. e pl.: (ó)
dom s.m.
doma s.f.
domado adj.
domador adj. s.m.
domar v.
domável adj.2g.
doméstica s.f.
domesticação s.f.
domesticado adj.
domesticador (ô) adj. s.m.
domesticamente adv.
domesticar v.
domesticável adj.2g.
doméstico adj.
domiciliado adj.
domiciliar v. adj.2g.
domiciliário adj.
domicílio s.m.
dominação s.f.

dostoievskiano

dominado adj. s.m.
dominador (ô) adj. s.m.
dominância s.f.
dominante adj.2g.
dominar v.
dominável adj.2g.
domingo s.m.
domingueiro adj.
dominical adj.2g.
dominicalmente adv.
dominicano adj. s.m.
domínio s.m.
dominó s.m.
dom-joão s.m.; pl.: *dom-joões*
dom-juanesco (ê) adj.; pl.: *dom-juanescos*
dom-juanismo s.m.; pl.: *dom-juanismos*
dona s.f.
donaire s.m.
donatário s.m.
donativo s.m.
donde contr. de *de* (prep.) + *onde* (adv.)
dondoca adj. s.f.
doninha s.f.
dono s.m.
donzela s.f.
dopado adj.
dopagem s.f.
dopante adj.2g.
dopar v.
dor (ô) s.f.
dor de cabeça s.f.
dor de corno s.f.
dor de cotovelo s.f.
doravante adv.
dor-d'olhos s.f.; pl.: *dores-d'olhos*
dórico adj.
dorido adj.
dormência s.f.
dormente adj.2g. s.m.
dormida s.f.
dormideira s.f.
dormido adj.
dorminhoco (ô) adj.; f. e pl.: (ó)
dormir v.
dormitar v.
dormitório s.m.
dorsal adj.2g.
dorso (ô) s.m.
dosado adj.
dosador (ô) adj. s.m.
dosagem s.f.
dosar v.
dose s.f. "porção"; cf. *doze* (ô) num.
dosimetria s.f.
dosímetro s.m.
dossel s.m.
dossiê s.m.
dostoievskiano adj.

dotação

dotação s.f.
dotado adj.
dotar v.
dote s.m.
douração s.f.
douradilho adj.
dourado adj. s.m.
dourador (ô) adj. s.m.
douramento s.m.
dourar v.
douto adj.
doutor (ô) s.m.
doutorado s.m.
doutoral adj.2g.
doutoramento s.m.
doutorando s.m.
doutorar v.
doutrina s.f.
doutrinação s.f.
doutrinado adj.
doutrinador (ô) adj. s.m.
doutrinal adj.2g.
doutrinamento s.m.
doutrinar v.
doutrinário s.m.
doutrinarismo s.m.
doutrinarista adj.2g.
doutro contr. de *de* (prep.) + *outro* (pron.)
doxa (*cs*) s.f.
doxologia (*cs*) s.f.
doze (ô) num.; cf. *dose* s.f.
dozeiro s.m.
dozento adj.
dracena s.f.
dracma s.f.
draconianamente adv.
draconiano adj. s.m.
draga s.f.
dragado adj.
dragagem s.f.
dragão s.m.
dragar v.
drágea s.f.
dragona s.f.
drama s.m.
dramalhão s.m.
dramaticidade s.f.
dramático adj.
dramatização s.f.
dramatizar v.
dramaturgia s.f.
dramaturgo s.m.
drapeado adj. s.m.
drapeamento s.m.
drapear v.
drapejado adj.
drapejamento s.m.
drapejar v.
drasticamente adv.
drástico adj.

dravídico adj. s.m.
drenado adj.
drenagem s.f.
drenar v.
dreno s.m.
driblador (ô) s.m.
driblar v.
drible s.m.
drinque s.m.
droga s.f.
drogado adj. s.m.
drogar v.
drogaria s.f.
droguista adj. s.2g.
dromedário s.m.
dropes s.m.pl.
drosófila s.f.
druida s.m.
druidesa (ê) s.f.
druidisa s.f.
drummondiano adj.
drupa s.f.
drupáceo adj.
drusa s.f.
druso adj. s.m.
dual adj.2g. s.m.
dualidade s.f.
dualismo s.m.
dualista adj. s.2g.
dualístico adj.
dualização s.f.
dualizado adj.
dualizar v.
duas num.
dubiedade s.f.
dúbio adj.
dubitativo adj.
dubitável adj.2g.
dublado adj.
dublador (ô) adj. s.m.
dublagem s.f.
dublar v.
dublê s.2g.
dublinense adj. s.2g.
dúbnio s.m.
ducado s.m.
ducal adj.2g.
ducentenário adj.
ducentésimo num.
ducha s.f.
dúctil adj.2g.
ductilidade s.f.
ducto s.m.
duelar v.
duelista adj. s.2g.
duelo s.m.
duende s.m.
duetista adj. s.2g.
dueto (ê) s.m.
dulcificado adj.
dulcificante adj.2g.

dzeta

dulcificar v.
dulcíssimo adj.
dulçor (ô) s.m.
dulçoroso (ô) adj.; f. e pl.: (ó)
dum contr. de *de* (prep.) + *um* (art.)
dundum s.m.
duna s.f.
dunquerque s.m.
duo s.m.
duodécimo num.
duodenal adj.2g.
duodeno s.m.
dupla s.f.
duplamente adv.
duplex (*cs*) 2g.2n. s.m.; tb.pl.; *duplexes*
dúplex (*cs*) adj. s.2g.2n.
duplicação s.f.
duplicado adj.
duplicador (ô) adj. s.m.
duplicadora (ô) s.f.
duplicar v.
duplicata s.f.
duplicativo adj.
duplicável adj.2g.
dúplice num.
duplicidade s.f.
duplo num. s.m.
duque s.m.
duquesa (ê) s.f.
dura s.f.
durabilidade s.f.
duração s.f.
duradouramente adv.
duradouro adj.
dural adj.2g. s.m.
duralumínio s.m.
dura-máter s.f.; pl.: *duras--máteres*
duramente adv.
durante prep.
durão adj. s.m.; fem.: *durona*
durar v.
durável adj.2g.
durex (*écs*) s.m.2n.
dureza (ê) s.f.
duro adj. s.m.
durona s.f. de *durão*
duto s.m.
dúvida s.f.
duvidar v.
duvidável adj.2g.
duvidosamente adj.
duvidoso (ô) adj.; f. e pl.: (ó)
duzentos num.
dúzia s.f.
dzeta s.m.

E e

e s.m. conj.
ebanáceo adj.
ebanista s.2g.
ebanistaria s.f.
ébano s.m.
ébano-americano s.m.; pl.:
    ébanos-americanos
ébano-da-austrália s.m.; pl.:
    ébanos-da-austrália
ebó s.m.
ebola s.m.
ebola-vírus s.m.; pl.: *ebolas--vírus*
ebonite s.f.
eborário s.m.
ebóreo adj.
ebriedade s.f.
ébrio adj.
ebruar v.
ebulição s.f.
ebulidor (ô) adj.
ebuliente adj.2g.
ebúrneo adj.
ecdótica s.f.
ecdótico adj.
echalota s.f.
echarpe s.f.
eciano adj.
eclampsia s.f.
eclâmpsia s.f.
eclâmptico adj.
ecler s.m.
eclesial adj.2g.
eclesiasticamente adv.
eclesiástico adj.
ecleticamente adv.
eclético adj.
ecletismo s.m.
eclipsado adj.
eclipsante adj.2g.
eclipsar v.
eclipse s.m.
eclíptica s.f.
eclíptico adj.
eclodir v.
écloga s.f.
eclosão s.f.
eclusa s.f.
eco s.m.
ecoante adj.2g.
ecoar v.
ecobatímetro s.m.
ecocardiografia s.f.
ecocardiográfico adj.
ecocardiógrafo s.m.
ecocardiograma s.m.
ecodesenvolvimento s.m.
ecofato s.m.
ecografia s.f.
ecoico (ó) adj.
ecoísmo s.m.
ecoísta adj. s.2g.
ecologia s.f.
ecologicamente adv.
ecológico adj.
ecologismo s.m.
ecologista adj. s.2g.
ecologização s.f.
ecologizar v.
ecólogo s.m.
economês s.m.
econometria s.f.
econométrico adj.
economia s.f.
economiário s.m.
economias s.f.pl.
economicamente adv.
economicidade s.f.
economicismo s.m.
econômico adj.
econômico-financeiro adj.;
    pl.: *econômico-financeiros*
econômico-social adj.2g.; pl.:
    econômico-sociais
economismo s.m.
economista s.2g.
economizado adj.
economizador (ô) adj. s.m.
economizar v.
ecônomo s.m.
ecosfera s.f.
ecossistema s.m.
ecossistêmico adj.
ecossociológico adj.
ecossonda s.f.
ecotáxi (cs) s.m.
ecotecnia s.f.
ecoterrorista adj. s.2g.
ecótipo s.m.
ecotoxicologia (cs) s.f.
ecoturismo s.m.
ecoturista adj. s.2g.
ecoturístico adj.
ectasia s.f.
ectásico adj.
éctima s.m.
ectoderma s.m.
ectodérmico adj.
ectoparasita adj.2g. s.m.
ectoparasitário adj.
ectoparasito adj. sm.
ectoparasitose s.f.
ectópico adj.
ectoplasma s.m.
ectoplasmático adj.
ectoplásmico adj.
ectotérmico adj.
ecúleo s.m.
ecumenicamente adv.
ecumênico adj.
ecumenismo s.m.
ecúmeno adj. s.m.
eczema s.m.
eczematoide (ô) adj.2g.
eczematoso (ô) adj.: f. e pl.: (ó)
edáfico adj.
edafoclimático adj.
edema s.m.
edemaciado adj.
edemaciar v.
edematoso (ô) adj.; f. e pl.: (ó)
éden s.m.
edênico adj.
edição s.f.
edícula s.f.
edificação s.f.
edificador (ô) adj. s.m.
edificante adj.2g.
edificar v.
edificatório adj.
edificável adj.2g.
edifício s.m.
edifício-garagem s.m.; pl.:
    edifícios-garagem e *edifícios--garagens*
edil s.m.
edílico adj. "relativo a edil";
    cf. *idílico*
edilidade s.f.
edipiano adj. s.m.
editado adj.
edital s.m.
editar v.
editável adj.2g.
edito s.m.
édito s.m.
editor (ô) adj. s.m.
editora (ô) s.f.
editoração s.f.
editorar v.
editoria s.f.
editorial adj.2g. s.m.
editorialista s.2g.
editorialmente adv.
edredão s.m.

edredom s.m.
educação s.f.
educacional adj.2g.
educacionalmente adv.
educadamente adv.
educado adj.
educador (ó) adj. s.m.
educandário s.m.
educando s.m.
educar v.
educativo adj.
educável adj.2g.
edulcoração s.f.
edulcorado adj.
edulcorante adj.2g. s.m.
edulcorar v.
efabulação s.f.
efabulador (ó) s.m.
efe s.m.
efebo (ê) s.m.
efedrina s.f.
efeito s.m.
efélide s.f.
efemeramente adv.
efemeridade s.f.
efeméride s.f.
efêmero adj. s.m.
efeminação s.f.
efeminado adj.
efeminar v.
eferência s.f.
eferente adj.2g.
efervescência s.f.
efervescente adj.2g.
efervescer v.
efervescido adj.
efetivação s.f.
efetivado adj.
efetivador (ó) adj. s.m.
efetivamente adv.
efetivar v.
efetividade s.f.
efetivo adj. s.m.
efetuação s.f.
efetuado adj.
efetuar v.
eficácia s.f.
eficaz adj.2g.
eficazmente adv.
eficiência s.f.
eficiente adj.2g.
eficientemente adv.
efígie s.f.
eflorescência s.f.
efluência s.f.
efluente adj.2g. s.m.
eflúvio s.m.
efluxo s.m.
efó s.m.
efusão s.f.
efusivamente adv.
efusividade s.f.
efusivo adj.
égide s.f.

egípcio adj. s.m.
egiptologia s.f.
egiptológico adj.
egiptologista s.2g.
egiptólogo s.m.
égloga s.f.
ego s.m.
egocentrado adj.
egocêntrico adj.
egocentrismo s.m.
egoísmo s.m.
egoísta adj. s.2g.
egoisticamente adv.
egoístico adj.
ególatra s.2g.
egolatria s.f.
egomaníaco adj. s.m.
egotismo s.m.
egotista adj. s.2g.
egrégio adj.
egresso adj. s.m.
égua s.f.
eguada s.f.
eguariço s.m.
egum s.m.
êh interj.
êh-êh interj.
ei interj.
eia interj.
eidético adj. "relativo à
 essência das coisas"; cf.
 aidético
einsteiniano (ainistain) adj.
einstênio (ainis) s.m.
eira s.f.
eirado s.m.
eis adv.
eisensteiniano (aizenstain)
 adj.
eita interj.
eita-ferro interj.
eito s.m.
eiva s.f.
eivado adj.
eivar v.
eixo s.m.
ejaculação s.f.
ejaculado adj.
ejacular v.
ejaculatório adj.
ejeção s.f.
ejetado adj.
ejetar v.
ejetável adj.2g.
ejetor (ó) s.m.
ela pron.
elã s.m.
elaboração s.f.
elaborado adj.
elaborador (ó) adj. s.m.
elaborar v.
elanguescer v.
elasmobrânquio s.m.
elastano s.m.

elastecer v.
elastecimento s.m.
elastério s.m.
elasticamente adv.
elasticidade s.f.
elástico adj. s.m.
elastina s.f.
eldorado s.m.
ele (ê) pron.; cf. ele
ele s.m. "nome da letra l"; cf.
 ele (ê)
eleata adj. s.2g.
eleático adj.
eleatismo s.m.
elefante s.m.
elefante-marinho s.m.; pl.:
 elefantes-marinhos
elefantíase s.f.
elefantino adj.
elegância s.f.
elegante adj. s.2g.
elegantemente adv.
elegendo s.m.
eleger v.
elegia s.f.
elegíaco adj.
elegibilidade s.f.
elegível adj. s.2g.
eleição s.f.
eleiçoeiro adj.
eleito adj. s.m.
eleitor (ó) s.m.
eleitorado s.m.
eleitoral adj.2g.
eleitoralismo s.m.
eleitoralmente adv.
eleitoreiramente adv.
eleitoreiro adj.
elementar adj.2g.
elementarismo s.m.
elemento s.m.
elementos s.m.pl.
elencado adj.
elencar v.
elenco s.m.
elepê s.m.
eletivamente adv.
eletividade s.f.
eletivo adj.
eletracústico adj.
eletricamente adv.
eletricidade s.f.
eletricista adj. s.2g.
eletricitário s.m.
elétrico adj.
eletrificação s.f.
eletrificado adj.
eletrificar v.
eletrização s.f.
eletrizado adj.
eletrizante adj.2g.
eletrizar v.
eletroacupuntura s.f.
eletroacústica s.f.

eletroacústico adj.
eletrocardiografia s.f.
eletrocardiográfico adj.
eletrocardiógrafo s.m.
eletrocardiograma s.m.
eletrochoque s.m.
eletrocoagulação s.f.
eletrocução s.f.
eletrocutado adj.
eletrocutar v.
eletrodiagnóstico adj. s.m.
eletrodinâmica s.f.
eletrodinâmico adj.
eletrodo (ô) s.m.
elétrodo s.m.
eletrodoméstico s.m.
eletroduto s.m.
eletroeletrônica s.f.
eletroeletrônico adj.
eletroencefalografia s.f.
eletroencefalográfico adj.
eletroencefalógrafo s.m.
eletroencefalograma s.m.
eletrofísica s.f.
eletrofisiologia s.f.
eletrofisiológico adj.
eletroforese s.f.
eletroímã s.m.
eletrointensivo adj.
eletrola s.f.
eletrolipoforese s.f.
eletrólise s.f.
eletrolítico adj.
eletrólito s.m.
eletromagnético adj.
eletromagnetismo s.m.
eletromagneto s.m.
eletromecânica s.f.
eletromecânico adj.
eletromicroscopia s.f.
eletromiografia s.f.
eletromiográfico adj.
eletromotor (ô) adj. s.m.
eletromotriz adj.2g.
elétron s.m.
eletronegatividade s.f.
eletronegativo adj.
eletrônica s.f.
eletronicamente adv.
eletrônico adj.
eletronuclear adj.2g.
eletropositivo adj.
eletroquímica s.f.
eletroquímico adj.
eletrosfera s.f.
eletrostática s.f.
eletrostático adj.
eletrotécnica s.f.
eletrotécnico adj.
eletroterapeuta s.2g.
eletroterapia s.f.
eletroterápico adj.
eletrotermia s.f.
eletrotérmico adj.

eletrotônus s.m.2n.
elevação s.f.
elevadiço adj.
elevado adj. s.m.
elevador (ô) adj. s.m.
elevamento s.m.
elevar v.
elevatória s.f.
elevatório adj.
elfo s.m.
elidir v. "suprimir"; cf. *ilidir*
eliminação s.f.
eliminado adj. s.m.
eliminador (ô) adj.
eliminante adj.2g. s.m.
eliminar v.
eliminatória s.f.
eliminatório adj.
eliminável adj.2g.
elipse s.f.
elipsoidal adj.2g.
elipsoide (ó) adj.2g.
elipticamente adv.
elíptico adj.
elisabetano adj.
elisão s.f.
elísio adj. s.m.
elite s.f.
elítico adj.
elitismo s.m.
elitista adj. s.2g.
elitização s.f.
elitizado adj.
elitizante adj.2g.
elitizar v.
elixir s.m.
elmo s.m.
elo s.m.
elocução s.f.
elocucional adj.2g.
elocutório adj.
elogiador (ô) adj.
elogiar v.
elogiativo adj.
elogiável adj.2g.
elogio s.m.
elogiosamente adv.
elogioso (ô) adj.; f. e pl.: (ó)
eloquência (ü) s.f.
eloquente (ü) adj.2g.
eloquentemente (ü) adv.
elucidação s.f.
elucidado adj.
elucidar v.
elucidário s.m.
elucidativo adj.
elucubração s.f.
elucubrar v.
eludir v. "evitar"; cf. *iludir*
eludível adj.2g. "evitável"; cf. *iludível*
elusivo adj. "esquivo"; cf. *ilusivo*
eluviação s.f.

eluvião s.f. "material residual fruto do intemperismo"; cf. *iluvião*
em prep.
ema s.f.
emaciado adj.
emagrecedor (ô) adj. s.m.
emagrecer v.
emagrecido adj.
emagrecimento s.m.
emalado adj.
emalar v.
emalhar v.
emanação s.f.
emanante adj.2g.
emanar v.
emancipação s.f.
emancipacionista adj. s.2g.
emancipado adj.
emancipador (ô) adj. s.m.
emancipar v.
emancipatório adj.
emancipável adj.2g.
emaranhado adj. s.m.
emaranhamento s.m.
emaranhar v.
emarginado adj.
emasculação s.f.
emasculado adj.
emascular v.
emassar v.
embaçadela s.f.
embaçado adj.
embaçamento s.m.
embaçar v.
embaciado adj.
embaciar v.
embainhado adj.
embainhar v.
embair v.
embaixada s.f.
embaixador (ô) s.m.
embaixatriz s.f.
embaixo adv.
embalado adj.
embalador (ô) adj. s.m.
embalagem s.f.
embalançar v.
embalar v.
embalde adv.
embalo s.m.
embalsamado adj.
embalsamador (ô) adj. s.m.
embalsamamento s.m.
embalsamar v.
embambecer v.
embananado adj.
embananamento s.m.
embananar v.
embandeirado adj.
embandeiramento s.m.
embandeirar v.
embaraçado adj.
embaraçador (ô) adj. s.m.

embaraçamento s.m.
embaraçante adj.2g.
embaraçar v.
embaraço s.m.
embaraçosamente adv.
embaraçoso (ô) adj.; f. e pl.: (ó)
embarafustar v.
embaralhado adj.
embaralhador (ô) adj. s.m.
embaralhamento s.m.
embaralhar v.
embarcação s.f.
embarcadiço s.m.
embarcado adj.
embarcador (ô) s.m.
embarcadouro s.m.
embarcar v.
embargado adj. s.m.
embargador (ô) adj.
embargar v.
embargatório adj.
embargável adj.2g.
embargo s.m.
embarque s.m.
embarreirar v.
embarrelar v.
embarrigado adj.
embarrigar v.
embasado adj.
embasador (ô) adj.
embasamento s.m.
embasar v.
embasbacado adj.
embasbacamento s.m.
embasbacante adj.2g.
embasbacar v.
embate s.m.
embater v.
embatucado adj.
embatucamento s.m.
embatucar v.
embaúba s.f.
embaubal s.m.
embebedado adj.
embebedamento s.m.
embebedar v.
embeber v.
embebido adj.
embebimento s.m.
embecado adj.
embeiçado adj.
embeiçar v.
embelecado adj.
embelezado adj.
embelezador (ô) adj. s.m.
embelezamento s.m.
embelezar v.
embernar v. "provocar berne em"; cf. *hibernar*
embestar v.
embevecer v.
embevecidamente adv.
embevecido adj.

embevecimento s.m.
embezerrado adj.
embiara s.f.
embicado adj.
embicar v. "apresentar forma de bico"; cf. *imbicar*
embiocado adj.
embiocar v.
embira s.f.
embiricica s.f.
embirração s.f.
embirrado adj.
embirrar v.
embirutar v.
emblema s.m.
emblemático adj.
emblematizar v.
emboaba adj. s.2g.
emboança s.f.
emboçado adj.
emboçador (ô) adj. s.m.
embocadura s.f.
emboçamento s.m.
embocar v.
emboçar v.
embocetar v.
emboço (ô) s.m.; cf. *emboço*, fl. do v. *emboçar*
embodegar v.
embodocado adj.
embodocar v.
embolação s.f.
embolada s.f.
embolado adj.
embolador (ô) s.m.
embolamento s.m.
embolar v.
embolia s.f.
embolismo s.m.
embolização s.f.
êmbolo s.m.
embolorado adj.
emboloramento s.m.
embolorar v.
embolorecer v.
embolotar v.
embolsado adj.
embolsar v.
embolso (ô) s.m.; cf. *embolso*, fl. do v. *embolsar*
embondo s.m.
embonecado adj.
embonecamento s.m.
embonecar v.
embono s.m.
embora conj. adv.
emborcação s.f.
emborcado adj.
emborcar v.
embornal s.m.
emborrachado adj.
emborrachamento s.m.
emborrachar v.
emborrascado adj.

emboscada s.f.
emboscado adj.
emboscar v.
embotado adj.
embotador (ô) adj.
embotamento s.m.
embotar v.
embrabecer v.
embrabecido adj.
embranquecer v.
embranquecido adj.
embranquecimento s.m.
embravecer v.
embravecido adj.
embreagem s.f.
embrear v.
embrechado s.m.
embrejado adj.
embrenhado adj.
embrenhar v.
embretado adj.
embretar-se v.
embriagado adj.
embriagador (ô) adj.
embriagamento s.m.
embriagante adj.2g.
embriagar v.
embriaguez (ê) s.f.
embrião s.m.
embriófita s.f.
embriogênese s.f.
embriologia s.f.
embriológico adj.
embriologista s.2g.
embrionado adj.
embrionariamente adv.
embrionário adj.
embriônico adj.
embrocação s.f.
embromação s.f.
embromado adj.
embromador (ô) adj. s.m.
embromar v.
embrulhada s.f.
embrulhado adj.
embrulhador (ô) adj. s.m.
embrulhamento s.m.
embrulhão adj. s.m.; fem.: *embrulhona*
embrulhar v.
embrulho s.m.
embrulhona s.f. de *embrulhão*
embrumado adj.
embrumar v.
embrutecedor (ô) adj.
embrutecer v.
embrutecido adj.
embrutecimento s.m.
embruxar v.
embuçado adj.
embuçalado adj. s.m.
embuçalar v.
embuçar v.
embuchado adj.

embuchamento | 123 | emperiquitado

embuchamento s.m.
embuchar v.
embuço s.m.
embuia s.f.
emburacar v.
emburrado adj.
emburramento s.m.
emburrar v.
emburrecedor (ô) adj.
emburrecer v.
emburrecido adj.
emburrecimento s.m.
embuste s.m.
embusteiro adj. s.m.
embutido adj. s.m.
embutimento s.m.
embutir v.
eme s.m.
emedebismo s.m.
emedebista adj. s.2g.
emenda s.f.
emendado adj. s.m.
emendador (ô) adj. s.m.
emendar v.
emendável adj.2g.
ementa s.f.
ementário s.m.
emergência s.f.
emergencial adj.2g.
emergencialmente adv.
emergente adj. s.2g.
emergir v. "vir à tona", cf.
 imergir
emérito adj."insigne,
 notável"; cf. *imérito*
emersão s.f.; cf. *imersão*
emerso adj.; cf. *imerso*
emético adj.
emetina s.f.
emigração s.f.; cf. *imigração*
emigrado adj. s.m.; cf.
 imigrado
emigrante adj. s.2g.; cf.
 imigrante
emigrar v. "sair"; cf. *imigrar*
emigratório adj.; cf.
 imigratório
eminência s.f. "alteza"; cf.
 iminência
eminente adj.2g. "alto"; cf.
 iminente
eminentemente adv.
eminentíssimo adj.
emir s.m.
emirado s.m.
emissão s.f.
emissário adj.
emissionista adj. s.2g.
emissor (ô) adj. s.m.
emissora (ô) s.f.
emitente adj.2g.
emitido adj.
emitir v.
emoção s.f.

emocionadamente adv.
emocionado adj.
emocional adj.2g.
emocionalidade s.f.
emocionalismo s.m.
emocionalmente adv.
emocionante adj.2g.
emocionantemente adv.
emocionar v.
emocionável adj.2g.
emoldurado adj.
emoldurar v.
emoliente adj.2g. s.m.
emolumento s.m.
emotivamente adv.
emotividade s.f.
emotivo adj.
empacado adj.
empacador (ô) adj.
empacamento s.m.
empacar v.
empachar v.
empacho s.m.
empaçocado adj.
empaçocar v.
empacotadeira s.f.
empacotado adj.
empacotador (ô) adj. s.m.
empacotadora (ô) s.f.
empacotamento s.m.
empacotar v.
empada s.f.
empadão s.m.
empadinha s.f.
empáfia s.f.
empafiado adj.
empafioso (ô) adj.; f. e pl.: (ó)
empalação s.f.
empalado adj.
empalador (ô) s.m.
empalamado adj.
empalamento s.m.
empalar v.
empaletozado adj.
empalhação s.f.
empalhado adj.
empalhador (ô) s.m.
empalhamento s.m.
empalhar v.
empalidecer v.
empalidecido adj.
empalidecimento s.m.
empalmado adj.
empalmador (ô) s.m.
empalmar v.
empanada s.f.
empanado adj.
empanar v.
empandilhar-se v.
empanemar v.
empantanar v.
empanturrado adj.
empanturramento s.m.
empanturrar v.

empanzinado adj.
empanzinar v.
empapado adj.
empapar v.
empapelado adj.
empapelamento s.m.
empapelar v.
empapuçado adj.
empapuçamento s.m.
empapuçar v.
emparceirado adj.
emparceiramento s.m.
emparceirar v.
emparedado adj.
emparedamento s.m.
emparedar v.
emparelhado adj.
emparelhamento s.m.
emparelhar v.
empastado adj.
empastamento s.m.
empastar v.
empastelado adj.
empastelamento s.m.
empastelar v.
empatação s.f.
empatado adj.
empatador (ô) adj. s.m.
empata-foda s.2g.; pl.:
 empata-fodas
empatar v.
empate s.m.
empatia s.f.
empático adj.
empatizar v.
empavesado adj.
empavesar v.
empavonado adj.
empavonamento s.m.
empavonar v.
empeçar v.
empecer v.
empecilho s.m.
empeço (ê) s.m.; cf. *empeço*, fl.
 do v. *empeçar*
empeçonhar v.
empedernido adj.
empedo (ê) adj.
empedrado adj.
empedramento s.m.
empedrar v.
empelicado adj.
empelotado adj.
empelotar v.
empena s.f.
empenado adj.
empenamento s.m.
empenar v.
empenhado adj.
empenhar v.
empenhável adj.2g.
empenho s.m.
empeno s.m.
emperiquitado adj.

emperiquitar v.
emperlado adj.
empernado adj.
empernar v.
emperrado adj.
emperrador (ô) adj.
emperramento s.m.
emperrante adj. s.2g.
emperrar v.
emperreado adj.
emperro (ê) s.m.; cf. *emperro*, fl. do v. *emperrar*
empertigado adj.
empertigamento s.m.
empertigar v.
emperucado adj.
empestado adj.
empestar v.
empestear v.
empetecação s.f.
empetecado adj.
empetecamento s.m.
empetecar v.
empetelecar v.
empiema s.m.
empilecado adj.
empilhadeira s.f.
empilhado adj.
empilhador (ô) s.m.
empilhamento s.m.
empilhar v.
empilhável adj. s.2g.
empinado adj.
empinador (ô) adj. s.m.
empinamento s.m.
empinar v.
empino s.m.
empipocado adj.
empipocamento s.m.
empipocar v.
empiria s.f.
empiricamente adv.
empírico adj.
empiriocriticismo s.m.
empirismo s.m.
empirista adj. s.2.g.
empistolado adj.
empistolar v.
emplacado adj.
emplacador (ô) s.m.
emplacamento s.m.
emplacar v.
emplasmado adj.
emplasmar v.
emplastação s.f.
emplastado adj.
emplastar v.
emplasto s.m.
emplastração s.f.
emplastrado adj.
emplastrar v.
emplastro s.m.
emplumação s.f.
emplumado adj.

emplumar v.
emplumável adj.2g.
empoado adj.
empoar v.
empobrecedor (ô) adj.
empobrecer v.
empobrecido adj.
empobrecimento s.m.
empoçado adj.; cf. *empossado*
empoçamento s.m.; cf. *empossamento*
empoçar v. "encharcar"; cf. *empossar*
empoeirado adj.
empoeirar v.
empolação s.f.
empolado adj.
empolamento s.m.
empolar v.
empoleirado adj.
empoleirar v.
empolgação s.f.
empolgado adj.
empolgante adj.2g.
empolgar v.
empombação s.f.
empombado adj.
empombar v.
emponchar v.
emporcalhado adj.
emporcalhamento s.m.
emporcalhar v.
empório s.m.
empós adv. prep.
empossado adj.; cf. *empoçado*
empossamento s.m.; cf. *empoçamento*
empossar v. "dar posse"; cf. *empoçar*
empostação s.f.
empostado adj.
empostamento s.m.
empostar v.
emprateleirado adj.
emprazado adj.
emprazamento s.m.
emprazar v.
empreendedor (ô) adj. s.m.
empreendedorismo s.m.
empreender v.
empreendido adj.
empreendimento s.m.
empregabilidade s.f.
empregaço s.m.
empregado adj. s.m.
empregador (ô) adj. s.m.
empregão s.m.
empregar v.
empregatício adj.
empregável adj.2g.
emprego (ê) s.m.; cf. *emprego*, fl. do v. *empregar*
empreguismo s.m.

empreguista adj. s.2g.
empreita s.f.
empreitada s.f.
empreitado adj.
empreitar v.
empreiteira s.f.
empreiteiro adj. s.m.
empreito s.m.
emprenhado adj.
emprenhar v.
empresa (ê) s.f.; cf. *empresa*, fl. do v. *empresar*
empresa-fantasma s.f.; pl.: *empresas-fantasma* e *empresas-fantasmas*
empresar v.
empresariado s.m.
empresarial adj.2g.
empresarialmente adv.
empresariar v.
empresário s.m.
emprestado adj.
emprestador (ô) adj. s.m.
emprestar v.
emprestável adj.2g.
empréstimo s.m.
empretecido adj.
emproado adj.
emproamento s.m.
emproar v.
empulhação s.f.
empulhado adj.
empulhador (ô) adj. s.m.
empulhamento s.m.
empulhar v.
empunhadeira s.f.
empunhado adj.
empunhadura s.f.
empunhar v.
empurrador (ô) s.m.
empurra-empurra s.m.; pl.: *empurra-empurras* e *empurras-empurras*
empurrão s.m.
empurrãozinho s.m.; pl.: *empurrõezinhos*
empurrar v.
emputecer v.
emputecido adj.
empuxador (ô) s.m.
empuxão s.m.
empuxar v.
empuxo s.m.
emudecedor (ô) adj. s.m.
emudecer v.
emudecido adj.
emudecimento s.m.
emulação s.f.
emulador (ô) s.m.
emular v.
emulativo adj.
emulatório adj.
êmulo adj.
emulsão s.f.

emulsificador (ô) adj. s.m.
emulsificante adj.2g. s.m.
emulsificar v.
emulsificável adj.2g.
emulsionado adj.
emulsionar v.
emurchecer v.
emurchecido adj.
emurchecimento s.m.
enaltecedor (ô) adj.
enaltecer v.
enaltecido adj.
enaltecimento s.m.
enamorado adj.
enamorar v.
encabado adj.
encabar v.
encabeçado adj.
encabeçamento s.m.
encabeçar v.
encabelado adj.
encabelar v.
encabrestado adj.
encabrestamento s.m.
encabrestar v.
encabulação s.f.
encabulado adj.
encabulador (ô) adj.
encabulamento s.m.
encabular v.
encaçapado adj.
encaçapar v.
encachaçado adj.
encachaçamento s.m.
encachaçar v.
encachiado adj.
encachiar-se v.
encachoeirado adj.
encachoeirar v.
encacholar v.
encachorrado adj.
encachorrar v.
encadeação s.f.
encadeado adj.
encadeador (ô) adj. s.m.
encadeamento s.m.
encadeante adj.2g.
encadear v.
encadernação s.f.
encadernado adj.
encadernador (ô) s.m.
encadernadora (ô) s.f.
encadernar v.
encafifado adj.
encafifar v.
encafuado adj.
encafuar v.
encafurnar v.
encagaçado adj.
encagaçar v.
encaixado adj.
encaixamento s.m.
encaixante adj.2g.
encaixar v.

encaixável adj.2g.
encaixe s.m.
encaixilhado adj.
encaixilhar v.
encaixotado adj.
encaixotador (ô) adj. s.m.
encaixotamento s.m.
encaixotar v.
encalacração s.f.
encalacrado adj.
encalacramento s.m.
encalacrar v.
encalcado adj.
encalcar v.
encalço s.m.
encalhado adj.
encalhamento s.m.
encalhar v.
encalhe s.m.
encalho s.m.
encaliçar v.
encalistamento s.m.
encalistar v.
encalistrado adj.
encalistramento s.m.
encalistrar v.
encalombado adj.
encalombar v.
encalorado adj.
encalvecer v.
encalvecido adj.
encaminhado adj.
encaminhador (ô) adj. s.m.
encaminhamento s.m.
encaminhar v.
encamisado adj.
encamisar v.
encampação s.f.
encampado adj.
encampador (ô) adj. s.m.
encampamento s.m.
encampar v.
encanação s.f.
encanado adj.
encanador (ô) s.m.
encanamento s.m.
encanar v.
encanastrado adj. s.m.
encanastrar v.
encandeado adj.
encandear v.
encanecer v.
encanecido adj.
encanelar v.
encangado adj.
encangalhado adj.
encangalhar v.
encangar v.
encaniçar v.
encantação s.f.
encantadiço adj.
encantado adj.
encantador (ô) adj. s.m.
encantadoramente adv.

encantamento s.m.
encantar v.
encantatório adj.
encantável adj.2g.
encanto s.m.
encantoado adj.
encantoar v.
encanudado adj.
encanzinado adj.
encanzinamento s.m.
encanzinar v.
encapado adj.
encapamento s.m.
encapar v.
encapelado adj.
encapelar v.
encapetado adj.
encapetar-se v.
encapotado adj. s.m.
encapotar v.
encapsulado adj.
encapsulamento s.m.
encapsular v.
encapuchar v.
encapuzado adj.
encapuzar v.
encaração s.f.
encaracolação s.f.
encaracolado adj.
encaracolamento s.m.
encaracolar v.
encarado adj.
encaramelar v.
encaramujado adj.
encaramujar v.
encarangado adj.
encarangar v.
encaranguejar v.
encarapinhado adj.
encarapinhar v.
encarapitado adj.
encarapitar v.
encarapuçado adj.
encarapuçar v.
encarar v.
encarcerado adj.
encarceramento s.m.
encarcerar v.
encardido adj.
encardimento s.m.
encardir v.
encarecer v.
encarecidamente adv.
encarecido adj.
encarecimento s.m.
encaretado adj.
encaretar v.
encargo s.m.
encarna s.f.
encarnação s.f.
encarnado adj.
encarnador (ô) adj. s.m.
encarnar v.
encarneirado adj.

encarneirar v.
encarniçadamente adv.
encarniçado adj.
encarniçamento s.m.
encarniçar v.
encaroçado adj.
encaroçamento s.m.
encaroçar v.
encarquejado adj.
encarquilhado adj.
encarquilhamento s.m.
encarquilhar v.
encarregado adj.
encarregar v.
encarreirado adj.
encarreiramento s.m.
encarreirar v.
encartadeira v.
encartado adj.
encartamento s.m.
encartar v.
encarte s.m.
encartolado adj.
encartuchado adj.
encartuchamento s.m.
encartuchar v.
encarvoado adj.
encarvoar v.
encarvoejar v.
encasacado adj.
encasacar v.
encascorar v.
encascurrado adj.
encasquetado adj.
encasquetar v.
encasquetear v.
encasquilhar v.
encastelado adj.
encastelamento s.m.
encastelar v.
encastoação s.f.
encastoado adj.
encastoamento s.m.
encastoar v.
encastoo (ô) s.m.
encastrado adj.
encastramento s.m.
encasulado adj.
encasulamento s.m.
encasular v.
encatarrado adj.
encatarrar v.
encáustica s.f.
encavacação s.f.
encavacado adj.
encavacamento s.m.
encavalado adj.
encavalamento s.m.
encavalar v.
encavalgamento s.m.
encavalgar v.
encavar v.
encaveirado adj.
encaveirar v.

encavernado adj.
encavernar v.
encavilhar v.
encefalalgia s.f.
encefalálgico s.f.
encefálico adj.
encefalina s.f.
encefalite s.f.
encefalítico adj.
encefalização s.f.
encéfalo s.m.
encefalocele s.f.
encefalografia s.f.
encefalógrafo s.m.
encefalograma s.m.
encefalopatia s.f.
encegueirado adj.
encenação s.f.
encenado adj.
encenador (ô) adj. s.m.
encenar v.
encendrado adj.
encendrar v.
enceradeira s.f.
encerado adj. s.m.
encerador (ô) s.m.
enceramento s.m.
encerar v.
encerrado adj.
encerramento s.m.
encerrar v.
encestador (ô) s.m.
encestar v.
encetado adj.
encetar v.
enchafurdar v.
enchapelado adj.
enchapelar v.
encharcadiço adj.
encharcado adj.
encharcamento s.m.
encharcar v.
encharcável adj.2g.
encheção s.f.
enchedeira s.f.
enchedor (ô) adj. s.m.
enchente s.f.
encher v.
enchido adj. s.m.
enchimento s.m.
enchiqueirar v.
enchocalhar v.
enchoçar v.
enchova (ô) s.f.
enchovinha s.f.
enchumaçar v.
encíclica s.f.
encíclico adj.
enciclopédia s.f.
enciclopédico adj.
enciclopedismo s.m.
enciclopedista s.2g.
enciclopedístico adj.
encilhada s.f.

encilhadela s.f.
encilhado adj.
encilhador (ô) adj. s.m.
encilhamento s.m.
encilhar v.
encimar v.
enciumado adj.
enciumar v.
enclaustrado adj.
enclaustramento s.m.
enclaustrar v.
enclausurado adj.
enclausuramento s.m.
enclausurar v.
enclave s.m.
ênclise s.f.
enclítica s.f.
enclítico adj.
encobertação s.f.
encobertado adj. s.m.
encobertamente adv.
encobertamento s.m.
encobertar v.
encoberto adj.
encobridor (ô) adj. s.m.
encobrimento s.m.
encobrir v.
encoivaramento s.m.
encoivarar v.
encolerizado adj.
encolerizar v.
encolha (ô) s.f.
encolher v.
encolhido adj.
encolhimento s.m.
encólpio s.m.
encomenda s.f.
encomendação s.f.
encomendado adj.
encomendar v.
encomiasta s.2g.
encomiástico adj.
encômio s.m.
encompridado adj.
encompridar v.
enconchado adj.
enconchar v.
encontradiço adj.
encontrado adj.
encontrão s.m.
encontrar v.
encontrável adj.2g.
encontro s.m.
encontro-d'água s.m.; pl.:
  encontros-d'água
encontros s.m.pl.
encopado adj.
encorajado adj.
encorajador (ô) adj.
encorajamento s.m.
encorajante adj.2g.
encorajar v.
encordoado adj.
encordoamento s.m.

encordoar v.
encornar v.
encoronhado adj.
encoronhar v.
encorpado adj.
encorpadura s.f.
encorpamento s.m.
encorpante adj.2g.
encorpar v.
encortiçado adj.
encortiçamento s.m.
encortiçar v.
encortinado adj.
encortinar v.
encorujado adj.
encorujar-se v.
encoscorado adj.
encoscoramento s.m.
encoscorar v.
encóspias s.f.pl.
encosta s.f.
encostadela s.f.
encostado adj. s.m.
encostador (ô) adj. s.m.
encostamento s.m.
encostão s.m.
encostar v.
encostelar v.
encosto (ô) s.m.; cf. *encosto*, fl. do v. *encostar*
encouraçado adj. s.m.
encouraçar v.
encourado adj. s.m.
encourar v.
encovado adj.
encovamento s.m.
encovar v.
encoxilhado adj.
encravado adj.
encravadura s.f.
encravamento s.m.
encravar v.
encrave s.m.
encravelhação s.f.
encravilhar v.
encravo s.m.
encrenca s.f.
encrencado adj.
encrencar v.
encrenqueiro adj. s.m.
encrespação s.f.
encrespado adj.
encrespador (ô) adj. s.m.
encrespamento s.m.
encrespar v.
encriptação s.f.
encriptado adj.
encriptar v.
encrostado adj.
encrostar v.
encruado adj.
encruamento s.m.
encruar v.
encruza s.f.

encruzada s.f.
encruzado adj.
encruzamento s.m.
encruzar v.
encruzilhada s.f.
encruzilhado adj.
encubação s.f.
encubado adj.
encubar v.
encucação s.f.
encucado adj.
encucar v.
encurralado adj.
encurralamento s.m.
encurralar v.
encurtado adj.
encurtador (ô) adj. s.m.
encurtamento s.m.
encurtar v.
encurvação s.f.
encurvado adj.
encurvadura s.f.
encurvamento s.m.
encurvar v.
endecha (ê) s.f.
endefluxado (cs) adj.
endefluxar-se (cs) v.
endemia s.f.
endemicamente adv.
endemicidade s.f.
endêmico adj.
endemismo s.m.
endemoniado adj. s.m.
endemoniamento s.m.
endemoniar v.
endemoninhado adj.
endemoninhamento s.m.
endemoninhar v.
endentação s.f.
endentado adj.
endentar v.
endereçado adj.
endereçamento s.m.
endereçar v.
endereço (ê) s.m.; cf. *endereço*, fl. do v. *endereçar*
endérmico adj.
endeusado adj.
endeusador (ô) adj.
endeusamento s.m.
endeusar v.
endiabrado adj. s.m.
endiabrar v.
endinheirado adj.
endinheirar v.
endireitado adj.
endireitamento s.m.
endireitar v.
endireitável adj.2g.
endívia s.f.
endividado adj.
endividamento s.m.
endividar v.
endocanibalismo s.m.

endocardíaco adj.
endocárdico adj.
endocárdio s.m.
endocardite s.f.
endocárpico adj.
endocárpio s.m.
endocarpo s.m.
endocitose s.f.
endocondral adj.2g.
endocraniano adj.
endocrânio s.m.
endócrino adj.
endocrinologia s.f.
endocrinológico adj.
endocrinologista adj. s.2g.
endocrinólogo s.m.
endocrinopatia s.f.
endocruzamento s.m.
endocutícula s.f.
endoderma s.m.
endodérmico adj.
endodontia s.f.
endoenças s.f.pl.
endoesqueleto (ê) s.m.
endogamia s.f.
endogâmico adj.
endógamo adj. s.m.
endogenamente adv.
endogenético adj.
endogenia s.f.
endogênico adj.
endógeno adj.
endoidado adj
endoidante adj.2g.
endoidar v.
endoidecer v.
endoidecido adj.
endoidecimento s.m.
endolarado adj.
endolinfa s.f.
endolinfático adj.
endometrial adj.2g.
endométrio s.m.
endometriose s.f.
endometrite s.f.
endomingado adj.
endomingar v.
endonasal adj.2g.
endoparasito s.m.
endoplasma s.m.
endoplasmático adj.
endorfina s.f.
endoscopia s.f.
endoscópico adj.
endoscópio s.m.
endosperma s.m.
endospérmico adj.
endossado adj.
endossador (ô) adj. s.m.
endossamento s.m.
endossante adj. s.2g.
endossar v.
endossatário s.m.
endossável adj.2g.

endosso (ô) s.m.; cf. *endosso*, fl. do v. *endossar*
endosso-caução s.m.; pl.: *endossos-caução* e *endossos-cauções*
endosso-mandato s.m.; pl.: *endossos-mandato* e *endossos-mandatos*
endotelial adj.2g.
endotelina s.f.
endotélio s.m.
endotérmico adj.
endotoxina (cs) s.f.
endotraqueal adj.2g.
endovenosamente adv.
endovenoso (ô) adj.; f. e pl.: (ó)
endro s.m.
endurecedor (ô) adj. s.m.
endurecer v.
endurecido adj.
endurecimento s.m.
endurecível adj.2g.
endurista s.2g.
enduro s.m.
ene s.m.
eneassilábico adj.
eneassílabo adj. s.m.
enegrecer v.
enegrecido adj.
enegrecimento s.m.
enema s.m.
êneo adj.
energética s.f.
energeticamente adv.
energético adj. s.m.
energia s.f.
enérgico adj.
energização s.f.
energizado adj.
energizador (ô) adj.
energizante adj.2g.
energizar v.
energúmeno s.m.
enervação s.f. "enervamento"; cf. *inervação*
enervado adj.; cf. *inervado*
enervador (ô) adj. s.m.
enervamento s.m.
enervante adj.2g.
enervar v. "tirar o domínio dos nervos"; cf. *inervar*
enésimo adj.
enevoado adj.
enevoamento s.m.
enevoar v.
enfadadiço adj. s.m.
enfadado adj.
enfadamento s.m.
enfadar v.
enfado s.m.
enfadonho adj.
enfaixado adj.
enfaixamento s.m.

enfaixar v.
enfarado adj.
enfaramento s.m.
enfarar v.
enfardadeira s.f.
enfardado adj.
enfardamento s.m.
enfardar v.
enfardelado adj.
enfardelar v.
enfarelado adj.
enfarelar v.
enfarinhado adj.
enfarinhar v.
enfaro s.m.
enfarpelado adj.
enfarpelar v.
enfarruscado adj.
enfarruscamento s.m.
enfarruscar v.
enfartação s.f.
enfartado adj.
enfartamento s.m.
enfartar v.
enfartável adj.2g.
enfarte s.m.
enfarto s.m.
ênfase s.f.
enfastiado adj.
enfastiamento s.m.
enfastiante adj. s.2g
enfastiar v.
enfastioso (ô) adj.; f. e pl.: (ó)
enfaticamente adv.
enfático adj.
enfatiotado adj.
enfatiotar v.
enfatização s.f.
enfatizador (ô) adj. s.m.
enfatizar v.
enfatizável adj.2g.
enfatuação s.f.
enfatuado adj.
enfatuamento s.m.
enfatuar v.
enfeado adj.; cf. *enfiado*
enfeamento s.m.
enfear v. "tornar feio"; cf. *enfiar*
enfedegar v.
enfeitado adj.
enfeitador (ô) adj. s.m.
enfeitamento s.m.
enfeitar v.
enfeite s.m.
enfeitiçado adj.
enfeitiçamento s.m.
enfeitiçante adj.2g.
enfeitiçar v.
enfeitiçável adj.2g.
enfeixado adj.
enfeixamento s.m.
enfeixar v.
enfeltrar v.

enfermagem s.f.
enfermar v.
enfermaria s.f.
enfermeiro s.m.
enfermiço adj.
enfermidade s.f.
enfermo (ê) adj. s.m.; cf. *enfermo*, fl. do v. *enfermar*
enferrujadinho s.m.
enferrujado adj.
enferrujamento s.m.
enferrujar v.
enfestado adj.; cf. *infestado*
enfestar v. "dobrar um tecido ao meio"; cf. *infestar*
enfeudado adj.
enfeudamento s.m.
enfeudar v.
enfezado adj.
enfezamento s.m.
enfezar v.
enfiação s.f.
enfiada s.f.; cf. *enfeada*
enfiado adj.; cf. *enfeado*
enfiadura s.f.
enfiamento s.m.
enfiar v. "meter um fio em"; cf. *enfear*
enfileirado adj.
enfileiramento s.m.
enfileirar v.
enfim adv.
enfincar v.
enfisema s.m.
enfisemático adj.
enfisematoso (ô) adj.; f. e pl.: (ó)
enfiteuse s.f.
enfiteuta s.2g.
enfitêutico adj.
enfivelamento s.m.
enfivelar v.
enflanelar v.
enfloração s.f.
enflorado adj.
enflorar v.
enfocado adj.
enfocar v.
enfolhado adj.
enfolhamento s.m.
enfolhar v.
enfoque s.m.
enforcado adj.
enforcamento s.m.
enforcar v.
enformação s.f.; cf. *informação*
enformado adj.; cf. *informado*
enformar v. "pôr em fôrma"; cf. *informar*
enfornar v.
enforquilhado adj.
enforquilhamento s.m.
enforquilhar v.

enfraquecedor | 129 | engrazar

enfraquecedor (ô) adj.
enfraquecer v.
enfraquecido adj.
enfraquecimento s.m.
enfreado adj.
enfrear v.
enfrenar v.
enfrentado adj.
enfrentamento s.m.
enfrentante s.m.
enfrentar v.
enfrentável adj.2g.
enfronhado adj.
enfronhar v.
enfumaçado adj.
enfumaçar v.
enfunado adj.
enfunar v.
enfunilado adj.
enfunilamento s.m.
enfunilar v.
enfurecer v.
enfurecido adj.
enfurecimento s.m.
enfuriado adj.
enfurnado adj.
enfurnar v.
engabelação s.f.
engabelado adj.
engabelador (ô) adj.
engabelar v.
engadino adj. s.m.
engaiolado adj.
engaiolamento s.m.
engaiolar v.
engajado adj.
engajador (ô) adj. s.m.
engajamento s.m.
engajante adj.2g.
engajar v.
engalanado adj.
engalanar v.
engalfinhado adj.
engalfinhamento s.m.
engalfinhar v.
engalhar v.
engalicado adj.
engalicar v.
engalinhado adj.
engalinhar v.
engambelação s.f.
engambelado adj.
engambelador (ô) adj.
engambelamento s.m.
engambelar v.
engambelável adj.2g.
engambelo (ê) s.m.; cf. *engambelo*, fl. do v. *engambelar*
engambitar v.
enganação s.f.
enganado adj.
enganador (ô) adj. s.m.
enganar v.

enganável adj.2g.
enganchado adj.
enganchamento s.m.
enganchar v.
engano s.m.
enganosamente adv.
enganoso (ô) adj.; f. e pl.: (ó)
engarapar v.
engaravitado adj.
engaravitar-se v.
engarfar v.
engarrafado adj.
engarrafador (ô) adj. s.m.
engarrafadora (ô) s.f.
engarrafamento s.m.
engarrafar v.
engarupado adj.
engarupar-se v.
engasgado adj.
engasgamento s.m.
engasgar v.
engasgo s.m.
engasgue s.m.
engastado adj.
engastador (ô) adj. s.m.
engastalhado adj.
engastalhar v.
engastar v.
engaste s.m.
engatadeira s.f.
engatado adj.
engatamento s.m.
engatar v.
engate s.m.
engatilhado adj.
engatilhar v.
engatinhada s.f.
engatinhar v.
engavelado adj.
engavelar v.
engavetado adj.
engavetamento s.m.
engavetar v.
engazofilar v.
engazopado adj.
engazopador (ô) adj. s.m.
engazopamento s.m.
engazopar v.
engelhado adj.
engelhamento s.m.
engelhar v.
engendração s.f.
engendramento s.m.
engendrar v.
engenhar s.f.
engenharia s.f.
engenheiro s.m.
engenho s.m.
engenhoca s.f.
engenhosamente adv.
engenhosidade s.f.
engenhoso (ô) adj.; f. e pl.: (ó)
engessado adj.
engessador (ô) adj. s.m.

engessadura s.f.
engessamento s.m.
engessar v.
englobadamente adv.
englobado adj.
englobador (ô) adj.
englobamento s.f.
englobar v.
engodar v.
engodo (ô) s.m.; cf. *engodo*, fl. do v. *engodar*
engole-vento s.m.; pl.: *engole--ventos*
engolfado adj.
engolfar v.
engolição s.f.
engolido adj.
engolidor (ô) adj. s.m.
engolir v.
engolível adj.2g.
engomadeira s.f.
engomadela s.f.
engomadinho adj.
engomado adj.
engomador (ô) adj. s.m.
engomadura s.f.
engomagem s.f.
engomar v.
engonço s.m.
engorda s.f.
engordado adj.
engorda-magro s.m.; pl.: *engorda-magros*
engordar v.
engordativo adj.
engorde s.m.
engordurado adj.
engorduramento s.m.
engordurar v.
engraçadinho adj. s.m.
engraçado adj.
engraçar v.
engradado adj. s.m.
engradar v.
engradear v.
engrandecedor (ô) adj.
engrandecer v.
engrandecido adj.
engrandecimento s.m.
engranzador (ô) adj. s.m.
engranzamento s.m.
engranzar v.
engravatado adj. s.m.
engravatar v.
engravidamento s.m.
engravidar v.
engraxadela s.f.
engraxado adj.
engraxador (ô) adj. s.m.
engraxamento s.m.
engraxar v.
engraxataria s.f.
engraxate s.m.
engrazar v.

engrenado adj.
engrenagem s.f.
engrenar v.
engrenhar v.
engrifar v.
engrilar v.
engrinaldado adj.
engrinaldar v.
engrolado adj.
engrolador (ô) adj. s.m.
engrolar v.
engrolo (ô) s.m.; cf. *engrolo*, fl. do v. *engrolar*
engronga s.f.
engrossado adj.
engrossador (ô) adj. s.m.
engrossamento s.m.
engrossante adj.2g. s.m.
engrossar v.
engrunhido adj.
engrupir v.
engruvinhado adj.
enguia s.f.
enguiçado adj.
enguiçamento s.m.
enguiçar v.
enguiço s.m.
enguirlandado adj.
engulhado adj.
engulhamento s.m.
engulhar v.
engulho s.m.
enigma s.m.
enigmaticamente adv.
enigmático adj.
enjambrar v.
enjaulado adj.
enjaulamento s.m.
enjaular v.
enjeitado adj. s.m.
enjeitamento s.m.
enjeitar v.
enjerido adj.; cf. *ingerido*
enjerir-se v. "encolher-se"; cf. *ingerir*
enjoado adj.
enjoamento s.m.
enjoar v.
enjoativamente adv.
enjoativo adj.
enjoo (ô) s.m.
enlaçado adj.
enlaçador (ô) adj. s.m.
enlaçadura s.f.
enlaçamento s.m.
enlaçar v.
enlace s.m.
enladeirado adj.
enlameado adj.
enlamear v.
enlanguescer v.
enlanguescido adj.
enlatado adj. s.m.
enlatadora (ô) s.f.

enlatamento s.m.
enlatar v.
enleado adj.
enleante adj.2g.
enlear v.
enleio s.m.
enleitado adj.
enlevação s.f.
enlevado adj.
enlevamento s.m.
enlevante adj.2g.
enlevar v.
enlevo (ê) s.m.; cf. *enlevo*, fl. do v. *enlevar*
enlinhar v.
enlonar v.
enlouquecedor (ô) adj.
enlouquecer v.
enlouquecidamente adv.
enlouquecido adj.
enlouquecimento s.m.
enluarado adj.
enluarar v.
enlutado adj.
enlutamento s.m.
enlutar v.
enluvado adj.
enluvar v.
enobrecedor (ô) adj.
enobrecer v.
enobrecido adj.
enobrecimento s.m.
enodado adj.
enodar v.
enodoado adj.
enodoar v.
enofilia s.f.
enófilo adj. s.m.
enoftalmia s.f.
enogastronomia s.f.
enogastronômico adj.
enojado adj.
enojamento s.m.
enojar v.
enojo (ô) s.m.; cf. *enojo*, fl. do v. *enojar*
enologia s.f.
enológico adj.
enologista adj. s.2g.
enólogo adj. s.m.
enorme adj.2g.
enormemente adv.
enormidade s.f.
enoteca s.f.
enovelado adj.
enovelamento s.m.
enovelar v.
enquadração s.f.
enquadrado adj.
enquadramento s.m.
enquadrar v.
enquadrável adj.2g.
enquadrilhamento s.m.
enquadrilhar adj.

enquanto conj.
enquartado adj.
enqueixar v.
enquete s.f.
enquistado adj.
enquistamento s.m.
enquistar v.
enquizilado adj.
enquizilar v.
enrabação s.f.
enrabado adj.
enrabar v.
enrabichado adj.
enrabichamento s.m.
enrabichar v.
enraçado adj
enraivado adj. s.m.
enraivar v.
enraivecer v.
enraivecido adj.
enraivecimento s.m.
enraizado adj.
enraizamento s.m.
enraizar v.
enramado adj.
enrascada s.f.
enrascadela s.f.
enrascado adj.
enrascadura s.f.
enrascar v.
enredadeira s.f.
enredado adj.
enredador (ô) adj. s.m.
enredamento s.m.
enredar v.
enrediça s.f.
enredo (ê) s.m.; cf. *enredo*, fl. do v. *enredar*
enregelado adj.
enregelamento s.m.
enregelante adj.2g.
enregelar v.
enrelhar v.
enrelvado adj.
enrelvar v.
enremelado adj.
enremelar v.
enricado adj.
enricar v.
enrijado adj.
enrijamento s.m.
enrijar v.
enrijecedor (ô) adj.
enrijecer v.
enrijecido adj.
enrijecimento s.m.
enriquecedor (ô) adj.
enriquecer v.
enriquecido adj.
enriquecimento s.m.
enristado adj.
enristar v.
enrocado adj.
enrocamento s.m.

enrocar v.
enrodilhado adj.
enrodilhamento s.m.
enrodilhar v.
enrola-cabelo s.f.; pl.: enrola-
 -cabelos
enrolação s.f.
enrolada s.f.
enroladeira s.f.
enroladinho s.m.
enrolado adj. s.m.
enrolador (ô) adj. s.m.
enrolamento s.m.
enrolão adj. s.m.; fem.:
 enrolona
enrolar v.
enrolável adj. s.2g.
enrolhar v.
enrolona adj. s.f. de enrolão
enroscado adj.
enroscamento s.m.
enroscar v.
enrosco (ô) s.m.; cf. enrosco, fl.
 do v. enroscar
enroupado adj.
enroupar v.
enrouquecer v.
enrouquecido adj.
enrouquecimento s.m.
enrubescer v.
enrubescido adj.
enrubescimento s.m.
enrugado adj.
enrugamento s.m.
enrugar v.
enrugável adj.2g.
enrussilhado adj.
enrustido adj.
enrustidor (ô) adj. s.m.
enrustir v.
ensaboada s.f.
ensaboadela s.f.
ensaboado adj.
ensaboamento s.m.
ensaboar v.
ensaburrar v.
ensacadeira s.f.
ensacadinha s.f.
ensacado adj.
ensacador (ô) adj. s.m.
ensacadora (ô) s.f.
ensacadura s.f.
ensacagem s.f.
ensacamento s.m.
ensacar v.
ensaiado adj.
ensaiador (ô) adj. s.m.
ensaiar v.
ensaibramento s.m.
ensaibrar v.
ensaio s.m.
ensaísmo s.m.
ensaísta s.2g.
ensaística s.f.

ensaístico adj.
ensalmo s.m.
ensalmourar v.
ensamblado adj.
ensamblador (ô) s.m.
ensambladura s.f.
ensamblagem s.f.
ensamblar v.
ensancha s.f.
ensandecer v.
ensandecido adj.
ensandecimento s.m.
ensanduichado adj.
ensanduichar v.
ensanguentado (ü) adj.
ensanguentar (ü) v.
ensanguinhar v.
ensardinhado adj.
ensardinhar v.
ensarilhado adj.
ensarilhamento s.m.
ensarilhar v.
ensarrafar v.
enseada s.f.
ensebado adj.
ensebamento s.m.
ensebar v.
ensejar v.
ensejo (ê) s.m.
ensiladeira s.f.
ensilado adj.
ensilagem s.f.
ensilamento s.m.
ensilar v.
ensimesmado adj.
ensimesmamento s.m.
ensimesmar-se v.
ensinado adj.
ensinador (ô) adj. s.m.
ensinamento s.m.
ensinança s.f.
ensinar v.
ensino s.m.
ensolarado adj.
ensombrado adj.
ensombrar v.
ensombreado adj.
ensombrear v.
ensombrecer v.
ensombrecido adj.
ensopado adj. s.m.
ensopar v.
ensurdecedor (ô) adj.
ensurdecedoramente adv.
ensurdecer v.
ensurdecido adj.
ensurdecimento s.m.
entabulação s.f.
entabulado adj.
entabular v.
entaipado adj. s.m.
entalação s.f.
entalada s.f.
entaladela s.f.

entalado adj.
entalar v.
entalhado adj.
entalhador (ô) adj. s.m.
entalhadura s.f.
entalhamento s.m.
entalhar v.
entalhe s.m.
entalho s.m.
entalo s.m.
entamiçado adj. s.m.
entanguido adj.
entanguir v.
entanto adv. conj.
então adv. interj.
entapetar v.
entardecer v. s.m.
ente s.m.
enteado s.m.
entecado adj.
entediado adj.
entediante adj.2g.
entediar v.
enteléquia s.f.
entelhado adj.
entelhar v.
entendedor (ô) adj. s.m.
entender v.
entendido adj. s.m.
entendimento s.m.
entendível adj.2g.
entérico adj.
enterite s.f.
enternecedor (ô) adj.
enternecer v.
enternecido adj.
enternecimento s.m.
enterobactéria s.f.
enterobacteriano adj.
enterococo s.m.
enterocolite s.f.
enterogastrona s.f.
enteropatogênico adj.
enterotoxemia (cs) s.f.
enterotoxigênico (cs) adj.
enterovírus s.m.2n.
enterrada s.f.
enterrado adj.
enterramento s.m.
enterrar v.
enterro (ê) s.m.; cf. enterro, fl.
 do v. enterrar
enterro dos ossos s.m.
entesado adj.
entesamento s.m.
entesar v.
entesourado adj.
entesouramento s.m.
entesourar v.
entestada s.f.
entestar v.
entibiado adj.
entibiar v.
enticamento s.m.

enticar v.
entico s.m.
entidade s.f.
entijolar v.
entisicar v.
entoação s.f.
entoado adj.
entoador (ô) adj. s.m.
entoalhado adj.
entoalhar v.
entoar v.
entocado adj.
entocaiar v.
entocamento s.m.
entocar v.
entojado adj.
entojar v.
entojo (ô) s.m.; cf. *entojo*, fl. do v. *entojar*
entomofagia s.f.
entomologia s.f.
entomológico adj.
entomologista adj. s.2g.
entomólogo s.m.
entonação s.f.
entonacional adj.2g.
entonado adj.
entonar v.
entono s.m.
entonteado adj.
entontecedor (ô) adj.
entontecer v.
entontecido adj.
entontecimento s.m.
entornado adj.
entornar v.
entorno (ô) s.m.; cf. *entorno*, fl. do v. *entornar*
entorpecedor (ô) adj.
entorpecente adj.2g. s.m.
entorpecer v.
entorpecido adj.
entorpecimento s.m.
entorse s.m.
entortado adj.
entortar v.
entrada s.f.
entrado adj.
entra e sai s.m.2n.
entrajar v.
entrançado adj. s.m.
entrância s.f.
entranha s.f.
entranhadamente adv.
entranhado adj. s.m.
entranhar v.
entranhas s.f.pl.
entranhável adj.2g.
entrante adj.2g.
entrão adj. s.m.; fem.: *entrona*
entrar v.
entravado adj.
entravamento s.m.
entravar v.

entrave s.m.
entre prep.
entreaberto adj.
entreabrir v.
entreajudar-se v.
entreato s.m.
entrebater v.
entrecasca s.f.
entrecena s.f.
entrecerrado adj.
entrecerrar v.
entrecho (ê) s.m.
entrechocante adj.2g.
entrechocar v.
entrechoque s.m.
entrecortado adj.
entrecortar v.
entrecruzado adj.
entrecruzamento s.m.
entrecruzar v.
entredevorar-se v.
entredia s.m.
entredito adj. s.m.
entredizer v.
entrefechado adj.
entrefechar v.
entrega s.f.
entregadeira s.f.
entregador (ô) adj. s.m.
entregar v.
entregue adj.2g.
entreguerras adj.2g.2n. s.m.2n.
entreguismo s.m.
entreguista adj. s.2g.
entrelaçado adj.
entrelaçamento s.m.
entrelaçar v.
entrelace s.m.
entrelinha s.f.
entrelinhamento s.m.
entrelinhar v.
entrelinhas s.f.pl.
entreluzir v.
entremeado adj.
entremear v.
entremeio s.m.
entrementes adv.
entremeter v.
entremez (ê) s.m.
entremontes s.m.2n.
entremostrado adj.
entremostrar v.
entremurmurar v.
entrenó s.m.
entrenoite s.f.
entreolhar-se v.
entreouvido adj.
entreouvir v.
entreparar v.
entrepernas s.m.2n.
entrepiso s.m.
entrepor (ô) v.
entreposto (ô) s.m.; f. e pl.: (ó)
entrepresa (ê) s.f.

entrerriano adj. s.m.
entrerriense adj. s.2g.
entressafra s.f.
entresseio s.m.
entressemear v.
entressonhado adj.
entressonhar v.
entressonho s.m.
entressorrir v.
entretanto adv. conj.
entretecedor (ô) adj. s.m.
entretecer v.
entretecido adj.
entretecimento s.m.
entretela s.f.
entretempo s.m.
entretenimento s.m.
entreter v.
entretido adj.
entretítulo s.m.
entretom s.m.
entrevação s.f.
entrevado adj.
entrevamento s.m.
entrevar v.
entrever v.
entreverar v.
entrevero (ê) s.m.
entrevista s.f.
entrevistado adj. s.m.
entrevistador (ô) s.m.
entrevistar v.
entrevisto adj.
entrincheirado adj.
entrincheiramento s.m.
entrincheirar v.
entristecedor (ô) adj.
entristecer v.
entristecido adj.
entristecimento s.m.
entrona s.f. de *entrão*
entronado adj.
entronar v.
entroncado adj.
entroncamento s.m.
entroncar v.
entronchado adj.
entronchar v.
entronização s.f.
entronizado adj.
entronizamento s.m.
entronizar v.
entropia s.f.
entrópico adj.
entropilhar v.
entrosação s.f.
entrosado adj.
entrosamento s.m.
entrosar v.
entrouxado adj.
entrouxar v.
entrudo s.m.
entubação s.f.
entubada s.f.

entubado adj.
entubamento s.m.
entubar v.
entufado adj.
entulhado adj.
entulhamento s.m.
entulhar v.
entulho s.m.
entumescer v.
entupido adj.
entupigaitado adj.
entupimento s.m.
entupir v.
enturmação s.f.
enturmado adj.
enturmar v.
entusiasmadamente adv.
entusiasmado adj.
entusiasmador (ô) adj.
entusiasmante adj.2g.
entusiasmar v.
entusiasmo s.m.
entusiasta adj. s.2g.
entusiasticamente adv.
entusiástico adj.
enucleação s.f.
enumeração s.f.
enumerado adj.
enumerar v.
enumerativo adj.
enumerável adj.2g.
enunciação s.f.
enunciado adj. s.m.
enunciador (ô) adj. s.m.
enunciar v.
enunciativo adj.
enurese s.f.
enuviado adj.
enuviar v.
envaidecedor (ô) adj.
envaidecer v.
envaidecido adj.
envaidecimento s.m.
envarado adj.
envaramento s.m.
envarar v.
envaretado adj.
envaretar v.
envasado adj. s.m.
envasadura s.f.
envasamento s.m.
envasar v.
envase s.m.
envasilhado adj.
envasilhamento s.m.
envasilhar v.
envelhecedor (ô) adj.
envelhecer v.
envelhecido adj.
envelhecimento s.m.
envelopado adj.
envelopadora (ô) s.f.
envelopamento s.m.
envelopar v.

envelope s.m.
envenenado adj.
envenenador (ô) adj. s.m.
envenenamento s.m.
envenenar v.
enverdecer v.
enverdecimento s.m.
enveredar v.
envergado adj.
envergadura s.f.
envergamento s.m.
envergar v.
envergonhadamente adv.
envergonhado adj.
envergonhador (ô) adj. s.m.
envergonhar v.
envernizado adj.
envernizador (ô) adj. s.m.
envernizamento s.m.
envernizar v.
enverrugado adj.
enverrugar v.
envesgar v.
enviado adj. s.m.
enviador (ô) adj. s.m.
enviar v.
envidar v.
envidraçado adj.
envidraçamento s.m.
envidraçar v.
envidrar-se v.
enviesadamente adv.
enviesado adj.
enviesar v.
envilecer v.
envilecido adj.
envilecimento s.m.
envio s.m.
enviuvado adj.
enviuvar v.
envolta s.f. "faixa",
 "ligadura"; cf. envolta (ô)
envolta (ô) s.f. "companhia";
 cf. envolta
envolto (ô) adj.
envoltório s.m.
envoltura s.f.
envolvedor (ô) adj. s.m.
envolvente adj.2g.
envolver v.
envolvido adj. s.m.
envolvimento s.m.
envultado adj.
envultamento s.m.
envultar v.
enxada s.f.
enxadada s.f.
enxadão s.m.
enxadeiro adj. s.m.
enxadrezado adj.
enxadrista adj. s.2g.
enxadrístico adj.
enxaguada s.f.
enxaguadela s.f.

enxaguado adj.
enxaguadura s.f.
enxaguar v.
enxaguatório s.m.
enxágue (ü) s.m.
enxame s.m.
enxameado adj.
enxameamento s.m.
enxamear v.
enxaqueca (ê) s.f.
enxárcia s.f.
enxerga (ê) s.f.; cf. enxerga, fl.
 do v. enxergar
enxergado adj.
enxergão s.m.
enxergar v.
enxerido adj. s.m.
enxerimento s.m.
enxertado adj.
enxertador (ô) s.m.
enxertar v.
enxertia s.f.
enxerto (ê) s.m.; cf. enxerto, fl.
 do v. enxertar
enxó s.f.
enxodozado adj.
enxofre (ô) s.m.
enxotado adj.
enxotador (ô) adj. s.m.
enxotar v.
enxoval s.m.
enxovalhado adj.
enxovalhamento s.m.
enxovalhar v.
enxombar v.
enxovia s.f.
enxugado adj.
enxugador (ô) s.m.
enxugamento s.m.
enxugar v.
enxuí s.m.
enxúndia s.f.
enxundiar v.
enxundioso (ô) adj.; f. e pl.: (ó)
enxurrada s.f.
enxurro s.m.
enxuto adj. s.m.
enzima s.f.
enzimático adj.
enzímico adj.
enzimologia s.f.
eoceno adj. s.m.
eólico adj.
eólio adj. s.m.
eolítico adj. s.m.
eosina s.f.
eosinofilia s.f.
eosinófilo adj. s.m.
epêntese s.f.
epentético adj.
épica s.f.
epicanto s.m.
epicárdio s.m.
epicárpico adj.

epicárpio s.m.
epicarpo s.m.
epicaule adj.2g.
epicédio s.m.
epiceno adj. s.m.
epicêntrico adj.
epicentro s.m.
épico adj. s.m.
epicureia (ê) s.f. de epicureu
epicureu adj. s.m.; fem.: epicureia
epicurismo s.m.
epicurista adj. s.2g.
epidemia s.f.
epidêmico adj.
epidemiologia s.f.
epidemiológico adj.
epidemiologista adj. s.2g.
epiderme s.f.
epidermicamente adv.
epidérmico adj.
epidídimo s.m.
epidítico adj.
epidural adj.2g.
epifania s.f.
epifenômeno s.m.
epífise s.f.
epífita s.f.
epífito adj.
epífrase s.f.
epigástrico adj.
epigástrio s.m.
epiglote s.f.
epiglótico adj.
epigonal adj.2g.
epigônico adj.
epigonismo s.m.
epígono adj. s.m.
epigrafar v.
epígrafe s.f.
epigrafia s.f.
epigráfico adj.
epigrafista s.2g.
epígrafo s.m.
epigrama s.m.
epigramático adj.
epilepsia s.f.
epiléptico adj. s.m.
epileptiforme adj.2g.
epileptoide (ó) adj. s.2g.
epilético adj. s.m.
epílogo s.m.
epíploo s.m.
episcopado s.m.
episcopal adj.2g.
episiotomia s.f.
episodicamente adv.
episódico adj.
episódio s.m.
epistasia s.f.
epistático adj.
epistaxe (cs) s.f.
episteme s.f.
epistêmico adj.

epistemologia s.f.
epistemologicamente adv.
epistemológico adj.
epistemólogo s.m.
epístola s.f.
epistolar adj.2g.
epistolário s.m.
epistolografia s.f.
epistolográfico adj.
epistológrafo s.m.
epitáfio s.m.
epitalâmio s.m.
epitelial adj.2g.
epitélio s.m.
epitelioma s.m.
epitelização s.f.
epitético adj.
epíteto s.m.
epítome s.m.
epizootia s.f.
epizoótico adj.
época s.f.
epocal adj.2g.
epônimo s.m. adj.
epopeia (ê) s.f.
epopeico (ê) adj.
epóxi (cs) s.m.
épsilo s.m.
épsilon s.m.
equação s.f.
equacionado adj.
equacional adj.2g.
equacionamento s.m.
equacionar v.
equador (ô) s.m.
equalitário adj.
equalização s.f.
equalizado adj.
equalizador (ô) adj. s.m.
equalizar v.
equânime adj.2g.
equanimemente adv.
equanimidade s.f.
equatorial adj.2g.
equatoriano adj. s.m.
equestre (ü) adj.2g.
equiângulo (ü) adj.
equidade (u ou ü) s.f.
equídeo (ü) adj. s.m.
equidistância (ü) s.f.
equidistante (ü) adj.2g.
equidistar (ü) v.
equidno s.m.
equilátero (u ou ü) adj.
equilibradamente adv.
equilibrado adj.
equilibrador (ô) adj. s.m.
equilibrar v.
equilibrável adj.2g.
equilíbrio s.m.
equilibrismo s.m.
equilibrista adj. s.2g.
equimosado adj.
equimose s.f.

equimótico adj.
equino (ü) adj. s.m.
equinocial adj.2g.
equinócio s.m.
equinocultor (ü...ô) s.m.
equinocultura (ü) s.f.
equinodermo adj. s.m.
equinoide (ó) s.m.
equipado adj.
equipagem s.f.
equipamento s.m.
equipar v.
equiparação s.f.
equiparado adj.
equiparar v.
equiparável adj.2g.
equipe s.f.
equipo s.m.
equipolência (ü) s.f.
equipolente (ü) adj.2g.
equiprovável (ü) adj.2g.
equitação s.f.
equitador (ô) s.m.
equitativamente (ü) adv.
equitativo (ü) adj.
equivalência s.f.
equivalente adj.2g. s.m.
equivalentemente adv.
equivaler v.
equivocadamente adv.
equivocado adj.
equivocar v.
equivocidade s.f.
equívoco adj. s.m.
era s.f. "época"; cf. hera
erado adj.
erar v.
erário s.m.
érbio s.m.
ereção s.f.
eremita adj. s.2g.
erétil adj.2g.
eretilidade s.f.
ereto adj.
eretor (ô) adj. s.m.
ergastoplasma s.m.
ergástulo s.m.
ergatividade s.f.
ergativo adj. s.m.
ergometria s.f.
ergométrico adj.
ergômetro s.m.
ergonomia s.f.
ergonomicamente adv.
ergonômico adj.
ergonomista adj. s.2g.
ergosterol s.m.
ergotamina s.f.
erguer v.
erguido adj.
erguimento s.m.
eriçado adj.
eriçamento s.m.
eriçar v.

erigido adj.
erigir v.
erisipela s.f.
erisipeloso (ô) adj.; f. e pl. (ó)
eritema s.m.
eritematoso (ô) adj.; f. e pl. (ó)
eritêmico adj.
eritreia (ê) adj. s.f. de *eritreu*
eritreu adj. s.m.; fem.: *eritreia* (é)
eritrina s.f.
eritroblástico adj.
eritroblasto s.m.
eritroblastose s.f.
eritrocítico adj.
eritrócito s.m.
eritromicina s.f.
ermida s.f.
ermitã s.f. de *ermitão*
ermitão s.m.; fem.: *ermitã* e *ermitoa*; pl.: *ermitões, ermitães* e *ermitãos*
ermitoa (ô) s.f. de *ermitão*
ermo (ê) adj. s.m.
erodibilidade s.f.
erodido adj.
erodir v.
erodível adj.2g.
erógeno adj.
erosado adj.
erosão s.f.
erosividade s.f.
erosivo adj.
eroticamente adv.
eroticidade s.f.
erótico adj.
erotismo s.m.
erotização s.f.
erotizado adj.
erotizar v.
erotomania s.f.
errabundo adj.
errada s.f.
erradamente adv.
erradicação s.f.
erradicado adj.
erradicador (ô) adj. s.m.
erradicante adj.2g.
erradicar v.
erradio adj.
errado adj.
errância s.f.
errante adj. s.2g.
errar v.
errata s.f.
erraticamente adv.
errático adj.
erre s.m.
erro (ê) s.m.; cf. *erro*, fl. do v. *errar*
erroneamente adv.
errôneo adj.
erronia s.f.
eructação s.f.
eructar v.

erudição s.f.
eruditamente adv.
eruditismo s.m.
erudito adj. s.m.
erupção s.f.
erupcionar v.
eruptivo adj.
erva s.f.
erva-abelha s.f.; pl.: *ervas--abelha* e *ervas-abelhas*
erva-cidreira s.f.; pl.: *ervas--cidreiras*
erva-de-passarinho s.f.; pl.: *ervas-de-passarinho*
erva-de-santa-maria s.f.; pl.: *ervas-de-santa-maria*
ervado adj. s.m.
erva-doce s.f.; pl.: *ervas-doces*
erval s.m.
erva-mate s.f.; pl.: *ervas-mate* e *ervas-mates*
ervanário adj. s.m.
ervar v.
erva-santa s.f.; pl.: *ervas-santas*
ervateira s.f.
ervateiro adj. s.m.
ervilha s.f.
ervilhaca s.f.
esbaforido adj.
esbagaçado adj.
esbagaçar v.
esbaldar-se v.
esbandalhado adj.
esbandalhar-se v.
esbandalho s.m.
esbanjado adj. s.m.
esbanjador (ô) adj. s.m.
esbanjamento s.m.
esbanjar v.
esbarrada s.f.
esbarrado adj.
esbarrão s.m.
esbarrar v.
esbarro s.m.
esbarrondamento s.m.
esbarrondar v.
esbater v.
esbatido adj.
esbeiçado adj.
esbeiçar v.
esbeltez (ê) s.f.
esbelteza (ê) s.f.
esbelto adj.
esbirro s.m.
esboçado adj.
esboçar v.
esboço (ô) s.m.; cf. *esboço*, fl. do v. *esboçar*
esbodegado adj.
esbodegar v.
esbofado adj.
esbofar v.
esbofeteado adj.
esbofetear v.

esbordoado adj.
esbordoar v.
esbórnia s.f.
esboroamento s.m.
esboroar v.
esboroo (ô) s.m.
esborrachado adj.
esborrachar v.
esborrar v.
esbracejante adj.2g.
esbranquiçado adj.
esbranquiçar v.
esbraseado adj.
esbraseante adj.2g.
esbrasear v.
esbravejador (ô) s.m.
esbravejante adj.2g.
esbravejar v.
esbregue s.m.
esbroar v.
esbrugar v.
esbugalhado adj.
esbugalhar v.
esbulhar v.
esbulho s.m.
esburacado adj.
esburacar v.
escabeche s.m.
escabelo (ê) s.m.
escabichador (ô) adj. s.m.
escabicida adj.2g. s.m.
escabinado adj. s.m.
escabino s.m.
escabiose s.f.
escabreado adj.
escabrear v.
escabro adj.
escabrosidade s.f.
escabroso (ô) adj.; f. e pl.: (ó)
escabujar v.
escachar v.
escachoada s.f.
escachoar v.
escachoo (ô) s.m.
escada s.f.
escadaria s.f.
escadinha s.f.
escafandrista s.2g.
escafandro s.m.
escafeder-se v.
escala s.f.
escalação s.f.
escalada s.f.
escalado adj.
escalador (ô) adj. s.m.
escalafobético adj.
escalão s.m.
escalar v. adj.2g.
escalável adj.2g.
escalavrado adj.
escalavradura s.f.
escalavrar v.
escaldado adj.
escaldante adj.2g.

escalda-pés

escalda-pés s.m.2n.
escaldar v.
escaleno adj.
escaler s.m.
escalfar v.
escalonadamente adv.
escalonado adj.
escalonamento s.m.
escalonar v.
escalonável adj.2g.
escalope s.m.
escalpelado adj. s.m.
escalpelamento s.m.
escalpelar v.
escalpelo (ê) s.m.; cf. *escalpelo*, fl. do v. *escalpelar*
escalpo s.m.
escalvado adj.
escalvar v.
escama s.f.
escamação s.f.
escamado adj. s.m.
escamar v.
escambar v.
escambau s.m.
escambeiro s.m.
escambo s.m.
escamoso (ô) adj.; f. e pl.: (ó)
escamoteação s.f.
escamoteado adj.
escamoteador (ô) s.m.
escamoteamento s.m.
escamotear v.
escamoteável adj.2g.
escampado adj. sm.
escâncara s.f.
escancaradamente adv.
escancarado adj.
escancaramento s.m.
escancarar v.
escancelado adj.
escancelar v.
escanchado adj.
escanchar v.
escandalizado adj.
escandalizador (ô) adj. s.m.
escandalizante adj.2g.
escandalizar v.
escandalizável adj.2g.
escândalo s.m.
escandalosamente adv.
escandaloso (ô) adj.; f. e pl.: (ó)
escandente adj.2g.
escandido adj.
escandinavo adj. s.m.
escândio s.m.
escandir v.
escaneadora (ô) s.f.
escanear v.
escâner s.m.
escangalhado adj.
escangalhar v.
escanhoar v.

escanifrado adj.
escaninho s.m.
escansão s.f.
escanteado adj.
escantear v.
escanteio s.m.
escantilhão s.m.
escantilhar v.
escanzelado adj.
escapada s.f.
escapadela s.f.
escapadiço adj.
escapamento s.m.
escapar v.
escapatória s.f.
escape s.m.
escapismo s.m.
escapista adj. s.2g.
escapo adj. s.m.
escapolita s.f.
escápula s.f.
escapular adj.2g.
escapulário s.m.
escapulida s.f.
escapulido adj.
escapulir v.
escapulumeral adj.2g.
escaque s.m.
escara s.f.
escarabeídeo adj.
escarafunchador (ô) adj. s.m.
escarafunchar v.
escaramuça s.f.
escaramuçar v.
escarapela s.f.
escaravelho (ê) s.m.
escarcear v.
escarcéu s.m.
escareador (ô) adj. s.m.
escarear v.
escarificação s.f.
escarificado adj.
escarificador (ô) adj. s.m.
escarificar v.
escarlate adj.2g. s.m.
escarlatina s.f.
escarlatiniforme adj.2g.
escarmentar v.
escarmento s.m.
escarnação s.f.
escarnar v.
escarnecedor (ô) adj. s.m.
escarnecer v.
escarnecido adj.
escarnecimento s.m.
escarnicar v.
escarnificar v.
escarninho adj. s.m.
escárnio s.m.
escarola s.f.
escarolado adj.
escarolagem s.f.
escarolar v.
escarpa s.f.

escoimar

escarpado adj.
escarpadura s.f.
escarpim s.m.
escarradeira s.f.
escarrado adj.
escarranchado adj.
escarranchar v.
escarrapachado adj.
escarrapachar v.
escarrar v.
escarro s.m.
escarvado adj.
escarvar v.
escassamente adv.
escasseamento s.m.
escassear v.
escassez (ê) s.f.
escasso adj.
escatologia s.f.
escatológico adj.
escavacado adj.
escavação s.f.
escavacar v.
escavadeira s.f.
escavado adj.
escavador (ô) adj. s.m.
escavadora (ô) s.f.
escavamento s.m.
escavar v.
escaveirado adj.
escaveirar v.
esclarecedor (ô) adj.
esclarecer v.
esclarecido adj.
esclarecimento s.m.
esclera s.f.
escleral adj.2g.
escleredema s.m.
esclerema s.m.
esclerênquima s.m.
esclerenquimatoso adj.; f. e pl.: (ó)
esclerócito s.m.
esclerodermia s.f.
esclerofilia s.f.
esclerofílico adj.
esclerófilo adj.
esclerófito s.m.
esclerosado adj.
esclerosamento s.m.
esclerosante adj.2g.
esclerosar v.
esclerose s.f.
esclerótica s.f.
esclerótico adj.
escoado adj. s.m.
escoador (ô) adj. s.m.
escoadouro s.m.
escoamento s.m.
escoar v.
escocês adj. s.m.
escoicear v.
escoimado adj.
escoimar v.

escol s.m.
escola s.f.
escolado adj.
escola-modelo s.f.; pl.: *escolas--modelo* e *escolas-modelos*
escolar adj. s.2g.
escolaridade s.f.
escolarização s.f.
escolarizado adj.
escolarizar v.
escolástica s.f.
escolasticismo s.m.
escolástico adj.
escoldrinhar v.
escólex (cs) s.m.2n.
escolha (ô) s.f.
escolher v.
escolhido adj.
escolhimento s.m.
escolho (ô) s.m.; pl. (ó)
escoliasta s.2g.
escólio s.m.
escoliose s.f.
escólito s.m.
escolta s.f.
escoltado adj.
escoltar v.
escombros s.m.pl.
esconde-esconde s.m.2n.
esconder v.
esconderijo s.m.
escondidas s.f.pl.
escondidinho s.m.
escondido adj. s.m. adv.
escondimento s.m.
esconjuração s.f.
esconjurado adj.
esconjurar v.
esconjuro s.m.
esconso adj. s.m.
escopa (ó) s.f.
escopeta (ê) s.f.
escopo (ó) s.m.
escopro (ô) s.m.
escora s.f.
escorado adj.
escorador (ô) s.m.
escoramento s.m.
escorar v.
escorbútico adj.
escorbuto s.m.
escorchado adj.
escorchador (ô) adj. s.m.
escorchante adj.2g.
escorchar v.
escorço (ô) s.m.
escore s.m.
escória s.f.
escoriação s.f.
escoriado adj.
escoriar v.
escornado adj.
escornar v.
escorpiano adj. s.m.

escorpião s.m.
escorraçado adj.
escorraçar v.
escorredouro s.m.
escorrega s.m.
escorregada s.f.
escorregadela s.f.
escorregadiço adj.
escorregadio adj.
escorregado adj. s.m.
escorregadouro s.m.
escorregamento s.m.
escorregão s.m.
escorregar v.
escorregoso (ô) adj. s.m.; f. e pl.: (ó)
escorreguento adj.
escorreito adj.
escorrer v.
escorrido adj.
escorrimento s.m.
escorropichar v.
escorva s.f.
escota (ó) s.f.
escote s.m.
escoteiro adj. s.m.
escotilha s.f.
escotismo s.m.
escotoma s.m.
escova (ô) s.f.; cf. *escova*, fl. do v. *escovar*
escovação s.f.
escovada s.f.
escovadela s.f.
escovado adj.
escovadora (ô) s.f.
escovador (ô) s.m.
escovamento s.m.
escovão s.m.
escovar v.
escovinha s.f.
escrachadamente adv.
escrachado adj.
escrachante adj.2g.
escrachar v.
escracho s.m.
escrafotado adj.
escrafotar v.
escravagismo s.m.
escravagista adj. s.2g.
escravaria s.f.
escravatura s.f.
escravidão s.f.
escravismo s.m.
escravista adj. s.2g.
escravização s.f.
escravizador (ô) adj. s.m.
escravizante adj.2g.
escravizar v.
escravo adj. s.m.
escravocracia s.f.
escravocrata adj. s.2g.
escrete s.m.
escrevente adj. s.2g.

escrever v.
escrevinhação s.f.
escrevinhador (ô) s.m.
escrevinhar v.
escriba s.m. s.2g.
escrínio s.m.
escrita s.f.
escritinho adj.
escrito adj. s.m.
escritor (ô) s.m.
escritório s.m.
escritura s.f.
escrituração s.f.
escriturado adj.
escritural adj.2g.
escriturar v.
escriturário s.m.
escrivã s.f. de *escrivão*
escrivaninha s.f.
escrivão s.m.; fem.: *escrivã*; pl.: *escrivães*
escrófula s.f.
escrofulose s.f.
escrofuloso (ô) adj.; f. e pl.: (ó)
escroque s.m.
escrotal adj.2g.
escrotice s.f.
escrotidão s.f.
escroto (ô) adj. s.m.
escrupulizar v.
escrúpulo s.m.
escrupulosamente adv.
escrupulosidade s.f.
escrupuloso (ô) adj.; f. e pl.: (ó)
escrutador (ô) adj. s.m.
escrutar v.
escrutinação s.f.
escrutinado adj.
escrutinador (ô) adj. s.m.
escrutinar v.
escrutínio s.m.
escudado adj.
escudar v.
escudeiro s.m.
escudela s.f.
escuderia s.f.
escudete (ê) s.m.
escudo s.m.
esculachado adj.
esculachar v.
esculacho s.m.
esculápio s.m.
esculhambação s.f.
esculhambado adj.
esculhambar v.
esculpido adj.
esculpidor (ô) adj. s.m.
esculpir v.
escultor (ô) s.m.
escultórico adj.
escultura s.f.
esculturação s.f.
esculturado adj.

escultural | 138 | esmeralda

escultural adj.2g.
escuma s.f.
escumadeira s.f.
escumalha s.f.
escumar v.
escumilha s.f.
escumoso adj. (ô); f. e pl.: (ó)
escuna s.f.
escuras s.f.pl.
escurecedor (ô) adj. s.m.
escurecer v.
escurecido adj.
escurecimento s.m.
escureza (ê) s.f.
escuridão s.f.
escurinho s.m.
escuro adj. s.m.
escusa s.f.
escusado adj.
escusar v.
escusável adj.2g.
escuso adj.
escuta s.f.
escutado adj. s.m.
escutador (ô) adj. s.m.
escutar v.
esdruxulamente adv.
esdrúxulo adj. s.m.
esfacelado adj.
esfacelamento s.m.
esfacelar v.
esfacelo s.m.
esfaimado adj.
esfalecer v.
esfalecimento s.m.
esfalfado adj. s.m.
esfalfamento s.m.
esfalfante adj.2g.
esfalfar v.
esfaqueado adj.
esfaqueador (ô) s.m.
esfaqueamento s.m.
esfaquear v.
esfarelado adj.
esfarelamento s.m.
esfarelar v.
esfarelento adj.
esfarinhado adj.
esfarinhamento s.m.
esfarinhar v.
esfarrapado adj.
esfarrapar v.
esfenoidal adj.2g.
esfenoide (ó) s.m.
esfera s.f.
esfericidade s.f.
esférico adj.
esferográfica s.f.
esferográfico adj.
esferoidal adj.2g.
esferoide (ó) s.m.
esfiapado adj.
esfiapar v.
esfincter s.m.; pl.: esfíncteres
esfincteral adj.2g.

esfincteriano adj.
esfinctérico adj.
esfincterotomia s.f.
esfinge s.f.
esfíngico adj.
esfirra s.f.
esfoguear v.
esfola s.f.
esfolação s.f.
esfoladela s.f.
esfolado adj.
esfolador (ô) adj. s.m.
esfoladura s.f.
esfolamento s.m.
esfolar v.
esfoliação s.f.
esfoliamento s.m.
esfoliante adj.2g. s.m.
esfoliar v.
esfoliativo adj.
esfomeado adj. s.m.
esfomear v.
esforçadamente adv.
esforçado adj. s.m.
esforçar v.
esforço (ô) s.m.; pl.: (ó); cf.
    esforço, fl. do v. esforçar
esfraldar v.
esfrangalhado adj.
esfrangalhamento s.m.
esfrangalhar v.
esfrega s.f.
esfregação s.f.
esfregaço s.m.
esfregadela s.f.
esfregado adj.
esfregador (ô) adj. s.m.
esfrega-esfrega s.m.; pl.:
    esfrega-esfregas e esfregas-
    -esfregas
esfregamento s.m.
esfregão s.m.
esfregar v.
esfriada s.f.
esfriado adj.
esfriamento s.m.
esfriar v.
esfumaçado adj.
esfumaçar v.
esfumado adj.
esfumar v.
esfuminho s.m.
esfuracado adj.
esfuziante adj.2g.
esfuziar v.
esfuzio s.m.
esgadanhado adj.
esgadanhar v.
esgalgado adj.
esgalgo adj.
esgalhado adj.
esgalhamento s.m.
esgalhar v.
esgalho s.m.

esganação s.f.
esganado adj. s.m.
esganadura s.f.
esganar v.
esganiçado adj.
esganiçamento s.m.
esganiçar v.
esgar s.m.
esgaravatador (ô) adj. s.m.
esgaravatar v.
esgarçadeira s.f.
esgarçado adj.
esgarçadura s.f.
esgarçamento s.m.
esgarçante adj.2g.
esgarçar v.
esgarento adj.
esgarranchado adj.
esgazeado adj.
esgazear v.
esgoelamento s.m.
esgoelar v.
esgotado adj.
esgotador (ô) adj. s.m.
esgotamento s.m.
esgotante adj.2g.
esgotar v.
esgotável adj.2g.
esgoto (ô) s.m.; cf. esgoto, fl. do
    v. esgotar
esgravatar v.
esgrenhado adj.
esgrima s.f.
esgrimir v.
esgrimista adj. s.2g.
esgrouviado adj.
esgrouvinhado adj.
esgueirar v.
esguelha (ê) s.f.
esguelhar v.
esguichar v.
esguicho s.m.
esguio adj.
eslávico adj.
eslavo adj. s.m.
eslovaco adj. s.m.
esloveno adj. s.m.
esmado adj.
esmaecer v.
esmaecido adj.
esmaecimento s.m.
esmagador (ô) adj. s.m.
esmagadora (ô) s.f.
esmagamento s.m.
esmagar v.
esmaltação s.f.
esmaltado adj.
esmaltador (ô) s.m.
esmaltagem s.f.
esmaltar v.
esmalte s.m.
esmerado adj.
esmeralda adj.2g.2n. s.f.

esmeraldino | 139 | especificidade

esmeraldino adj.
esmerar v.
esmeril s.m.
esmerilar v.
esmerilhado adj.
esmerilhamento s.m.
esmerilhar v.
esmero (ê) s.m.; cf. *esmero*, fl. do v. *esmerar*
esmigalhado adj.
esmigalhamento s.m.
esmigalhar v.
esmiuçado adj.
esmiuçamento s.m.
esmiuçar v.
esmo (ê) s.m.
esmoído adj. s.m.
esmola s.f.
esmolador (ô) adj. s.m.
esmolambado adj. s.m.
esmolambar v.
esmolar v.
esmoleira s.f.
esmoleiro adj. s.m.
esmoler adj. s.2g.
esmorecer v.
esmorecido adj.
esmorecimento s.m.
esmurrador (ô) adj. s.m.
esmurrar v.
esnobação s.f.
esnobada s.f.
esnobar v.
esnobe adj. s.2g.
esnobismo s.m.
és-nordeste s.m.; pl.: *és--nordestes*
esofagectomia s.f.
esofágico adj.
esofagite s.f.
esôfago s.m.
esotérico adj. s.m. "iniciático"; cf. *exotérico e isotérico*
esoterismo s.m. "conhecimento para iniciados"; cf. *exoterismo*
espaçadamente adv.
espaçado adj.
espaçador (ô) adj. s.m.
espaçamento s.m.
espaçar v.
espacejamento s.m.
espacejar v.
espacial adj.2g.
espacialidade s.f.
espacialismo s.m.
espacialista adj.2g.
espacialização s.f.
espacializar v.
espacialmente adv.
espaço s.m.
espaçonave s.f.
espaço-objeto s.m.; pl. *espaços-objeto e espaços-objetos*

espaçoso (ô) adj.; f. e pl. (ó)
espaço-tempo s.m.; pl.: *espaços-tempos e espaços-tempo*
espada s.m. s.f.
espadachim s.m.
espadada s.m.
espada-de-são-jorge s.f.; pl.: *espadas-de-são-jorge*
espadagão s.m.
espadana s.f.
espadanar v.
espadão s.m.
espadarte s.m.
espadaúdo adj.
espadeirada s.f.
espadeirar v.
espadilha s.f.
espadim s.m.
espadinha s.f.
espádua s.f.
espaguete s.m.
espairecer v.
espairecimento s.m.
espalda s.f.
espaldar s.m.
espaldeira s.f.
espaldeirar v.
espalha-brasas adj. s.2g.2n.
espalhação s.f.
espalhadamente adv.
espalhadeira s.f.
espalhado adj.
espalhador (ô) adj.
espalhafato s.m.
espalhafatosamente adv.
espalhafatoso (ô) adj.; f. e pl.: (ó)
espalhamento s.m.
espalhar v.
espalmado adj.
espalmar v.
espanado adj.
espanador (ô) adj. s.m.
espanar v.
espancado adj.
espancador (ô) adj. s.m.
espancamento s.m.
espancar v.
espandongado adj.
espandongar v.
espanejado adj.
espanejar v.
espanhol adj. s.m.
espanhola s.f.
espanholada s.f.
espanholado adj.
espanholismo s.m.
espantadiço adj.
espantado adj.
espantador (ô) s.m.
espantalho s.m.
espantar v.
espanto s.m.
espantosamente adv.

espantoso (ô) adj.; f. e pl.: (ó)
espapaçado adj.
esparadrapo s.m.
espargido adj.
espargimento s.m.
espargir v.
espargo s.m.
esparolado adj.
esparrachado adj.
esparrachar v.
esparramado adj.
esparramador (ô) adj. s.m.
esparramar v.
esparrame s.m.
esparramo s.m.
esparrela s.f.
esparsamente adv.
esparso adj.
espartanamente adv.
espartanismo s.m.
espartano adj. s.m.
espartaquista adj.2g.
espartíata adj. s.2g.
espartilhado adj.
espartilhar v.
espartilho s.m.
esparzir v.
espasmo s.m.
espasmódico adj.
espasticidade s.f.
espástico adj.
espata s.f.
espatifado adj.
espatifar v.
espatódea s.f.
espátula s.f.
espatulado adj.
espaventado adj.
espaventar v.
espavento s.m.
espaventoso (ô) adj.; f. e pl.: (ó)
espavorido adj.
espavorir v.
especar v.
especiação s.f.
especial adj.2g. s.m.
especialidade s.f.
especialista adj. s.2g.
especialização s.f.
especializado adj.
especializar v.
especialmente adv.
especiaria s.f.
espécie s.f.
espécies s.f.pl.
especificação s.f.
especificado adj.
especificador (ô) adj. s.m.
especificamente adv.
especificar v.
especificativo adj.
especificável adj.2g.
especificidade s.f.

específico | 140 | espiritação

específico adj.
espécime s.m.
espécimen s.m.; pl.: *espécimens* e *espécimenes*
especiosidade s.f.
especioso (*ó*) adj.; f. e pl.: (*ó*)
espectador (*ô*) adj. s.m.; cf. *expectador* (*ô*)
espectar v. "ver", etc.; cf. *expectar*
espectral adj.2g.
espectralidade s.f.
espectro s.m.
espectrofotômetro s.m.
espectrografia s.f.
espectrográfico adj.
espectrômetro s.m.
espectroscopia s.f.
espectroscópico adj.
espectroscópio s.m.
especula s.2g.
especulação s.f.
especulado adj.
especulador (*ô*) adj. s.m.
especular v. adj.2g.
especularmente adv.
especulativamente adv.
especulativo adj.
espéculo s.m.
espedaçado adj.
espedaçar v.
espeleologia s.f.
espeleológico adj.
espeleologista adj. s.2g.
espeleólogo s.m.
espelhado adj.
espelhamento s.m.
espelhante adj.2g.
espelhar v.
espelhismo s.m.
espelho s.m.
espelho-d'água s.m.; pl.: *espelhos-d'água*
espeloteado adj.
espelunca s.f.
espeque s.m.
espera s.f.
esperado adj. s.m.
espera-marido adj.2g.2n. s.m.; pl. do s.m.: *espera-maridos*
esperança s.f.
esperançadamente adv.
esperançado adj.
esperançosamente adv.
esperançoso (*ô*) adj.; f. e pl.: (*ó*)
esperantista adj. s.2g.
esperanto s.m.
esperar v.
esperável adj.2g.
esperdiçar v.
esperma s.f.
espermacete s.m.

espermateca s.f.
espermático adj.
espermatogênese s.f.
espermatogônia s.f.
espermatozoide (*ó*) s.m.
espermicida adj.2g. s.m.
espermograma s.m.
espernear v.
esperneio s.m.
espertalhão adj. s.m.; fem.: *espertalhona*
espertalhona s.f. de *espertalhão*
espertamente adv.
espertar v.
esperteza (*ê*) s.f.
espertinho adj. s.m.
esperto adj. s.m. "perspicaz"; cf. *experto*
espessado adj.
espessamente adv.
espessamento s.m.
espessante adj.2g. s.m.
espessar v.
espesso (*ê*) adj.; cf. *espesso*, *espessa* e *espessas*, fl. do v. *espessar*, e *expeço*, *expeça* e *expeças*, fl. do v. *expedir*
espessura s.f.
espetacular adj.2g.
espetacularidade s.f.
espetacularismo s.m.
espetacularização s.f.
espetacularizar v.
espetacularmente adv.
espetáculo s.m.
espetaculosidade s.f.
espetaculoso (*ô*) adj.; f. e pl.: (*ó*)
espetada s.f.
espetadela s.f.
espetado adj.
espetão s.m.
espetar v.
espetinho s.m.
espeto (*ê*) s.m.; cf. *espeto*, fl. do v. *espetar*
espevitadamente adv.
espevitadeira s.f.
espevitado adj.
espevitador (*ô*) adj. s.m.
espevitamento s.m.
espevitar v.
espezinhado adj.
espezinhador (*ô*) adj. s.m.
espezinhar v.
espia s.2g.; cf. *expia*, fl. do v. *expiar*
espiã s.f. de *espião*
espiada s.f.
espiadela s.f.
espiador (*ô*) adj. s.m.
espião s.m.; fem.: *espiã*
espiar v. "observar"; cf. *expiar*

espicaçado adj.
espicaçamento s.m.
espicaçante adj.2g.
espicaçar v.
espichada s.f.
espichado adj.
espichamento s.m.
espichar v.
espícula s.f.
espiculado adj.
espículo s.m.
espiga s.f.
espigado adj.
espigamento s.f.
espigão s.m.
espigar v.
espigueta (*ê*) s.f.
espinafração s.f.
espinafrada s.f.
espinafrar v.
espinafre s.m.
espinal adj.2g.
espinélio s.m.
espineta (*ê*) s.f.
espingarda s.f.
espingardeamento s.m.
espingardear v.
espinha s.f.
espinhaço s.m.
espinhado adj.
espinhal adj.2g.
espinhar v.
espinheira s.f.
espinheiral s.m.
espinheira-santa s.f.; pl.: *espinheiras-santas*
espinheiro s.m.
espinhel s.m.
espinhela s.f.
espinhento adj.
espinho s.m.
espinho-agulha s.m.; pl.: *espinhos-agulha* e *espinhos-agulhas*
espinhoso (*ô*) adj.; f. e pl.: (*ó*)
espinhudo adj.
espiniforme adj.2g.
espinilho s.m.
espinotear v.
espionagem s.f.
espionar v.
espique s.m.
espira s.f.; cf. *expira*, fl. do v. *expirar*
espiráculo s.m.
espiral adj.2g. s.f.
espiralado adj.
espiralar v.
espiralização s.f.
espiralizado adj.
espirante adj.2g.; cf. *expirante*
espirar v. "respirar"; cf. *expirar*
espírita adj. s.2g.
espiritação s.f.

espiritar v.
espiriteira s.f.
espiritismo s.m.
espiritista adj. s.2g.
espírito s.m.
espírito-santense adj. s.2g.; pl.: *espírito-santenses*
espiritual adj.2g. s.m.
espiritualidade s.f.
espiritualismo s.m.
espiritualista adj. s.2g.
espiritualização s.f.
espiritualizado adj.
espiritualizar v.
espiritualmente adv.
espirituosidade s.f.
espirituoso (ô) adj.; f. e pl.: (ó)
espiroqueta (ê) s.f.
espirrada s.f.
espirradeira s.f.
espirrar v.
espirro s.m.
esplanada s.f.
esplendente adj.2g.
esplender v.
esplendidamente adv.
esplendidez (ê) s.f.
esplêndido adj.
esplendor (ô) s.m.
esplendorosamente adv.
esplendoroso (ô) adj.; f. e pl.: (ó)
esplenectomia s.f.
esplênico adj.
esplenomegalia s.f.
espocar v.
espoco (ô) s.m.; cf. *espoco*, fl. do v. *espocar*
espodumênio s.m.
espojadouro s.m.
espojar v.
espojo (ô) s.m.; cf. *espojo*, fl. do v. *espojar*
espoleta (ê) s.f.
espoliação s.f.
espoliado adj. s.m.
espoliador (ô) adj. s.m.
espoliar v.
espoliativo adj.
espólio s.m.
espondilite s.f.
espôndilo s.m.
espongiário adj. s.m.
espongina s.f.
esponja s.f.
esponjado adj. s.m.
esponjoso (ô) adj.; f. e pl.: (ó)
esponsais s.m.pl.
esponsal adj.2g. s.m.
esponsalício adj.
espontaneamente adv.
espontaneidade s.f.
espontaneísmo s.m.

espontaneísta adj. s.2g.
espontâneo adj.
espontar v.
espora s.f.
esporada s.f.
esporadicamente adv.
esporádico adj.
esporângio s.m.
esporão s.m.
esporeada s.f.
esporeado adj.
esporear v.
esporífero adj.
esporim s.m.
esporo s.m.
esporocisto s.m.
esporófilo s.m.
esporófito s.m.
esporostático adj.
esporozoário s.m.
esporozoíto s.m.
esporrar v.
esporrento adj.
esporro (ô) s.m.; cf. *esporro*, fl. do v. *esporrar*
esporte adj.2g.2n. s.m.
esportista adj. s.2g.
esportiva s.f.
esportivamente adv.
esportividade s.f.
esportivo adj.
espórtula s.f.
esporulação s.f.
esporulado adj.
esposa (ô) s.f.; cf. *esposa*, fl. do v. *esposar*
esposar v.
esposo (ô) s.m.; cf. *esposo*, *esposa* e *esposas*, fl. do v. *esposar*
espostejado adj.
espostejar v.
espoucar v.
espraiado adj.
espraiamento s.m.
espraiar v.
espreguiçadeira s.f.
espreguiçado adj.
espreguiçamento s.m.
espreguiçar v.
espreita s.f.
espreitadeira s.f.
espreitador (ô) s.m.
espreitamento s.m.
espreitar v.
espremedor (ô) adj. s.m.
espremer v.
espremido adj.
espritado adj. s.m.
espuma s.f.
espumadeira s.f.
espumado adj.
espuma do mar s.f.
espumante adj.2g. s.m.

espumar v.
espumarada s.f.
espumarento adj.
espumejar v. s.m.
espumento adj.
espumoso (ô) adj.; f. e pl.: (ó)
espúrio adj.
esputinique s.m.
esquadra s.f.
esquadrão s.m.
esquadrejadeira s.f.
esquadrejado adj.
esquadrejamento s.m.
esquadrejar v.
esquadria s.f.
esquadrilha s.f.
esquadrinhado adj.
esquadrinhador (ô) adj. s.m.
esquadrinhamento s.m.
esquadrinhar v.
esquadro s.m.
esqualidez (ê) s.f.
esquálido adj.
esquartejado adj.
esquartejador (ô) adj. s.m.
esquartejamento s.m.
esquartejar v.
esquartelado adj.
esquartelar v.
esquecedor (ô) adj. s.m.
esquecer v.
esquecido adj.
esquecimento s.m.
esquecível adj.2g.
esquelético adj.
esqueleto (ê) s.m.
esquema s.m.
esquematicamente adv.
esquemático adj.
esquematismo s.m.
esquematização s.f.
esquematizado adj.
esquematizante adj.2g.
esquematizar v.
esquenência s.f.
esquentado adj.
esquentador (ô) adj. s.m.
esquentamento s.m.
esquentar v.
esquerda (ê) s.f.
esquerdas (ê) s.f.pl.
esquerdinha adj. s.2g.
esquerdismo s.m.
esquerdista adj. s.2g.
esquerdização s.f.
esquerdizante adj.2g.
esquerdo (ê) adj.
esquete s.m.
esqui s.m.
esquiação s.f.
esquiador (ô) adj. s.m.
esquiar v.
esquife s.m.
esquilo s.m.

esquimó adj. s.2g.
esquina s.f.
esquinar v.
esquipado adj. s.m.
esquipador (ô) adj. s.m.
esquipar v.
esquipático adj.
esquisitamente adv.
esquisitão adj. s.m.; fem.: esquisitona
esquisitice s.f.
esquisito adj.
esquisitona s.f. de esquisitão
esquistossomatoso (ô) adj.; f. e pl.: (ó)
esquistossomíase s.f.
esquistossomo s.m.
esquistossomose s.f.
esquiva s.f.
esquivamente adv.
esquivança s.f.
esquivante adj. s.2g.
esquivar v.
esquivo adj.
esquizofrenia s.f.
esquizofrenicamente adv.
esquizofrênico adj. s.m.
esquizofrenizante adj.2g.
esquizoide (ó) adj. s.2g.
esquizoidia s.f.
esse s.m. "nome da letra s"; cf. esse (ê)
esse (ê) pron.; cf. esse s.m.
essência s.f.
essencial adj.2g. s.m.
essencialidade s.f.
essencialismo s.m.
essencialista adj. s.2g.
essencialização s.f.
essencializar v.
essencialmente adv.
essênio adj. s.m.
essoutro pron.
és-sudeste s.m.; pl.: és-sudestes
és-sueste s.m.; pl.: és-suestes
estabacar-se v.
estabanadamente adv.
estabanado adj. s.m.
estabelecer v.
estabelecido adj.
estabelecimento s.m.
estabilidade s.f.
estabilização s.f.
estabilizado adj.
estabilizador (ô) adj. s.m.
estabilizante ad.2g. s.m.
estabilizar v.
estabilizável adj.2g.
estabulado adj.
estabulamento s.m.
estabular v.
estábulo s.m.
estaca s.f.
estacada s.f.

estacado adj. s.m.
estação s.f.
estacar v.
estacaria s.f.
estacionado adj.
estacional adj.2g.
estacionalmente adv.
estacionamento s.m.
estacionar v.
estacionário adj.
estada s.f.
estadeado adj.
estadear v.
estadia s.f.
estádio s.m.
estadismo s.m.
estadista s.2g.
estado s.m.
estado-maior s.m.; pl.: estados-maiores
estado-novismo s.m.; pl.: estado-novismos
estado-novista adj.2g.; pl.: estado-novistas
estados-gerais s.m.pl.
estado-tampão s.m.; pl; estados-tampão e estados-tampões
estado-unidense adj. s.2g.; pl.: estado-unidenses
estadual adj.2g.
estadualista adj.2g.
estadualização s.f.
estadualizado adj.
estadualizador (ô) adj.
estadualizar v.
estadunidense adj. s.2g.
estafa s.f.
estafado adj.
estafante adj.2g.
estafar v.
estafe s.m.
estafermo (ê) s.m.
estafeta (ê) s.m.
estafilococcia s.f.
estafilocócico adj.
estafilococo s.m.
estagflação s.f.
estagflacionário adj.
estagiado adj.
estagiar v.
estagiário adj. s.m.
estágio s.m.
estagirita s.m.
estagnação s.f.
estagnacionista adj.2g.
estagnado adj.
estagnante adj.2g.
estagnar v.
estai s.m.
estaiado adj.
estalactite s.f.
estalactítico adj.
estaladiço adj.

estalado adj.
estalador (ô) adj. s.m.
estalagem s.f.
estalagmite s.f.
estalajadeiro s.m.
estalão s.m.
estalar v.
estaleiro s.m.
estalido s.m.
estalinho s.m.
estalo s.m.
estame s.m.
estamenha s.f.
estamental adj.2g.
estamentário adj.
estamento s.m.
estamina s.f.
estampa s.f.
estampado adj. s.m.
estampador (ô) adj. s.m.
estampadora (ô) s.f.
estampagem s.f.
estampar v.
estamparia s.f.
estampido s.m.
estampilha s.f.
estampilhar v.
estancada s.f.
estancado adj.
estancamento s.m.
estancar v.
estância s.f.
estancieiro s.m.
estandardização s.f.
estandardizar v.
estandarte s.m.
estandartização s.f.
estandartizado adj.
estandartizar v.
estande s.m.
estanhado adj.
estanhar v.
estanho s.m.
estânico adj.
estanque adj.
estante s.f.
estapafúrdio adj.
estapear v.
estapédio s.m.
estaqueado adj.
estaqueamento s.m.
estaquear v.
estaquia s.f.
estar v.
estardalhaço s.m.
estarrecedor (ô) adj.
estarrecente adj.2g.
estarrecer v.
estarrecido adj.
estarrecimento s.m.
estase s.f.
estatal adj.2g. s.f.
estatalado adj.
estatelado adj.

estatelar v.
estática s.f.
estaticamente adv.
estaticidade s.f.
estaticizante adj.2g.
estático adj. "relativo ao equilíbrio"; cf. *extático*
estatina s.f.
estatismo s.m.
estatística s.f.
estatisticamente adv.
estatístico adj. s.m.
estatização s.f.
estatizado adj.
estatizante adj.2g.
estatizar v.
estátua s.f.
estatuária s.f.
estatuário adj. s.m.
estatueta (ê) s.f.
estatuído adj. s.m.
estatuir v.
estatura s.f.
estatural adj.2g.
estatutariamente adv.
estatutário adj. s.m.
estatuto s.m.
estauricossauro s.m.
estável adj.2g.
estavelmente adv.
este s.m. "ponto cardeal"; cf. *este* (ê)
este (ê) pron.; cf. *este* s.m.
esteado adj.
estear v. "escorar"; cf. *estiar*
estearato s.m.
estearina s.f.
esteatita s.f.
esteatopigia s.f.
esteatose s.f.
estegossauro s.m.
esteio s.m.
esteira s.f.
esteirinha s.f.
esteiro s.m.
estela s.f.
estelar adj.2g.
estelionatário s.m.
estelionato s.m.
estêncil s.m.
estendal s.m.
estendedor (ô) adj. s.m.
estender v.
estendido adj.
estenia s.f.
estenografar v.
estenografia s.f.
estenográfico adj.
estenógrafo s.m.
estenose s.f.
estenotermia s.f.
estenotérmico adj.
estenotipia s.f.
estenotipista s.2g.

estenótipo s.m.
estentor (ô) s.m.
estentóreo adj.
estentoricamente adv.
estentórico adj.
estepe s.m. s.f.
estépico adj.
estequiometria s.f.
estequiométrico adj.
éster s.m.
esterase s.f.
estercado adj.
esterçado adj.
esterçamento s.m.
esterçante adj.2g.
estercar v.
esterçar v.
esterco (ê) s.m.; cf. *esterco*, fl. do v. *estercar*
estercoral adj.2g.
esterculiácea s.f.
esterculiáceo adj.
estéreo adj. s.m.
estereofonia s.f.
estereofônico adj.
estereofono s.m.
estereognosia s.f.
estereograma s.m.
estereolitografia s.f.
estereoscopia s.f.
estereoscópico adj.
estereoscópio s.m.
estereotáxico (cs) adj.
estereotipadamente adv.
estereotipado adj.
estereotipagem s.f.
estereotipar v.
estereotipia s.f.
estereótipo s.m.
esterificação s.f.
esterificado adj.
esterificante adj.2g.
esterificar v.
estéril adj. s.2g.
esterilidade s.f.
esterilização s.f.
esterilizado adj.
esterilizador (ô) adj. s.m.
esterilizante adj.2g.
esterilizar v.
esterlina s.f.
esterlino adj. s.m.
esternal adj.2g.
esterno s.m. "osso"; cf. *externo*, adj. s.m. e fl. do v. *externar*
esternocleidomastóideo adj. s.m.
esteroide (ó) s.m.
esterol s.m.
esterqueira s.f.
esterqueiro s.m.
estertor (ô) s.m.
estertorado adj.

estertorante adj.2g.
estertorar v.
estertoroso (ô) adj.; f. e pl.: (ó)
estesia s.f.
esteta s.2g.
estética s.f.
esteticamente adv.
esteticismo s.m.
esteticista adj. s.2g.
estético adj.
estetismo s.m.
estetização s.f.
estetizado adj.
estetizante adj.2g.
estetizar v.
estetoscópio s.m.
estévia s.f.
estiada s.f.
estiado adj.
estiagem s.f.
estiar v. "parar de chover"; cf. *estear*
estibordo s.m.
estica s.f.; cf. *estica* e *esticas*, fl. do v. *esticar*
esticada s.f.
esticado adj.
esticador (ô) adj. s.m.
esticamento s.m.
esticão s.m.
esticar v.
estigma s.m.
estigmático adj.
estigmatização s.f.
estigmatizado adj. s.m.
estigmatizador (ô) adj.
estigmatizante adj.2g.
estigmatizar v.
estilar v.
estiletada s.f.
estilete (ê) s.m.
estilha s.f.
estilhaçado adj.
estilhaçamento s.m.
estilhaçar v.
estilhaço s.m.
estilingada s.f.
estilingue s.m.
estilismo s.m.
estilista s.2g.
estilística s.f.
estilisticamente adv.
estilístico adj.
estilização s.f.
estilizadamente adv.
estilizado adj.
estilizador (ô) adj. s.m.
estilizar v.
estilo s.m.
estiloso (ô) adj.; f. e pl. (ó)
estima s.f.
estimação s.f.
estimado adj.

estimador (ô) adj. s.m.
estimar v.
estimativa s.f.
estimativo adj.
estimável adj.2g.
estimulação s.f.
estimulado adj.
estimulador (ô) adj. s.m.
estimulante adj.2g. s.m.
estimular v.
estímulo s.m.
estio s.m.
estiolado adj.
estiolador (ô) adj.
estiolamento s.m.
estiolar v.
estipe s.m.
estipendiado adj.
estipendiar v.
estipêndio s.m.
estípula s.f.
estipulação s.f.
estipulado adj. s.m.
estipular v.
estirada s.f.
estirado adj.
estiramento s.m.
estirão s.m.
estirar v.
estireno s.m.
estirpe s.f.
estiva s.f.
estivação s.f.
estivado adj. s.m.
estivador (ô) adj. s.m.
estival adj.2g.
estivar v.
estocada s.f.
estocado adj.
estocador (ô) s.m.
estocagem s.f.
estocar v.
estocástico adj.
estofa (ô) s.f.; cf. *estofa*, fl. do v. *estofar*
estofado adj. s.m.
estofador (ô) adj. s.m.
estofamento s.m.
estofar v.
estofaria s.f.
estofo (ô) s.m.; cf. *estofo*, fl. do v. *estofar*
estoicamente adv.
estoicismo s.m.
estoico (ó) adj. s.m.
estojo (ô) s.m.
estol s.m.
estola s.f.
estolho (ô) s.m.
estólido adj. s.m.
estomacal adj.2g.
estomagado adj.
estômago s.m.
estomático adj.

estomatite s.f.
estômato s.m.
estomatologia s.f.
estomatologista s.2g.
estonado adj.
estoniano adj. s.m.
estonteado adj.
estonteamento s.m.
estonteante adj.2g.
estonteantemente adv.
estontear v.
estopa (ô) s.f.; cf. *estopa*, fl. do v. *estopar*
estopada s.f.
estopar v.
estopim s.m.
estoque s.m.; cf. *estoque* e *estoques*, fl. do v. *estocar*
estoqueada s.f.
estoquista s.2g.
estoraque s.m.
estorcer v.
estore s.m.
estória s.f.
estoriada s.f.
estoriar v.
estorieta s.f.
estornar v.
estorninho s.m.
estorno (ô) s.m.; cf. *estorno*, fl. do v. *estornar*
estorricado adj.
estorricar v.
estortegar v.
estorvamento s.f.
estorvar v.
estorvo (ô) s.m.; cf. *estorvo*, fl. do v. *estorvar*
estourado adj.
estourar v.
estouro s.m.
estoutro pron.
estouvado adj. s.m.
estouvamento s.m.
estrábico adj. s.m.
estrabismo s.m.
estraçalhado adj.
estraçalhamento s.m.
estraçalhar v.
estrada s.f.
estradeiro adj. s.m.
estradense adj. s.2g.
estradiol s.m.
estrado s.m.
estragado adj.
estragão s.m.
estragar v.
estrago s.m.
estral adj.2g.
estralada s.f.
estralado adj.
estralar v.
estralejar v.
estralo s.m.

estrambólico adj.
estrambótico adj.
estrangeirada s.f.
estrangeirado adj.
estrangeirice s.f.
estrangeiridade s.f.
estrangeirismo s.m.
estrangeirização s.f.
estrangeirizar v.
estrangeiro adj. s.m.
estrangulação s.f.
estrangulado adj.
estrangulador (ô) adj. s.m.
estrangulamento s.m.
estrangulante adj.2g.
estrangular v.
estranhação s.f.
estranhado adj.
estranhador (ô) adj. s.m.
estranhamente adv.
estranhamento s.m.
estranhar v.
estranhável adj.2g.
estranheza (ê) s.f.
estranho adj. s.m.
estranja s.f. s.2g.
estranzilhado adj.
estratagema s.m.
estratégia s.f.
estrategicamente adv.
estratégico adj.
estrategista adj. s.2g.
estratego s.m.
estratificação s.f.
estratificado adj.
estratificar v.
estratigrafia s.f.
estratigráfico adj.
estrato s.m. "camada"; cf. *extrato*
estratosfera s.f.
estratosfericamente adv.
estratosférico adj.
estreado adj.
estreante adj. s.2g.
estrear v.
estrebaria s.f.
estrebuchamento s.m.
estrebuchar v.
estrebucho s.m.
estreia (ê) s.f.
estreitado adj.
estreitamente adv.
estreitamento s.m.
estreitar v.
estreiteza (ê) s.f.
estreito adj.
estrela (ê) s.f.; cf. *estrela*, fl. do v. *estrelar*
estrela-d'alva s.f.; pl.: *estrelas-d'alva*
estrela de davi s.f.
estrelado adj.
estrela-do-mar s.f.; pl.: *estrelas-do-mar*

estrelar v.
estrelato s.m.
estreleiro adj. s.m.
estrelinha s.f.
estrelismo s.m.
estrelo (ê) adj.; cf. *estrelo*, fl. do v. *estrelar*
estremar v. "limitar"; cf. *extremar*
estreme adj.2g. "puro"; cf. *extreme*, fl. do v. *extremar*
estremeção s.m.
estremecente adj.2g.
estremecer v.
estremecidamente adv.
estremecido adj.
estremecimento s.m.
estremunhado adj.
estremunhar v.
estrênuo adj.
estrepada s.f.
estrepado adj.
estrepar v.
estrepe s.m.
estrepitante adj.2g.
estrepitar v.
estrépito s.m.
estrepitosamente adv.
estrepitoso (ô) adj.; f. e pl.: (ó)
estrepolia s.f.
estreptocócico adj.
estreptococo s.m.
estreptomicina s.f.
estressado adj.
estressante adj.2g.
estressar v.
estresse s.m.
estressor (ô) adj. s.m.
estria s.f.
estriação s.f.
estriado adj.
estriamento s.m.
estriar v.
estribado adj.
estribar v.
estribeira s.f.
estribilhar v.
estribilho s.m.
estribo s.m.
estrição s.f.
estricnina s.f.
estricnização s.f.
estridência s.f.
estridente adj.2.g.
estridor (ô) s.m.
estridulante adj.2g.
estridular v.
estrídulo adj. s.m.
estrilar v.
estrilo s.m.
estripador (ô) adj. s.m.
estripar v.
estripulia s.f.
estritamente adv.

estrito adj.
estro s.m.
estrobilização s.f.
estróbilo s.m.
estrobo adj. s.m.
estroboscópico adj.
estroboscópio s.m.
estrofe s.f.
estrófico adj.
estrogênio s.m.
estrogonofe s.m.
estroina (ó) adj. s.2g.
estroinice s.f.
estroma s.m.
estrompa adj.
estrompado adj.
estrompar v.
estrôncio s.m.
estrondar v.
estrondeante adj.2g.
estrondear v.
estrondo s.m.
estrondoso (ô) adj.; f. e pl.: (ó)
estrongiloide (ói) adj. s.2g.
estrongiloidíase s.f.
estropiado adj. s.m.
estropiar v.
estropício s.m.
estrovenga s.f.
estrugido s.m.
estrugimento s.m.
estrugir v.
estrumado adj.
estrumar v.
estrumbicar v.
estrume s.m.
estrumeira s.f.
estrumeiro adj. s.m.
estrumela s.f.
estrupício s.m.
estrupido s.m.
estrutura s.f.; cf. *estrutura*, fl. do v. *estruturar*
estruturação s.f.
estruturado adj.
estruturador (ô) adj. s.m.
estrutural adj.2g.
estruturalismo s.m.
estruturalista adj. s.2g.
estruturalmente adv.
estruturar v.
estuante adj.2g.
estuarino adj.
estuário s.m.
estucador (ô) adj. s.m.
estucadora (ô) s.f.
estucar v.
estudado adj.
estudantada s.f.
estudante adj. s.2g.
estudantil adj.2g.
estudar v.
estúdio s.m.
estudioso (ô) adj. s.m.; f. e pl.: (ó)

estudo s.m.
estufa s.f.
estufado adj.
estufagem s.f.
estufamento s.m.
estufar v.
estugado adj.
estugar v.
estultice s.f.
estultícia s.f.
estulto adj.
estumar v.
estupefação s.f.
estupefaciente adj. s.2g.
estupefacto adj.
estupefato adj.
estupefazer v.
estupendo adj.
estupidamente adv.
estupidez (ê) s.f.
estupidificar v.
estúpido adj. s.m.
estupor (ô) s.m.
estuporado adj.
estuporamento s.m.
estuporar v.
estuprado adj.
estuprador (ô) adj. s.m.
estuprar v.
estupro s.m.
estuque s.m.
estúrdia s.f.
estúrdio adj.
esturjão s.m.
esturrar v.
esturricado adj.
esturricante adj.2g.
esturricar v.
esturro s.m.
esvaecer v.
esvaecimento s.m.
esvaição s.m.
esvaído adj.
esvaimento s.m.
esvair v.
esvanecer v.
esvanecido adj.
esvanecimento s.m.
esvaziado adj.
esvaziamento s.m.
esvaziar v.
esvelto adj.
esverdeado adj.
esverdeamento s.m.
esverdear v.
esverdinhado adj.
esvoaçamento s.m.
esvoaçante adj.2g.
esvoaçar v.
esvurmar v.
eta (ê) interj.
eta-ferro interj.
etano s.m.
etanol s.m.

etapa s.f.
etário adj.
eteno s.m.
éter s.m.
etéreo adj.
eternamente adv.
eternidade s.f.
eternização s.f.
eternizado adj.
eternizar v.
eterno adj. s.m.
ética s.f.
eticamente adv.
eticidade s.f.
ético adj.
etilênico adj.
etileno s.m.
etílico adj.
etilismo s.m.
étimo s.m.
etimologia s.f.
etimologicamente adv.
etimológico adj.
etimologista s.2g.
etimólogo s.m.
etiologia s.f.
etiológico adj.
etiopatogenia s.f.
etiopatogênico adj.
etíope adj. s.2g.
etiqueta (ê) s.f.
etiquetado adj.
etiquetagem s.f.
etiquetar v.
etnia s.f.
etnicamente adv.
etnicidade s.f.
etnicista adj.2g.
étnico adj.
etnização s.f.
etnobiológico adj.
etnobiólogo s.m.
etnobotânica s.f.
etnobotânico adj. s.m.
etnocêntrico adj.
etnocentrismo s.m.
etnocentrista adj. s.2g.
etnocida adj.2g.
etnocídio s.m.
etnocultural adj.2g.
etnodesenvolvimento s.m.
etnoecologia s.f.
etnoecólogo s.m.
etnografia s.f.
etnográfico adj.
etnógrafo s.m.
etno-história s.f.
etno-histórico adj.
etnologia s.f.
etnológico adj.
etnologista s.2g.
etnólogo s.m.
etnomusicologia s.f.
etnomusicológico adj.

etnomusicólogo s.m.
etnônimo s.m.
etnopoesia s.f.
etnozoologia s.f.
etologia s.f.
etológico adj.
etologista s.2g.
etólogo s.m.
etos s.m.2n.
etruriano adj.
etrusco adj. s.m.
eu pron. s.m.
eubactéria s.f.
eubiose s.f.
eubiótica s.f.
eubiótico adj.
eucaína s.f.
eucaliptal s.m.
eucalipto s.m.
eucarionte adj.2g. s.m.
eucariota adj. s.2g.
eucariótico adj.
eucaristia s.f.
eucarístico adj.
euclásio s.m.
euclidiano adj. s.m.
eudemonismo s.m.
eufêmico adj.
eufemismo s.m.
eufemisticamente adv.
eufemístico adj.
eufonia s.f.
eufônico adj.
euforbiácea s.f.
euforbiáceo adj.
euforia s.f.
euforicamente adv.
eufórico adj.
euforizante adj.2g. s.m.
eugenésico adj.
eugenia s.f.
eugênico adj.
eugenista adj. s.2g.
eulalia s.f.
eumiceto s.m.
eunuco adj. s.m.
eupátrida adj. s.2g.
eurasiano adj.
eurasiático adj. s.m.
eurásico adj. s.m.
eureca interj.
euripidiano adj.
euripterídeo s.m.
euro s.m.
euroafricano adj. s.m.
euroamericano adj. s.m.
euroasiático adj. s.m.
eurobônus s.m.2n.
eurocêntrico adj.
eurocentrismo s.m.
eurocentrista adj. s.2g.
eurocomunismo s.m.
eurocomunista adj. s.2g.
eurocrata s.2g.

eurodólar s.m.
euromercado s.m.
euromoeda s.f.
europeia (é) s.f. de europeu
europeísmo s.m.
europeísta adj. s.2g.
europeização s.f.
europeizado adj.
europeizante adj.2g.
europeizar v.
europeu adj. s.m.; fem.:
    europeia (é)
európio s.m.
eurotúnel s.m.
eurritmia s.f.
eustático adj.
eustatismo s.m.
eutanásia s.f.
eutrofia s.f.
eutrófico adj.
eutrofização s.f.
evacuação s.f.
evacuado adj. s.m.
evacuar v.
evadido adj. s.m.
evadir v.
evanescência s.f.
evanescente adj.2g.
evangelho s.m.
evangélico adj. s.m.
evangelismo s.m.
evangelista adj. s.2g.
evangelização s.f.
evangelizador (ô) adj. s.m.
evangelizar v.
evaporação s.f.
evaporado adj.
evaporador (ô) s.m.
evaporar v.
evaporativo adj.
evasão s.f.
evasiva s.f.
evasivo adj.
evasor (ô) adj. s.m.
evento s.m.
eventração s.f.
eventual adj.2g.
eventualidade s.f.
eventualmente adv.
evicção s.f.
evidência s.f.
evidenciação s.f.
evidenciado adj.
evidenciador (ô) adj. s.m.
evidenciar v.
evidenciável adj.2g.
evidente adj.2g.
evidentemente adv.
evisceração s.f.
eviscerado adj.
eviscerar v.
evitação s.f.
evitar v.
evitável adj.2g.

evocação s.f.
evocado adj.
evocador (ô) adj. s.m.
evocar v.
evocativo adj.
evocatório adj.
evolar-se v.
evolução s.f.
evolucionar v.
evolucionariamente adv.
evolucionário adj. s.m.
evolucionismo s.m.
evolucionista adj. s.2g.
evoluído adj.
evoluir v.
evolutivo adj.
evolvente adj.2g. s.f.
evolver v.
evolvível adj.2g.
evulsão s.f.
ex s.2g.2n.
exação (z) s.f.
exacerbação (z) s.f.
exacerbadamente (z) adv.
exacerbado (z) adj. s.m.
exacerbamento (z) s.m.
exacerbar (z) v.
exageração (z) s.f.
exageradamente (z) adv.
exagerado (z) adj. s.m.
exageramento (z) s.m.
exagerar (z) v.
exagero (z...ê) s.m.; cf. *exagero*, fl. do v. *exagerar*
exalação (z) s.f.
exalado (z) adj.
exalar (z) v.
exalçar (z) v.
exaltação (z) s.f.
exaltadamente (z) adv.
exaltado (z) adj.
exaltador (z...ô) adj. s.m.
exaltante (z) adj.2g.
exaltar (z) v.
exame (z) s.m.
examinado (z) s.m.
examinador (z...ô) adj. s.m.
examinar (z) v.
exangue (z) adj.2g.
exânime (z) adj.2g.
exantema (z) s.m.
exantemático (z) adj.
exarado (z) adj.
exarar (z) v.
exasperadamente (z) adv.
exasperado (z) adj.
exasperador (z...ô) adj. s.m.
exasperante (z) adj.2g.
exasperar (z) v.
exatamente (z) adv.
exatidão (z) s.f.
exato (z) adj.
exator (z...ô) s.m.
exaurido (z) adj.

exaurimento (z) s.m.
exaurir (z) v.
exaurível (z) adj.2g.
exaustão (z) s.f.
exaustivamente (z) adv.
exaustividade (z) s.f.
exaustivo (z) adj.
exausto (z) adj.
exaustor (z...ô) adj. s.m.
exautorar (z) v.
exceção s.f.
excedente adj. s.2g. s.m.
exceder v.
excedível adj.2g.
excelência s.f.
excelente adj.2g.
excelentemente adv.
excelentíssimo adj.
exceler v.
excelso adj.
excentricamente adv.
excentricidade s.f.
excêntrico adj. s.m.
excepcional adj. s.2g.
excepcionalidade s.f.
excepcionalmente adv.
excerto s.m.
excessivo adj.
excesso s.m.
exceto s.m. prep.
excetuar v.
excipiente s.m.
excisão s.f.
excitabilidade s.f.
excitação s.f.
excitadamente adv.
excitado adj.
excitador (ô) adj. s.m.
excitamento s.m.
excitante adj.2g. s.m.
excitar v.
excitativo adj.
excitatório adj.
excitável adj.2g.
exclamação s.f.
exclamador (ô) adj. s.m.
exclamar v.
exclamativo adj.
exclamatório adj.
excludência s.f.
excludente adj.2g.
excluído adj.
excluidor (ô) adj. s.m.
excluir v.
exclusão s.f.
exclusivamente adv.
exclusive adv.
exclusividade s.f.
exclusivismo s.m.
exclusivista adj. s.2g.
exclusivo adj.
excogitação s.f.
excogitador (ô) adj. s.m.
excogitamento s.m.

excogitar v.
excomungação s.f.
excomungado adj. s.m.
excomungar v.
excomunhão s.f.
excreção s.f.
excrementício adj.
excremento s.m.
excrescência s.f.
excrescente adj. s.2g.
excretado adj.
excretar v.
excretor (ô) adj.
excretório adj.
excruciante adj.2g.
excruciar v.
exculpar v.
excursão s.f.
excursionar v.
excursionismo s.m.
excursionista adj. s.2g.
execração (z) s.f.
execrado (z) adj.
execrador (z...ô) adj. s.m.
execrando (z) adj.
execrar (z) v.
execrável (z) adj.2g.
execução (z) s.f.
executado (z) adj.
executante (z) adj. s.2g.
executar (z) v.
executável (z) adj.2g.
executiva (z) s.f.
executivo (z) adj. s.m.
executor (z...ô) adj. s.m.
executória (z) s.f.
executório (z) adj.
exegese (z) s.f.
exegeta (z) s.2g.
exegética (z) s.f.
exegético (z) adj.
exemplar (z) v. adj.2g. s.m.
exemplaridade (z) s.f.
exemplário (z) s.m.
exemplarmente (z) adv.
exemplificação (z) s.f.
exemplificado (z) adj.
exemplificar (z) v.
exemplificativamente (z) adv.
exemplificativo (z) adj.
exemplificatório (z) adj.
exemplo (z) s.m.
exéquias (z) s.f.pl.
exequibilidade (z...ü) s.f.
exequível (z...ü) adj.2g.
exercente (z) s.2g.
exercer (z) v.
exercício (z) s.m.
exercido (z) adj.
exercitado (z) adj.
exercitador (z...ô) adj. s.m.
exercitar (z) v.
exército (z) s.m.

exérese (z) s.f.
exfoliação s.f.
exibição (z) s.f.
exibicionismo (z) s.m.
exibicionista (z) adj. s.2g.
exibido (z) adj.
exibidor (z...ô) adj. s.m.
exibidora (z...ô) s.f.
exibir (z) v.
exibitório (z) adj.
exigência (z) s.f.
exigente (z) adj.2g.
exigibilidade (z) s.f.
exigido (z) adj. s.m.
exigir (z) v.
exigível (z) adj.2g.
exiguidade (z...ü) s.f.
exíguo (z) adj.
exilado (z) adj. s.m.
exilar (z) v.
exílio (z) s.m.
eximido (z) adj.
exímio (z) adj.
eximir (z) v.
existência (z) s.f.
existencial (z) adj.2g.
existencialismo (z) s.m.
existencialista (z) adj. s.2g.
existencialmente (z) adv.
existente (z) adj. s.2g.
existir (z) v.
exitar (z) v. "ter sucesso"; cf. *hesitar*
êxito (z) s.m.
exitosamente (z) adv.
exitoso (z...ô) adj.; f. e pl. (ó)
exobiologia (z) s.f.
exocarpo (z) s.m.
exócrino (z) adj.
êxodo (z) s.m.
exoesqueleto (z...ê) s.m.
exoftalmia (z) s.f.
exogamia (z) s.f.
exogâmico (z) adj.
exógamo (z) adj. s.m.
exógeno (z) adj.
exoneração (z) s.f.
exonerado (z) adj.
exonerar (z) v.
exonerativo (z) adj.
exoplaneta (ê) s.m.
exorar (z) v.
exorbitância (z) s.f.
exorbitante (z) adj.2g.
exorbitar (z) v.
exorcismo (z) s.m.
exorcista (z) adj. s.2g.
exorcização (z) s.f.
exorcizado (z) adj.
exorcizar (z) v.
exórdio (z) s.m.
exornar (z) v.
exortação (z) s.f.
exortador (z...ô) adj. s.m.

exortar (z) v.
exortativo (z) adj.
exosfera (z) s.f.
exosqueleto (z...ê) s.m.
exostose (z) s.f.
exotérico (z) adj. "aberto a todos"; cf. *esotérico* e *isotérico*
exoterismo (z) s.m. "doutrina aberta a todos"; cf. *esoterismo*
exótico (z) adj.
exotismo (z) s.m.
exotoxina (z...cs) s.f.
expandido adj.
expandir v.
expansão s.f.
expansibilidade s.f.
expansionismo s.m.
expansionista adj.2g.
expansividade s.f.
expansivo adj.
expatriação s.f.
expatriado adj. s.m.
expatriamento s.m.
expatriar v.
expectação s.f.
expectador (ô) adj. s.m.; cf. *espectador*
expectância s.f.
expectante adj.2g.
expectar v. "esperar"; cf. *espectar*
expectativa s.f.
expectoração s.f.
expectorado adj.
expectorante adj.2g. s.m.
expectorar v.
expedição s.f.
expedicionário adj. s.m.
expedido adj.
expedidor (ô) s.m.
expediente s.m.
expedir v.
expedito adj.
expelir v.
expender v.
expensas s.f.pl.
experiência s.f.
experienciador (ô) s.m.
experiente adj. s.2g.
experimentação s.f.
experimentado adj.
experimentador (ô) s.m.
experimental adj.2g.
experimentalismo s.m.
experimentalista adj. s.2g.
experimentalmente adv.
experimentar v.
experimento s.m.
experto adj. s.m."perito"; cf. *esperto*
expiação s.f.
expiado adj.
expiar v. "redimir"; cf. *espiar*

expiatório adj.
expiração s.f.
expirado adj.
expirante adj.2g.; cf. *espirante*
expirar v. "expelir o ar"; cf. *espirar*
expiratório adj.
explanação s.f.
explanado adj.
explanador (ô) adj. s.m.
explanar v.
explanatório adj.
expletivo adj. s.m.
explicação s.f.
explicado adj.
explicador (ô) adj. s.m.
explicar v.
explicatividade s.f.
explicativo adj.
explicável adj.2g.
explicavelmente adv.
explicitação s.f.
explicitado adj.
explicitador (ô) adj. s.m.
explicitamente adv.
explicitar v.
explícito adj.
explicitude s.f.
explodido adj.
explodir v.
exploração s.f.
explorado adj. s.m.
explorador (ô) adj. s.m.
explorar v.
exploratório adj.
explorável adj.2g.
explosão s.f.
explosividade s.f.
explosivo adj. s.m.
expoente s.2g. s.m.
exponencial adj.2g. s.f.
exponencialmente adv.
exponente s.2g.
expor (ô) v.
exportação s.f.
exportado adj.
exportador (ô) adj. s.m.
exportadora (ô) s.f.
exportar v.
exportável adj.2g.
exposição s.f.
expositivo adj.
expositor (ô) adj. s.m.
exposto (ô) adj. s.m.; f. e pl.: (ó)
expressamente adv.
expressão s.f.
expressar v.
expressional adj.2g.
expressionismo s.m.
expressionista adj. s.2g.
expressivamente adv.
expressividade s.f.
expressivo adj.
expresso adj. s.m.

exprimir v.
exprimível adj.2g.
exprobação s.f.
exprobar v.
exprobração s.f.
exprobrar v.
exprobratório adj.
expropriação s.f.
expropriado adj.
expropriador (ô) adj. s.m.
expropriar v.
expropriatório adj.
expugnação s.f.
expugnar v.
expugnável adj.2g.
expulsador (ô) adj. s.m.
expulsão s.f.
expulsar v.
expulsivo adj.
expulso adj.
expulsor (ô) adj. s.m.
expungir v.
expurgação s.f.
expurgado adj.
expurgador (ô) adj. s.m.
expurgamento s.m.
expurgar v.
expurgatório adj. s.m.
expurgo s.m.
exsudação s.f.
exsudar v.
exsudativo adj.
exsudato s.m.
exsurgir v.
êxtase s.m.
extasiadamente adv.
extasiado adj.
extasiante adj.2g.
extasiar v.
extático adj. "posto em êxtase"; cf. *estático*
extemporaneamente adv.
extemporâneo adj.
extensamente adv.
extensão s.f.
extensibilidade s.f.
extensionista adj. s.2g.
extensivamente adv.
extensível adj.2g.
extensivo adj.
extenso adj.
extensor (ô) adj. s.m.
extenuação s.f.
extenuado adj.
extenuante adj.2g.
extenuar v.
exterior (ô) adj. s.m.
exterioridade s.f.
exteriorização s.f.
exteriorizar v.
exteriormente adv.
exterminação s.f.
exterminado adj.
exterminador (ô) adj. s.m.

exterminar v.
exterminatório adj.
extermínio s.m.
externa s.f.
externamente adv.
externar v.
externato s.m.
externo adj. s.m. "de fora"; cf. *esterno* s.m.
exterocepção s.f.
exteroceptivo adj.
extinção s.f.
extinguir v.
extinguível adj.2g.
extintivo adj.
extinto adj.
extintor (ô) adj. s.m.
extirpação s.f.
extirpado adj.
extirpador (ô) adj. s.m.
extirpar v.
extirpamento s.m.
extirpável adj.2g.
extorquido adj. s.m.
extorquir v.
extorsão s.f.
extorsionário adj. s.m.
extorsivo adj.
extra adj. s.2g.
extra-agenda adj.2g.2n. s.f.
extrabucal adj.2g.
extracambial adj.2g.
extracampo adj.2g.2n. s.m.
extração s.f.
extracelular adj.2g.
extracientífico adj.
extracinematográfico adj.
extraclasse adj.2g.2n.
extracomunitário adj.
extraconjugal adj.2g.
extraconstitucional adj.2g.
extracontinental adj.2g.
extracontratual adj.2g.
extracorpóreo adj.
extracota adj.2g.2n. s.m.2n.
extracultural adj.2g.
extracurricular adj.2g.
extradição s.f.
extraditado adj.
extraditar v.
extraeconômico adj.
extraescolar adj.2g.
extrafiscal adj.2g.
extrafutebol adj.2g.2n.
extragaláctico adj.
extragenital adj.2g.
extragrande adj.2g.
extra-hepático adj.
extra-hospitalar adj.2g.
extra-humano adj.
extrainstitucional adj.2g.
extraintestinal adj.2g.
extrair v.
extraível adj.2g.

extrajudicial adj.2g.
extrajudicialmente adv.
extrajudiciário adj.
extralargo adj.
extralegal adj.2g.
extralinguístico (ü) adj.
extraliterário adj.
extramacio adj.
extramatrimonial adj.2g.
extramental adj.2g.
extramercado adj.2g.2n.
extramoral adj.2g.
extramuros adj.2g.2n.
extramusical adj.2g.
extranacional adj.2g.
extranatural adj.2g.
extranumerário adj. s.m.
extraoficial adj.2g.
extraoficialmente adv.
extraorçamentário adj.
extraordinário adj.
extraparlamentar adj.2g.
extrapartidário adj.
extraperitoneal adj.2g.
extrapiramidal adj.2g.
extrapista adj.2g.2n.
extrapolação s.f.
extrapolar v.
extraquadra adj.2g.2n.
extrarregional adj.2g.
extrassalarial adj.2g.
extrassensível adj.2g.
extrassensorial adj.2g.
extratar v.
extratécnico adj.
extratemporal adj.
extraterráqueo adj. s.m.
extraterreno adj.
extraterrestre adj. s.2g.
extraterritorial adj.2g.
extraterritorialidade s.f.
extratextual adj.2g.
extrativismo s.m.
extrativista adj. s.2g.
extrativo adj.
extrato s.m. "retirado de algo"; cf. *estrato*
extrator (ô) adj. s.m.
extratora (ô) s.f.
extratropical adj.2g.
extrauterino adj.
extravagância s.f.
extravagante adj. s.2g.
extravagantemente adv.
extravagar v.
extravasado adj.
extravasamento s.m.
extravasão s.f.
extravasar v.
extravascular adj.2g.
extravasor (ô) adj. s.m.
extraviado adj. s.m.
extraviador (ô) adj. s.m.
extraviar v.

extravio s.m.
extravirgem adj.2g.
extrema s.f. s.2g.
extremadamente adv.
extrema-direita s.2g.; pl.
   extremas-direitas
extremado adj.
extrema-esquerda s.2g.; pl.
   extremas-esquerdas
extremamente adv.
extremar v. "exceder"; cf.
   estremar
extrema-unção s.f.; pl.
   extremas-unções e *extrema-unções*

extremidade s.f.
extremismo s.m.
extremista adj. s.2g.
extremo adj. s.m.; cf. *estremo*,
   fl. do v. *estremar*
extremos s.m.pl.
extremosa s.f.
extremoso (ô) adj.; f. e pl.: (ó)
extrínseco adj.
extrofia s.f.
extroversão s.f.
extroverter-se v.
extrovertido adj. s.m.
extrusão s.f.
extrusor (ô) adj. s.m.

extrusora (ô) s.f.
exu s.m.
exuberância (z) s.f.
exuberante (z) adj.2g.
exuberantemente (z) adv.
exultação (z) s.f.
exultante (z) adj.2g.
exultar (z) v.
exumação (z) s.f.
exumar (z) v.
ex-voto s.m.; pl.: *ex-votos*

F f

f s.m.
fá s.m.
fã s.2g.
fabordão s.m.
fábrica s.f.
fabricação s.f.
fabricado adj.
fabricador (ó) adj. s.m.
fabricante adj. s.2g.
fabricar v.
fabricável adj.2g.
fabrico s.m.
fabril adj.2g.
fabriqueiro adj. s.m.
fabriqueta (ê) s.f.
fábula s.f.
fabulação s.f.
fabulado adj.
fabulador (ô) adj. s.m.
fabular v. adj.2g.
fabulário s.m.
fabulesco (ê) adj.
fabulista adj. s.2g.
fabulística s.f.
fabulístico adj.
fabulita s.f.
fabulosamente adv.
fabuloso (ô) adj.; f. e pl.: (ó)
faca s.f.
facada s.f.
façalvo adj.
façanha s.f.
façanheiro adj. s.m.
façanhoso (ô) adj.; f. e pl.: (ó)
façanhudo adj.
facão s.m.
facataz s.m.
facção s.f.
faccionar v.
faccionário adj.
facciosidade s.f.
facciosismo s.m.
faccioso (ô) adj.; f. e pl.: (ó)
face s.f.
faceado adj.
faceamento s.m.
facear v.
facécia s.f.
faceciosidade s.f.
facecioso (ô) adj.; f. e pl.: (ó)
facectomia s.f.
faceira s.2g.
faceiraço adj.
faceirice s.f.
faceiro adj. s.m.
faceirosamente adv.
faceta (ê) s.f.; cf. *faceta* e *facetas*, fl. do v. *facetar*
facetado adj.
facetador (ó) adj. s.m.
facetagem s.f.
facetamento s.m.
facetar v.
facetear v.
faceto (ê) adj.; cf. *faceto*, fl. do v. *facetar*
facha s.f.
fachada s.f.
fachadismo s.m.
facheada s.f.
facheado adj. s.m.
facheador (ô) s.m.
facheiro s.m.
facho s.m.
fachudaço adj.
facial adj.2g.
fácies s.f.2n.
fácil adj.2g.
facilidade s.f.
facílimo adj.
facilitação s.f.
facilitado adj.
facilitador (ô) adj. s.m.
facilitamento s.m.
facilitar v.
facilitário adj. s.m.
facilitarismo s.m.
facilitarista adj. s.2g.
facilitatório adj.
facilitável adj.2g.
facilmente adv.
facínora adj. s.2g.
facinoroso (ô) adj.; f. e pl.: (ó)
faciolingual adj.2g.
facite s.f.
fã-clube s.m.; pl.: *fã-clubes*
facoemulsificação s.f.
fac-similar adj.2g.; pl.: *fac-similares*
fac-símile s.m.; pl.: *fac-símiles*
factibilidade s.f.
facticidade s.f.
factício adj.
factível adj.2g.
factoide (ó) s.m.
factótum s.m.
factual adj.2g.
factualismo s.m.
factualista adj.2g.
façudo adj.
fácula s.f.
faculdade s.f.
facultado adj.
facultar v.
facultativamente adv.
facultatividade s.f.
facultativo adj.
facultável adj.2g.
facultoso (ô) adj.; f. e pl.: (ó)
facúndia s.f.
facundioso adj.; f. e pl.: (ó)
facundo adj.
fada s.f.
fadado adj.
fadar v.
fadário s.m.
fadiga s.f.
fadigado adj.
fadigar v.
fadigoso (ô) adj.; f. e pl.: (ó)
fadiguento adj.
fadinho s.m.
fadista adj. s.2g.
fado s.m.
fágico adj.
fagocitar v.
fagocitário adj.
fagócito s.m.
fagocitose s.f.
fagólise s.f.
fagossomo s.m.
fagote s.m.
fagotista adj. s.2g.
fagueiramente adv.
fagueiro adj.
fagulha s.f.
fagulhante adj.2g.
fagulhar v.
fahrenheit adj.2g. s.m.
faiança s.f.
faina s.f.
faisã s.f. de *faisão*
faisão s.m.; fem.: *faisã, faisoa*; pl.: *faisães, faisões*
faísca s.f.
faiscação s.f.
faiscado adj.
faiscador (ô) adj. s.m.
faiscante adj.2g.
faiscar v.
faisoa (ô) s.f. de *faisão*
faisqueira s.f.
faixa s.2g.
faixa-preta s.2g.2n.
fajutar v.

fajutice | 152 | fantochada

fajutice s.f.
fajuto adj.
fala s.f.
fala-barato s.2g.2n.
falação s.f.
falácia s.f.
falaciosamente adv.
falacioso (ô) adj.; f. e pl.: (ó)
falacíssimo adj.
faladeira s.f.
falado adj. s.m.
falador (ô) adj. s.m.
faladoria s.f.
falange s.f.
falangeal adj.2g.
falangeta (ê) s.f.
falanginha s.f.
falanstério s.m.
falante adj. s.2g.
falar v.
falario s.m.
falastrão adj. s.m.; fem.: falastrona
falastrona s.f. de falastrão
falatório s.m.
falável adj.2g.
fala-verdade s.m.; pl.: fala-verdades
falaz adj.2g.
falbalá s.m.
falcão s.m.
falcatrua s.f.
falcatruar v.
falcatrueiro s.m.
falcêmico adj. s.m.
falciforme adj.2g.
falda s.f.
falecer v.
falecido adj. s.m.
falecimento s.m.
falena s.f.
falência s.f.
falencial adj.2g.
falencista adj. s.2g.
falésia s.f.
falha s.f.
falhado adj. s.m.
falhamento s.m.
falhar v.
falho adj.
falibilidade s.f.
fálico adj.
falido adj. s.m.
falimentar adj.2g.
falimento s.m.
falir v.
falível adj.2g.
falo s.m.
falocêntrico adj.
falocentrismo s.m.
falocracia s.f.
falocrata adj. s.2g.
falocrático adj.
faloplastia s.f.

falpas s.f.pl.
falqueador (ô) s.m.
falquear v.
falquejador (ô) s.m.
falquejar v.
falripas s.f.pl.
falsa-ipeca s.f.; pl.: falsas-ipecas
falsamente adv.
falsar v.
falsário adj.
falseabilidade s.f.
falseado adj.
falseamento s.m.
falseante adj.2g.
falsear v.
falseta (ê) s.f.
falsete (ê) s.m.
falsetear v.
falsidade s.f.
falsídico adj.
falsificação s.f.
falsificado adj.
falsificador (ô) adj. s.m.
falsificar v.
falsificável adj.2g.
falso adj.
falso-anil s.m.; pl.: falsos-anis
falso-bordão s.m.; pl.: falsos-bordões
falso-dorso s.m.; pl.: falsos-dorsos
falso-rosto s.m.; pl.: falsos-rostos
falso-testemunho s.m.; pl.: falsos-testemunhos
falta s.f.
faltante adj.2g.
faltar v.
falto adj.
faltosamente adv.
faltoso (ô) adj.; f. e pl.: (ó)
falua s.f.
falupa s.f.
fálus s.m.2n.
fama s.f.
famanaz adj.2g.
famélico adj.
famigerado adj.
famigero adj.
família s.f.
familiagem s.f.
familial adj.2g.
familiar adj. s.2g.
familiaridade s.f.
familiarização s.f.
familiarizado adj.
familiarizar v.
familiarizável adj.2g.
familiarmente adv.
familismo s.m.
familista adj.2g.
faminto adj.
famosamente adv.

famoso (ô) adj.; f. e pl.: (ó)
famulagem s.f.
famulato s.m.
famulento adj.
fâmulo s.m.
fanado adj. s.m.
fanal s.m.
fanar v.
fanaticamente adv.
fanático adj.
fanatismo s.m.
fanatizado adj.
fanatizador (ô) adj. s.m.
fanatizar v.
fanatizável adj.2g.
fancaria s.f.
fancho s.m.
fanchona s.f.
fanchonismo s.m.
fanchono s.m. adj.
fandango s.m.
fandangueador (ô) adj. s.m.
fandanguear v.
fandangueiro adj. s.m.
fandanguento adj.
fânero s.m.
fanerofitico adj.
fanerófito s.m.
fanerógama s.f.
fanerogâmico adj.
fanerógamo adj.
fanfã s.m.
fanfarra s.f.
fanfarrada s.f.
fanfarrão adj.; fem.: fanfarrona
fanfarrear v.
fanfarrice s.f.
fanfarrona s.f. de fanfarrão
fanfarronada s.f.
fanfarronar v.
fanfarronia s.f.
fanfarronice s.f.
fanho adj.
fanhosear v.
fanhosidade s.f.
fanhoso (ô) adj.; f. e pl.: (ó)
fanico s.m.
faniquito s.m.
fantasia s.f.
fantasiado adj. s.m.
fantasiar v.
fantasiosamente adv.
fantasioso (ô) adj.; f. e pl.: (ó)
fantasista adj. s.2g.
fantasma s.m.
fantasmagoria s.f.
fantasmagoricamente adv.
fantasmagórico adj.
fantasmal adj.2g.
fantasmático adj.
fantasticamente adv.
fantástico adj.
fantochada s.f.

fantoche | 153 | fatídico

fantoche s.m.
fanzine s.m.
fanzineiro s.m.
fanzoca s.2g.
faqueiro s.m.
faquir s.m.
faquirismo s.m.
farândola s.f.
farandolagem s.f.
farandolar v.
faraó s.m.
faraônico adj.
faraonismo s.m.
faraute s.m.
farda s.f.
fardado adj.
fardamento s.m.
fardão s.m.
fardar v.
fardel s.m.
fardeta (ê) s.f.
fardo s.m.
farejado adj.
farejador (ô) adj. s.m.
farejamento s.m.
farejante adj.2g.
farejar v.
farejo (ê) s.m.
farelada s.f.
farelado adj.
farelar v.
farelento adj.
farelo s.m.
farfalha s.f.
farfalhada s.f.
farfalhador (ô) adj. s.m.
farfalhante adj.2g.
farfalhar v.
farfalho s.m.
farináceo adj.
farinado adj.
farinar v.
faringal s.f.
faringe s.f.
faringectomia s.f.
faríngeo adj.
faringiano adj.
faringite s.f.
faringítico adj.
faringocele s.f.
faringologia s.f.
faringologista adj. s.2g.
faringonasal adj.2g.
faringopalatino adj. s.m.
farinha s.f.
farinha-d'água s.f.; pl.:
  farinhas-d'água
farinhada s.f.
farinha de pau s.f.
farinha do reino s.f.
farinha-seca s.f.; pl.: farinhas-
  -secas
farinheira s.f.
farinheiro adj. s.m.

farinhento adj.
farinhoca s.f.
farinhoso (ô) adj.; f. e pl.: (ó)
farisaísmo s.m.
fariscar v.
farisco s.m.
fariseia (ê) s.f. de fariseu
fariseu s.m.; fem.: fariseia (ê)
farmacêutico adj. s.m.
farmácia s.f.
fármaco s.m.
farmacocinética s.f.
farmacocinético adj.
farmacodependência s.f.
farmacodependente adj.2g.
  s.m.
farmacodinâmica s.f.
farmacodinâmico adj.
farmacognosia s.f.
farmacognóstico adj.
farmacologia s.f.
farmacologicamente adv.
farmacológico adj.
farmacologista s.2g.
farmacólogo s.m.
farmacopeia (ê) s.f.
farmacotécnica s.f.
farmacoterapia s.f.
farmacoterápico adj.
farmacoquímica s.f.
farmacoquímico adj.
farnel s.m.
faro s.m.
faroeste s.m.
farofa s.f.
farofada s.f.
farofeiro s.m.
farol s.m.
faroleiro s.m.
farolete (ê) s.m.
farolim s.m.
farpa s.f.
farpada s.f.
farpado adj.
farpante adj.2g.
farpão s.m.
farpar v.
farpear v.
farpela s.f.
farra s.f.
farracho s.m.
farrancho s.m.
farrapada s.f.
farrapo s.m.
farrear v.
farripas s.f.pl.
farrista adj. s.2g.
farroma s.f.
farromba s.f.
farroupilha adj. s.2g.
farruma s.f.
farrusca s.f.
farsa s.f.
farsante adj. s.2g.

farsesco (ê) adj.
farsista s.2g.
farsola s.2g.
farta s.f.
fartação s.f.
fartar v.
farte s.m.
farto adj.
fartum s.m.
fartura s.f.
farturento adj.
fáscia s.f.
fasciculação s.f.
fasciculado adj.
fascicular adj.2g.
fascículo s.m.
fascinação s.f.
fascinado adj.
fascinador (ô) adj. s.m.
fascinante adj.2g.
fascinantemente adv.
fascinar v.
fascínio s.m.
fascioliase s.f.
fascioloide (ó) adj.2g. s.m.
fasciotomia s.f.
fascismo s.m.
fascista adj.s.2g.
fascistoide (ó) adj.2g.
fase s.f.
faseolar adj.2g.
fásico adj.
fasquia s.f.
fasquiar v.
fasquinhar v.
fastídio s.m.
fastidiosamente adv.
fastidioso (ô) adj.; f. e pl.: (ó)
fastiento adj.
fastígio s.m.
fastigioso (ô) adj.; f. e pl.: (ó)
fastio s.m.
fastos s.m.pl.
fastoso (ô) adj.; f. e pl.: (ó)
fastuoso (ô) adj.; f. e pl.: (ó)
fatacaz s.m.
fatal adj.2g.
fatalidade s.f.
fatalismo s.m.
fatalista adj. s.2g.
fatalistamente adv.
fatalístico adj.
fatalmente adv.
fatia s.f.
fatia de parida s.f.
fatiado adj.
fatiador (ô) s.m.
fatia-dourada s.f.; pl.: fatias-
  -douradas
fatiamento s.m.
fatiar v.
fático adj.
fatidicamente adv.
fatídico adj.

fatiga | 154 | feirinha

fatiga s.f.
fatigabilidade s.f.
fatigado adj.
fatigante adj.2g.
fatigar v.
fatigável adj.2g.
fatigoso (ó) adj.; f. e pl.: (ó)
fatiota s.f.
fato s.m.
fator (ô) s.m.
fatoração s.f.
fatorar v.
fatorial adj.2g. s.m.
fatuidade s.f.
fátuo adj.
fatura s.f.
faturação s.f.
faturado adj.
faturamento s.m.
faturar v.
faturável adj.2g.
faturista s.2g.
fauce s.f.
faulkneriano (folc) adj.
fauna s.f.
faunesco (ê) adj.
fauniano adj.
faunístico adj.
fauno s.m.
faustiano adj.
fáustico adj.
fausto adj. s.m.
faustoso (ô) adj.; f. e pl.: (ó)
fautor (ô) s.m.
fauvismo (fô) s.m.
fauvista (fô) adj. s.2g.
fava s.f.
fava-brava s.f.; pl.: favas--bravas
fava-café s.f.; pl.: favas-café e favas-cafés
fava-cavaleira s.f.; pl.: favas--cavaleiras
fava-chicote s.f.; pl.: favas--chicote e favas-chicotes
fava-de-santo-inácio s.f.; pl.: favas-de-santo-inácio
favado adj.
faveira s.f.
faveira-amarela s.f.; pl.: faveiras-amarelas
faveira-branca s.f.; pl.: faveiras-brancas
faveiro s.m.
faveiro-do-cerrado s.m.; pl.: faveiros-do-cerrado
favela s.f.
favelado adj. s.m.
faveleira s.f.
faveleiro s.m.
favelização s.f.
favelizado adj.
favelizar v.
favinha s.f.

favinha-brava s.f.; pl.: favinhas-bravas
favo s.m.
favônio s.m.
favor (ô) s.m.
favorabilidade s.f.
favorável adj.2g.
favorecedor (ô) adj. s.m.
favorecer v.
favorecido adj. s.m.
favorecimento s.m.
favorita s.f.
favoritismo s.m.
favorito adj.
fax (cs) s.m.2n.; tb.pl.: faxes
faxe (cs) s.m.
faxina s.f.
faxinação s.f.
faxinar v.
faxineiro s.m.
faz de conta adj. s.2g.2n. s.m.2n.
fazeção s.f.
fazedor (ô) adj. s.m.
fazenda s.f.
fazenda-modelo s.f.; pl.: fazendas-modelo e fazendas--modelos
fazendário adj. s.m.
fazendeiro s.m.
fazendola s.f.
fazer v.
fazimento s.m.
faz-tudo s.m.2n.
fé s.f.
fê s.m.
fealdade s.f.
febra (ê) s.f.
febre s.f.
febre de caroço s.f.
febrento adj.
febrezinha s.f.
febricitante adj.2g.
febrícula s.f.
febrífugo adj. s.m.
febril adj.2g.
febrilmente adv.
febrinha s.f.
fecal adj.2g.
fecálito s.m.
fecaloma s.m.
fecha (é ou ê) s.m.
fechada s.f.
fechado adj.
fechadura s.f.
fechamento s.m.
fecha-nunca s.m.2n.
fechar v.
fecho (ê) s.m.
fécula s.f.
fecularia s.f.
feculento adj.
fecundação s.f.
fecundado adj.

fecundador (ô) adj. s.m.
fecundante adj.2g.
fecundar v.
fecundidade s.f.
fecundo adj.
fedegoso (ô) adj. s.m.; f. e pl.: (ó)
fedelho (ê) s.m.
fedentina s.f.
fedento adj.
feder v.
federação s.f.
federacionismo s.m.
federacionista adj. s.2g.
federado adj. s.m.
federal adj.2g. s.m.
federalismo s.m.
federalista adj. s.2g.
federalização s.f.
federalizado adj.
federalizar v.
federalmente adv.
federar v.
federativo adj.
fedido adj.
fedor (ô) s.m.
fedorento adj.
feericamente adv.
feérico adj.
feição s.f.
feições s.f.pl.
feijão s.m.
feijão-branco s.m.; pl.: feijões--brancos
feijão-carioca s.m.; pl.: feijões--cariocas
feijão com arroz s.m.
feijão-de-corda s.m.; pl.: feijões-de-corda
feijão de tropeiro s.m.
feijão-fradinho s.m.; pl.: feijões-fradinho e feijões--fradinhos
feijão-manteiga s.m.; pl.: feijões-manteiga e feijões--manteigas
feijão-mulatinho s.m.; pl.: feijões-mulatinhos
feijão-preto s.m.; pl.: feijões--pretos
feijão-soja s.m.; pl.: feijões-soja e feijões-sojas
feijão-tropeiro s.m.; pl.: feijões-tropeiros
feijoada s.f.
feijoada de ogum s.f.
feijoal s.m.
feijoeiro s.m.
feio adj. s.m. adv.
feioso (ô) adj.; f. e pl.: (ó)
feira s.f.
feirante s.2g.
feirense adj. s.2g.
feirinha s.f.

feita s.f.
feitiçaria s.f.
feiticeira s.f.
feiticeiro s.m.
feiticismo s.m.
feiticista adj. s.2g.
feitiço s.m.
feitio s.m.
feito adj. s.m. conj.
feitor (ô) s.m.
feitorar v.
feitoria s.f.
feitoriar v.
feitorizar v.
feitura s.f.
feiura s.f.
feixe s.m.
fel s.m.
felá s.m.
felação s.f.
feldspato s.m.
felicidade s.f.
felicidades s.f.pl.
felicíssimo adj.
felicitação s.f.
felicitado adj.
felicitador (ô) adj. s.m.
felicitante adj.2g.
felicitar v.
felicitável adj.2g.
felino adj. s.m.
feliz adj.2g.
felizardo s.m.
felizmente adv.
felliniano adj.
felonia s.f.
felpa (ê) s.f.
felpo (ê) s.m.
felposo (ô) adj.; f. e pl.: (ó)
felpudo s.m.
feltro (ê) s.m.
fêmea s.f.
femeal adj.2g.
femeeiro adj. s.m.
femeidade s.f.
fêmeo adj.
feminidade s.f.
feminil adj.2g.
feminilidade s.f.
feminilização s.f.
feminilizado adj.
feminilizador (ô) adj.
feminilizante adj.2g.
feminilizar v.
feminilizável adj.2g.
femininamente adv.
feminino adj. s.m.
femininoide (ó) adj.2g.
feminismo s.m.
feminista adj. s.2g.
feminização s.f.
feminizado adj.
feminizante adj.2g.
feminizar v.

femoral adj.2g.
fêmur s.m.
fenação s.f.
fenadeira s.f.
fenantreno s.m.
fenda s.f.
fender v.
fendido adj.
fendimento s.m.
fenecente adj.2g.
fenecer v.
fenecido adj.
fenecimento s.m.
fenestrado adj.
fenício adj. s.m.
fênico adj.
fenilacético adj.
fenilalanina s.f.
fenilamina s.f.
fenilcetonúria s.f.
fenilcetonúrico adj. s.m.
fenil-hidrazina s.f.
fenil-hidrazínico adj.
fenilidrazina s.f.
fênix (s) s.f.2n.
feno s.m.
fenobarbital s.m.
fenol s.m.
fenolato s.m.
fenolftaleína s.f.
fenólico adj.
fenologia s.f.
fenológico adj.
fenologista adj. s.2g.
fenomenal adj.2g.
fenomenalidade s.f.
fenomenalismo s.m.
fenomenalista adj. s.2g.
fenomenalístico adj.
fenomênico adj.
fenômeno s.m.
fenomenologia s.f.
fenomenologicamente adv.
fenomenológico adj.
fenomenologista adj.2g.
fenomenólogo adj. s.m.
fenotiazina s.f.
fenotiazínico adj.
fenotípico adj.
fenótipo s.m.
fenurona s.f.
feocromocitoma s.m.
fera s.f.
feracidade s.f.
feracíssimo adj.
feraz adj.2g.
féretro s.m.
fereza (ê) s.f.
féria s.f.
feriadaço s.m.
feriadão s.m.
feriado s.m.
férias s.f.pl.
ferida s.f.

ferido adj. s.m.
ferimento s.m.
ferinamente adv.
ferino adj.
ferir v.
fermata s.f.
fermentação s.f.
fermentado adj.
fermentador (ô) s.m.
fermentar v.
fermentativo adj.
fermentável adj.2g.
fermento s.m.
férmio s.m.
fernando-noronhense adj.;
  pl.: *fernando-noronhenses*
fero adj.
ferocidade s.f.
ferocíssimo adj.
feroico (ó) s.m.
feromônico adj.
feromônio s.m.
feroz adj.2g.
ferrabrás adj.2g.
ferrada s.f.
ferrado adj.
ferrador (ô) s.m.
ferradura s.f.
ferradurinha s.f.
ferrageiro s.m.
ferragem s.f.
ferragista adj.2g.
ferrajaria s.f.
ferralha s.f.
ferramenta s.f.
ferramental adj.2g. s.m.
ferramentaria s.f.
ferramenteiro s.m.
ferrão s.m.
ferrar v.
ferraria s.f.
férrea s.f.
ferreamente adv.
ferreiro adj. s.m.
ferrenhamente adv.
ferrenho adj.
férreo adj.
ferrete (ê) s.m.
ferretear v.
férrico adj.
ferrífero adj.
ferrina s.f.
ferrinho s.m.
ferrita s.f.
ferrítico adj.
ferritina s.f.
ferritínico adj.
ferro s.m.
ferroada s.f.
ferroado adj.
ferroar v.
ferro-gusa s.m.; pl.: *ferros-gusa*
  e *ferros-gusas*
ferrolhado adj.

ferrolhante | 156 | ficcionalidade

ferrolhante adj.2g.
ferrolhar v.
ferrolho (ô) s.m.
ferroliga s.f.
ferromagnético adj.
ferromagnetismo s.m.
ferroníquel s.m.
ferroprivo adj.
ferroprussiato s.m.
ferros s.m.pl.
ferroso (ô) adj.; f. e pl. (ó)
ferrotipia s.f.
ferrótipo s.m.
ferrovanádico adj.
ferro-velho s.m.; pl.: *ferros--velhos*
ferrovia s.f.
ferroviário adj. s.m.
ferrugem s.f.
ferrugento adj.
ferruginoso (ó) adj.; f. e pl.: (ó)
fértil adj.2g.
fertilidade s.f.
fertilização s.f.
fertilizado adj.
fertilizador (ó) adj. s.m.
fertilizante adj.2g. s.m.
fertilizar v.
fertilizável adj.2g.
fertilmente adv.
férula s.f.
ferveção s.f.
fervedouro s.m.
ferventado adj.
ferventar v.
fervente adj.2g.
ferver v.
fervescente adj.2g.
fervida s.f.
fervido adj. s.m.
férvido adj.
fervilhamento s.m.
fervilhante adj.2g.
fervilhar v.
fervo (ê) s.m.
fervor (ô) s.m.
fervorosamente adv.
fervoroso (ó) adj.; f. e pl.: (ó)
fervura s.f.
fescenino adj.
festa s.f.
festança s.f.
festão s.m.
festar v.
festarola s.f.
festas s.f.pl.
festeiro adj.
festejado adj.
festejador (ó) adj. s.m.
festejante adj. s.2g.
festejar v.
festejável adj.2g.
festejo (ê) s.m.

festim s.m.
festinha s.f.
festiva s.f.
festival s.m.
festivamente adv.
festividade s.f.
festivo adj.
festo (ê) s.m. "largura"; cf. *festo* adj. s.m. e fl. do v. *festar*
festo adj. s.m. "festivo"; cf. *festo* (ê) s.m.
festoar v.
festonada s.f.
festonado adj.
festonar v.
festonê s.m.
fetal adj.2g.
fetiche m.
fetichismo s.m.
fetichista adj. s.2g.
fetichizado adj.
fetichizante adj.2g.
fetichizar v.
feticida adj. s.2g.
fetidez (ê) s.f.
fétido adj.
feto s.m.
fetopatia s.f.
fetoplacentário adj.
fetoscopia s.f.
fetoscópico adj.
fetoscópio s.m.
feudal adj.2g.
feudalidade s.f.
feudalismo s.m.
feudalista adj. s.2g.
feudalístico adj.
feudalização s.f.
feudalizado adj.
feudalizador (ó) adj.
feudalizante adj. s.2g.
feudalizar v.
feudatário adj. s.m.
feudista adj. s.2g.
feudo s.m.
fevereiro s.m.
fez (ê) s.m.
fezes s.f.pl.
fezinha s.f.
fi s.m.
fiação s.f.
fiacre s.m.
fiada s.f.
fiadeira s.f.
fiado adj.
fiador (ó) s.m.
fiadoria s.f.
fiadouro s.m.
fiadura s.f.
fialhesco (ê) adj.
fiambre s.m.
fiambreira s.f.
fiança s.f.

fiandeira s.f.
fiandeiro s.m.
fiango s.m.
fiapagem s.f.
fiaparia s.f.
fiapo s.m.
fiar v.
fiasco s.m.
fiau-fiau interj.
fiável adj.2g.
fibra s.f.
fibrila s.f.
fibrilação s.f.
fibrilar v. adj.2g.
fibrina s.f.
fibrinogenemia s.f.
fibrinogênio adj. s.m.
fibrinólise s.f.
fibrinolítico adj.
fibrinoso (ó) adj.; f. e pl.: (ó)
fibroblástico adj.
fibroblasto s.m.
fibrocartilagem s.f.
fibrocartilaginoso (ó) adj.; f. e pl.: (ó)
fibrocélula s.f.
fibrocimento s.m.
fibrocístico adj.
fibrocisto s.m.
fibrócito s.m.
fibroide (ó) adj.2g. s.f.
fibrolamelar adj.2g.
fibroma s.m.
fibromatoide (ó) adj.2g.
fibromatose s.f.
fibromialgia s.f.
fibromioma s.m.
fibromuscular adj.2g.
fibronectina s.f.
fibroplasia s.f.
fibrorradiado adj.
fibrosado adj.
fibrosante adj.2g.
fibroscópico adj.
fibroscópio s.m.
fibrose s.f.
fibrosidade s.f.
fibrosite s.f.
fibroso (ó) adj.; f. e pl.: (ó)
fibrossarcoma s.m.
fibrótico adj.
fibrotórax (cs) s.m.2n.
fibrotraqueíde s.f.
fibrotraqueídeo s.m.
fibrotuberculose s.f.
fibrovascular adj.2g.
fíbula s.f.
ficáceo adj.
ficada s.f.
ficado adj. s.m.
ficar v.
ficção s.f.
ficcional adj.2g.
ficcionalidade s.f.

ficcionalismo | 157 | **filosoficamente**

ficcionalismo s.m.
ficcionalista adj. s.2g.
ficcionalístico adj.
ficcionalização s.f.
ficcionalizado adj.
ficcionalmente adv.
ficcionar v.
ficcionismo s.m.
ficcionista adj. s.2g.
ficha s.f.
fichado adj.
ficha-limpa adj. s.2g.; pl.: fichas-limpas
fichamento s.m.
fichar v.
fichário s.m.
fichável adj.2g.
fichinha s.2g.
fichtiano adj.
fichu s.m.
fico s.m.
ficobilina s.f.
ficobionte s.m.
ficocianina s.f.
ficociano adj. s.m.
ficologia s.f.
ficologista s.2g.
ficólogo s.m.
ficomiceto (ê) s.m.
ficticiamente adv.
fictício adj.
ficto adj.
ficus s.m.2n.
fidalgaço s.m.
fidalgal adj.2g.
fidalgamente adv.
fidalgaria s.f.
fidalgo adj. s.m.
fidalgoso (ô) adj.; f. e pl.: (ó)
fidalgote s.m.
fidalguia s.f.
fidedignidade s.f.
fidedigno adj.
fideicometido adj.
fideicomissário adj. s.m.
fideicomisso s.m.
fideicomissório adj.
fideicomitente s.2g.
fideísmo s.m.
fideísta adj.2g.
fidelidade s.f.
fidelinho s.m.
fidelismo s.m.
fidelíssimo adj.
fidelista adj. s.2g.
fidelização s.f.
fidelizar v.
fidúcia s.f.
fiducial adj.2g.
fiduciário adj. s.m.
fieira s.f.
fiel adj. s.2g. s.m.
fieldade s.f.
fifó s.m.

figa s.f.
figada s.f.
figadal adj.2g.
figadeira s.f.
fígado s.m.
figaro s.m.
figo s.m.
figo-da-índia s.m.; pl.: figos-da-índia
figueira s.f.
figueiral s.m.
figueirilha s.f.
figueirinha s.f.
figura s.f.
figuração s.f.
figuradamente adv.
figurado adj.
figural adj.2g.
figurante adj. s.2g.
figurão s.m.
figurar v.
figurativamente adv.
figurativismo s.m.
figurativista adj. s.2g.
figurativo adj.
figurável adj.2g.
figurilha s.f.
figurinha s.f.
figurinista adj. s.2g.
figurino s.m.
fijiano adj. s.m.
fila s.m. s.f.
filamentar adj.2g.
filamento s.m.
filamentoso (ô) adj.; f. e pl.: (ó)
filante s.2g.
filantropia s.f.
filantrópico adj.
filantropismo s.m.
filantropo (ô) adj. s.m.
filão s.m.
filar v.
filarioide (ó) adj.2g.
filariose s.f.
filarmônica s.f.
filarmônico adj.
filatelia s.f.
filatélico adj.
filatelismo s.m.
filatelista adj. s.2g.
filatelístico adj.
filáucia s.f.
filé s.m.
fileira s.f.
filetagem s.f.
filetar v.
filete (ê) s.m.
filha de santo s.f.
filharada s.f.
filharar v.
filho adj. s.m.
filhote s.m.
filhotismo s.m.

filiação s.f.
filiado adj. s.m.
filial adj.2g. s.f.
filialmente adv.
filiar v.
filiforme adj.2g.
filigrana s.f.; cf. filigrana, fl. do v. filigranar
filigranado adj.
filigranador (ô) adj. s.m.
filigranar v.
filigranear v.
filigraneiro adj. s.m.
filigranista adj. s.2g.
filigranoscópio s.m.
filipe s.m.
filipense s.m.
filipeta (ê) s.f.
filipino adj. s.m.
filisteia (é) adj.; s.f. de filisteu
filisteu adj. s.m.; fem.: filisteia (é)
filistinamente adv.
filistinismo s.m.
filistino adj. s.m.
filmado adj.
filmador (ô) adj. s.m.
filmadora (ô) s.f.
filmagem s.f.
filmar v.
filmável adj.2g.
filme s.m.
filmeco s.m.
filmete (ê) s.m.
filmico adj.
filmografia s.f.
filmográfico adj.
filmologia s.f.
filmológico adj.
filmoteca s.f.
filo s.m.
filó s.m.
filocomunista s.2g.
filodendro s.m.
filogênese s.f.
filogeneticamente adv.
filogenético adj.
filogenia s.f. "história da evolução das espécies"; cf. filoginia
filogênico adj.
filoginia s.f. "apreço pelas mulheres"; cf. filogenia
filoide (ó) adj.2g.
filologia s.f.
filologicamente adv.
filológico adj.
filólogo s.m.
filosofada s.f.
filosofal adj.2g.
filosofante adj.2g.
filosofar v.
filosofia s.f.
filosoficamente adv.

filosófico adj.
filosofismo s.m.
filósofo adj. s.m.
filtração s.f.
filtrado adj.
filtrador (ô) adj. s.m.
filtragem s.f.
filtramento s.m.
filtrante adj.2g.
filtrar v.
filtrável adj.2g.
filtro s.m.
fim s.m.
fimbria s.f.
fimose s.f.
finado adj. s.m.
finados s.m.pl.
final adj. s.2g.
finalidade s.f.
finalismo s.m.
finalíssima s.f.
finalista adj. s.2g.
finalístico adj.
finalização s.f.
finalizado adj.
finalizador (ô) adj. s.m.
finalizante adj.2g.
finalizar v.
finalizável adj.2g.
finalmente adv.
finamente adv.
finança s.f.
finanças s.f.pl.
financeira s.f.
financeiramente adv.
financeirização s.m.
financeirizado adj.
financeirizar v.
financeiro adj.
financiação s.f.
financiado adj.
financiador (ô) adj. s.m.
financial adj.2g.
financiamento s.m.
financiar v.
financiário adj. s.m.
financiável adj.2g.
financismo s.m.
financista adj. s.2g.
finar v.
finca s.f.; cf. *finca* e *fincas*, fl. do v. *fincar*
fincação s.f.
fincada s.f.
fincado adj.
fincador (ô) adj.
fincagem s.f.
fincamento s.m.
finção s.m.
finca-pé s.m.; pl.: *finca-pés*
fincar v.
findado adj.
findar v.
findável adj.2g.

findo adj.
fineza (ê) s.f.
fingidamente adv.
fingido adj. s.m.
fingidor (ô) s.m.
fingimento s.m.
fingir v.
fingível adj.2g.
fininho adj. s.m.
finissecular adj.2g.
finito adj. s.m.
finitude s.f.
finlandês adj. s.m.
fino adj. s.m.
finofalante adj. s.2g.
finório adj. s.m.
finta s.f.
fintar v.
finura s.f.
fio s.m.
fio de pedra s.m.
fiofó s.m.
fiorde s.m.
fios de ovos s.m.pl.
fios-d'ovos s.m.pl.
fioto (ó) s.m.
firma s.f.
firmação s.f.
firmado adj.
firmador (ô) adj. s.m.
firmamento s.m.
firmar v.
firme adj. adv.
firmemente adv.
firmeza (ê) s.f.
firula s.f.
firuleiro s.m.
fiscal adj. s.2g.
fiscalismo s.m.
fiscalista adj. s.2g.
fiscalização s.f.
fiscalizado adj.
fiscalizador (ô) adj. s.m.
fiscalizar v.
fiscalizatório adj.
fiscalizável adj.2g.
fiscalmente adv.
fisco s.m.
fisga s.f.
fisgada s.f.
fisgadela s.f.
fisgado adj.
fisgador (ô) adj. s.m.
fisgamento s.m.
fisgar v.
fisiatra s.2g.
fisiatria s.f.
fisiátrico adj.
física s.f.
fisicalismo s.m.
fisicalista adj.2g.
fisicamente adv.
fisicismo s.m.
fisicista adj.2g.

físico adj. s.m.
físico-química s.f.; pl.: *físico--químicas*
físico-químico adj.; pl.: *físico--químicos*
fisicoterapia s.f.
fisicoterápico adj.
fisicultor (ô) adj. s.m.
fisicultura s.f.
fisiculturismo s.m.
fisiculturista adj. s.2g.
fisiocracia s.f.
fisiocrata s.2g.
fisiocrático adj.
fisiocratismo s.m.
fisioculturismo s.m.
fisioculturista adj. s.2g.
fisiognomia s.f.
fisiognômico adj.
fisiognomismo s.m.
fisiognomista adj. s.2g.
fisiologia s.f.
fisiologicamente adv.
fisiológico adj.
fisiologismo s.m.
fisiologista adj. s.2g.
fisiólogo s.m.
fisionomia s.f.
fisionomicamente adv.
fisionômico adj.
fisionomista adj. s.2g.
fisiopata s.2g.
fisiopatia s.f.
fisiopático adj.
fisioterapeuta s.2g.
fisioterapia s.f.
fisioterápico adj.
fisocele s.f.
fisometria s.f.
fisométrico adj.
fissão s.f.
físsil adj.2g.
fissípede adj.2g
fissura s.f.
fissurado adj. s.m.
fissurar-se v.
fístula s.f.
fistulação s.f.
fistulado adj.
fistular adj.2g.
fistulização s.f.
fistulizado adj.
fistulizante adj.2g.
fistulizar v.
fita s.f.
fita-crepe s.f.; pl.: *fitas-crepe* e *fitas-crepes*
fitar v.
fiteiro adj. s.m.
fitilho s.m.
fito adj. s.m.
fitobento s.m.
fitobentônico adj.
fitofagia s.f.

fitofágico adj.
fitófago adj. s.m.
fitogenético adj.
fitogeografia s.f.
fitogeográfico adj.
fitogeógrafo s.m.
fito-hormônio s.m.
fitopatologia s.f.
fitopatológico adj.
fitopatologista adj. s.2g.
fitoplâncton s.m.
fitoplanctônico adj.
fitormona s.f.
fitormonal adj.2g.
fitormônico adj.
fitormônio s.m.
fitossanitário adj.
fitossociologia s.f.
fitotecnia s.f.
fitotécnico adj.
fitotecnista s.2g.
fitoterapeuta s.2g.
fitoterapia s.f.
fitoterápico adj.
fiu-fiu interj. s.m.; pl.: *fiu-fius*
fiúza s.f.
fivela s.f.
fivelado adj.
fixação (*cs*) s.f.
fixado (*cs*) adj.
fixador (*cs...ô*) adj. s.m.
fixar (*cs*) v.
fixável (*cs*) adj.2g.
fixe-fixe adj.; pl.: *fixe-fixes*
fixidez (*cs...ê*) s.f.
fixismo (*cs*) s.m.
fixo (*cs*) adj.
flã s.m.
flacidamente adv.
flacidez (*ê*) s.f.
flácido adj.
flaconete s.m.
flagelação s.f.
flagelado adj. s.m.
flagelador (*ô*) adj. s.m.
flagelante adj.2g.
flagelar v.
flagelo s.m.
flagelose s.f.
flagício s.m.
flagra s.m.
flagrado adj. s.m.
flagrância s.f. "condição do que é flagrante"; cf. *fragrância*
flagrante adj.2g. s.m. "evidente"; cf. *fragrante*
flagrar v.
flama s.f.
flamante adj.2g.
flamar v.
flambação s.f.
flambado adj.
flambagem s.f.

flambar v.
flamboaiã s.m.
flamejado adj.
flamejamento s.m.
flamejante adj.2g.
flamejar v.
flamenco adj. s.m.
flamengo adj. s.m.
flamenguista adj. s.2g.
flamingo s.m.
flâmula s.f.
flanar v.
flanco s.m.
flandres s.m.
flanela s.f.
flanelado adj.
flanelinha s.f. s.2g.
flanelógrafo s.m.
flanqueado adj.
flanqueador (*ô*) adj. s.m.
flanqueamento s.m.
flanqueante adj.2g.
flanquear v.
flanqueável adj.2g.
flape s.m.
flato s.m.
flatulência s.f.
flatulento adj.
flatuoso (*ô*) adj.; f. e pl.: (*ó*)
flaubertiano (*flo*) adj. s.m.
flauta s.f.
flautear v.
flauteiro s.m.
flautim s.m.
flautista s.2g.
flavomicina s.f.
flavona s.f.
flavonoide (*ó*) s.m.
flavorizante adj.2g. s.m.
flébil adj.2g.
flebilização s.f.
flebilizar v.
flebite s.f.
flebítico adj.
flebograma s.m.
flebotomia s.f.
flebótomo s.m.
flecha s.f.
flechada s.f.
flechado adj.
flechar v.
flecheiro adj. s.m.
flechilha s.f.
flecos s.m.pl.
flectir v.
flegma (*ê*) s.f.
flegmão s.m.
flegmático adj.
fleimão s.m.
flertada s.f.
flertar v.
flerte (*ê*) s.m.
flete s.m.
fletido adj.

fletir v.
fletor (*ô*) s.m.
fleuma s.f.
fleumático adj.
flexão (*cs*) s.f.
flexibilidade (*cs*) s.f.
flexibilizado (*cs*) adj.
flexibilizador (*cs...ô*) adj. s.m.
flexibilizar (*cs*) v.
flexilha s.f.
flexionado (*cs*) adj.
flexional (*cs*) adj.2g.
flexionar (*cs*) v.
flexível (*cs*) adj.2g.
flexivelmente (*cs*) adv.
flexor (*cs...ô*) adj. s.m.
flexuoso (*cs...ô*) adj.; f. e pl.: (*ó*)
flibustaria s.f.
flibusteiro adj. s.m.
flíper s.m.
fliperama s.m.
floco s.m.
floculação s.f.
floculador (*ô*) s.m.
floculante adj.2g. s.m.
flocular v.
flóculo s.m.
flor (*ô*) s.f.
flora s.f.
floração s.f.
florada s.f.
florado adj.
floral adj.2g. s.m.
florália s.f.
florão s.m.
florar v.
flor-da-paixão s.f.; pl.: *flores-da paixão*
flor de lis s.f. "emblema da realeza francesa"
flor-de-lis s.f. "lírio-roxo"; pl.: *flores-de-lis*
flor-de-maio s.f.; pl.: *flores-de-maio*
flor-de-são-joão s.f.; pl.: *flores-de-são-joão*
floreado adj. s.m.
floreador (*ô*) adj. s.m.
floreal s.m.
floreante adj.2g.
florear v.
floreável adj.2g.
floreio s.m.
floreira s.f.
floreiro s.m.
florejado adj.
florejante adj.2g.
florejar v.
florente adj.2g. s.m.
florentino adj. s.m.
florescência s.f.
florescente adj.2g.
florescer v.
florescido adj.

florescimento s.m.
floresta s.f.
florestado adj.
florestal adj.2g.
florestamento s.m.
florestoso (ô) adj.; f. e pl.: (ó)
floreta (ê) s.f.
florete (ê) s.m.
floreteado adj.
floretear v.
florianismo s.m.
florianista adj. s.2g.
florianopolitano adj. s.m.
floricultor (ô) s.m.
floricultura s.f.
florido adj.
flórido adj.
florífero adj.
florilégio s.m.
florim s.m.
florir v.
florista adj. s.2g.
florístico adj.
flórula s.f.
flotação s.f.
flotado adj.
flotador (ô) s.m.
flotar v.
flotel s.m.
flotilha s.f.
flozô s.m.
fluência s.f.
fluente adj.2g.
fluidal adj.2g.
fluidez (ê) s.f.
fluídico adj.
fluidificação s.f.
fluidificado adj.
fluidificante adj.2g. s.m.
fluidificar v.
fluidificável adj.2g.
fluidização s.f.
fluidizar v.
fluidizável adj.2g.
fluido adj. s.m.
fluir v.
flume s.m.
fluminense adj. s.2g.
flúor s.m.
fluoracho s.f.
fluorado adj.
fluorar v.
fluorescência s.f.
fluorescente adj.2g.
fluoretação s.f.
fluoretado adj.
fluoreto (ê) s.m.
fluorita s.f.
flutissonante adj.2g.
flutíssono adj.
flutuabilidade s.f.
flutuação s.f.
flutuador (ô) adj. s.m.
flutuante adj.2g.

flutuar v.
flutuável adj.2g.
fluvial adj.2g.
fluvialidade s.f.
fluvialismo s.m.
fluvialista adj. s.2g.
fluvialístico adj.
fluviário adj.2g.
fluvícola s.m.
fluviograma s.m.
fluviolacustre adj. s.2g.
fluviométrico adj.
flux (s) s.m.2n.
fluxo (cs) s.m.
fluxograma (cs) s.m.
fluxogramação (cs) s.f.
foba s.f.
fobia s.f.
fóbico adj.
foca s.f.
focado adj.
focagem s.f.
focal adj.2g.
focalização s.f.
focalizado adj.
focalizar v.
focar v.
focídeo s.m.
focinhada s.f.
focinhar v.
focinheira s.f.
focinho s.m.
focinhudo adj.
foco s.m.
foda s.f.; cf. *foda* (ó), fl. do v. *foder*
fodedor (ô) adj. s.m.
foder v.
fodido adj. s.m.
fofamente adv.
fofar v.
fofo (ô) adj.
fofoca s.f.
fofocada s.m.
fofocagem s.f.
fofocar v.
fofoqueiro adj. s.m.
fofura s.f.
fogaça s.f.
fogacho s.m.
fogagem s.f.
fogão s.m.
fogareiro s.m.
fogaréu s.m.
fogo (ô) s.m.
fogo-apagou s.f.2n.
fogo-fátuo s.m.; pl.: *fogos-fátuos*
fogoió adj.2g.
fogos s.m.pl.
fogosamente adv.
fogo-selvagem s.m.; pl.: *fogos-selvagens*
fogoso (ô) adj.; f. e pl.: (ó)

foguear v.
fogueira s.f.
foguento adj.
foguetada s.f.
foguetão s.m.
foguete (ê) s.m.
foguetear v.
fogueteiro s.m.
foguetice s.f.
foguetinho s.m.
foguetório s.m.
foguista s.2g.
foiçada s.f.
foice s.f.
fojo (ô) s.m.
folclore s.m.
folcloricamente adv.
folclórico adj.
folclorismo s.m.
folclorista adj. s.2g.
folclorístico adj.
folclorização s.f.
folclorizado adj.
folclorizante adj.2g.
folclorizar v.
folclorizável adj.2g.
fôlder s.m.
fole s.m.
fôlego s.m.
foleiro s.m.
folga s.f.
folgado adj. s.m.
folgador (ô) s.m.
folgança s.f.
folgar v.
folgazã s.f. de *folgazão*
folgazão adj. s.m.; fem.: *folgazã* e *folgazona*; pl.: *folgazãos, folgazões*
folgazona s.f. de *folgazão*
folguedo (ê) s.m.
folguista adj. s.2g.
folha (ó) s.f.
folhação s.f.
folha-corrida s.f.; pl.: *folhas-corridas*
folhada s.f.
folha de flandres s.f.
folhado adj. s.m.
folhagem s.f.
folhame s.m.
folhar v.
folharada s.f.
folha-seca s.f.; pl.: *folhas-secas*
folheação s.f.
folheada s.f.
folheado adj. s.m.
folhear v.
folhedo (ê) s.m.
folheteiro s.m.
folheteria s.f.
folhetim s.m.
folhetinagem s.f.
folhetinesco (ê) adj.

folhetinismo s.m.
folhetinista adj. s.2g.
folhetinístico adj.
folhetinização s.f.
folhetinizar v.
folheto (ê) s.m.
folhinha s.f.
folho s.m.; pl. (ó)
folhoso (ó) adj. s.m.; f. e pl.: (ó)
folhudo adj.
folia s.f.
foliáceo adj.
foliado adj.
folião adj. s.m.; fem.: *foliona*
foliar v.
fólico adj.
folicular adj.2g.
foliculite s.f.
folículo s.m.
foliculoide (ó) adj.2g.
fólio s.m.
foliolado adj.
folíolo s.m.
foliona s.f. de *folião*
folote adj.
fome s.f.
fomentação s.f.
fomentado adj.
fomentador (ô) adj. s.m.
fomentar v.
fomentativo adj.
fomento s.m.
fom-fom s.m.; pl.: *fom-fons*
fominha s.f. s.2g.
fonação s.f.
fonado adj.
fonador (ô) adj.
fonatório adj.
fone s.m.
fonema s.m.
fonemática s.f.
fonemático adj.
fonêmica s.f.
fonêmico adj.
fonética s.f.
foneticamente adv.
foneticista s.2g.
fonético adj.
fonetização s.f.
fonetizado adj.
fonetizante adj.2g.
fonetizar v.
fonfonada s.f.
fonfonar v.
fonia s.f.
foniatra s.2g.
foniatria s.f.
foniátrico adj.
fônica s.f.
fônico adj.
fonoarticulação s.f.
fonoarticulatório adj.
fonoaudiologia s.f.

fonoaudiológico adj.
fonoaudiólogo s.m.
fonocardiograma s.m.
fonocentrismo s.m.
fonografar v.
fonografia s.f.
fonográfico adj.
fonógrafo s.m.
fonograma s.m.
fonologia s.f.
fonologicamente adv.
fonológico adj.
fonologista s.2g.
fonólogo s.m.
fonometria s.f.
fonométrico adj.
fonômetro s.m.
fonoteca s.f.
fontanal adj.2g.
fontanário adj. s.m.
fontanela s.f.
fontano adj.
fonte s.f.
foquismo s.m.
foquista adj. s.2g.
fora adv. prep.
fora da lei adj. s.2g.2n.
foragido adj. s.m.
foragir-se v.
forais s.m.pl.
forame s.m.
forâmen s.m.
foraminoso (ó) adj.; f. e pl.: (ó)
forâneo adj.
forania s.f.
forasteirismo s.m.
forasteiro adj. s.m.
forca (ô) s.f.
força (ô) s.f.; cf. *força*, fl. do v. *forçar*
forcado s.m.
forçado adj.
forçador (ô) s.m.
forçamento s.m.
forçante adj.2g.
forçar v.
força-tarefa s.f.; pl.: *forças--tarefa* e *forças-tarefas*
forcejado adj.
forcejador (ô) adj.2g.
forcejar v.
forcejo (ê) s.m.
fórceps s.m.2n.
fórcipe s.m.
forçosamente adv.
forçoso (ô) adj.; f. e pl.: (ó)
forçudo adj.
forçura s.f.
forde s.m.
fordeco s.m.
fordiano adj. s.m.
fordismo s.m.
fordista adj. s.2g.

fordístico adj.
foreiro s.m.
forense adj.
forja s.f.
forjado adj.
forjador (ô) adj. s.m.
forjadura s.f.
forjamento s.m.
forjar v.
forjável adj.2g.
forje s.m.
forjicado adj.
forjicar v.
forma s.f. "disposição exterior de algo"; cf. *forma* (ô)
forma (ô) s.f. "molde"; cf. *forma* s.f. e fl. do v. *formar*
formação s.f.
formado adj. s.m.
formador (ô) adj. s.m.
formal adj.2g. s.m.
formaldeído s.m.
formalidade s.f.
formalina s.f.
formalismo s.m.
formalista adj. s.2g.
formalística s.f.
formalístico adj.
formalização s.f.
formalizado adj.
formalizador (ô) adj. s.m.
formalizante adj.2g.
formalizar v.
formalizável adj.2g.
formalmente adv.
formando s.m.
formante adj.2g. s.m.
formão s.m.
formar v.
formatação s.f.
formatado adj.
formatador (ô) adj. s.m.
formatar v.
formativo adj.
formato s.m.
formatura s.f.
fórmica s.f.
formicante adj.2g.
formicida s.m.
fórmico adj.
formidável adj.2g.
formidavelmente adv.
formiga s.f.
formiga-cabaça s.f.; pl.: *formigas-cabaça* e *formigas--cabaças*
formiga-de-asa s.f.; pl.: *formigas-de-asa*
formiga-de-roça s.f.; pl.: *formigas-de-roça*
formigado adj.
formigagem s.f.
formiga-lava-pés s.f.; pl.: *formigas-lava-pés*

formigamento s.m.
formigante adj.2g.
formigar v.
formigueira s.f.
formigueiro s.m.
formiguejante adj.2g.
formiguejar v.
forminha (ô) s.f.
formol s.m.
formolado adj. "preparado com formol"; cf. *formulado* adj. e part. do v. *formular*
formolar v.
formolizar v.
formosa s.f.
formosear v.
formosidade s.f.
formoso (ô) adj.; f. e pl.: (ó)
formosura s.f.
fórmula s.f.
formulação s.f.
formulado adj.
formulador (ô) adj. s.m.
formular v.
formulário s.m.
formulativo adj.
formulável adj.2g.
fornada s.f.
fornalha s.f.
fornalheiro s.m.
fornecedor (ô) adj. s.m.
fornecedora (ô) s.f.
fornecer v.
fornecido adj.
fornecimento s.m.
forneiro s.m.
fornejar v.
fornicação s.f.
fornicado adj.
fornicador (ô) adj. s.m.
fornicar v.
fornido adj.
fornilho s.m.
forninho s.m.
fornir v.
forno (ô) s.m.; pl. (ó)
foro (ó ou ô) s.m.; pl. (ó)
forquilha s.f.
forquilhado adj.
forra s.f. "desforra"; cf. *forra* (ô) s.f.
forra (ô) s.f. "revestimento", etc.; cf. *forra* s.f. e fl. do v. *forrar*
forração s.f.
forrado adj. s.m.
forrador (ô) adj. s.m.
forrageado adj.
forrageamento s.m.
forragear v.
forrageira s.f.
forrageiro adj.
forragem s.f.
forraginoso (ô) adj.; f. e pl.: (ó)

forramento s.m.
forrar v.
forro (ô) adj. s.m.; cf. *forro*, fl. do v. *forrar*
forró s.m.
forrobodó s.m.
forrozear v.
forrozeiro s.m.
fortalecedor (ô) adj.
fortalecente adj.2g.
fortalecer v.
fortalecido adj.
fortalecimento s.m.
fortaleza (ê) s.f.
forte adj. s.2g. s.m.
fortemente adv.
fortidão s.f.
fortificação s.m.
fortificado adj.
fortificador (ô) adj. s.m.
fortificante adj. s.m.
fortificar v.
fortim s.m.
fortuitamente adv.
fortuito adj.
fortuna s.f.
fortunela s.f.
fortunoso (ô) adj.; f. e pl.: (ó)
fórum s.m.
fosca (ô) s.f.
fosco (ô) adj.
fosfatação s.f.
fosfatado adj.
fosfatar v.
fosfatase s.f.
fosfático adj.
fosfatização s.f.
fosfato s.m.
fosfeto (ê) s.m.
fosfolipase s.f.
fosfolípede s.m.
fosfolipídio s.m.
fosforado adj.
fosforeiro adj.
fosforejar v.
fosforescência s.f.
fosforescente adj.2g.
fosforescer v.
fosfórico adj.
fosforilação s.f.
fosforita s.f.
fosforito s.m.
fósforo s.m.
fosforoso (ô) adj.; f. e pl.: (ó)
fosgênio s.m.
fosqueado adj.
fosqueamento s.m.
fosquear v.
fossa s.f.
fossado s.m.
fossar v.
fossento adj.
fosseta (ê) s.f.
fóssil adj.2g. s.m.

fossilífero adj.
fossilização s.f.
fossilizante adj.2g.
fossilizar v.
fosso (ô) s.m.; pl.: (ó); cf. *fosso*, fl. do v. *fossar*
fóssula s.f.
fotelétrico adj.
foto s.f.
fotoacabamento s.m.
fotobiografia s.f.
fotoblástico adj.
fotocélula s.f.
fotocelular adj.2g.
fotocolagem s.f.
fotocomposição s.f.
fotocompositor (ô) adj. s.m.
fotocompositora (ô) s.f.
fotocondutividade s.f.
fotocondutor (ô) adj. s.m.
fotocópia s.f.
fotocopiador (ô) adj. s.m.
fotocopiadora (ô) s.f.
fotocopiar v.
fotocopiável adj.2g.
fotocopista adj. s.2g.
fotocromático adj.
fotodinâmica s.f.
fotodinâmico adj.
fotodissociação s.f.
fotoelasticidade s.f.
fotoelétrico adj.
fotoeletrônico adj.
fotoensaio s.m.
fotoensaísta s.2g.
fotoenvelhecimento s.m.
fotoetnografia s.f.
fotoetnógrafo s.m.
fotófilo adj.
fotofobia s.f.
fotofóbico adj.
fotófobo adj. s.m.
fotogenia s.f.
fotogênico adj.
fotografado adj. s.m.
fotografar v.
fotografia s.f.
fotograficamente adv.
fotográfico adj.
fotografismo s.m.
fotografista s.2g.
fotógrafo s.m.
fotograma s.m.
fotogravura s.f.
fotojornal s.m.
fotojornalismo s.m.
fotojornalista s.2g.
fotojornalístico adj.
fotólise s.f.
fotolito s.m.
fotomecânico adj.
fotometragem s.f.
fotometria s.f.
fotômetro s.m.

fotomicrografia | 163 | frechada

fotomicrografia s.f.
fotomicroscopia s.f.
fotomicroscópio s.m.
fotomontagem s.f.
fotomotor (ô) adj. s.m.
fóton s.m.
fotonovela s.f.
fotonuclear adj.2g.
fotoperiódico adj.
fotoperiodismo s.m.
fotoperíodo s.m.
fotoprotetor (ô) s.m.
fotoquímica s.f.
fotoquímico adj.
fotorreceptor (ô) adj. s.m.
fotorreportagem s.f.
fotosfera s.f.
fotossensibilidade s.f.
fotossensibilização s.f.
fotossensibilizador (ô) s.m.
fotossensibilizante adj.2g. s.m.
fotossensível adj.2g.
fotossensor (ô) s.m.
fotossíntese s.f.
fotossintético adj.
fotossintetizar v.
fotostático adj.
fototeca s.f.
fototerapia s.f.
fototeste s.m.
fototrofia s.f.
fototrófico adj.
fototropia s.f.
fototrópico adj.
fototropismo s.m.
fotovoltaico adj.
fourierismo (furri) s.m.
fourierístico (furri) adj.
fouveiro adj. s.m.
fovismo s.m.
foxtrote (cs) s.m.
foz s.f.
fracamente adv.
fração s.f.
fracassado adj. s.m.
fracassar v.
fracasso s.m.
fracatear v.
fracionado adj.
fracionamento s.m.
fracionar v.
fracionário adj.
fracionável adj.2g.
fraco adj. s.m.
fracote adj.2g.
fractal adj.2g. s.m.
fradalhada s.f.
frade s.m.
fradinho s.m.
fraga s.f.
fragata s.f.
fragatear v.
frágil adj.2g.

fragilidade s.f.
fragílimo adj.
fragilização s.f.
fragilizado adj.
fragilizador (ô) adj.
fragilizar v.
fragmentação s.f.
fragmentador (ô) adj. s.m.
fragmentadora (ô) s.f.
fragmentar v.
fragmentário adj.
fragmentarismo s.m.
fragmentável adj.2g.
fragmento s.m.
fragor (ô) s.m.
fragoroso (ô) adj.; f. e pl.: (ó)
fragoso (ô) adj.; f. e pl.: (ó)
fragrância s.f. "aroma"; cf. flagrância
fragrante adj.2g. "perfumado"; cf. flagrante
frágua s.f.
fragueiro adj. s.m.
frajola adj. s.m.
fralda s.f.
fraldário s.m.
fraldinha s.f.
framboesa (ê) s.f.
framboeseira s.f.
framboeseiro s.m.
frança s.f.
francamente adv.
francano adj. s.m.
francês adj. s.m.
francesada s.f.
francesice s.f.
francesismo s.m.
frâncio s.m.
franciscanamente adv.
franciscanismo s.m.
franciscano adj. s.m.
franco adj. s.m.
franco-atirador s.m.; pl.: franco-atiradores
franco-belga adj. s.2g.; pl.: franco-belgas
franco-brasileiro adj. s.m.; pl.: franco-brasileiros
francofalante adj. s.2g.
francofilia s.f.
francófilo adj. s.m.
francofonia s.f.
francofônico adj.
franco-maçom adj. s.m.; pl.: franco-maçons
franco-maçonaria s.f.; pl.: franco-maçonarias
franga s.f.
frangalho s.m.
frangar v.
frango s.m.
frango-d'água s.m.; pl.: frangos-d'água
frangote s.m.

frango-xadrez s.m.; pl.: frangos-xadrez e frangos-xadreses
frangueiro adj. s.m.
franguinha s.f.
franja s.f.
franjado adj.
franjar v.
franqueado adj. s.m.
franqueador (ô) adj. s.m.
franqueamento s.m.
franquear v.
franqueza (ê) s.f.
franquia s.f.
franquismo s.m.
franquista adj. s.2g.
franzido adj.
franzino adj.
franzir v.
fraque s.m.
fraquear v.
fraquejamento s.m.
fraquejar v.
fraqueza (ê) s.f.
frasal adj.2g.
frascaria s.f.
frascário adj.
frasco s.m.
frase s.f.
fraseado s.m.
frasear v.
fraseologia s.f.
frásico adj.
frasista s.2g.
frasqueira s.f.
fraternal adj.2g.
fraternalmente adv.
fraternidade s.f.
fraternização s.f.
fraternizar v.
fraterno adj.
fratria s.f.
fratricida adj. s.2g.
fratricídio s.m.
fratura s.f.
fraturado adj.
fraturamento s.m.
fraturar v.
fraudado adj.
fraudador (ô) adj. s.m.
fraudar v.
fraudatório adj.
fraude s.f.
fraudoso (ô) adj.; f. e pl.: (ó)
fraudulência s.f.
fraudulentamente adv.
fraudulento adj.
freada s.f.
freagem s.f.
freamento s.m.
frear v.
freático adj.
frecha s.m.
frechada s.f.

frechal

frechal s.m.
frechar v.
frege s.m.
freguês s.m.
freguesia s.f.
frei s.m.
frei-bode s.m.; pl.: *freis-bode* e *freis-bodes*
freio s.m.
freira s.f.
freiral adj.2g.
freirático adj. s.m.
freixo s.m.
fremente adj.2g.
fremir v.
frêmito s.m.
frenagem s.f.
frenar v.
frenesi s.m.
freneticamente adv.
frenético adj.
frênico adj.
frenologia s.f.
frenologista s.2g.
frenólogo s.m.
frente s.f.
frentear v.
frentista s.2g.
frequência (ü) s.f.
frequentação (ü) s.f.
frequentado (ü) adj.
frequentador (ü...ô) adj. s.m.
frequentar (ü) v.
frequentativo (ü) adj.
frequentável (ü) adj.2g.
frequente (ü) adj.2g.
frequentemente (ü) adv.
fresa s.f.
fresador (ô) s.m.
fresadora (ô) s.f.
fresagem s.f.
fresar v.
fresca (ê) s.f.
frescal adj.2g.
frescamente adv.
fresco (ê) adj. s.m.
frescobol s.m.
frescor (ô) s.m.
frescura s.f.
frésia s.f.
fressura s.f.
fresta s.f.
fretado adj.
fretamento s.m.
fretar v.
frete s.m.
freudianamente (*frói*) adv.
freudiano (*frói*) adj.
freudismo (*frói*) s.m.
frevar v.
frevista s.2g.
frevo (ê) s.m.
frevo-canção s.m.; pl.: *frevos--canções*

fria s.f.
friabilidade s.f.
friagem s.f.
frialdade s.f.
friamente adv.
friável adj.2g.
fricassê s.m.
fricativa s.f.
fricção s.f.
friccional adj.2g.
friccionar v.
fricote s.m.
fricoteiro adj. s.m.
frieira s.f.
friento adj.
frieza (ê) s.f.
frigidamente adv.
frigideira s.f.
frigidez (ê) s.f.
frigidíssimo adj.
frígido adj.
frígio adj. s.m.
frigir v.
frigobar s.m.
frigorificação s.f.
frigorificado adj.
frigorífico adj. s.m.
friíssimo adj.
frila s.2g.
frincha s.f.
frineico (é) adj.
frio adj. s.m.
frioleira s.f.
friorento adj.
frioso (ô) adj.; f. e pl.: (ó)
frisa s.f.
frisado adj.
frisador (ô) s.m.
frisante adj.2g. s.m.
frisar v.
friso s.m.
frissonar v.
fritada s.f.
fritadeira s.f.
fritado adj.
fritador (ô) s.m.
fritar v.
fritas s.f.pl.
frito adj.
fritura s.f.
friúme s.m.
friúra s.f.
frivolamente adv.
frivolidade s.f.
frívolo adj. s.m.
frocado adj.
fronde s.f.
frondejar v.
frondosidade s.f.
frondoso (ô) adj.; f. e pl.: (ó)
fronha s.f.
frontal adj.2g. s.m.
frontalmente adv.
frontão s.m.

fuça

frontaria s.f.
fronte s.f.
frontear v.
fronteira s.f.
fronteiriço adj. s.m.
fronteiro adj.
frontispicial adj.2g.
frontispício s.m.
frontoparietal adj.2g.
frontotemporal adj.2g.
frota s.f.
frotista s.2g.
frouxidão s.f.
frouxo adj. s.m.
frouxura s.f.
fru-fru s.m.; pl.: *fru-frus*
frufrulhar v.
frugal adj.2g.
frugalidade s.f.
frugalmente adv.
frugívoro adj.
fruição s.f.
fruído adj.
fruidor (ô) s.m.
fruir v.
frustração s.f.
frustrado adj. s.m.
frustrador (ô) adj.
frustrante adj.2g.
frustrar v.
frustro adj.
fruta s.f.
fruta-de-conde s.f.; pl.: *frutas--de-conde*
fruta-de-lobo s.f.; pl.: *frutas--de-lobo*
frutado adj. s.m.
fruta-do-conde s.f.; pl.: *frutas--do-conde*
fruta-pão s.f.; pl.: *frutas-pão* e *frutas-pães*
fruta-pão-de-caroço s.f.; pl.: *frutas-pão-de-caroço* e *frutas--pães-de-caroço*
frutaria s.f.
fruteira s.f.
fruteiro s.m.
frutículo s.m.
fruticultor (ô) s.m.
fruticultura s.f.
frutífero adj.
frutificação s.f.
frutificado adj.
frutificar v.
frutívoro adj. s.m.
fruto s.m.
frutose s.f.
frutuosamente adv.
frutuoso (ô) adj.; f. e pl.: (ó)
fubá s.m.
fubeca s.f.
fubecada s.f.
fubica s.f.
fuça s.f.

fuçada s.f.
fuçadeira s.f.
fuçado adj.
fuçador (ô) adj. s.m.
fuçar v.
fuças s.f.pl.
fúcsia s.f.
fueiro s.m.
fuga s.f.
fugacidade s.f.
fugacíssimo adj.
fugaz adj.2g.
fugazmente adv.
fugida s.f.
fugidio adj.
fugido adj. s.m.
fugir v.
fugitivo adj. s.m.
fuinha s.f. s.2g.
fujão adj. s.m.; fem.: *fujona*
fujona s.f. de *fujão*
fulanagem s.f.
fulanização s.f.
fulanizar v.
fulano s.m.
fulcrado adj.
fulcral adj.2g.
fulcrar v.
fulcro s.m.
fuleiro adj.
fulejo (ê) s.m.
fulgência s.f.
fulgente adj.2g.
fúlgido adj.
fulgir v.
fulgor (ô) s.m.
fulguração s.f.
fulgurado adj.
fulgurância s.f.
fulgurante adj.2g.
fulgurantemente adv.
fulgurar v.
fulguroso (ô) adj.; f. e pl.: (ó)
fuligem s.f.
fuliginoso (ô) adj.; f. e pl.: (ó)
fulminação s.f.
fulminado adj.
fulminador (ô) adj.
fulminante adj.2g.
fulminar v.
fulniô adj. s.2g.
fulo adj.
fulvo adj.
fumaça s.f.
fumaçada s.f.
fumaçar v.
fumaças s.f.pl.
fumacê s.m.
fumaceira s.f.
fumaceiro s.m.
fumacento adj.
fumada s.f.
fumado adj.
fumador (ô) adj. s.m.

fumageiro adj.
fumante adj. s.2g.
fumar v.
fumarada s.f.
fumarento adj.
fumaréu s.m.
fumarola s.f.
fumê adj.s.2g.
fumegante adj.2g.
fumegar v.
fumeiro s.m.
fumicultor (ô) adj. s.m.
fumicultura s.f.
fumigação s.f.
fumigar v.
fumígeno adj.
fuminho s.m.
fumo s.m.
fumo-bravo s.m.; pl.: *fumos--bravos*
fumoso (ô) adj.; f. e pl.: (ó)
funambulesco (ê) adj.
funambulismo s.m.
funâmbulo s.m.
função s.f.
funcho s.m.
funcional adj.2g.
funcionalidade s.f.
funcionalismo s.m.
funcionalista adj.2g.
funcionalização s.f.
funcionalizado adj.
funcionalizar v.
funcionalmente adv.
funcionamento s.m.
funcionante adj.2g.
funcionar v.
funcionário s.m.
funda s.f.
fundação s.f.
fundado adj.
fundador (ô) adj. s.m.
fundamentação s.f.
fundamentadamente adv.
fundamentado adj.
fundamental adj. 2g.
fundamentalismo s.m.
fundamentalista adj. s.2g.
fundamentalmente adv.
fundamentar v.
fundamento s.m.
fundamentos s.m.pl.
fundante adj.2g.
fundão s.m.
fundar v.
fundeado adj.
fundeadouro s.m.
fundear v.
fundente adj.2g.
fundiário adj.
fundibulário s.m.
fundição s.f.
fundido adj.
fundidor (ô) s.m.

fundidora (ô) s.f.
fundilho s.m.
fundilhos s.m.pl.
fundir v.
fundo adj. s.m.
fundos s.m.pl.
fundoscopia s.f.
fundura s.f.
fúnebre adj.
funeral s.m.
funerária s.f.
funerário adj.
funéreo adj.
funesto adj.
fungação s.f.
fungada s.f.
fungadeira s.f.
fungado adj. s.m.
fungar v.
fungicida adj.2g. s.m.
fúngico adj.
fungiforme adj.2g.
fungível adj.2g.
fungo s.m.
fungueira s.f.
funicular adj.2g. s.m.
funículo s.m.
funil s.m.
funilaria s.f.
funileiro s.m.
funqueiro adj. s.m.
fura-bolo s.m.; pl.: *fura-bolos*
furacão s.m.
furada s.f.
furadeira s.f.
furado adj. s.m.
furador (ô) adj. s.m.
fura-fila s.2g.; pl.: *fura-filas*
furão adj. s.m.; fem.: *furona*
furar v.
fúrcula s.f.
furdunço s.m.
furfuráceo adj.
furgão s.m.
fúria s.f.
furibundo adj.
furiosa s.f.
furiosamente adv.
furioso (ô) adj.; f. e pl.: (ó)
furna s.f.
furo s.m.
furor (ô) s.m.
furreca adj.2g.
furriel s.m.
furta-cor adj. s.m.; pl.: *furta--cores*
furtadela s.f.
furtado adj.
furtador (ô) s.m.
furtar v.
furtivamente adv.
furtivo adj.
furto s.m.
furúnculo s.m.

furunculose s.f.
furunculoso (ô) adj.; f. e pl.: (ó)
furundum s.m.
furungar v.
furupa s.f.
fusa s.f.
fusão s.f.
fusca s.m.
fusco adj.
fuselagem s.f.
fusiforme adj.2g.
fúsil adj.2g.
fusionado adj.
fusional adj.2g.
fusionar v.
fusionismo s.m.
fusionista adj. s.2g.
fusível s.m.
fuso s.m. "objeto fusiforme"; cf. *fuzo*
fusô adj.2g.2n.
fusologia s.f.
fusólogo s.m.
fustão s.m.

fuste s.m.
fustigado adj.
fustigador (ô) adj. s.m.
fustigante adj.2g.
fustigar v.
fute s.m.
futebol s.m.
futeboleiro s.m.
futebolês s.m.
futebolista s.2g.
futebolístico adj.
futevôlei s.m.
fútil adj.2g.
futilidade s.f.
futrica s.f.
futricar v.
futrico s.m.
futriqueiro s.m.
futsal s.m.
futucar v.
futuração s.f.
futuramente adv.
futurar v.
futuridade s.f.
futurismo s.m.

futurista adj. s.2g.
futurístico adj.
futuro adj. s.m.
futurologia s.f.
futurológico adj.
futurologista adj. s.2g.
futurólogo s.m.
futuroso (ô) adj.; f. e pl.: (ó)
fuxicação s.f.
fuxicar v.
fuxico s.m.
fuxiqueiro adj. s.m.
fuzarca s.f.
fuzarqueira s.f.
fuzil s.m.
fuzilada s.f.
fuzilado adj.
fuzilamento s.m.
fuzilante adj.2g.
fuzilar v.
fuzilaria s.f.
fuzileiro s.m.
fuzo s.m. "festa popular"; cf. *fuso*
fuzuê s.m.

G g

g s.m.
gabação s.f.
gabado adj.
gabador (ô) adj. s.m.
gabar v.
gabardina s.f.
gabardine s.f.
gabaritado adj.
gabaritar v.
gabarito s.m.
gabarola adj.2g.
gabarolas adj. s.2g.2n.
gabarolice s.f.
gabarra s.f.
gabarro s.m.
gabião s.m.
gabinete (ê) s.m.
gabiroba s.f.
gabirobeira s.f.
gabiru adj. s.m.
gabo s.m.
gabola adj. s.2g.
gabolento adj.
gabolice s.f.
gabonense adj. s.2g.
gacheiro adj.
gadama s.f.
gadame s.m.
gadanhar v.
gadanho s.m.
gadão s.m.
gadaria s.f.
gadario s.m.
gadelha s.f.
gadelhudo adj. s.m.
gado s.m.
gadolíneo s.m.
gadunhar v.
gaélico adj. s.m.
gafanhotada s.f.
gafanhoto (ô) s.m.
gafar v. s.m.
gafaria s.f.
gafe s.f.
gafeira s.f.
gafeirento adj.
gafento adj.
gafieira s.f.
gafo adj. s.m.
gaforina s.f.
gaforinha s.f.
gagá adj. s.2g.
gagino s.m.
gago adj. s.m.
gagueira s.f.
gaguejado adj.
gaguejante adj.2g.
gaguejar v.
gaguejo (ê) s.m.
gaguice s.f.
gaiatada s.f.
gaiatice s.f.
gaiato adj. s.m.
gaio adj. s.m.
gaiola s.f.
gaiolão s.m.
gaiolo (ó) adj. s.m.
gaiota s.f.
gaita s.f.
gaitaço s.m.
gaitada s.f.
gaita de boca s.f.
gaita de foles s.f.
gaiteira s.f.
gaiteiro adj.
gaitista s.2g.
gaitita s.f.
gaiva s.f.
gaivagem s.f.
gaivar v.
gaivel s.m.
gaivota s.f.
gaivotão s.m.
gajão s.m.
gajeiro s.m.
gajo s.m.
gala s.f.
galã s.m.
galáctico adj.
galactose s.f.
galado adj.
galadura s.f.
gala-gala s.f.; pl.: *gala-galas*
galaico adj.
galaico-lusitano adj. s.m.; pl.: *galaico-lusitanos*
galaico-português adj. s.m.; pl.: *galaico-portugueses*
galalau s.m.
galalite s.f.
galantaria s.f.
galante adj. s.2g.
galanteador (ô) adj. s.m.
galantear v.
galanteio s.m.
galantemente adv.
galanteria s.f.
galanteza (ê) s.f.
galantina s.f.
galão s.m.
galar v.
galardão s.m.
galardoado adj.
galardoar v.
galato s.m.
galáxia (cs) s.f.
gálbano s.m.
galé s.f.
galeado adj.
galeão s.m.
galegada s.f.
galego (ê) adj. s.m.
galeguinho s.m.
galeguismo s.m.
galeiforme adj.2g.
galeio s.m.
galena s.f.
galênico adj.
galenismo s.m.
galenista adj. s.2g.
galeno s.m.
galeota s.f.
galera s.f.
galeria s.f.
galerista adj. s.2g.
galês adj. s.m.
galeteria s.f.
galeto (ê) s.m.
galgar v.
galgo adj. s.m.
galha s.f.
galhaça s.f.
galhada s.f.
galharada s.f.
galhardamente adv.
galhardear v.
galhardete (ê) s.m.
galhardia s.f.
galhardo adj.
galharia s.f.
galheiro s.m.
galheta (ê) s.f.
galheteiro s.m.
galho s.m.
galhofa s.f.
galhofada s.f.
galhofar v.
galhofeiro adj. s.m.
galhofoso (ô) adj.; f. e pl.: (ó)
galhoso (ô) adj.; f. e pl.: (ó)
galhudo adj. s.m.
galicanismo s.m.
galicano adj. s.m.
galicismo s.m.
gálico adj. s.m.

galiforme | 168 | garganta-de-ferro

galiforme adj. s.2g.
galilé s.f.
galileano adj.
galileia (ê) s.f. de *galileu*
galileico (ê) adj.
galileísmo s.m.
galileu adj. s.m.; fem.: *galileia* (ê)
galimatias s.m.2n.
galináceo adj. s.m.
galinha s.f.
galinhaça s.f.
galinha-choca s.f.; pl.:
 galinhas-chocas
galinhada s.f.
galinha-d'angola s.f.; pl.:
 galinhas-d'angola
galinhagem s.f.
galinha-morta s.2g.; pl.:
 galinhas-mortas
galinhar v.
galinha-verde s.2g.; pl.:
 galinhas-verdes
galinheiro s.m.
galinho s.m.
galinho-da-serra s.m.; pl.:
 galinhos-da-serra
galinhola s.f.
galinicultor (ô) s.m.
galinicultura s.f.
gálio s.m.
galiqueira s.f.
galispo s.m.
galista adj. s.2g.
galo s.m.
galo-branco s.m.; pl.: *galos--brancos*
galocha s.f.
galo-da-serra s.m.; pl.: *galos--da-serra*
galo das trevas s.m.
galo-de-campina s.m.; pl.:
 galos-de-campina
galoneira s.f.
galopada s.f.
galopado adj.
galopador (ô) adj. s.m.
galopante adj.2g. s.m.
galopar v.
galope s.m.
galopeira s.f.
galopim s.m.
galopito s.m.
galpão s.m.
galponear v.
galponeiro adj.
galvânico adj.
galvanismo s.m.
galvanização s.f.
galvanizado adj. s.m.
galvanizador (ô) adj. s.m.
galvanizante adj.2g.
galvanizar v.
galvanogravura s.f.
galvanômetro s.m.

galvanoníquel s.m.
galvanoplasta s.2g.
galvanoplastia s.f.
galvanoplástica s.f.
galvanoplástico adj.
gama s.m. s.f.
gamação s.f.
gamado adj.
gamaglobulina s.f.
gamão s.m.
gamar v.
gamba s.f.
gambá s.m.f.
gambarra s.f.
gambérria s.f.
gambeta (ê) s.f.
gâmbia s.f.
gambiarra s.f.
gambista s.2g.
gambito s.m.
gamboa (ô) s.f.
gamela s.f.
gamelão s.m.
gameleira s.f.
gamenho adj. s.m.
gameta (ê) s.m.
gametângio s.m.
gamético adj.
gametócito s.m.
gametófito s.m.
gamo s.m.
gana s.f.
ganância s.f.
ganancioso (ô) adj. s.m.; f. e pl.: (ó)
gancho s.m.
ganchoso (ô) adj.; f. e pl.: (ó)
ganchudo adj.
gandaia s.f.
gandaiar v.
gandaíce s.f.
gandhiano adj.
gandola s.f.
gandu s.m.
gandula s.2g.
gandulo adj. s.m.
ganense adj.2g.
ganês adj. s.m.
ganga s.f.
gangético adj.
gânglio s.m.
ganglioma s.m.
ganglionar v. adj.2g.
ganglionite s.f.
gangorra (ô) s.f.
gangorrar v.
gangosa s.f.
gangrena s.f.
gangrenado adj.
gangrenar v.
gangrenoso (ô) adj.; f. e pl.: (ó)
gângster adj. s.2g.; pl.:
 gângsteres

gangsterismo s.m.
gangue s.f.
ganhador (ô) adj. s.m.
ganhão s.m.
ganha-pão s.m.; pl.: *ganha--pães*
ganhar v.
ganho adj. s.m.
ganiçar v.
ganido s.m.
ganir v.
ganja s.f.
ganjento adj.
ganoide (ô) adj.2g. s.m.
ganso s.m.
ganzá s.m.
ganzepe s.m.
gaponga s.f.
gapuiar v.
garagem s.f.
garagista s.2g. s.m.
garanhão s.m.
garante s.2g.
garantia s.f.
garantidamente adv.
garantido adj.
garantidor (ô) adj. s.m.
garantir v.
garapa s.f.
garapada s.f.
garapeira s.f.
garapeiro s.m.
garateia (ê) s.f.
garatuja s.f.
garatujado s.m.
garatujar v.
garbo s.m.
garbosamente adv.
garbosidade s.f.
garboso (ô) adj.; f. e pl.: (ó)
garça s.f.
garção s.m.
garço adj.
garçom s.m.
garçonete s.f.
gardeliano adj. s.m.
gardênia s.f.
gare s.f.
garfada s.f.
garfado adj. s.m.
garfagem s.f.
garfar v.
garfo s.m.
gargalhada s.f.
gargalhante adj.2g.
gargalhar v.
gargalheira s.f.
gargalho s.m.
gargalhoso (ô) adj.; f. e pl.: (ó)
gargalo s.m.
garganta s.f.
garganta-de-ferro s.f.; pl.:
 gargantas-de-ferro

gargantão | 169 | **gato com botas**

gargantão adj. s.m.; pl.:
    gargantões
garganteado s.m.
garganteador (ô) adj. s.m.
gargantear v.
garganteio s.m.
gargantilha s.f.
gargarejar v.
gargarejo (ê) s.m.
gárgula s.f.
gari s.2g.
garibaldense adj. s.2g.
garibaldino adj. s.m.
garimpado adj.
garimpador (ô) s.m.
garimpagem s.f.
garimpar v.
garimpável adj.2g.
garimpeirada s.f.
garimpeiro s.m.
garimpo s.m.
garlopa s.f.
garnacha s.f.
garnisé adj.2g. s.m.
garoa (ô) s.f.
garoar v.
garoento adj.
garota (ô) s.f.
garotada s.f.
garotagem s.f.
garotão s.m.; fem.: garotona
garota-propaganda s.f.; pl.:
    garotas-propaganda e garotas-
    -propagandas
garotice s.f.
garoto (ô) adj. s.m.
garotona s.f. de garotão
garoto-propaganda s.m.; pl.:
    garotos-propaganda e garotos-
    -propagandas
garotote s.m.
garoupa s.f.
garoupeira s.f.
garoupinha s.f.
garra s.f.
garrafa s.f.
garrafada s.f.
garrafal adj.2g.
garrafão s.m.
garrafaria s.f.
garrafeira s.f.
garrafeiro s.m.
garraio adj. s.m.
garrancheira s.f.
garranchento adj.
garrancho s.m.
garranchoso (ô) adj.; f. e
    pl.: (ó)
garrão s.m.
garrar v.
garreado adj.
garrettiano adj.
garriça s.f.
garricha s.f.

garridice s.f.
garrido adj.
garrincha s.f.
garrote s.m.
garroteamento s.m.
garrotear v.
garrotilho s.m.
garrucha s.f.
garrular v.
garrulice s.f.
gárrulo adj. s.m.
garupa s.f.
garupada s.f.
garupeira s.f.
garupeiro s.m.
gás s.m.
gascã s.f. de gascão
gascão adj. s.m.; fem.: gascã,
    gascona
gascona s.f. de gascão
gaseificação s.f.
gaseificado adj.
gaseificar v.
gaseificável adj.2g.
gases s.m.pl.
gasganete (ê) s.m.
gasificação s.f.
gasificado adj.
gasificador (ô) adj. s.m.
gasificar v.
gasista s.2g.
gasnate s.m.
gasnete (ê) s.m.
gasoduto s.m.
gasogênio s.m.
gasóleo s.m.
gasolina s.f.
gasometria s.f.
gasométrico adj.
gasômetro s.m.
gasosa s.f.
gasoso (ô) adj.; f. e pl.: (ó)
gasoterapia s.f.
gaspa s.f.
gaspacho s.m.
gasparinho s.m.
gáspea s.f.
gaspeador (ô) adj. s.m.
gaspear v.
gastadeira s.f.
gastado adj.
gastador (ô) adj. s.m.
gastalho s.m.
gastança s.f.
gastão adj. s.m.; fem.: gastona
gastar v.
gastável adj.2g.
gastona s.f. de gastão
gastralgia s.f.
gastrectomia s.f.
gastrentérico adj.
gastrenterite s.f.
gastrenterocolite s.f.
gastrenterologia s.f.

gastrenterológico adj.
gastrenterologista adj. s.2g.
gástrico adj.
gastrina s.f.
gastrintestinal adj.2g.
gastrite s.f.
gastro s.m.
gastrocirurgiã s.f. de
    gastrocirurgião
gastrocirurgião s.m.;
    fem.: gastrocirurgiã;
    pl.: gastrocirurgiões e
    gastrocirurgiães
gastroclínica s.f.
gastrocnêmio adj. s.m.
gastroduodenal adj.2g.
gastroduodenite s.f.
gastroentérico adj.
gastroenterite s.f.
gastroenterologia s.f.
gastroenterologista s.2g.
gastro-hepático adj.
gastro-hepatite s.f.
gastro-histerectomia s.f.
gastro-histeropexia (cs) s.f.
gastro-histerotomia s.f.
gastro-histerotômico adj.
gastrointestinal adj.2g.
gastrojejunal adj.2g.
gastronomia s.f.
gastronomicamente adv.
gastronômico adj.
gastrônomo s.m.
gastrópode s.m.
gastroscopia s.f.
gastroscópico adj.
gastroscópio s.m.
gastrostomia s.f.
gastrostômico adj.
gástrula s.f.
gastrulação s.f.
gastura s.f.
gata s.f.
gatafunhar v.
gatafunho s.m.
gatão adj. s.m.; fem.: gatona
gata-parida s.f.; pl.: gatas-
    -paridas
gataria s.f.
gatázio s.m.
gateado adj. s.m.
gatear v.
gateira s.f.
gateiro adj. s.m.
gatil s.m.
gatilho s.m.
gatimanha s.f.
gatimanho s.m.
gatimônia s.f.
gatinha s.f.
gatinhar v.
gatinhas s.m.pl.
gato s.m.
gato com botas s.m.

gato de botas s.m.
gato-do-mato s.m.; pl.: gatos-
    -do-mato
gatofobia s.f.
gatona s.f. de gatão
gato-pingado s.m.; pl.: gatos-
    -pingados
gato-sapato s.m.; pl.: gatos-
    -sapatos
gatunagem s.f.
gatunar v.
gatunha s.f.
gatunhar v.
gatunice s.f.
gatunismo s.m.
gatuno adj. s.m.
gaturamo s.m.
gauchada s.f.
gauchagem s.f.
gauchão adj. s.m.; fem.:
    gauchona
gauchar v.
gaucharia s.f.
gauchesco (ê) adj.
gauchismo s.m.
gaúcho adj. s.m.
gauchona s.f. de gauchão
gaudério adj. s.m.
gáudio s.m.
gaudioso (ó) adj.; f. e pl. (ó)
gaulês adj. s.m.
gaullismo (go) s.m.
gaullista (go) adj. s.2g.
gauss s.m.2n.
gaussiano adj.
gaussimétrico adj.
gávea s.f.
gavela s.f.
gaveta (ê) s.f.
gavetão s.m.
gaveteiro adj. s.m.
gavial s.m.
gavião s.m.
gavião-carcará s.m.; pl.:
    gaviões-carcará e gaviões-
    -carcarás
gavião-de-penacho s.m.; pl.:
    gaviões-de-penacho
gavião-de-queimada s.m.;
    pl.: gaviões-de-queimada
gavião-pinhé s.m.; pl.: gaviões-
    -pinhé
gaviãozinho s.m.; pl.:
    gaviõezinhos
gavinha s.m.
gavinhoso (ó) adj.; f. e pl. (ó)
gaviniforme adj.2g.
gaviola s.f.
gavionice s.f.
gaxeta (ê) s.f.
gaxirama s.f.
gaze s.f.
gazeador (ó) adj. s.m.
gazear v.

gazeio s.m.
gazela s.f.
gázeo adj. s.m.
gazeta (ê) s.f.
gazetear v.
gazeteiro adj. s.m.
gazetismo s.m.
gazetista s.2g.
gazo adj. s.m.
gazofilácio s.m.
gazopado adj.
gazua s.f.
gê s.m.
geada s.f.
geado adj.
gear v.
gêiser s.m.
gel s.m.; pl.: géis e geles
gelada s.f.
geladeira s.f.
geladinha s.f.
gelado adj. s.m.
gelar v.
gelatina s.f.
gelatiniforme adj.2g.
gelatinizar v.
gelatinoso (ô) adj.; f. e pl.: (ó)
geleia (ê) s.f.
geleira s.f.
geleiro s.m.
gelha (ê) s.f.
gelidamente adv.
gelidez (ê) s.f.
gélido adj.
gelificação s.f.
gelo (ê) adj.2g.2n. s.m.
gelo-baiano s.m.; pl.: gelos-
    -baianos
gelo-seco s.m.; pl.: gelos-secos
gelosia s.f.
gema s.f.
gemação s.f.
gemada s.f.
gemado adj.
gemebundo adj.
gemedeira s.f.
gemedor (ô) adj. s.m.
gemelar adj.2g.
gemente adj.2g.
gêmeo adj. s.m.
gêmeos s.m.pl.
gemer v.
gemido adj. s.m.
gemífero adj.
geminação s.f.
geminado adj.
geminiano adj. s.m.
geminifloro adj.
gemologia s.f.
gemológico adj.
gemólogo adj. s.m.
gêmula s.f.
gemulação s.f.
genciana s.f.

gendarmaria s.f.
gendarme s.m.
gene s.m.
genealogia s.f.
genealogicamente adv.
genealógico adj.
genealogismo s.m.
genealogista s.2g.
genebra s.f.
genebrada s.f.
genebrês adj. s.m.
genebrino adj. s.m.
general adj.2g. s.m.
generalato s.m.
general de brigada s.m.
general de divisão s.m.
general de exército s.m.
generalidade s.f.
generalidades s.f.pl.
generalíssimo adj. s.m.
generalista adj. s.2g.
generalização s.f.
generalizadamente adv.
generalizado adj.
generalizador (ô) adj. s.m.
generalizante adj.2g.
generalizar v.
generalizável adj.2g.
generativo adj.
generatriz adj. s.f.
genericamente adv.
genérico adj. s.m.
gênero s.m.
gêneros s.m.pl.
generosamente adv.
generosidade s.f.
generoso (ô) adj. s.m.; f. e
    pl.: (ó)
gênese s.f.
genesíaco adj.
genésico adj.
gênesis s.m.
genética s.f.
geneticamente adv.
geneticista s.2g.
genético adj.
gengibirra s.f.
gengibre s.m.
gengibre-de-dourar s.m.; pl.:
    gengibres-de-dourar
gengiva s.f.
gengival adj.2g.
gengivite s.f.
genial adj.2g.
genialidade s.f.
genialmente adv.
gênico adj.
geniculado adj.
gênio s.m.
genioso (ó) adj.; f. e pl.: (ó)
genitais s.m.pl.
genital adj.2g.
genitália s.f.
genitivo s.m.

gênito adj.
genitor (ó) s.m.
genitora (ó) s.f.
genitura s.f.
geniturinário adj.
genocida adj. s.2g.
genocídio s.m.
genoma s.m.
genômica s.f.
genômico adj.
genotipicamente adv.
genótipo s.m.
genotóxico (cs) adj.
genovês adj. s.m.
genro s.m.
gentalha s.f.
gentama s.f.
gentamicina s.f.
gentarada s.f.
gentaria s.f.
gente s.f.
gentil adj.2g.
gentileza (ê) s.f.
gentil-homem s.m.; pl.: gentis--homens
gentílico adj. s.m.
gentilidade s.f.
gentílimo adj.
gentilmente adv.
gentinha s.f.
gentio s.m.
genuense adj. s.2g.
genuês adj. s.m.
genuflectir v.
genuflexão (cs) s.f.
genuflexo (cs) adj.
genuflexório (cs) s.m.
genuinamente adv.
genuinidade s.f.
genuíno adj.
genupeitoral adj.2g.
geobiológico adj.
geobotânico adj. s.m.
geocêntrico adj.
geocentrismo s.m.
geocentrista adj.2g.
geociência s.f.
geociências s.f.pl.
geocronologia s.f.
geocronológico adj.
geocultural adj.2g.
geodésia s.f.
geodésica s.f.
geodésico adj.
geodinâmica s.f.
geodinâmico adj.
geodo (ó) s.m.
geoecologia s.f.
geoecológico adj.
geoeconomia s.f.
geoeconômico adj.
geoestacionário adj.
geoestratégico adj.
geofísica s.f.

geofísico adj. s.m.
geofítico adj.
geófito adj. s.m.
geografia s.f.
geograficamente adv.
geográfico adj.
geógrafo s.m.
geo-história s.f.
geoide (ó) s.m.
geologia s.f.
geologicamente adv.
geológico adj.
geólogo s.m.
geomagnético adj.
geomagnetismo s.m.
geomancia s.f.
geômetra s.2g.
geometria s.f.
geométrico adj.
geometrismo s.m.
geometrização s.f.
geometrizado adj.
geomorfologia s.f.
geomorfologicamente adv.
geomorfológico adj.
geomorfólogo s.m.
geonímia s.f.
geonímico adj.
geônimo s.m.
geopolítica s.f.
geopolítico adj.
geopressão s.f.
geoprocessamento s.m.
geoquímica s.f.
geoquímico adj. s.m.
georgiano adj. s.m.
geórgica s.f.
geórgico adj. s.m.
georreferência s.f.
georreferenciado adj.
georreferenciamento s.m.
georreferenciar v.
geosfera s.f.
geosférico adj.
geotecnia s.f.
geotécnica s.f.
geotécnico adj. s.m.
geotermia s.f.
geotérmico adj.
geotrópico adj.
geotropismo s.m.
geração s.f.
geracional adj.2g.
gerado adj.
gerador (ô) adj. s.m.
geradora (ô) s.f.
gerais s.f.pl.
geral adj.2g. s.m. s.f.
geraldino s.m.
geralista s.2g.
geralmente adv.
gerânio s.m.
gerar v.
gerativismo s.m.

gerativista adj. s.2g.
gerativo adj.
geratriz adj.2g. s.f.
gérbera s.f.
gerência s.f.
gerenciador (ô) s.m.
gerenciadora (ô) s.f.
gerencial adj.2g.
gerenciamento s.m.
gerenciar v.
gerenciável adj.2g.
gerente adj. s.2g.
gergelim s.m.
geriatra adj. s.2g.
geriatria s.f.
geriátrico adj.
gerido adj.
geringonça s.f.
gerir v.
germânico adj. s.m.
germânio s.m.
germanismo s.m.
germanista adj. s.2g.
germanística s.f.
germanização s.f.
germanizar v.
germano adj. s.m.
germanofilia s.f.
germanófilo adj. s.m.
germano-português adj. s.m.; pl.: germano-portugueses
germe s.m.
gérmen s.m.
germicida adj.2g. s.m.
germinação s.f.
germinado adj.
germinador (ô) adj. s.m.
germinal adj.2g. s.m.
germinante adj.2g.
germinar v.
germinativo adj.
geronte s.m.
gerontocracia s.f.
gerontocrático adj.
gerontologia s.f.
gerontológico adj.
gerontologista adj. s.2g.
gerontólogo s.m.
gerundial adj.2g.
gerúndio s.m.
gerundismo s.m.
gerundivo s.m.
gerúsia s.f.
gervão s.m.
gessado adj.
gesseiro s.m.
gesso (ê) s.m.
gesta s.f.
gestação s.f.
gestacional adj.2g.
gestado adj.
gestaltiano (gues) adj.
gestáltico (gues) adj.
gestaltismo (gues) s.m.

gestante | 172 | globalizado

gestante adj.2g. s.f.
gestão s.f.
gestar v.
gestatório adj.
gesticulação s.f.
gesticulado adj.
gesticulador (ô) adj. s.m.
gesticulante adj.2g.
gesticular v.
gesto s.m.
gestor (ô) s.m.
gestual adj.2g. s.m.
gestualidade s.f.
gestualização s.f.
getuliano adj.
getulismo s.m.
getulista adj. s.2g.
giárdia s.f.
giardíase s.f.
giardicida adj. s.m.
giba s.f.
gibão s.m.
gibão-de-couro s.m.; pl.: *gibões-de-couro*
gibelino s.m.
giberélico adj.
giberelina s.f.
gibi s.m.
gibiteca s.f.
gibizada s.f.
gibosidade s.f.
giboso (ô) adj. s.m.; f. e pl.: (ó)
giclagem s.f.
giclê s.m.
giesta s.f.
gigabaite s.m.
gigabite s.m.
gigaciclo s.m.
giga-hertz s.m.2n.
gigante adj. s.2g.
gigantescamente adv.
gigantesco (ê) adj.
gigantismo s.m.
gigantócito s.m.
gigoga s.f.
gigolô s.m.
gigolotagem s.f.
gilete s.f.
gilvaz s.m.
gim s.m.
gimnosperma s.f.
gim-tônica s.f.; pl.: *gins-tônicas*
ginasial adj.2g. s.m.
ginasiano adj. s.m.
ginásio s.m.
ginasta s.2g.
ginástica s.f.
ginástico adj.
gincana s.f.
gineceu s.m.
ginecologia s.f.
ginecológico adj.
ginecologista s.2g.
ginecólogo s.m.

ginecomastia s.f.
ginetaço s.m.
ginetado adj.
ginete (ê) adj. s.m.
gineteada s.f.
ginetear v.
ginga s.f.
gingada s.f.
gingado adj. s.m.
gingador (ô) s.m.
gingante adj.2g.
gingão adj. s.m.; fem.: *gingona*
gingar v.
gingo s.m.
gingona s.f. de *gingão*
ginja s.f. s.2g.
ginjeira s.f.
gipsita s.f.
gipsófila s.f.
gir adj.2g. s.m.
gira adj. s.2g. s.f.
giração s.f.
girada s.f.
girado adj.
girador (ô) adj. s.m.
girafa s.f.
gira-gira s.m.; pl.: *gira-giras* e *giras-giras*
gira-mundo s.m.; pl.: *gira-mundos*
girândola s.f.
girante adj.2g.
girar v.
girassol s.m.
giratória s.f.
giratório adj.
gíria s.f.
girino s.m.
gírio adj.
giro s.m.
gironda s.f.
girondino adj. s.m.
giroscópico adj.
giroscópio s.m.
gitano adj. s.m.
giz s.m.
gizado adj.
gizamento s.m.
gizar v.
glabro adj.
glaçado adj.
glaçar v.
glacê adj.2g. s.m.
glace s.f.
glaceado adj.
glacear v.
glaciação s.f.
glacial adj.2g.
glacialmente adv.
glaciar s.m.
glaciário adj.
glaciologia s.f.
glaciológico adj.
glaciologista s.2g.

gladiador (ô) s.m.
gladiar v.
gládio s.m.
gladíolo s.m.
glamorização s.f.
glamorizado adj.
glamorizante adj.2g.
glamorizar v.
glamorosamente adv.
glamoroso (ô) adj.; f. e pl.: (ó)
glande s.f.
glândula s.f.
glandular adj.2g.
glandulífero adj.
glanduliforme adj.2g.
glanduloso (ô) adj.; f. e pl.: (ó)
glauberiano adj.
glauco adj.
glaucoma s.m.
glaucomatógeno adj.
glaucomatoso (ô) adj.; f. e pl.: (ó)
gleba s.f.
glebal adj.2g.
glebista s.2g.
glial adj.2g.
glicato s.m.
glicemia s.f.
glicêmico adj.
glicerina s.f.
glicerinado adj.
glicerol s.m.
glícide s.m.
glicídico adj.
glicídio s.m.
glicina s.f.
glicinina s.f.
glicogênico adj.
glicogênio s.m.
glicogenólise s.f.
glicol s.m.
glicólico adj.
glicólise s.f.
glicoproteína s.f.
glicoproteínico adj.
glicorreceptor (ô) adj. s.m.
glicosado adj.
glicosamina s.f.
glicosaminoglicano s.m.
glicose s.f.
glicosídeo adj. s.m.
glicosímetro s.m.
glicosúria s.f.
glicurônico adj.
glifo s.m.
gliptodonte s.m.
glissando s.m.
global adj.2g.
globalidade s.f.
globalismo s.m.
globalista s.2g.
globalístico adj.
globalização s.f.
globalizado adj.

globalizador (ô) adj. s.m.
globalizante adj.2g.
globalizar v.
globalmente adv.
globina s.f.
globo (ó) s.m.
globoso (ô) adj.; f. e pl. (ó)
globular adj.2g.
globulina s.f.
glóbulo s.m.
glomerular adj.2g.
glomérulo s.m.
glomerulonefrite s.f.
glória s.f.
gloriar v.
glorificação s.f.
glorificado adj.
glorificador (ô) adj. s.m.
glorificante adj.2g.
glorificar v.
glorificativo adj.
glorificável adj.2g.
gloríola s.f.
gloriosamente adv.
glorioso (ó) adj.; f. e pl.: (ó)
glosa s.f.
glosador (ô) s.m.
glosar v.
glossário s.m.
glossemática s.f.
glossemático adj.
glóssico adj.
glossite s.f.
glossofaríngeo adj.
glossolalia s.f.
glossolálico adj.
glotal adj.2g.
glotalizado adj.
glotalizar v.
glote s.f.
glotiar v.
glótico adj.
glotocronologia s.f.
glotocronológico adj.
glotologia s.f.
glotológico adj.
glotologista s.2g.
glotólogo s.m.
glucose s.f.
glu-glu s.m.; pl.: *glu-glus*
gluma s.f.
glutamato s.m.
glutâmico adj.
glutamina s.f.
glutão adj. s.m.; fem.: *glutona*
glutarimida s.f.
glutatião s.m.
glutationa s.f.
glúten s.m.
glúteo adj. s.m.
glutona s.f. de *glutão*
glutonaria s.f.
glutoneria s.f.
glutonia s.f.

glutônico adj.
gnômico adj.
gnomo s.m.
gnômon s.m.
gnômone s.m.
gnose s.f.
gnoseologia s.f.
gnoseológico adj.
gnosticismo s.m.
gnóstico adj. s.m.
gnu s.m.
gobelim s.m.
gobelino adj. s.m.
godardiano adj.
godê adj.2g. s.m.
godo (ó) adj. s.m.
godó s.m.
goela s.f.
goela-de-lobo s.f.; pl.: *goelas-de-lobo*
goela de pato s.f.
goeldiano (gue) adj.
goethiano (gue) adj.
gogo (ó) s.m.
gogó s.m.
gogoliano adj.
gogozeiro s.m.
goguento adj.
goiaba s.f.
goiabada s.f.
goiabeira s.f.
goiano adj. s.m.
goitacás adj. s.2g.
goiva s.f.
goiveiro s.m.
gol (ó) s.m.; pl.: *gols*
gola s.f.
golaço s.m.
golada s.f.
gole s.m.
goleada s.f.
goleado adj.
goleador (ô) adj. s.m.
golear v.
goleiro s.m.
golfada s.f.
golfão s.m.
golfar v.
golfe (ó) s.m.; cf. *golfe*, fl. do v. *golfar*
golfinho s.m.
golfinho-branco s.m.; pl.: *golfinhos-brancos*
golfista adj. s.2g.
golfo (ó) s.m.; cf. *golfo*, fl. do v. *golfar*
golgiano adj.
goliardo adj. s.m.
golilha s.f.
golo s.m.
golpe s.m.
golpeado adj. s.m.
golpear v.
golpismo s.m.

golpista adj. s.2g.
goma s.f.
goma-arábica s.f.; pl.: *gomas-arábicas*
gomado adj.
gomagem s.f.
goma-laca s.f.; pl.: *gomas-laca* e *gomas-lacas*
gomalina s.f.
gomalinado adj.
gomar v.
gomeira s.f.
gomenol s.m.
gomenolado adj.
gomil s.m.
gomo s.m.
gomoso (ô) adj.; f. e pl. (ó)
gônada s.f.
gonadotrófico adj.
gonadotropina s.f.
gôndola s.f.
gondoleiro s.m.
gongá s.m.
gongar v.
gongo s.m.
gongolô s.m.
gongórico adj.
gongorino adj.
gongorismo s.m.
gongorizante adj.2g.
goniômetro s.m.
gonioscopia s.f.
gonioscópio s.m.
goniotomia s.f.
gonocócico adj.
gonococo s.m.
gonorreia (é) s.f.
gonorreico (é) adj.
gonzo s.m.
gorado adj.
gorar v.
gordaço adj.
gordalhão s.m.; fem.: *gordalhona*
gordalhona s.f. de *gordalhão*
gordalhufo adj.
gordão adj. s.m.; fem.: *gordona*
gordinho adj. s. m.
gordo (ó) adj. s.m.
gordona adj. s.f. de *gordão*
gordote adj.
gorducho adj. s.m.
gordura s.f.
gordurento adj.
gorduroso (ô) adj.; f. e pl.: (ó)
gorgolão s.m.
gorgolar v.
gorgolejante adj.2g.
gorgolejar v.
gorgolejo (ê) s.m.
gorgomilo s.m.
górgona s.f.
gorgonzola s.m.
gorgorão s.m.

gorgulho s.m.
gorila s.m.
gorjeado adj. s.m.
gorjeador (ô) adj. s.m.
gorjear v.
gorjeio s.m.
gorjeta (ê) s.f.
gorkiano adj.
goro (ó) adj.
goró s.m.
gororoba s.f.
gorro (ô) s.m.
gosma s.f.
gosmado adj. s.m.
gosmar v.
gosmento adj.
gostador (ô) adj.
gostar v.
gostável adj.2g.
gosto (ô) s.m.; cf. *gosto*, fl. do v. *gostar*
gostosamente adv.
gostosão adj. s.m.; fem.: *gostosona*
gostoso (ô) adj.; f. e pl.: (ó)
gostosona adj. s.f. de *gostosão*
gostosura s.f.
gostura s.f.
gota (ô) s.f.
gota-d'água s.f.; pl.: *gotas-d'água*
gota-serena s.f.; pl.: *gotas-serenas*
goteira s.f.
gotejado adj.
gotejador (ô) adj. s.m.
gotejamento s.m.
gotejante adj.2g.
gotejar v.
gotejo (ê) s.m.
gótico adj. s.m.
gotícula s.f.
goto (ô) s.m.
gotoso (ô) adj. s.m.; f. e pl.: (ó)
governabilidade s.f.
governado adj. s.m.
governador (ô) adj. s.m.
governadora (ô) s.f.
governador-geral s.m.; pl.: *governadores-gerais*
governadoria s.f.
governamental adj.2g.
governança s.f.
governanta s.f.
governante adj. s.2g.
governar v.
governativo adj.
governável adj.2g.
governicho s.m.
governículo s.m.
governismo s.m.
governista adj. s.2g.
governo (ê) s.m.; cf. *governo*, fl. do v. *governar*

governo-geral s.m.; pl.: *governos-gerais*
gozação s.f.
gozada s.f.
gozado adj.
gozador (ô) adj. s.m.
gozar v.
gozável adj.2g.
gozo (ô) adj. s.m.; cf. *gozo*, fl. do v. *gozar*
gozoso (ô) adj.; f. e pl.: (ó)
grabato s.m.
graça s.f.; cf. *grassa*, fl. do v. *grassar*
gracejador (ô) adj. s.m.
gracejar v.
gracejo (ê) s.m.
grácil adj.2g.
gracilidade s.f.
gracinha s.f.
graciosa s.f.
graciosamente adv.
graciosidade s.f.
gracioso (ô) adj.; f. e pl.: (ó)
gracitar v.
graçola s.f.
grã-cruz s.f. s.2g.; pl.: *grã-cruzes*
gradação s.f.
gradador (ô) s.m.
gradagem s.f.
gradar v.
gradativamente adv.
gradatividade s.f.
gradativo adj.
grade s.f.
gradeação s.f.
gradeado adj. s.m.
gradeamento s.m.
gradear v.
gradiente s.m.
gradil s.m.
grado adj. s.m.
graduação s.f.
graduado adj. s.m.
graduador (ô) adj. s.m.
gradual adj.2g.
gradualidade s.f.
gradualismo s.m.
gradualista adj.2g.
gradualmente adv.
graduando s.m.
graduar v.
graduável adj.2g.
grã-ducado s.m.; pl.: *grã-ducados*
grã-duque s.m.; pl.: *grã-duques*
grafado adj.
grafar v.
grafema s.m.
grafia s.f.
gráfica s.f.
graficamente adv.
gráfico adj. s.m.

grã-finagem s.f.; pl.: *grã-finagens*
grã-finismo s.m.; pl.: *grã-finismos*
grã-fino adj. s.m.; pl.: *grã-finos*
grafismo s.m.
grafista adj. s.2g.
grafita s.f.
grafitação s.f.
grafitado adj.
grafitagem s.f.
grafitar v.
grafite s.m. s.f.
grafiteiro s.m.
grafitista s.2g.
grafito s.m.
grafologia s.f.
grafológico adj.
grafologista s.2g.
grafólogo s.m.
grafometria s.f.
grafoscopia s.f.
grafotecnia s.f.
grafotécnico adj.
grafoterapeuta s.2g.
grafoterapia s.f.
grainha s.f.
gralha s.f.
grama s.m. s.f.
gramado adj. s.m.
gramática s.f.
gramatical adj.2g.
gramaticalidade s.f.
gramaticalização s.f.
gramaticalizado adj.
gramaticalizar v.
gramaticalmente adv.
gramaticão s.m.
gramático s.m.
gramatiqueiro s.m.
gramatiquice s.f.
gramear v.
gramínea s.f.
gram-negativo adj.; pl.: *gram-negativos*
gramofone s.m.
grampeação s.f.
grampeado adj.
grampeador (ô) adj. s.m.
grampeadora (ô) s.f.
grampeagem s.f.
grampeamento s.m.
grampear v.
grampo s.m.
gram-positivo adj.; pl.: *gram-positivos*
gramsciano (*gramichiano*) adj.
grana s.f.
granada s.f.
granadeira s.f.
granadeiro s.m.
granadense adj. s.2g.
granadilha s.f.
granadino adj. s.m.

granalha s.f.
granar v.
granatífero adj.
grandalhão adj. s.m.; fem.: *grandalhona*
grandalhona s.f. de *grandalhão*
grandão adj.; fem.: *grandona*
grande adj. s.2g.
grande-angular s.f.; pl.: *grandes-angulares*
grandemente adv.
grandeza (ê) s.f.
grandíloco adj.
grandiloquência (ü) s.f.
grandiloquente (ü) adj. s.2g.
grandíloquo adj.
grandinho adj.
grandiosidade s.f.
grandioso (ô) adj.; f. e pl.: (ó)
grandíssimo adj.
grandona adj.f. de *grandão*
grandor (ô) s.m.
granel s.m.
graneleiro adj.
granete (ê) s.m.
granfa adj. s.2g.
granfino adj. s.m.
grangazá adj. s.2g.
granítico adj.
granito s.m.
granívoro adj.
granizo s.m.
granja s.f.
granjeado adj.
granjeador (ô) adj. s.m.
granjear v.
granjeiro s.m.
granola s.f.
granulação s.f.
granulado adj. s.m.
granulador (ô) s.m.
granular adj.2g.
grânulo s.m.
granulócito s.m.
granuloma s.m.
granulometria s.f.
granulométrico adj.
granulômetro s.m.
granuloso (ô) adj.; f. e pl.: (ó)
grão s.m. adj.2g.
grão-chanceler s.m.; pl.: *grão-chanceleres*
grão de bico s.m. "pasta usada na culinária"; cf.: *grão-de-bico*
grão-de-bico s.m. "espécie de planta"; pl.: *grãos-de-bico*
grão-de-galo s.m.; pl.: *grãos-de-galo*
grão-ducado s.m.; pl.: *grão-ducados*
grão-duque s.m.; pl.: *grão-duques*

grão-mestrado s.m.; pl.: *grão-mestrados*
grão-mestre s.m.; pl.: *grão-mestres*
grão-rabino s.m.; pl.: *grão-rabinos*
grão-senhor s.m.; pl.: *grão-senhores*
grão-vizir s.m.; pl.: *grão-vizires*
grapa s.f.
grasnado s.m.
grasnador (ô) adj. s.m.
grasnante adj.2g.
grasnar v.
grasnento adj.
grasnido s.m.
grasnir v.
grasno s.m.
grassar v.
gratidão s.f.
gratificação s.f.
gratificado adj.
gratificador (ô) adj. s.m.
gratificante adj.2g.
gratificar v.
gratificável adj.2g.
gratinado adj. s.m.
gratinar v.
grátis adj.2g.2n. adv.
grato adj.
gratuidade s.f.
gratuitamente adv.
gratuito adj.
grau s.m.
grauçá s.m.
graúdo adj. s.m.
graúna s.f.
gravação s.f.
gravado adj.
gravador (ô) s.m.
gravadora (ô) s.f.
gravame s.m.
gravar v.
gravata s.f.
gravatá s.m.
gravata-borboleta s.f.; pl.: *gravatas-borboleta* e *gravatas-borboletas*
gravatazal s.m.
gravatear v.
gravateiro s.m.
gravatinha s.f.
grave adj.2g.
gravemente adv.
graveto (ê) s.m.
grávida s.f.
gravidade s.f.
gravidez (ê) s.f.
gravídico adj.
grávido adj.
gravimetria s.f.
gravimétrico adj.
graviola s.f.
gravioleira s.f.

gravitação s.f.
gravitacional adj.2g.
gravitar v.
grã-vizir s.m.; pl.: *grã-vizires*
gravoso (ô) adj.; f. e pl.: (ó)
gravura s.f.
gravurista adj. s.2g.
graxa s.f.
graxaim s.m.
graxeira s.f.
graxo adj.
grazinar v.
greco-latino adj.; pl.: *greco-latinos*
greco-romano adj.; pl.: *greco-romanos*
greda (ê) s.f.
grega (ê) s.f.
gregário adj.
gregarismo s.m.
grego (ê) adj. s.m.
gregoriano adj. s.m.
grei s.f.
grelado adj.
grelar v.
grelha s.f.
grelhado adj. s.m.
grelhar v.
grelo (ê) s.m.; cf. *grelo*, fl. do v. *grelar*
grêmio s.m.
gremista adj. s.2g.
grená adj.2g. s.m.
grenha s.f.
greta (ê) s.f.; cf. *greta*, fl. do v. *gretar*
gretado adj.
gretar v.
greve s.f.
grevismo s.m.
grevista adj. s.2g.
grifado adj.
grifar v.
grife s.f.
grifo s.m.
grilado adj.
grilador (ô) adj. s.m.
grilagem s.f.
grilar v.
grileiro s.m.
grilhão s.m.
grilheta (ê) s.f.
grilo s.m.
grima s.f.
grimpa s.f.
grimpante adj.2g.
grimpar v.
grinalda s.f.
gringo s.m.
gripado adj. s.m.
gripal adj.2g.
gripar v.
gripe s.f.
gripina s.f.

gris adj.2g. s.m.
grisalhante adj.2g.
grisalho adj.
grisê s.m.
grita s.f.
gritado adj.
gritador (ô) s.m.
gritalhão adj.; fem.: *gritalhona*
gritalhona adj. f. de *gritalhão*
gritante adj.2g.
gritantemente adv.
gritão adj. s.m.; fem.: *gritona*
gritar v.
gritaria s.f.
grito s.m.
gritona s.f. de *gritão*
groenlandês adj. s.m.
grogoló s.m.
grogue adj.2g. s.m.
gronga s.f.
grosa s.f.
grosar v.
groselha s.f.
groselheira s.f.
grosseiramente adv.
grosseirão adj. s.m.; fem.: *grosseirona*
grosseirismo s.m.
grosseiro adj. s.m.
grosseirona s.f. de *grosseirão*
grosseria s.f.
grosso (ô) adj. s.m.; f. e pl.: (ó)
grossulária s.f.
grossura s.f.
grota s.f.
grotão s.m.
groteiro s.m.
grotescamente adv.
grotesco (ê) adj. s.m.
grou s.m.
grua s.f.
grudado adj.
grudar v.
grude s.m.
grudento adj.
grueiro adj.
grugulejar v.
grulhada s.f.
grumatá s.m.
grumete (ê) s.m.
grumixama s.f.
grumixameira s.f.
grumo s.m.
grumoso (ô) adj.; f. e pl.: (ó)
gruna s.f.
grunhido s.m.
grunhidor (ô) adj. s.m.
grunhir v.
grunho s.m.
grupado adj.
grupal adj.2g.
grupamento s.m.
grupar v.
grupelho (ê) s.m.

grupiara s.f.
grupo s.m.
gruta s.f.
guabiju s.m.
guabiroba s.f.
guacamole s.m.
guache s.m. "pintura"; cf. *guaxe*
guaco s.m.
guadalupenho adj.
guadalupense adj. s.2g.
guaiaca s.f.
guáiaco s.m.
guaiacol s.m.
guaiamu s.m.
guaiamum s.m.
guaicuru s.2g. s.m.
guaipeca s.m.
guaipequedo (ê) s.m.
guaiú s.m.
guajá adj. s.2g. s.m.
guajajara adj. s.2g.
guajuvira s.f.
guamirim s.f.
guampa s.f.
guampada s.f.
guampo s.m.
guampudo adj. s.m.
guaná adj. s.2g.
guanabarino adj.
guanaco s.m.
guandu s.m.
guano s.m.
guanosina s.f.
guante s.m.
guanxuma s.f.
guapé s.m.
guapear v.
guapo adj.
guará s.m.
guaracha s.f.
guaraense adj. s.2g.
guaraiuba s.f.
guaraiuva s.f.
guaraná s.m.
guarani adj. s.2g. s.m.
guarânia s.f.
guaranizado adj.
guarantã s.m.
guarapoca s.f.
guarda s.f. s.2g.
guarda-chaves s.m.2n.
guarda-chuva s.m.; pl.: *guarda-chuvas*
guarda-civil s.f. s.2g.; pl.: *guardas-civis*
guarda-comida s.m.; pl.: *guarda-comidas*
guarda-costas s.m.2n.
guardado adj. s.m.
guardador (ô) adj. s.m.
guardados s.m.pl.
guarda-florestal s.m.; pl.: *guardas-florestais*

guarda-freios s.m.2n.
guarda-joias (ó) s.m.2n.
guarda-lama s.m.; pl.: *guarda-lamas*
guarda-livros s.m.2n.
guarda-louça s.m.; pl.: *guarda-louças*
guarda-marinha s.m.; pl.: *guardas-marinhas, guardas-marinha, guarda-marinhas*
guarda-mirim s.m.; pl.: *guardas-mirins*
guarda-mor s.m.; pl.: *guardas-mores*
guardamoria s.f.
guarda-móveis s.m.2n.
guardanapo s.m.
guarda-noturno s.m.; pl.: *guardas-noturnos*
guarda-pó s.m.; pl: *guarda-pós*
guardar v.
guarda-rede s.m.; pl.: *guarda-redes*
guarda-rodoviário s.m.; pl.: *guardas-rodoviários*
guarda-roupa s.m.; pl.: *guarda-roupas*
guarda-sexo s.m.; pl.: *guarda-sexos*
guarda-sol s.m.; pl.: *guarda-sóis*
guarda-vidas s.m.2n.
guarda-volumes s.m.2n.
guardear v.
guardiã s.f. de *guardião*
guardião s.m.; fem.: *guardiã*; pl.: *guardiães* e *guardiões*
guariba s.m.
guaribada s.f.
guaribado adj.
guaribar v.
guaricanga s.f.
guarida s.f.
guariroba s.f.
guarita s.f.
guarnecedor (ô) adj. s.m.
guarnecer v.
guarnecido adj.
guarnecimento s.m.
guarnição s.f.
guarnir v.
guarucaia s.f.
guasca s.f.
guascaço s.m.
guascada s.f.
guasquear v.
guasqueio s.m.
guatambu s.m.
guatemalteco adj. s.m.
guaxe s.m. "ave"; cf. *guache*
guaxima s.f.
guaxinim s.m.
guaxo adj. s.m.
gude s.m.

guedelha (ê) s.f.
guedelhudo adj.
gueixa s.f.
guelra s.f.
guembé s.m.
guenzo adj.
guerra s.f.
guerreador (ô) adj.
guerrear v.
guerreiro adj. s.m.
guerrilha s.f.
guerrilheiro adj. s.m.
guerrinha s.f.
guetização s.f.
guetizado s.m.
guetizar v.
gueto (ê) s.m.
guia s.f. s.2g.
guiação s.f.
guiado adj.
guiador (ô) adj.
guiagem s.f.
guianense (gùi) adj. s.2g.
guianês (gùi) adj. s.m.
guiano (gùi) adj. s.m.
guião s.m.; pl.: *guiães* e *guiões*
guiar v.
guichê s.m.
guidão s.m.
guidom s.m.

guilherme s.m.
guilhotina s.f.
guilhotinado adj.
guilhotinar v.
guimba s.f.
guinada s.f.
guinar v.
guincha s.f.
guinchado adj. s.m.
guinchamento s.m.
guinchante adj.2g.
guinchar v.
guincho s.m.
guindado adj.
guindar v.
guindaste s.m.
guindasteiro s.m.
guiné s.f.
guineano adj. s.m.
guineense adj. s.2g.
guirlanda s.f.
guisa s.f.
guisado adj. s.m.
guisar v.
guita s.f.
guitarra s.f.
guitarrada s.f.
guitarreiro adj. s.m.
guitarrista s.2g.
guizalhar v.

guizo s.m.
gula s.f.
gulodice s.f.
gulosamente adv.
guloseima s.f.
guloso (ô) adj. s.m.; f. e pl.: (ó)
gume s.m.
gunga s.m.
gungo s.m.
gungunado s.m.
gurânia s.f.
guri s.m.
guriatã s.m.
gurizote s.m.
guru s.m.
gurugumba s.f.
gurupés s.m.2n.
gurupi s.2g.
gusa s.f.
gusano s.m.
gustação s.f.
gustativo adj.
gutenberguiano adj.
gutural adj.2.g.
guturalidade s.f.
guturalização s.f.
guturalizante adj.2g.
guturalizar v.
guzerá adj. s.2g.

Hh

h s.m.
hã interj.
hábil adj.2g.
habilidade s.f.
habilidosamente adv.
habilidoso (ô) adj. s.m.; f. e pl.: (ó)
habilitação s.f.
habilitado adj. s.m.
habilitador (ô) adj. s.m.
habilitante adj. s.2g.
habilitar v.
habilitável adj.2g.
habilmente adv.
habitabilidade s.f.
habitação s.f.
habitacional adj.2g.
habitacionismo s.m.
habitacionista adj. s.2g.
habitações s.f.pl.
habitáculo s.m.
habitado adj.
habitador (ô) s.m.
habitante adj. s.2g.
habitar v.
habitável adj.2g.
habite-se s.m.2n.
hábito s.m.
habituação s.f.
habituado adj.
habitual adj. s.2g. s.m.
habitualidade s.f.
habitualismo s.m.
habituar v.
hachura s.f.
hachurado adj.
hachuramento s.m.
hachurar v.
hadji s.m.
hadoque s.m.
háfnio s.m.
hagiografia s.f.
hagiográfico adj.
hagiógrafo adj. s.m.
hagiolatria s.f.
hagiologia s.f.
hagiológico adj.
hagiológio s.m.
hagiólogo s.m.
hã-hã interj.
haicai s.m.
haitiano adj. s.m.
haliêutica s.f.
hálito s.m.
halitose s.f.
halo s.m.
halófilo adj.
halófito s.m.
halogenado adj.
halogênio s.m.
halógeno adj. s.m.
haloide (ó) s.m.
haltere s.m.
halterofilismo s.m.
halterofilista adj. s.2g.
hálux (cs) s.m.2n.
hamadríade s.f.
hamburguense adj. s.2g.
hambúrguer s.m.
hamburgueria s.f.
hamburguês adj. s.m.
hamletiano adj.
handebol s.m.
hangar s.m.
hanseático adj. s.m.
hanseniano adj. s.m.
hanseníase s.f.
hantavirose s.f.
hantavírus s.m.2n.
hápax (cs) s.m.2n.
haplobionte adj.2g.
haplodiplobionte adj.2g.
haplodiploide (ó) adj.2g.
haplodiploidia s.f.
haploide (ó) adj.2g.
haplologia s.f.
haplótipo s.m.
hapteno s.m.
haraganear v.
haragano adj.
haraquiri s.m.
haras s.m.2n.
harda s.f.
harém s.m.
haríolo s.m.
harmina s.f.
harmonia s.f.
harmônica s.f.
harmonicamente adv.
harmônico adj.
harmônio s.m.
harmoniosamente adv.
harmonioso (ó) adj.; f. e pl.: (ó)
harmonização s.f.
harmonizado adj.
harmonizador (ô) adj. s.m.
harmonizante adj.2g.
harmonizar v.
harmonizável adj.2g.
harpa s.f.
harpejo (ê) s.m.
harpia s.f.
harpicórdio s.m.
harpista s.2g.
hassídico adj. s.m.
hassidismo s.m.
hássio s.m.
haste s.f.
hasteado adj.
hasteamento s.m.
hastear v.
hastil s.m.
haurir v.
haurível adj.2g.
haussá s.m.
hausto s.m.
haustração s.f.
havaiana s.f.
havaiano adj. s.m.
havana s.m.
havaneira s.f.
havanês adj. s.m.
haver v.
haveres (ê) s.m.pl.
haxixe s.m.
hebdomadário adj. s.m.
hebetamento s.m.
hebetismo s.m.
hebraico adj. s.m.
hebraísta s.2g.
hebreia (ê) s.f. de hebreu
hebreu adj. s.m.; fem.: hebreia (ê)
hecatombe s.f.
hectare s.m.
héctica s.f.
hectograma s.m.
hectolítrico adj.
hectolitro s.m.
hectométrico adj.
hectômetro s.m.
hediondamente adv.
hediondez (ê) s.f.
hediondeza (ê) s.f.
hediondo adj.
hedônico adj.
hedonismo s.m.
hedonista adj. s.2g.
hedonístico adj.
hegelianismo s.m.
hegelianista adj. s.2g.
hegelianístico adj.
hegeliano adj. s.m.
hegemonia s.f.

hegemonicamente adv.
hegemônico adj.
hegemonismo s.m.
hegemonização s.f.
hegemonizar v.
hégira s.f.
heideggeriano (rai...gue) adj.
hein interj.
helanca s.f.
heléboro s.m.
helênico adj. s.m.
helenismo s.m.
helenista adj. s.2g.
helenístico adj.
helenização s.f.
helenizado adj.
helenizante adj. s.2g.
helenizar v.
heleno adj. s.m.
hélice s.f.
helicoidal adj.2g.
helicoide (ó) adj.2g. s.m.
helicônia s.f.
helicóptero s.m.
helicotrema s.m.
hélio s.m.
heliocarpo s.m.
heliocêntrico adj.
heliocentrismo s.m.
heliofilia s.f.
heliófilo adj.
heliófito s.m.
heliografia s.f.
heliográfico adj.
heliógrafo s.m.
heliomórfico adj.
heliomorfismo s.m.
heliosfera s.f.
helióstato s.m.
helioterapia s.f.
helioterápico adj.
heliotérmico adj.
heliotrópio s.m.
heliponto s.m.
heliporto (ô) s.m.
helmintíase s.f.
helmíntico adj.
helminto s.m.
helófito s.m.
helvética s.f.
helvético adj. s.m.
hem interj.
hemácia s.f.
hemaglutinação s.f.
hemaglutinina s.f.
hemaglutinínico adj.
hemangioma s.m.
hemartrose s.f.
hemartrótico adj.
hemastática s.f.
hematêmese s.f.
hematemético adj.
hematencefálico adj.
hematia s.f.

hemático adj.
hematina s.f.
hematínico adj.
hematita s.f.
hematócrito s.m.
hematoencefálico adj.
hematófago adj. s.m.
hematogênico adj.
hematologia s.f.
hematológico adj.
hematologista s.2g.
hematoma s.m.
hematopoese s.f.
hematopoético adj.
hematose s.f.
hematostática s.f.
hematoxilina (cs) s.f.
hematuria s.f.
hematúria s.f.
hematúrico adj. s.m.
hemeralopia s.f.
hemerófilo adj.
hemeroteca s.f.
hemicelulose s.f.
hemiciclo s.m.
hemicolectomia s.f.
hemicolo s.m.
hemicordado adj. s.m.
hemicrania s.f.
hemicrânico adj.
hemiface s.f.
hemigastrectomia s.f.
hemi-hidratado adj.
hemi-hipertrofia s.f.
hemiparesia s.f.
hemiplegia s.f.
hemiplégico adj.
hemíptero adj. s.m.
hemisférico adj.
hemisfério s.m.
hemistíquio s.m.
hemitórax s.m.2n.
hemocele s.f.
hemocentro s.m.
hemocianina s.f.
hemocisteína s.m.
hemocoagulação s.f.
hemocomponente s.m.
hemoconcentração s.f.
hemocromatose s.f.
hemocultura s.f.
hemoderivado s.m.
hemodiálise s.f.
hemodiluição s.f.
hemodinâmica s.f.
hemodinâmico adj.
hemofilia s.f.
hemofílico adj.
hemófilo s.m.
hemoglobina s.f.
hemoglobínico adj.
hemoglobulina s.f.
hemograma s.m.
hemolinfa s.f.

hemolisar v.
hemólise s.f.
hemolisina s.f.
hemolítico adj.
hemonúcleo s.m.
hemopatia s.f.
hemopoese s.f.
hemopoético adj.
hemoptise s.f.
hemoptoico (ó) adj.
hemorragia s.f.
hemorrágico adj.
hemorroida (ó) s.f.
hemorroidas (ó) s.f.pl.
hemossedimentação s.f.
hemossiderose s.f.
hemóstase s.f.
hemostasia s.f.
hemostático adj. s.m.
hemoterapia s.f.
hemoterápico adj.
hemotórax s.m.2n.
hena s.f.
hendecassílabo adj. s.m.
henê s.m.
heparina s.f.
hepatectomia s.f.
hepático adj. s.m.
hepatite s.f.
hepatobiliar adj.2g.
hepatócito s.m.
hepatoflavina s.f.
hepatomegalia s.f.
hepatopatia s.f.
hepatoprotetor (ô) adj. s.m.
hepatose s.f.
hepatotoxicidade (cs) s.f.
hepatotóxico (cs) adj.
heptacampeã s.f. de
   heptacampeão
heptacampeão s.m.; fem.:
   heptacampeã
heptágono s.m.
heptassílabo adj. s.m.
heptatlo s.m.
hera s.f. "certa planta
   trepadeira"; cf. era s.f. e fl.
   do v. ser
heraclitiano adj.
heráldica s.f.
heráldico adj.
herança s.f.
herbáceo adj.
herbanário s.m.
herbário s.m.
herbicida adj. s.m.
herbífero adj.
herbívoro adj. s.m.
herbóreo adj.
herborista adj. s.2g.
hercúleo adj.
hércules s.m.2n.
herdabilidade s.f.
herdade s.f.

herdado adj.
herdança s.f.
herdar v.
herdável adj.2g.
herdeiro s.m.
hereditariamente adv.
hereditariedade s.f.
hereditário adj.
herege adj. s.2g.
herequê s.m.
heresia s.f.
heresiarca s.2g.
herético adj. s.m.
herma s.f.
hermafrodita adj. s.2g.
hermafroditismo s.m.
hermafrodito adj. s.m.
hermeneuta s.2g.
hermenêutica s.f.
hermenêutico adj.
hermeticamente adv.
hermético adj.
hermetismo s.m.
hérnia s.f.
herniação s.f.
herniado adj.
herniário adj.
herodiano adj. s.m.
herodotiano adj.
herói s.m.
heroicamente adv.
heroicidade s.f.
heroico (ó) adj.
heroína s.f.
heroísmo s.m.
heroizar v.
herpes s.m.2n.
herpes-zóster s.m.; pl.: *herpes--zóster* e *herpes-zósteres*
herpético adj.
herpetologia s.f.
herpetológico adj.
hertz s.m.2n.
hertziano adj.
hesitação s.f.
hesitante adj.2g.
hesitantemente adv.
hesitar v. "vacilar"; cf. *exitar*
hetaira s.f.
hetera s.f.
hétero adj. s.m.
heterocíclico adj.
heteróclito adj.
heterocromatina s.f.
heterodoxia (cs) s.f.
heterodoxo (cs) adj.
heterofermentador (ô) adj.
heterofilia s.f.
heterófilo adj. s.m.
heterofonia s.f.
heterogamético adj.
heterogamia s.f.
heterogeneamente adv.
heterogeneidade s.f.

heterogêneo adj.
heteroimune adj.2g.
heteroimunidade s.f.
heteroimunizar v.
heteroinfecção s.f.
heterolécito adj. s.m.
heterólogo adj. s.m.
heteronímia s.f.
heteronímico adj.
heterônimo s.m.
heteronomia s.f.
heteronômico adj.
heterônomo adj.
heteroplasmia s.f.
heterose s.f.
heterosporia s.f.
heterossexual (cs) adj. s.2g.
heterossexualidade (cs) s.f.
heterossexualismo (cs) s.m.
heterotermo s.m.
heterotransplante s.m.
heterotrófico adj.
heterótrofo adj.
heterozigose s.f.
heterozigoto (ó) adj. s.m.
hética s.f.
heurística s.m.
heurístico adj.
hévea s.f.
hexacampeão (cs ou z) adj. s.m.
hexacampeonato (cs ou z) s.m.
hexaclorobenzeno (cs ou z) s.m.
hexaclorofeno (cs ou z) s.m.
hexagonal (cs ou z) adj.2g.
hexágono (cs ou z) s.m.
hexagrama (cs ou z) s.m.
hexa-hertz (cs ou z) s.m.
hexâmetro (cs ou z) s.m.
hexaploide (cs ou z...ó) adj.2g.
hexápode (cs ou z) adj.2g. s.m.
hexoquinase (cs ou z) s.f.
hialino adj.
hialoide (ó) adj.2g. s.f.
hialoplasma s.m.
hialuronato s.m.
hialurônico adj.
hialuronidase s.f.
hiante adj.2g.
hiatal adj.2g.
hiatização s.f.
hiatizar v.
hiato s.m.
hibernação s.f.
hibernado adj.
hibernal adj.2g.
hibernante adj. s.2g.
hibernar v.
hibisco s.m.
hibridação s.f.
hibridez (ê) s.f.

hibridismo s.m.
hibridização s.f.
hibridizado adj.
hibridizar v.
hibridizável adj.2g.
híbrido adj.
hibridoma s.m.
hicso s.m.
hidantoína s.f.
hidantoinato s.m.
hidático adj.
hidátide s.f.
hidatidose s.f.
hidatiforme adj.2g.
hidra s.f.
hidramático adj. s.m.
hidrante s.m.
hidratação s.f.
hidratado adj.
hidratante adj.2g. s.m.
hidratar v.
hidrato s.m.
hidráulica s.f.
hidraulicamente adv.
hidraulicidade s.f.
hidráulico adj.
hidravião s.m.
hidrelétrica s.f.
hidreletricidade s.f.
hidrelétrico adj.
hidreletrolítico adj.
hidreto (ê) s.m.
hídrico adj.
hidroalcoólico adj.
hidroavião s.m.
hidrocarbonado adj.
hidrocarboneto (ê) s.m.
hidrocarbônico adj.
hidrocarbono s.m.
hidrocarburado adj.
hidrocarbureto (ê) s.m.
hidrocefalia s.f.
hidrocefálico adj.
hidroclorido s.m.
hidroclorofluorcarboneto (ê) s.m.
hidroclorofluorcarbonato (ê) s.m.
hidrocor (ó) adj.
hidrocoria s.f.
hidrocórico adj.
hidrocortisona s.f.
hidrodinâmica s.f.
hidrodinâmico adj.
hidroelétrica s.f.
hidroeletricidade s.f.
hidroelétrico adj.
hidroeletrolítico adj.
hidroenergético adj.
hidrófano adj.
hidroferroviário adj.
hidrofílico adj.
hidrófilo adj.
hidrófito s.m.

hidrofobia | 182 | **hiperexposição**

hidrofobia s.f.
hidrofobicidade s.f.
hidrofóbico adj.
hidrófobo adj. s.m.
hidrofone s.m.
hidrogenação s.f.
hidrogenado adj.
hidrogenar v.
hidrogênio s.m.
hidrogerador (ô) adj. s.m.
hidroginástica s.f.
hidrografia s.f.
hidrográfico adj.
hidrógrafo s.m.
hidrograma s.m.
hidrojateamento s.m.
hidrolisação s.f.
hidrolisado adj.
hidrolisador (ô) s.m.
hidrolisante adj.2g.
hidrolisar v.
hidrólise s.f.
hidrolítico adj.
hidrologia s.f.
hidrológico adj.
hidrologista s.2g.
hidrólogo s.m.
hidromassagem s.f.
hidromecânica s.f.
hidromel s.m.
hidrometeorologia s.f.
hidrometeorológico adj.
hidrometria s.f.
hidrométrico adj.
hidrômetro s.m.
hidromineral adj.2g.
hidronavegação s.f.
hidropericárdio s.m.
hidrópico adj. s.m.
hidropisia s.f.
hidropneumático adj.
hidroponia s.f.
hidropônico adj.
hidroquinona s.f.
hidrosfera s.f.
hidrosférico adj.
hidrossalino adj.
hidrossolubilidade s.f.
hidrossolúvel adj.2g.
hidrossulfito s.m.
hidrostática s.f.
hidrostático adj.
hidroterapia s.f.
hidroterápico adj.
hidrotermal adj.2g.
hidrotérmico adj.
hidrotórax (cs) s.m.2n.
hidrotratamento s.m.
hidrovácuo s.m.
hidrovia s.f.
hidroviário adj.
hidróxido (cs) s.m.
hidroxila (cs) s.f.
hidroxilação (cs) s.f.

hidroxilado (cs) adj.
hidroxilase (cs) s.f.
hidroxiureia (cs...ê) s.f.
hidrozoário adj. s.m.
hiena s.f.
hienino adj.
hierarca s.2g.
hierarquia s.f.
hierarquicamente adv.
hierárquico adj.
hierarquização s.f.
hierarquizado adj.
hierarquizador (ô) adj.
hierarquizar v.
hierático adj.
hierofanta s.m.
hierofante s.m.
hieroglífico adj.
hieroglifo s.m.
hieróglifo s.m.
hierosolimita adj. s.2g.
hierosolimitano adj.
hifa s.f.
hífen s.m.; pl.: *hifens*
hifenação s.f.
hifenização s.f.
hifenizar v.
higidez (ê) s.f.
hígido adj.
higiene s.f.
higienicamente adv.
higiênico adj.
higienista s.2g.
higienização s.f.
higienizado adj.
higienizador (ô) adj. s.m.
higienizante adj.2g.
higienizar v.
higrófito s.m.
higrometria s.f.
higrométrico adj.
higrômetro s.m.
higroscopia s.f.
higroscopicidade s.f.
higroscópico adj.
hilariante adj.2g.
hilaridade s.f.
hilário adj.
hileia (ê) s.f.
hilo s.m.
hilota s.m.
hilozoísmo s.m.
hilozoísta adj.2g.
himalaio adj.
hímen s.m.; pl.: *himens* e
hímenes
himeneu s.m.
himenofilácea s.f.
himenóptero adj. s.m.
hinário s.m.
híndi s.m.
hindu adj. s.2g.
hinduísmo s.m.
hinduísta adj. s.2g.

hindustânico adj.
hino s.m.
hip interj.
hipálage s.f.
hiperacelerado adj.
hiperacidez (ê) s.f.
hiperácido adj.
hiperalgia s.f.
hiperalimentação s.f.
hiperapimentado adj.
hiperaquecido adj.
hiperatividade s.f.
hiperativo adj.
hiperbárico adj.
hiperbatido adj.
hipérbato s.m.
hiperbibasmo s.m.
hipérbole s.f.
hiperbolicamente adv.
hiperbólico adj.
hiperbóreo adj. s.m.
hipercalcemia s.f.
hipercalcêmico adj.
hipercalórico adj.
hipercapitalismo s.m.
hipercapitalista adj.2g.
hipercauteloso (ô) adj.; f. e
  pl.: (ó)
hiperceratose s.f.
hipercifose s.f.
hipercinesia s.f.
hipercinético adj.
hipercloridria s.f.
hipercolesterolemia s.f.
hipercompetitivo adj.
hipercomplexidade (cs) s.f.
hipercomplexo (cs) adj.
hiperconcentração s.f.
hiperconcorrência s.f.
hiperconcorrido adj.
hiperconsumismo s.m.
hiperconsumista adj. s.2g.
hipercrise s.f.
hipercrítico adj.
hipercromia s.f.
hipercrômico adj.
hiperdesemprego s.m.
hiperdesenvolvido adj.
hiperdimensionado adj.
hiperdocumentário s.m.
hiperdocumento s.m.
hiperdosagem s.f.
hiperdotado adj. s.m.
hipereficiente adj.2g.
hiperemia s.f.
hiperêmico adj.
hiperendêmico adj.
hiperendeusado adj.
hiperespaço s.m.
hiperestendido adj.
hiperestesia s.f.
hiperexcitabilidade s.f.
hiperexcitação s.f.
hiperexposição s.f.

hiperextensão | 183 | hipotético-dedutivo

hiperextensão s.f.
hiperfonético adj.
hiperfunção s.f.
hiperglicemia s.f.
hiper-hemólise s.f.
hiper-hidrose s.f.
hiper-humano adj.
hiperidrose s.f.
hiperindividualista adj. s.2g.
hiperindustrialização s.f.
hiperinflação s.f.
hiperinflacionado adj.
hiperinflacionar v.
hiperinflacionário adj.
hiperinsulinemia s.f.
hiperinsulinismo s.m.
hiperlipoproteinemia s.f.
hiperlordose s.f.
hiperlotação s.f.
hiperlotado adj.
hipermaquilado adj.
hipermercado s.m.
hipermetria s.f.
hipermétrope adj. s.2g.
hipermetropia s.f.
hipermídia s.f.
hipermilionário s.m.
hipermoderno adj.
hipermotivado adj.
hipermotricidade s.f.
hipernacionalismo s.m.
hipernatural adj.2g.
hiperostose s.f.
hiperoxigenação (cs) s.f.
hiperpassividade s.f.
hiperpigmentação s.f.
hiperpigmentado adj.
hiperplasia s.f.
hiperplásico adj.
hiperpneia (ê) s.f.
hiperpoderoso (ô) adj.; f. e pl.: (ó)
hiperpopulação s.f.
hiperpopuloso (ô) adj.; f. e pl.: (ó)
hiperprodução s.f.
hiperprofissional adj. s.2g.
hiperprotegido adj.
hiper-real s.m.
hiper-realidade s.f.
hiper-realismo s.m.
hiper-realista adj. s.2g.
hiper-reativado adj.
hiper-recessão s.f.
hiper-reflexia (cs) s.f.
hiper-resistente adj.2g.
hipersecreção s.f.
hiperselvagem adj.2g.
hipersensibilidade s.f.
hipersensível adj.2g.
hipersensual adj.2g.
hipersexualidade (cs) s.f.
hipertensão s.f.
hipertensivo adj.
hipertenso adj. s.m.
hipertermia s.f.
hipertexto (ê) s.m.
hipertextual adj.2g.
hipertireoidiano s.m.
hipertireoidismo s.m.
hipertonia s.f.
hipertonicidade s.f.
hipertônico adj.
hipertóxico (cs) adj.
hipertricose s.f.
hipertrofia s.f.
hipertrofiado adj.
hipertrofiar v.
hipertrófico adj.
hipervalorização s.f.
hipervalorizado adj.
hipervalorizar v.
hipervantajoso (ô) adj.; f. e pl.: (ó)
hiperventilação s.f.
hipervigilância s.f.
hipervisível adj.2g.
hipervitaminose s.f.
hipervolemia s.f.
hípico adj.
hipismo s.m.
hipnoanalgésico adj. s.m.
hipnose s.f.
hipnossedante s.m.
hipnoterapeuta s.2g.
hipnoterapia s.f.
hipnótico adj. s.m.
hipnotismo s.m.
hipnotização s.f.
hipnotizado adj. s.m.
hipnotizador (ô) adj. s.m.
hipnotizante adj.2g.
hipnotizar v.
hipoacusia s.f.
hipoalbumina s.f.
hipoalbuminemia s.f.
hipoalergênico adj.
hipoalérgico adj. s.m.
hipoalimentação s.f.
hipocalcemia s.f.
hipocalórico adj.
hipocampal adj.2g.
hipocampo s.m.
hipocinesia s.f.
hipocloretado adj.
hipocloreto (ê) s.m.
hipoclorito s.m.
hipocloroso (ô) adj.; f. e pl.: (ó)
hipocondria s.f.
hipocondríaco adj. s.m.
hipocôndrio s.m.
hipocótilo s.m.
hipocrático adj.
hipocratismo s.m.
hipocrisia s.f.
hipócrita adj. s.2g.
hipocritamente adv.
hipocromia s.f.
hipocrômico adj.
hipoderme s.f.
hipodérmico adj.
hipódromo s.m.
hipoestrogenismo s.m.
hipofaringe s.f.
hipofisário adj.
hipófise s.f.
hipofluxo (cs) s.m.
hipogástrico adj.
hipogástrio s.m.
hipogenitalismo s.m.
hipogeu s.m.
hipoglicemia s.f.
hipoglicemiante adj.2g. s.m.
hipoglicêmico adj.
hipoglosso s.m.
hipogonadismo s.m.
hipomagnesemia s.f.
hiponga (ri) adj. s.2g.
hipongo (ri) adj. s.m.
hiponguice (ri) s.f.
hipo-osmótico adj.
hipoplasia s.f.
hipópode s.2g.
hipopótamo s.m.
hipoproteinemia s.f.
hipoproteinêmico adj.
hiporreflexia (cs) s.f.
hipossecreção s.f.
hipossistolia s.f.
hipossistólico adj.
hipossuficiente adj.2g.
hipossulfato s.m.
hipossulfito s.m.
hipossulfúrico adj.
hipóstase s.f.
hipostasiado adj.
hipostasiar v.
hipostático adj.
hipotalâmico adj.
hipotálamo s.m.
hipotático adj.
hipotaxe (cs) s.f.
hipoteca s.f.
hipotecado adj.
hipotecador (ô) adj. s.m.
hipotecar v.
hipotecário adj.
hipotensão s.f.
hipotensivo adj. s.m.
hipotenso adj. s.m.
hipotensor (ô) adj. s.m.
hipotenusa s.f.
hipoterapia s.f.
hipotermal adj.2g.
hipotermia s.f.
hipotérmico adj.
hipótese s.f.
hipoteticamente adv.
hipotético adj.
hipotético-dedutivo adj.; pl.:
 hipotético-dedutivos

hipotético-indutivo adj.; pl.:
  hipotético-indutivos
hipotímpano s.m.
hipotireoidiano adj.
hipotireoidismo s.m.
hipotonia s.f.
hipotônico adj. s.m.
hipotricose s.f.
hipotrofia s.f.
hipotrofiado adj.
hipoventilação s.f.
hipovitaminose s.f.
hipovolemia s.f.
hipovolêmico adj.
hipoxia (cs) s.f.
hipóxia (cs) s.f.
hipóxico (cs) adj.
hippismo (ri) s.m.
hipsofobia s.f.
hipsometria s.f.
hipsométrico adj.
hirsutez (ê) s.f.
hirsutismo s.m.
hirsuto adj.
hirto adj.
hirudíneo adj. s.m.
hispânico adj. s.m.
hispanidade s.f.
hispanismo s.m.
hispanista adj. s.2g.
hispanizar v.
hispano-americano adj. s.m.;
  pl.: *hispano-americanos*
hispano-árabe adj. s.2g.; pl.:
  hispano-árabes
hispano-fenício adj. s.m.; pl.:
  hispano-fenícios
hispanofilia s.f.
hispanofobia s.f.
hispanófono adj.
hispano-godo adj. s.m.; pl.:
  hispano-godos
hispano-marroquino adj.
  s.m.; pl.: *hispano-marroquinos*
hispano-português adj. s.m.;
  pl.: *hispano-portugueses*
híspido adj.
hissope s.m.
histamina s.f.
histaminase s.f.
histaminérgico adj.
histamínico adj.
histerectomia s.f.
histerectômico adj.
histeria s.f.
histericamente adv.
histérico adj. s.m.
histeriforme adj.2g.
histerismo s.m.
histeroscopia s.f.
histeroscópio s.m.
histidina s.f.
histocompatibilidade s.f.
histograma s.m.

histologia s.f.
histológico adj.
histologista s.2g.
histólogo s.m.
histopatologia s.f.
histopatológico adj.
histoplasmose s.f.
histoplasmótico adj.
histoquímico adj. s.m.
história s.f.
historiado adj.
historiador (ô) s.m.
historiar v.
historicamente adv.
historicidade s.f.
historicismo s.m.
historicista adj. s.2g.
historicizante adj.2g.
historicizar v.
histórico adj. s.m.
histórico-comparativo adj.;
  pl.: *histórico-comparativos*
histórico-cultural adj.2g.; pl.:
  histórico-culturais
histórico-social adj.2g.; pl.:
  histórico-sociais
historieta (ê) s.f.
historinha s.f.
historiografia s.f.
historiográfico adj.
historiógrafo s.m.
historismo s.m.
histrião s.m.
histrionice s.f.
histriônico adj.
histrionismo s.m.
hitchcockiano (ritch) adj.
hitleriano (ri) adj. s.m.
hitlerismo (ri) s.m.
hitlerista (ri) adj. s.2g.
hoasca s.f.
hobbesianismo (ro) s.m.
hobbesiano (ro) adj.
hodiernamente adv.
hodierno adj.
hodometria s.f.
hodométrico adj.
hodômetro s.m.
hoje (ô) s.m. adv.
holandês adj. s.m.
holerite s.m.
holismo s.m.
holista adj. s.2g.
holística s.f.
holístico adj.
hollywoodiano (roliu) adj.
hólmio s.m.
holocausto s.m.
holoceno adj.
holofote s.m.
holografar v.
holografia s.f.
holográfico adj.
hológrafo s.m.

holograma s.m.
hologravura s.f.
holósteo s.m.
holotúria s.f.
hombridade s.f.
homem s.m.
homem-bomba s.m.; pl.:
  homens-bomba e *homens-
  -bombas*
homem-chave s.m.; pl.:
  homens-chave e *homens-
  -chaves*
homem-feito s.m.; pl.:
  homens-feitos
homem-gol s.m.; pl.: *homens-
  -gol*
homem-grande s.m.; pl.:
  homens-grandes
homem-hora s.m.; pl.:
  homens-hora e *homens-horas*
homem-rã s.m.; pl.: *homens-rã*
  e *homens-rãs*
homem-sanduíche s.m.; pl.:
  homens-sanduíche e *homens-
  -sanduíches*
homenageado adj. s.m.
homenageador (ô) adj. s.m.
homenagear v.
homenageável adj.2g.
homenagem s.f.
homenzarrão s.m.
homenzinho s.m.
homeomeria s.f.
homeopata s.2g.
homeopatia s.f.
homeopático adj.
homeoplasia s.f.
homeoplástico adj.
homeostase s.f.
homeostasia s.f.
homeostásico adj.
homeotermo adj. s.m.
homérico adj.
homessa interj.
homicida adj. s.2g.
homicídio s.m.
homilia s.f.
homília s.f.
hominídeo adj. s.m.
hominização s.f.
homiziado adj. s.m.
homiziar v.
homizio s.m.
homocromia s.f.
homocrômico adj.
homodinâmico adj.
homoerótico adj. s.m.
homoerotismo s.m.
homofilia s.f.
homofílico adj.
homófilo adj.
homofobia s.f.
homofóbico adj.
homófobo adj. s.m.

homofonia s.f.
homófono adj. s.m.
homogeneamente adv.
homogeneidade s.f.
homogeneização s.f.
homogeneizado adj.
homogeneizador (ô) adj. s.m.
homogeneizante adj.2g.
homogeneizar v.
homogêneo adj.
homogenidade s.f.
homogenização s.f.
homogenizado adj.
homografia s.f.
homográfico adj.
homógrafo adj. s.m.
homologação s.f.
homologado adj.
homologador (ô) adj. s.m.
homologar v.
homologatório adj.
homologia s.f.
homológico adj.
homólogo adj.
homonímia s.f.
homonímico adj.
homônimo adj. s.m.
homossexual (cs) adj. s.2g.
homossexualidade (cs) s.f.
homossexualismo (cs) s.m.
homotransplante s.m.
homozigose s.f.
homozigoto (ô) adj.
homúnculo s.m.
hondurenho adj. s.m.
honestamente adv.
honestar v.
honestidade s.f.
honesto adj.
honorabilidade s.f.
honorário adj.
honorários s.m.pl.
honorável adj.2g.
honorífico adj.
honra s.f.
honradamente adv.
honradez (ê) s.f.
honrado adj.
honrar v.
honraria s.f.
honrosamente adv.
honroso (ô) adj.; f. e pl.: (ó)
hóquei s.m.
hora s.f.
horaciano adj.
horário adj. s.m.
horda s.m.
horímetro s.m.
horista adj. s.2g.
horizontal adj.2g. s.f.
horizontalidade s.f.
horizontalização s.f.
horizontalizado adj.
horizontalizar v.

horizontalmente adv.
horizonte s.m.
horizontino adj. s.m.
hormonal adj.2g.
hormônio s.m.
hormonoterapia s.f.
horoscopia s.f.
horoscópico adj.
horoscopista adj. s.2g.
horóscopo s.m.
horrendamente adv.
horrendo adj.
horripilante adj.2g.
horripilar v.
horrível adj.2g.
horrivelmente adv.
horror (ô) s.m.
horrorizado adj.
horrorizar v.
horrorosamente adv.
horroroso (ô) adj.; f. e pl.: (ó)
horta s.f.
hortaliça s.f.
hortelã s.f.
hortelão s.m.; fem.: *horteloa*; pl.: *hortelãos* e *hortelões*
hortelã-pimenta s.f.; pl.: *hortelãs-pimenta* e *hortelãs-pimentas*
horteloa (ô) s.f. de *hortelão*
hortênsia s.f.
hortícola adj.2g.
horticultor (ô) adj. s.m.
horticultura s.f.
hortifrutícola adj.2g.
hortifrutigranjeiro adj. s.m.
hortigranjeiro adj. s.m.
horto (ô) s.m.
hosana s.m. interj.
hospedado adj.
hospedador (ô) s.m.
hospedagem s.f.
hospedar v.
hospedaria s.f.
hospedável adj.2g.
hóspede adj. s.2g.
hospedeiro adj. s.m.
hospício s.m.
hospital s.m.
hospitalar adj.2g.
hospitalário adj. s.m.
hospitaleiro adj.
hospitalidade s.f.
hospitalização s.f.
hospitalizado adj.
hospitalizar v.
hoste s.f.
hóstia s.f.
hostiário s.m.
hostil adj.2.g.
hostilidade s.f.
hostilização s.f.
hostilizado adj.
hostilizador (ô) adj.

hostilizante adj. 2g.
hostilizar v.
hostilizável adj.2g.
hotel s.m.
hotelaria s.f.
hoteleiro adj. s.m.
hotel-fazenda s.m.; *hotéis-fazenda* e *hotéis-fazendas*
hotentote adj. s.2g.
huguenote adj. s.2g.
hula-hula s.f.; pl.: *hula-hulas*
hulha s.f.
hum interj.
humanamente adv.
humanidade s.f.
humanidades s.f.pl.
humanismo s.m.
humanista adj. s.2g.
humanístico adj.
humanitário adj. s.m.
humanitarismo s.m.
humanitarista adj. s.2g.
humanização s.f.
humanizado adj.
humanizador (ô) adj. s.m.
humanizante adj.2g.
humanizar v.
humanizável adj.2g.
humano adj. s.m.
humanoide (ó) adj. s.2g.
humboldtiano (*rumbolt*) adj.
humícola adj.2g.
humificação s.f.
humificado adj.
humificar v.
humildade s.f.
humilde adj. s.2g.
humildemente adv.
humildeza (ê) s.f.
humildoso (ô) adj.; f. e pl.: (ó)
humilhação s.f.
humilhado adj. s.m.
humilhador (ô) adj. s.m.
humilhante adj.2g.
humilhantemente adv.
humilhar v.
humilhável adj.2g.
humílimo adj.
humo s.m.
humor (ô) s.m.
humorado adj.
humoral adj.2g.
humorismo s.m.
humorista s.2g.
humorístico adj.
húmus s.m.2n.
húngaro adj. s.m.
huno adj. s.m.
huri s.f.
hurra interj.
hussardo s.m.
husserliano (*ru*) adj.

I i

i s.m.
iaiá s.f.
ialorixá s.f.
iâmbico adj.
ianomâmi adj. s.2g.
ianque adj. s.2g.
iaô s.2g.
iaque s.m.
iara s.f.
iate s.m.
iatismo s.m.
iatista s.2g.
iatrogenia s.f.
iatrogênico adj.
iatroquímica s.f.
iatroquímico adj. s.m.
ibeji s.m.
ibérico adj. s.m.
iberismo s.m
ibero-americanismo s.m.; pl.: *ibero-americanismos*
ibero-americanista adj. s.2g.; pl.: *ibero-americanistas*
ibero-americano adj. s.m.; pl.: *ibero-americanos*
ibero-celta s.2g.; pl.: *ibero-celtas*
ibero-céltico adj.; pl.: *ibero-célticos*
ibero-fenício adj.; pl.: *ibero-fenícios*
ibero-românico adj.; pl.: *ibero-românicos*
ibero-romano adj.; pl.: *ibero-romanos*
ibiraúva s.f.
íbis s.m.f.2n.
ibope s.m.
içá s.f.
içado adj.
içamento s.m.
içar v.
ícaro s.m.
ícone s.m.
iconicidade s.f.
icônico adj.
iconização s.f.
iconoclasta adj. s.2g.
iconoclastia s.f.
iconoclástico adj.
iconografia s.f.
iconograficamente adv.
iconográfico adj.
iconógrafo s.m.
iconolatria s.f.
iconologia s.f.
iconológico adj.
iconóstase s.f.
icterícia s.f.
ictérico adj.
ictiofagia s.f.
ictiofágico adj.
ictiófago adj. s.m.
ictiólito s.m.
ictiologia s.f
ictiológico adj.
ictiólogo s.m.
ictiose s.f.
ictiossauro s.m.
icto s.m.
ida s.f.
idade s.f.
idas e vindas s.f.pl.
ideação s.f.
ideado adj.
ideal adj.2g. s.m.
idealidade s.f.
idealismo s.m.
idealista adj. s.2g.
idealístico adj.
idealização s.f.
idealizado adj.
idealizador (ô) adj. s.m.
idealizante adj.2g.
idealizar v.
idealmente adv.
idear v.
ideário s.m.
ideativo adj.
ideia s.f. (é)
identicamente adv.
idêntico adj.
identidade s.f.
identificação s.f.
identificado adj.
identificador (ô) adj. s.m.
identificar v.
identificatório adj.
identificável adj.2g.
identitário adj.
ideoafetivo adj.
ideográfico adj.
ideograma s.m.
ideogramático adj.
ideogrâmico adj.
ideologia s.f.
ideologicamente adv.
ideológico adj.
ideologismo s.m.
ideologização s.f.
ideologizante adj.2g.
ideologizar v.
ideólogo s.m.
ídiche s.m.
idilicamente adv.
idílico adj. "relativo a idílio"; cf. *edílico*
idílio s.m.
idioletal adj.2g.
idioleto s.m.
idioma s.m.
idiomático adj.
idiomatismo s.m.
idiopatia s.f.
idiopático adj.
idiossincrasia s.f.
idiossincrásico adj.
idiossincrático adj.
idiota adj. s.2g.
idiotamente adv.
idiotia s.f.
idiotice s.f.
idiotismo s.m.
idiotização s.f.
idiotizado adj.
idiotizante adj.2g.
idiotizar v.
idiotrófico adj.
ido adj.
idólatra adj. s.2g.
idolatrado adj.
idolatrar v.
idolatria s.f.
idolátrico adj.
ídolo s.m.
idoneidade s.f.
idôneo adj.
idos s.m.pl.
idoso (ô) adj.; f. e pl.: (ó)
iê-iê-iê s.m.; pl.: *iê-iê-iês*
iemanjá s.f.
iemenita adj. s.2g.
iene s.m.
igapó s.m.
igarapé s.m.
igarité s.f.
iglu s.m.
ignaro adj.
ignavo adj.
ígneo adj.
ignição s.f.
ignífero adj.
ignóbil adj.2g.
ignobilmente adv.

ignomínia s.f.
ignominioso (ô) adj.; f. e pl.: (ó)
ignorado adj. s.m.
ignorância s.f.
ignorante adj. s.2g.
ignorar v.
ignorável adj.2g.
ignoto adj.
igreja (ê) s.f.
igrejeiro adj.
igrejinha s.f.
iguaçuano adj. s.m.
igual adj. s.2g.
igualação s.f.
igualado adj.
igualamento s.m.
igualar v.
igualável adj.2g.
igualdade s.f.
igualha s.f.
igualitariamente adv.
igualitário adj.
igualitarismo s.m.
igualitarista adj.2g.
igualização s.f.
igualizador (ô) adj.
iguana s.m.f.
iguaria s.f.
ih interj.
iídiche s.m.
ilação s.f.
ilaqueado adj.
ilaquear v.
ilativo adj.
ilegal adj.2g.
ilegalidade s.f.
ilegalismo s.m.
ilegalizado adj.
ilegalizar v.
ilegalmente adv.
ilegibilidade s.f.
ilegitimado adj.
ilegitimador (ô) adj.
ilegitimamente adv.
ilegitimar v.
ilegitimável adj.2g.
ilegitimidade s.f.
ilegítimo adj. s.m.
ilegível adj.2g.
íleo s.m.
ileocecal adj.2g.
ileostomia s.f.
ileostômico adj.
ileso adj.
iletrado adj. s.m.
ilha s.f.
ilhado adj.
ilhapa s.f.
ilhar v.
ilharga s.f.
ilhéu s.m.
ilhós s.m.
ilhota s.f.

ilíaco adj. s.m.
ilibação s.f.
ilibado adj.
ilicitamente adv.
ilícito adj. s.m.
ilicitude s.f.
ilidir v. "contestar"; cf. elidir
ilimitadamente adv.
ilimitado adj.
ilogicamente adv.
ilogicidade s.f.
ilógico adj.
ilogismo s.m.
iludição s.f.
iludido adj.
iludimento s.m.
iludir v. "enganar"; cf. eludir
iluminação s.f.
iluminado adj. s.m.
iluminador (ô) adj. s.m.
iluminância s.f.
iluminante adj.2g.
iluminar v.
iluminável adj.2g.
iluminismo s.m.
iluminista adj. s.2g.
iluminura s.f.
ilusão s.f.
ilusionismo s.m.
ilusionista adj. s.2g.
ilusivo adj. "ilusório"; cf. elusivo
ilusoriamente adv.
ilusório adj.
ilustração s.f.
ilustrado adj.
ilustrador (ô) s.m.
ilustrar v.
ilustrativo adj.
ilustre adj.2g.
ilustríssimo adj.
ilutação s.f.
imã s.m. "chefe islâmico"; cf. ímã
ímã s.m. "atraidor"; cf. imã
imaculadamente adv.
imaculado adj.
imaculável adj.2g.
imagem s.f.
imagética s.f.
imagético adj.
imaginação s.f.
imaginado adj.
imaginador (ô) adj. s.m.
imaginante adj.2g.
imaginar v.
imaginariamente adv.
imaginário adj. s.m.
imaginativamente adv.
imaginativo adj.
imaginável adj.2g.
imaginoso (ô) adj.; f. e pl.: (ó)
imagismo s.m.
imagista adj. s.2g.
imagístico adj.

imago s.f.
imanência s.f.
imanente adj.2g.
imanentismo s.m.
imanentista adj. s.2g.
imantação s.f.
imantado adj.
imantar v.
imantável adj.2g.
imarcescível adj.2g.
imaterial adj.2g. s.m.
imaterialidade s.f.
imaturidade s.f.
imaturo adj. s.m.
imbatível adj.2g.
imbaúba s.f.
imbé s.m.
imbecil adj. s.2g.
imbecilidade s.f.
imbecilização s.f.
imbecilizado adj.
imbecilizador (ô) adj.
imbecilizante adj.2g.
imbecilizar v.
imbeciloide (ói) adj. s.2g.
imberbe adj. s.2g.
imbezeiro s.m.
imbicar v. "dar rumo certo a"; cf. embicar
imbricação s.f.
imbricado adj.
imbricamento s.m.
imbricar v.
imbu s.m.
imbuia s.f.
imbuído adj.
imbuir v.
imburana s.f.
imbuzeiro s.m.
imediação s.f.
imediatamente adv.
imediatez (ê) s.f.
imediaticidade s.f.
imediatidade s.f.
imediatismo s.m.
imediatista adj. s.2g.
imediato adj. s.m.
imemorável adj.2g.
imemorial adj.2g.
imensamente adv.
imensidade s.f.
imensidão s.f.
imenso adj. adv.
imensurabilidade s.f.
imensurável adj.2g.
imerecido adj.
imergir v. "mergulhar"; cf. emergir
imérito adj. "imerecido"; cf. emérito
imersão s.f.; cf. emersão
imersível adj.2g.
imerso adj.; cf. emerso
imigração s.f.; cf. emigração

imigrado adj. s.m.; cf.
  emigrado
imigrante adj. s.2g.; cf.
  emigrante
imigrar v. "entrar"; cf. *emigrar*
imigratório adj.; cf.
  emigratório
iminência s.f. "urgência"; cf.
  eminência
iminente adj.2g. "urgente";
  cf. *eminente*
imipramina s.f.
imiscível adj.2g.
imiscuído adj.
imiscuir-se v.
imitação s.f.
imitado adj. s.m.
imitador (ô) adj. s.m.
imitar v.
imitativo adj.
imo adj. s.m.
imobiliária s.f.
imobiliário adj.
imobiliarista s.2g.
imobilidade s.f.
imobilismo s.m.
imobilista adj. s.2g.
imobilização s.f.
imobilizado adj.
imobilizador (ô) adj.
imobilizante adj.2g.
imobilizar v.
imoderação s.f.
imoderadamente adv.
imoderado adj.
imodéstia s.f.
imodesto adj.
imodificável adj.2g.
imolação s.f.
imolado adj.
imolador (ô) adj. s.m.
imolante adj.2g.
imolar v.
imolável adj.2g.
imoral adj. s.2g.
imoralidade s.f.
imoralismo s.m.
imoralista adj.2g.
imorigerado adj.
imorredouro adj.
imortal adj. s.2g.
imortalidade s.f.
imortalização s.f.
imortalizado adj.
imortalizante adj.2g.
imortalizar v.
imotivadamente adv.
imotivado adj.
imóvel adj.2g. s.m.
impaciência s.f.
impacientar v.
impaciente adj.2g.
impacientemente adv.
impactado adj.

impactante adj.2g.
impactar v.
impacto s.m.
impagabilidade s.f.
impagável adj.2g.
impala s.2g.
impalatabilidade s.f.
impalatável adj.2g.
impalpabilidade s.f.
impalpável adj.2g.
impaludado adj. s.m.
impaludismo s.m.
impar v.
ímpar adj.2g.
imparável adj.2g.
imparcial adj.2g.
imparcialidade s.f.
imparcializar v.
imparcialmente adv.
imparidade s.f.
impasse s.m.
impassibilidade s.f.
impassível adj.2g.
impassivelmente adv.
impassividade s.f.
impatriota adj. s.2g.
impatriótico adj.
impatriotismo s.m.
impavidamente adv.
impavidez (ê) s.f.
impávido adj.
impecabilidade s.f.
impecável adj.2g.
impecavelmente adv.
impedância s.f.
impedido adj. s.m.
impedidor (ô) adj. s.m.
impediente adj.2g.
impedimento s.m.
impedir v.
impeditivo adj.
impelido adj.
impelir v.
impendência s.f.
impender v.
impene adj.2g.
impenetrabilidade s.f.
impenetrável adj.2g.
impenhorabilidade s.f.
impenhorável adj.2g.
impenitência s.f.
impenitente adj.2g.
impensadamente adv.
impensado adj.
impensante adj.2g.
impensável adj.2g.
imperador (ô) s.m.
imperante adj. s.2g.
imperar v.
imperativamente adv.
imperatividade s.f.
imperativo adj. s.m.
imperatriz s.f.
impercebido adj.

imperceptível adj.2g.
imperceptivelmente adv.
imperdível adj.2g.
imperdoável adj.2g.
imperdoavelmente adv.
imperdurável adj.2g.
imperecedor (ô) adj.
imperecedouro adj.
imperecível adj.2g.
imperfectível adj.2g.
imperfeição s.f.
imperfeitamente adv.
imperfeito adj. s.m.
imperial adj.2g.
imperialismo s.m.
imperialista adj. s.2g.
imperialmente adv.
imperícia s.f.
império s.m.
imperiosamente adv.
imperiosidade s.f.
imperioso (ô) adj.; f. e pl.: (ó)
imperito adj.
impermanência s.f.
impermanente adj.2g.
impermeabilidade s.f.
impermeabilização s.f.
impermeabilizado adj.
impermeabilizador (ô) adj.
  s.m.
impermeabilizante adj.2g.
  s.m.
impermeabilizar v.
impermeabilizável adj.2g.
impermeável adj.2g. s.m.
imperscrutável adj.2g.
impersistência s.f.
impersistente adj.2g.
impertinência s.f.
impertinente adj. s.2g.
imperturbabilidade s.f.
imperturbado adj.
imperturbável adj.2g.
imperturbavelmente adv.
impessoal adj.2g.
impessoalidade s.f.
impessoalismo s.m.
impessoalizar v.
impessoalmente adv.
impetigo s.m.
ímpeto s.m.
impetração s.f.
impetrado adj. s.m.
impetrante adj. s.2g.
impetrar v.
impetuosamente adv.
impetuosidade s.f.
impetuoso (ô) adj.; f. e pl.: (ó)
impiedade s.f.
impiedosamente adv.
impiedoso (ô) adj.; f. e pl.: (ó)
impingem s.f.
impingir v.
ímpio adj. s.m.

implacabilidade s.f.
implacável adj.2g.
implacavelmente adv.
implacidez (ê) s.f.
implantação s.f.
implantado adj.
implantador (ô) s.m.
implantar v.
implantável adj.2g.
implante s.m.
implantodontia s.f.
implausibilidade s.f.
implausível adj.2g.
implementação s.f.
implementado adj.
implementador (ô) s.m.
implementar v.
implemento s.m.
implicação s.f.
implicado adj. s.m.
implicância s.f.
implicante adj. s.2g.
implicar v.
implicável adj.2g.
implicitamente adv.
implícito adj.
implodir v.
imploração s.f.
implorado adj.
implorador (ô) adj. s.m.
implorante adj.2g.
implorar v.
implorativo adj.
implorável adj.2g.
implosão s.f.
implosivo adj.
impluir v.
implume adj.2g.
implúvio s.m.
impolidez (ê) s.f.
impolido adj.
impoluído adj.
impoluto adj.
imponderabilidade s.f.
imponderado adj.
imponderável adj.2g. s.m.
imponência s.f.
imponente adj.2g.
imponentemente adj.
impontual adj.2g.
impontualidade s.f.
impopular adj.2g.
impopularidade s.f.
impor (ô) v.
importação s.f.
importado adj.
importador (ô) adj. s.m.
importadora (ô) s.f.
importância s.f.
importante adj.2g. s.m.
importar v.
importável adj.2g.
importunação s.f.
importunado adj.

importunador (ô) adj. s.m.
importunar v.
importuno adj.
imposição s.f.
impositivamente adv.
impositivo adj.
impositor (ô) adj. s.m.
impossibilidade s.f.
impossibilitado adj.
impossibilitante adj.2g.
impossibilitar v.
impossível adj.2g. s.m.
impostação s.f.
impostado adj.
impostar v.
impostergável adj.2g.
imposto (ô) adj. s.m.; f. e pl.: (ó)
impostor (ô) adj. s.m.
impostura s.f.
impotência s.f.
impotente adj. s.2g.
impraticabilidade s.f.
impraticável adj.2g.
imprecação s.f.
imprecado adj.
imprecador (ô) adj. s.m.
imprecante adj.2g.
imprecar v.
imprecisão s.f.
impreciso adj.
impregnação s.f.
impregnado adj.
impregnante adj.2g. s.m.
impregnar v.
impregnável adj.2g.
imprensa s.f.
imprensado adj.
imprensar v.
imprescindibilidade s.f.
imprescindível adj.2g.
imprescritibilidade s.f.
imprescritível adj.2g.
impressão s.f.
impressentido adj.
impressionado adj.
impressionador (ô) adj.
impressionante adj.2g.
impressionar v.
impressionável adj.2g.
impressionismo s.m.
impressionista adj. s.2g.
impressionístico adj.
impressivo adj.
impresso adj. s.m.
impressor (ô) adj. s.m.
impressora (ô) s.f.
imprestável adj. s.2g.
impreterível adj.2g.
impreterivelmente adv.
imprevidência s.f.
imprevidente adj.2g.
imprevisão s.f.
imprevisibilidade s.f.

imprevisível adj.2g.
imprevisto adj. s.m.
imprimátur s.m.
imprimido adj.
imprimidor (ô) adj. s.m.
imprimir v.
imprimível adj.2g.
improbabilidade s.f.
improbidade s.f.
ímprobo adj.
improcedência s.f.
improcedente adj.2g.
improducente adj.2g.
improdutividade s.f.
improdutivo adj.
improfanável adj.2g.
improferível adj.2g.
improficiência s.f.
improficiente adj.2g.
improfícuo adj.
improfundável adj.2g.
impronúncia s.f.
impronunciado adj.
impronunciamento s.m.
impronunciar v.
impronunciável adj.2g.
impropério s.m.
impropício adj.
impropriedade s.f.
impróprio adj.
improrrogabilidade s.f.
improrrogável adj.2g.
improtelável adj.2g.
improvável adj.2g.
improvidência s.f.
improvidente adj.2g.
improvisação s.f.
improvisado adj.
improvisador (ô) adj. s.m.
improvisar v.
improvisável adj.2g.
improviso adj. s.m.
imprudência s.f.
imprudente adj. s.2g.
impuberdade s.f.
impúbere adj. s.2g.
impublicável adj.2g.
impudência s.f.
impudente adj. s.2g.
impudico adj.
impudor (ô) s.m.
impugnação s.f.
impugnado adj.
impugnante adj. s.2g.
impugnar v.
impugnatório adj.
impugnável adj.2g.
impulsão s.f.
impulsionado adj.
impulsionador (ô) adj. s.m.
impulsional adj.2g.
impulsionamento s.m.
impulsionante adj.2g
impulsionar v.

impulsivamente | 191 | inatribuível

impulsivamente adv.
impulsividade s.f.
impulsivismo s.m.
impulsivo adj. s.m.
impulso s.m.
impulsor (ô) adj. s.m.
impune adj.2g.
impunemente adv.
impunibilidade s.f.
impunidade s.f.
impunido adj.
impunível adj.2g.
impureza (ê) s.f.
impuro adj.
imputabilidade s.f.
imputação s.f.
imputado adj.
imputador (ô) adj. s.m.
imputar v.
imputável adj.2g.
imputrescível adj.2g.
imundície s.f.
imundo adj.
imune adj.2g.
imunidade s.f.
imunitário adj.
imunitório adj.
imunização s.f.
imunizado adj.
imunizante adj. s.2g.
imunizar v.
imunizável adj.2g.
imunoblasto s.m.
imunocompatível adj.2g.
imunodeficiência s.f.
imunodeficiente adj. s.2g.
imunodepressão s.m.
imunodepressivo adj.
imunodepressor (ô) adj. s.m.
imunodeprimido adj.
imunofluorescência s.f.
imunogenicidade s.f.
imunogênico adj.
imunoglobulina s.f.
imunoglobulínico adj.
imuno-hematologia s.f.
imuno-hematológico adj.
imunologia s.f.
imunologicamente adv.
imunológico adj.
imunologista s.2g.
imunólogo s.m.
imunopatologia s.f.
imunopatológico adj.
imunossupressão s.f.
imunossupressivo adj.
imunossupressor (ô) adj.
imunoterapia s.f.
imunoterápico adj.
imutabilidade s.f.
imutável adj.2g.
imutavelmente adv.
inabalado adj.
inabalável adj.2g.

inabalavelmente adv.
inabarcável adj.2g.
inábil adj.2g.
inabilidade s.f.
inabilitação s.f.
inabilitado adj.
inabilitante adj.2g.
inabilitar v.
inabitado adj.
inabitável adj.2g.
inabitual adj.2g.
inabordável adj.2g.
inabsorvível adj.2g.
inacabado adj.
inacabamento s.m.
inacabável adj.2g.
inação s.f.
inaceitabilidade s.f.
inaceitação s.f.
inaceitável adj.2g
inaceitavelmente adv.
inacessibilidade s.f.
inacessível adj.2g.
inaciano adj. s.m.
inacreditável adj.2g
inacreditavelmente adv.
inacusável adj.2g.
inadaptabilidade s.f.
inadaptação s.f.
inadaptado adj. s.m.
inadaptar v.
inadaptável adj.2g.
inadequabilidade s.f.
inadequação s.f.
inadequadamente adv.
inadequado adj.
inadequável adj.2g.
inadiabilidade s.f.
inadiável adj.2g.
inadimplemento s.m.
inadimplência s.f.
inadimplente adj. s.2g.
inadministrável adj.2g.
inadmissibilidade s.f.
inadmissível adj.2g.
inadvertência s.f.
inadvertidamente adv.
inadvertido adj.
inafastável adj.2g.
inaferível adj.2g.
inafiançabilidade s.f.
inafiançável adj.2g.
inafundável adj.2g.
inagitável adj.2g.
inajá s.m.
inajustável adj.2g.
inalação s.f.
inalado adj.
inalador (ô) adj. s.m.
inalante adj.2g. s.m.
inalar v.
inalatório adj.
inalável adj.2g.
inalcançado adj.

inalcançável adj.2g.
inalienabilidade s.f.
inalienação s.f.
inalienado adj.
inalienar v.
inalienável adj.2g.
inalterabilidade s.f.
inalterado adj.
inalterável adj.2g.
inambíguo adj.
inamistoso (ô) adj.; f. e pl.: (ó)
inamovibilidade s.f.
inamovível adj.2g.
inana s.f.
inane adj.2g.
inanição s.f.
inanidade s.f.
inanimado adj.
inapagável adj.2g.
inaparente adj.2g.
inapelabilidade s.f.
inapelável adj. 2g.
inapelavelmente adv.
inapetência s.f.
inapetente adj. s.2g.
inaplicabilidade s.f.
inaplicado adj.
inaplicável adj.2g.
inapreciável adj.2g.
inapreensível adj.2g.
inapropriado adj.
inaproveitado adj.
inaproveitamento s.m.
inaproveitável adj.2g.
inaptidão s.f.
inapto adj.
inarrancável adj.2g.
inarrável adj.2g.
inarredável adj.2g.
inarredavelmente adv.
inarticulado adj. s.m.
inarticulável adj.2g.
inassiduidade s.f.
inassimilado adj.
inassimilável adj.2g.
inassistido adj.
inatacabilidade s.f.
inatacado adj.
inatacável adj.2g.
inatendido adj.
inatingibilidade s.f.
inatingido adj.
inatingível adj.2g.
inatismo s.m.
inatista adj. s.2g.
inativação s.f.
inativado adj.
inativador (ô) adj. s.m.
inativar v.
inatividade s.f.
inativo adj. s.m.
inato adj.
inatravessável adj.2g.
inatribuível adj.2g.

inatual adj.2g.
inatualidade s.f.
inatural adj.2g.
inaudito adj.
inaudível adj.2g.
inaudivelmente adv.
inauferível adj.2g.
inauguração s.f.
inaugurado adj.
inaugurador (ó) adj. s.m.
inaugural adj.2g.
inaugurante adj.2g.
inaugurar v.
inaugurativo adj.
inauguratório adj.
inaugurável adj.2g.
inautenticidade s.f.
inautêntico adj.
inautorizado adj.
inavegado adj.
inavegável adj.2g.
inca adj. s.2g.
incabível adj.2g.
inçado adj.
incaico adj.
incalculado adj.
incalculável adj.2g.
incalculavelmente adv.
incandescência s.f.
incandescente adj.2g.
incandescer v.
incansável adj.2g.
incansavelmente adv.
incapacidade s.f.
incapacitação s.f.
incapacitado adj
incapacitante adj.2g.
incapacitar v.
incapaz adj. s.2g.
incapturável adj.2g.
inçar v.
incaracterístico adj.
incauto adj. s.m.
incendiado adj.
incendiar v.
incendiário adj. s.m.
incendido adj.
incêndio s.m.
incensado adj.
incensar v.
incensário s.m.
incenso s.m.
incensurável adj.2g.
incentivado adj.
incentivador (ó) adj. s.m.
incentivante adj.2g.
incentivar v.
incentivo adj. s.m.
incerta s.f.
incertamente adv.
incerteza (ê) s.f.
incerto adj. s.m. "duvidoso"; cf. *inserto*
incessante adj.2g.

incessantemente adv.
incesto s.m.
incestuoso (ô) adj. s.m.; f. e pl.: (ó)
inchação s.f.
inchaço s.m.
inchado adj.
inchamento s.m.
inchar v.
incidência s.f.
incidental adj.2g.
incidentalmente adv.
incidente adj.2g. s.m.
incidentemente adv.
incidido adj.
incidir v.
incineração s.f.
incinerado adj.
incinerador (ó) adj. s.m.
incinerar v.
incipiência s.f.
incipiente adj.2g.
  "principiante"; cf. *insipiente*
incircunciso s.m.
incisão s.f.
incisividade s.f.
incisivo adj. s.m.
inciso adj. s.m.
incitação s.f.
incitado adj.
incitador (ó) adj. s.m.
incitamento s.m.
incitante adj.2g.
incitar v.
incivil adj.2g.
incivilidade s.f.
incivilizado adj.
inclassificável adj.2g.
inclemência s.f.
inclemente adj.2g.
inclinação s.f.
inclinado adj.
inclinador (ó) adj. s.m.
inclinante adj.2g.
inclinar v.
inclinável adj.2g.
inclinômetro s.m.
ínclito adj.
includente adj.2g.
incluído adj.2g.
incluir v.
incluível adj.2g.
inclusão s.f.
inclusive adv.
inclusivo adj.
incluso adj.
incoagulabilidade s.f.
incoagulável adj.2g.
incobrável adj.2g.
incoercível adj.2g.
incoercivelmente adv.
incoerência s.f.
incoerente adj.2g.
incoerentemente adv.

incogitável adj.2g.
incógnita s.f.
incógnito adj.
incognoscível adj.2g.
íncola s.2g.
incolor (ô) adj.2g.
incólume adj.2g.
incolumidade s.f.
incombustível adj.2g.
incomensurabilidade s.f.
incomensurável adj.2g.
incomensuravelmente adv.
incomível adj.2g.
incomodado adj.
incomodamente adv.
incomodar v.
incomodativo adj.
incomodável adj.2g.
incomodidade s.f.
incômodo adj. s.m.
incomovível adj.2g.
incomparabilidade s.f.
incomparável adj.2g. s.m.
incomparavelmente adv.
incompartilhável adj.2g.
incompatibilidade s.f.
incompatibilizado adj.
incompatibilizar v.
incompatível adj.2g.
incompensado adj.
incompetência s.f.
incompetente adj. s.2g.
incompletamente adv.
incompleto adj.
incompletude s.f.
incomprável adj.2g.
incompreendido adj.
incompreensão s.f.
incompreensibilidade s.f.
incompreensível adj.2g.
incompreensivelmente adv.
incompreensivo adj.
incompressível adj.2g.
incomprimível adj.2g.
incomprovado adj.
incomprovável adj.2g.
incomputado adj.
incomum adj.2g.
incomumente adv.
incomunicabilidade s.f.
incomunicação s.f.
incomunicável adj.2g.
incomutabilidade s.f.
incomutável adj.2g.
inconcebível adj.2g.
inconciliação s.f.
inconciliado adj.
inconciliável adj.2g.
inconcludente adj.2g.
inconcluído adj.
inconclusão s.f.
inconclusivo adj.
inconcluso adj.
inconcusso adj.

incondicionado adj. s.m.
incondicional adj.2g.
incondicionalidade s.f.
incondicionalismo s.m.
incondicionalmente adv.
incondizente adj.2g.
inconfessadamente adv.
inconfessado adj.
inconfessável adj.2g.
inconfesso adj.
inconfiabilidade s.f.
inconfidência s.f.
inconfidencial adj.2g.
inconfidente adj.2g. s.m.
inconformação s.f.
inconformado adj. s.m.
inconforme adj.2g.
inconformidade s.f.
inconformismo s.m.
inconformista adj. s.2g.
inconfortável adj.2g.
inconfundível adj.2g.
inconfundivelmente adv.
incongruência s.f.
incongruente adj.2g.
incongruentemente adv.
inconho adj.
inconjugável adj.2g.
inconquistado adj.
inconquistável adj.2g.
inconsciência s.f.
inconsciente adj. s.2g. s.m.
inconscientemente adv.
inconsequência (ü) s.f.
inconsequente (ü) adj. s.2g.
inconsertável adj.2g.
inconsiderado adj.
inconsistência s.f.
inconsistente adj.2g.
inconsolado adj.
inconsolável adj.2g.
inconsolavelmente adv.
inconspícuo adj.
inconspurcável adj.
inconstância s.f.
inconstante adj. s.2g.
inconstitucional adj.2g.
inconstitucionalidade s.f.
inconsumível adj.2g.
inconsútil adj.2g.
incontaminado adj.
incontaminável adj.2g.
incontável adj.2g.
incontentado adj.
incontentável adj.2g.
incontestado adj.
incontestável adj.2g.
incontestavelmente adv.
inconteste adj.2g.
incontidamente adv.
incontido adj.
incontinência s.f.
incontinente adj. s.2g.
incontínuo adj.

incontornabilidade s.f.
incontornado adj.
incontornável adj.2g.
incontrastado adj.
incontrastável adj.2g.
incontrito adj.
incontrolado adj.
incontrolável adj.2g.
incontrolavelmente adv.
incontroverso adj.
incontrovertido adj.
incontrovertível adj.2g.
inconvencional adj.2g.
inconveniência s.f.
inconveniente adj. s.2g. s.m.
inconvenientemente adv.
inconversível adj.2g.
inconvincente adj.2g.
incoordenação s.f.
incoordenado adj.
incorporação s.f.
incorporado adj.
incorporador (ô) adj. s.m.
incorporadora (ô) s.f.
incorporal adj.2g.
incorporante adj.2g.
incorporar v.
incorporativo adj.
incorporável adj.2g.
incorpóreo adj.
incorreção s.f.
incorrer v.
incorretamente adv.
incorreto adj.
incorrido adj.
incorrigibilidade s.f.
incorrigível adj.2g.
incorrigivelmente adv.
incorrompível adj.2g.
incorrosível adj.2g.
incorruptibilidade s.f.
incorruptível adj.2g.
incorrupto adj.
incredibilidade s.f.
incredibilíssimo adj.
incredulidade s.f.
incrédulo adj.
incrementação s.f.
incrementado adj.
incremental adj.2g.
incrementar v.
incremento s.m.
increpação s.f.
increpar v.
incréu adj. s.m.
incriado adj. s.m.
incriminação s.f.
incriminado adj. s.m.
incriminador (ô) adj. s.m.
incriminante adj.2g.
incriminar v.
incriminativo adj.
incriminatório adj.
incriminável adj.2g.

incriticável adj.2g.
incrível adj.2g. s.m.
incrivelmente adv.
incruento adj.
incrustação s.f.
incrustado adj.
incrustante adj.2g.
incrustar v.
incrustável adj.2g.
incubação s.f.
incubadeira s.f.
incubado adj.
incubadora (ô) s.f.
incubar v.
incubatório s.m.
incubável adj.2g.
íncubo s.m.
inculcação s.f.
inculcado adj.
inculcador (ô) adj. s.m.
inculcamento s.m.
inculcante adj.2g.
inculcar v.
inculcável adj.2g.
inculpado adj. s.m.
inculpar v.
inculpável adj.2g.
incultivável adj.2g.
inculto adj.
incultura s.f.
incumbência s.f.
incumbente adj.2g.
incumbido adj.
incumbir v.
incumbível adj.2g.
incumprível adj.2g.
incunábulo s.m.
incurável adj.2g.
incúria s.f.
incuriosidade s.f.
incurioso (ô) adj.; f. e pl.: (ó)
incursão s.f.
incursionar v.
incurso adj.
incutido adj.
incutir v.
inda adv.
indagação s.f.
indagado adj.
indagador (ô) adj. s.m.
indagante adj.2g.
indagar v.
indagativa s.f.
indagativo adj.
indagatório adj.
indagável adj.2g.
indaiá s.m.
indebitamente adv.
indébito adj. s.m.
indecência s.f. "falta de pudor"; cf. *indeiscência*
indecente adj. s.2g. "sem pudor"; cf. *indeiscente*
indecentemente adv.

indecidido adj. s.m.
indecidível adj.2g.
indecifrado adj.
indecifrável adj.2g.
indecisão s.f.
indeciso adj. s.m.
indeclarado adj.
indeclarável adj.2g.
indeclinável adj.2g.
indecomponível adj.2g.
indecoroso (ô) adj.; f. e pl.: (ó)
indedutível adj.2g.
indefectível adj.2g.
indefectivelmente adv.
indefendível adj.2g.
indefensável adj.2g.
indefenso adj.
indeferido adj.
indeferimento s.m.
indeferir v.
indefeso (ê) adj.
indefinição s.f.
indefinidamente adv.
indefinido adj.
indefinível adj.2g.
indeformável adj.2g.
indeglutível adj.2g.
indeiscência s.f. "propriedade do fruto indeiscente"; cf. *indecência*
indeiscente adj.2g. "diz-se de fruto que não se abre ao amadurecer"; cf. *indecente*
indelével adj.2.g.
indelicadeza (ê) s.f.
indelicado adj.
indene adj.2g.
indenização s.f.
indenizado adj. s.m.
indenizar v.
indenizatório adj.
indenizável adj.2g.
independência s.f.
independente adj. s.2g.
independentemente adv.
independentismo s.m.
independentista adj. s.2g.
independer v.
indescoberto adj.
indescritível adj.2g.
indesculpável adj.2g.
indesculpavelmente adv.
indesejado adj.
indesejável adj. s.2g.
indesejoso (ô) adj.; f. e pl.: (ó)
indesmentido adj.
indesmentível adj.2g.
indestrutibilidade s.f.
indestrutível adj.2g.
indesvendável adj.2g.
indesviável adj.2g.
indeterminação s.f.
indeterminado adj.
indeterminância s.f.

indeterminável adj.2g.
indeterminismo s.m.
indeturpável adj.2g.
indevassado adj.
indevassável adj.2g.
indevidamente adv.
indevido adj.
índex (*cs*) s.m.
indexação (*cs*) s.f.
indexado (*cs*) adj.
indexador (*cs...ô*) s.m.
indexar (*cs*) v.
indexatório (*cs*) adj.
indexável (*cs*) adj.2g.
indez (ê) s.m.
indianismo s.m.
indianista adj. s.2g.
indianização s.f.
indiano adj. s.m.
indiático adj. s.m.
indicação s.f.
indicado adj. s.m.
indicador (ô) adj. s.m.
indicar v.
indicativo adj. s.m.
índice adj.2g. s.m.
indiciação s.f.
indiciado adj. s.m.
indicial adj.2g.
indiciamento s.m.
indiciante adj. s.2g.
indiciar v.
indiciário adj.
indício s.m.
indiferença s.f.
indiferençado adj.
indiferençável adj.2g.
indiferenciação s.f.
indiferenciado adj.
indiferenciamento s.m.
indiferenciável adj.2g.
indiferente adj.2g.
indiferentemente adv.
indiferentismo s.m.
indígena adj. s.2g.
indigência s.f.
indigenismo s.m.
indigenista adj. s.2g.
indigente adj. s.2g.
indigerido adj.
indigerível adj.2g.
indigestão s.f.
indigesto adj.
indigitado adj. s.m.
indigitar v.
indignação s.f.
indignado adj.
indignar v.
indignável adj.2g.
indignidade s.f.
indigno adj. s.m.
índio adj. s.m.
indireta s.f.
indireto adj.

indirigível adj.2g.
indirimível adj.2g.
indiscernível adj.2g.
indisciplina s.f.
indisciplinado adj. s.m.
indisciplinar adj.2g.
indiscretamente adv.
indiscreto adj. s.m.
indiscrição s.f.
indiscriminação s.f.
indiscriminadamente adv.
indiscriminado adj.
indiscriminador (ô) adj.
indiscriminante adj.2g.
indiscriminativo adj.
indiscriminatório adj.
indiscriminável adj.2g.
indiscutido adj.
indiscutível adj.2g.
indiscutivelmente adv.
indisfarçado adj.
indisfarçável adj.2g.
indisfarçavelmente adv.
indispensabilidade s.f.
indispensável adj.2g. s.m.
indispensavelmente adv.
indisponibilidade s.f.
indisponibilizado adj.
indisponível adj.2g.
indispor (ô) v.
indisposição s.f.
indisposto (ô) adj.; f. e pl.: (ó)
indisputado adj.
indisputável adj.2g.
indissimulável adj.2g.
indissociabilidade s.f.
indissociação s.f.
indissociado adj.
indissociável adj.2g.
indissociavelmente adv.
indissolubilidade s.f.
indissolúvel adj.2g.
indissoluvelmente adv.
indissolvível adj.2g.
indistinção s.f.
indistinguível adj.2g.
indistintamente adv.
indistinto adj.
inditoso (ô) adj.; f. e pl.: (ó)
individuação s.f.
individuado adj.
individual adj.2g. s.m.
individualidade s.f.
individualismo s.m.
individualista adj. s.2g.
individualístico adj.
individualização s.f.
individualizado adj.
individualizador (ô) adj.
individualizável adj.2g.
individualizar v.
individualizável adj.2g.
individualmente adv.

individuar v.
indivíduo adj. s.m.
indivisibilidade s.f.
indivisível adj.2g. s.m.
indiviso adj.
indizível adj.2g.
indo-britânico adj. s.m.; pl.: *indo-britânicos*
indochinês adj. s.m. "relativo à Indochina"; cf. *indo-chinês*
indo-chinês adj. s.m. "relativo à Índia e à China"; pl.: *indo-chineses*; cf. *indochinês*
indócil adj.2g.
indocumentado adj. s.m.
indo-europeu adj. s.m.; f.: *indo-europeia*; pl.: *indo-europeus*
indo-germânico adj. s.m.; pl.: *indo-germânicos*
índole s.f.
indolência s.f.
indolente adj.2g.
indolentemente adv.
indolor (ô) adj.2g.
indomado adj.
indomável adj.2g.
indomesticado adj.
indomesticável adj.2g.
indominável adj.2g.
indômito adj.
indonesiano adj.
indonésio adj. s.m.
indo-oceânico adj.; pl.: *indo-oceânicos*
indo-paquistanês adj. s.m.; pl.: *indo-paquistaneses*
indo-persa adj. s.2g.; pl.: *indo-persas*
indo-português adj. s.m.; pl.: *indo-portugueses*
indormido adj.
indubitável adj.2g.
indubitavelmente adv.
indução s.f.
indulgência s.f.
indulgente adj.2g.
indultado adj. s.m.
indultar v.
indulto s.m.
indumentar v.
indumentária s.f.
indumento s.m.
induração s.f.
indústria s.f.
industriado adj.
industrial adj. s.2g.
industrialismo s.m.
industrialista adj. s.2g.
industrialização s.f.
industrializado adj.
industrializador (ô) adj.
industrializante adj.2g.

industrializar v.
industrializável adj.2g.
industrialmente adv.
industriar v.
industriário s.m.
industrioso (ô) adj.; f. e pl.: (ó).
indutância s.f.
indutivismo s.m.
indutivista adj. s.2g.
indutivo adj.
induto s.m.
indutor (ô) adj. s.m.
induzido adj. s.m.
induzimento s.m.
induzir v.
induzível adj.2g.
inebriado adj.
inebriamento s.m.
inebriante adj.2g.
inebriar v.
inebriável adj.2g.
ineditamente adv.
ineditismo s.m.
inédito adj.
inefável adj.2g.
inefetividade s.f.
inefetivo adj.
ineficácia s.f.
ineficaz adj.2g.
ineficiência s.f.
ineficiente adj.2g.
ineficientemente adv.
inegável adj.2g.
inegavelmente adv.
inegociável adj.2g.
inelasticidade s.f.
inelástico adj.
inelegibilidade s.f.
inelegível adj.2g.
inelidível adj.2g.
ineludível adj.2g.
inelutável adj.2g.
inelutavelmente adv.
inenarrável adj.2g.
inencontrável adj.2g.
inépcia s.f.
inepto adj. s.m.
inequação s.f
inequacionável adj.2g.
inequidade (ü) s.f.
inequivocamente adv.
inequívoco adj.
inércia s.f.
inercial adj.2g.
inercializar v.
inercialmente adv.
inerência s.f.
inerente adj.2g.
inerentemente adv.
inerme adj.2g.
inerrância s.f.
inerrante adj.2g.
inerte adj.2g.

inervação s.f. "partes nervosas do organismo"; cf. *enervação*
inervado adj.; cf. *enervado*
inervar v. "prover de nervos"; cf. *enervar*
inescapável adj.2g.
inescapavelmente adv.
inescrupulosamente adv.
inescrupulosidade s.f.
inescrupuloso (ô) adj.; f. e pl.: (ó)
inescrutabilidade s.f.
inescrutável adj.2g.
inesgotável adj.2g.
inespecífico adj.
inesperadamente adv.
inesperado adj. s.m.
inesperável adj.2g.
inesquecido adj.
inesquecível adj.2g.
inesquecivelmente adv.
inessencial adj.2g. s.m.
inestancável adj.2g.
inestético adj. s.m.
inestimável adj.2g.
inevitabilidade s.f.
inevitável adj.
inevitavelmente adv.
inexatidão (z) s.f.
inexato (z) adj.
inexaurível (z) adj. 2g.
inexcedível (z) adj.2g.
inexecução (z) s.f.
inexecutável (z) adj.2g.
inexequibilidade (z...ü) s.f.
inexequível (z...ü) adj.2g.
inexigência (z) s.f.
inexigibilidade (z) s.f.
inexigível (z) adj.2g.
inexistência (z) s.f.
inexistente (z) adj.2g.
inexistir (z) v.
inexorabilidade (z) s.f.
inexorável (z) adj.2g.
inexoravelmente (z) adv.
inexperiência s.f.
inexperiente adj.2g.
inexperto adj. s.m.
inexplicabilidade s.f.
inexplicado adj.
inexplicável adj.2g.
inexplicavelmente adv.
inexplícito adj.
inexplorado adj.
inexplorável adj.2g.
inexpressão s.f.
inexpressividade s.f.
inexpressivo adj.
inexprimível adj.2g.
inexprimivelmente adv.
inexpugnabilidade s.f.
inexpugnável adj.2g.
inextinguível adj.2g.

inextirpável adj.2g.
inextricável adj.2g.
inextricavelmente adv.
inextrincável adj.2g.
inextrincavelmente adv.
infactível adj.2g.
infalibilidade s.f.
infalível adj.2g.
infalivelmente adv.
infamação s.f.
infamado adj.
infamante adj.2g.
infamar v.
infamatório adj.
infame adj. s.2g.
infamemente adv.
infâmia s.f.
infância s.f.
infantaria s.f.
infante s.m.
infanticídio s.m.
infantil adj.2g. s.m.
infantilidade s.f.
infantilismo s.m.
infantilização s.f.
infantilizado adj.
infantilizador (ó) adj. s.m.
infantilizar v.
infantilmente adv.
infantojuvenil adj.2g.
infartado adj.
infartar v.
infartável adj.2g.
infarte s.m.
infarto s.m.
infartogênico adj.
infatigabilidade s.f.
infatigável adj.2g.
infatigavelmente adv.
infausto adj.
infecção s.f.
infeccionado adj.
infeccionar v.
infeccioso (ó) adj.; f. e pl.: (ó)
infectado adj.
infectante adj.2g.
infectar v.
infecto adj.
infectocontagioso (ó) adj.; f. e pl.: (ó)
infectologia s.f.
infectologista s.2g.
infectuoso (ó) adj.; f. e pl.: (ó)
infecundidade s.f.
infecundo adj.
infelicidade s.f.
infelicíssimo adj.
infelicitado adj.
infelicitador (ó) adj. s.m.
infelicitante adj.2g.
infelicitar v.
infeliz adj. s.2g.
infelizmente adv.
infenso adj.

inferência s.f.
inferior (ô) adj. s.2g.
inferioridade s.f.
inferiorização s.f
inferiorizado adj.
inferiorizar v.
inferiormente adv.
inferir v.
inferível adj.2g.
infernação s.f.
infernal adj.2g.
infernalmente adv.
infernar v.
inferneira s.f.
inferninho s.m.
infernizado adj.
infernizante adj.2g.
infernizar v.
inferno s.m.
infértil adj.2g.
infertilidade s.f.
infestação s.f.
infestado adj.; cf. enfestado
infestante adj.2g.
infestar v. "invadir"; cf. enfestar
infetado adj.
infetante adj.2g.
infetar v.
infeto adj.
infidelidade s.f.
infidelíssimo adj.
infido adj.
infiel adj. s.2g.
infiltração s.f.
infiltrado adj.
infiltrador (ó) adj.
infiltramento s.m.
infiltrante adj.2g.
infiltrar v.
infiltrativo adj.
infiltrável adj.2g.
ínfimo adj. s.m.
infindável adj.2g.
infindo adj.
infinidade s.f.
infinitamente adv.
infinitesimal adj.2g.
infinitésimo adj.
infinitivo adj. s.m.
infinito adj. s.m.
infinitude s.f.
inflação s.f.
inflacionado adj.
inflacionamento s.m.
inflacionante adj.2g.
inflacionar v.
inflacionariamente adv.
inflacionário adj.
inflacionável adj.2g.
inflacionismo s.m.
inflacionista adj. s.2g.
inflado adj.
inflador (ó) s.m.

inflagem s.f.
inflamabilidade s.f.
inflamação s.f.
inflamado adj.
inflamador (ó) adj. s.m.
inflamante adj.2g.
inflamar v.
inflamatório adj.
inflamável adj.2g. s.m.
inflamento s.m.
inflar v.
inflável adj.2g.
inflexão (cs) s.f.
inflexibilidade (cs) s.f.
inflexível (cs) adj.2g.
inflexivelmente (cs) adv.
infligido adj.
infligir v. "aplicar, cominar"; cf. infringir
inflorescência s.f.
influência s.f.
influenciado adj.
influenciador (ó) adj. s.m.
influenciar v.
influenciável adj.2g.
influente adj. s.2g.
influição s.f.
influído adj.
influir v.
influxo (cs) s.m.
infografia s.f.
infográfico adj. s.m.
infografista s.2g.
infólio adj.2g.2n. s.m.
in-fólio adj.2g.2n. s.m.
infomaníaco adj. s.m.
infonauta s.2g.
informação s.f.; cf. enformação
informacional adj.2g.
informado adj.; cf. enformado
informador (ó) adj. s.m.
informal adj.2g.
informalidade s.f.
informalismo s.m.
informalista adj. s.2g.
informalização s.f.
informalmente adv.
informante adj. s.2g.
informar v. "comunicar"; cf. enformar
informática s.f.
informático adj. s.m.
informativo adj. s.m.
informatização s.f.
informatizado adj.
informatizar v.
informatizável adj.2g.
informe adj.2g. s.m.
informidade s.f.
informulável adj.2g.
infortuna s.f.
infortunado adj. s.m.
infortúnio s.m.

infovia | 197 | inotrópico

infovia s.f.
infra-acústico adj.
infração s.f.
infracional adj.2g.
infraconstitucional adj.2g.
infraestrutura s.f.
infraestruturado adj.
infraestrutural adj.2g.
infra-hepático adj.
infralegal adj.2g.
infralitoral s.m.
infranqueável adj.2g.
infraorbitário adj.
infrarracional adj.2g.
infrarrenal adj.2g.
infrassom s.m.
infrassônico adj.
infrator (ó) adj. s.m.
infraumbilical adj.2g.
infravermelho s.m. adj.
infrene adj.2g.
infrequentável (ü) adj.2g.
infrequente (ü) adj.2g.
infringência s.f.
infringente adj.2g.
infringido adj.
infringimento s.m.
infringir v. "transgredir"; cf. *infligir*
infrutescência s.f.
infrutiferamente adv.
infrutífero adj.
infuca s.f.
infundado adj.
infundido adj.
infundir v.
infusado adj.
infusão s.f.
infusível adj.2g.
infuso adj. s.m.
infusor (ó) adj. s.m.
ingá s.m.
ingá-açu s.m.; pl.: *ingás-açus*
ingazeira s.f.
ingazeiro s.m.
ingênito adj.
ingente adj.2g.
ingenuamente adv.
ingenuidade s.f.
ingênuo adj. s.m.
ingerência s.f.
ingerido adj.; cf. *enjerido*
ingerir v. "engolir"; cf. *enjerir-se*
ingestão s.f.
inglês adj. s.m.
inglesada s.f.
inglesismo s.m.
ingloriamente adv.
inglório adj.
ingovernabilidade s.f.
ingovernável adj.2g.
ingratidão s.f.
ingrato adj. s.m.

ingrediente s.m.
íngreme adj.2g.
ingressado adj.
ingressante adj. s.2g.
ingressar v.
ingresso s.m.
íngua s.f.
inguinal adj.2g.
inguinoabdominal adj.2g.
inguinoescrotal adj.2g.
ingurgitado adj.
ingurgitamento s.m.
ingurgitar v.
ingurunga s.f.
inhaca s.f.
inhambu s.m.
inhame s.m.
inhanduvá s.m.
inibição s.f.
inibido adj. s.m.
inibidor (ó) adj. s.m.
inibir v.
inibitório adj.
iniciação s.f.
iniciado adj. s.m.
iniciador (ó) adj. s.m.
inicial adj.2g. s.f.
inicialização s.f.
inicializar v.
inicialmente adv.
iniciante adj. s.2g.
iniciar v.
iniciático adj.
iniciativa s.f.
iniciatório adj.
início s.m.
inidentificável adj.2g.
inidoneidade s.f.
inidôneo adj.
inigualado adj.
inigualável adj.2g.
inigualitário adj. s.m.
iniludível adj.2g.
iniludivelmente adv.
imaginado adj.
imaginável adj.2g.
inimaginavelmente adv.
inimigo adj. s.m.
inimitável adj.2g.
inimizade s.f.
inimizar v.
inimportante adj.2g.
inimputabilidade s.f.
inimputável adj.2g.
ininteligente adj.2g.
ininteligibilidade s.f.
ininteligível adj.2g.
ininterrompido adj.
ininterrompível adj.2g.
ininterruptamente adv.
ininterrupto adj.
iniquidade (ü) s.f.
iníquo adj.
injeção s.f.

injetado adj.
injetar v.
injetável adj.2g.
injetor (ó) adj. s.m.
injetora (ó) s.f.
injunção s.f.
injúria s.f.
injuriado adj.
injuriar v.
injurídico adj.
injurioso (ó) adj.; f. e pl.: (ó)
injustamente adv.
injustiça s.f.
injustiçado adj.
injustificadamente adv.
injustificado adj.
injustificável adj.2g.
injusto adj.
inlocalizável adj.2g.
inobjetável adj.2g.
inobservado adj.
inobservância s.f.
inobservável adj.2g.
inocência s.f.
inocentação s.f.
inocentado adj. s.m.
inocentar v.
inocente adj. s.2g.
inocentemente adv.
inocuidade s.f.
inoculação s.f.
inoculado adj.
inoculador (ó) adj. s.m.
inoculante adj. s.2g.
inocular v.
inoculável adj.2g.
inocultável adj.2g.
inócuo adj.
inocupado adj.
inocupável adj.2g.
inodoro adj.
inofensivamente adv.
inofensividade s.f.
inofensivo adj.
inolvidado adj.
inolvidável adj.2g.
inominado adj. s.m.
inominável adj.2g.
inoperância s.f.
inoperante adj.2g.
inoperável adj.2g.
inópia s.f.
inopinadamente adv.
inopinado adj. s.m.
inopinável adj.2g.
inopino s.m.
inoportunamente adv.
inoportunidade s.f.
inoportuno adj.
inorgânico adj.
inorganizável adj.2g.
inortodoxo (cs) adj.
inóspito adj.
inotrópico adj.

inovação s.f.
inovado adj.
inovador (ô) adj. s.m.
inovar v.
inovativo adj.
inovável adj.2g.
inovulado adj.
inox (cs) adj.2g.2n. s.m.2n.
inoxidável (cs) adj.2g.
inqualificável adj.2g.
inquantificável adj.2g.
inquebrantável adj.2g.
inquebrável adj.2g.
inquérito s.m.
inquestionabilidade
 (u ou ü) s.f.
inquestionado (u ou ü) adj.
 s.m.
inquestionável (u ou ü)
 adj.2g.
inquestionavelmente
 (u ou ü) adv.
inquietação s.f.
inquietador (ô) adj. s.m.
inquietante adj.2g.
inquietantemente adv.
inquietar v.
inquieto adj.
inquietude s.f.
inquilinário adj.
inquilinato s.m.
inquilino s.m.
inquinado adj.
inquinar v.
inquirição s.f.
inquirido s.m.
inquiridor (ô) adj. s.m.
inquirir v.
inquisição s.f.
inquisidor (ô) adj. s.m.
inquisidor-geral s.m.; pl.:
 inquisidores-gerais
inquisidor-mor s.m.; pl.:
 inquisidores-mores
inquisitivo adj.
inquisitorial adj.2g.
inquisitório adj.
insaciabilidade s.f.
insaciado adj.
insaciável adj.2g.
insaciavelmente adv.
insaciedade s.f.
insalivação s.f.
insalubre adj.2g.
insalubridade s.f.
insalvável adj.2g.
insanamente adv.
insanável adj.2g.
insânia s.f.
insanidade s.f.
insano adj. s.m.
insatisfação s.f.
insatisfatoriamente adv.
insatisfatório adj.

insatisfazer v.
insatisfeito adj.
insaturado adj. s.m.
insciência s.f.
insciente adj.2g.
ínscio adj.
inscrever v.
inscrição s.f.
inscrito adj. s.m.
insculpir v.
insegurança s.f.
inseguro adj.
inseminação s.f.
inseminado adj.
inseminador (ô) adj. s.m.
inseminar v.
insensatamente adv.
insensatez (ê) s.f.
insensato adj. s.m.
insensibilidade s.f.
insensibilização s.f.
insensibilizar v.
insensível adj. s.2g.
insensivelmente adv.
inseparável adj.2g.
inseparavelmente adv.
insepulto adj.
inserção s.f.
inserido adj.
inserir v.
inserto adj. "inserido"; cf.
 incerto
inservível adj.2g.
insetário s.m.
inseticida adj. s.m.
insetívoro adj. s.m.
inseto s.m.
insídia s.f.
insidiosamente adv.
insidioso (ô) adj.; f. e pl.: (ó)
insigne adj.2g.
insígnia s.f.
insignificância s.f.
insignificante adj. s.2g.
insinceridade s.f.
insincero adj.
insinuação s.f.
insinuado adj.
insinuador (ô) adj. s.m.
insinuante adj.2g.
insinuar v.
insinuativo adj.
insipidamente adv.
insipidez (ê) s.f.
insípido adj.
insipiente adj.2g.
 "ignorante"; cf. incipiente
insistência s.f.
insistente adj.2g.
insistentemente adv.
insistir v.
insociável adj.2g.
insofismável adj.2g.
insofismavelmente adv.

insofreável adj.2g.
insofrido adj.
insolação s.f.
insolado adj.
insolência s.f.
insolente adj. s.2g.
insolentemente adv.
insolitamente adv.
insólito adj.
insolubilidade s.f.
insolucionável adj.2g.
insolúvel adj.2g.
insoluvelmente adv.
insolvabilidade s.f.
insolvável adj.2g.
insolvência s.f.
insolvente adj. s.2g.
insondável adj.2g.
insone adj.2g.
insonegável adj.2g.
insônia s.f.
insonorizar v.
insopitável adj.2g.
insossamente adv.
insosso (ô) adj.
inspeção s.f.
inspecionado adj.
inspecionar v.
inspecionável adj.2g.
inspetor (ô) adj. s.m.
inspetor-geral s.m.; pl.:
 inspetores-gerais
inspetoria s.f.
inspetoria-geral s.f.; pl.:
 inspetorias-gerais
inspiração s.f.
inspiradamente adv.
inspirado adj.
inspirador (ô) adj. s.m.
inspirante adj.2g.
inspirar v.
inspirativo adj.
inspiratório adj.
inspirável adj.2g.
instabilidade s.f.
instabilização s.f.
instabilizado adj.
instabilizador (ô) adj.
instabilizar v.
instado adj.
instalação s.f.
instalado adj.
instalador (ô) adj. s.m.
instalar v.
instalável adj.2g.
instância s.f.
instantaneamente adv.
instantaneidade s.f.
instantâneo adj. s.m.
instante adj.2g. s.m.
instar v.
instauração s.f.
instaurado adj.
instaurador (ô) adj. s.m.

instaurar | 199 | intempestividade

instaurar v.
instaurativo adj.
instável adj.2g.
instigação s.f.
instigado adj.
instigador (ó) adj. s.m.
instigamento s.m.
instigante adj.2g.
instigar v.
instigável adj.2g.
instilação s.f.
instilado adj.
instilador (ó) adj. s.m.
instilamento s.m.
instilante adj.2g.
instilar v.
instilável adj.2g.
instintivamente adv.
instintividade s.f.
instintivo adj.
instinto s.m.
instintual adj.2g.
institucional adj.2g.
institucionalidade s.f.
institucionalismo s.m.
institucionalista adj.2g.
institucionalização s.f.
institucionalizado adj.
institucionalizador (ó) adj.
institucionalizante adj.2g.
institucionalizar v.
institucionalizável adj.2g.
institucionalmente adv.
instituição s.f.
instituído adj.
instituidor (ó) adj. s.m.
instituinte adj.2g.
instituir v.
instituto s.m.
instrução s.f.
instrucional adj.2g.
instruendo s.m.
instruído adj.
instruir v.
instruível adj.2g.
instrumentação s.f.
instrumentado adj.
instrumentador (ó) adj. s.m.
instrumental adj.2g. s.m.
instrumentalidade s.f.
instrumentalismo s.m.
instrumentalista adj. s.2g.
instrumentalização s.f.
instrumentalizado adj.
instrumentalizar v.
instrumentalmente adv.
instrumentar v.
instrumentista s.2g.
instrumento s.m.
instrutivo adj.
instrutor (ó) adj. s.m.
instrutor-geral s.m.; pl.:
    instrutores-gerais
instrutório adj.

insubmergível adj.2g.
insubmissão s.f.
insubmisso adj. s.m.
insubordinação s.f.
insubordinado adj. s.m.
insubordinar v.
insubordinável adj. 2g.
insubornável adj.2g.
insubsistência (s ou z) s.f.
insubsistente (s ou z) adj.2g.
insubstancial adj.2g.
insubstancialidade s.f.
insubstituível adj.2g.
insucesso s.m.
insuficiência s.f.
insuficiente adj.2g.
insuficientemente adv.
insuflação s.f.
insuflado adj.
insuflador (ó) adj. s.m.
insuflamento s.m.
insuflante adj. 2g.
insuflar v.
ínsula s.f.
insulado adj.
insulamento s.m.
insulano adj.
insular v. adj. s.2g.
insularidade s.f.
insulina s.f.
insulinemia s.f.
insulínico adj.
insulinodependente adj.
    s.2g.
insulinoma s.m.
insulso adj.
insultado adj.
insultador (ó) adj. s.m.
insultante adj. s.2g.
insultar v.
insulto s.m.
insultuosamente adv.
insultuoso (ó) adj.; f. e pl.: (ó)
insumo s.m.
insuperabilidade s.f.
insuperado adj.
insuperável adj.2g.
insuplantável adj.2g.
insuportabilidade s.f.
insuportável adj.2g.
insuportavelmente adv.
insuprimível adj.2g.
insurgência s.f.
insurgente adj.2g.
insurgido adj.
insurgimento s.m.
insurgir v.
insurrecional adj.2g.
insurrecto adj.
insurreição s.f.
insurreto adj.
insuscetível adj.2g.
insuspeição s.f.
insuspeitadamente adv.

insuspeitado adj.
insuspeitável adj.2g.
insuspeito adj.
insustentabilidade s.f.
insustentável adj.2g.
insustentavelmente adv.
intacto adj.
intangibilidade s.f.
intangível adj.2g.
intato adj.
íntegra s.f.
integração s.f.
integracionismo s.m.
integracionista adj.2g.
integrado adj.
integrador (ó) adj. s.m.
integral adj.2g.
integralidade s.f.
integralismo s.m.
integralista adj. s.2g.
integralização s.f.
integralizado adj.
integralizar v.
integralmente adv.
integrante adj. s.2g.
integrar v.
integrativo adj.
integridade s.f.
integrismo s.m.
integrista adj. s.2g.
íntegro adj.
inteirado adj.
inteiramente adv.
inteirar v.
inteireza (ê) s.f.
inteiriçar v.
inteiriço adj.
inteiro adj. s.m.
intelecção s.f.
intelectivo adj.
intelecto s.m.
intelectual adj. s.2g.
intelectualidade s.f.
intelectualismo s.m.
intelectualista adj.2g.
intelectualização s.f.
intelectualizado adj.
intelectualizar v.
intelectualmente adv.
inteligência s.f.
inteligente adj. s.2g.
inteligentemente adv.
inteligibilidade s.f.
inteligível adj.2g.
intemerato adj. "puro"; cf.
    intimorato
intemperança s.f.
intempérie s.f.
intemperismo s.m.
intemperização s.f.
intemperizado adj.
intemperizar v.
intempestivamente adv.
intempestividade s.f.

intempestivo | 200 | interminavelmente

intempestivo adj.
intemporal adj.2g.
intemporalidade s.f.
intenção s.f.
intencionado adj.
intencional adj.2g.
intencionalidade s.f.
intencionalmente adv.
intencionamento s.m.
intencionar v.
intendência s.f.
intendente s.2g.
intensamente adv.
intensidade s.f.
intensificação s.f.
intensificado adj.
intensificador (ô) adj. s.m.
intensificar v.
intensivamente adv.
intensividade s.f.
intensivista adj. s.2g.
intensivo adj.
intenso adj.
intentado adj.
intentar v.
intento s.m.
intentona s.f.
interação s.f.
interacional adj.2g.
interacionismo s.m.
interacionista adj.2g.
interagente adj.2g.
interagir v.
interamericano adj.
interanual adj.2g.
interarticular adj.2g.
interasiático adj.
interatividade s.f.
interativo adj.
interatuar v.
interbairros adj.2g.2n.
interbancário adj.
intercadente adj.2g.
intercalação s.f.
intercalado adj.
intercalar v.
intercambiado adj.
intercambialidade s.f.
intercambiar v.
intercambiável adj.2g.
intercâmbio s.m.
intercambista s.2g.
intercapitalista adj.2g.
interceder v.
intercelular adj.2g.
intercepção s.f.
interceptação s.f.
interceptador (ô) s.m.
interceptar v.
interceptor (ô) adj. s.m.
intercessão s.f.
intercessor (ô) adj. s.m.
interclasses adj.2g.2n.
interclubes adj.2g.2n.

intercolonial adj.2g.
intercolunar adj.2g.
intercomunicação s.f.
intercomunicador (ô) adj. s.m.
intercomunicante adj.2g.
intercomunicar-se v.
intercomunicável adj.2g.
intercomunitário adj.
interconectado adj.
interconexão (cs) s.f.
interconfessional adj.2g.
interconfessionalidade s.f.
intercontinental adj.2g.
interconversão s.f.
intercoreano adj.
intercorrelação s.f.
intercorrência s.f.
intercorrente adj.2g.
intercorrer v.
intercorrido adj.
intercortado adj.
intercostal adj.2g.
intercruzado adj.
intercruzamento s.m.
intercruzante adj.2g.
intercruzar v.
intercruzável adj.2g.
intercultural adj.2g.
interculturalidade s.f.
intercurso s.m.
interdental adj.2g.
interdentário adj.
interdepartamental adj.2g.
interdependência s.f.
interdependente adj.2g.
interdepender v.
interdição s.f.
interdigital adj.2g.
interdisciplinar adj.2g.
interdisciplinaridade s.f.
interdisciplinarização s.f.
interdistrital adj.2g.
interditado adj.
interditar v.
interditável adj.2g.
interdito adj. s.m.
interempresarial adj.2g.
interescolar adj.2g.
interespecífico adj.
interessadamente adv.
interessado adj. s.m.
interessante adj.2g. s.m.
interessar v.
interesse (ê) s.m.; cf. *interesse*, fl. do v. *interessar*
interesseiro adj. s.m.
interestadual adj.2g.
interestadualidade s.f.
interestatal adj.2g.
interestelar adj.2g.
interétnico adj.
intereuropeu adj.
interface s.f.

interfacial adj.2g.
interfalangiano adj.
interfase s.f.
interferência s.f.
interferente adj.2g.
interferir v.
interferon s.m.
interfinanceiro adj.
interfixo (cs) adj. s.m.
interfloral adj.2g.
interfluvial adj.2g.
interflúvio s.m.
interfonar v.
interfone s.m.
intergaláctico adj.
intergeracional adj.2g.
interglacial adj.2g.
interglaciar adj.2g.
interglúteo adj.
intergovernamental adj.2g.
intergranular adj.2g.
intergrupal adj.2g.
intergrupo adj.2g.2n.
inter-helênico adj.
inter-hemisférico adj.
inter-humano adj.
ínterim s.m.
interinado s.m.
interinamente adv.
interindividual adj.2g.
interindustrial adj.2g.
interinfluência s.f.
interinidade s.f.
interino adj.
interior (ô) adj.2g. s.m.
interiorano adj. s.m.
interioridade s.f.
interiorização s.f.
interiorizado adj.
interiorizar v.
interiorizável adj.2g.
interiormente adv.
interjectivo adj.
interjeição s.f.
interjetivo adj.
interleucina s.f.
interligação s.f.
interligado adj.
interligar v.
interlíngua s.f.
interlocução s.f.
interlocutor (ô) s.m.
interlocutório adj. s.m.
interlúdio s.m.
intermediação s.f.
intermediador (ô) adj. s.m.
intermediar v.
intermediário adj. s.m.
intermédio adj. s.m.
intermenstrual adj.2g.
intermídia adj.2g.2n. s.f.
intermidiático adj.
interminável adj.2g.
interminavelmente adv.

interministerial | 201 | intolerância

interministerial adj.2g.
intérmino adj.
intermitência s.f.
intermitente adj.2g.
intermitentemente adv.
intermodal adj.2g.
intermolecular adj.2g.
intermúndio s.m.
intermunicipal adj.2g.
intermuscular adj.2g.
internação s.f.
internacional adj.2g.
internacionalidade s.f.
internacionalismo s.m.
internacionalista adj. s.2g.
internacionalização s.f.
internacionalizado adj.
internacionalizante adj.2g.
internacionalizar v.
internacionalizável adj.2g.
internacionalmente adv.
internado adj. s.m.
internalização s.f.
internalizado adj.
internalizar v.
internamente adv.
internamento s.m.
internar v.
internato s.m.
internauta s.2g.
internetar v.
interneteiro adj. s.m.
internetês s.m.
internético adj.
interneurônio s.m.
internista s.2g.
internível adj.2g. s.m.
interníveis adj.2g.2n. s.m.pl.
interno adj. s.m.
internódio s.m.
internúncio s.m.
interoceânico adj.
interocepção s.f.
interoceptivo adj.
interoligárquico adj.
interoperabilidade s.f.
interoperável adj.2g.
interorganização s.f.
interósseo adj.
interparlamentar adj.2g.
interpartidário adj.
interpelação s.f.
interpelador (ô) adj. s.m.
interpelante adj. s.2g.
interpelar v.
interpelativo adj.
interpelável adj.2g.
interpenetração s.f.
interpenetrado adj.
interpenetrar v.
interpenetrável adj.2g.
interpessoal adj.2g.
interplanetariamente adv.
interplanetário adj.

interpluvial adj.2g.
interpolação s.f.
interpoladamente adv.
interpolado adj.
interpolar v.
interpor (ô) v.
interposição s.f.
interposto (ô) adj.; f. e pl.: (ó)
interpretação s.f.
interpretado adj.
interpretador (ô) adj. s.m.
interpretante adj.2g. s.m.
interpretar v.
interpretativo adj.
interpretável adj.2g.
intérprete s.2g.
interprofissional adj.2g.
interprovincial adj.2g.
interproximal (ss) adj.2g.
inter-racial adj.2g.
inter-regional adj.2g.
interregno s.m.
inter-relação s.f.
inter-relacionado adj.
inter-relacionamento s.m.
inter-relacionar v.
inter-relativo adj.
inter-religioso (ô) adj.: f. e pl.: (ó)
inter-renal adj.2g.
inter-resistente adj.2g.
interrogação s.f.
interrogado adj. s.m.
interrogador (ô) adj. s.m.
interrogante adj. s.2g.
interrogar v.
interrogativamente adv.
interrogativo adj.
interrogatório adj. s.m.
interrogável adj.2g.
interromper v.
interrompido adj.
interrompimento s.m.
interrupção s.f.
interruptivo adj.
interrupto adj.
interruptor (ô) s.m.
interseção s.f.
intersecção s.f.
intersecretarial adj.2g.
interseleções adj.2g.2n.
intersemiótico adj.
intersensorial adj.2g.
intersexuado (cs) s.m.
intersexual (cs) adj.2g.
intersexualidade (cs) s.f.
intersindical adj.2g.
intersocial adj.2g.
intersticial adj.2g.
interstício s.m.
intersubjetividade s.f.
intersubjetivismo s.m.
intersubjetivo adj.
intertemporal adj.2g.

intertexto (ê) s.m.
intertextual adj.2g.
intertextualidade s.f.
intertítulo s.m.
intertravado adj.
intertribal adj.2g.
intertrigem s.f.
intertriginoso (ô) adj.; f. e pl.: (ó)
intertrigo s.m.
intertropical adj.2g.
interuniversitário adj.
interurbano adj. s.m.
intervalado adj.
intervalar v. adj.2g.
intervalo s.m.
intervenção s.f.
intervencionismo s.m.
intervencionista adj. s.2g.
interveniência s.f.
interveniente adj. s.2g.
intervenoso (ô) adj.; f. e pl.: (ó)
interventivo adj.
interventor (ô) adj. s.m.
interventoria s.f.
intervertebral adj.2g.
interviloso (ô) adj.; f. e pl.: (ó)
intervir v.
intervivos adj.2g.2n.
intervocal adj.2g.
intervocálico adj.
interzonal adj.2g.
intestinal adj.2g.
intestino adj. s.m.
inticar v.
intimação s.f.
intimado adj. s.m.
intimador (ô) adj. s.m.
intimamente adv.
intimar v.
intimativa s.f.
intimativo adj.
intimidação s.f.
intimidade s.f.
intimidado adj.
intimidador (ô) adj. s.m.
intimidante adj.2g.
intimidar v.
intimidativo adj.
intimidatório adj.
intimismo s.m.
intimista adj.2g.
íntimo adj. s.m.
intimorato adj. "destemido"; cf. *intemerato*
intitulação s.f.
intitulado adj.
intitulamento s.m.
intitular v.
intocabilidade s.f.
intocado adj.
intocável adj. s.2g.
intolerância s.f.

intolerante adj. s.2g.
intolerável adj.2g.
intoleravelmente adv.
intonso adj.
intoxicação (cs) s.f.
intoxicado (cs) adj.
intoxicador (cs...ô) adj. s.m.
intoxicamento (cs) s.m.
intoxicante (cs) adj.2g.
intoxicar (cs) v.
intra-abdominal adj.2g.
intra-alveolar adj.2g.
intra-arterial adj.2g.
intra-articular adj.2g.
intra-atômico adj.
intra-auricular adj.2g.
intrabloco adj.2g.2n.
intrabucal adj.2g.
intracapilar adj.2g.
intracapsular adj.2g.
intracardíaco adj.
intracarotidiano adj.
intracartilaginoso (ô) adj.; f. e pl.: (ó)
intracavitário adj.
intracelular adj.2g.
intracerebral adj.2g.
intraconcorrencial adj.2g.
intracraniano adj.
intradérmico adj.
intraduzível adj.2g.
intrafamiliar adj.2g.
intrafegável adj.2g.
intrafirma adj.2g.2n.
intragável adj.2g.
intraluminar adj.2g.
intramuros adj.2g.2n.
intramuscular adj.2g.
intranquilidade (ü) s.f.
intranquilizador (ü...ô) adj.
intranquilizar (ü) v.
intranquilo (ü) adj.
intranscendência s.f.
intransferível adj.2g.
intransigência (zi) s.f.
intransigente (zi) adj.s.2g.
intransigentemente (zi) adv.
intransitável (zi) adj.2g.
intransitividade (zi) s.f.
intransitivo (zi) adj. s.m.
intransmissibilidade s.f.
intransmissível adj.2g.
intransparência s.f.
intranspirável adj.2g.
intransponível adj.2g.
intranuclear adj.2g.
intraocular adj.2g.
intraparietal adj.2g.
intrapartidário adj.
intraparto adj.2g.2g.
intrapeciolar adj.2g.
intrapélvico adj.
intrapelvino adj.
intraperiódico adj.

intraperitoneal adj.2g.
intraperitonial adj.2g.
intrapessoal adj.2g.
intrapleural adj.2g.
intrapsíquico adj.
intrapulmonar adj.2g.
intrarracial adj.2g.
intrarradial adj.2g.
intrarraquidiano adj.
intrassegmentar adj.2g.
intrasseminal adj.2g.
intrassomático adj.
intrassubjetivo adj.
intratabilidade s.f.
intratável adj. s.2g.
intratextual adj.2g.
intrauterino adj.
intravascular adj.2g.
intravenoso (ô) adj.; f. e pl.: (ó)
intraventricular adj.2g.
intrepidamente adv.
intrepidez (ê) s.f.
intrépido adj.
intrespassável adj.2g.
intricado adj. s.m.
intricamento s.m.
intricar v.
intriga s.f.
intrigado adj.
intrigalhada s.f.
intrigante adj. s.2g.
intrigar v.
intriguento adj. s.m.
intriguista adj. s.2g.
intrincado adj.
intrincamento s.m.
intrincar v.
intrinsecamente adv.
intrínseco adj.
introdução s.f.
introdutivo adj.
introdutor (ô) adj. s.m.
introdutório adj.
introduzido adj.
introduzir v.
introduzível adj.2g.
introito (ó) s.m.
introjeção s.f.
introjetado adj.
introjetar v.
intrometer v.
intrometido adj. s.m.
intrometimento s.m.
intromissão s.f.
introspecção s.f.
introspectivo adj.
introversão s.f.
introvertido adj. s.m.
introvisão s.f.
intrujão adj. s.m.; fem.: *intrujona*
intrujar v.
intrujice s.f.

intrujona s.f. de *intrujão*
intrusamento s.m.
intrusão s.f.
intrusivo adj.
intruso adj. s.m.
intuição s.f.
intuicionismo s.m.
intuicionista adj.2g.
intuído adj.
intuir v.
intuitivamente adv.
intuitividade s.f.
intuitivismo s.m.
intuitivista adj. s.2g.
intuitivo adj.
intuito s.m.
intulicança s.f.
intumescência s.f.
intumescente adj.2g.
intumescer v.
intumescido adj.
intumescimento s.m.
inúbil adj.2g.
inumação s.f.
inumano adj.
inumar v.
inumerável adj.2g.
inúmero adj.
inundação s.f.
inundado adj. s.m.
inundante adj.2g.
inundar v.
inundável adj.2g.
inurbanidade s.f.
inurbano adj.
inusitadamente adv.
inusitado adj. s.m.
inusual adj.2g. s.m.
inútil adj. s.2g.
inutilidade s.f.
inutilitário adj. s.m.
inutilização s.f.
inutilizado adj.
inutilizador (ô) adj.
inutilizante adj.2g.
inutilizar v.
inutilizável adj.2g.
inutilmente adv.
invadido adj.
invadir v.
invaginação s.f.
invaginado adj.
invalidação s.f.
invalidade s.f.
invalidado adj.
invalidante adj.2g.
invalidar v.
invalidável adj.2g.
invalidez (ê) s.f.
inválido adj. s.m.
invariabilidade s.f.
invariado adj.
invariância s.f.
invariante adj.2g.

invariável | 203 | irracionalmente

invariável adj.2g.
invariavelmente adv.
invasão s.f.
invasivo adj.
invasor (ô) adj. s.m.
invectiva s.f.
invectivar v.
inveja s.f.
invejado adj.
invejar v.
invejável adj.2g.
invejavelmente adv.
invejoso (ô) adj.; f. e pl.: (ó)
invenção s.f.
invencibilidade s.f.
invencionice s.f.
invencionismo s.m.
invencível adj.2g.
invencivelmente adv.
invendável adj.2g.
invendível adj.2g.
inventação s.f.
inventado adj.
inventador (ô) adj. s.m.
inventar v.
inventariado adj.
inventariante s.2g.
inventariar v.
inventário s.m.
inventável adj.2g.
inventeiro adj.
inventismo s.m.
inventiva s.f.
inventividade s.f.
inventivo adj.
invento s.m.
inventor (ô) adj. s.m.
inventoria s.f.
inveracidade s.f.
inveraz adj.2g.
inverdade s.f.
inverídico adj.
inverificável adj.2g.
invernada s.f.
invernador (ô) s.m.
invernagem s.f.
invernal adj.2g.
invernar v.
invernia s.f.
invernista s.2g.
inverno s.m.
invernoso (ô) adj.; f. e pl.: (ó).
inverossímil adj.2g. s.m.
inverossimilhança s.f.
inversamente adv.
inversão s.f.
inverso adj. s.m.
inversor (ô) s.m.
invertebrado adj. s.m.
inverter v.
invertido adj. s.m.
invés s.m.
investida s.f.
investido adj.

investidor (ô) s.m.
investidura s.f.
investigação s.f.
investigado adj. s.m.
investigador (ô) adj. s.m.
investigar v.
investigativo adj.
investigatório adj.
investigável adj.2g.
investimento s.m.
investir v.
inveterado adj.
inviabilidade s.f.
inviabilização s.f.
inviabilizado adj.
inviabilizar v.
inviável adj.2g.
invicto adj.
ínvio adj.
inviolabilidade s.f.
inviolado adj.
inviolável adj.2g.
invirtude s.f.
invisibilidade s.f.
invisível adj.2g. s.m.
invisivelmente adv.
invocação s.f.
invocado adj.
invocar v.
involução s.f.
involucrar v.
invólucro s.m.
involuído adj.
involuir v.
involuntariamente adv.
involuntário adj.
involutivo adj.
invulgar adj.2g.
invulnerabilidade s.f.
invulnerável adj.2g.
inzona s.f.
inzonar v.
inzoneiro adj.
iodação s.f.
iodado adj.
iodeto (ê) s.m.
iodo (ó) s.m.
ioga (ó ou ô) s.m.f.
iogue adj. s.2g.
iogurte s.m.
ioiô s.m.
íon s.m.
iônico adj.
iônio s.m.
ionização s.f.
ionizado adj.
ionizante adj.2g.
ionizar v.
ionograma s.m.
ionosfera s.f.
ionte s.m.
iôntico adj.
iontizado adj.
iontoforese s.f.

iorubá adj. s.2g. s.m.
iorubano adj. s.m.
ipê s.m.
ipeca s.f. s2g.
ipecacuanha s.f.
ipê-tabaco s.m.; pl.: *ipês-tabaco*
  e *ipês-tabacos*
ipomeia (é) s.f.
ipsilateral adj.2g.
ípsilon s.m.; pl.: *ípsilons*
ipsilone s.m.
ipuano adj. s.m.
ipueira s.f.
ipurina s.m.
ipuriná s.m.
iquebana s.m.
ir v.
ira s.f.
irá s.m.
iracúndia s.f.
iracundo adj.
irado adj.
iraniano adj. s.m.
iraquiano adj. s.m.
irar v.
irara s.f.
irascibilidade s.f.
irascível adj.2g.
irascivo adj.
irerê s.m.
iridectomia s.f.
iridescência s.f.
iridescente adj.2g.
irídio s.m.
iridocorneano adj.
iridologia s.f.
iridólogo s.m.
íris s.m.f.2n. s.f.2n.
irisado adj.
irisar v.
irite s.f.
irlandês adj. s.m.
irmã s.f. de *irmão*
irmâmente adv.
irmanação s.f.
irmanado adj.
irmanar v.
irmandade s.f.
irmão adj. s.m.; fem.: *irmã*;
  pl.: *irmãos*
ironia s.f.
ironicamente adv.
irônico adj.
ironismo s.m.
ironista s.2g.
ironizado adj.
ironizar v.
iroso (ô) adj.; f. e pl.: (ó)
irracional adj.2g. s.m.
irracionalidade s.f.
irracionalismo s.m.
irracionalista adj. s.2g.
irracionalístico adj.
irracionalmente adv.

irradiação | 204 | isópode

irradiação s.f.
irradiado adj.
irradiador (ô) adj. s.m.
irradiância s.f.
irradiante adj.2g.
irradiar v.
irrazoabilidade s.f.
irrazoável adj.2g.
irreajustável adj.2g.
irreal adj. s.2g.
irrealidade s.f.
irrealismo s.m.
irrealista adj. s.2g.
irrealístico adj.
irrealizado adj.
irrealizável adj.2g.
irrealmente adv.
irrebatível adj.2g.
irrecíproco adj.
irreclamável adj.2g.
irreclinável adj.2g.
irrecobrável adj.2g.
irreconciliado adj.
irreconciliar v.
irreconciliável adj.2g.
irreconhecido adj.
irreconhecível adj.2g.
irreconstituível adj.2g.
irrecorrido adj.
irrecorrível adj.2g.
irrecuperabilidade s.f.
irrecuperado adj.
irrecuperável adj. s.2g.
irrecusável adj.2g.
irredentismo s.m.
irredentista adj.2g.
irredento adj.
irredimido adj.
irredimível adj.2g.
irredutibilidade s.f.
irredutível adj.2g.
irreduzível adj.2g.
irrefletidamente adv.
irrefletido adj.
irreflexão (cs) s.f.
irreflexivo (cs) adj.
irreflexo (cs) adj.
irreformável adj.2g.
irrefreado adj.
irrefreável adj.2g.
irrefutabilidade s.f.
irrefutado adj.
irrefutável adj.2g.
irregular adj. s.2g.
irregularidade s.f.
irregularmente adv.
irrelevância s.f.
irrelevante adj.2g.
irrelevável adj.2g.
irreligião s.f.
irreligiosidade s.f.
irreligioso (ó) adj.; f. e pl.: (ó)
irremediabilidade s.f.
irremediado adj.

irremediável adj.2g.
irremediavelmente adv.
irremissível adj.2g.
irremissivelmente adv.
irremovível adj.2g.
irremunerável adj.2g.
irrenunciável adj.2g.
irreparável adj.2g.
irreparavelmente adv.
irrepartível adj.2g.
irrepetível adj.2g.
irreplicável adj.2g.
irrepreensível adj.2g.
irrepreensivelmente adv.
irrepresentável adj.
irreprimido adj.
irreprimível adj.2g.
irreprochável adj.2g.
irreproduzível adj.2g.
irreprovável adj.2g.
irrequieto adj.
irrescindível adj.2g.
irresgatável adj.2g.
irresignação s.f.
irresignado adj.
irresistibilidade s.f.
irresistível adj.2g.
irresistivelmente adv.
irresolução s.f.
irresoluto adj.
irresolúvel adj.2g.
irresolvido adj.
irresolvível adj.2g.
irrespirável adj.2g.
irrespondido adj.
irrespondível adj.2g.
irrespondivelmente adv.
irresponsabilidade s.f.
irresponsável adj. s.2g.
irresponsavelmente adv.
irrestringível adj.2g.
irrestritamente adv.
irrestrito adj.
irretocável adj.2g.
irretorquível adj.2g.
irretratável adj.2g.
irretroatividade s.f.
irrevelado adj.
irrevelável adj.2g.
irreverência s.f.
irreverente adj. s.2g.
irreverentemente adv.
irreversibilidade s.f.
irreversível adj.2g.
irreversivelmente adv.
irrevocabilidade s.f.
irrevogabilidade s.f.
irrevogável adj.2g.
irrevogavelmente adv.
irrigação s.f.
irrigado adj.
irrigador (ô) adj. s.m.
irrigar v.
irrigável adj.2g.

irrisão s.f.
irrisório adj.
irritabilidade s.f.
irritação s.f.
irritadiço adj.
irritado adj.
irritador (ô) adj. s.m.
irritamento s.m.
irritante adj.2g.
irritantemente adv.
irritar v.
irritativo adj.
irritável adj.2g.
irrompente adj.2g.
irromper v.
irrompido adj.
irrupção s.f.
isca s.f.
iscado adj.
iscar v.
isenção s.f.
isencional adj.2g.
isentar v.
isento adj.
islã s.m.
islame s.m.
islâmico adj.
islamismo s.m.
islamita adj. s.2g.
islamítico adj.
islamização s.f.
islamizado adj.
islamizar v.
islandês adj. s.m.
ismaelita adj. s.2g.
isóbara s.f.
isobárico adj.
isóbata s.f.
isocinético adj.
isócrono adj.
isogamia s.f.
isógono adj.
isoimunização s.f.
isolacionismo s.m.
isolacionista adj. s.2g.
isolacionístico adj.
isoladamente adv.
isolado adj.
isolador (ô) adj. s.m.
isolamento s.m.
isolante adj.2g. s.m.
isolar v.
isolável adj.2g.
isoleucina s.f.
isomeria s.f.
isômero s.m.
isométrico adj.
isomorfia s.f.
isomorficamente adv.
isomórfico adj.
isomorfismo s.m.
isonomia s.f.
isonômico adj.
isópode adj.2g.

isopor (ô) s.m.
isopreno s.m.
isóptero adj.
isóscele adj.2g.
isósceles adj.2g.2n.
isosporia s.f.
isostasia s.f.
isotérico adj. "de igual densidade"; cf. *esotérico* e *exotérico*
isoterma s.f.
isotérmico adj.
isotônico adj.
isotópico adj.
isótopo s.m.
isotropia s.f.
isotrópico adj.
isótropo adj.
isqueiro s.m.
isquemia s.f.
isquêmico adj.
ísquio s.m.
israelense adj. s.2g.
israelita adj. s.2g.
isso pron.
istmo s.m.
isto pron.
ita s.m.
itabirano adj. s.m.
itabirito s.m.
itacolomito s.m.
italianada s.m.
italianado adj.
italianidade s.f.
italianismo s.m.
italianizado adj.
italiano adj. s.m.
italianófilo s.m.
itálico adj. s.m.
ítalo adj.
itaoca s.f.
itapeba s.f.
itapeva s.f.
itapicuru s.m.
itararé s.m.
item s.m.
iteração s.f.
iterar v.
iterativo adj.
itérbio s.m.
iterícia s.f.
itinerância s.f.
itinerante adj. s.2g.
itinerário s.m.
itororó s.m.
ítrio s.m.
iugoslavo adj. s.m.
iurisnaturalismo s.m.
iurisnaturalista adj. s.2g.
ixe interj.

J j

j s.m.
já adv.
jabá s.m.f.
jabaculê s.m.
jabiraca s.f.
jabiru s.m.
jaborandi s.m.
jabugo s.m.
jaburu s.m.
jabuti s.m.
jabuticaba s.f.
jabuticabal s.m.
jabuticabeira s.f.
jaca s.f.
jacá s.m.
jaça s.f.
jaçado adj.
jacamim s.m.
jaçanã s.f.
jacarandá s.m.
jacaré s.m.
jacaré-de-papo-amarelo s.m.; pl.: *jacarés-de-papo-amarelo*
jacaretinga s.m.
jacareúba s.f.
jacarezama s.f.
jacente adj.2g.
jacinto s.m.
jacobinismo s.m.
jacobinista adj. s.2g.
jacobino adj. s.m.
jactância s.f.
jactancioso (ô) adj.; f. e pl.: (ó)
jactar-se v.
jacu s.m.
jacuba s.f.
jacubim s.m.
jacuguaçu s.m.
jacuí s.m.
jaculatória s.f.
jáculo s.m.
jacupemba s.f.
jacutinga s.f.
jacutupé s.f.
jade s.m.
jadeíta s.f.
jaez (ê) s.m.
jaga s.m.
jaguar s.m.
jaguaretê s.m.
jaguatirica s.f.
jagube s.m.
jagunçada s.f.
jagunçagem s.f.

jaguncismo s.m.
jagunço s.m.
jalapa s.f.
jalde adj.2g. s.m.
jaleco s.m.
jamaicano adj.
jamais adv.
jamanta s.f.
jamaxi s.m.
jambeiro s.m.
jambete s.f.
jâmbico adj.
jambo adj.2g.2n. s.m.
jambolão s.m.
jambrar v.
jambu s.m.
jamegão s.m.
jamelão s.m.
jandaia s.f.
jandaíra s.f.
janeiro s.m.
janela s.f.
janelar v.
janeleiro adj. s.m.
jangada s.f.
jangadeiro s.m.
jângal s.m.
janízaro s.m.
janota adj.2g. s.m.
jansenismo s.m.
jansenista adj. s.2g.
janta s.f.
jantado adj.
jantar v. s.m.
jantarola s.f.
jaó s.m.
japecanga s.f.
japi s.m.
japim s.m.
japona s.f. s.2g.
japonês adj. s.m.
japonesada s.f.
jaqueira s.f.
jaqueta (ê) s.f.
jaquetão s.m.
jaracatiá s.m.
jaraguá s.m.
jararaca s.f.
jararacuçu s.f.
jaratataca s.f.
jarda s.f.
jardim de infância s.m.
jardim de inverno s.m.
jardim s.m.
jardinagem s.f.

jardinar v.
jardineira s.f.
jardineiro s.m.
jardinete (ê) s.m.
jargão s.m.
jarra s.f.
jarrete (ê) s.m.
jarreteira s.f.
jarro s.m.
jasmim s.m.
jasmim-do-cabo s.m.; pl.: *jasmins-do-cabo*
jasmineiro s.m.
jaspe s.m.
jataí s.m.
jateado adj.
jateamento s.m.
jatear v.
jati s.f.
jato s.m.
jatobá s.m.
jatobazeiro s.m.
jaú s.m.
jaula s.f.
javali s.m.
javanês adj. s.m.
javardice s.f.
javardo adj. s.m.
javari s.m.
jazer v.
jazida s.f.
jazificado adj.
jazificar v.
jazigo s.m.
jazimento s.m.
jazista s.2g.
jazístico adj.
jazófilo adj. s.m.
jazzmaníaco s.m.
jê adj. s.2g.
jeba s.f.
jeca adj. s.2g.
jeca-tatu s.m.; pl.: *jecas-tatus*
jegue s.m.
jeira s.f.
jeitão s.m.
jeito s.m.
jeitoso (ô) adj.; f. e pl.: (ó)
jeje adj. s.2g. s.m.
jeje-nagô adj. s.2g.; pl.: *jejes-nagôs*
jejuador (ô) adj. s.m.
jejuar v.
jejum s.m.
jejunal adj.2g.

jejuno adj.
jejunostomia s.f.
jenipapada s.f.
jenipapeiro s.m.
jenipapina s.f.
jenipapo s.m.
jequi s.m.
jequice s.f.
jequismo s.m.
jequitaia s.f.
jequitibá s.m.
jequitibá-rosa s.m.; pl.: jequitibás-rosas
jequitiranaboia (ó) s.f.
jerbo s.m.
jereba s.m. s.f.
jerebita s.f.
jeremiada s.f.
jereré s.m.
jeribita s.f.
jerico s.m.
jerimu s.m.
jerimum s.m.
jerimuzeiro s.m.
jerivá s.m.
jeriza s.f.
jeropiga s.f.
jerosolimitano adj. s.m.
jérsei s.m.
jesuíta adj. s.2g.
jesuítico adj.
jesuitismo s.m.
jetom s.m.
jia s.f.
jiboia (ó) s.f.
jiboiar v.
jiló s.m.
jiloeiro s.m.
jimbo s.m.
jinglista s.2g.
jinguba s.f.
jinjibirra s.f.
jinriquixá s.m.
jipão s.m.
jipe s.m.
jipeiro s.m.
jipioca s.f.
jirau s.m.
jiripoca s.f.
jitirana s.f.
jitiranaboia (ó) s.f.
jito adj.
jiu-jítsu s.m.
joalheiro s.m.
joalheria s.f.
joana s.f.
joanete (ê) s.m.
joaninha s.f.
joanino adj.
joão-bobo s.m.; pl.: joões-bobos
joão-corta-pau s.m.; pl.: joões-corta-pau
joão-de-barro s.m.; pl.: joões-de-barro

joão-grande s.m.; pl.: joões-grandes
joão-ninguém s.m.; pl. joões-ninguém
joão-pessoense adj.; pl. joão-pessoenses
joão-pestana s.m.; pl. joões-pestanas
joão-pinto s.m.; pl.: joões-pintos
joão-teimoso s.m.; pl.: joões-teimosos
jobiniano adj.
joça s.f.
jocosamente adv.
jocosidade s.f.
jocoso (ó) adj.; f. e pl.: (ó)
jocotó s.m.
joeira s.f.
joeiradora (ô) s.f.
joeirar v.
joelhaço s.m.
joelhada s.f.
joelheira s.f.
joelho (ê) s.m.
jogação s.f.
jogaço s.m.
jogada s.f.
jogado adj.
jogador (ô) s.m.
jogar v.
jogatina s.f.
jogo (ô) s.m.; pl. (ó)
jogo da velha s.m.
jogral s.m.
jogralesco (ê) adj.
joguete (ê) s.m.
joia (ó) s.f.
joinvilense adj. s.2g.
joio s.m.
jojoba s.f.
jongo s.m.
jongueiro adj. s.m.
jônico adj. s.m.
jônio adj. s.m.
jóquei s.m.
jóquei-clube s.m.; pl.: jóquei-clubes
jordaniano adj. s.m.
jornada s.f.
jornal s.m.
jornaleco s.m.
jornaleiro adj. s.m.
jornalismo s.m.
jornalista s.2g.
jornalisticamente adv.
jornalístico adj.
jorrar v.
jorro (ô) s.m.
jota s.m.
joule (ju) s.m.
jovem adj. s.2g.
jovial adj.2g.
jovialidade s.f.

jovializante adj.2g.
jovializar v.
jovialmente adv.
juá s.m.
juá-bravo s.m.; pl.: juás-bravos
juazeiro s.m.
juba s.f.
jubarte s.f.
jubilação s.f.
jubilado adj.
jubilamento s.m.
jubilante adj.2g.
jubilar adj.2g. v.
jubileu s.m.
júbilo s.m.
jubilosamente adv.
jubiloso (ó) adj.; f. e pl.: (ó)
jucá s.m.
juçana s.f.
juçara s.f.
juçaral s.m.
juçareira s.f.
jucundo adj.
judaico adj.
judaísmo s.m.
judaizante adj.2g.
judaizar v.
judas s.m.2n.
judeu adj. s.m.; fem.: judia
judia s.f. de judeu
judiação s.f.
judiado adj.
judiar v.
judiaria s.f.
judicante adj.2g.
judicar v.
judicativo adj.
judicatório adj.
judicatura s.f.
judicial adj.2g.
judicialmente adv.
judiciário adj. s.m.
judiciosamente adv.
judiciosidade s.f.
judicioso (ó) adj.; f. e pl.: (ó)
judô s.m.
judoca s.2g.
judoísta adj. s.2g.
juerana s.f.
jugo s.m.
jugulado adj.
jugular v. adj.2g. s.f.
juiz s.m.
juizado s.m.
juiz-forano adj. s.m.; pl.: juiz-foranos
juiz-forense adj. s.2g.; pl.: juiz-forenses
juízo s.m.
jujo s.m.
jujuba s.f.
jujubeira s.f.
julgado adj. s.m.
julgador (ô) adj. s.m.

julgamento | 209 | **juventude**

julgamento s.m.
julgar v.
julho s.m.
juliano adj.
jumentice s.f.
jumento s.m.
junça s.f.
juncado adj.
juncal s.m.
junção s.f.
juncar v.
juncional adj.2g.
junco s.m.
jundiá s.m.
jungido adj.
jungir v.
junguiano adj. s.m.
junho s.m.
junino adj.
júnior adj. s.m.; pl.: *juniores* (ô)
junqueira s.f.
junquilho s.m.
junta s.f.
juntada s.f.
juntamente adv.
juntamento s.m.
juntar v.
junteira s.f.
juntito adj.
juntivo adj. s.m.
junto adj. adv.
juntura s.f.
jupará s.m.
jupiteriano adj.
juquiá s.m.

juquira s.f.
jura s.f.
jurado adj. s.m.
juramentado adj.
juramentar v.
juramento s.m.
jurar v.
jurássico adj.
jurema s.f.
júri s.m.
juridicamente adv.
juridicidade s.f.
juridicismo s.m.
juridicizar v.
jurídico adj.
jurisconsulto s.m.
jurisdição s.f.
jurisdicionado s.m.
jurisdicional adj.2g.
jurisdicionar v.
jurisperito s.m.
jurisprudência s.f.
jurisprudencial adj.2g.
jurista s.2g.
juriti s.f.
juro s.m.
jurubeba s.f.
jurujuba s.f.
jurupari s.m.
jurupensém s.m.
jurupoca s.f.
jururu adj. s.2g.
juruti s.f.
jus s.m.
jusante s.f.
jusnaturalismo s.m.

jusnaturalista adj. s.2g.
jussivo adj.
justa s.f.
justafluvial adj.2g.
justalinear adj.2g.
justamente adv.
justapor (ô) v.
justaposição s.f.
justaposto (ô) adj.; f. e pl.: (ó)
justar v.
justeza (ê) s.f.
justiça s.f.
justiçado adj. s.m.
justiçamento s.m.
justiçar v.
justiceiro adj. s.m.
justicialismo s.m.
justicialista adj. s.2g.
justificação s.f.
justificadamente adv.
justificado adj.
justificador (ô) adj.
justificar v.
justificativa s.f.
justificativo adj.
justificável adj.2g.
justo adj. s.m.
juta s.f.
juvenil adj.2g. s.m.
juvenília s.f.
juvenilidade s.f.
juvenilização s.f.
juvenilizante adj.2g.
juventude s.f.

K k

k s.m.
kafkiano adj. s.m.
kantiano adj. s.m.
kantismo s.m.
kantista adj. s.2g.
kantístico adj.

kardecismo s.m.
kardecista adj. s.2g.
kelvin s.m.
keynesianismo s.m.
keynesianista adj. s.2g.
keynesianístico adj.

keynesiano adj. s.m.
kierkegaardiano adj.
kimberlite s.m.
kuwaitiano adj. s.m.

L1

l s.m.
la pron.
lá s.m. adv.
lã s.f.
labareda (ê) s.f.
lábaro s.m.
labelo s.m.
labéu s.m.
lábia s.f.
labiada s.f.
labiado adj.
labial adj.2g. s.f.
lábil adj.2g.
labilidade s.f.
lábio s.m.
labiodental adj. s.2g.
labiopalatal adj. s.2g.
labiosidade s.f.
labirinteira s.f.
labiríntico adj.
labirintite s.f.
labirinto s.m.
labor (ô) s.m.
laboração s.f.
laboral adj.2g.
laborar v.
laborativo adj.
laboratorial adj.2g.
laboratório s.m.
laboratorista s.2g.
laborial adj.2g.
laboriosamente adv.
laboriosidade s.f.
laborioso (ô) adj.; f. e pl.: (ó)
laborismo s.m.
laborista adj. s.2g.
laborterapia s.f.
labrador (ô) s.m.
labradorita s.f.
labrego (ê) adj. s.m.
labuta s.f.
labutação s.f.
labutador (ô) adj. s.m.
labutar v.
laca s.f.
laçaço s.m.
laçada s.f.
laçadeira s.f.
laçador (ô) adj. s.m.
lacaio adj. s.m.
lacaniano adj. s.m.
lacanismo s.m.
laçar v.
laçarada s.f.
laçaria s.f.

laçarote s.m.
lacedemônio adj. s.m.
laceração s.f.
lacerado adj.
lacerante adj.2g.
lacerar v.
lacerável adj.2g.
lacerdinha s.m.
lacerdismo s.m.
lacerdista adj. s.2g.
lacertílio adj. s.m.
lacha s.f.
laço s.m.; "nó corredio", etc.; cf. lasso adj. e laço fl. do v. laçar
laconicamente adv.
lacônico adj.
laconismo s.m.
lacotixo s.m.
lacração s.f.
lacrado adj.
lacraia s.f.
lacrainha s.f.
lacramento s.m.
lacrar v.
lacrau s.m.
lacre s.m.
lacrimação s.f.
lacrimal adj.2g. s.m.
lacrimante adj.2g.
lacrimar v.
lacrimatório adj. s.m.
lacrimável adj.2g.
lacrimejamento s.m.
lacrimejante adj.2g.
lacrimejar v.
lacrimejo (ê) s.m.
lacrimogênico adj.
lacrimogênio adj. s.m.
lacrimoso (ô) adj.; f. e pl.: (ó)
lactação s.f.
lactalbumina s.f.
lactância s.f.
lactante adj. s.2g.
lactar v.
lactário adj. s.m.
lactase s.f.
lactato s.m.
lactente adj. s.2g. "que ainda mama"; cf. latente
lácteo adj.
lactescente adj.2g.
láctico adj.
lactoalbumina s.f.
lactobacilo s.m.
lactofermentação s.f.

lactoflavina s.f.
lactoglobulina s.f.
lactose s.f.
lactovegetariano adj. s.m.
lacuna s.f.
lacunar adj.2g.
lacunosidade s.f.
lacunoso (ô) adj.; f. e pl.: (ó)
lacustre adj.2g.
ladainha s.f.
ladeado adj.
ladeamento s.m.
ladear v.
ladeira s.f.
ladeirame s.m.
ladeiramento s.m.
ladeirante adj.2g.
ladeirar v.
ladeirento adj.
ladeiroso (ô) adj.; f. e pl.: (ó)
ladinagem s.f.
ladineza (ê) s.f.
ladinice s.f.
ladino adj. s.m.
ladinoso (ô) adj.; f. e pl.: (ó)
lado s.m.
ladra s.f.
ladrado s.m.
ladrador (ô) adj. s.m.
ladrão adj. s.m.; fem.: ladrona e ladroa
ladrar v.
ladravaz s.m.
ladrido s.m.
ladrilhado adj.
ladrilhador (ô) s.m.
ladrilhagem s.f.
ladrilhamento s.m.
ladrilhar v.
ladrilheiro s.m.
ladrilho s.m.
ladro adj. s.m.
ladroa (ô) s.f. de ladrão
ladroaço s.m.
ladroagem s.f.
ladroeira s.f.
ladroíce s.f.
ladroísmo s.m.
ladrona s.f. de ladrão
ladronice s.f.
ladronismo s.m.
lagalhé s.m.
lagamar s.m.
lagar s.m.
lagareiro adj. s.m.

lagarta s.f.
lagarta-cabeluda s.f.; pl.: *lagartas-cabeludas*
lagarta-de-fogo s.f.; pl.: *lagartas-de-fogo*
lagarta-rosada s.f.; pl.: *lagartas-rosadas*
lagartear v.
lagarteio s.m.
lagartixa s.f. s.2g.
lagartixar v.
lagarto s.m.
lagarto-do-mar s.m.; pl.: *lagartos-do-mar*
lago s.m.
lagoa (ô) s.f.
lagoão s.m.
lagoftalmia s.f.
lagosta (ô) s.f.
lagosteiro adj. s.m.
lagostim s.m.
lágrima s.f.
lágrima-de-nossa-senhora s.f.; pl.: *lágrimas-de-nossa-senhora*
lágrima-de-santa-maria s.f.; pl.: *lágrimas-de-santa-maria*
lagrimal adj.2g. s.m.
lagrimoso (ô) adj.; f. e pl.: (ó)
laguna s.f.
lagunar adj.2g.
laia s.f.
laicato s.m.
laicidade s.f.
laicismo s.m.
laicista adj. s.2g.
laicização s.f.
laicizado adj.
laicizar v.
laico adj. s.m.
laivo s.m.
laje s.f.
lajeado s.m.
lajear v.
lajedo (ê) s.m.
lajeiro s.m.
lajem s.f.
lajota s.f.
lalofobia s.f.
lalofóbico adj.
lalófobo adj. s.m.
lalomania s.f.
laloplegia s.f.
laloplégico adj.
lama s.m. s.f.
lamaçal s.m.
lamaceira s.f.
lamaceiro s.m.
lamacento adj.
lamaico adj.
lamaísmo s.m.
lamaísta adj. s.2g.
lamarckismo s.m.
lamarckista adj. s.2g.

lamartiniano adj. s.m.
lamartinista adj. s.2g.
lambada s.f.
lambadeiro s.m.
lambaio s.m.
lambança s.f.
lambanceiro adj. s.m.
lambão adj. s.m.; fem.: *lambona*
lambareiro adj. s.m.
lambari s.m.
lambateria s.f.
lambaz adj.2g. s.m.
lambda s.m.
lambdacismo s.m.
lambdoide (ó) adj.2g. s.f.
lambe-botas s.2g.2n.
lambe-cu s.2g.; pl.: *lambe-cus*
lambedeira s.f.
lambedor (ô) adj. s.m.
lambe-lambe s.m.; pl.: *lambe-lambes* e *lambes-lambes*
lamber v.
lambida s.f.
lambidela s.f.
lambido adj.
lambiscada s.f.
lambiscar v.
lambisgoia (ó) s.2g.
lambona s.f. de *lambão*
lamborada s.f.
lambrecar v.
lambregar v.
lambrequim s.m.
lambreta (ê) s.f.
lambreteiro adj. s.m.
lambretista s.2g.
lambri s.m.
lambugem s.f.
lambuja s.f.
lambujar v.
lambujeiro adj. s.m.
lambuzada s.f.
lambuzadela s.f.
lambuzado adj.
lambuzar v.
lambuzeira s.f.
lamê s.m.
lameira s.f.
lameirão s.m.
lameiro s.m.
lamela s.f.
lamelado adj.
lamelar adj.2g.
lamelibrânquio adj. s.m.
lameliforme adj.2g.
lameloso (ô) adj.; f. e pl.: (ó)
lamentação s.f.
lamentado adj.
lamentador (ô) adj. s.m.
lamentar v.
lamentável adj.2g.
lamentavelmente adv.
lamento s.m.

lamentosamente adv.
lamentoso (ô) adj.; f. e pl.: (ó)
lâmina s.f.
laminação s.f.
laminado adj. s.m.
laminador (ô) adj. s.m.
laminadora (ô) s.f.
laminagem s.f.
laminar adj.2g. v.
laminária s.f.
laminarina s.f.
laminável adj.2g.
laminoso (ô) adj.; f. e pl.: (ó)
lâmpada s.f.
lampadário s.m.
lampadeiro s.m.
lampadejar v.
lampana s.f.
lamparina s.f.
lampeiro adj. s.m.
lampejante adj.2g.
lampejar v.
lampejo (ê) s.m.
lampião s.m.
lampírio s.m.
lampreia s.f.
lamúria s.f.
lamuriante adj.2g.
lamuriar v.
lamuriento adj.
lamurioso (ô) adj.; f. e pl.: (ó)
lana-caprina s.f.; pl.: *lanas-caprinas*
lança s.f.
lança-bombas s.m.2n.
lança-chamas s.m.2n.
lançaço s.m.
lançada s.f.
lançadeira s.f.
lança-de-ogum s.f.; pl.: *lanças-de-ogum*
lança-de-são-jorge s.f.; pl.: *lanças-de-são-jorge*
lançado adj. s.m.
lançador (ô) adj. s.m.
lançadura s.f.
lança-fogo s.m.; pl.: *lança-fogos*
lança-gases s.m.2n.
lançamento s.m.
lançante s.m.
lança-perfume s.m.; pl.: *lança-perfumes*
lançar v.
lança-torpedos s.m.2n.
lance s.m.
lanceado adj.
lanceador (ô) adj. s.m.
lancear v.
lanceiro s.m.
lanceolado adj.
lanceolar adj.2g.
lanceta (ê) s.f.; cf. *lanceta*, fl. do v. *lancetar*
lancetada s.f.

lancetar | 215 | lastro

lancetar v.
lanceteira s.f.
lancha s.f.
lanchar v.
lancha-torpedeira s.f.; pl.: lanchas-torpedeiras
lanche s.m.
lancheira s.f.
lancheiro s.m.
lancheria s.f.
lanchonete s.f.
lanciforme adj.2g.
lancil s.m.
lancinante adj.2g.
lancinar v.
lanço s.m.
landa s.f.
landau s.m.
landeira s.f.
landi s.m.
landuá s.m.
langanho s.m.
langor (ô) s.m.
langorosidade s.f.
langoroso (ô) adj.; f. e pl.: (ó)
languescência s.f.
languescer v.
languidamente (gu ou gü) adv.
languidez (gu ou gü...ê) s.f.
lânguido (gu ou gü) adj.
lanhadela s.f.
lanhado adj.
lanhar v.
lanho s.m.
lanífero adj.
lanificial adj.2g.
lanifício s.m.
lanígero adj.
lanolina s.f.
lanosidade s.f.
lanoso (ô) adj.; f. e pl.: (ó)
lantânio s.m.
lantejoula s.f.
lanterna s.f.
lanternagem s.f.
lanterneiro s.m.
lanternim s.m.
lanterninha s.f. s.2g.
lanudo adj.
lanugem s.f.
lanuginoso (ô) adj.; f. e pl.: (ó)
laosiano adj. s.m.
lapa s.f.
lapada s.f.
lapantana adj. s.2g.
lapão adj. s.m.; fem.: lapona
láparo s.m.
láparo-histerectomia s.f.; pl.: láparo-histerectomias
láparo-histerectômico adj.; pl.: láparo-histerectômicos
laparoisterectomia s.f.

laparoisterectômico adj.
laparoscopia s.f.
laparoscópico adj.
laparoscópio s.m.
laparotomia s.f.
laparotômico adj.
lapeado adj.
lapear v.
lapela s.f.
lapiana s.f.
lapidação s.f.
lapidado adj.
lapidador (ó) adj. s.m.
lapidar v. adj.2g.
lapidaria s.f.
lapidário adj. s.m.
lapidarmente adv.
lápide s.f.
lapidificação s.f.
lapidoso (ô) adj.; f. e pl.: (ó)
lapinha s.f.
lápis s.m.2n.
lapisar v.
lapiseira s.f.
lápis-lazúli s.m.; pl.: lápis-lazúlis
lápis-tinta s.m.2n.
lapo s.m.
lapona s.f. de lapão
lapso adj. s.m.
laquê s.m.
laqueação s.f.
laqueado adj.
laqueador (ó) s.m.
laqueadura s.f.
laquear v.
lar s.m.
laranja adj.2g.2n. s.m. s.f.
laranja-baía s.f.; pl.: laranjas-baía e laranjas-baías
laranja-cravo s.f.; pl.: laranjas-cravo e laranjas-cravos
laranjada s.f.
laranja-da-terra s.f.; pl.: laranjas-da-terra
laranjal s.m.
laranja-lima s.f.; pl.: laranjas-lima e laranjas-limas
laranja-pera (ê) s.f.; pl.: laranjas-pera e laranjas-peras
laranja-seleta s.f.; pl.: laranjas-seletas
laranjeira s.f.
laranjeiro adj. s.m.
laranjinha s.f.
laranjo adj. s.m.
larapiar v.
larápio s.m.
lardeado adj.
lardear v.
lardívoro adj.
lardo s.m.
lareira s.f.
larga s.f.

largada s.f.
largadinha s.f.
largado adj. s.m.
largamente adv.
largamento s.m.
largão adj.; fem.: largona
largar v.
largo adj. s.m. adv.
largona s.f. de largão
largueza (ê) s.f.
largura s.f.
larica s.f.
laringalgia s.f.
laringálgico adj.
laringe s.m.f.
laríngeo adj.
laringiano adj.
laringite s.f.
laringoespasmo s.m.
laringofaríngeo adj.
laringofaringite s.f.
laringologista s.2g.
laringoscopia s.f.
laringoscópio s.m.
laringotraqueal adj. 2g.
larva s.f.
larvado adj.
larval adj.2g.
larvar adj.2g.
larvário adj. s.m.
larvicida adj.2g. s.m.
larvícola adj.2g.
larvicultura s.f.
larvívoro adj. s.m.
lasanha s.f.
lasca s.f.
lascado adj.
lascagem s.f.
lascamento s.m.
lascar v.
lascivamente adv.
lascívia s.f.
lascivo adj. s.m.
lasqueado adj.
lassear v.
lassidão s.f.
lassitude s.f.
lasso adj. "cansado"; cf. laço s.m. e fl. do v. laçar
lástima s.f.
lastimado adj.
lastimar v.
lastimável adj.2g.
lastimavelmente adv.
lastimoso (ô) adj.; f. e pl.: (ó)
lastrado adj.
lastrador (ó) adj. s.m.
lastragem s.f.
lastramento s.m.
lastrar v.
lastreado adj.
lastreamento s.m.
lastrear v.
lastro s.m.

lata s.f.
lata-velha s.f.; pl: *latas-velhas*
latada s.f.
latagão s.m.; fem.: *latagona*
latagona s.f. de *latagão*
latão s.m.
lataria s.f.
látego s.m.
latejado adj.
latejamento s.m.
latejante adj.2g.
latejar v.
latejo (ê) s.m.
latência s.f.
latente adj.2g. "oculto"; cf. *lactente*
láteo adj.
lateral adj.2g. s.m. s.f.
lateralidade s.f.
lateralização s.f.
lateralmente adv.
laterício adj.
laterita s.f.
laterito s.m.
laterização s.f.
laterizado adj.
latescente adj.2g.
látex (cs) s.m.2n.
laticínio s.m.
lático adj.
latido s.m.
latidor (ô) adj.
latifoliado adj.
latifólio adj.
latifundiado adj.
latifundiário adj. s.m.
latifúndio s.m.
latim s.m.
latinice s.f.
latinidade s.f.
latinismo s.m.
latinista adj. s.2g.
latinização s.f.
latinizado adj.
latinizante adj.2g.
latinizar v.
latino adj. s.m.
latino-americano adj. s.m.; pl.: *latino-americanos*
latinório s.m.
latir v.
latirismo s.m.
latitude s.f.
latitudinal adj.2g.
latitudinário adj.
lato adj.
latoaria s.f.
latoeiro s.m.
latomia s.f.
latria s.f.
latrina s.f.
latrinário adj.
latrocida s.2g.
latrocinar v.

latrocínio s.m.
lauda s.f.
laudácia s.f.
láudano s.m.
laudatício adj.
laudativo adj.
laudatório adj.
laudável adj.2g.
laudêmio s.m.
laudo s.m.
laurácea s.f.
láurea s.f.
laureado adj.
laurear v.
laureável adj.2g.
laurel s.m.
laurência s.f.
laurêncio s.m.
láureo adj.
laurífero adj.
lautamente adv.
lauto adj.
lava s.f.
lavabo s.m.
lava-bunda s.m.; pl.: *lava-bundas*
lavação s.f.
lava-cu s.m.; pl.: *lava-cus*
lavada s.f.
lavadeira s.f.
lavadela s.f.
lavadiço adj.
lavado adj.
lavador (ô) s.m.
lavadora (ô) s.f.
lavadouro s.m.
lavadura s.f.
lavagem s.f.
lava-louça s.m.; pl.: *lava-louças*
lavamento s.m.
lavanda s.f.
lavandeira s.f.
lavanderia s.f.
lavândula s.f.
lava-pés s.m.2n.
lava-pratos s.m.2n.
lavar v.
lavareda (ê) s.f.
lava-roupa s.m.; pl.: *lava-roupas*
lavatório s.m.
lavável adj.2g.
lavor (ô) s.m.
lavorar v.
lavoso (ô) adj.; f. e pl.: (ó)
lavoura s.f.
lavourista s.2g.
lavra s.f.
lavração s.f.
lavradeira s.f.
lavradio adj. s.m.
lavrado adj. s.m.
lavrador (ô) adj. s.m.
lavragem s.f.
lavramento s.m.

lavrança s.f.
lavrante s.2g.
lavrar v.
lavratura s.f.
laxante adj.2g. s.m.
laxativo adj. s.m.
laxismo s.m.
laxo adj.
lazarento adj. s.m.
lazareto (ê) s.m.
lazarina s.f.
lazarino adj.
lazarista adj. s.2g.
lázaro s.m.
lazarone s.m.
lazeira s.f.
lazeirento adj. s.m.
lazer (ê) s.m.
lazulite s.f.
lazurita s.f.
lê s.m.
leal adj.2g.
lealdade s.f.
lealismo s.m.
lealmente adv.
leão s.m.; fem.: *leoa* (ô)
leão de chácara s.m.
leão-marinho s.m.; pl.: *leões-marinhos*
lebracho s.m.
lebrão s.m.
lebre s.f.
lebreiro adj.
lebréu s.m.
lechia s.f.
lecionar v.
lecitidácea s.f.
lecitina s.f.
ledo (ê) adj.
ledor (ô) adj.
legação s.f.
legado adj. s.m.
legal adj.2g. adv.
legalidade s.f.
legalismo s.m.
legalista adj. s.2g.
legalização s.f.
legalizado adj.
legalizar v.
legalmente adv.
legar v.
legatário s.m.
legenda s.f.
legendado adj.
legendador (ô) s.m.
legendagem s.f.
legendar v.
legendário adj.
legião s.f.
legibilidade s.f.
legibilíssimo adj.
legiferante adj. s.2g.
legiferativo adj.
legionário adj. s.m.

legislação s.f.
legislador (*ô*) adj. s.m.
legislar v.
legislativo adj. s.m.
legislatório adj.
legislatura s.f.
legista adj. s.2g.
legítima s.f.
legitimação s.f.
legitimado adj.
legitimador (*ô*) adj. s.m.
legitimamente adv.
legitimar v.
legitimário adj. s.m.
legitimável adj.2g.
legitimidade s.f.
legitimismo s.m.
legitimista adj. s.2g.
legítimo adj.
legível adj.2g.
legorne adj.2g.
légua s.f.
leguleio s.m.
legume s.m.
leguminosa s.f.
leguminoso (*ô*) adj.; f. e pl.: (*ó*)
legumista adj. s.2g.
legureiro s.m.
lei s.f.
leiaute s.m.
leiautista adj. s.2g.
leibniziano (*laibnits*) adj. s.m.
leicenço s.m.
leigo adj. s.m.
leilão s.m.
leiloado adj.
leiloamento s.m.
leiloar v.
leiloeiro s.m.
leira s.f.
leirar v.
leishmânia (*lich*) s.f.
leishmaniose (*lich*) s.f.
leitão s.m.; fem.: *leitoa* (*ô*)
leitar v.
leitaria s.f.
leite s.m.
leite de onça s.m.
leiteira s.f.
leiteiro adj. s.m.
leitelho (*ê*) s.m.
leiteria s.f.
leito s.m.
leitoa (*ô*) s.f. de *leitão*
leitor (*ô*) adj. s.m.
leitora (*ô*) s.f.
leitorado s.m.
leitoso (*ô*) adj.; f. e pl.: (*ó*)
leitura s.f.
leiturista s.2g.
lelé adj. s.2g.
lema s.m.
lemático adj.

lematização s.f.
lembrança s.f.
lembrar v.
lembrete (*ê*) s.m.
leme s.m.
lemnácea s.f.
lemniscal adj.2g.
lemnisco s.m.
lempira s.f.
lêmure s.m.
lemuroide (*ó*) adj.2g. s.m.
lenço s.m.
lençol s.m.
lenda s.f.
lendário adj. s.m.
lêndea s.f.
lêndea-do-cafeeiro s.f.; pl.: *lêndeas-do-cafeeiro*
lendeoso (*ô*) adj.; f. e pl.: (*ó*)
lenga-lenga s.f.; pl.: *lenga-lengas*
lenha s.f.
lenhador (*ô*) s.m.
lenhar v.
lenheiro adj. s.m. "lenhador"; cf. *linheiro*
lenho s.m.
lenhoso (*ô*) adj.; f. e pl.: (*ó*)
lenidade s.f.
leniência s.f.
leniente adj.2g.
leninismo s.m.
leninista adj. s.2g.
lenir v.
lenitivo adj. s.m.
lenocínio s.m.
lentamente adv.
lente adj. s.2g. s.f.
lentejoula s.f.
lenticela s.f.
lentícula s.f.
lenticular adj.2g.
lentidão s.f.
lentificação s.f.
lentificado adj.
lentiforme adj.2g.
lentigem s.f.
lentiginoso (*ô*) adj.; f. e pl.: (*ó*)
lentigo s.m.
lentígrado adj.
lentilha s.f.
lentivírus s.m.2n.
lento adj. adv.
lentoso adj.
leoa (*ô*) s.f. de *leão*
leocádio s.m.
leonês adj. s.m. "de Leão, Espanha"; cf. *lionês*
leonino adj. s.m.
leopardo s.m.
lepéu s.m.
lepidez (*ê*) s.f.
lépido adj.
lepidodendrácea s.f.

lepidóptero adj. s.m.
lepidoto adj. s.m.
leporino adj.
lepra s.f.
leprologia s.f.
leprológico adj.
leprologista adj. s.2g.
leprólogo s.m.
leproma s.m.
leprosário s.m.
leprose s.f.
leproso (*ô*) adj.; f. e pl.: (*ó*)
leptina s.f.
leptomeninge s.f.
lépton s.m.
leptospira s.f.
leptospirose s.f.
leque s.m.
ler v.
lerdear v.
lerdeza (*ê*) s.f.
lerdo adj.
lereia (*é*) s.f.
léria s.f.
lero-lero s.m.; pl.: *lero-leros*
lesa-cidadania s.f.; pl: *lesas-cidadanias*
lesado adj.
lesa-gramática s.f.; pl.: *lesas-gramáticas*
lesa-humanidade s.f.; pl.: *lesas-humanidades*
lesa-majestade s.f.; pl.: *lesas-majestades*
lesante adj. s.2g.
lesão s.f.
lesa-ortografia s.f.; pl.: *lesas-ortografias*
lesa-pátria s.f.; pl.: *lesas-pátrias*
lesar v.
lesa-razão s.f.; pl.: *lesas-razões*
lesa-sociedade s.f.; pl.: *lesas-sociedades*
lésbia s.f.
lesbianismo s.m.
lesbiano adj. s.m.
lésbica s.f.
lésbico adj.
leseira s.f. s.2g.
lesionado adj.
lesional adj.2g.
lesionar v.
lesividade s.f.
lesivo adj.
lesma (*ê*) s.f. s.2g.
lés-nordeste adj.2g. s.m.; pl.: *lés-nordestes*
leso adj. s.m.
lés-sueste adj.2g. s.m.; pl.: *lés-suestes*
leste adj.2g. s.m.; cf. *leste* (*ê*), fl. do v. *ler*
lesto adj.
letã s.f. de *letão*

letal adj.2g.
letalidade s.f.
letão adj. s.m.; fem.: *letã*
letargia s.f.
letárgico adj. s.m.
letargo s.m.
letivo adj.
leto adj. s.m.
letra (ê) s.f.
letrado adj. s.m.
letramento s.m.
letrar v.
letras (ê) s.f.pl.
letreiro s.m.
letreque adj.2g.
letrista adj. s.2g.
léu s.m.
leucemia s.f.
leucêmico adj.
leucina s.f.
leucocitário adj.
leucocítico adj.
leucócito s.m.
leucocitose s.f.
leucodistrofia s.f.
leucograma s.m.
leucometria s.f.
leucopenia s.f.
leucose s.f.
leucotomia s.f.
leva s.f.
levada s.f.
levadiça s.f.
levadiço adj.
levado adj. s.m.
levador (ô) adj. s.m.
leva e traz s.2g.2n.
levantado adj.
levantador (ô) adj. s.m.
levantamento s.m.
levantar v.
levante s.m.
levantino adj. s.m.
levar v.
leve adj.2g. adv. s.m.
levedação s.f.
levedado adj.
levedar v.
levedo (ê) s.m.
lêvedo adj.
levedura s.f.
levemente adv.
leveza (ê) s.f.
levianamente adv.
leviandade s.f.
leviano adj. s.m.
leviatã s.m.
levirato s.m.
levita s.m. s.f.
levitação s.f.
levitar v.
levogiro adj.
lexical (cs) adj.2g.
lexicalizado (cs) adj.

léxico (cs) adj. s.m.
lexicografia (cs) s.f.
lexicográfico (cs) adj.
lexicógrafo (cs) s.m.
lexicologia (cs) s.f.
lexicológico (cs) adj.
lexicólogo (cs) s.m.
lexovissauro (cs) s.m.
lhama s.m.f.
lhaneza (ê) s.f.
lhano adj. s.m.
lhe pron.
lho pron. contr. de *lhe* (pron.) + *o* (pron.)
liamba s.f.
liame s.m.
liana s.f.
libação s.f.
libambo s.m.
libanês adj. s.m.
libar v.
libelista s.2g.
libelo s.m.
libélula s.f.
líber s.m.
liberação s.f.
liberado adj. s.m.
liberador (ô) adj. s.m.
liberal adj. s.2g.
liberalidade s.f.
liberalismo s.m.
liberalista adj. s.2g.
liberalização s.f.
liberalizado adj.
liberalizador (ô) adj.
liberalizante adj.2g.
liberalizar v.
liberalmente adv.
liberar v.
liberatório adj.
liberdade s.f.
liberiano adj. s.m.
líbero s.m.
liberolenhoso (ô) adj.; f. e pl.: (ó)
libérrimo adj.
libertação s.f.
libertado adj.
libertador (ô) adj. s.m.
libertar v.
libertário adj. s.m.
libertarismo s.m.
liberticida adj. s.2g.
libertinagem s.f.
libertinismo s.m.
libertino adj. s.m.
liberto adj. s.m.
libidinagem s.f.
libidinal adj.2g.
libidinosidade s.f.
libidinoso (ô) adj.; f. e pl.: (ó)
libido s.f.
líbio adj. s.m.
libra s.f.

librar v.
libré s.f.
libretista s.2g.
libreto (ê) s.m.
libriano adj. s.m.
librina s.f.
librineira s.f.
liça s.f.
licantropia s.f.
licantropo (ô) s.m.
lição s.f.
liceidade s.f.
licença s.f.
licença-gestante s.f.; pl.: *licenças-gestante* e *licenças-gestantes*
licença-maternidade s.f.; pl.: *licenças-maternidade* e *licenças-maternidades*
licença-paternidade s.f.; pl.: *licenças-paternidade* e *licenças-paternidades*
licença-prêmio s.f.; pl.: *licenças-prêmio* e *licenças-prêmios*
licenciado adj. s.m.
licenciador (ô) adj.
licenciamento s.m.
licenciar v.
licenciatura s.f.
licenciável adj.2g.
licenciosidade s.f.
licencioso (ô) adj.; f. e pl.: (ó)
liceu s.m.
lichia s.f.
licitação s.f.
licitador (ô) adj. s.m.
licitamente adv.
licitante adj. s.2g.
licitar v.
licitatório adj.
lícito adj. s.m.
licitude s.f.
liço s.m.
licopeno s.m.
licopódio s.m.
licor (ô) s.m.
licoreira s.f.
licoreiro s.m.
licoroso (ô) adj.; f. e pl.: (ó)
lictor (ô) s.m.
licuri s.m.
lida s.f.
lidador (ô) adj. s.m.
lidar v.
lide s.m. s.f.
líder adj. s.2g.
liderado adj. s.m.
liderança s.f.
liderar v.
lidimamente adv.
lídimo adj.
lídio adj. s.m.
lido adj.

lidocaína | 219 | linguiforme

lidocaína s.f.
liga s.f.
ligação s.f.
ligada s.f.
ligado adj. s.m.
ligadura s.f.
ligamentar adj.2g.
ligamento s.m.
ligamentoso (ô) adj.; f. e pl.: (ó)
liganete s.f.
ligante adj.2g. s.m.
ligar v.
ligeiramente adv.
ligeireza (ê) s.f.
ligeirice s.f.
ligeiro adj. adv.
lígneo adj.
lignificação s.f.
lignificado adj.
lignificar v.
lignina s.f.
lignito s.m.
lígula s.f.
lígure adj. s.2g. s.m.
ligustro s.m.
lilá adj.2g. s.m.
lilás adj.2g. s.m.
lilás-do-cabo s.m.; pl.: lilases-do-cabo
liliácea s.f.
liliáceo adj.
liliputiano adj. s.m.
lima s.f.
limada s.f.
lima-da-pérsia s.f.; pl.: limas-da-pérsia
lima-de-cheiro s.f.; pl.: limas-de-cheiro
limado adj.
limadura s.f.
limagem s.f.
limalha s.f.
limão s.m.
limão-bravo s.m.; pl.: limões-bravos
limão de cheiro s.m.
limão-doce s.m.; pl.: limões-doces
limão-galego s.m.; pl.: limões-galegos
limãozinho s.m.; pl.: limõezinhos
limar v.
límbico adj.
limbo s.m.
limeira s.f.
limeira-da-pérsia s.f.; pl.: limeiras-da-pérsia
limenho adj. s.m.
limiar s.m.
liminar adj.2g. s.m. s.f.
liminarmente adv.
limitação s.f.

limitadamente adv.
limitado adj.
limitador (ô) adj. s.m.
limitante adj.2g.
limitar v.
limitativo adj.
limite s.m.
limítrofe adj.2g.
limnético adj.
límnico adj.
limnologia s.f.
limnológico adj.
limnologista adj. s.2g.
limnólogo s.m.
limnoplâncton s.m.
limo s.m.
limoal s.m.
limoeiro s.m.
limonada s.f.
limonita s.f.
limonito s.m.
limosidade s.f.
limoso (ô) adj.; f. e pl.: (ó)
limpa s.f.
limpa-botas s.m.2n.
limpa-calhas s.m.2n.
limpa-campo s.f.; pl.: limpa-campos
limpa-chaminés s.m.2n.
limpada s.f.
limpadela s.f.
limpa-dentes s.m.; pl.: limpa-dentes
limpador (ô) adj. s.m.
limpa-facas s.m.2n.
limpa-folha s.m.; pl.: limpa-folhas
limpamente adv.
limpamento s.m.
limpa-pés s.m.2n.
limpa-pratos s.m.2n.
limpa-queixos s.m.2n.
limpar v.
limpa-trilhos s.m.2n.
limpa-vidro s.m.; pl.: limpa-vidros
limpa-vidros s.m.2n.
limpeza (ê) s.f.
limpidamente adv.
limpidez (ê) s.f.
límpido adj.
limpo adj.
limusine s.f.
lince s.m.
linchado adj.
linchador (ô) adj. s.m.
linchagem s.f.
linchamento s.m.
linchar v.
lindaço adj.
lindamente adv.
lindão adj. s.m.; fem.: lindona
lindar v.
linde s.m.

lindeiro adj.
lindeza (ê) s.f.
lindo adj.
lindona s.f. de lindão
lindura s.f.
lineamento s.m.
linear adj.2g. s.f. s.m.
linearidade s.f.
linearização s.f.
linearizar v.
linearmente adv.
líneo adj. s.m.
linfa s.f.
linfadenectomia s.f.
linfadenopatia s.f.
linfático adj. s.m.
linfedema s.m.
linfocitário adj.
linfocítico adj.
linfócito s.m.
linfocitose s.f.
linfoide (ó) adj.2g.
linfologia s.f.
linfoma s.m.
linfonodo (ô) s.m.
linfossarcoma s.m.
linfotoxina (cs) s.f.
lingada s.f.
lingotamento s.m.
lingote s.m.
lingoteamento s.m.
lingoteira s.f.
língua s.m. s.f.
língua da costa s.f.
língua de badalo s.m.f.
língua-de-boi s.f.; pl.: línguas-de-boi
língua de gato s.f.
língua de sogra s.f.
língua de sola s.f.
língua de trapos s.2g.
linguado s.m.
linguafone s.m.
língua-fonte s.f.; pl.: línguas-fonte e línguas-fontes
linguagem s.f.
linguagem-fonte s.f.; pl.: linguagens-fonte e linguagens-fontes
linguagem-objeto s.f.; pl.: linguagens-objeto e linguagens-objetos
linguajar s.m. v.
linguajeiro adj.
lingual adj.2g.
língua-mãe s.f.; pl.: línguas-mãe e línguas-mães
linguarudo adj. s.m.
língua-suja s.2g.; pl.: línguas-sujas
lingueta (üê) s.f.
linguetar (ü) v.
linguiça (ü) s.f.
linguiforme (ü) adj.2g.

linguista (ü) s.2g.
linguística (ü) s.f.
linguisticamente (ü) adv.
linguístico (ü) adj.
língula s.f.
linguodental adj.2g. s.f.
linha s.f.
linha-bloco s.f.; pl.: *linhas--bloco* e *linhas-blocos*
linha-branca s.f.; pl.: *linhas--brancas*
linhaça s.f.
linhada s.f.
linha-d'água s.f.; pl.: *linhas--d'água*
linha de fé s.f.
linha de tiro s.f.
linha-dura adj. s.2g.2n.
linhagem s.f.
linhão s.m.
linheira s.f.
linheiro adj. s.m. "que é em linha reta" "que prepara o linho", etc.; cf. *lenheiro*
linhita s.f.
linhito s.m.
linho s.m.
linhol s.m.
linhoso (ó) adj.; f. e pl.: (ó)
linhote s.m.
linifício s.m.
linígrafo s.m.
linimento s.m.
linimétrico adj.
linímetro s.m.
linina s.f.
linografia s.f.
linoleico (é) adj.
linóleo s.m.
linoleografia s.f.
linotipar v.
linotipia s.f.
linotípico adj.
linotipista s.2g.
linotipo s.f.
lio s.m.
liofilizado adj.
liofilizar v.
lionês adj. s.m. "de Lião" (França); cf. *leonês*
liparita s.f.
lipase s.f.
lipemia s.f.
lípide s.m.
lipídico adj.
lipídio s.m.
lipidograma s.m.
lipiodol s.m.
lipo s.f.
lipoaspiração s.f.
lipoaspirado adj.
lipodistrofia s.f.
lipoescultura s.f.
lipoide (ó) adj.2g. s.m.

lipólise s.f.
lipoma s.m.
lipomatose s.f.
lipomatoso (ó) adj.; f. e pl.: (ó)
lipoproteico (ê) adj.
lipoproteína s.f.
lipossolúvel adj.2g.
lipossoma s.m.
lipossomo s.m.
lipotimia s.f.
liquefação (u ou ü) s.f.
liquefazer (u ou ü) v.
liquefeito (u ou ü) adj.
líquen s.m.
liquidação (u ou ü) s.f.
liquidado (u ou ü) adj.
liquidamente (u ou ü) adv.
liquidante (u ou ü) s.2g.
liquidar (u ou ü) v.
liquidável (u ou ü) adj.2g.
liquidez (u ou ü...ê) s.f.
liquidificação (u ou ü) s.f.
liquidificador (u ou ü...ô) adj. s.m.
liquidificar (u ou ü) v.
líquido (u ou ü) adj. s.m.
liquor (ô) s.m.
liquórico adj.
lira s.f.
lirial adj.2g. s.m.
lírica s.f.
liricamente adv.
lírico adj. s.m.
lírio s.m.
lírio-do-mar s.m.; pl.: *lírios--do-mar*
lirismo s.m.
lis s.m.
lisboano adj. s.m.
lisboense adj. s.2g.
lisboeta (ê) adj. s.2g.
lisboíno adj. s.m.
lisbonense adj. s.2g.
lise s.f.
lisérgico adj.
lisina s.f.
liso adj. adv. s.m.
lisonja s.f.
lisonjaria s.f.
lisonjeado adj.
lisonjeador (ô) adj. s.m.
lisonjear v.
lisonjeiro adj. s.m.
lisossoma s.m.
lisossomo s.m.
lisozima s.f.
lista s.f.
listado adj.
listagem s.f.
listar v.
listel s.m.
listeriose s.f.
listra s.f.
listrado adj.

listrar v.
lisura s.f.
litania s.f.
liteira s.f.
literal adj.2g.
literalidade s.f.
literalismo s.m.
literalmente adv.
literariamente adv.
literariedade s.f.
literário adj.
literário-científico adj.2g.; pl.: *literário-científicos*
literário-editorial adj.2g.; pl.: *literário-editoriais*
literário-musical adj.2g.; pl.: *literário-musicais*
literatice s.f.
literato adj. s.m.
literatura s.f.
litíase s.f.
lítico adj.
litigação s.f.
litigância s.f.
litigante adj. s.2g.
litigar v.
litigiar v.
litígio s.m.
litigiosamente adv.
litigiosidade s.f.
litigioso (ô) adj.; f. e pl.: (ó)
lítio s.m.
litisconsórcio s.m.
litisconsorte s.2g.
litispendência s.f.
litografado s.f.
litografar v.
litografia s.f.
litográfico adj.
litógrafo s.m.
litogravura s.f.
litologia s.f.
litológico adj.
litor (ô) s.m.
litoral adj.2g. s.m.
litorâneo adj.
litorina s.f.
litosfera s.f.
litosférico adj.
lítotes s.f.2n.
litotripsia s.f.
litotritor (ô) s.m.
litro s.m.
lituano adj. s.m.
liturgia s.f.
litúrgico adj.
liturgista s.2g.
lividez (ê) s.f.
lívido adj.
livor (ô) s.m.
livralhada s.f.
livramento s.m.
livrar v.
livraria s.f.

livre adj.2g. adv.
livre-arbítrio s.m.; pl.: *livres--arbítrios*
livre-câmbio s.m.; pl.: *livres--câmbios*
livre-cambismo s.m.; pl.: *livres-cambismos*
livreco s.m.
livre-docência s.f.; pl.: *livres--docências*
livre-docente adj. s.2g.; pl.: *livres-docentes*
livre-iniciativa s.f.; pl.: *livres--iniciativas*
livreiro s.m.
livremente adv.
livre-pensador (ô) s.m.; pl.: *livres-pensadores*
livre-pensamento s.m.; pl.: *livres-pensamentos*
livresco (ê) adj.
livreto (ê) s.m.
livro s.m.
livro-caixa s.m.; pl.: *livros--caixa* e *livros-caixas*
livro-cassete s.m.; pl.: *livros--cassete* e *livros-cassetes*
livro-razão s.m.; pl.: *livros--razão* e *livros-razões*
livro-texto s.m.; pl.: *livros--texto* e *livros-textos*
livusia s.f.
lixa s.f.
lixadeira s.f.
lixado adj.
lixamento s.m.
lixão s.m.
lixar v.
lixa-vegetal s.f.; pl.: *lixas--vegetais*
lixeira s.f.
lixeiro s.m.
lixívia s.f.
lixiviação s.f.
lixiviar v.
lixo s.m.
lo pron.
ló s.m.
loa (ó) s.f.
lobado adj. s.m.
lobatiano adj. s.m.
lobeira s.f.
lobélia s.f.
lobelina s.f.
lóbi s.m.
lobilho s.m.
lobinho s.m.
lobismo s.m.
lobisomem s.m.
lobista s.2g.
lobístico adj.
lobo (ô) s.m. "parte arredondada de um órgão"; cf. *lobo*

lobo (ó) s.m. "quadrúpede carniceiro"; cf. *lobo*
lobo do mar s.m.
lobo-guará s.m.; pl.: *lobos--guará* e *lobos-guarás*
lobo-marinho s.m.; pl.: *lobos--marinhos*
lobotomia s.f.
lobotomização s.f.
lobotomizado adj.
lobotomizador (ô) adj.
lobregar v.
lôbrego adj.
lobrigar v.
lobular adj.2g.
lóbulo s.m.
lobuloso (ô) adj.; f. e pl.: (ó)
lobuno adj. s.m.
loca s.f.
locação s.f.
locacional adj.2g.
locador (ô) adj. s.m.
locadora (ô) s.f.
local adj.2g. s.m. s.f.
localidade s.f.
localismo s.m.
localista adj. s.2g.
localização s.f.
localizado adj.
localizador (ô) adj. s.m.
localizar v.
localizável adj.2g.
localmente adv.
locanda s.f.
loção s.f.
locar v.
locatário s.m.
locatício adj.
locativo adj. s.m.
locaute s.m.
locável adj.2g.
locomoção s.f.
locomotiva s.f.
locomotividade s.f.
locomotivo adj.
locomotor (ô) adj. s.m.
locomotora (ô) s.f.
locomotriz adj. s.f.
locomóvel adj.2g. s.f.
locomover v.
locotenente s.2g.
locução s.f.
lóculo s.m.
locupletação s.f.
locupletamento s.m.
locupletar v.
lócus s.m.
locutor (ô) adj. s.m.
locutório s.m.
lodaçal s.m.
lodão s.m.
lodo (ô) s.m.
lodoso (ô) adj.; f. e pl.: (ó)

loess s.m.2n.
loesse s.m.
lofóforo s.m.
logarítmico adj.
logaritmo s.m.
lógica s.f.
logicamente adv.
logicidade s.f.
lógico adj. s.m.
logística s.f.
logístico adj.
logo s.m. adv. conj.
logocêntrico adj.
logocentrismo s.m.
logocentrista adj. s.2g.
logodô s.m.
logogrifo s.m.
logomarca s.f.
logopedia s.f.
logopédico adj.
logopedista s.2g.
logorreia (é) s.f.
logos s.m.2n.
logosofia s.f.
logosófico adj.
logotipia s.f.
logotípico adj.
logotipo s.m.
logrado adj.
logradouro s.m.
lograr v.
logrativo adj.
logro (ô) s.m.
loira s.f.
loirice s.f.
loiro s.m.
loja s.f.
lojista adj. s.2g.
lomba s.f.
lombada s.f.
lombalgia s.f.
lombar adj.2g.
lombardo adj. s.m.
lombeira s.f.
lombeiro adj. s.m.
lombilho s.m.
lombinho s.m.
lombo s.m.
lombociatalgia s.f.
lombo-paulista s.m.; pl.: *lombos-paulistas*
lombrical adj.2g. s.m.
lombricida adj.2g. s.m.
lombriga s.f.
lombrigueiro s.m.
lombriguento adj. s.m.
lombrosiano adj. s.m.
lombudo adj.
lona s.f.
lonca s.f.
londrinense adj. s.2g.
londrino adj. s.m.
longa s.m. s.f.
longamente adv.

longa-metragem s.m.; pl.: *longas-metragens*
longarina s.f.
longe adv. adj.2g. s.m.
longevidade s.f.
longevo adj.
longilíneo adj.
longínquo adj.
longitude s.f.
longitudinal adj.2g.
longitudinalmente adv.
longo adj.
longobardo adj. s.m.
longuidão s.f.
longura s.f.
lonjura s.f.
lontra s.f.
loquacidade s.f.
loquacíssimo adj.
loquaz adj.2g.
loque s.m.
lorde adj.2g. s.m.
lordeza (ê) s.f.
lordose s.f.
lorota s.f.
lorotagem s.f.
lorotar v.
loroteiro adj. s.m.
lorpa (ô) adj. s.2g.
lorpice s.f.
losângico adj.
losango s.m.
losangular adj.2g.
losna s.f.
lota s.f.
lotação s.m. s.f.
lotada s.f.
lotado adj.
lotador (ô) s.m.
lotar v.
lote s.m.
loteado adj.
loteador (ô) s.m.
loteamento s.m.
lotear v.
loteca s.f.
loteria s.f.
lotérica s.f.
lotérico adj.
loto s.m. "planta"; cf. *loto* (ó)
loto (ó) s.m. "jogo"; cf. *loto*
lótus s.m.2n.
louca s.f.
louça s.f.
louçã adj. f. de *loução*
loucamente adv.
louçania s.f.
loução adj.; fem.: *louçã*; pl.: *louçãos*
louco adj. s.m.
loucura s.f.
loura s.f.
louraço adj. s.m.
loureba s.2g.

loureira s.f.
loureiro s.m.
lourice s.f.
louro adj. s.m.
louro-pardo s.m.; pl.: *louros--pardos*
louros s.m.pl.
lousa s.f.
louva-a-deus s.m.2n.
louvação s.f.
louvado adj. s.m.
louvador (ô) adj. s.m.
louvamento s.m.
louvaminha s.f.
louvar v.
louvatório adj.
louvável adj.2g.
louvor (ô) s.m.
lua s.f.
lua de mel s.f.
luar s.m.
luarento adj.
luau s.m.
lubricidade s.f.
lúbrico adj. s.m.
lubrificação s.f.
lubrificado adj.
lubrificador (ô) adj. s.m.
lubrificante adj.2g s.m.
lubrificar v.
lucarna s.f.
lucerna s.f.
lucidamente adv.
lucidez (ê) s.f.
lúcido adj.
lúcifer s.m.; pl.: *lucíferes*
luciferiano adj. s.m.
luciferina s.f.
luciferino adj.
luciferista adj. s.2g.
lúcio s.m.
lucrar v.
lucrativamente adv.
lucratividade s.f.
lucrativo adj.
lucro s.m.
lucubração s.f.
lucubrar v.
ludibriado adj.
ludibriante adj.2g.
ludibriar v.
ludibriável adj.2g.
ludíbrio s.m.
ludibrioso (ó) adj.; f. e pl.: (ó)
ludicamente adv.
ludicidade s.f.
lúdico adj. s.m.
ludismo s.m.
ludista s.2g.
ludo s.m.
ludopata s.2g.
ludopédio s.m.
ludoterapia s.f.
lues s.f.2n.

luético adj.
lufa s.f.
lufada s.f.
lufa-lufa s.f.; pl.: *lufa-lufas*
lugar s.m.
lugar-comum s.m.; pl.: *lugares-comuns*
lugarejo (ê) s.m.
lugar-tenente s.2g.; pl.: *lugares-tenentes*
lúgubre adj.2g.
lugubremente adv.
lugubridade s.f.
lula s.f.
lulismo s.m.
lulista adj. s.2g.
lulu s.m.
lumbagem s.f.
lumbágico adj.
lumbago s.m.
lume s.m.
luminal adj.2g. s.m.
luminar adj.2. s.m.
luminária s.f.
luminescência s.f.
luminescente adj.2g.
luminosamente adv.
luminosidade s.f.
luminoso (ó) adj.; f. e pl.: (ó)
lumpectomia s.f.
lumpemburguesia s.f.
lumpemproletariado s.m.
lúmpen s.2g.; pl.: *lumpens* e *lúmpenes*
lumpesinato s.m.
lunação s.f.
lunar adj.2g. s.m.
lunário s.m.
lunático adj. s.m.
lunauta s.2g.
lundu s.m.
lundum s.m.
luneta (ê) s.f.
lunfa s.m.
lunfardo s.m.
luniforme adj.2g.
lupa s.f.
lupanar s.m.
lupino adj. s.m.
lupulina s.f.
lúpulo s.m.2n.
lúpus s.m.2n.
lura s.f.
lurdinha s.f.
lúrido adj.
lusco-fusco s.m.; pl.: *lusco--fuscos*
lusíada adj. s.2g.
lusismo s.m.
lusitanidade s.f.
lusitanismo s.m.
lusitanista adj. s.2g.
lusitanizar v.
lusitano adj. s.m.

luso adj. s.m.
luso-africano adj. s.m.; pl.:
  luso-africanos
luso-árabe adj. s.2g.; pl.:
  luso-árabes
luso-asiático adj. s.m.; pl.:
  luso-asiáticos
luso-brasileiro adj. s.m.; pl.:
  luso-brasileiros
luso-espanhol adj. s.m.; pl.:
  luso-espanhóis
lusofalante adj. s.2g.
lusofilia s.f.
lusófilo adj. s.m.
lusofobia s.f.
lusófobo adj. s.m.
lusofonia s.f.
lusófono adj. s.m.
lustração s.f.
lustrado adj.
lustrador (ô) adj. s.m.
lustral adj.2g.
lustra-móveis s.m.2n.

lustrar v.
lustre s.m.
lustro s.m.
lustroso (ô) adj.; f. e pl.: (ó)
luta s.f.
lutador (ô) adj. s.m.
lutar v.
lutécio s.m.
luteína s.f.
luteinização s.f.
luteotrófico adj.
luteotrofina s.f.
luteranismo s.m.
luterano adj. s.m.
luto s.m.
lutulento adj. s.m.
lutuoso (ô) adj.; f. e pl.: (ó)
luva s.f.
luvas s.f.pl.
luxação s.f.
luxado adj.
luxar v.
luxaria s.f.

luxemburguês adj. s.m.
luxento adj.
luxo s.m.
luxuosamente adv.
luxuosidade s.f.
luxuoso (ô) adj.; f. e pl.: (ó)
luxúria s.f.
luxuriante adj.2g.
luxuriar v.
luxurioso (ô) adj.; f. e pl.: (ó)
luz s.f.
luzeiro s.m.
luze-luzir v.
luzente adj.2g. s.m.
luzerna s.f.
luzia adj. s.2g.
luzidio adj.
luzido adj.
luzilita s.f.
luzimento s.m.
luzir v.

M m

m s.m.
ma contr. de *me* (pron.) + *a* (pron.)
má adj. f. de *mau*
mabaça adj. s.2g.
mabaço adj. s.m.
maca s.f.
maça s.f. "clava"; cf. *massa*
maçã s.f.
macabeia (é) s.f. de *macabeu*
macabeu adj. s.m.; fem.: macabeia (é)
macabro adj. s.m.
macaca s.f.
macacada s.f.
macaca de auditório s.f.
macacagem s.f.
macacão s.m.
macacaria s.f.
macaco s.m.
macacoa (ô) s.f.
maçada s.f.
macadame s.m.
macadâmia s.f.
macadamização s.f.
macadamizar v.
maçador (ô) adj. s.m.
macaísta adj. 2g.
macambira s.f.
macambiral s.m.
macambúzio adj.
maçaneta (ê) s.f.
maçante adj. s.2g.
macanudo adj.
macapaense adj. s.2g.
maçapão s.m.; pl.: *maçapães*
macaqueação s.f.
macaqueador (ô) adj. s.m.
macaquear v.
macaquice s.f.
macaquinho s.m.
macaquismo s.m.
maçar v.
maçaranduba s.f.
macarena s.f.
maçarico s.m.
maçariqueiro s.m.
maçaroca s.f.
maçarocado adj.
macarrão s.m.
macarronada s.f.
macarrônico adj.
macarthismo s.m.
macarthista adj. s.2g.
macaúba s.f.
macaubal s.m.
macaxeira s.f.
macedônia s.f.
macedônio adj. s.m.
macega s.f.
macegal s.m.
maceió s.m.
maceioense adj. s.2g.
macela s.f.
maceração s.f.
macerado adj. s.m.
macerar v.
macérrimo adj.
maceta (ê) adj.2g. s.f. "espécie de martelo"; cf. *maceta*, fl. do v. *macetar*
macetado adj.
macetar v.
macete (ê) s.m. "maço pequeno", etc.; cf. *macete*, fl. do v. *macetar*
mácete adj. s.2g.
machacaz adj. s.m.
machaço adj. s.m.
machadada s.f.
machadeiro s.m.
machadiano adj. s.m.
machadinha s.f.
machado s.m.
machão adj. s.m.; fem.: *machona*
machê adj.
machete (ê) s.m.
macheza (ê) s.f.
machice s.f.
machimbombo s.m.
machismo s.m.
machista adj. s.2g.
macho adj. s.m.
machona s.f. de *machão*
machorra (ô) s.f.
machucado adj. s.m.
machucadura s.f.
machucar v.
machura s.f.
maciçamente adv.
macicez (ê) s.f.
maciço adj. s.m.
macieira s.f.
maciez (ê) s.f.
macieza (ê) s.f.
macilento adj.
macio adj. s.m.
maciota s.f.
maço s.m.
maçom adj. s.m.
maçonaria s.f.
maconha s.f.
maconhado adj. s.m.
maconhal s.m.
maconheiro adj. s.m.
maçônico adj. s.m.
macota adj.2g.
macramê s.m.
macro s.m. s.f.
macroambiente s.m.
macroanálise s.f.
macróbio adj. s.m.
macrobiótica s.f.
macrobiótico adj. s.m.
macrocefalia s.f.
macrocefálico adj.
macrocéfalo adj. s.m.
macroclima s.m.
macroclimático adj.
macrocomando s.m.
macrocósmico adj.
macrocosmo s.m.
macrocriminalidade s.f.
macrodelinquência (ü) s.f.
macrodrenagem s.f.
macroeconomia s.f.
macroeconômico adj.
macroeconomismo s.m.
macroeconomista adj. s.2g.
macroestesia s.f.
macroestrutura s.f.
macrófago s.m.
macrofilia s.f.
macrófilo adj. s.m.
macrofotografia s.f.
macroglossia s.f.
macrografia s.f.
macrográfico adj.
macromania s.f.
macromercado s.m.
macromolécula s.f.
macronutriente adj.2g. s.m.
macro-organismo s.m.; pl.: *macro-organismos*
macropodídeo adj. s.m.
macrorregião s.f.
macrorregional adj.2g.
macroscopia s.f.
macroscópico adj.
macrossociologia s.f.
macrossociológico adj.
macrossomia s.f.
macuco s.m.

maçudo | 226 | **mala-direta**

maçudo adj. "maçador"; cf. *massudo*
mácula s.f.
maculado adj.
macular v.
maculelê s.m.
maculoso (ô) adj.; f. e pl.: (ó)
macumba s.f.
maçumbá s.m.
macumbeiro adj. s.m.
macunaímico adj.
maçunim s.m.
macuxi adj. s.2g.
madalena s.f.
madama s.f.
madame s.f.
madamismo s.m.
madapolão s.m.
madarose s.f.
madeira s.m. s.f.
madeira-branca s.f.; pl.: *madeiras-brancas*
madeirame s.m.
madeiramento s.m.
madeireira s.f.
madeireiro adj. s.m.
madeirense adj. s.2g.
madeirite s.m.
madeiro s.m.
madeixa s.f.
mádido adj.
madona s.f.
madorna s.f.
madorra (ô) s.f.
madorrento adj.
madraço adj. s.m.
madras s.m.2n.
madrasta s.f.
madre s.f.
madrepérola s.f.
madrépora s.f.
madreporito s.m.
madressilva s.f.
madrigal s.m.
madrigalista adj. s.2g.
madrijo s.m.
madrilenho adj. s.m.
madrileno adj. s.m.
madrinha s.f.
madruga s.f.
madrugada s.f.
madrugador (ô) adj. s.m.
madrugar v.
madrugueio s.m.
maduração s.f.
madurão adj. s.m.; fem.: *madurona*
madurar v.
madurez (ê) s.f.
madureza (ê) s.f.
maduro adj. s.m.
madurona s.f. de *madurão*
mãe s.f.
mãe-benta s.f.; pl.: *mães-bentas*

mãe-d'água s.f.; pl.: *mães--d'água*
mãe de família s.f.
mãe de santo s.f.
mãe do ouro s.f.
mãe do rio s.f.
mães do bicho s.f.pl.
maestria s.f.
maestrina s.f.
maestro s.m.
mafambura s.f.
mafarrico s.m.
má-fé s.f.; pl.: *más-fés*
máfia s.f.
mafioso (ô) adj.; f. e pl.: (ó)
má-formação s.f.; pl.: *más--formações*
mafuá s.m.
maganão adj. s.m.; fem.: *maganona*
magano adj. s.m.
magazine s.m.
magenta adj.2g.2n. s.m.
magia s.f.
magiar adj. s.2g.
mágica s.f.
mágico adj. s.m.
magistério s.m.
magistrado s.m.
magistral adj.2g.
magistratura s.f.
magma s.m.
magmático adj.
magnanimidade s.f.
magnânimo adj.
magnata s.2g.
magnésia s.f.
magnésio s.m.
magnesita s.f.
magnético adj.
magnetismo s.m.
magnetização s.f.
magnetizado adj.
magnetizador (ô) adj. s.m.
magnetizante adj.2g.
magnetizar v.
magneto s.m.
magnetosfera s.f.
magnificação s.f.
magnificado adj.
magnificar v.
magnificatório adj.
magnificência s.f.
magnificente adj.2g.
magnífico adj. s.m.
magniloquência (ü) s.f.
magniloquente (ü) adj.2g.
magnitude s.f.
magno adj.
magnólia s.f.
mago s.m.
mágoa s.f.
magoado adj.
magoar v.

magote s.m.
magra s.f.
magrela s.f.
magrelo adj. s.m.
magreza (ê) s.f.
magricela adj. s.2g.
magriço adj. s.m.
magríssimo adj.
magro adj. s.m.
magruço adj. s.m.
maguari s.m.
magusto s.m.
maia adj. s.2g. s.m.
maiá s.m.
maiêutica s.f.
maiêutico adj.
maio s.m.
maiô s.m.
maionese s.f.
maior adj. s.2g.
maior de todos s.m.
maioral s.2g.
maioria s.f.
maioridade s.f.
mais pron. adv. prep. conj. s.m.
maís s.m.
maisena s.f.
mais-que-perfeito adj. s.m.; pl.: *mais-que-perfeitos*
mais-valia s.f.; pl.: *mais-valias*
maitaca s.f.
maiúscula s.f.
maiúsculo adj.
majestade s.f.
majestático adj.
majestosidade s.f.
majestoso (ô) adj.; f. e pl.: (ó)
major s.m.
majoração s.f.
majorar v.
major-aviador s.m.; pl.: *majores-aviadores*
major-brigadeiro s.m.; pl.: *majores-brigadeiros*
majoritário adj. s.m.
mal s.m. adv. conj.
mala s.f. s.2g.
malabar adj.s.2g. s.m.
malabarismo s.m.
malabarista adj. s.2g.
malabarístico adj.
mal-acabado adj. s.m.; pl.: *mal-acabados*
malacacheta (ê) s.f.
malacara adj.2g.
malacofento adj.
malacologia s.f.
mal-acostumado adj. s.m.; pl.: *mal-acostumados*
maladeiro s.m.
mala-direta s.f.; pl.: *malas--diretas*

mal-afortunado adj. s.m.; pl.:
  mal-afortunados
málaga s.m.
mal-agradecido adj. s.m.; pl.:
  mal-agradecidos
malaguenha s.f.
malagueta (ê) s.f.
malaiala adj.2g. s.m.
malaio adj. s.m.
malaio-indonésio adj. s.m.;
  pl.: *malaio-indonésios*
mal-ajambrado adj.; pl.: *mal-
  -ajambrados*
mal-amado adj. s.m.; pl.:
  mal-amados
mal-amanhado adj.; pl.: *mal-
  -amanhados*
malamute s.m.
mal-andante adj. s.2g.; pl.:
  mal-andantes
malandragem s.f.
malandramente adv.
malandrar v.
malandrice s.f.
malandro adj. s.m.
mal-apessoado adj.; pl.: *mal-
  -apessoados*
malaquita s.f.
malar v. adj.2g. s.m.
malária s.f.
malárico adj. s.m.
mal-arranjado adj., pl.: *mal-
  -arranjados*
mala sem alça s.2g.
malasiano adj. s.m.
malásio adj. s.m.
mal-assada s.f.; pl.: *mal-
  -assadas*
mal-assombrado adj. s.m.;
  pl.: *mal-assombrados*
mal-aventurado adj.; pl.: *mal-
  -aventurados*
malbaratado adj.
malbaratador (ô) adj. s.m.
malbaratamento s.m.
malbaratar v.
malcheiroso (ô) adj.; f. e
  pl.: (ó)
malcomportado adj.
malcompreendido adj.
malconcebido adj.
malcondicionado adj.
malconservado adj.
malconstruído adj.
malcriação s.f.
malcriado adj.
malcuidado adj.
malcurado adj.
maldade s.f.
maldar v.
mal da terra s.m.
mal de engasgo s.m.
mal de lázaro s.m.
mal de sete dias s.m.

maldição s.f.
maldito adj. s.m.
malditoso (ó) adj.; f. e pl.: (ó)
maldivo adj. s.m.
maldizença s.f.
maldizente adj. s.2g.
maldizer v. s.m.
mal do monte s.m.
maldormido adj.
maldoso (ô) adj.; f. e pl.: (ó)
mal dos peitos s.m.
malê adj. s.2g.
maleabilidade s.f.
maleabilíssimo adj.
maleabilizar v.
malear adj.2g. v.
maleável adj.2g.
maledicência s.f.
maledicente adj. s.2g.
mal-educado adj.; pl.: *mal-
  -educados*
malefício s.m.
maléfico adj.
maleiro s.m.
maleita s.f.
maleitoso adj. s.m.; f. e pl.: (ó)
mal e mal adv.
malemolência s.f.
malemolente adj.2g.
mal-empregado adj.; pl.: *mal-
  -empregados*
mal-encarado adj.; pl. *mal-
  -encarados*
mal-entendido adj. s.m.; pl.:
  mal-entendidos
maléolo s.m.
mal-estar s.m.; pl.: *mal-estares*
maleta (ê) s.f.
malevolência s.f.
malevolente adj.2g.
malévolo adj. s.m.
malfadado adj. s.m.
malfadar v.
malfalado adj.
malfazejo (ê) adj.
malfeito adj. s.m.
malfeitor (ô) adj. s.m.
malfeitoria s.f.
malfeitura s.f.
malfeliz adj.2g.
malferido adj. s.m.
malferir v.
malformação s.f.
malformado adj.
malga s.f.
mal-gálico s.m.; pl.: *males-
  -gálicos*
malgaxe adj. s.2g. s.m.
malgrado s.m. prep.
malha s.f.
malhação s.f.
malhada s.f.
malhado adj. s.m.
malhador (ó) adj. s.m.

malhadouro s.m.
malha-fina s.f.; pl.: *malhas-
  -finas*
malhar v.
malharia s.f.
malhete (ê) s.m.
malho s.m.
mal-humorado adj.; pl.: *mal-
  -humorados*
mali adj. s.2g.
máli s.m.
malícia s.f.
maliciar v.
malicioso (ô) adj. s.m.; f. e
  pl.: (ó)
málico adj.
malignar v.
malignidade s.f.
maligno adj. s.m.
malinação s.f.
malinagem s.f.
malinar v.
malinconia s.f.
malinês adj. s.m.
mal-informado adj.; pl.: *mal-
  -informados*
má-língua adj. s.2g. s.f.; pl.:
  más-línguas
malino adj. s.m.
mal-intencionado adj. s.m.;
  pl.: *mal-intencionados*
maljeitoso (ô) adj.; f. e pl.: (ó)
mallarmeano adj. s.m.
malmente adv.
malmequer s.m.
malnascido adj.
maloca s.f.
malocado adj. s.m.
maloense adj. s.2g.
malogrado adj.
malograr v.
malogro (ô) s.m.; cf. *malogro*,
  fl. do v. *malograr*
malogueiro s.m.
mal-olhado adj. "malvisto";
  pl.: *mal-olhados*; cf. *mau-
  -olhado*
malônico adj.
maloqueiro s.m.
malote s.m.
malparado adj.
malparar v.
malpassado adj.
malpesado adj.
malposto (ô) adj.; f. e pl. (ó)
malquerença s.f.
malquerente adj.2g.
malquerer s.m. v.
malquistar v.
malquisto adj.
malsã s.f. de *malsão*
malsão adj. s.m.; pl.: *malsões*
malsim adj.2g. s.m.
malsinação s.f.

malsinado adj.
malsinar v.
malsoante adj.2g.
malsonante adj.2g.
malsucedido adj.
malta s.f.
maltação s.f.
maltado adj.
maltaria s.f.
maltase s.f.
malte s.m.
maltês adj. s.m.
malthusianismo s.m.
malthusiano adj. s.m.
maltose s.f.
maltrajado adj.
maltrapilho adj. s.m.
maltratado adj.
maltratar v.
maltrato s.m.
malucada s.f.
maluco adj. s.m.
maludo adj. s.m.
malungo s.m.
maluqueira s.f.
maluquete adj. s.2g.
maluquice s.f.
malva s.f.
malvácea s.f.
malvadez (ê) s.f.
malvadeza (ê) s.f.
malvado adj. s.m.
malvaísco s.m.
malva-rosa s.f.; pl.: *malvas--rosas*
malvavisco s.m.
malversação s.f.
malversado adj.
malversador (ô) adj. s.m.
malversar v.
malvestido adj. s.m.
malvisto adj.
mama s.f.
mamada s.f.
mamadeira s.f.
mamado adj. s.m.
mamãe s.f.
mamalhudo adj.
mamaliforme adj.2g.
mamaluco s.m.
mamangaba s.f.
mamangava s.f.
mamão adj. s.m.
mamar v.
mamária s.f.
mamário adj.
mamata s.f.
mambeiro s.m.
mambembe adj.2g. s.m.
mambembeiro s.m.
mambo s.m.
mameluco s.m.
mamica s.f.
mamífero adj. s.m.

mamilo s.m.
maminha s.f.
mamítico adj.
mamoeiro s.m.
mamografia s.f.
mamográfico adj.
mamógrafo s.m.
mamona s.f.
mamoneira s.f.
mamoplastia s.f.
mamote adj. s.m.
mamparra s.f.
mamparrear v.
mamulengo s.m.
mamulengueiro s.m.
mamute s.m.
mana s.f.
maná s.m.
manacá s.m.
manacá-da-serra s.m.; pl.: *manacás-da-serra*
manada s.f.
manaíba s.f.
manancial adj.2g. s.m.
manápula s.f.
manar v.
manata s.m.
manauara adj. s.2g.
manauense adj. s.2g.
mancada s.f.
mancal s.m.
mancar v.
mancebia s.f.
mancebo (ê) adj. s.m.
mancha s.f.
manchado adj.
manchão s.m.
manchar v.
manche s.m.
manchego (ê) adj. s.m.
mancheia s.f.
manchesteriano adj. s.m.
manchetar v.
manchete s.f.
manco adj. s.m.
mancomunado adj.
mancomunar v.
mandaçaia s.f.
mandacaru s.m.
mandachuva s.2g.
mandadeira s.f.
mandado adj. s.m.
mandala s.f.
mandálico adj.
mandalístico adj.
mandamento s.m.
mandante s.2g.
mandão adj. s.m.; fem.: *mandona*
mandar v.
mandarim s.m.
mandarina s.f.
mandarinato s.m.
mandarová s.m.

mandatário s.m.
mandato s.m.
mandê adj. s.2g. s.m.
mandi s.m.
mandíbula s.f.
mandibular adj.2g.
mandil s.m.
mandinga adj. s.2g. s.m. s.f.
mandingar v.
mandingueiro adj. s.m.
mandioca s.m.f.
mandiocal s.m.
mandioqueiro s.m.
mandioquinha s.f.
mando s.m.
mandolim s.m.
mandolinata s.f.
mandona s.f. de *mandão*
mandonismo s.m.
mandonista adj.2g.
mandrágora s.f.
mandrião s.m.; fem.: *mandriona*
mandriar v.
mandril s.m.
mandrilagem s.f.
mandrilar v.
mandriona s.f. de *mandrião*
manducação s.f.
manducar v.
mané s.m.
maneabilidade s.f.
maneado adj.
maneador (ô) s.m.
manear v.
maneca s.f.
maneio s.m.
maneira s.f.
maneirar v.
maneirismo s.m.
maneirista adj.2g.
maneiro adj.
maneiroso (ô) adj.; f. e pl.: (ó)
manejador (ô) adj. s.m.
manejar v.
manejável adj.2g.
manejo (ê) s.m.
manema s.f.
manemolência s.f.
manequim s.m.
maneta (ê) adj. s.2g. s.m.
manete s.m.
manga s.f.
mangaba s.f.
mangabeira s.f.
mangação s.f.
manga-d'água s.f.; pl.: *mangas-d'águas*
mangador (ô) adj. s.m.
mangal s.m.
mangalaça s.f.
mangalaço adj. s.m.
manga-larga adj. s.2g.; pl.: *mangas-largas*

mangalho s.m.
manganês s.m.
mangangá s.m.
mangangaba s.f.
mangar v.
mangará s.m.
mangarito s.m.
mangofa s.f.
mangofar v.
mangonga s.m.
mangostão s.m.
mangote s.m.
mangra s.f.
mangrado adj.
manguá s.m.
manguaça s.f.
mangual s.m.
manguara s.f.
mangue s.m.
manguear v.
mangueira s.f.
mangueiral s.m.
mangueirense adj. s.2g.
mangueiro adj. s.m.
mangue-vermelho s.m.; pl.: *mangues-vermelhos*
manguezal s.m.
manguito s.m.
mangusto s.m.
manha s.f.
manhã s.f.
manhãzinha s.f.
manheiro adj.
manhoso (ô) adj.; f. e pl.: (ó)
mania s.f.
maníaco adj.
maníaco-depressivo adj. s.m.; pl. do adj.: *maníaco-depressivos*; pl. do s.m.: *maníacos-depressivos*
maniatar v.
maniçoba s.f.
maniçobeira s.f.
manicômio s.m.
manícula s.f.
manicura s.f.
manicurado adj.
manicurar v.
manicure s.2g.
manicuro s.m.
manietado adj.
manietar v.
manifestação s.f.
manifestante s.2g.
manifestar v.
manifesto adj. s.m.
manigância s.f.
manilha s.f.
manimolência s.f.
maninho adj. s.m.
manipanso s.m.
manipeba s.f.
manipueira s.f.
manipulação s.f.

manipulado adj.
manipulador (ô) adj. s.m.
manipular v. adj.2g. s.m.
manipulativo adj.
manipulatório adj.
manipulável adj.2g.
manípulo s.m.
maniqueia (ê) s.f. de *maniqueu*
maniqueísmo s.m.
maniqueísta adj. s.2g.
maniqueu adj. s.m.; fem.: *maniqueia* (ê)
manirroto (ô) adj. s.m.
manitó s.m.
manitol s.m.
maniva s.f.
manivela s.f.
manivelar v.
manjado adj.
manjar v. s.m.
manjar-branco s.m; pl.: *manjares-brancos*
manjar dos anjos s.m.
manjedoura s.f.
manjericão s.m.
manjerona s.f.
manjuba s.f.
mano s.m.
manobra s.f.
manobrabilidade s.f.
manobrar v.
manobrável adj.2g.
manobreiro s.m.
manobrista s.2g.
manoca s.f.
manojo s.m.
manometria s.f.
manométrico adj.
manômetro s.m.
manopla s.f.
manosear v. "domar"; cf. *manusear*
manotaço s.m.
manqueira s.f.
manquejar v.
manquitola adj. s.2g.
manquitolar v.
mansamente adv.
mansão s.f.
mansarda s.f.
mansidão s.f.
mansinho adj. adv.
manso adj. adv. s.m.
mansueto (ê) adj.
mansuetude s.f.
manta s.f.
manteiga s.f.
manteiga-derretida s.2g.; pl.: *manteigas-derretidas*
manteigueira s.f.
mantelete (ê) s.m.
mantença s.f.
mantenedor (ô) adj. s.m.
manter v.

manteúdo adj. s.m.
mântica s.f.
mântico adj.
mantido adj.
mantilha s.f.
mantimento s.m.
manto s.m.
mantô s.m.
mantra s.m.
mântrico adj.
manual adj.2g. s.m.
manualmente adv.
manúbrio s.m.
manuê s.m.
manuelino adj.
manufatura s.f.
manufaturado adj.
manufaturar v.
manufatureiro adj.
manumissão s.f.
manumitir v.
manuscrever v.
manuscrito adj. s.m.
manuseado adj.
manuseamento s.m.
manusear v. "pegar com a mão"; cf. *manosear*
manuseio s.m.
manutenção s.f.
manzape s.m.
manzapo s.m.
manzorra (ô) s.f.
mão s.f.
mão-aberta s.2g.; pl.: *mãos-abertas*
mão-boba s.f.; pl.: *mãos-bobas*
mão-cheia s.f.; pl.: *mãos-cheias*
mão de obra s.f.
mão de vaca s.m. "mocotó", "logro"; "sovina"
mão-de-vaca s.f. "espécie de árvore"; pl.: *mãos-de-vaca*
mão-francesa s.f.; pl.: *mãos-francesas*
mão-furada adj. s.2g.; pl.: *mãos-furadas*
maoismo s.m.
maoista adj. s.2g.
maometano adj. s.m.
maometismo s.m.
mão-pelada s.m.; pl.: *mãos-peladas*
maori adj.s.2g.
mãozada s.f.
mãozorra (ô) s.f.
mãozudo adj.
mapa s.m.
mapa-múndi s.m.; pl.: *mapas-múndi*
mapeação s.f. "ato ou efeito de mapear"; cf. *mapiação*
mapeador (ô) adj. s.m. "que mapeia"; cf. *mapiador*
mapeamento s.m.

mapear v. "fazer o mapa de"; cf. *mapiar*
mapiação s.f.; "conversa-fiada"; cf. *mapeação*
mapiador (ó) adj. s.m. "que gosta de conversa-fiada"; cf. *mapeador*
mapiar v. "tagarelar"; cf. *mapear*
mapinguari s.m.
mapinguinho s.m.
mapoteca s.f.
maqueiro s.m.
maqueta (ê) s.f.
maquetaria s.f.
maquete s.f.
maquetista adj. s.2g.
maquiado adj.
maquiador (ô) s.m.
maquiagem s.f.
maquiar v.
maquiavel s.m.
maquiaveliano adj.
maquiavelicamente adv.
maquiavélico adj.
maquiavelismo s.m.
maquilado adj.
maquilador (ô) adj. s.m.
maquilagem s.f.
maquilar v.
máquina s.f.
maquinação s.f.
maquinado adj.
maquinador (ô) adj. s.m.
máquina-ferramenta s.f.; pl.: *máquinas-ferramenta* e *máquinas-ferramentas*
maquinal adj.2g.
maquinalmente adv.
maquinar v.
maquinaria s.f.
maquinária s.f.
maquinário s.m.
maquineta (ê) s.f.
maquinfança s.f.
maquinismo s.m.
maquinista s.2g.
maquinizado adj.
mar s.m.
marabá adj. s.2g.
marabu s.m.
maraca s.2g.
maracá s.m.
maracajá s.m.
maracanã s.f.
maracatu s.m.
maracujá s.m.
maracujazeiro s.m.
maracutaia s.f.
marafona s.f.
maragato adj. s.m.
marajá s.m.
marajaísmo s.m.
marajoara adj. s.2g. s.m.
marambiré s.m.

maranhão s.m.
maranhense adj. s.2g.
marantácea s.f.
marantáceo adj.
marapuá s.m.
marasmo s.m.
maratona s.f.
maratônico adj.
maratonista s.2g.
maravalha s.f.
maravilha s.f.
maravilhado adj.
maravilhamento s.m.
maravilhar v.
maravilhosamente adv.
maravilhoso (ô) adj. s.m.; f. e pl.: (ó)
marca s.f.
marcação s.f.
marca-d'água s.f.; pl.: *marcas-d'água*
marcadamente adv.
marca de judas s.f.
marcado adj.
marcador (ô) adj. s.m.
marcante adj.2g.
marcantemente adv.
marca-passo s.m.; pl.: *marca-passos*
marcar v.
marcassita s.f.
marcenaria s.f.
marceneiro s.m.
marcescente adj.2g.
marcha s.f.
marcha de estrada s.f.
marchado adj.
marchador (ô) adj. s.m.
marchante s.m.
marchar v.
marcheta (ê) s.f.; cf. *marcheta*, fl. do v. *marchetar*
marchetado adj. s.m.
marchetar v.
marchetaria s.f.
marchete (ê) s.m.; cf. *marchete*, fl. do v. *marchetar*
marcheteiro s.m.
marchinha s.f.
marcial adj.2g.
marciano adj. s.m.
marco s.m.
março s.m.
maré s.f.
mareado adj.
marear v.
marechal s.m.
marechalato s.m.
marechal do ar s.m.
maré-cheia s.f.; pl.: *marés-cheias*
mar e guerra s.m.2n.
marejado adj.
marejar v.

marejo (ê) s.m.
maremoto s.m.
maresia s.f.
mareta (ê) s.f.
maré-vermelha s.f.; pl.: *marés-vermelhas*
marfim s.m.
marfinense adj. s.2g.
marga s.f.
margarida s.f.
margarina s.f.
margeante adj.2g.
margear v.
margem s.f.
marginador (ô) s.m.
marginal adj.2g. s.m.
marginália s.f.
marginalidade s.f.
marginalismo s.m.
marginalista adj.2g.
marginalização s.f.
marginalizado adj. s.m.
marginalizador (ô) adj.
marginalizante adj.2g.
marginalizar v.
marginalmente adv.
marginar v.
maria-chiquinha s.f.; pl.: *marias-chiquinhas*
maria-farinha s.f.; pl.: *marias-farinha* e *marias-farinhas*
maria-fumaça s.f.; pl.: *marias-fumaça* e *marias-fumaças*
maria-gomes s.f.; pl.: *marias-gomes*
maria-mijona s.f.; pl.: *marias-mijonas*
maria-mole s.f.; pl.: *marias-moles*
mariano adj. s.m.
maria-preta s.f.; pl.: *marias-pretas*
maria-sem-vergonha s.f.; pl.: *marias-sem-vergonha*
mariaté adj. s.2g. s.m.
maria vai com as outras s.2g.2n.
maribondo s.m.
marica s.f.
maricão adj. s.m.; fem.: *maricona*
maricas adj.2g. s.m.2n.
maricona s.f. de *maricão*
maricultura s.f.
maridado adj.
maridar v.
marido s.m.
marijuana s.f.
marimba s.f.
marimbá s.m.
marimbo s.m.
marimbondada s.f.
marimbondo s.m.

marimbu s.m.
marina s.f.
marinada s.f.
marinado adj.
marinar v.
marinete s.f.
marinettiano adj.
maringá adj.2g.
marinha s.f.
marinhagem s.f.
marinhar v.
marinharia s.f.
marinheiro adj. s.m.
marinho adj. adj.2g.2n. s.m.
mariola s.m. s.f.
mariologia s.f.
marionete s.f.
marionetista adj. s.2g.
mariposa (*ô*) s.f.
mariquinhas s.m.2n.
mariscada s.f.
mariscar v.
marisco adj. s.m.
marista adj. s.2g.
maritaca s.f.
marital adj.2g.
maritalmente adv.
mariticida s.f.
mariticídio s.m.
marítimo adj. s.m.
marmanjo adj. s.m.
marmelada s.f.
marmeleiro s.m.
marmelo s.m.
marmita s.f.
marmiteiro s.m.
marmitex s.m.2n.
marmo adj.
marmoraria s.f.
mármore s.m.
marmóreo adj.
marmorista s.2g.
marmorização s.f.
marmorizado adj.
marmota s.f.
marola s.f.
marolear v.
marolo (*ô*) s.m.
maromba s.f.
marombar v.
marombeiro adj. s.m.
maronita adj. s.2g.
marosca s.f.
marotagem s.f.
marotamente adv.
maroteira s.f.
marotice s.f.
maroto (*ô*) adj. s.m.
marquês s.m.
marquesa (*ê*) s.f.
marqueteiro s.m.
marquise s.f.
marra s.f.
marrã s.f.

marrada s.f.
marrafa s.f.
marrano adj. s.m.
marrão adj. s.m.; fem.: *marrona*
marrar v.
marreco adj. s.m.
marreta (*ê*) s.f.; cf. *marreta*, fl. do v. *marretar*
marretada s.f.
marretagem s.f.
marretar v.
marreteiro s.m.
marrom adj.2g. s.m.
marrom-glacê s.m.; pl.: *marrons-glacês*
marrona s.f. de *marrão*
marroquim s.m.
marroquino adj. s.m.
marruá adj.2g. s.m.
marruás adj.2g. s.m.; pl.: *marruases*
marruco s.m.
marrudo adj.
marrueiro adj. s.m.
marselhense adj.2g. s.m.
marselhês adj. s.m.
marsupial adj.2g. s.m.
marsúpio s.m.
marta s.f.
marte s.m.
martelada s.f.
martelamento s.m.
martelar v.
martelete (*ê*) s.m.
martelo s.m.
martensita s.f.
martim-pescador s.m.; pl.: *martins-pescadores*
martíni s.m.
mártir adj. s.2g.
martírio s.m.
martirizado adj.
martirizante adj.2g.
martirizar v.
martirológico adj.
martirológio s.m.
maruí s.m.
maruim s.m.
maruja s.f.
marujada s.f.
marujo s.m.
marulhada s.f.
marulhar v.
marulho s.m.
marumbé s.m.
marupá s.m.
marupiara s.f.
marxiano (*cs*) adj.
marxismo (*cs*) s.m.
marxismo-leninismo (*cs*) s.m.; pl.: *marxismos-leninismos*
marxista (*cs*) adj. s.2g.

marxista-leninista (*cs*) adj. s.2g.; pl. do adj.: *marxista-leninistas*; pl. do s.m.: *marxistas-leninistas*
marzipã s.m.
mas s.m.2n. adv. conj. contr. de *me* (pron.) + *as* (pron.)
masca s.f.
mascada s.f.
mascado adj.
mascador (*ô*) adj. s.m.
mascar v.
máscara s.f.
mascaração s.f.
mascarada s.f.
mascarado adj. s.m.
mascarar v.
mascate s.m.
mascatear v.
mascavado adj.
mascavo adj. s.m.
mascote s.f.
masculinidade s.f.
masculinista adj.s.2g.
masculinização s.f.
masculinizado adj.
masculinizar v.
masculino adj. s.m.
másculo adj.
masdeísmo s.m.
masmorra (*ô*) s.f.
masoquismo s.m.
masoquista adj. s.2g.
massa s.f. "mistura", etc.; cf. *maça*
massacrador (*ô*) adj. s.m.
massacrante adj.2g.
massacrar v.
massacre s.m.
massadeira s.f.
massageador (*ô*) adj. s.m.
massagear v.
massagem s.f.
massagista s.2g.
massapé s.m.
massapê s.m.
masseira s.f.
masseiro s.m.
masseter s.m.
masseterino adj.
massificação s.f.
massificado adj.
massificador (*ô*) adj. s.m.
massificante adj.2g.
massificar v.
massivamente adv.
massividade s.f.
massivo adj.
massoreta (*ê*) s.m.
massorético adj.
massoterapeuta adj. s.2g.
massoterapia s.f.
massudo adj. "espesso"; cf. *maçudo*

mastaréu s.m.
mastectomia s.f.
mastectomizado adj.
máster adj.2g.2n. s.m.
masterização s.f.
masterizado adj.
masterizar s.m.
mastigação s.f.
mastigadela s.f.
mastigado adj.
mastigador (ô) adj. s.m.
mastigar v.
mastigatório adj. s.m.
mastigável adj.2g.
mastigóforo adj. s.m.
mastim s.m.
mastite s.f.
mastócito s.m.
mastodonte s.m.
mastodôntico adj.
mastoide (ó) adj.2g. s.f.
mastoidectomia s.f.
mastoídeo adj.
mastoidiano adj.
mastoidite s.f.
mastologia s.f.
mastologista s.2g.
mastoplastia s.f.
mastreação s.f.
mastrear v.
mastro s.m.
mastronço s.m.
mastruço s.m.
mastruz s.m.
masturbação s.f.
masturbador (ô) s.m.
masturbar v.
masturbatório adj.
mata s.f.
mata-borrão s.m.; pl.: *mata-borrões*
mata-burros s.m.2n.
mata-cachorro s.m.; pl.: *mata-cachorros*
mata-calado s.m.; pl.: *mata-calados*
matacão s.m.; pl.: *matacães*
mata-cavalo s.m.; pl.: *mata-cavalos*
matada s.f.
matado adj.
matador (ô) adj. s.m.
matadouro s.m.
matagal s.m.
matagoso (ô) adj.; f. e pl.: (ó)
matalotagem s.f.
matalote s.m.
matamatá s.f.
matambre s.m.
matança s.f.
mata-pasto s.m.; pl.: *mata-pastos*
mata-piolho s.m.; pl.: *mata-piolhos*

matar v.
matarana s.f.
mata-ratos adj.2g.2n. s.m.2n.
mataréu s.m.
mataria s.f.
mate adj.2g.2n s.m.
matear v.
mateiro adj. s.m.
matelassê adj.2g. s.m.
matemática s.f.
matematicamente adv.
matematicidade s.f.
matematicismo s.m.
matemático adj. s.m.
matematiquês s.m.
matematismo s.m.
matematização s.f.
matematizado adj.
matematizar v.
matéria s.f.
material adj.2g. s.m.
materialidade s.f.
materialismo s.m.
materialista adj. s.2g.
materialização s.f.
materializado adj.
materializar v.
materialmente adv.
matéria-prima s.f.; pl.: *matérias-primas*
maternal adj.2g. s.m.
maternalmente adv.
maternidade s.f.
materno adj.
matilha s.f.
matina s.f.
matinada s.f.
matinal adj.2g.
matinalmente adv.
matinar v.
matinas s.f.pl.
matinê s.f.
matiz s.m.
matizado adj. s.m.
matizar v.
mato s.m.
mato-grossense adj. s.2g.; pl.: *mato-grossenses*
mato-grossense-do-sul adj. s.2g.; pl.: *mato-grossenses-do-sul*
matonense adj. s.2g.
matraca s.f. s.2g.
matracagem s.f.
matracolejar v.
matraqueado adj. s.m.
matraqueante adj.2g.
matraquear v.
matraz s.m.
matreiramente adv.
matreirice s.f.
matreiro adj.
matriarca s.f.
matriarcado s.m.

matriarcal adj.2g.
matriarcalismo s.m.
matricial adj.2g.
matricida adj.s.2g.
matricídio s.m.
matrícula s.f.
matriculado adj. s.m.
matricular v.
matrilachão s.m.
matrilinear adj.2g.
matrilocal adj.2g.
matrilocalidade s.f.
matrimonial adj.2g.
matrimonialmente adv.
matrimoniar v.
matrimônio s.m.
matrinxã s.m.f.
mátrio adj.
matriz adj.2g. s.f.
matrizeiro s.m.
matroca s.f.
matrona s.f.
matronal adj.2g.
matula s.f.
matulagem s.f.
matuleiro s.m.
matungo s.m.
matupá s.m.
maturação s.f.
maturado adj.
maturar v.
maturativo adj.
maturidade s.f.
maturo adj.
maturrango adj. s.m.
matusalém s.m.
matusca adj. s.2g.
matusquela adj. s.2g.
matutada s.f.
matutagem s.f.
matutar v.
matutice s.f.
matutino adj. s.m.
matuto adj. s.m.
mau adj. s.m.; fem.: *má*
mau-caráter adj. s.2g.; pl.: *maus-caracteres*
mau-caratismo s.m.; pl.: *maus-caratismos*
mauê adj. s.2g. s.m.
mau-olhado s.m.; "crendice"; cf. *mal-olhado*; pl.: *maus-olhados*
mauriçada s.f.
mauricinho s.m.
mauritano adj. s.m.
máuser s.f.
mausoléu s.m.
maus-tratos s.m.pl.
maviosidade s.f.
mavioso (ô) adj.; f. e pl.: (ó)
mavórtico adj.
máxi (cs) adj. s.2g.
maxidesvalorização (cs) s.f.

maxila (cs) s.f.
maxilar (cs) adj.2g. s.m.
maxilofacial (cs) adj.2g.
máxima (ss) s.f.
maximalista (cs) adj. s.2g.
maximamente (ss) adv.
máxime (cs) adv.
maximização (cs) s.f.
maximizado (cs) adj.
maximizador (cs...ô) adj.
maximizante (cs) adj.2g.
maximizar (cs) v.
máximo (ss) adj. s.m.
maxissaia (cs) s.f.
maxixe s.m.
maxixeiro adj. s.m.
mazela s.f.
mazelento adj.
mazombice s.f.
mazombismo s.m.
mazombo adj. s.m.
mazorca s.f.
mazorqueiro adj. s.m.
mazurca s.f.
me pron.
mé s.m.
mê s.m.
meã s.f. de *meão*
meação s.f.
mea-culpa s.m.2n.
meada s.f. "quantidade de fios de linha"; cf. *miada*
meado adj. s.m. "meio"; cf. *miado*
meados s.m.pl.
mealheiro adj. s.m.
meandrante adj.2g.
meândrico adj.
meandro s.m.
meandroso (ô) adj.; f. e pl.: (ó)
meão adj. "mediano"; fem.: *meã*; pl.: *meãos*; cf. *meião*
mear v. "partir ao meio"; cf. *miar*
meato s.m.
meca s.f.
mecânica s.f.
mecanicamente adv.
mecanicismo s.m.
mecanicista adj. s.2g.
mecanicizar v.
mecânico adj. s.m.
mecanismo s.m.
mecanização s.f.
mecanizado adj.
mecanizar v.
mecanizável adj.2g.
mecanografia s.f.
mecanógrafo s.m.
mecanorreceptor (ô) adj.
mecanoterapia s.f.
meças s.f.pl.
mecatrônica s.f.

mecatrônico adj.
mecenas s.m.2n.
mecenato s.m.
mecênico adj.
mecenismo s.m.
mecha s.f.
mechado adj.
mecônio s.m.
medalha s.f.
medalhado adj.
medalhamento s.m.
medalhão s.m.
medalhista adj. s.2g.
média s.f.
mediação s.f.
mediador (ô) adj. s.m.
medial adj.2g. s.f.
medialmente adv.
mediamente adv.
média-metragem s.m.; pl.: *médias-metragens*
medianamente adv.
medianeiro adj. s.m.
mediania s.f.
mediano adj.
mediante adj. s.2g. prep.
mediar v.
mediastinal adj.2g.
mediastínico adj.
mediastino adj. s.m.
mediatamente adv.
mediático adj.
mediatização s.f.
mediatizado adj.
mediatizar v.
mediato adj.
mediatriz s.f.
medicação s.f.
medicado adj.
medicagem s.f.
medicalização s.f.
medicalizante adj.2g.
medicalizar v.
medicamento s.m.
medicamentoso (ô) adj.; f. e pl.: (ó)
medição s.f.
medicar v.
medicina s.f.
medicinal adj.2g.
médico adj. s.m.
médico-cirurgião s.m.; pl.: *médicos-cirurgiões* e *médicos-cirurgiãos*
médico-dentário adj.; pl.: *médico-dentários*
médico-farmacêutico adj.; pl.: *médico-farmacêuticos*
médico-homeopático adj.; pl.: *médico-homeopáticos*
médico-hospitalar adj.; pl.: *médico-hospitalares*
médico-legal adj.2g.; pl.: *médico-legais*

médico-legista adj.2g. s.m.; pl. do adj.: *médico-legistas*; pl. do s.m.: *médicos-legistas*
médico-odontológico adj.; pl.: *médico-odontológicos*
médico-sanitário adj.; pl.: *médico-sanitários*
medida s.f.
medido adj.
medidor (ô) adj. s.m.
medieval adj.2g.
medievalesco (ê) adj.
medievalidade s.f.
medievalismo s.m.
medievalista adj. s.2g.
medievo adj. s.m.
medina s.f.
médio adj. s.m.
mediocracia s.f.
medíocre adj. s.2g. s.m.
mediocremente adv.
mediocridade s.f.
mediocrização s.f.
mediocrizante adj.2g.
mediocrizar v.
médio-ligeiro s.m.; pl.: *médios-ligeiros*
medir v.
meditabundo adj.
meditação s.f.
meditadamente adv.
meditado adj.
meditador (ô) s.m.
meditante adj. s.2g.
meditar v.
meditativo adj.
mediterrâneo adj. s.m.
mediterrânico adj.
médium s.2g.
mediúnico adj.
mediunidade s.f.
medo adj. s.m. "povo da Média"; cf. *medo* (ê)
medo (ê) s.m. "temor"; cf. *medo*
medonhamente adv.
medonho adj.
medrar v.
medronheiro s.m.
medronho adj. s.m.
medrosamente adv.
medroso (ô) adj.; f. e pl.: (ó)
medula s.f.
medular adj.2g.
medularmente adv.
medusa s.f.
medusado adj.
medusoide (ó) adj.2g.
meeiro adj. s.m.
mefistofélico adj.
mefítico adj.
mefitismo s.m.
mefloquina s.f.
megafone s.m.

megafônico adj.
mega-hertz s.m.2n.
megalítico adj.
megálito s.m.
megalomania s.f.
megalomaníaco adj. s.m.
megalômano adj. s.m.
megalópole s.f.
megalossauro s.m.
meganha s.m.
megaprótalo s.m.
megasporângio s.m.
megásporo s.m.
megatério s.m.
megaton s.m.
megawatt s.m.
megera s.f.
meia s.f. s.2g.
meia-água s.f.; pl.: *meias-águas*
meia-armador (ô) adj. s.m.; pl.: *meias-armadores*
meia-avançado adj. s.m.; pl.: *meias-avançados*
meia-calça s.f.; pl.: *meias-calças*
meia-cana s.f.; pl.: *meias-canas*
meia-cancha s.f.; pl.: *meias-canchas*
meia-ciência s.f.; pl.: *meias-ciências*
meia-direita s.2g. s.f.; pl.: *meias-direitas*
meia-entrada s.f.; pl.: *meias-entradas*
meia-esquerda s.2g. s.f; pl.: *meias-esquerdas*
meia-estação s.f.; pl.: *meias-estações*
meia-idade s.f.; pl.: *meias-idades*
meia-lua s.f.; pl.: *meias-luas*
meia-luz s.f.; pl.: *meias-luzes*
meia-nau s.f.; pl.: *meias-naus*
meia-noite s.f.; pl.: *meias-noites*
meião s.m. "meia do uniforme do jogador de futebol"; cf. *meão*
meia-pataca s.f.; pl.: *meias-patacas*
meia-praça s.m.; pl.: *meias-praças*
meia-recuado s.m.; pl.: *meias-recuados*
meia-sola s.f.; pl.: *meias-solas*
meia-sombra s.f.; pl.: *meias-sombras*
meia-tigela s.f.
meia-tinta s.f.; pl.: *meias-tintas*
meia-vida s.f.; pl.: *meias-vidas*
meia-virtude s.f.; pl.: *meias-virtudes*
meia-volta s.f.; pl.: *meias-voltas*
meia-voz s.f.; pl.: *meias-vozes*
meigamente adv.

meigo adj.
meiguice s.f.
meio adj. s.m. num. adv.
meio-campista adj. s.2g.; pl.: *meio-campistas*
meio-campo s.m.; pl.: *meios-campos*
meio de campo s.m.
meio-dia s.m.; pl.: *meios-dias*
meio-fio s.m.; pl.: *meios-fios*
meio-irmão s.m.; pl.: *meios-irmãos*
meio-médio adj. s.2g.; pl.: *meio-médios*
meio-pesado adj.2g. s.m.; pl.: *meio-pesados*
meios s.m.pl.
meio-sangue adj.2g. s.m.; pl.: *meios-sangues*
meiose s.f.
meio-soprano s.m.; pl.: *meios-sopranos*
meiota s.f.
meio-tempo s.m.; pl.: *meios-tempos*
meio-termo s.m.; pl.: *meios-termos*
meiótico adj.
meio-tom s.m.; pl.: *meios-tons*
meirinho adj. s.m.
meitnério s.m.
mel s.m.
mela s.f.
melaço s.m.
meladinha s.f.
melado adj. s.m.
melagenina s.f.
mela-mela s.m.2n.
melamina s.f.
melancia s.f.
melancolia s.f.
melancolicamente adv.
melancólico adj.
melancolizante adj.2g.
melanésio adj. s.m.
melanina s.f.
melanócito s.m.
melanodermia s.f.
melanodérmico adj.
melanoma s.m.
melanose s.f.
melão s.m.
melão-de-são-caetano s.m.; pl.: *melões-de-são-caetano*
melar v.
melastomatácea s.f.
melatonina s.f.
melê s.m.
meleca s.f.
melecado adj.
melecar v.
meleira s.f.
meleiro s.m.
melena s.f.

melequento adj.
meleta (ê) s.m.
melga s.f.
melhor adj.2g. s.m. adv.
melhora s.f.
melhorada s.f.
melhorado adj.
melhorador (ô) adj. s.m.
melhoramento s.m.
melhorar v.
melhoria s.f.
melhorista s.2g.
meliácea s.f.
meliante s.2g.
melífero adj.
melificar v.
melífluo adj.
melindrado adj.
melindrar v.
melindre s.m.
melindro s.m.
melindrosa s.f.
melindroso (ô) adj.; f. e pl.: (ó)
melisma s.m.
melismático adj.
melissa s.f.
melô s.m.
méloa s.f.
melodia s.f.
melódia s.f.
melodicamente adv.
melódico adj. s.m.
melodioso (ô) adj.; f. e pl.: (ó)
melodismo s.m.
melodista s.2g.
melodrama s.m.
melodramaticidade s.f.
melodramático adj.
melodramaturgia s.f.
meloeiro s.m.
melomania s.f.
melomaníaco adj. s.m.
melômano adj. s.m.
melopeia (é) s.f.
melosidade s.f.
meloso (ô) adj.; f. e pl.: (ó)
meloterapia s.f.
melro s.m.
mélroa s.f.
membeca s.f.
membrana s.f.
membranáceo adj.
membranofônio s.m.
membranoso (ô) adj.; f. e pl.: (ó)
membro s.m.
memento s.m.
memorando s.m.
memorândum s.m.
memorar v.
memorativo adj.
memorável adj.2g.
memória s.f.
memorial adj.2g. s.m.

memorialismo s.m.
memorialista s.2g.
memorialística s.f.
memorialístico adj.
memórias s.f.pl.
memorização s.f.
memorizado adj.
memorizar v.
memorizável adj.2g.
mênade s.f.
menagem s.f.
menarca s.f.
menção s.f.
menchevique adj. s.2g.
menchevista adj. s.2g.
mencionado adj.
mencionar v.
mencionável adj.2g.
mendacidade s.f.
mendaz adj.2g.
mendelévio s.m.
mendicância s.f.
mendicante adj. s.2g.
mendicidade s.f.
mendigagem s.f.
mendigar v.
mendigo s.m.
menear v.
menefrego s.m.
meneio s.m.
menestrel s.m.
meninada s.f.
menina do olho s.f.
menina dos olhos s.f.
menina-moça s.f.; pl.:
    meninas-moças
menina-mulher s.f.; pl.:
    meninas-mulheres
meninge s.f.
meníngeo adj.
meningioma s.m.
meningismo s.m.
meningite s.f.
meningítico adj.
meningocele s.f.
meningococemia s.f.
meningocócico adj.
meningococo s.m.
meningoencefalite s.f.
meningoencefalocele s.f.
meninice s.f.
menino adj. s.m.
meninote s.m.
menipeia (é) s.f. de *menipeu*
menipeu adj. s.m.; fem.:
    menipeia (é)
menir s.m.
meniscectomia s.f.
menisco s.m.
menonita adj. s.2g.
menopausa s.f.
menopáusico adj.
menor adj. s.2g.
menorá s.f.

menoridade s.f.
menorragia s.f.
menorreia (é) s.f.
menorreico (é) adj.
menos s.m. pron. adv. prep.
menoscabar v.
menoscabo s.m.
menosprezar v.
menosprezo (ê) s.m.;
    cf. *menosprezo*, fl. do v.
    menosprezar
mensageiro adj. s.m.
mensagem s.f.
mensal adj.2g.
mensalidade s.f.
mensalista adj. s.2g.
mensalmente adv.
mensário s.m.
menstruação s.f.
menstruado adj.
menstrual adj.2g.
menstruar v.
mênstruo s.m.
mensuração s.f.
mensurar v.
mensurável adj.2g.
menta s.f.
mental adj.2g.
mentalidade s.f.
mentalismo s.m.
mentalista adj. s.2g.
mentalização s.f.
mentalizado adj.
mentalizar v.
mentalmente adv.
mente s.f.
mentecapto adj. s.m.
mentir v.
mentira s.f.
mentirada s.f.
mentirosamente adv.
mentiroso (ô) adj.; f. e pl.: (ó)
mento s.m.
mentol s.m.
mentolado adj.
mentor (ô) s.m.
mentrasto s.m.
menu s.m.
mequetrefe s.m.
meramente adv.
mercadejar v.
mercadejo (ê) s.m.
mercadinho s.m.
mercado s.m.
mercadologia s.f.
mercadologicamente adv.
mercadológico adj.
mercadólogo s.m.
mercador (ô) s.m.
mercadoria s.f.
mercancia s.f.
mercanciar v.
mercante adj. s.2g.
mercantil adj.2g.

mercantilismo s.m.
mercantilista adj. s.2g.
mercantilização s.f.
mercantilizado adj.
mercantilizar v.
mercar v.
mercê s.f.
mercearia s.f.
merceeiro s.m.
mercenário adj. s.m.
mercenarismo s.m.
mercerizado adj.
mercurial adj.2g. s.m.
mercuriano adj.
mercúrio s.m.
mercurocromo s.m.
merda s.f. s.2g.
merecedor (ô) adj.
merecer v.
merecidamente adv.
merecido adj.
merecimento s.m.
merencório adj.
merenda s.f.
merendar v.
merendeira s.f.
merendeiro s.m.
merengue s.m.
merengueiro s.m.
meretrício s.m.
meretriz s.f.
mergulhado adj.
mergulhador (ô) adj. s.m.
mergulhão s.m.
mergulhar v.
mergulhia s.f.
mergulho s.m.
meridianamente adv.
meridiano adj. s.m.
merídio adj. s.m.
meridional adj. s.2g.
merino adj. s.m.
meristema s.m.
meristemático adj.
merístico adj.
meritalo s.m.
meritíssimo adj. s.m.
mérito s.m.
meritocracia s.f.
meritocrático adj.
meritoriamente adv.
meritório adj.
merla s.f.
merluza s.f.
merma s.f.
mero adj. s.m.
merostomado adj. s.m.
merovíngio adj. s.m.
merreca s.f.
merrequeiro s.m.
mertiolate s.m.
mês s.m.
mesa (ê) s.f.
mesada s.f.

mesa-redonda s.f.; pl.: *mesas--redondas*
mesário s.m.
mesa-tenista adj. s.2g.; pl.: *mesa-tenistas*
mescal s.m.
mescalina s.f.
mescla s.f.
mesclado adj.
mesclagem s.f.
mesclar v.
mesencefálico adj.
mesencéfalo s.m.
mesênquima s.m.
mesenquimal adj.2g.
mesenquimatoso (ô) adj.; f. e pl.: (ó)
mesentérico adj.
mesentério s.m.
meseta (ê) s.f.
mesinha s.f. "mesa pequena"; cf. *mezinha*
mesmear v.
mesmerismo s.m.
mesmerista adj. s.2g.
mesmerizado adj.
mesmerizante adj.2g.
mesmerizar v.
mesmice s.f.
mesmismo s.m.
mesmo (ê) adj. s.m. pron. adv.
mesocarpo s.m.
mesocefalia s.f.
mesóclise s.f.
mesoderma s.m.
mesofilia s.f.
mesofílico adj.
mesófilo adj.
mesófito s.m.
mesolítico adj. s.m.
mesologia s.f.
mesológico adj.
mesopotâmia s.f.
mesopotâmico adj. s.m.
mesopotâmio adj. s.m.
mesosfera s.f.
mesosférico adj.
mesotelial adj.2g.
mesotélio s.m.
mesoterapia s.f.
mesotérmico adj.
mesozoico (ó) adj. s.m.
mesquinhamente adv.
mesquinharia s.f.
mesquinhez (ê) s.f.
mesquinheza (ê) s.f.
mesquinho adj. s.m.
mesquita s.f.
messalina s.f.
messe s.f.
messiânico adj.
messianismo s.m.
messianista adj. s.2g.
messias s.m.2n.

mestiçado adj.
mestiçagem s.f.
mestiçamento s.m.
mestiçar v.
mestiço adj. s.m.
mestraço s.m.
mestrado s.m.
mestrando s.m.
mestre adj. s.m.
mestre-cuca s.m.; pl.: *mestres--cucas*
mestre de campo s.m.
mestre de cerimônias s.m.
mestre de obras s.m.
mestre-escola s.m.; pl.: *mestres-escola e mestres-escolas*
mestre-sala s.m.; pl.: *mestres--sala e mestres-salas*
mestria s.f.
mesura s.f.
mesurar v.
mesureiro adj.
meta s.f.; cf. *meta* (ê), fl. do v. *meter*
metabolicamente adv.
metabólico adj.
metabolismo s.m.
metabolização s.f.
metabolizar v.
metabolizável adj.2g.
metacarpiano adj.
metacarpo s.m.
metade s.f.
metafísica s.f.
metafisicamente adv.
metafísico adj. s.m.
metáfora s.f.
metaforicamente adv.
metafórico adj.
metaforismo s.m.
metaforização s.f.
metaforizar v.
metal s.m.
metaleiro s.m.
metalepse s.f.
metálico adj.
metalinguagem s.f.
metalinguístico (ü) adj.
metalismo s.m.
metalização s.f.
metalizado adj.
metalizar v.
metalofone s.m.
metaloide (ó) adj.2g. s.m.
metalurgia s.f.
metalúrgica s.f.
metalúrgico adj. s.m.
metalurgista adj. s.2g.
metamerização s.f.
metâmero adj. s.m.
metamórfico adj.
metamorfismo s.m.
metamorfose s.f.
metamorfoseado adj.

metamorfosear v.
metanarrativa s.f.
metano s.m.
metanogênico adj.
metanol s.m.
metaplasia s.f.
metaplásico adj.
metaplasmo s.m.
metapsicologia s.f.
metapsicológico adj.
metapsíquico adj.
metástase s.f.
metastático adj.
metatarsiano adj. s.m.
metatársico adj. s.m.
metatarso s.m.
metátese s.f.
metaxilema (*cs*) s.m.
metaxilemático (*cs*) adj.
metazoário adj. s.m.
metediço adj.
metempsicose s.f.
metempsicótico adj.
meteórico adj.
meteorismo s.m.
meteorito s.m.
meteorização s.f.
meteoro s.m.
meteorologia s.f.
meteorológico adj.
meteorologista s.2g.
meteorólogo s.m.
meter v.
meticulosamente adv.
meticulosidade s.f.
meticuloso (ô) adj.; f. e pl.: (ó)
metido adj. s.m.
metila s.f.
metilação s.f.
metilamina s.f.
metileno s.m.
metílico adj.
metilmercúrio s.m.
metionina s.f.
metodicamente adv.
metódico adj.
metodismo s.m.
metodista adj. s.2g.
metodização s.f.
metodizado adj.
metodizador (ô) adj. s.m.
metodizar v.
método s.m.
metodologia s.f.
metodologicamente adv.
metodológico adj.
metonímia s.f.
metonímico adj.
metragem s.f.
metralha s.f.
metralhada s.f.
metralhado adj.
metralhador (ô) adj. s.m.
metralhadora (ô) s.f.

metralhamento s.m.
metralhar v.
métrica s.f.
métrico adj.
metrificação s.f.
metrificado adj.
metrificar v.
metrite s.f.
metro s.m.
metrô s.m.
metrologia s.f.
metrológico adj.
metrologista s.2g.
metrônomo s.m.
metrópole s.f.
metropolita adj.2g. s.m.
metropolitanismo s.m.
metropolitano adj. s.m.
metropolização s.f.
metrorragia s.f.
metrorrágico adj.
metroviário adj. s.m.
meu pron.
mexeção s.f.
mexediço adj.
mexedor (ô) adj. s.m.
mexedura s.f.
mexelhão adj. s.m.; "que mexe"; fem.: *mexelhona*; cf. *mexilhão*
mexelhona s.f. de *mexelhão*
mexe-mexe s.m.; pl.: *mexe-mexes* e *mexes-mexes*
mexe que mexe s.m.2n.
mexer v.
mexerica s.f.
mexericar v.
mexerico s.m.
mexeriqueira s.f.
mexeriqueiro adj. s.m.
mexicanismo s.m.
mexicanização s.f.
mexicanizado adj.
mexicano adj. s.m.
mexida s.f.
mexido adj. s.m.
mexilhão s.m.; "molusco"; cf. *mexelhão*
mezanino s.m.
mezinha s.f. "remédio"; cf. *mesinha*
mezinheiro s.m.
mi s.m.
miacídeo adj. s.m.
miada s.f. "miado"; cf. *meada*
miado s.m. "mio"; cf. *meado*
mialgia s.f.
miar v. "dar miados"; cf. *mear*
miasma s.m.
miasmático adj.
miastenia s.f.
miastênico adj.
miau s.m.
mica s.f.

micagem s.f.
miçanga s.f.
micar v.
micareta (ê) s.f.
micaxisto s.m.
micção s.f.
miccional adj.2g.
micela s.f.
micelar adj.2g.
micélio s.m.
micênico adj. s.m.
micetemia s.f.
micetologia s.f.
micha s.f.
michê s.m.
micheiro s.m.
mico s.m.
mico-leão s.m.; pl.: *micos-leão* e *micos-leões*
mico-leão-dourado s.m.; pl.: *micos-leão-dourados* e *micos-leões-dourados*
micologia s.f.
micológico adj.
micologista s.2g.
micoplasma s.m.
mico-preto s.m.; pl.: *micos-pretos*
micose s.f.
micótico adj.
micotoxina (cs) s.f.
micreiro s.m.
micro s.m.
microadministrador (ô) s.m.
microagricultor (ô) s.m.
microbial adj.2g.
microbiano adj.
micróbio s.m.
microbiologia s.f.
microbiológico adj.
microbiologista s.2g.
microcefalia s.f.
microcéfalo adj. s.m.
microcircuito s.m.
microcirurgia s.f.
microclínio adj. s.m.
microcomputador (ô) s.m.
microcosmo s.m.
microdado s.m.
microeconomia s.f.
microeconômico adj.
microeletrônica s.f.
microeletrônico adj.
microempresa (ê) s.f.
microempresário adj. s.m.
microestrutura s.f.
microfibra s.f.
microfilia s.f.
microfilmagem s.f.
microfilmar v.
microfilme s.m.
microfilo s.m.
microfísica s.f.
microflora s.f.

microfone s.m.
microfonia s.f.
microfônico adj.
microfonismo s.m.
microfonista s.2g.
microfotografia s.f.
microfotográfico adj.
micrômetro s.m.
mícron s.m.
micro-onda s.f.; pl.: *micro-ondas*
micro-ondas s.m.2n.
micro-ônibus s.m.2n.
micro-organismo s.m.; pl.: *micro-organismos*
microprocessador (ô) s.m.
microrganismo s.m.
microrregião s.f.
microrregional adj.2g.
microscopia s.f.
microscopicamente adv.
microscópico adj.
microscópio s.m.
microscopista s.2g.
microssaia s.f.
mictório adj. s.m.
micuim s.m.
mídia s.f.
midiático adj.
mielina s.f.
mielite s.f.
mielografia s.f.
mieloma s.m.
migalha s.f.
migração s.f.
migracionismo s.m.
migracionista adj.2g.
migrado adj.
migrante adj. s.2g.
migrar v.
migratório adj.
miguelista adj. s.2g.
mijacão s.m.; pl.: *mijacães*
mijação s.f.
mijada s.f.
mija-mija s.f.; pl.: *mija-mijas* e *mijas-mijas*
mijão adj. s.m.; fem.: *mijona*
mijar v.
mijaró s.m.
mijo s.m.
mijona s.f. de *mijão*
mil num. s.m.
milagre s.m.
milagreiro adj. s.m.
milagrosamente adv.
milagroso (ô) adj.; f. e pl.: (ó)
milanês adj. s.m.
milanesa (ê) s.f.
míldio s.m.
milenar adj.2g.
milenário adj. s.m.
milenarismo s.m.
milenarista adj. s.2g.

milenarmente | 238 | miraculosamente

milenarmente adv.
milênio s.m.
milésimo num. s.m.
mil-folhas s.f.2n.
milha s.f.
milhafre s.m.
milhagem s.f.
milhão num. s.m.
milhar v. s.m. num.
milharal s.m.
milheiro num. s.m.
milheiró s.m.
milho s.m.
miliampère s.m.
miliamperômetro s.m.
miliardário adj. s.m.
milícia s.f.
miliciano adj. s.m.
milico s.m.
miligrama s.m.
mililitro s.m.
milimetrado adj.
milimetragem s.f.
milimetricamente adv.
milímetro s.m.
milionário adj. s.m.
milionésimo num. s.m.
militância s.f.
militante adj. s.2g.
militar v. adj.2g. s.m.
militaresco (ê) adj.
militarismo s.m.
militarista adj. s.2g.
militarização s.f.
militarizado adj.
militarizar v.
militarmente adv.
milonga s.f.
milongagem s.f.
milongueiro adj. s.m.
milonguita s.f.
mil-réis s.m.pl.
mim pron.
mimado adj.
mimalho adj. s.m.
mimar v.
mimeografado adj.
mimeografar v.
mimeógrafo s.m.
mimese s.f.
mimeticamente adv.
mimético adj.
mimetismo s.m.
mimetização s.f.
mimetizado adj.
mimetizar v.
mímica s.f.
mimicar v.
mímico adj. s.m.
mimo s.m.
mimodrama s.m.
mimosa s.f.
mimosear v.
mimoso (ô) adj.; f. e pl.: (ó)

mimosura s.f.
mina adj. s.2g. s.f.
minação s.f.
minado adj.
minadouro s.m.
minar v.
minarete (ê) s.m.
minaz adj.2g.
mindinho adj. s.m.
mineirice s.f.
mineiridade s.f.
mineirismo s.m.
mineiro adj. s.m.
mineiro com botas s.m.
mineiro de botas s.m.
mineração s.f.
minerador (ô) adj. s.m.
mineradora (ô) s.f.
mineral adj.2g. s.m.
mineralidade s.f.
mineralização s.f.
mineralizado adj.
mineralizar v.
mineralogia s.f.
mineralógico adj.
mineralogista s.2g.
minerar v.
minerário adj.
mineratório adj.
minério s.m.
mineroduto s.m.
mingau s.m.
míngua s.f.
minguado adj.
minguante adj.2g. s.m.
minguar v.
minha pron. s.f.
minhoca s.f.
minhocar v.
minhocuçu s.m.
minhocultor (ô) s.m.
minhocultura s.f.
minhoto (ô) adj. s.m.
míni adj. s.2g.
miniatura s.f.
miniatural adj.2g.
miniaturista adj. s.2g.
miniaturização s.f.
miniaturizado adj.
miniaturizar v.
minicomputador (ô) s.m.
miniconto s.m.
minicurso s.m.
minidesvalorização s.f.
minidicionário s.m.
minienciclopédia s.f.
miniférias s.f.pl.
minifundiário adj. s.m.
minifúndio s.m.
minigeladeira s.f.
mínima s.f.
minimalismo s.m.
minimalista adj. s.2g.
minimamente adv.

minimização s.f.
minimizado adj.
minimizar v.
mínimo adj. s.m.
mínio s.m.
minissaia s.f.
minissérie s.f.
ministerial adj.2g.
ministeriável adj. s.2g.
ministério s.m.
ministração s.f.
ministrante adj. s.2g.
ministrar v.
ministro s.m.
minoração s.f.
minorar v.
minoria s.f.
minoridade s.f.
minoritariamente adv.
minoritário adj.
minorizado adj.
minuano s.m.
minúcia s.f.
minuciar v.
minuciosamente adv.
minuciosidade s.f.
minucioso (ô) adj.; f. e pl.: (ó)
minudência s.f.
minudenciar v.
minudente adj.2g.
minuendo s.m.
minueto (ê) s.m.
minúscula s.f.
minúsculo adj.
minuta s.f.
minutagem s.f.
minutar v.
minuteria s.f.
minuto s.m.
miocárdio s.m.
miocardiopatia s.f.
miocardite s.f.
miocênico adj.
mioceno adj. s.m.
miolo (ô) s.m.; pl.: (ó)
miologia s.f.
miológico adj.
mioma s.m.
miomatoso (ô) adj.; f. e pl.: (ó)
miomectomia s.f.
miométrio s.m.
mioneural adj.2g.
miopatia s.f.
míope adj. s.2g.
miopia s.f.
miose s.f.
miosina s.f.
miosite s.f.
miosótis s.m.2n.
miótico adj.
mira s.f.
mirabolante adj.2g.
miracídio s.m.
miraculosamente adv.

miraculoso (ô) adj.; f. e pl.: (ó)
mirada s.f.
miradouro s.m.
miragem s.f.
miramar s.m.
mirante s.m.
mirar v.
miríada s.f.
miríade s.f.
miriápode adj.2g. s.m.
mirífico adj.
mirim adj.2g.
mirindiba s.f.
miriti s.m.
mirra s.f. s.2g.
mirrado adj.
mirrar v.
mirta s.f.
mirtácea s.f.
mirtáceo adj.
miruim s.m.
misantropia s.f.
misantrópico adj.
misantropo (ô) adj. s.m.
miscelânea s.f.
miscibilidade s.f.
miscigenação s.f.
miscigenado adj.
miscigenador (ô) adj.
miscigenar v.
misento adj.
miserabilidade s.f.
miserando adj.
miserável adj. s.2g.
miserê s.m.
miséria s.f.
misericórdia s.f.
misericordioso (ô) adj.; f. e pl.: (ó)
mísero adj. s.m.
misérrimo adj.
misoginia s.f.
misógino adj. s.m.
misólogo s.m.
misossofia s.f.
missa s.f.
missal s.m.
missão s.f.
míssil adj.2g. s.m.
missional adj.2g.
missionar v.
missionário adj. s.m.
missionarismo s.m.
missionarizar v.
missioneiro adj. s.m.
missiva s.f.
missivista s.2g.
mistagogo (ô) s.m.
mister (ê) s.m.
mistério s.m.
misteriosamente adv.
misterioso (ô) adj.; f. e pl.: (ó)
mística s.f.
misticamente adv.

misticeto adj. s.m.
misticismo s.m.
místico adj. s.m.
mistificação s.f.
mistificado adj.
mistificador (ô) adj. s.m.
mistificar v.
mistificatório adj.
mistifório s.m.
misto adj. s.m.
misto-quente s.m.; pl.: *mistos--quentes*
mistral s.m.
mistura s.f.
misturação s.f.
misturada s.f.
misturadeira s.f.
misturado adj.
misturador (ô) adj. s.m.
misturar v.
misturável adj.2g.
miticamente adv.
mítico adj.
mitificação s.f.
mitificado adj.
mitificador (ô) adj. s.m.
mitificar v.
mitigação s.f.
mitigado adj.
mitigador (ô) adj. s.m.
mitigar v.
mitingueiro adj.
mito s.m.
mitocôndria s.f
mitocondrial adj.2g.
mitografia s.f.
mitográfico adj.
mitógrafo s.m.
mitologia s.f.
mitológico adj.
mitologismo s.m.
mitologizado adj.
mitologizar v.
mitólogo s.m.
mitomania s.f.
mitomaníaco adj. s.m.
mitômano s.m.
mitônimo s.m.
mitose s.f.
mitra s.f.
mitrado adj.
mitral adj.2g. s.f.
miuçalha s.f.
miudagem s.f.
miudamente adv.
miudear v.
miudeza (ê) s.f.
miudinho adj. s.m.
miúdo adj. s.m.
miúdos s.m.pl.
miunça s.f.
miunçalha s.f.
miúra s.m.
mixa adj.2g. s.f.

mixado (cs) adj.
mixador (cs...ô) adj. s.m.
mixagem (cs) s.f.
mixar (cs) v.
mixar v.
mixaria s.f.
mixe adj.2g.
mixo adj. s.m.
mixomatose (cs) s.f.
mixomatoso (cs...ô) adj.; f. e pl.: (ó)
mixórdia s.f.
mixotrófico (cs) adj.
mixuruca adj.2g.
mixuruqueba s.f.
mixuruquice s.f.
mnêmico adj.
mnemônico adj.
mnésico adj.
mo contr. de *me* (pron.) + *o* (pron.)
mó s.f.
moageiro adj. s.m.
moagem s.f.
móbil adj.2g. s.m.
móbile adj.2g. s.m.
mobilhar v.
mobília s.f.
mobiliado adj.
mobiliar v.
mobiliária s.f.
mobiliário adj. s.m.
mobilidade s.f.
mobilíssimo adj.
mobilização s.f.
mobilizado adj.
mobilizador (ô) adj. s.m.
mobilizar v.
mobilizatório adj.
mobilizável adj.2g.
moca s.m. s.f.
moça (ô) s.f.
moçada s.f.
moçambicano adj. s.m.
moçambique s.m.
moçambiqueiro s.m.
mocambeiro adj. s.m.
mocambo s.m.
moção s.f.
moçárabe adj. s.2g.
mocassim s.m.
mocetão s.m.; fem.: *mocetona*
mocetona s.f. de *mocetão*
mocha (ô) s.f.
mochila s.f.
mocho (ô) adj. s.m.
mocidade s.f.
mocinho s.m.
mocó s.m.
moço (ô) adj. s.m.
moçoilo s.m.
mocorongo adj. s.m.
mocororó s.m.
mocotó s.m.

**mocreia (ê) s.f.
moda s.f.
moda de viola s.f.
modal adj.2g. s.m. s.f.
modalidade s.f.
modalismo s.m.
modalizador (ô) s.m.
modelação s.f.
modelado adj. s.m
modelador (ô) adj. s.m.
modelagem s.f.
modelamento s.m.
modelar v. adj.2g.
modelismo s.m.
modelista s.2g.
modelito s.m.
modelo (ê) s.m.; cf. *modelo*, fl. do v. *modelar*
moderação s.f.
moderadamente adv.
moderado adj. s.m.
moderador (ô) adj. s.m.
moderar v.
modernamente adv.
modernice s.f.
modernidade s.f.
modernismo s.m.
modernista adj. s.2g.
modernização s.f.
modernizado adj.
modernizador (ô) adj.
modernizante adj.2g.
modernizar v.
moderno adj. s.m.
modernoso (ô) adj.; f. e pl.: (ó)
modestamente adv.
modéstia s.f.
modesto adj.
modicidade s.f.
módico adj.
modificação s.f.
modificado adj.
modificador (ô) adj. s.m.
modificar v.
modificativo adj.
modificável adj.2g.
modinha s.f.
modismo s.m.
modista s.f.
modo s.m.
modorna s.f.
modorra (ô) s.f.; cf. *modorra*, fl. do v. *modorrar*
modorrar v.
modorrento adj.
modos s.m.pl.
modulação s.f.
modulado adj. s.m.
modulador (ô) adj. s.m.
modulante adj.2g.
modular v. adj.2g.
modularidade s.f.
modulatório adj.
modulável adj.2g.
módulo** adj. s.m.
**moeda s.f.
moedagem s.f.
moedeira s.f.
moedeiro s.m.
moedor (ô) adj. s.m.
moedura s.f.
moela s.f.
moenda s.f.
moendeiro s.m.
moer v.
mofa s.f.
mofado adj.
mofar v.
mofento adj.
mofina s.f.
mofino adj. s.m.
mofo (ô) s.m.; cf. *mofo*, fl. do v. *mofar*
mofumbo s.m.
mogango adj. s.m.
mogno s.m.
moicano adj. s.m.
moído adj.
moinha s.f.
moinho s.m.
moisés s.m.2n.
moita s.f.
mojica s.f.
mol s.m.; pl.: mols e moles
mola s.f.
molambento adj.
molambo s.m.
molar adj.2g. s.m.
moldado adj. s.m.
moldador (ô) adj. s.m.
moldagem s.f.
moldar v.
moldável adj.2g.
moldávio adj. s.m.
molde s.m.
moldeira s.f.
moldura s.f.
moldurado adj.
moldurar v.
moldureiro s.m.
mole adj.2g. s.f. adv.
molecada s.f.
molecagem s.f.
molecão s.m.; fem.: molecona
molecar v.
molecona s.f. de *molecão*
molecoreba s.f.
molecório s.m.
molecote s.m.
molécula s.f.
molécula-grama s.f.; pl.: moléculas-grama e moléculas-gramas
molecular adj.2g.
moleira s.f.
moleirão adj. s.m.; fem.: *moleirona*
moleiro s.m.**
**moleirona s.f. de *moleirão*
moleja (ê) s.f.
molejo (ê) s.m.
molemente adv.
molenga adj. s.2g.
molengamente adv.
molengo adj. s.m.
molenguice s.f.
moleque adj. s.m.
molequeira s.f.
molequice s.f.
molestação s.f.
molestado adj.
molestador (ô) adj. s.m.
molestamento s.m.
molestar v.
moléstia s.f.
molesto adj.
moletom s.m.
moleza (ê) s.f.
molgar v.
molhação s.f.
molhaceira s.f.
molhadela s.f.
molhado adj. s.m.
molhados s.m.pl.
molhadura s.f.
molhar v.
molhável adj.2g.
molhe s.m.
molheira s.f.
molho s.m. "feixe"; cf. *molho* (ô)
molho (ô) s.m. "caldo temperado"; cf. *molho* s.m. e *molho*, fl. do v. *molhar*
molibdênio s.m.
molinete (ê) s.m.
moloide (ô) adj. s.2g.
molusco s.m.
momentaneamente adv.
momentaneidade s.f.
momentâneo adj.
momento s.m.
momentoso (ô) adj.; f. e pl.: (ó)
momesco (ê) adj.
momice s.f.
momístico adj.
momo s.m.
monã s.m.
monão s.m.
monacal adj.2g.
mônada s.f.
monádico adj.
monarca s.m. adj. s.2g.
monarquear v.
monarquia s.f.
monárquico adj. s.m.
monarquismo s.m.
monarquista adj. s.2g.
monastério s.m.
monasticismo s.m.
monástico adj. s.m.**

monazita s.f.
monazítico adj.
monção s.f.
monco s.m.
monçoeiro adj. s.m.
mondé s.m.
mondongo s.m.
mondrongo s.m.
monegasco adj. s.m.
monetariamente adv.
monetário adj. s.m.
monetarismo s.m.
monetarista adj. s.2g.
monetarização s.f.
monetarizável adj.2g.
monetiforme adj.2g.
monetização s.f.
monetizar v.
monetizável adj.2g.
monge s.m.
mongol adj. s.2g.
mongólico adj.
mongolismo s.m.
mongoloide (ó) adj. s.2g.
monguba s.f.
monilíase s.f.
monismo s.m.
monista adj. s.2g.
monitor (ô) adj. s.m.
monitoração s.f.
monitorado adj.
monitoramento s.m.
monitorar v.
monitoria s.f.
monitório adj. s.m.
monitorização s.f.
monitorizado adj.
monitorizar v.
monjolo (ô) s.m.
mono adj. s.m.
monobloco adj. s.m.
mono-carvoeiro s.m.; pl.:
   monos-carvoeiros
monócero adj.
monociclista s.2g.
monociclo s.m.
monocítico adj.
monócito s.m.
monoclínico adj.
monocoque s.m.
monocórdico adj.
monocórdio adj. s.m.
monocotiledônea s.f.
monocotiledôneo adj.
monocracia s.f.
monocrático adj.
monocromático adj.
monocromia s.f.
monocrômico adj.
monocular adj.2g.
monóculo s.m.
monocultor (ô) s.m.
monocultura s.f.
monocultural adj.2g.

monófago adj. s.m.
monofásico adj.
monofone s.m.
monofônico adj.
monogamia s.f.
monogâmico adj.
monógamo adj. s.m.
monogástrico adj.
monogenismo s.m.
monogenista adj. s.2g.
monoglota adj. s.2g.
monoglotismo s.m.
monografia s.f.
monográfico adj.
monograma s.m.
monogramático adj.
monoico (ó) adj. s.m.
monoidratado adj.
monolíngue (ü) adj. s.2g.
monolinguismo (ü) s.m.
monoliticamente adv.
monolítico adj.
monolitismo s.m.
monólito s.m.
monologante adj.2g.
monologar v.
monológico adj.
monólogo s.m.
monomania s.f.
monomaníaco adj. s.m.
monômero adj. s.m.
monométrico adj.
monomorfêmico adj.
monomotor (ô) adj. s.m.
mononuclear adj.2g.
mononucleose s.f.
monoparesia s.f.
monoplano adj. s.m.
monoplegia s.f.
monoploide (ó) adj.2g. s.m.
monopólico adj.
monopólio s.m.
monopolismo s.m.
monopolista adj. s.2g.
monopolístico adj.
monopolização s.f.
monopolizado adj.
monopolizador (ô) adj. s.m.
monopolizar v.
monoposto (ô) adj. s.m.
monopsônico adj.
monopsônio s.m.
monospermia s.f.
monospérmico adj.
monossacarídeo s.m.
monossêmico adj.
monossilabar v.
monossilábico adj.
monossílabo adj. s.m.
monossináptico adj.
monossódico adj.
monossomia s.f.
monossômico adj.
monossulfeto (ê) s.m.

monossulfito s.m.
monoteísmo s.m.
monoteísta adj.2g.
monoteístico adj.
monotemático adj.
monotipia s.f.
monotipo s.m. s.f.
monótipo s.m.
monotonamente adv.
monotonia s.f.
monótono adj.
monotremado adj. s.m.
monotrilho s.m.
monovalente adj.2g.
monóxido (cs) s.m.
monozigótico adj.
monsenhor (ô) s.m.
monstrengo s.m.
monstro s.m. adj.2g.2n.
monstruosamente adv.
monstruosidade s.f.
monstruoso (ô) adj.; f. e
   pl.: (ó)
monta s.f.
montação s.f.
montada s.f.
montado adj.
montador (ô) adj. s.m.
montadora (ô) s.f.
montagem s.f.
montanha s.f.
montanha-russa s.f.; pl.:
   montanhas-russas
montanhês adj. s.m.
montanhismo s.m.
montanhista adj.2g.
montanhoso (ô) adj.; f. e
   pl.: (ó)
montante s.m.
montão s.m.
montar v.
montaria s.f.
monte s.m.
montepio s.m.
montês adj.2g.
montesino adj.
montessoriano adj.
montevideano adj. s.m.
montículo s.m.
montoeira s.f.
montra s.f.
montureira s.f.
monturo s.m.
monumental adj.2g.
monumentalidade s.f.
monumentalismo s.m.
monumentalista adj.2g.
monumentalização s.f.
monumento s.m.
moqueado adj.
moquear v.
moqueca s.f.
moquém s.m.
mor adj.2g.

mora s.f.
morada s.f.
moradia s.f.
morador (ô) adj. s.m.
moral adj.2g. s.m. s.f.
moralidade s.f.
moralismo s.m.
moralíssimo adj.
moralista adj. s.2g.
moralização s.f.
moralizado adj.
moralizador (ô) adj. s.m.
moralizante adj.2g.
moralizar v.
moralmente adv.
moranga s.f.
morango s.m.
morangueiro s.m.
morar v.
moratória s.f.
moratório adj.
morbidade s.f.
morbidamente adv.
morbidez (ê) s.f.
mórbido adj.
morbiliforme adj.2g.
morcego (ê) s.m.
morcela s.f.
mordaça s.f.
mordacidade s.f.
mordacíssimo adj.
mordaz adj.2g.
mordedura s.f.
mordente adj.2g. s.m.
morder v.
mordida s.f.
mordido adj.
mordiscar v.
mordomia s.f.
mordomo s.m.
moreia (ê) s.f.
morenaço s.m.
morenão s.m.; fem.: morenona
morenice s.f.
moreninha s.f.
moreno adj. s.m.
morenona s.f. de morenão
morfeia (ê) s.f.
morfema s.m.
morfético adj. s.m.
mórfico adj.
morfina s.f.
morfinismo s.m.
morfinomania s.f.
morfinômano s.m.
morfoclimático adj.
morfofuncional adj.2g.
morfogênese s.f.
morfogenético adj.
morfogênico adj.
morfógeno adj.
morfologia s.f.
morfologicamente adv.
morfológico adj.

morfólogo s.m.
morfométrico adj.
morfopatologia s.f.
morfopatológico adj.
morfossintático adj.
morfossintaxe (ss) s.f.
morgadio adj. s.m.
morgado adj. s.m.
morgar v.
morgue s.f.
morguear v.
moribundo adj. s.m.
morigeração s.f.
morigerado adj.
morigerante adj.2g.
morigerar v.
morim s.m.
moringa s.f.
mormaço s.m.
mormente adv.
mormo (ô) s.m.
mórmon adj. s.2g.; pl.:
    mórmons e mórmones
mormonismo s.m.
mornar v.
mornidão s.f.
morno (ô) adj.; f. e pl: (ó); cf.
    morno, fl. do v. mornar
morocho (ô) s.m.
mororó s.m.
morosamente adv.
morosidade s.f.
moroso (ô) adj.; f. e pl.: (ó)
morrão s.m.
morraria s.f.
morredor (ô) adj. s.m.
morre não morre adj.2g.2n.
    adv.
morrente adj. s.2g.
morrer v. s.m.
morrião s.m.
morrinha adj. s.2g. s.f.
morrinhar v.
morrinhento adj.
morrinhoso (ô) adj.; f. e
    pl: (ó)
morro (ô) s.m.
morrudo adj.
morsa s.f.
mortadela s.f.
mortal adj. s.2g.
mortalha s.f.
mortalidade s.f.
mortalmente adv.
mortandade s.f.
morte s.f.
morteiro adj. s.m.
morticínio s.m.
mortiço (ô) adj.
mortífero adj.
mortificação s.f.
mortificado adj.
mortificante adj.2g.
mortificar v.

morto (ô) adj. s.m.; f. e pl.: (ó)
morto em pé s.m.
morto-vivo s.m.; pl.: mortos-
    -vivos
mortualha s.f.
mortuário adj. s.m.
morubixaba s.m.
mórula s.f.
mosaico adj. s.m.
mosca (ô) s.f.
moscadeira s.f.
moscado adj.
mosca-doméstica s.f.; pl.:
    moscas-domésticas
mosca-morta s.2g.; pl.:
    moscas-mortas
moscar v.
moscardo s.m.
moscatel adj.2g. s.m.
mosca-varejeira s.f.; pl.:
    moscas-varejeiras
moscovita adj. s.2g. s.f.
mosqueado adj.
mosquear v.
mosquedo (ê) s.m.
mosqueta (ê) s.f.
mosquetaço s.m.
mosquetão s.m.
mosquetaria s.f.
mosquete (ê) s.m.
mosqueteiro s.m.
mosquitada s.f.
mosquitaria s.f.
mosquiteiro s.m.
mosquito s.m.
mossa s.f.
mostarda s.f.
mostardeira s.f.
mosteiro s.m.
mosto (ô) s.m.
mostra s.f.
mostrador (ô) adj. s.m.
mostrar v.
mostrengo s.m.
mostruário s.m.
mota s.f.
mote s.m.
motejador (ô) adj. s.m.
motejar v.
motejo (ê) s.m.
motel s.m.
motete (ê) s.m.
moteto (ê) s.m.
motilidade s.f.
motim s.m.
motivação s.f.
motivacional adj.2g.
motivado adj.
motivador (ô) adj. s.m.
motivante adj.2g.
motivar v.
motivo adj. s.m.
moto s.m. s.f.
motobói s.m.

motoca s.f.
motocicleta s.f.
motociclismo s.m.
motociclista s.2g.
motociclístico adj.
motociclo s.m.
moto-contínuo s.m.; pl.:
    motos-contínuos
motonauta s.2g.
motonáutica s.f.
motonáutico adj.
motoneta (ê) s.f.
motoneurônio s.m.
motoneve s.f.
motoniveladora (ô) s.f.
moto-perpétuo s.m.; pl.:
    motos-perpétuos
motoqueiro s.m.
motor (ô) adj. s.m.
motorista s.2g.
motorização s.f.
motorizado adj.
motorizar v.
motorneiro s.m.
motosserra s.f.
mototáxi (cs) s.m.
motricidade s.f.
motriz adj. s.f.
mouco adj. s.m.
mouquice s.f.
mouquidão s.f.
mourão adj. s.m.
mouraria s.f.
mourejar v.
mourisco adj. s.m.
mouro adj. s.m.
movediço adj.
movedor (ô) adj. s.m.
móvel adj.2g. s.m.
movelaria s.f.
moveleiro s.m.
movência s.f.
movente adj. s.2g.
mover v.
movimentação s.f.
movimentado adj.
movimentador (ô) adj. s.m.
movimentar v.
movimento s.m.
moviola s.f.
movível adj.2g.
moxa (ô) s.f. "mecha em
    combustão"; cf. *moxa* (cs)
moxa (cs) s.f. "planta"; cf.
    moxa
moxabustão s.f.
moxibustão s.f.
moxinifada s.f.
mozarela s.f.
mozartiano adj. s.m.
mu s.m.
muamba s.f.
muambar v.
muambeiro s.m.

muar adj.2g. s.m.
mucama s.f.
mucambo s.m.
muçambo s.m.
muçarela s.f.
mucica s.f.
muciço adj.
mucilagem s.f.
mucilaginoso (ô) adj.; f. e
    pl.: (ó)
mucina s.f.
muco s.m.
mucopolissacarídeo adj.
    s.m.
mucoproteína s.f.
mucosa s.f.
mucosidade s.f.
mucoso (ô) adj.; f. e pl.: (ó)
muçuã s.m.
mucufa s.f.
mucuim s.m.
mucujê s.m.
muçulmano adj. s.m.
muçum s.m.
mucuna s.f.
mucunã s.f.
mucura s.f.
muçuraca s.f.
mucurana s.f.
muçuranã s.f.
muda s.f.
mudado adj.
mudança s.f.
mudanceiro s.m.
mudancismo s.m.
mudancista adj. s.2g.
mudar v.
mudável adj.2g.
mudez (ê) s.f.
mudo adj. s.m.
muezim s.m.
mufa s.f.
mugido adj. s.m.
mugir v.
mugunzá s.m.
mui adv.
muiraquitã s.m.
muitá s.m.
muito pron. adv. s.m.
mujique s.m.
mula s.f.
mulá s.m.
mula sem cabeça s.f.
mulambo s.m.
mulataria s.f.
mulatice s.f.
mulatinho adj. s.m.
mulatismo s.m.
mulato adj. s.m.
muleiro s.m.
muleta (ê) s.f.
mulher s.f.
mulheraça s.f.
mulheraço s.m.

mulherada s.f.
mulherão s.m.; fem.:
    mulherona
mulher-dama s.f.; pl.:
    mulheres-damas
mulherengo adj. s.m.
mulher-homem s.f.; pl.:
    mulheres-homem e *mulheres-
    -homens*
mulheril adj.2g.
mulherio s.m.
mulher-macho s.f.; pl.:
    mulheres-machos
mulher-objeto s.f.; pl.:
    mulheres-objeto e *mulheres-
    -objetos*
mulherona s.f. de *mulherão*
mulita s.f.
mulo s.m.
multa s.f.
multado adj.
multar v.
multicelular adj.2g.
multicolor (ô) adj.2g.
multicolorido adj.
multicor (ô) adj.2g.
multicultural adj.2g.
multiculturalidade s.f.
multiculturalismo s.m.
multiculturalista adj. s.2g.
multidão s.f.
multidimensional adj.2g.
multidimensionalidade s.f.
multidirecional adj.2g.
multidisciplinar adj.2g.
multidisciplinaridade s.f.
multifacetado adj.
multifamiliar adj.2g.
multifário adj.
multifocal adj.2g.
multifoliado adj.
multiforme adj.2g.
multiformidade s.f.
multifunção s.f.
multifuncional adj.2g.
multilateral adj.2g.
multilateralismo s.m.
multilateralista adj. s.2g.
multilateralização s.f.
multilíngue (ü) adj.2g.
multimídia s.f.
multimilenar adj.2g.
multimilionário adj. s.m.
multimodal adj.2g.
multimodalidade s.f.
multinacional adj.2g. s.f.
multinacionalidade s.f.
multinacionalismo s.m.
multinacionalização s.f.
multinucleado adj.
multipartidário adj.
multipartidarismo s.m.
multiplexador (cs...ô) s.m.
multiplicação s.f.

multiplicado adj.
multiplicador (ó) adj. s.m.
multiplicadora (ó) s.f.
multiplicando s.m.
multiplicar v.
multiplicativo adj.
multiplicável adj.2g.
múltiplice adj.2g.
multiplicidade s.f.
múltiplo adj. s.m.
multipolar adj.2g.
multipolaridade s.f.
multipolarização s.f.
multiprocessador (ó) s.m.
multiprocessamento s.m.
multirracial adj.2g.
multissecular adj.2g.
multissensorial adj.2g.
multisseriado adj.
multisserial adj.2g.
multissocietário adj.
multitalento s.m.
multitarefa s.f.
multitudinário adj.
multiusuário adj.
multivacinação s.f.
multívago adj.
multivalvular adj.2g.
multivisão s.f.
multiviscoso adj.; f. e pl. (ó)
multivitamínico adj.
multivocidade s.f.
multívoco adj.
mulungu s.m.
múmia s.f.
mumificação s.f.
mumificado adj.
mumificar v.
mumunha s.f.
mundana s.f.
mundanidade s.f.
mundanismo s.m.
mundanização s.f.
mundano adj. s.m.
mundão s.m.
mundaréu s.m.
mundéu s.m.
mundial adj.2g. s.m.
mundialista adj.2g.
mundialização s.f.
mundialmente adv.
mundiça s.f.
mundícia s.f.
mundície s.f.
mundo adj. s.m.
munduru s.m.
mundurucu adj. s.2g. s.m.
munganga s.f.
mungir v.
mungunzá s.m.
munguzá s.m.
munhata s.f.
munheca s.f.

munhequeira s.f.
munição s.f.
municiado adj.
municiador (ó) adj. s.m.
municiamento s.m.
municiar v.
munício s.m.
municionar v.
municipal adj.2g. s.m.
municipalesco (ê) adj.
municipalidade s.f.
municipalismo s.m.
municipalista adj.2g.
municipalização s.f.
municipalizado adj.
municipalizador (ó) adj.
municipalizante adj.2g.
municipalizar v.
munícipe s.2g.
município s.m.
munido adj.
munificência s.f.
munificente adj.2g.
munir v.
múnus s.m.2n.
munzuá s.m.
múon s.m.
muque s.m.
muquiça s.f.
muquifo s.m.
muquirana adj. s.2g. s.f.
murada s.f.
murado adj.
mural adj.2g. s.m.
muralha s.f.
muralismo s.m.
muralista adj. s.2g.
muramento s.m.
murar v.
murça s.f.
murcha s.f.
murchamento s.m.
murchar v.
murcho adj.
mureta (ê) s.f.
murguear v.
muriático adj.
murici s.m.
muricizeiro s.m.
muriçoca s.f.
murino adj.
muriqui s.m.
murista adj. s.2g.
murmuração s.f.
murmurador (ó) adj. s.m.
murmurante adj.2g.
murmurar v.
murmurejante adj.2g.
murmurejar v.
murmurejo (ê) s.m.
murmurento adj.
murmúreo adj.
 "murmurante"; cf.
 murmúrio

murmurinho s.m.
murmúrio s.m. "vozearia"; cf.
 murmúreo
muro s.m.
murro s.m.
murta s.f.
muruci s.m.
murucutu s.m.
murundu s.m.
murupi s.m.
mururé s.m.
murzelo (é) adj. s.m.
musa s.f.
musácea s.f.
musaranho s.m.
muscarina s.f.
muscarínico adj.
musculação s.f.
muscular adj.2g.
musculatura s.f.
músculo s.m.
musculoso (ó) adj.; f. e pl.: (ó)
museologia s.f.
museológico adj.
museologista s.2g.
museólogo s.m.
museu s.m.
musgo s.m.
musgoso (ó) adj.; f. e pl.: (ó)
musguento adj.
música s.f.
musicado adj.
musical adj.2g. s.m.
musicalidade s.f.
musicalização s.f.
musicalizar v.
musicalmente adv.
musicar v.
musicista s.2g.
músico adj. s.m.
musicografia s.f.
musicologia s.f.
musicológico adj.
musicólogo s.m.
musicomania s.f.
musicômano adj. s.m.
musicoterapeuta s.2g.
musicoterapia s.f.
musicoterápico adj.
musse s.f.
musselina s.f.
mussitar v.
mustelídeo adj. s.m.
mutá s.m.
mutabilidade s.f.
mutação s.f.
mutacional adj.2g.
mutagênese s.f.
mutagênico adj.
mutágeno adj.
mutamba s.f.
mutante adj. s.2g.
mutatório adj.
mutável adj.2g.

mutilação s.f.
mutilado adj. s.m.
mutilador (ô) adj. s.m.
mutilamento s.m.
mutilante adj.2g.
mutilar v.
mutirante adj. s.2g.
mutirão s.m.
mutismo s.m.
mutreta (ê) s.f.
mutretagem s.f.
mutreteiro adj. s.m.

mútua s.f.
mutuá s.m.
mutuação s.f.
mutual adj.2g.
mutualidade s.f.
mutualismo s.m.
mutualista adj.2g.
mutualístico adj.
mutuamente adv.
mutuante adj. s.2g.
mutuar v.
mutuário s.m.

mutuca s.f.
mutum s.m.
mútuo adj. s.m.
muvuca s.f.
muxiba s.f.
muxibento adj.
muxicão s.m.
muxinga s.f.
muxingo s.m.
muxoxo (ô) s.m.
muzenga s.f.

N n

n s.m.
na contr. de *em* (prep.) + *a* (art.)
nababescamente adv.
nababesco (ê) adj.
nababo s.m.
nabiça s.f.
nabo s.m.
nabuquiano adj.
nacada s.f.
nação s.f.
nácar s.m.
nacarado adj.
nacela s.f.
nacional adj. s.2g.
nacionalidade s.f.
nacionalismo s.m.
nacionalista adj. s.2g.
nacionalização s.f.
nacionalizado adj. s.m.
nacionalizador (ô) adj.
nacionalizante adj.2g.
nacionalizar v.
nacionalmente adv.
nacional-socialismo s.m.; pl.: *nacional-socialismos*
nacional-socialista adj. s.2g.; pl.: *nacional-socialistas*
naco s.m.
nada pron. s.m. adv.
nadada s.f.
nadadeira s.f.
nadador (ô) adj. s.m.
nadante adj.2g.
nadar v.
nádega s.f.
nadica pron. adv.
nadificar v.
nadir s.m.
nado s.m.
náfego adj.
nafta s.f.
naftaleno s.m.
naftalina s.f.
naftênico adj.
naftol s.m.
naftoquinona s.f.
nagã s.m.
nagauta s.m.
nagô adj. s.2g. s.m.
náiade s.f.
naifa s.f.
náilon s.m.
naipe s.m.
naja s.f.

nalga s.f.
nalgueiro adj.
nalgum contr. de *em* (prep.) + *algum* (pron.)
nambi adj.2g. s.m.
nambiju adj.2g.
nambiquara adj. s.2g. s.m.
nambu s.m.
nambuguaçu s.m.
namibiano adj. s.m.
namíbio adj. s.m.
namoração s.f.
namorada s.f.
namoradeiro adj. s.m.
namorado s.m.
namorador (ô) adj. s.m.
namorar v.
namoricar v.
namorico s.m.
namorismo s.m.
namoro (ô) s.m.; cf. *namoro*, fl. do v. *namorar*
nana s.f.
nanã s.f.
nanar v.
nanico adj. s.m.
nanismo s.m.
nanja adv.
nanograma s.m.
nanolitro s.m.
nanômetro s.m.
nanossegundo s.m.
nanossomia s.f.
nanotecnologia s.f.
nanotubo s.m.
nanquim s.m.
nanzuque s.m.
não adv. s.m.
não me toques s.m.2n. "melindres"
não-me-toques s.m.2n. "planta"
não sei quê s.m.2n.
não sei que diga s.m.2n.
não-te-esqueças-de-mim s.m.2n.
napa s.f.
napalm s.m.
napoleônico adj.
napolitano adj. s.m.
naquele (ê) contr. de *em* (prep.) + *aquele* (pron.)
naquilo contr. de *em* (prep.) + *aquilo* (pron.)
narceja (ê) s.f.

narcísico adj.
narcisismo s.m.
narcisista adj. s.2g.
narcisístico adj.
narciso s.m.
narcocorrupção s.f.
narcocriminoso (ô) s.m.; f. e pl.: (ó)
narcodemocracia s.f.
narcodependência s.f.
narcodependente adj. s.2g.
narcodólar s.m.
narcodoleiro s.m.
narcoguerrilha s.f.
narcoguerrilheiro s.m.
narcolepsia s.f.
narcoléptico adj. s.m.
narcomáfia s.f.
narcose s.f.
narcoterapia s.f.
narcoterrorismo s.m.
narcoterrorista s.2g.
narcótico adj. s.m.
narcotina s.f.
narcotismo s.m.
narcotização s.f.
narcotizado adj.
narcotizante adj.2g.
narcotizar v.
narcotraficante s.2g.
narcotráfico s.m.
nardo s.m.
narguilé s.m.
narigada s.f.
nariganga s.f.
narigão s.m.
narigudo adj. s.m.
narigueira s.f.
narina s.f.
narinari s.f.
nariz s.m.
nariz de cera s.m.
narração s.f.
narrador (ô) adj. s.m.
narrar v.
narrativa s.f.
narrativamente adv.
narratividade s.f.
narrativismo s.m.
narrativo adj.
narratologia s.f.
narratológico adj.
narrável adj.2g.
nasal adj.2g. s.m.
nasalado adj.

nasalar v.
nasalidade s.f.
nasalização s.f.
nasalizado adj.
nasalizar v.
nascedouro s.m.
nascença s.f.
nascente adj.2g. s.m. s.f.
nascer v. s.m.
nascido adj. s.m.
nascimento s.m.
nascituro adj. s.m.
nasogástrico adj.
nasolabial adj.2g.
nasolacrimal adj.2g.
nasolfativo adj.
nastro s.m.
nata s.f.
natação s.f.
natal adj.2g. s.m.
natalense adj. s.2g.
nataliciante adj.2g.
natalício adj. s.m.
natalidade s.f.
natalino adj.
natante adj.2g.
natatório adj.
natimortalidade s.f.
natimorto (ô) adj. s.m.; fl. e pl.: (ó)
nativamente adv.
natividade s.f.
nativismo s.m.
nativista adj. s.2g.
nativo adj. s.m.
nato adj.
natura s.f.
natural adj.2g. s.m.
naturalidade s.f.
naturalismo s.m.
naturalista adj. s.2g.
naturalístico adj.
naturalização s.f.
naturalizado adj. s.m.
naturalizar v.
naturalmente adv.
natureba adj. s.2g.
natureza (ê) s.f.
natureza-morta s.f.; pl.: *naturezas-mortas*
naturismo s.m.
naturista adj. s.2g.
naturístico adj.
naturopata adj. s.2g.
naturopatia s.f.
nau s.f.
náuatle adj. s.2g. s.m.
naufragado adj.
naufragante adj. s.2g.
naufragar v.
naufrágio s.m.
náufrago adj. s.m.
náusea s.f.
nauseabundo adj.

nauseado adj.
nauseante adj.2g.
nausear v.
nauseoso (ô) adj.; f. e pl.: (ó)
nauta s.2g.
náutica s.f.
náutico adj. s.m.
nautiloide (ó) adj.2g. s.m.
navajo adj. s.m.
naval adj.2g. s.m.
navalha s.f. s.2g.
navalhada s.f.
navalhado adj.
navalhal s.m.
navalhar v.
navalheira s.f.
navalhista adj. s.2g.
nave s.f.
navegabilidade s.f.
navegação s.f.
navegador (ô) adj. s.m.
navegante adj. s.2g.
navegar v.
navegável adj.2g.
naveta (ê) s.f.
naviarra s.f.
navicular adj.2g. s.m.
navio s.m.
navio-escola s.m.; pl.: *navios-escola* e *navios-escolas*
navio-negreiro s.m.; pl.: *navios-negreiros*
navio-petroleiro s.m.; pl.: *navios-petroleiros*
navio-tanque s.m.; pl.: *navios-tanque* e *navios-tanques*
nazarenas s.f.pl.
nazareno adj. s.m.
názi adj. s.2g.
nazifascismo s.m.
nazifascista adj. s.2g.
nazificação s.f.
nazificante adj.2g.
nazificar v.
nazismo s.m.
nazista adj. s.2g.
nazistoide (ó) adj. s.2g.
neandertalense adj. s.2g.
neblina s.f.
neblinar v.
neblinoso (ô) adj.; f. e pl.: (ó)
nébula s.f.
nebulização s.f.
nebulizador (ô) adj. s.m.
nebulizar v.
nebulosa s.f.
nebulosamente adv.
nebulosidade s.f.
nebuloso (ô) adj.; f. e pl.: (ó)
neca adv. pron.
necatoríase s.f.
necedade s.f.
necessariamente adv.
necessário adj. s.m.

necessidade s.f.
necessitado adj. s.m.
necessitar v.
necrobiose s.f.
necrofagia s.f.
necrófago adj. s.m.
necrofilia s.f.
necrofílico adj.
necrófilo adj. s.m.
necrofobia s.f.
necrologia s.f.
necrológico adj.
necrológio s.m.
necromancia s.f.
necromante s.2g.
necromântico adj.
necrópole s.f.
necropsia s.f.
necrópsia s.f.
necropsiado adj.
necropsiar v.
necrosado adj.
necrosante adj.2g.
necrosar v.
necroscopia s.f.
necrose s.f.
necrotério s.m.
necrótico adj.
néctar s.m.
nectarífero adj.
nectarina s.f.
nectarineira s.f.
nectário s.m.
nectarívoro adj. s.m.
nécton s.m.
nectônico adj.
nédio adj.
neerlandês adj. s.m.
nefando adj.
nefasto adj.
nefelibata adj. s.2g.
nefelibático adj.
nefelibatismo s.m.
nefelina s.f.
nefralgia s.f.
nefrectomia s.f.
nefrético adj.
nefrite s.f.
nefrítico adj.
nefrologia s.f.
nefrológico adj.
nefrologista s.2g.
nefrólogo s.m.
néfron s.m.
nefropata adj. s.2g.
nefropatia s.f.
nefrose s.f.
nefrotomia s.f.
nega (ê) s.f.
negaça s.f.
negação s.f.
negaceado adj.
negacear v.
negaceio s.m.

negacionista adj. s.2g.
negado adj.
negador (ô) adj. s.m.
negalho s.m.
negar v.
negativa s.f.
negativamente adv.
negativar v.
negatividade s.f.
negativismo s.m.
negativista adj. s.2g.
negativo adj. s.m. adv.
negatório adj.
negatoscópio s.m.
negável adj.2g.
negligê s.m.
negligência s.f.
negligenciado adj.
negligenciar v.
negligenciável adj.2g.
negligente adj. s.2g.
negligentemente adv.
nego (ê) s.m.; cf. *nego*, fl. do v. *negar*
negociabilidade s.f.
negociação s.f.
negociado adj.
negociador (ô) adj. s.m.
negociante adj. s.2g.
negociar v.
negociata s.f.
negociável adj.2g.
negócio s.m.
negocista s.2g.
negra (ê) s.f.
negrada s.f.
negralhada s.f.
negreiro adj.
negrejado adj.
negrejante adj.2g.
negrejar v.
negrice s.f.
negridão s.f.
negrismo s.m.
negríssimo adj.
negrito adj. s.m.
negritude s.f.
negro (ê) adj. s.m.
negro-aça s.m.; pl.: *negros--aças*
negroide (ó) adj. s.m.
negror (ô) s.m.
negrume s.m.
negrura s.f.
nele (ê) contr. de *em* (prep.) + *ele* (pron.)
nelore adj.2g. s.m.
nem conj. adv.
nematicida s.m.
nematocisto s.m.
nematódeo adj. s.m.
nematoide (ó) adj. s.m.
nenê s.m.
neném s.m.

nenhum pron.
nenhures adv.
nênia s.f.
nenúfar s.m.
neocapitalismo s.m.
neocapitalista adj. s.2g.
neoclassicismo s.m.
neoclássico adj. s.m.
neocolonialismo s.m.
neocolonialista adj. s.2g.
neoconcretismo s.m.
neoconcretista adj. s.2g.
neodímio s.m.
neofascismo s.m.
neofascista adj. s.2g.
neófito s.m.
neoformação s.f.
neolatino adj.
neoliberal adj. s.2g.
neoliberalismo s.m.
neolítico adj. s.m.
neologismo s.m.
neomicina s.f.
neon s.m.
neonatal adj.2g.
neonato s.m.
neonatologia s.f.
neonatologista adj. s.2g.
neonazismo s.m.
neonazista adj. s.2g.
neônio s.m.
neoplasia s.f.
neoplásico adj.
neoplasma s.m.
neoplatônico adj. s.m.
neoplatonismo s.m.
neopositivismo s.m.
neopositivista adj. s.2g.
neorrealismo s.m.
neorrealista adj. s.2g.
neorromano adj. s.m.
neozelandês adj. s.m.
neozoico (ó) adj. s.m.
nepalês adj. s.m.
nepali s.m.
nepente s.m.
nepote s.m.
nepotismo s.m.
nequícia s.f.
nereida s.f.
nervação s.f.
nervo (ê) s.m.
nervosamente adv.
nervosia s.f.
nervosidade s.f.
nervosismo s.m.
nervoso (ô) adj.; f. e pl.: (ó)
nervura s.f.
nervurado adj.
néscio adj. s.m.
nesga (ê) s.f.
nêspera s.f.
nesse (ê) contr. de *em* (prep.) + *esse* (pron.)

neste (ê) contr. de *em* (prep.) + *este* (pron.)
neto s.m.
netúnio s.m.
netuno s.m.
neura s.f.
neural adj.2g.
neuralgia s.f.
neurastenia s.f.
neurastênico adj. s.m.
neurinoma s.m.
neurite s.f.
neurobiologia s.f.
neurobiológico adj.
neurobiologista s.2g.
neuroblasto s.m.
neuroblastoma s.m.
neurociência s.f.
neurocientista s.2g.
neurocirurgia s.f.
neurocirurgiã s.f. de *neurocirurgião*
neurocirurgião s.m.; fem.: *neurocirurgiã*; pl.: *neurocirurgiões* e *neurocirurgiãs*
neurocirúrgico adj.
neurocisticercose s.f.
neuroendócrino adj.
neuroendocrinologia s.f.
neurofibrila s.f.
neurofibrilar adj.2g.
neurofisiologia s.f.
neurofisiológico adj.
neurofisiologista s.2g.
neurogênese s.f.
neurogênico adj.
neuroimagem s.f.
neuroléptico adj.
neurolinguista (ü) s.2g.
neurolinguística (ü) s.f.
neurolinguístico (ü) adj.
neurologia s.f.
neurologicamente adv.
neurológico adj.
neurologista s.2g.
neurólogo s.m.
neuroma s.m.
neuromodulador (ô) adj. s.m.
neuromuscular adj.2g.
neuronal adj.2g.
neurônico adj.
neurônio s.m.
neuropata adj. s.2g.
neuropatia s.f.
neuropático adj.
neuropatologia s.f.
neuropatologista adj. s.2g.
neuropediatra s.2g.
neuropediatria s.f.
neuropsicologia s.f.
neuropsicológico adj.
neuropsicólogo s.m.
neuropsiquiatra s.2g.

neuropsiquiatria s.f.
neuropsiquiátrico adj.
neurose s.f.
neuroticamente adv.
neurótico adj. s.m.
neurotização s.f.
neurotizado adj.
neurotizante adj.2g.
neurotizar v.
neurotoxicidade (cs) s.f.
neurotóxico (cs) adj. s.m.
neurotoxina (cs) s.f.
neurotransmissão s.f.
neurotransmissor (ô) adj. s.m.
neurovascular adj.2g.
neurovegetativo adj.
neutral adj. s.2g.
neutralidade s.f.
neutralista adj. s.2g.
neutralização s.f.
neutralizado adj.
neutralizador (ô) adj. s.m.
neutralizante adj.2g. s.m.
neutralizar v.
neutralizável adj.2g.
neutramente adv.
neutrino s.m.
neutro adj. s.m.
neutrofilia s.f.
neutrófilo s.m.
nêutron s.m.
neutrônica s.f.
neutrônico adj.
neutropenia s.f.
nevada s.f.
nevado adj.
nevar v.
nevasca s.f.
neve s.f.
neviscar v.
névoa s.f.
nevoeiro s.m.
nevoento adj.
nevralgia s.f.
nevrálgico adj.
nevrite s.f.
nevrose s.f.
newtoniano adj.
nexo (cs) s.m.
nhã s.f.
nhaca s.f.
nhandu s.m.
nhanduti s.m.
nhanhã s.f.
nhato adj. s.m.
nhaúma s.f.
nhazinha s.f.
nheco-nheco s.m.; pl.: *nheco--nhecos*
nheengatu s.m.
nhe-nhe-nhem s.m.; pl.: *nhe--nhe-nhens*
nhô s.m.
nhonhô s.m.

nhoque s.m.
ni s.m.
nica s.f.
nicaraguense (ü) adj. s.2g.
nicho s.m.
nicotiana s.f.
nicótico adj.
nicotina s.f.
nicotinado adj.
nicotinamida s.f.
nicotínico adj.
nictaginácea s.f.
nictalopia s.f.
nictante adj.2g. s.f.
nictemeral adj.2g.
nictitante adj.2g.
nictofobia s.f.
nicturia s.f.
nictúria s.f.
nidação s.f.
nidado adj.
nidificação s.f.
nidificado adj.
nidificar v.
nietzschiano (nitxi) adj. s.m.
nife s.m.
nigeriano adj. s.m.
nigérrimo adj.
nigromancia s.f.
nigromante s.2g.
nígua s.f.
niilismo s.m.
niilista adj. s.2g.
nilótico adj.
nimbado adj.
nimbar v.
nimbo s.m.
nimbo-cúmulo s.m.; pl.: *nimbos-cúmulo* e *nimbos--cúmulos*
nimbo-estrato s.m.; pl.: *nimbos-estrato* e *nimbos--estratos*
nímio adj.
ninada s.f.
ninar v.
ninfa s.f.
ninfeia (ê) s.f.
ninfeta (ê) s.f.
ninfômana adj. s.f.
ninfomania s.f.
ninfomaníaca s.f.
ninfomaníaco adj.
ninfomano adj.
ninguém pron.
ninhada s.f.
ninhal s.m.
ninhar v.
ninharia s.f.
ninho s.m.
ninja s.2g.
nióbio s.m.
nipo-brasileiro adj. s.m; pl.: *nipo-brasileiros*

nipônico adj. s.m.
niponizar v.
níquel s.m.
niquelação s.f.
niquelado adj.
niquelar v.
niquelaria s.f.
niqueleira s.f.
niquento adj.
niquice s.f.
nirvana s.m.
nirvanesco (ê) adj.
nirvânico adj.
nirvanização s.f.
nisã s.m.
nissei s.2g.
nisso contr. de *em* (prep.) + *isso* (pron.)
nistagmo s.m.
nisto contr. de *em* (prep.) + *isto* (pron.)
nitente adj.2g.
niteroiense adj. s.2g.
nitidamente adv.
nitidez (ê) s.f.
nítido adj.
nitrato s.m.
nitreira f.
nitreto (ê) s.m.
nítrico adj.
nitrido s.m.
nitrificação s.f.
nitrificado adj.
nitrificador (ô) adj.
nitrificante adj.2g.
nitrificar v.
nitrila s.f.
nitrir v.
nitrito s.m.
nitro s.m.
nitrobenzeno s.m.
nitrocelulose s.f.
nitrogenado adj.
nitrogenar v.
nitrogênio s.m.
nitroglicerina s.f.
nitrosação s.f.
nitroso (ô) adj.; f. e pl.: (ó)
nitrossomona s.f.
nível s.m.
nivelação s.f.
nivelado adj.
nivelador (ô) adj. s.m.
niveladora (ô) s.f.
nivelamento s.m.
nivelar v.
nivelável adj.2g.
níveo adj.
no contr. de *em* (prep.) + *o* (art. ou pron.)
nó s.m.
noa (ó) s.f.
nobélio s.m.
nobiliário adj. s.m.

nobiliarquia | 251 | notificador

nobiliarquia s.f.
nobiliárquico adj.
nobilitação s.f.
nobilitado adj.
nobilitador (ô) adj. s.m.
nobilitante adj.2g.
nobilitar v.
nobilitude s.f.
nobilizado adj.
nobre adj.2g. s.m.
nobremente adv.
nobreza (ê) s.f.
noção s.f.
nocaute s.m.
nocauteado adj.
nocauteador (ô) adj. s.m.
nocautear v.
nó-cego s.m.; pl.: *nós-cegos*
nocicepção s.f.
nociceptivo adj.
nociceptor (ô) s.m.
nocional adj.2g.
nocivamente adv.
nocividade s.f.
nocivo adj.
noctambulismo s.m.
noctâmbulo adj. s.m.
noctívago adj. s.m.
nodal adj.2g.
nó-de-porco s.m.; pl.: *nós-de-porco*
nodo s.m.
nódoa s.f.
nodosidade s.f.
nodoso (ô) adj.; f. e pl.: (ó)
nodulação s.f.
nodular adj.2g.
nódulo s.m.
noduloso (ô) adj.; f. e pl.: (ó)
noético adj.
nogueira s.f.
noitada s.f.
noitão s.m.
noite s.f.
noiteiro adj.
noitibó s.m.
noitinha s.f.
noivado s.m.
noivar v.
noivo s.m.
nojeira s.f.
nojento adj.
nojo (ô) s.m.
nojoso (ô) adj.; f. e pl.: (ó)
nômade adj. s.2g.
nomadismo s.m.
nome s.m.
nomeação s.f.
nomeada s.f.
nomeadamente adv.
nomeado adj.
nomeador (ô) adj. s.m.
nomear v.
nomeável adj.2g.

nome do padre s.m.
nomenclatura s.f.
nominação s.f.
nominal adj.2g.
nominalidade s.f.
nominalismo s.m.
nominalista adj. s.2g.
nominalização s.f.
nominalizado adj.
nominalizador (ô) adj.
nominalizar v.
nominalmente adv.
nominar v.
nominata s.f.
nominativo adj. s.m.
nomografia s.f.
nomograma s.m.
nomologia s.f.
nomológico adj.
nonada s.f.
nonagenário adj. s.m.
nonagésimo num.
nonas s.f.pl.
nó nas tripas s.m.
nonato adj.
nonavó s.f. de *nonavô*
nonavô s.m.; fem.: *nonavó*; pl.: (ó)
nongentésimo num.
noningentésimo num.
nônio s.m.
nono num.
nônuplo num.
nora s.f.
nordeste adj.2g. s.m.
nordestinizar v.
nordestino adj. s.m.
nórdico adj. s.m.
norma s.f.
normal adj.2g. s.m. s.f.
normalidade s.f.
normalista adj. s.2g.
normalização s.f.
normalizado adj.
normalizador (ô) adj. s.m.
normalizar v.
normalmente adv.
normando adj. s.m.
normativamente adv.
normatividade s.f.
normativismo s.m.
normativista adj. s.2g.
normativizante adj.2g.
normativo adj.
normatização s.f.
normatizado adj.
normatizador (ô) adj.
normatizar v.
normógrafo s.m.
nor-nordeste adj.2g. s.m.; pl.: *nor-nordestes*
noroeste adj.2g. s.m.
noronhense adj. s.2g.
nortada s.f.

norte adj.2g. s.m.
norteado adj.
norteador (ô) adj. s.m.
norte-africano adj. s.m.; pl.: *norte-africanos*
norte-amazônico adj.; pl.: *norte-amazônicos*
norteamento s.m.
norte-americano adj. s.m.; pl.: *norte-americanos*
nortear v.
norte-coreano adj. s.m.; pl.: *norte-coreanos*
norte-europeu adj. s.m.; pl.: *norte-europeus*
norte-rio-grandense adj. s.2g.; pl.: *norte-rio-grandenses*
norte-vietnamita adj. s.2g.; pl.: *norte-vietnamitas*
nortista adj. s.2g.
noruega adj.2g. s.m. s.f.
norueguense adj. s.2g.
norueguês adj. s.m.
nos pron.
nós pron.; cf. *noz*
nosocomial adj.2g.
nosocômio s.m.
nosofobia s.f.
nosofóbico adj.
nosografia s.f.
nosográfico adj.
nosologia s.f.
nosológico adj.
nosomania s.f.
nosomaníaco adj. s.m.
nosso pron.
nostalgia s.f.
nostalgicamente adv.
nostálgico adj. s.m.
nostalgismo s.m.
nostomania s.f.
nota s.f.
notabilidade s.f.
notabilizado adj.
notabilizador (ô) adj. s.m.
notabilizar v.
notação s.f.
notadamente adv.
notar v.
notariado s.m.
notarial adj.2g.
notário s.m.
notável adj.2g.
notavelmente adv.
notícia s.f.
noticiado adj.
noticiar v.
noticiário s.m.
noticiarista adj. s.2g.
noticioso (ô) adj. s.m.; f. e pl.: (ó)
notificação s.f.
notificado adj.
notificador (ô) adj. s.m.

notificar v.
notificativo adj.
notinha s.f.
notívago adj. s.m.
notocorda s.f.
notoriamente adv.
notoriedade s.f.
notório adj.
noturnal adj.2g.
noturnamente adv.
noturno adj. s.m.
noute s.f.
noutro contr. de *em* (prep.) + *outro* (pron.)
nova s.f.
novação s.f.
nova-iorquino adj. s.m.; pl.: *nova-iorquinos*
novamente adv.
novato adj. s.m.
nove num.
novecentista adj. s.2g.
novecentos num.
nove-horas s.f.pl.
novel adj. s.2g.
novela s.f.
noveleiro adj. s.m.
novelesco (ê) adj.
novelismo s.m.
novelista s.2g.
novelística s.f.
novelístico adj.
novelo (ê) s.m.
novembro s.m.
novena s.f.
novenário s.m.
novênio s.m.
noventa num.
noventão s.m.; fem.: *noventona*
noventona s.f. de *noventão*
noviciado s.m.
noviciar v.
noviciário adj.
noviço s.m.
novidade s.f.
novidadear v.
novidadeiro adj. s.m.
novilhada s.f.
novilho s.m.
novilhote s.m.
novilúnio s.m.
novo (ô) adj. s.m.; f. e pl.: (ó)

novo-rico s.m.; pl.: *novos-ricos*
noz s.f. "fruto da nogueira"; cf. *nós* pron. e pl. de *nó*
noz-de-cola s.f.; pl.: *nozes-de-cola*
noz-moscada s.f.; pl.: *nozes-moscadas*
noz-vômica s.f.; pl.: *nozes-vômicas*
nu adj. s.m.
nuança s.f.
nuançado adj.
nuançar v.
nuance s.f.
nubente adj. s.2g.
núbil adj.2g.
nubilidade s.f.
núbio adj. s.m.
nublado adj.
nublar v.
nuca s.f.
nucal adj.2g.
nucífero adj.
nuciforme adj.2g.
nucleação s.f.
nucleado adj.
nucleador (ô) adj. s.m.
nuclear adj.2g.
nuclearização s.f.
nuclearizado adj.
nuclearizar v.
nuclearmente adv.
nuclease s.f.
nucleico (ê) adj.
núcleo s.m.
nucléolo s.m.
núcleon s.m.
nucleoplasma s.m.
nucleoproteína s.f.
nucleotídeo s.m.
nuclídeo s.m.
nudez (ê) s.f.
nudeza (ê) s.f.
nudismo s.m.
nudista adj. s.2g.
nuga s.f.
nugá s.m.
nuinho adj.
nulidade s.f.
nulificação s.f.
nulificado adj.
nulificar v.
nuliparidade s.f.

nulíparo adj.
nulo adj.
num contr. de *em* (prep.) + *um* (art.)
nume s.m.
numeração s.f.
numerada s.f.
numerado adj.
numerador (ô) adj. s.m.
numeral adj.2g. s.m.
numerar v.
numerário s.m.
numericamente adv.
numérico adj.
número s.m.
numerologia s.f.
numerológico adj.
numerologista s.2g.
numerólogo s.m.
numerosidade s.f.
numeroso (ô) adj.; f. e pl.: (ó)
numinoso (ô) adj.; f. e pl.: (ó)
numismata s.2g.
numismática s.f.
numismático adj.
nunca adv.
nunciatura s.f.
núncio s.m.
nuncupação s.f.
nupcial adj.2g.
nupcialidade s.f.
núpcias s.f.pl.
nutação s.f.
nutrição s.f.
nutricional adj.2g.
nutricionalmente adv.
nutricionismo s.m.
nutricionista adj. s.2g.
nutrido adj.
nutridor (ô) adj.
nutriente adj.2g. s.m.
nutrimento s.m.
nutrir v.
nutritivo adj.
nutriz adj. s.f.
nutrologia s.f.
nutrologista s.2g.
nutrólogo s.m.
nuvear v.
nuvem s.f.
nuvenzinha s.f.

O o

o s.m. art. e pron.
ó s.m. interj.
oásis s.m.2n.
oba (ô) interj.
obá s.m.
oba-oba s.m.; pl.: *oba-obas*
obcecação s.f.
obcecadamente adv.
obcecado adj.
obcecador (ô) adj. s.m.
obcecante adj.2g.
obcecar v.
obcônico adj.
obedecer v.
obedecido adj.
obediência s.f.
obediente adj.2g.
obedientemente adv.
obelisco s.m.
obesidade s.f.
obeso (*é* ou *ê*) adj. s.m.
óbice s.m.
óbito s.m.
obituário s.m.
objeção s.f.
objetal adj.2g.
objetar v.
objetiva s.f.
objetivação s.f.
objetivado adj.
objetivamente adv.
objetivante adj.2g.
objetivar v.
objetividade s.f.
objetivismo s.m.
objetivista adj. s.2g.
objetivo adj. s.m.
objeto s.m.
objurgação s.f.
objurgatória s.f.
oblação s.f.
oblata s.f.
oblato adj. s.m.
oblíqua s.f.
obliquamente adv.
obliquângulo adj.
obliquar v.
obliquidade (*ü*) s.f.
oblíquo adj.
obliteração s.f.
obliterado adj.
obliterante adj.2g.
obliterar v.
obliterativo adj.
obliterável adj.2g.

obliviedade s.f.
oblívio s.m.
oblongifólio adj.
oblongo adj.
obnubilação s.f.
obnubilado adj.
obnubilar v.
oboé s.m.
oboísta adj. s.2g.
óbolo s.m.
obra s.f.
obradeira s.f.
obra-mestra s.f.; pl. *obras--mestras*
obra-prima s.f.; pl.: *obras--primas*
obrar v.
obreia s.f.
obreirismo s.m.
obreirista adj. s.2g.
obreiro s.m.
obrigação s.f.
obrigacional adj.2g.
obrigado adj.
obrigar v.
obrigatoriamente adv.
obrigatoriedade s.f.
obrigatório adj.
ob-rogação s.f.
ob-rogar v.
ob-rogatório adj.
obscenamente adv.
obscenidade s.f.
obsceno adj.
obscuramente adv.
obscurantismo s.m.
obscurantista adj. s.2g.
obscurecedor (ô) adj.
obscurecer v.
obscurecido adj.
obscurecimento s.m.
obscuridade s.f.
obscuro adj.
obsedado adj.
obsedante adj.2g.
obsedar v.
obsediante adj.2g.
obsediar v.
obsequiar (*z*) v.
obséquias (*z*) s.f.pl.
obséquio (*z*) s.m.
obsequiosidade (*z*) s.f.
obsequioso (*z...ô*) adj.; f. e pl.: (*ó*)
observação s.f.

observacional adj.2g.
observacionismo s.m.
observador (ô) adj. s.m.
observância s.f.
observar v.
observatório s.m.
observável adj.
obsessão s.f.
obsessivamente adv.
obsessividade s.f.
obsessivo adj.
obsessivo-compulsivo adj.; pl.: *obsessivo-compulsivos*
obsesso adj. s.m.
obsessor (ô) adj.
obsidiana s.f.
obsolescência s.f.
obsolescente adj.2g.
obsolescer v.
obsoletismo s.m.
obsoleto adj.
obstacular v.
obstaculização s.f.
obstaculizador (ô) adj.
obstaculizante adj.2g.
obstaculizar v.
obstáculo s.m.
obstante adj.2g.
obstar v.
obstetra adj.s.2g.
obstetrícia s.f.
obstétrico adj.
obstinação s.f.
obstinadamente adv.
obstinado adj.
obstinar v.
obstipação s.f.
obstringir v.
obstrução s.f.
obstrucionismo s.m.
obstrucionista adj. s.2g.
obstruído adj.
obstruidor (ô) adj. s.m.
obstruir v.
obstrutivo adj.
obstrutor (ô) adj. s.m.
obtemperação s.f.
obtemperar v.
obtenção s.f.
obtenível adj.2g.
obtentor (ô) adj. s.m.
obter v.
obturação s.f.
obturado adj.
obturador (ô) adj. s.m.

obturar v.
obtusamente adv.
obtusângulo adj.
obtusidade s.f.
obtuso adj.
obumbração s.f.
obumbrado adj.
obumbramento s.m.
obumbrar v.
obus s.m.
obviamente adv.
obviar v.
obviedade s.f.
óbvio adj. s.m.
oca s.f.
ocapi s.m.
ocar v.
ocara s.f.
ocarina s.f.
ocasião s.f.
ocasional adj.2g.
ocasionalidade s.f.
ocasionalmente adv.
ocasionar v.
ocasionável adj.2g.
ocaso s.m.
occipício s.m.
occipital adj.2g. s.m.
occitano adj.
oceânico adj. "referente a oceano"; cf. *ossiânico*
oceânide s.f.
oceano s.m.
oceanografia s.f.
oceanográfico adj.
oceanógrafo s.m.
oceanologia s.f.
oceanório s.m.
ocelo s.m.
ocidental adj. s.2g.
ocidentalidade s.f.
ocidentalismo s.m.
ocidentalista adj. s.2g.
ocidentalização s.f.
ocidentalizado adj.
ocidentalizante adj.2g.
ocidentalizar v.
ocidente s.m.
ócio s.m.
ociosamente adv.
ociosidade s.f.
ocioso (ô) adj. s.m.; f. e pl.: (ó)
ocluído adj.
ocluir v.
oclusal adj.2g.
oclusão s.f.
oclusiva s.f.
oclusivo adj.
ocluso adj.
oco (ô) adj.
ocorrência s.f.
ocorrente adj.2g.
ocorrer v.
ocorrido s.m.

ocre adj.2g. s.m.
octacampeã s.f. de *octacampeão*
octacampeão adj. s.m.
octaédrico adj.
octaedro s.m.
octana s.f.
octanagem s.f.
octano s.m.
octeto (ê) s.m.
octilhão num.; pl.: *octilhões*
octilião num.; pl.: *octiliões*
octingentésimo num.
octogenário adj. s.m.
octogésimo num.
octogonal adj.2g.
octógono adj. s.m.
octopétalo adj.
octoploide (ó) adj.
octópode s.m.
octossílabo adj. s.m.
octuplicar v.
óctuplo num. s.m.
ocular adj.2g. s.f.
oculista s.2g.
óculo s.m.
oculomotor (ô) adj.
óculos s.m.pl.
ocultação s.f.
ocultado adj.
ocultador (ô) adj.
ocultamente adv.
ocultamento s.m.
ocultar v.
ocultas s.f.pl.
ocultável adj.2g.
ocultismo s.m.
ocultista adj. s.2g.
oculto adj.
ocupação s.f.
ocupacional adj.2g.
ocupado adj.
ocupador (ô) adj. s.m.
ocupante adj. s.2g.
ocupar v.
odalisca s.f.
ode s.f.
odiar v.
odiável adj.2g.
odiento adj.
ódio s.m.
odioso (ô) adj.; f. e pl.: (ó)
odisseia (ê) s.f.
odonato adj. s.m.
odontalgia s.f.
odontálgico adj.
odontograma s.m.
odontologia s.f.
odontológico adj.
odontologista adj.2g.
odontólogo s.m.
odontômetro s.m.
odontopediatra s.2g.
odontopediatria s.f.

odontoveterinária s.f.
odor (ô) s.m.
odorante adj.2g.
odorar v.
odorífero adj.
odorífico adj.
odorizante adj.2g. s.m.
odorizar v.
odoroso (ô) adj.; f. e pl.: (ó)
odre (ô) s.m.
oés-noroeste adj.2g. s.m.; pl.: *oés-noroestes*
oés-sudoeste adj.2g. s.m.; pl.: *oés-sudestes*
oeste adj. s.2g. s.m.
ofa (ô) adj. s.f.
ofaié adj. s.2g.
ofegação s.f.
ofegância s.f.
ofegante adj.2g.
ofegar v.
ofegoso (ô) adj.; f. e pl.: (ó)
ofender v.
ofendido adj.
ofensa s.f.
ofensiva s.f.
ofensivamente adv.
ofensivo adj.
ofensor (ô) adj. s.m.
oferecer v.
oferecido adj.
oferecimento s.m.
oferenda s.f.
oferendar v.
oferta s.f.
ofertante adj. s.2g.
ofertar v.
ofertório s.m.
oficial adj.2g. s.m.
oficialato s.m.
oficialesco (ê) adj.
oficialidade s.f.
oficialismo s.m.
oficialização s.f.
oficializado adj.
oficializador (ô) adj.
oficializar v.
oficialmente adv.
oficiante adj. s.2g.
oficiar v.
oficina s.f.
oficinal adj.2g.
ofício s.m.
oficiosamente adv.
oficioso (ô) adj.; f. e pl.: (ó)
oficleide s.m.
oficlide s.m.
ofidiário s.m.
ofídico adj.
ofídio s.m.
ofidismo s.m.
ofiologia s.f.
ofiológico adj.
ofiologista adj. s.2g.

ofiúro s.m.
ofiuroide (ó) s.m.
ofsete s.m.
oftalmia s.m.
oftálmico adj. s.m.
oftalmologia s.f.
oftalmológico adj.
oftalmologista s.2g.
oftalmoscopia s.f.
oftalmoscópico adj.
oftalmoscópio s.m.
ofuscação s.f.
ofuscado adj.
ofuscamento s.m.
ofuscante adj.2g.
ofuscar v.
ogã s.m.
ogiva s.f.
ogival adj.2g.
ogro (ó) s.m.
oh interj.
ohm s.m.
ohmímetro s.m.
oi interj.
oiça s.f.
oídio s.m.
oigalé interj.
oigalê interj.
oigatê interj.
oiro s.m.
oitão s.m.
oitava s.f.
oitava de final s.f.
oitavado adj.
oitava-rima s.f.; pl.: *oitavas-rimas*
oitavo num.
oitenta num.
oitentão adj. s.m.; fem.: *oitentona*
oitentona s.f. de *oitentão*
oiti s.m.
oiticica s.f.
oitiva s.f.
oitizeiro s.m.
oito num.
oitocentésimo num. adj.
oitocentista adj. s.2g.
oitocentos num.
ojeriza s.f.
ojerizar v.
olá interj.
olaria s.f.
olé interj. s.m.
oleácea s.f.
oleado adj. s.m.
oleaginoso (ó) adj.; f. e pl.: (ó)
oleanólico adj.
olear v.
olecraniano adj.
olécrano s.m.
oleico (é) adj.
oleicultura s.f.
oleífero adj.

oleiro s.m.
olente adj.2g.
óleo s.m.
oleoduto s.m.
oleogravura s.f.
oleosidade s.f.
oleoso (ô) adj.; f. e pl.: (ó)
olerícola s.f.
olericultura s.f.
olfação s.f.
olfatear v.
olfativo adj.
olfato s.m.
olfatometria s.f.
olfatômetro s.m.
olfatório adj.
olhada s.f.
olhadela s.f.
olhado adj. s.m.
olhadura s.f.
olhar v. s.m.
olheiras s.f.pl.
olheiro s.m.
olho (ô) s.m.; cf. *olho*, fl. do v. *olhar*; pl.: (ó)
olho-d'água s.m.; pl.: *olhos-d'água*
olho de boi s.m. "selo postal"
olho-de-boi s.m. "planta", "borboleta"; pl.: *olhos-de-bois*
olho-de-cão s.m.; pl.: *olhos-de-cão*
olho de fogo s.m. "indivíduo albino"
olho-de-fogo s.m. "peixe"; pl.: *olhos-de-fogo*
olho de gato s.m. "dispositivo que reflete luz de farol de automóveis"
olho-de-gato s.m. "planta trepadeira"; pl.: *olhos-de-gato*
olho-de-peixe s.m.; pl.: *olhos-de-peixe*
olho-de-santa-luzia s.m.; pl.: *olhos-de-santa-luzia*
olho de sogra s.m.
olho-gordo s.m.; pl.: *olhos-gordos*
olho-grande s.m.; pl.: *olhos-grandes*
olho-grosso s.m.; pl.: *olhos-grossos*
olhômetro s.m.
olhudo adj. s.m.
oligarca s.2g.
oligarquia s.f.
oligárquico adj.
oligarquizante adj.2g.
oligoceno adj. s.m.
oligoclásio s.m.
oligoelemento s.m.
oligoemia s.f.
oligófago adj.
oligofrenia s.f.

oligofrênico adj. s.m.
oligolécito s.m.
oligopólico adj.
oligopólio s.m.
oligopolização s.f.
oligopolizado adj.
oligopolizar v.
oligopsônico adj.
oligopsônio s.m.
oligoqueta (ê) adj.2g. s.m.
oligospermia s.f.
oligospermo adj.
oligossacarídeo adj. s.m.
oligotrofia s.f.
oligotrófico adj.
oligotrofismo s.m.
olimpíada s.f.
olimpíadas s.f.pl.
olimpiano adj. s.m.
olimpicamente adv.
olímpico adj.
olimpismo s.m.
olimpo s.m.
olindense adj. s.2g.
oliva s.f.
oliváceo adj.
olival s.m.
olivedo (ê) s.m.
oliveira s.f.
oliveiral s.m.
olivina s.f.
olmo (ô) s.m.
olor (ô) s.m.
olorizar v.
oloroso (ô) adj.; f. e pl.: (ó)
olvidado adj.
olvidar v.
olvidável adj.2g.
olvido s.m.
omani adj. s.2g.
omaso s.m.
ombrear v.
ombreira s.f.
ombro s.m.
ombrófilo adj.
ombrudo adj.
ômega s.m.
omelete s.m.f.
ômicron s.m.
ominoso (ó) adj.; f. e pl.: (ó)
omissão s.f.
omissivo adj.
omisso adj.
omitir v.
omitível adj.2g.
omoplata s.f.
onagro s.m.
onanismo s.m.
onanista adj. s.2g.
onça s.f.
onça-parda s.f.; pl.: *onças-pardas*
onça-pintada s.f.; pl.: *onças-pintadas*

onça-vermelha s.f.; pl.: *onças--vermelhas*
onceiro s.m.
oncinha s.f.
oncocercose s.f.
oncocintilografia s.f.
oncogene s.m.
oncogenia s.f.
oncogênico adj.
oncolítico adj.
oncologia s.f.
oncológico adj.
oncologista s.2g.
onda s.f.
onde pron. adv.
ondeado adj.
ondeante adj.2g.
ondear v.
ondeiro adj. s.m.
ondejar v.
ondulação s.f.
ondulado adj.
ondulante adj.2g.
ondular v.
ondulatório adj.
onduloso (*ô*) adj.; f. e pl.: (*ó*)
oneração s.f.
onerado adj.
onerar v.
onerosidade s.f.
oneroso (*ô*) adj.; f. e pl.: (*ó*)
ônibus s.m.2n.
onicofagia s.f.
onímodo adj.
onipotência s.f.
onipotente adj.2g.
onipresença s.f.
onipresente adj.2g.
onírico adj.
onirismo s.m.
onisciência s.f.
onisciente adj.2g.
onividência s.f.
onividente adj.2g.
onívoro adj.
ônix (*cs*) s.m.2n.
onomastia s.f.
onomástica s.f.
onomástico adj.
onomatopaico adj.
onomatopeia (*é*) s.f.
onomatopeico (*ê*) adj.
ontem adv. s.m.
ôntico adj.
ontogênese s.f.
ontogenético adj.
ontogenia s.f.
ontologia s.f.
ontologicamente adv.
ontológico adj.
ônus s.m.2n.
onze num.
onze-horas s.f.2n.
onzenário adj. s.m.

onzeneiro s.m.
oócito s.m.
oosfera s.f.
opa (*ó*) interj.; cf. *opa*
opa s.f. "espécie de capa"; cf. *opa* (*ó*)
opacidade s.f.
opacificação s.f.
opaco adj.
opala s.f.
opalescência s.f.
opalescente adj.2g.
opalina s.f.
opalino adj.
opção s.f.
opcional adj.2g.
opcionalmente adv.
ópera s.f.
ópera-balé s.f.; pl.: *óperas-balé e óperas-balés*
ópera-bufa s.f.; pl.: *óperas--bufas*
operação s.f.
operacional adj.2g.
operacionalidade s.f.
operacionalização s.f.
operacionalizar v.
operacionalizável adj.2g.
operacionalmente adv.
ópera-cômica s.f.; pl.: *óperas--cômicas*
operado adj. s.m.
operador (*ô*) adj. s.m.
operadora (*ô*) s.f.
operante adj.2g.
operar v.
operariado s.m.
operário adj. s.m.
operatividade s.f.
operativo adj.
operatório adj.
operatriz adj.
operável adj.2g.
opercular adj.2g.
opérculo s.m.
opereta (*ê*) s.f.
operístico adj. s.m.
operosidade s.f.
operoso (*ô*) adj.; f. e pl.: (*ó*)
opiáceo adj. s.m.
opilação s.f.
opilado adj. s.m.
opilar v.
opimo adj.
opinante adj. 2g.
opinar v.
opinativo adj.
opinável adj.2g.
opinião s.f.
opiniático adj.
opinionista adj. s.2g.
opinioso (*ó*) adj.; f. e pl.: (*ó*)
ópio s.m.
opioide (*ó*) s.m.

opiômano adj. s.m.
opíparo adj.
opistótono s.m.
oponente adj. s.2g.
oponível adj.2g.
opor (*ô*) v.
oportunamente adv.
oportunidade s.f.
oportunismo s.m.
oportunista adj. s.2g.
oportunisticamente adv.
oportunístico adj.
oportuno adj.
oportunoso (*ó*) adj.; f.e pl.: (*ó*)
oposição s.f.
oposicional adj. 2g.
oposicionismo s.m.
oposicionista adj. s.2g.
opositor (*ô*) adj. s.m.
opostamente adv.
oposto (*ô*) adj. s.m.; f. e pl.: (*ó*)
opressão s.f.
opressivo adj.
opresso adj.
opressor (*ô*) adj. s.m.
oprimente adj.2g.
oprimido adj. s.m.
oprimir v.
opróbrio s.m.
optante adj. s.2g.
optar v.
optativamente adv.
optativo adj.
óptica s.f.
opticamente adv.
óptico adj.
optoeletrônica s.f.
optomagnético adj.
opugnar v.
opulência s.f.
opulentar v.
opulento adj.
opúsculo s.m.
ora adv. conj. interj.
oração s.f.
oracional adj.2g.
oracular adj.2g.
oráculo s.m.
orador (*ô*) adj. s.m.
orago s.m.
oral adj.2g.
oralidade s.f.
oralmente adv.
orangotango s.m.
orante adj. s.2g.
ora-pro-nóbis s.m.2n.
orar v.
orate s.m.
oratória s.f.
oratório adj. s.m.
ora-veja s.m.2n.
orbe s.m.
orbicular adj.2g.
órbita s.f.

orbitador (ô) adj. s.m.
orbital adj.2g.
orbitar v.
orbitário adj.
orca s.f.
orçamentação s.f.
orçamental adj.2g.
orçamentário adj.
orçamentista adj. s.2g.
orçamento s.m.
orçar v.
ordálio s.m.
ordeiramente adv.
ordeiro adj.
ordem s.f.
ordem-unida s.f.; pl.: *ordens--unidas*
ordenação s.f.
ordenada s.f.
ordenadamente adv.
ordenado adj. s.m.
ordenador (ô) adj. s.m.
ordenamento s.m.
ordenança s.f. s.2g.
ordenar v.
ordenha s.f.
ordenhação s.f.
ordenhadeira s.f.
ordenhado adj.
ordenhador (ô) s.m.
ordenhar v.
ordinal adj.2g. s.m.
ordinariamente adv.
ordinário adj. s.m.
ordoviciano adj. s.m.
orear v.
orégano s.m.
orégão s.m.; pl.: *orégãos*
orelha (ê) s.f.
orelhada s.f.
orelha-de-onça s.f.; pl.: *orelhas-de-onça*
orelha-de-pau s.f.; pl.: *orelhas--de-pau*
orelhador (ô) s.m.
orelhame s.m.
orelhano adj.
orelhão s.m.
orelhar v.
orelheira s.f.
orelhudo adj.
órfã s.f. de *órfão*
orfanato s.m.
orfandade s.f.
órfão adj. s.m.: fem.: *órfã*; pl.: *órfãos*
orfeão s.m.
orfeônico adj.
órfico adj.
organdi s.m.
organela s.f.
organicamente adv.
organicidade s.f.
organicismo s.m.

organicista adj. s.2g.
orgânico adj.
organismo s.m.
organista s.2g.
organização s.f.
organizacional adj.2g.
organizadamente adv.
organizado adj.
organizador (ô) adj. s.m.
organizar v.
organizativo adj.
organizatório adj.
organizável adj.2g.
organoclorado adj. s.m.
organofosforado adj. s.m.
organogênese s.f.
organogênico adj.
organografia s.f.
organográfico adj.
organograma s.m.
organoide (ó) s.m.
organoléptico adj.
orgânulo s.m.
organza s.f.
órgão s.m.; pl.: *órgãos*
orgasmático adj.
orgásmico adj.
orgasmo s.m.
orgástico adj.
orgia s.f.
orgíaco adj.
orgiástico adj.
orgulhar v.
orgulho s.m.
orgulhosamente adv.
orgulhoso (ô) adj. s.m.; f. e pl.: (ó)
orientação s.f.
orientado adj.
orientador (ô) adj. s.m.
oriental adj. s.2g.
orientalidade s.f.
orientalismo s.m.
orientalista adj. s.2g.
orientalização s.f.
orientalizado adj.
orientalizante adj.2g.
orientalizar v.
orientando s.m.
orientar v.
oriente s.m.
orifício s.m.
origâmi s.m.
origem s.f.
originador (ô) adj. s.m.
original adj.2g. s.m.
originalidade s.f.
originalmente adv.
originar v.
originariamente adv.
originário adj.
oriundo adj. s.m.
órix (cs) s.m.2n.
orixá s.m.

oriza s.f.
orizicultura s.f.
orla s.f.
orlado adj.
orlar v.
orlom s.m.
ornado adj.
ornamentação s.f.
ornamentado adj.
ornamental adj.2g.
ornamentar v.
ornamento s.m.
ornar v.
ornato s.m.
ornear v.
ornejar v.
ornejo (ê) s.m.
ornitologia s.f.
ornitológico adj.
ornitologista s.2g.
ornitólogo s.m.
ornitorrinco s.m.
oró s.m.
orofacial adj.2g.
orofaringe s.f.
orófito s.m.
orogastrintestinal adj.2g.
orogenia s.f.
orogênico adj.
orografia s.f.
orográfico adj.
orquestra s.f.
orquestração s.f.
orquestrado adj.
orquestrador (ô) s.m.
orquestral adj.2g.
orquestrar v.
orquidácea s.f.
orquidário s.m.
orquídea s.f.
orquidófilo adj. s.m.
orquite s.f.
órtese s.f.
ortocerídeo s.m.
ortoclásio s.m.
ortodontia s.f.
ortodôntico adj.
ortodontista adj. s.2g.
ortodoxamente (cs) adv.
ortodoxia (cs) s.f.
ortodoxismo (cs) s.m.
ortodoxo (cs) adj. s.m.
ortoepia s.f.
ortoépia s.f.
ortofonia s.f.
ortofosfórico adj.
ortognático adj.
ortognatismo s.m.
ortógnato adj.
ortogonal adj.2g.
ortografar v.
ortografia s.f.
ortograficamente adv.
ortográfico adj.

ortógrafo s.m.
ortomolecular adj.2g.
ortopedia s.f.
ortopédico adj.
ortopedista s.2g.
ortóptero s.m.
ortopteroide (ó) s.m.
ortóptica s.f.
ortóptico s.m.
ortorrômbico adj.
ortósio s.m.
ortostático adj.
ortotanásia s.f.
orvalhado adj.
orvalhar v.
orvalho s.m.
óscar s.m.
oscilação s.f.
oscilador (ó) adj. s.m.
oscilante adj.2g.
oscilar v.
oscilatório adj.
oscilograma s.m.
oscilômetro s.m.
osciloscópio s.m.
osco s.m.
osculação s.f.
oscular v.
ósculo s.m.
osga s.f.
ósmio s.m.
osmorregulação s.f.
osmorregulador (ô) adj.
osmose s.f.
osmótico adj.
ossada s.f.
ossama s.f.
ossário s.m.
ossatura s.f.
osseína s.f.
ósseo adj.
ossiânico adj. "relativo a Ossian, o bardo gaélico"; cf. *oceânico*
ossicular adj.2g.
ossículo s.m.
ossificação s.f.
ossificado adj.
ossificar v.
osso (ó) s.m.
ossobuco s.m.
ossuário s.m.
ossudo adj.
osteíte s.f.
ostensivamente adv.
ostensividade s.f.
ostensivo adj.
ostensório adj. s.m.
ostentação s.f.
ostentamento s.m.
ostentar v.
ostentativo adj.
ostentatório adj.
ostentoso (ô) adj.; f. e pl.: (ó)

osteoarticular adj.2g.
osteoartrite s.f.
osteoartrose s.f.
osteoblástico adj.
osteoblasto s.m.
osteocartilaginoso (ô) adj.; f. e pl.: (ó)
osteócito s.m.
osteocondrite s.f.
osteodensiômetro s.m.
osteodistrofia s.f.
osteogênese s.f.
osteogênico adj.
osteoglossídeo adj. s.m.
osteoide (ó) adj.2g. s.m.
osteointegrado adj.
osteologia s.f.
osteoma s.m.
osteomalacia s.f.
osteomielite s.f.
osteopata adj. s.2g.
osteopatia s.f.
osteoporose s.f.
osteossarcoma s.m.
osteossíntese s.f.
osteotomia s.f.
ostíolo s.m.
ostoma s.m.
ostomia s.f.
ostomizado s.m.
ostra (ó) s.f.
ostracismo s.m.
ostracizar v.
ostreicultor (ô) s.m.
ostreicultura s.f.
ostreira s.f.
ostricultura s.f.
ostrogodo (ó) adj. s.m.
oswaldiano adj.
otalgia s.f.
otálgico adj.
otário adj. s.m.
ótica s.f.
ótico adj.
otimamente adv.
otimismo s.m.
otimista adj. s.2g.
otimização s.f.
otimizado adj.
otimizador (ô) adj. s.m.
otimizar v.
ótimo adj.
otite s.f.
otoauditivo adj.
otoespongiose s.f.
otolítico adj.
otólito s.m.
otologia s.f.
otológico adj.
otologista adj. s.2g.
otomano adj. s.m.
otoneurologia s.f.
otorragia s.f.
otorrino s.m.

otorrinolaringologia s.f.
otorrinolaringológico adj.
otorrinolaringologista s.2g.
otosclerose s.f.
otoscópico adj.
otoscópio s.m.
ototoxicidade (cs) s.f.
ototóxico (cs) adj.
ou conj.
ouça s.f.
oura s.f.
ourama s.f.
ourame s.m.
ourela s.f.
ouriçado adj.
ouriçar v.
ouriço s.m.
ouriço-cacheiro s.m.; pl.: *ouriços-cacheiros*
ouriço-do-mar s.m.; pl.: *ouriços-do-mar*
ouricuri s.m.
ouricurizeiro s.m.
ourinol s.m.
ourives s.m.2n.
ourivesaria s.f.
ouro s.m.
ouro-branco s.m.; pl.: *ouros--brancos*
ouro-negro s.m.; pl.: *ouros--brancos*
ouropel s.m.
ouro-pretano adj. s.m.; pl.: *ouro-pretanos*
ouro-pretense adj. s.2g.; pl.: *ouro-pretenses*
ouros s.m.pl.
ouro-verde s.m.; pl.: *ouros--verdes*
ousadamente adv.
ousadia s.f.
ousado adj.
ousar v.
outão s.m.
outeiro s.m.
outonal adj.2g.
outoniço adj.
outono s.m.
outorga s.f.
outorgado adj. s.m.
outorgante adj. s.2g.
outorgar v.
outrem pron.
outro pron.
outrora adv.
outrossim adv.
outubro s.m.
ouvido adj. s.m.
ouvidor (ô) s.m.
ouvidoria s.f.
ouvinte adj. s.2g.
ouvir v.
ova s.f.
ovação s.f.

ovacionar v.
ovado adj.
oval adj.2g.
ovalado adj.
ovalar v. adj.
ovaloide (ó) adj. s.m.
ovante adj.2g.
ovariano adj.
ovárico adj.
ovário s.m.
oveiro s.m.
ovelha (ê) s.f.
ovelha-negra s.f.; pl.: *ovelhas--negras*
ovelheiro adj. s.m.
ovelhum adj.2g.
overdosagem s.f.
overdosar v.
overloque s.m.
overloqueira s.f.
oviário s.m.
ovidiano adj.
ovil s.m.
ovino adj. s.m.
ovinocultor (ô) s.m.
ovinocultura s.f.
oviparidade s.f.
ovíparo adj. s.m.
ovipositor (ô) s.m.
ovirraptor (ô) s.m.

óvni s.m.
ovo (ô) s.m.
ovoide (ó) adj.
ovoviviparidade s.f.
ovovivíparo adj.
ovulação s.f.
ovular adj.2g. v.
ovulatório adj.
óvulo s.m.
oxalá interj.
oxalato (cs) s.m.
oxálico (cs) adj.
oxente interj.
oxidação (cs) s.f.
oxidado (cs) adj.
oxidante (cs) adj.2g. s.m.
oxidar (cs) v.
oxidativo (cs) adj.
óxido (cs) s.m.
oxidologia (cs) s.f.
oxidrila (cs) s.f.
oxigenação (cs) s.f.
oxigenado (cs) adj.
oxigenador (cs...ô) adj. s.m.
oxigenar (cs) v.
oxigênio (cs) s.m.
oxigenoterapia (cs) s.f.
oximetria (cs) s.f.
oximétrico (cs) adj.
oxímetro (cs) s.m.

oximoro (cs) s.m.
oximóron (cs) s.m.
oxirredução (cs) s.f.
oxitócico (cs) adj.
oxitocina (cs) s.f.
oxitonizar (cs) v.
oxítono (cs) adj. s.m.
oxiuríase (cs) s.f.
oxiuricida (cs) s.m.
oxiúrico (cs) adj.
oxiúro (cs) s.m.
oxiurose (cs) s.f.
oxozônio (cs) s.m.
ozônio s.m.
ozonização s.f.
ozonizado adj.
ozonizador (ô) adj. s.m.
ozonizar v.
ozonólise s.f.
ozonometria s.f.
ozonométrico adj.
ozonômetro s.m.
ozonoscópico adj.
ozonoscópio s.m.
ozonosfera s.f.
ozonosférico adj.
ozostomia s.f.
ozostômico adj.

P p

p s.m.
pá s.f.
pabo adj.
pabulagem s.f.
pabulança s.f.
pabular v.
pábulo s.m.
paca s.f. adv.
pacamã s.m.
pacari s.m.
pacatamente adv.
pacatez (ê) s.f.
pacato adj.
pacau s.m.
pacenho adj. s.m.
pachanga s.f.
pachiba s.f.
pachola adj.2g. s.m.
pacholear v.
pacholice s.f.
pacholismo s.f.
pachorra (ô) s.f.
pachorrentamente adv.
pachorrento adj.
paciência s.f.
paciencioso (ô) adj.; f. e pl.: (ó)
pacientar v.
paciente adj. s.2g.
pacientemente adv.
pacificação s.f.
pacificado adj.
pacificador (ô) adj. s.m.
pacificamente adv.
pacificar v.
pacífico adj. s.m.
pacifismo s.m.
pacifista adj. s.2g.
paco s.m.
paço s.m.
pacoba s.f.
paçoca s.f.
paco-paco s.m.; pl.: paco-pacos
pacotaço s.m.
pacote s.m.
pacoteira s.f.
pacoteiro s.m.
pacova s.f.
pacová s.m.
pacóvio adj. s.m.
pactação s.f.
pactado adj.
pactício adj.
pacto s.m.

pactuação s.f.
pactuado adj.
pactual adj.2g.
pactuante adj. s.2g.
pactuar v.
pactuário adj. s.m.
pacu s.m.
pacuã s.m.
pacuera s.f.
pacupeva s.m.
pacuzeiro s.m.
padaria s.f.
padê s.m.
padecedor (ô) adj. s.m.
padecença s.f.
padecência s.f.
padecente adj. s.2g.
padecer v.
padecimento s.m.
padeiro s.m.
padejar v.
padieira s.f.
padiola s.f.
padioleiro s.m.
padrão s.m.
padrasto s.m.
padre s.m.
padrear v.
padreco s.m.
padre-cura s.m.; pl.: padres-curas
padre-mestre s.m.; pl.: padres-mestres
padre-nosso s.m.; pl.: padres-nossos
padrinho s.m.
padroado s.m.
padroeiro adj. s.m.
padronagem s.f.
padronização s.f.
padronizado adj.
padronizador (ô) adj.
padronizar v.
padronizável adj.2g.
paelha (ê) s.f.
paetê s.m.
paga s.f.
pagã s.f. de pagão
pagador (ô) adj. s.m.
pagadoria s.f.
pagamento s.m.
paganismo s.m.
paganização s.f.
paganizar v.
pagante adj. s.2g.

pagão adj. s.m.; fem.: pagã; pl.: pagãos
pagar v.
pagável adj.2g.
página s.f.
paginação s.f.
paginado adj.
paginadora (ô) s.f.
paginar v.
pago adj. s.m.
pagode s.m.
pagodear v.
pagodeira s.f.
pagodeiro s.m.
pagodista adj. s.2g.
paguro s.m.
pai s.m.
paica s.f.
pai de chiqueiro s.m.
pai-d'égua adj.2g. s.m.; pl.: pais-d'égua
pai de santo s.m.
pai de todos s.m.
pai dos burros s.m.
paié adj.2g.
paina s.f.
painço s.m.
paineira s.f.
painel s.m.
painelista s.2g.
pai-nosso s.m.; pl.: pais-nossos
paio s.m.
paiol s.m.
pairar v.
pais s.m.pl.
país s.m.
paisagem s.f.
paisagismo s.m.
paisagista s.2g.
paisagística s.f.
paisagístico adj.
paisana s.f.
paisano adj. s.m.
paixão s.f.
paixonite s.f.
pajador (ô) s.m.
pajé s.m.
pajear v.
pajelança s.f.
pajem s.m.
pajonal s.m.
pajureba adj. s.2g.
pala s.f.
palacete (ê) s.m.
palaciano adj. s.m.

palácio s.m.
paladar s.m.
paladino s.m.
paládio s.m.
palafita s.f.
palafítico adj.
palafrém s.m.
palafreneiro s.m.
palamenta s.f.
palanfrório s.m.
palanque s.m.
palanquear v.
palanqueiro adj.
palanquim s.m.
palatal adj.2g. s.f.
palatalização s.f.
palatalizado adj.
palatalizar v.
palatável adj.2g.
palatino adj.
palatização s.f.
palatizado adj.
palatizar v.
palato s.m.
palavra s.f.
palavra-chave s.f.; pl.: *palavras-chave* e *palavras--chaves*
palavrada s.f.
palavrão s.m.
palavra-ônibus s.f.; pl.: *palavras-ônibus*
palavreado s.m.
palavrear v.
palavrinha s.f.
palavrório s.m.
palavroso (ô) adj.; f. e pl.: (ó)
palco s.m.
paleáceo adj.
paleio s.m.
palejar v.
palemonídeo adj. s.m.
paleoantropologia s.f.
paleoantropológico adj.
paleoantropologista s.2g.
paleoantropólogo s.m.
paleobotânica s.f.
paleobotânico adj. s.m.
paleocatolicismo s.m.
paleocatólico adj.
paleoceno adj. s.m.
paleogênico adj. s.m.
paleógeno adj. s.m.
paleografia s.f.
paleográfico adj.
paleógrafo s.m.
paleoíndio adj. s.m.
paleolítico adj. s.m.
paleologia s.f.
paleólogo s.m.
paleomagnético adj.
paleomagnetismo s.m.
paleoniscoide (ó) s.m.
paleontologia s.f.

paleontologicamente adv.
paleontológico adj.
paleontologista s.2g.
paleontólogo s.m.
paleozoico (ó) adj. s.m.
paleozoologia s.f.
palerma adj. s.2g.
palermice s.f.
palermitano adj. s.m.
palestino adj. s.m.
palestra s.f.
palestrante adj. s.2g.
palestrar v.
paleta (ê) s.f.
paletada s.f.
palete s.m.
paletear v.
paletó s.m.
palha s.f.
palhabote s.m.
palhaçada s.f.
palhacice s.f.
palhaço s.m.
palhada s.f.
palheiro s.m.
palheta (ê) s.f.
palhetada s.f.
palhiço adj. s.m.
palhinha s.f.
palhoça s.f.
paliar v.
paliativo adj. s.m.
paliçada s.f.
palidamente adv.
palidez (ê) s.f.
pálido adj.
palidotomia s.f.
palimpsesto s.m.
palindromia s.f.
palindrômico adj.
palíndromo adj. s.m.
palingênese s.f.
palingenesia s.f.
palinódia s.f.
palinologia s.f.
palinologista s.2g.
palinólogo s.m.
palinurídeo adj. s.m.
palinuro s.m.
pálio s.m.
palitar v.
paliteiro s.m.
palito s.m.
palma s.f.
palmácea s.f.
palmada s.f.
palmado adj.
palmar v.
palmas s.f.pl.
palmatoada s.f.
palmatória s.f.
palmear v.
palmeira s.f.
palmeiral s.m.

palmeirense adj. s.2g.
palmeirim s.m.
palmense adj. s.2g.
pálmer s.m.
palmiforme adj.2g.
palmilha s.f.
palmilhar v.
palmípede adj.2g. s.m.
palmiste s.m.
palmital s.m.
palmiteiro s.m.
palmito s.m.
palmo s.m.
palmômetro s.m.
palombeta (ê) s.f.
palor (ô) s.m.
palpação s.f.
palpante adj.2g.
palpar v.
palpável adj.2g.
pálpebra s.f.
palpebral adj.2g.
palpitação s.f.
palpitante adj.2g.
palpitar v.
palpite s.m.
palpiteiro adj. s.m.
palpo s.m.
palra s.f.
palrador (ô) adj. s.m.
palrar v.
palrear v.
palreiro adj.
palrice s.f.
palude s.m.
paludícola adj.2g.
paludismo s.m.
paludoso (ô) adj.; f. e pl.: (ó)
palustre adj.
pamonha s.f.
pampa adj.2g. s.m.
pâmpano s.m.
pampeiro s.m.
pampiano adj.
pampuã s.m.
pana s.f.
panaca adj. s.2g.
panacarica s.f.
panaceia (ê) s.f.
panachê s.m.
panacu s.m.
pan-africanismo s.m.
pan-africanista adj. s.2g.
pan-africano adj.
panamá s.m.
panamenho adj. s.m.
pan-americanismo s.m.
pan-americanista adj. s.2g.
pan-americano adj.
panar v.
pan-arabismo s.m.
pan-arabista adj. s.2g.
panaria s.f.
panarício s.m.

panariz s.m.
panasco s.m.
panasquice s.f.
pança s.f.
panca s.f.
pancada adj. s.2g. s.f.
pancadão s.m.
pancadaria s.f.
pancrácio adj. s.m.
pâncreas s.m.2n.
pancreatectomia s.f.
pancreático adj.
pancreatite s.f.
pancreatografia s.f.
pançudo adj. s.m.
pancultural adj.2g.
panda s.m.
pandarecos s.m.pl.
pândega s.f.
pandegar v.
pândego adj. s.m.
pandeirista s.2g.
pandeiro s.m.
pandemia s.f.
pandêmico adj.
pandemônio s.m.
pandilha s.f.
pando adj.
pandorga s.f.
pane s.f.
panegirical adj.2g.
panegiricar v.
panegírico adj. s.m.
paneiro s.m.
panejamento s.m.
panejar v.
panela s.f.
panelaço s.m.
panelada s.f.
panelão s.m.
paneleiro s.m.
panelinha s.f.
panema s.m.f.
panenteísmo s.m.
panenteísta adj. s.2g.
pan-eslavismo s.m.
panetone s.m.
pan-europeísmo s.m.
pan-europeu adj.
panfletagem s.f.
panfletar v.
panfletário adj. s.m.
panfletarismo s.m.
panfletarista adj.2g.
panfleteiro s.m.
panfletista adj. s.2g.
panfleto (ê) s.m.; cf. panfleto, fl. do v. panfletar
panga s.m.
pangaré s.m.
pangeia (é) s.f.
pangermanismo s.m.
pangermanista adj. s.2g.
panglossiano adj. s.m.

pango s.m.
pangolação s.f.
pangolar v.
pangolim s.m.
pan-helênico adj.
pan-helenismo s.m.
pânico s.m.
panícula s.f.
panículo s.m.
panificação s.f.
panificado adj.
panificador (ô) adj. s.m.
panificadora (ô) s.f.
panificar v.
panificável adj.2g.
pan-islamismo s.m.
pano s.m.
pan-oftalmia s.f.
panóplia s.f.
pan-óptico adj.
panorama s.m.
panorâmica s.f.
panorâmico adj.
panoramizar v.
panqueca s.f.
pansexual (cs) adj.2g.
pansexualismo (cs) s.m.
pantagruélico adj.
pantagruelismo s.m.
pantalha s.f.
pantalonas s.f.pl.
pantana s.f.
pantanal s.m.
pantaneiro adj.
pântano s.m.
pantanoso (ô) adj.; f. e pl.: (ó)
panteão s.m.
panteísmo s.m.
panteísta adj. s.2g.
pantera s.f.
pantográfico adj.
pantógrafo s.m.
pantomima s.f.
pantomímico adj.
pantomimizado adj.
pantomimo s.m.
pantotênico adj.
pantufa s.f.
pantufo s.m.
panturrilha s.f.
pão s.m.
pão de ló s.m.
pão de mel s.m.
pão de queijo s.m.
pão-durismo s.m.; pl.: pão--durismos
pão-duro adj. s.2g. s.m.; pl.: pães-duros
papa s.m.
papá s.m.
papa-capim s.m.; pl.: papa--capins
papa-ceia s.f.; pl.: papa-ceias
papada s.f.

papa-defunto s.2g.; pl.: papa--defuntos
papado s.m.
papador (ô) s.m.
papa-figo s.m. "pássaro'; pl.: papa-figos; cf. papafigo
papafigo s.m.2n. "vela de traquete"; cf. papa-figo
papa-fila s.m.; pl.: papa-filas
papa-filas s.m.2n.
papa-fina adj.2g.; pl.: papa--finas
papa-formigas s.m.2n.
papagaiação s.f.
papagaiada s.f.
papagaiar v.
papagaio s.m.
papagaio-verdadeiro s.m.; pl.: papagaios-verdadeiros
papagueação s.f.
papaguear v.
papa-hóstia s.2g.; pl.: papa--hóstias
papa-hóstias s.2g.2n.
papai s.m.
papaia s.f.
papai e mamãe s.m.2n.
papaína s.f.
papai-noel s.m.; pl.: papais--noéis
papa-jantares s.2g.2n.
papa-jerimum adj. s.2g.; papa-jerimuns
papal adj.2g.
papalino adj.
papalvo adj. s.m.
papangu s.m.
papanicolau s.m.
papão s.m.
papa-ovo s.f.; pl.: papa-ovos
papa-pinto s.f.; pl.: papa-pintos
papar v.
paparicação s.f.
paparicar v.
paparico s.m.
paparoca s.f.
papa-sebo s.m.; pl.: papa-sebos
papa-terra s.m.; pl.: papa--terras
papável adj.2g.
papa-vento s.m.; pl.: papa--ventos
papaverácea s.f.
papaverina s.f.
papear v.
papeata s.f.
papeira s.f.
papel s.m.
papelaça s.f.
papelada s.f.
papel-alumínio s.m.; pl.: papéis-alumínio e papéis--alumínios
papelão s.m.

papelaria s.f.
papel-arroz s.m.; pl.: *papéis--arroz* e *papéis-arrozes*
papel-carbono s.m.; pl.: *papéis-carbono* e *papéis--carbonos*
papeleira s.f.
papeleiro adj. s.m.
papeleta (ê) s.f.
papelinho s.m.
papel-manteiga s.f.; pl.: *papéis-manteiga* e *papéis--manteigas*
papel-moeda s.m.; pl.: *papéis--moeda* e *papéis-moedas*
papelório s.m.
papelote s.m.
papelucho s.m.
papelzinho s.m.; pl.: *papeizinhos*
papiamento s.m.
papila s.f.
papilar adj.2g.
papiledema s.m.
papilionídeo adj. s.m.
papiloma s.f.
papilomavírus s.m.2n.
papiloscopia s.f.
papiloscopista s.2g.
papilotomia s.f.
papilovírus s.m.
papinha s.f.
papiráceo adj.
papiro s.m.
papisa s.f.
papismo s.m.
papista adj. s.2g.
papo s.m.
papo-amarelo s.m.; pl.: *papos--amarelos*
papo-cabeça s.m.; pl.: *papos--cabeça* e *papos-cabeças*
papocar v.
papoco (ô) s.m.
papo-de-anjo s.m.; pl.: *papos--de-anjo*
papo-de-pavão s.m.; pl.: *papos-de-pavão*
papo-de-peru s.m.; pl.: *papos--de-peru*
papo-firme adj. s.2g.; pl.: *papos-firmes*
papo-furado adj. s.2g.; pl.: *papos-furados*
papoula s.f.
páprica s.f.
papua adj. s.2g.
papuã s.m.
papuásio adj. s.m.
papudo adj. s.m.
pápula s.f.
papuloso (ô) adj.; f. e pl.: (ó)
papulovesicular adj.2g.

papulovesiculoso (ô) adj.; f. e pl.: (ó)
paqueiro s.m.
paquera s.f. s.2g.
paquerador (ô) adj. s.m.
paquerar v.
paquete (ê) s.m.
paquiderme adj.2g. s.m.
paquidermia s.f.
paquidérmico adj.
paquidermismo s.m.
paquímetro s.m.
paquistanense adj. s.2g.
paquistanês adj. s.m.
par adj.2g. s.m.
para prep.
parabelo s.m.
parabelum s.m.f.
parabenizar v.
parabéns s.m.pl.
parábola s.f.
parabólica s.f.
parabólico adj.
para-brisa s.m.; pl.: *para-brisas*
paracentese s.f.
para-choque s.m.; pl.: *para--choques*
parada s.f.
paradão adj. s.m.: fem.: *paradona*
paradeiro s.m.
paradidático adj.
paradigma s.m.
paradigmático adj.
paradisíaco adj.
parado adj.
paradona s.f. de *paradão*
parador (ô) adj. s.m.
paradouro s.m.
paradoxal (cs) adj.2g.
paradoxalmente (cs) adv.
paradoxismo (cs) s.m.
paradoxo (cs) s.m.
paraense adj. s.2g.
paraestatal adj.2g. s.f.
parafernália s.f.
parafeudal adj.2g.
parafimose s.f.
parafina s.f.
parafinado adj.
parafinar v.
parafínico adj.
parafiscal adj.2g.
paráfrase s.f.
parafrasear v.
parafrenia s.f.
parafusador (ô) s.m.
parafusar v.
parafuso s.m.
paragem s.f.
paragovernamental adj.2g.
paragrafação s.f.
paragrafar v.
parágrafo s.m.

paraguaio adj. s.m.
paraíba s.f. s.2g.
paraibano adj. s.m.
paraíso s.m.
para-lama s.m.; pl.: *para-lamas*
paralaxe (cs) s.f.
paraldeído s.m.
paralegal adj.2g.
paralela s.f.
paralelamente adv.
paralelas s.f.pl.
paralelepípedo s.m.
paralelismo s.m.
paralelo adj. s.m.
paralelogramo s.m.
paralisação s.f.
paralisado adj.
paralisador (ô) adj.
paralisante adj.2g.
paralisar v.
paralisia s.f.
paralítico adj. s.m.
paralogismo s.m.
paramamífero s.m.
paramécio s.m.
paramedicina s.f.
paramedicinal adj.2g.
paramédico adj. s.m.
paramentado adj.
paramental adj.2g.
paramentar v.
paramento s.m.
paramentos s.m.pl.
paramétrico adj.
parâmetro s.m.
parametrização s.f.
parametrizar v.
parâmetro s.m.
paramilitar adj. s.2g.
paramnésia s.f.
páramo s.m.
paramorfismo s.m.
paramotor (ô) s.m.
paraná s.m.
paranaense adj. s.2g.
paranazismo s.m.
paranazista adj.2g.
parango s.m.
parangolé s.m.
paraninfado s.m.
paraninfar v.
paraninfo s.m.
paranoia (ó) s.f.
paranoicamente adv.
paranoico (ó) adj.
paranoide (ó) adj.2g.
paranomásia s.f.
paranormal adj.2g.
paranormalidade s.f.
paraoficial adj.2g.
paraolimpíada s.f.
paraolímpico adj.
paraparesia s.f.
parapeito s.m.

parapente s.m.
parapitecídeo s.m.
paraplasma s.m.
paraplegia s.f.
paraplégico adj. s.m.
parápode s.m.
parapolicial adj.2g.
parapolítico adj.
parapsicologia s.f.
parapsicológico adj.
parapsicólogo s.m.
paraquedas s.m.2n.
paraquedismo s.m.
paraquedista s.2g.
parar v.
para-raios s.m.2n.
pararreligioso (ô) adj.; f. e pl.: (ó)
parasita adj.2g. s.m.
parasitado adj.
parasitar v.
parasitário adj.
parasiticida adj.2g. s.m.
parasitismo s.m.
parasito adj. s.m.
parasitoide (ó) adj.2g. s.m.
parasitologia s.f.
parasitológico adj.
parasitose s.f.
para-sol s.m.; pl.: *para-sóis*
parassimpático adj. s.m.
parassíntese s.f.
parassintético adj.
paratático adj.
parataxe (cs) s.f.
parati s.m.
paratifo s.m.
paratifoide (ó) adj.2g.
paratireoide (ó) s.f.
paratudo s.m.
parca s.f.
parcamente adv.
parceirada s.f.
parceiro s.m.
parcel s.m.
parcela s.f.
parceladamente adv.
parcelado adj.
parcelamento s.m.
parcelar v.
parcelável adj.2g.
parceleiro s.m.
parceria s.f.
parche s.m.
parcial adj.2g.
parcialidade s.f.
parcialmente adv.
parcimônia s.f.
parcimoniosamente adv.
parcimonioso (ô) adj.; f. e pl.: (ó)
parco adj.
pardacento adj.
pardal s.m.

pardavasco adj. s.m.
pardieiro s.m.
pardo adj. s.m.
pareado adj.
parear v.
parecença s.f.
parecer v. s.m.
parecerista s.2g.
pareci adj. s.2g.
parecido adj.
paredão s.m.
parede (ê) s.f.
parede-meia s.f.; pl.: *paredes--meias*
paredismo s.m.
paredista adj.2g.
paredro s.m.
paregórico adj.
parelha (ê) s.f.
parelheiro s.m.
parelho (ê) adj.
parélio s.m.
parêmia s.f.
paremiologia s.f.
parênquima s.m.
parenquimático adj.
parentada s.f.
parentagem s.f.
parental adj.2g.
parentalha s.f.
parente adj. s.2g.
parentela s.f.
parenteral adj.2g. s.f.
parentesco (ê) s.m.
parêntese s.m.
parêntesis s.m.2n.
pareô s.m.
páreo s.m.
paresia s.f.
parestesia s.f.
pargo s.m.
pária s.m.
paricá s.m.
parição s.f.
paricazinho s.m.
paridade s.f.
parideira s.f.
parietal adj.2g. s.m.
parintinense adj. s.2g.
parintintim adj. s.2g.
parir v.
parisiense adj. s.2g.
paritariamente adv.
paritário adj.
parkinsoniano adj. s.m.
parkinsonismo s.m.
parla s.f.
parlamentar adj. s.2g. s.m.
parlamentarismo s.m.
parlamentarista adj. s.2g.
parlamentarização s.f.
parlamento s.m.
parlapatão adj. s.m.; fem.: *parlapatona*

parlapatice s.f.
parlapatona s.f. de *parlapatão*
parlatório s.m.
parlenda s.f.
parmegiana s.f.
parmegiano adj. s.m.
parmesão adj. s.m.; pl.: *parmesãos*
parnaíba s.f.
parnasianismo s.m.
parnasiano adj. s.m.
parnaso s.m.
paroara s.m. s.2g.
pároco s.m.
paródia s.f.
parodiar v.
paródico adj.
parodístico adj.
párodo s.m.
parol s.m.
parola s.f.
parolagem s.f.
parolar v.
paroleiro s.m.
paronímia s.f.
paronímico adj.
parônimo adj. s.m.
paroníquia s.f.
paronomásia s.f.
paronomástico adj.
paróquia s.f.
paroquial adj.2g.
paroquialismo s.m.
paroquialista adj.2g.
paroquiano adj. s.m.
parosmia s.f.
parótida s.f.
parotidite s.f.
paroxísmico (cs) adj.
paroxismo (cs) s.m.
paroxístico (cs) adj.
paroxítono (cs) adj. s.m.
parque s.m.
parquê s.m.
parqueamento s.m.
parquear v.
parquete (ê) s.m.
parquímetro s.m.
parra s.m.
parreira s.f.
parreiral s.m.
parricida adj. s.2g.
parricídio s.m.
parrilhada s.f.
parrudo adj.
pársi adj. s.2g. s.m.
parte s.f.
parteira s.f.
parteiro adj. s.m.
partejar v.
partenogênese s.f.
partenogenético adj.
partição s.f.
participação s.f.

participante | 266 | patetice

participante adj. s.2g.
participar v.
participativo adj.
partícipe adj. s.2g.
participial adj.2g.
particípio s.m.
partícula s.f.
particulado adj.
particular adj.2g. s.m.
particularidade s.f.
particularismo s.m.
particularista adj.2g.
particularização s.f.
particularizado adj.
particularizante adj.2g.
particularizar v.
particularmente adv.
partida s.f.
partidão s.m.
partidariamente adv.
partidário adj. s.m.
partidarismo s.m.
partidarista adj. s.2g.
partidarização s.f.
partidarizar v.
partideco s.m.
partideiro s.m.
partido adj. s.m.
partido-alto s.m.; pl.: *partidos--altos*
partidocracia s.f.
partilha s.f.
partilhado adj.
partilhamento s.m.
partilhar v.
partilhável adj.2g.
partir v.
partista s.2g.
partita s.f.
partitivo adj. s.m.
partitura s.f.
parto s.m.
parturição s.f.
parturiente adj.2g. s.f.
parvo adj. s.m.
parvoíce s.f.
pascácio s.m.
pascal adj.2g. s.m.
pascaliano adj.
pascer v.
páscoa s.f.
pascoal adj.2g.
pasmaceira s.f.
pasmado adj.
pasmar v.
pasmo adj. s.m.
pasmoso (ó) adj; f. e pl.: (ó)
paspalhão adj. s.m.
paspalhice s.f.
paspalho adj. s.m.
pasquim s.m.
pasquinada s.f.
passa s.f.
passada s.f.

passadeira s.f.
passadiço adj. s.m.
passadio s.m.
passadismo s.m.
passadista adj. s.2g.
passado adj. s.m.
passador (ô) s.m.
passageiro adj. s.m.
passagem s.f.
passamanaria s.f.
passamanes s.m.pl.
passamento s.m.
passa-moleque s.m.; pl.: *passa-moleques*
passante adj. s.2g.
passaporte s.m.
passar v.
pássara s.f.
passarada s.f.
passarão s.m.
passarela s.f.
passarinha s.f.
passarinhada s.f.
passarinhar v.
passarinheiro adj. s.m.
passarinho s.m.
pássaro s.m.
passarola s.f.
pássaro-preto s.m.; pl.: *pássaros-pretos*
passatempo s.m.
passável adj.2g.
passe s.m.
passeador (ô) adj. s.m.
passeante s.2g.
passear v.
passeata s.f.
passeio s.m.
passeiro adj.
passerídeo adj. s.m.
passeriforme adj.2g. s.m.
passiflora s.f.
passinho s.m.
passional adj.2g.
passionalidade s.f.
passionalismo s.m.
passionalmente adv.
passionário adj.
passista s.2g.
passivamente adv.
passível adj.2g.
passividade s.f.
passivismo s.m.
passivo adj. s.m.
passo s.m.
pasta s.f.
pastagem s.f.
pastar v.
pastaria s.f.
pastejar v.
pastejo (ê) s.m.
pastel adj.2g.2n. s.m.
pastelão s.m.
pastelaria s.f.

pasteleiro s.m.
pastelinho s.m.
pasteuriano adj.
pasteurização s.f.
pasteurizado adj.
pasteurizador (ô) adj. s.m.
pasteurizar v.
pastiche s.m.
pasticho s.m.
pastifício s.m.
pastilha s.f.
pasto s.m.
pastor (ô) s.m.
pastora (ô) s.f.
pastoral adj.2g. s.f.
pastorar v.
pastorear v.
pastoreio s.m.
pastorejar v.
pastoril adj.2g. s.m.
pastorinha s.f.
pastosidade s.f.
pastoso (ô) adj.; f. e pl.: (ó)
pata s.f.
pataca s.f.
patacão s.m.
patacho s.m.
pataco s.m.
patacoada s.f.
patada s.f.
patágio s.m.
patagônico adj.
patagônio adj.
patalear v.
patamar s.m.
patativa s.f.
patavina pron.
pataxó adj. s.2g. s.m.
patchuli s.m.
patê s.m.
pateada s.f.
patear v.
patego (ê) adj.
pateiro s.m.
patela s.f.
patelar adj.2g.
patena s.f.
patentário adj.
patente adj.2g. s.f.
patenteado adj.
patenteamento s.m.
patentear v.
patenteável adj.2g.
patentemente adv.
paternal adj.2g.
paternalismo s.m.
paternalista adj. s.2g.
paternalístico adj.
paternalmente adv.
paternidade s.f.
paterno adj.
pateta adj. s.2g.
pateticamente adv.
patetice s.f.

pateticismo s.m.
patético adj.
pati s.m.
patibular adj.2g.
patíbulo s.m.
patifaria s.f.
patife adj. s.m.
patilha s.f.
patim s.m.
pátina s.f.
patinação s.f.
patinado adj.
patinador (ô) adj. s.m.
patinagem s.f.
patinar v.
patinete s.f.
patinhar v.
patinho s.m.
pátio s.m.
pato s.m.
patoá s.m.
pato-do-mato s.m.; pl.: *patos--do-mato*
patofobia s.f.
patófobo adj. s.m.
patogênese s.f.
patogenesia s.f.
patogenético adj.
patogenia s.f.
patogenicidade s.f.
patogênico adj.
patógeno adj. s.m.
patognomonia s.f.
patognomônico adj.
patola s.f.
patolada s.f.
patologia s.f.
patologicamente adv.
patológico adj.
patologista s.2g.
patota s.f.
patranha s.f.
patrão s.m.; fem.: *patroa*
pátria s.f.
patriarca s.m.
patriarcado s.m.
patriarcal adj.2g.
patriarcalismo s.m.
patriarcalista adj. s.2g.
patriarcalmente adv.
patriciado s.m.
patricinha s.f.
patrício adj. s.m.
patrilateral adj.2g.
patrilinear adj.2g.
patrilocal adj.2g.
patrilocalidade s.f.
patrimoniado adj.
patrimonial adj.2g.
patrimonialismo s.m.
patrimonialista adj. s.2g.
patrimonialmente adv.
patrimônio s.m.
pátrio adj.

patriota adj. s.2g.
patriotada s.f.
patriotagem s.f.
patrioteiro adj.
patrioticamente adv.
patriotice s.f.
patriótico adj.
patriotismo s.m.
patrística s.f.
patroa (ó) s.f. de *patrão*
patroagem s.f.
patrocinador (ô) adj. s.m.
patrocinar v.
patrocínio s.m.
patrona s.f.
patronagem s.f.
patronal adj.2g.
patronato s.m.
patronesse s.f.
patronímico adj. s.m.
patrono s.m.
patrulha s.f.
patrulhador (ô) s.m.
patrulhamento s.m.
patrulhar v.
patrulheiro s.m.
patuá s.m.
patuleia (ê) s.f.
patureba adj. s.2g. s.m.
paturi s.m.
patuscada s.f.
patusco adj. s.m.
pau adj.2g. s.m.
pau a pique s.m.
pau-brasil s.m.; pl.: *paus-brasil* e *paus-brasis*
pau-d'água s.m.; pl.: *paus--d'água*
pau-d'alho s.m.; pl.: *paus--d'alho*
pau-d'arco s.m.; pl.: *paus--d'arco*
pau de arara s.2g. adj.2g.2n.
pau-de-carga s.m.; pl.: *paus--de-carga*
pau de fogo s.m.
pau-de-jangada s.m.; pl.: *paus-de-jangada*
pau-de-mocó s.m.; pl.: *paus--de-mocó*
pau-de-pernambuco s.m.; pl.: *paus-de-pernambuco*
pau de sebo s.m.
pau-de-tamanco s.m.; pl.: *paus-de-tamanco*
pau-de-viola s.m.; pl.: *paus--de-viola*
pau-ferro s.m.; pl.: *paus-ferro* e *paus-ferros*
pau-furado s.m.; pl.: *paus--furados*
paul s.m.
paulada s.f.
paulatinamente adv.

paulatino adj.
pauleira s.f.
pauliceia (é) s.f.
paulificado adj.
paulificante adj.2g.
paulificar v.
paulino adj.
paulista adj. s.2g.
paulistada s.f.
paulistano adj. s.m.
pau-mandado s.m.; pl.: *paus--mandados*
pau-marfim s.m.; pl.: *paus--marfim* e *paus-marfins*
pau-mulato s.m.; pl.: *paus--mulatos*
pau para toda obra s.m.
pauperismo s.m.
pauperização s.f.
pauperizado adj. s.m.
pauperizar v.
paupérrimo adj.
paúra s.f.
paus s.m.pl.
pausa s.f.
pausadamente adv.
pausado adj. adv.
pauta s.f.
pautado adj.
pautar v.
pauteiro s.m.
pavana s.f.
pavão s.m.; fem.: *pavoa*
pavê s.m.
paveia s.f.
pavena adj.2g.
pavês s.m.
pávido adj.
pavilhão s.m.
pavimentação s.f.
pavimentado adj.
pavimentadora (ô) s.f.
pavimentar v.
pavimento s.m.
pavimentoso (ô) adj.; f. e pl.: (ó)
pavio s.m.
pavloviano adj.
pavoa (ô) s.f. de *pavão*
pavoneamento s.m.
pavoneante adj.2g.
pavonear v.
pavonice s.f.
pavor (ô) s.m.
pavorosamente adv.
pavoroso (ô) adj.; f. e pl.: (ó)
pavuna s.f.
paxá s.m.
paxiúba s.f.
paz s.f.
pazada s.f.
pé s.m. "extremidade de cada um dos membros inferiores"; cf. *pê*

pê s.m. "nome da letra p"; cf. *pé*
peado adj.
peagem s.f.
pealar v.
pealo s.m.
peanha s.f.
peão s.m.; fem. *peona* e *peoa*
peãozada s.f.
pear v.
peara s.m.
peba adj.2g. s.m.
pebado adj.
pebolim s.m.
peça s.f.
pecadilho s.m.
pecado s.m.
pecador (ô) adj. s.m.
pecaminosidade s.f.
pecaminoso (ô) adj.; f. e pl.: (ó)
pecar v.
pecha s.f.
pechada s.f.
pechar v.
pechincha s.f.
pechinchar v.
pechisbeque s.m.
pecilotérmico adj.
pecilotermo s.m.
pecíolo s.m.
peco (ê) adj.
peçonha s.f.
peçonhento adj.
pécora adj.2g. s.m. s.f.
péctico adj.
pectina s.f.
pectíneo adj.
pectinídeo adj. s.m.
pecuária s.f.
pecuário adj.
pecuarista adj. s.2g.
peçuelos (ê) s.m.pl.
peculatário adj. s.m.
peculato s.m.
peculiar adj.2g.
peculiaridade s.f.
peculiarmente adv.
pecúlio s.m.
pecúnia s.f.
pecuniário adj.
pedacinho s.m.
pedaço s.m.
pedágio s.m.
pedagogia s.f.
pedagogicamente adv.
pedagógico adj.
pedagogismo s.m.
pedagogista s.2g.
pedagogo (ô) s.m.
pé-d'água s.m., pl.: *pés-d'água*
pedal s.m.
pedalada s.f.
pedalar v.

pedaleira s.f.
pedaliácea s.f.
pedalinho s.m.
pedante adj. s.2g.
pedanteria s.f.
pedantesco (ê) adj.
pedantismo s.m.
pé de atleta s.m.
pé de boi s.m. "trabalhador esforçado"
pé-de-boi s.m. "árvore"; pl.: *pés-de-boi*
pé de cabra s.m. "alavanca"
pé-de-cabra s.m. "planta"; pl.: *pés-de-cabra*
pé de chinelo adj.2g.2n. s.m.
pé de galinha s.m. "ruga"
pé-de-galinha s.m "planta"; pl.: *pés-de-galinha*
pé de grade s.m.
pé-de-meia s.m.; pl.: *pés-de-meia*
pé de moleque s.m.
pé de ouvido s.m.
pé de pato s.m. "calçado de borracha"
pé-de-pato s.m. "árvore"; pl.: *pés-de-pato*
pederasta s.m.
pederastia s.f.
pederástico adj.
pederneira s.f.
pedestal s.m.
pedestre adj. s.2g. sm.
pedestrianismo s.m.
pé de valsa s.m.
pé de vento s.m.
pediatra s.2g.
pediatria s.f.
pediátrico adj.
pedicelo s.m.
pediculado adj.
pediculídeo adj. s.m.
pedículo s.m.
pedicure s.2g.
pedicuro s.m.
pedida s.f.
pedido s.m.
pedilúvio s.m.
pedimento s.m.
pedinchão adj. s.m.; fem.: *pedinchona*
pedinchar v.
pedinchona s.f. de *pedinchão*
pedinte adj. s.2g.
pediplano s.m.
pedir v.
pé-direito s.m.; pl.: *pés-direitos*
peditório s.m.
pedofilia s.f.
pedofílico adj.
pedófilo adj. s.m.
pedogênese s.f.
pedologia s.f.

pedológico adj.
pedra s.f.
pedraceira s.f.
pedrada s.f.
pedra da lua s.f.
pedra do sol s.f.
pedra-pomes s.f.; pl.: *pedras-pomes*
pedraria s.f.
pedra-sabão s.f.; pl.: *pedras-sabão* e *pedras-sabões*
pedra-ume s.f.; pl.: *pedras-ume* e *pedras-umes*
pedregoso (ô) adj.; f. e pl.: (ó)
pedregulho s.m.
pedreira s.f.
pedreiro s.m.
pedreiro-livre adj. s.m.; pl.: *pedreiros-livres*
pedrento adj.
pedrês adj.2g.
pedrisco s.m.
pedrista adj.2g.
pedrouço s.m.
pedúnculo s.m.
pé-duro adj. s.m.; pl.: *pés-duros*
pê-efe s.m.; pl.: *pê-efes*
peeiro s.m.
pé-frio s.m.; pl.: *pés-frios*
pega s.m. s.f. "corrida" "apreensão"; cf. *pega* (ê)
pega (ê) s.f. "certa ave corvídea"; cf. *pega* s.m. s.f. e fl. do v. *pegar*
pegação s.f.
pegada s.f.
pegadiço adj.
pegadinha s.f.
pegadio s.m.
pegado s.m.
pegador (ô) adj. s.m.
pegajento adj.
pegajosidade s.f.
pegajoso (ô) adj.; f. e pl.: (ó)
pega-ladrão s.m.; pl.: *pega-ladrões*
pegamasso s.m.
pegamento s.m.
pegão s.m.
pega-pega s.m.; pl.: *pegas-pegas* e *pega-pegas*
pega pra capar s.m.
pegar v.
pega-rapaz s.m.; pl.: *pega-rapazes*
pego s.m.
pegureiro s.m.
peia s.f.
peidar v.
peido s.m.
peiote s.m.
peita s.f.
peitada s.f.
peitamento s.m.

peitar v.
peitaria s.f.
peiteira s.f.
peitica s.f.
peitilho s.m.
peito s.m.
peitoral adj.2g. s.m.
peitoril s.m.
peitudo adj. s.m.
peixada s.f.
peixão s.m.
peixaria s.f.
peixe s.m.
peixe-anjo s.m.; pl.: *peixes-anjo* e *peixes-anjos*
peixe-boi s.m.; pl.: *peixes-boi* e *peixes-bois*
peixe-cachorro s.m.; pl.: *peixes-cachorro* e *peixes-cachorros*
peixe-elétrico s.m.; pl.: *peixes-elétricos*
peixe-espada s.m.; pl.: *peixes-espada* e *peixes-espadas*
peixeira s.f.
peixeirada s.f.
peixeiro s.m.
peixe-lua s.m.; pl.: *peixes-lua* e *peixes-luas*
peixe-morcego s.m.; pl.: *peixes-morcego* e *peixes-morcegos*
peixes s.m.pl.
peixe-sapo s.m.; pl.: *peixes-sapo* e *peixes-sapos*
peixe-voador s.m.; pl.: *peixes-voadores*
peixinho s.m.
pejado adj.
pejamento s.m.
pejar v.
peji s.m.
pejo (*ê*) s.m.
pejorativamente adv.
pejorativo adj.
pela s.f.
pelada s.f.
peladeira s.f.
peladeiro s.m.
pelado adj.
pelagem s.f.
pelágico adj.
pélago s.m.
pelagra s.f.
pelagrogênico adj.
pelagroso (*ô*) adj.; f. e pl.: (*ó*)
pelame s.m.
pelanca s.f.
pelancoso (*ô*) adj.; f. e pl.: (*ó*)
pelancudo adj.
pelar v.
pelasgo s.m.
pele s.f.
peleador (*ô*) s.m.

pelear v.
pelechar v.
pelecípode adj.2g. s.m.
pelega (*ê*) s.f.
pelegada s.f.
pelegama s.f.
pelego (*ê*) s.m.
peleguear v.
peleguismo s.m.
peleia s.f.
peleiro s.m.
peleja (*ê*) s.f.
pelejar v.
pelerine s.f.
pélete s.m.
peleteiro s.m.
peleteria s.f.
peletização s.f.
peletizado adj.
pele-vermelha adj. s.2g.; pl.: *peles-vermelhas*
pelica s.f.
peliça s.f.
pelicano s.m.
película s.f.
pelintra adj. s.2g.
pelintragem s.f.
pelo (*ê*) s.m. "prolongamento filiforme"; cf. *pelo* contr.
pelo contr. de *per* (prep.) + (*l*)*o* (art.); cf. *pelo* (*ê*) s.m.
pelo-sinal s.m.; pl.: *pelos-sinais*
peloso (*ô*) adj.; f. e pl.: (*ó*)
pelota s.f.
pelotaço s.m.
pelotão s.m.
pelotense adj. s.2g.
pelotica s.f.
pelotiqueiro s.m.
pelotização s.f.
pelourinho s.m.
pelouro s.m.
pelúcia s.f.
peludo adj.
pelugem s.f.
pelve s.f.
pelviano adj.
pélvico adj.
pelvigrafia s.f.
pelvimetria s.f.
pelviperitonite s.f.
pélvis s.f.2n.
pemba s.f.
pena s.f.
penação s.f.
penacho s.m.
penada s.f.
penado adj.
penal adj.2g.
penalidade s.f.
penalista adj. s.2g.
penalização s.f.
penalizado adj.
penalizador (*ô*) adj.

penalizante adj.2g.
penalizar v.
penalmente adv.
pênalti s.m.
penar v. s.m.
penaroso (*ô*) adj.; f. e pl.: (*ó*)
penates s.m.pl.
penca s.f.
pence s.f.
pencenê s.m.
pendão s.m.
pendência s.f.
pendenga s.f.
pendente adj.2g.
pender v.
pendido adj.
pendoado adj.
pendoamento s.m.
pendor (*ô*) s.m.
pendulação s.f.
pendular adj.2g.
pendularidade s.f.
pêndulo s.m.
pendura s.f.
pendurado adj.
pendurar v.
pendureza (*ê*) s.f.
penduricalho s.m.
penedia s.f.
penedo (*ê*) s.m.
peneira s.f.
peneirada s.f.
peneirado adj.
peneiragem s.f.
peneiramento s.m.
peneirar v.
penetra s.2g.
penetrabilidade s.f.
penetração s.f.
penetrador (*ô*) adj. s.m.
penetrante adj.2g.
penetrar v.
penetrável adj.2g.
pênfigo s.m.
pengó adj.2g. s.m.
penha s.f.
penhasco s.m.
penhoar s.m.
penhor (*ô*) s.m.
penhora s.f.
penhoradamente adv.
penhorado adj.
penhorar v.
peniano adj.
penicilina s.f.
penicilinoterapia s.f.
pênico adj. s.m.
penico s.m.
penífero adj.
peniforme adj.2g.
península s.f.
peninsular adj. s.2g.
pênis s.m.2n.
penitência s.f.

penitenciado adj. s.m.
penitencial adj.2g.
penitenciar v.
penitenciária s.f.
penitenciário adj. s.m.
penitente adj. s.2g.
pé no chão s.m.
penosa s.f.
penosamente adv.
penoso (ó) adj.; f. e pl.: (ó)
pensador (ô) adj. s.m.
pensamento s.m.
pensante adj.2g.
pensão s.f.
pensar v.
pensativamente adv.
pensativo adj.
pensável adj.2g.
pênsil adj.2g.
pensionar v.
pensionato s.m.
pensionista adj. s.2g.
penso adj. s.m.
pentacampeã s.f. de pentacampeão
pentacampeão s.m.; fem.: *pentacampeã*
pentacampeonato s.m.
pentaedro s.m.
pentágono s.m.
pentagrama s.m.
pentâmetro s.m.
pentarquia s.f.
pentassílabo adj. s.m.
pentatlo s.m.
pentatônico adj.
pentavalente adj.2g.
pente s.m.
penteadeira s.f.
penteado adj. s.m.
penteador (ô) adj. s.m.
pentear v.
pentecostal adj. s.2g.
pentecostalismo s.m.
pentecostalista adj. s.2g.
pente-fino s.m.; pl.: *pentes-finos*
pentelhação s.f.
pentelhar v.
pentelho (ê) s.m.
penugem s.f.
penugento adj.
penúltimo adj. s.m.
penumbra s.f.
penumbrento adj.
penumbrismo s.m.
penumbrista adj. s.2g.
penumbroso (ô) adj.; f. e pl.: (ó)
penúria s.f.
peoa (ô) s.f. de *peão*
peona s.f. de *peão*
peonada s.f.
peonagem s.f.

peperômia s.f.
pepineira s.f.
pepineiro s.m.
pepino s.m.
pepita s.f.
pepsia s.f.
pepsina s.f.
péptico adj.
peptídeo s.m.
peptídico adj.
peptídeo adj. s.m.
peptídio s.m.
peptona s.f.
pequena s.f.
pequenez (ê) s.f.
pequeneza (ê) s.f.
pequenininho adj. s.m.
pequenino adj. s.m.
pequeníssimo adj.
pequeno adj. s.m.
pequenos s.m.pl.
pequenote s.m.
pé-quente s.2g.; pl.: *pés-quentes*
pequerrucho adj. s.m.
pequi s.m.
pequinês (ê) adj. s.m.
pequizeiro s.m.
pera (ê) s.f.
peralta s.2g.
peraltagem s.f.
peraltice s.f.
peralvilho adj. s.m.
perambeira s.f.
perambulação s.f.
perambulagem s.f.
perambular v.
perante prep.
pé-rapado s.m.; pl.: *pés--rapados*
perau s.m.
percal s.m.
percalço s.m.
percalina s.f.
percanta s.f.
percebedor (ô) s.m.
perceber v.
percebido adj.
percentagem s.f.
percentual adj.2g. s.m.
percentualmente adv.
percepção s.f.
perceptibilidade s.f.
perceptível adj.2g.
perceptivelmente adv.
perceptividade s.f.
perceptivo adj.
perceptual adj.2g.
percevejo (ê) s.m.
percolação s.f.
percolado adj.
percolar v.
percorrer v.
percuciência s.f.
percuciente adj.2g.

percurso s.m.
percussão s.f.
percussionista adj. s.2g.
percussivo adj.
percutâneo adj.
percutir v.
perda (ê) s.f.
perdão s.m.
perdedor (ô) adj. s.m.
perde-ganha s.m.2n.
perder v.
perdição s.f.
perdidamente adv.
perdido adj.
perdigão s.m.
perdigoto (ó) s.m.
perdigueiro adj. s.m.
perdimento s.m.
perdiz s.f.
perdoar v.
perdoável adj.2g.
perdulário adj. s.m.
perduração s.f.
perdurar v.
perdurável adj.2g.
pereba s.f.
perebento adj.
perecedouro s.f.
perecer v.
perecibilidade s.f.
perecimento s.m.
perecível adj.2g.
peregrinação s.f.
peregrinar v.
peregrino adj. s.m.
pereira s.f.
perempto adj.
peremptoriamente adv.
peremptório adj.
perenal adj.2g.
perene adj.
perenemente adv.
perenidade s.f.
perenização s.f.
perenizado adj.
perenizar v.
perequeté adj.2g.
perereca s.f.
pererecar v.
perestroica (ó) s.f.
perfazer v.
perfeccionismo s.m.
perfeccionista adj. s.2g.
perfectibilidade s.f.
perfectível adj.2g.
perfeição s.f.
perfeitamente adv.
perfeito adj.
perfidia s.f.
pérfido adj.
perfil s.m.
perfilado adj. s.m.
perfilamento s.m.
perfilar v.

perfilhação s.f.
perfilhamento s.m.
perfilhar v.
performático adj. s.m.
performativo adj.
perfumado adj.
perfumar v.
perfumaria s.f.
perfume s.m.
perfumeira s.f.
perfumista s.2g.
perfumoso (ô) adj.; f. e pl.: (ó)
perfunctoriamente adv.
perfunctório adj.
perfuração s.f.
perfurador (ô) adj. s.m.
perfuradora (ô) s.f.
perfurante adj.2g.
perfurar v.
perfuratriz s.f.
perfurocortante adj.2g.
perfusão s.f.
pergaminho s.m.
pérgola s.f.
pergolado adj.
pérgula s.f.
pergunta s.f.
perguntação s.f.
perguntador (ô) adj. s.m.
perguntar v.
perianal adj.2g.
perianto s.m.
periartrite s.f.
periastro s.m.
periatã s.f.
pericárdico adj.
pericárdio s.m.
pericardite s.f.
pericarpo s.m.
perícia s.f.
periciado adj. s.m.
pericial adj.2g.
periciar v.
periclitante adj.2g.
periclitar v.
periculosidade s.f.
periculoso (ô) adj.; f. e pl.: (ó)
peridural adj.2g.
perieco s.m.
periecos s.m.pl.
periélio s.m.
periescolar adj.2g.
periferia s.f.
perifericamente adv.
periférico adj. s.m.
perífrase s.f.
perifrasear v.
perifrástico adj.
perigalho s.m.
perigar v.
perigeu s.m.
periglaciário adj.
perigo s.m.
perigosamente adv.

perigoso (ô) adj.; f. e pl.: (ó)
perilinfa s.f.
perilinfático adj.
perimetral adj.2g.
perimetria s.f.
perimétrico adj.
perímetro s.m.
perinatal adj.2g.
perinatalidade s.f.
perinatologia s.f.
perineal adj.2g.
perinecroscopia s.f.
períneo s.m.
periodicamente adv.
periodicidade s.f.
periódico adj. s.m.
periodismo s.m.
periodista adj. s.2g.
periodização s.f.
periodizar v.
período s.m.
periodologia s.f.
periodontal adj.2g.
periodontia s.f.
periodontista adj. s.2g.
periodontite s.f.
periodonto s.m.
perioral adj.2g.
periosteíte s.f.
perióstreo s.m.
peripatético adj. s.m.
peripatetismo s.m.
peripécia s.f.
périplo s.m.
periquita s.f.
periquito s.m.
periscópio s.m.
perissodáctilo adj. s.m.
perissologia s.f.
peristalse s.f.
peristáltico adj.
peristaltismo s.m.
peristilo s.m.
peritagem s.f.
perito adj. s.m.
peritoneal adj.2g.
peritonial adj.2g.
peritônio s.m.
peritonite s.f.
peritonítico adj.
periurbano adj.
perivascular adj.2g.
perjurar v.
perjúrio s.m.
perjuro adj. s.m.
perlaboração s.f.
perlífero adj.
perlocucionário adj.
perlocutório adj.
perlongar v.
perlustrar v.
perluxo adj.
permanecer v.
permanência s.f.

permanente adj.2g. s.m.f. s.m.
permanentemente adv.
permanganato s.m.
permeabilidade s.f.
permeabilização s.f.
permeabilizado adj.
permeabilizar v.
permeação s.f.
permeado adj.
permear v.
permeável adj.2g.
permeio s.m.
permiano adj. s.m.
permissão s.f.
permissibilidade s.f.
permissionária s.f.
permissionário adj.
permissível adj.2g.
permissividade s.f.
permissivismo s.m.
permissivista adj.2g.
permissivo adj.
permitido adj. s.m.
permitir v.
permuta s.f.
permutabilidade s.f.
permutação s.f.
permutado adj.
permutar v.
permutável adj.2g.
perna s.f.
pernada s.f.
perna de pau s.2g. "jogador de má qualidade"
perna-de-pau adj. s.2g. s.m. "pernilongo"; pl.: *pernas--de-pau*
pernalta adj.2g.
pernalto adj.
pernambucana s.f.
pernambucano adj. s.m.
perneira s.f.
perneta (ê) adj. s.2g. s.f.
perniciosamente adv.
perniciosidade s.f.
pernicioso (ô) adj.; f. e pl.: (ó)
pernil s.m.
pernilongo s.m.
pernoitar v.
pernoite s.m.
pernosticismo s.m.
pernóstico adj. s.m.
peroba adj. s.2g. s.f.
peroba-rosa s.f.; pl.: *perobas--rosas*
pérola adj.2g.2n. s.f.
perolado adj.
perolar v.
perolizado adj.
perolizar v.
peroneu s.m.
perônio s.m.
peronismo s.m.

peronista adj. s.2g.
peroração s.f.
perorar v.
peróxido (cs) s.m.
perpassado adj.
perpassante adj.2g.
perpassar v.
perpendicular adj.2g. s.f.
perpendicularidade s.f.
perpendicularismo s.m.
perpetrador (ô) adj. s.m.
perpetrar v.
perpétua s.f.
perpetuação s.f.
perpetuado adj.
perpetuamente adv.
perpetuar v.
perpétua-roxa s.f.; pl.:
  perpétuas-roxas
perpetuidade s.f.
perpétuo adj.
perplexidade (cs) s.f.
perplexo (cs) adj.
perquirição s.f.
perquiridor (ô) adj. s.m.
perquirir v.
perrengado adj.
perrengagem s.f.
perrengar v.
perrengue adj. s.2g. s.m.
persa adj. s.2g. s.m.
perscrutador (ô) adj. s.m.
perscrutar v.
persecução s.f.
persecutório adj.
perseguição s.f.
perseguido adj.
perseguidor (ô) adj. s.m.
perseguir v.
perseverança s.f.
perseverante adj. s.2g.
perseverar v.
persiana s.f.
pérsico adj.
persignação s.f.
persignar-se v.
persistência s.f.
persistente adj.2g.
persistentemente adv.
persistir v.
personagem s.2g.
personalidade s.f.
personalismo s.m.
personalista adj.2g.
personalização s.f.
personalizado adj.
personalizar v.
personalizável adj.2g.
personificação s.f.
personificado adj.
personificar v.
perspectiva s.f.
perspectivação s.f.
perspectivar v.

perspectivismo s.m.
perspectivista adj.2g.
perspectivo adj.
perspicácia s.f.
perspicacíssimo adj.
perspicaz adj.2g.
perspícuo adj.
perspiração s.f.
perspirar v.
persuadido adj.
persuadir v.
persuasão s.f.
persuasivo adj.
persuasório adj.
pertença s.f.
pertence s.m.
pertencente adj.2g.
pertencer v.
pertences s.m.pl.
pertencimento s.m.
pertinácia s.f.
pertinacíssimo adj.
pertinaz adj.2g.
pertinência s.f.
pertinente adj.2g.
pertinentemente adv.
perto adj.2g. adv.
perturbação s.f.
perturbado adj.
perturbador (ô) adj.
perturbar v.
peru s.m.
perua s.f.
peruada s.f.
peruagem s.f.
peruano adj. s.m.
peruar v.
peruca s.f.
perueiro s.m.
peruíce s.f.
pervadir v.
pervagar v.
perversamente adv.
perversão s.f.
perversidade s.f.
perverso adj. s.m.
perverter v.
pervertido adj. s.m.
pesada s.f.
pesadamente adv.
pesadelo (ê) s.m.
pesado adj. adv.
pesador (ô) s.m.
pesadume s.m.
pesagem s.f.
pêsames s.m.pl.
pesar v. s.m.
pesarosamente adv.
pesaroso (ô) adj.; f. e pl.: (ó)
pesável adj.2g.
pesca s.f.
pescada s.f.
pescado adj. s.m.
pescador (ô) adj. s.m.

pescar v.
pescaria s.f.
pescoção s.m.
pescoceira s.f.
pescoço (ô) s.m.
pescoçudo adj.
peseta (ê) s.f.
peso (ê) s.m.
peso-galo adj. s.m. s.2g.; pl.:
  pesos-galo e pesos-galos
peso-mosca adj. s.m. s.2g.;
  pl.: pesos-mosca e pesos-moscas
peso-palha adj. s.m. s.2g.; pl.:
  pesos-palha e pesos-palhas
peso-pena adj. s.m. s.2g.; pl.:
  pesos-pena e pesos-penas
peso-pluma adj. s.m. s.2g.;
  pl.: pesos-pluma e pesos-
  -plumas
pespegado adj.
pespegar v.
pespontadeira s.f.
pespontado adj.
pespontador (ô) s.m.
pespontar v.
pesponto s.m.
pesqueiro adj. s.m.
pesquisa s.f.
pesquisado adj.
pesquisador (ô) adj. s.m.
pesquisar v.
pessegada s.f.
pêssego s.m.
pessegueiro s.m.
pessimamente adv.
pessimismo s.m.
pessimista adj. s.2g.
péssimo adj.
pessoa (ô) s.f.
pessoal adj.2g. s.m.
pessoalidade s.f.
pessoalismo s.m.
pessoalizar v.
pessoalmente adv.
pessoano adj.
pessoense adj. s.2g.
pestana s.f.
pestanejar v.
pestanudo adj.
peste s.f.
pesteado adj. s.m.
pestear v.
pesticida adj.2g. s.m.
pestífero adj.
pestilência s.f.
pestilencial adj.2g.
pestilento adj.
pestoso (ô) adj.; f. e pl.: (ó)
peta (ê) s.f.
pétala s.f.
petardo s.m.
peteca s.f.
peteleco s.m.
petéquia s.f.

petequial adj.2g.
petição s.f.
peticionar v.
peticionário adj.
petiço s.m.
petimetre s.m.
petinga s.f.
petiscar v.
petisco s.m.
petisqueira s.f.
petiz adj. s.m.
petizada s.f.
petrecho (ê) s.m.
petrel s.m.
pétreo adj.
petrificação s.f.
petrificado adj.
petrificador (ô) adj.
petrificante adj.2g.
petrificar v.
petrodólar s.m.
petróglifo s.m.
petrografia s.f.
petroleiro adj. s.m.
petróleo s.m.
petrolífero adj.
petrologia s.f.
petropolitano adj. s.m.
petroquímica s.f.
petroquímico adj.
petulância s.f.
petulante adj. s.2g.
petulantemente adv.
petum s.m.
petume s.m.
petúnia s.f.
pevide s.f.
pexote s.m.
pez (ê) s.m.
pezada s.f.
pezudo adj.
pi s.m.
pia s.f.
piá s.m.
piaba s.f.
piaçaba s.f.
piaçava s.f.
piada s.f.
piadista adj. s.2g.
piadístico adj.
piado s.m.
piaga s.m.
piagetiano adj. s.m.
pia-máter s.f.; pl.: *pias-máteres*
piamente adv.
pianismo s.m.
pianíssimo adv. s.m.
pianista adj. s.2g.
pianística s.f.
pianístico adj.
piano s.m.
piano-bar s.m.; pl.: *pianos--bares*
pianola s.f.

pião s.m.
piapara s.f.
piar v.
piastra s.f.
piau s.m.
piauçu s.m.
piauiense adj. s.2g.
piazada s.f.
pica s.f.
picada s.f.
picadeiro s.m.
picadinho adj. s.m.
picado adj. s.m.
picador (ô) adj. s.m.
picadura s.f.
picanha s.f.
picante adj.2g.
picão s.m.
pica-pau s.m.; pl.: *pica-paus*
picape s.m.
picar v.
picardia s.f.
picaresco (ê) adj.
picareta (ê) adj.2g. s.f.
picaretagem s.f.
pícaro adj. s.m.
piçarra s.f.
pichação s.f.
pichado adj.
pichador (ô) adj. s.m.
pichar v.
piche s.m.
pichel s.m.
pichilinga s.f.
picídeo adj. s.m.
piciforme adj.2g. s.m.
"semelhante a pez" "ave da fam. dos piciformes"; cf. *pisciforme*
picles s.m.pl.
pico s.m.
picolé s.m.
picota s.f.
picotadeira s.f.
picotado adj
picotador (ô) adj. s.m.
picotar v.
picote s.m.
picrato s.m.
pícrico adj.
picrotoxina (cs) s.f.
pictografia s.f.
pictográfico adj.
pictograma s.m.
pictórico adj.
pictural adj.2g.
picuá s.m.
picuinha s.f.
picumã s.m.
pidão adj. s.m.; fem.: *pidona*
pidona s.f. de *pidão*
piedade s.f.
piedosamente adv.
piedoso (ô) adj.; f. e pl.: (ó)

piegas adj. s.2g.2n.
pieguice s.f.
pieguismo s.m.
piela s.f.
pielite s.f.
pielonefrite s.f.
piemontês adj. s.m.
píer s.m.
pierrô s.m.
pifado adj.
pífano s.m.
pifão s.m.
pifar v.
pífaro s.m.
pife-pafe s.m.; pl.: *pife-pafes*
pífio adj.
pigarrear v.
pigarrento adj.
pigarro s.m.
pigmeia (ê) s.f. de *pigmeu*
pigmentação s.f.
pigmentado adj.
pigmentar v. adj.2g.
pigmento s.m.
pigmeu adj. s.m.; fem.: *pigmeia* (ê)
pigual s.m.
piguancha s.f.
pijama s.m.
pila s.f.
pilado adj.
pilantra adj. s.2g.
pilantragem s.f.
pilão s.m.
pilar s.m. v.
pilastra s.f.
pilates s.m.2n.
pilcha s.f.
pilchado adj.
pileque s.m.
pilha s.f.
pilhagem s.f.
pilhar v.
pilhéria s.f.
pilheriador (ô) adj. s.m.
pilheriar v.
pilífero adj.
pilocarpina s.f.
pilórico adj.
piloro s.m.
pilosidade s.f.
piloso (ô) adj.; f. e pl.: (ó)
pilotagem s.f.
pilotar v.
piloteiro s.m.
piloti s.m.
piloto (ô) adj. s.m.; cf. *piloto*, fl. do v. *pilotar*
pilrete (ê) s.m.
pílula s.f.
pilungo s.m.
pimba interj.
pimenta s.f.

pimenta-do-reino | 274 | pirronismo

pimenta-do-reino s.f.; pl.:
  pimentas-do-reino
pimenta-malagueta s.f.;
  pl.: pimentas-malagueta e
  pimentas-malaguetas
pimentão s.m.
pimenteira s.f.
pimenteiro s.m.
pimpão adj. s.m.
pimpolho (ô) s.m.
pinácea s.f.
pinacoteca s.f.
pináculo s.m.
pinante adj.2g.
pinça s.f.
pinçamento s.m.
pinçar v.
pínçaro s.m.
pincel s.m.
pincelada s.f.
pincelar v.
pincenê s.m.
pinchar v.
pincho s.m.
pindaíba s.f.
pindaibal s.m.
pindoba s.f.
pineal adj.2g.
pinel adj. s.2g.
pinga s.f.
pingaço s.m.
pingadeira s.f.
pingado adj.
pinga-fogo s.m.; pl.: pinga-
  fogos
pinga-pinga adj.2g. s.m.;
  pl.: pingas-pingas e pinga-
  -pingas
pingar v.
pingente s.m.
pingo s.m.
pingo-d'água s.m.; pl.: pingos-
  d'água
pingolim s.m.
pinguço adj. s.m.
pingue adj.2g.
pinguela s.f.
pinguelo s.m.
pingue-pongue s.m.; pl.:
  pingue-pongues
pinguim (ü) s.m.
pinguinho s.m.
pinha s.f.
pinhal s.m.
pinhão s.m.
pinhé s.m.
pinheiral s.m.
pinheirinho s.m.
pinheiro s.m.
pinheiro-bravo s.m.; pl.:
  pinheiros-bravos
pinheiro-do-paraná s.m.; pl.:
  pinheiros-do-paraná.
pinho s.m.

pinhola s.f.
pinholeiro s.m.
pinicar v.
pino s.m.
pinocitose s.f.
pinoia (ó) s.f.
pinote s.m.
pinotear v.
pinta s.f.
pinta-brava s.2g.; pl.: pintas-
  -bravas
pintada s.f.
pintadeira s.f.
pintado adj.
pintainho s.m.
pintalgado adj.
pintalgar v.
pintar v.
pintarroxo (ô) s.m.
pintassilgo s.m.
pinteiro adj. s.m.
pinto s.m.
pintor (ô) s.m.
pintoso (ô) adj.; f. e pl.: (ó)
pintura s.f.
pinturesco (ê) adj.
pio adj. s.m.
piodermite s.f.
piogênico adj.
piolhento adj.
piolho (ô) s.m.
piolho-de-cobra s.m.; pl.:
  piolhos-de-cobra
pioneiro adj. s.m.
pior adj.2g. adv. s.m.
piora s.f.
piorada s.f.
piorado adj.
piorar v.
piorra (ô) s.f.
piorreia (ê) s.f.
pipa s.f.
piparote s.m.
pipeta (ê) s.f.
pipi s.m.
pipilar v.
pipilo s.m.
pipira s.f.
pipiral s.m.
pipoca s.f.
pipocamento s.m.
pipocar v.
pipoco (ó) s.m.
pipoquear v.
pipoqueira s.f.
pipoqueiro s.m.
pipote s.m.
pique s.m.
piquê s.m.
piquenique s.m.
piquete (ê) s.m.
piqueteiro s.m.
piquira s.m.
pira s.f.

piracanjuba s.f.
piração s.f.
piracema s.f.
pirado adj.
piraí s.m.
piraíba s.f.
pirambeira s.f.
piramboia (ó) s.f.
piramidal adj.2g.
pirâmide s.f.
pirangueiro s.m.
piranha s.f.
pirão s.m.
piraputanga s.f.
piraquara adj. s.2g.
pirar v.
pirarara s.f.
pirarucu s.m.
pirata adj. s.2g.2n. s.m.
pirataria s.f.
pirateado adj.
piratear v.
piratinga s.f.
pirenaico adj.
pires s.m.2n.
pirético adj.
piretologia s.f.
piretoterapia s.f.
piretrina s.f.
píretro s.m.
pirex (cs) s.m.2n.
pirexia (cs) s.f.
pírico adj.
piridina s.f.
piriforme adj.2g.
pirilampo s.m.
pirimidina s.f.
piripaque s.m.
piriri s.m.
piriricar v.
piririguá s.m.
pirita s.f.
piroca s.f.
piroga s.f.
pirogênico adj.
pirogênio s.m.
pirogravura s.f.
pirólise s.f.
piromania s.f.
piromaníaco adj.
pirômano adj.
pirometria s.f.
pirômetro s.m.
pirose s.f.
pirotecnia s.f.
pirotécnico adj.
pirraça s.f.
pirraçar v.
pirracento adj.
pirralhada s.f.
pirralho s.m.
pirrófito adj. s.m.
pirrônico adj. s.m.
pirronismo s.m.

pirueta (ê) s.f.
piruetar v.
pirulito s.m.
pirúvico adj.
pisa s.f.
pisada s.f.
pisadela s.f.
pisado adj.
pisadura s.f.
pisante s.m.
pisão s.m.
pisar v.
pisca-alerta s.m.2n.
piscada s.f.
piscadela s.f.
piscante adj.2g.
pisca-pisca adj.2g. s.m.; pl.: pisca-piscas e piscas-piscas
piscar v.
piscatório adj.
pisciano adj. s.m.
piscicultor (ó) s.m.
piscicultura s.f.
pisciforme adj.2g. "com forma de peixe"; cf. piciforme
piscina s.f.
piscinão s.m.
piscineiro s.m.
pisco adj. s.m.
piscosidade s.f.
piscoso (ó) adj.; f. e pl.: (ó)
piseiro s.m.
piso s.m.
pisoteado adj. s.m.
pisotear v.
pisoteio s.m.
pista s.f.
pistache s.m.
pistão s.m.
pistilo s.m.
pistola s.f.
pistolagem s.f.
pistolão s.m.
pistoleiro s.2g.
pistom s.m.
pistonista s.2g.
pita s.f.
pitada s.f.
pitagórico adj. s.m.
pitagorismo s.m.
pitanga s.f.
pitangueira s.f.
pitar v.
pitecantropo (ó) s.m.
piteira s.f.
pitéu s.m.
piti s.m.
pítia s.f.
pítico adj.
pitiríase s.f.
pito s.m.
pitoco (ó) adj. s.m.
pitomba s.f.
pitombeira s.f.

pitombo s.m.
píton s.m.
pitonisa s.f.
pitoresco (ê) adj. s.m.
pitorra (ô) s.f.
pitu s.m.
pituca s.f.
pituim s.m.
pituíta s.f.
pituitária s.f.
pituitário adj.
pium s.m.
piúna s.f.
piúva s.f.
pivetada s.f.
pivete s.m.
pivô s.m.
pivotante adj.2g.
pivotar v.
pixaim adj.2g. s.m.
pixídio (cs) s.m.
pixé s.m.
pixote s.m.
pixuá s.m.
pizzaria (tsa) s.f.
plá s.m.
placa s.f.
placa-mãe s.f.; pl.: placas-mãe e placas-mães
placar s.m.
placebo (ê) s.m.
placenta s.f.
placentário adj.
placidamente adv.
placidez (ê) s.f.
plácido adj.
plaga s.f.
plagiador (ó) adj. s.m.
plagiar v.
plagiário s.m.
plágio s.m.
plaina s.f.
plaino adj.
planador (ó) adj. s.m.
planaltino adj.
planalto s.m.
planar v.
planária s.f.
planchaço s.m.
plâncton s.m.
planctônico adj.
planear v.
planejado adj.
planejado (ó) adj. s.m.
planejamento s.m.
planejar v.
planejável adj.2g.
planeta (ê) s.f.
planetário adj. s.m.
planetarização s.f.
planetarizado adj.
planetoide (ó) s.m.
plangência s.f.
plangente adj.2g.

planger v.
planície s.f.
planificação s.f.
planificado adj.
planificador (ó) s.m.
planificar v.
planilha s.f.
planisférico s.m.
planista adj.
plano adj. s.m.
planta s.f.
plantação s.f.
plantadeira s.f.
plantado adj.
plantador (ó) adj. s.m.
plantão s.m.
plantar v. adj.2g.
plantel s.m.
plantio s.m.
plantonista s.2g.
plântula s.f.
planura s.f.
plaqueiro s.m.
plaqueta (ê) s.f.
plasma s.m.
plasmador (ó) adj. s.m.
plasmar v.
plasmático adj.
plasmável adj.2g.
plasmídio s.m.
plasmócito s.m.
plasmódio s.m.
plasta s.f.
plastia s.f.
plástica s.f.
plasticidade s.f.
plástico adj. s.m.
plastificação s.f.
plastificado adj.
plastificadora (ó) s.f.
plastificar v.
plastimodelismo s.m.
plastimodelista s.2g.
plastrão s.m.
plataforma s.f.
plataformista s.2g.
platanácea s.f.
plátano s.m.
plateia (é) s.f.
platelminto s.m.
platense adj. s.2g.
platibanda s.f.
platina s.f.
platinado adj. s.m.
platinar v.
platino adj. s.m.
platirrino adj. s.m.
platitude s.f.
platô s.m.
platônico adj.
platonismo s.m.
plausibilidade s.f.
plausível adj.2g.
plebe s.f.

plebeia | 276 | poliamida

plebeia (ê) s.f. de *plebeu*
plebeísmo s.m.
plebeu adj. s.m.; fem.: *plebeia* (ê)
plebiscitário adj.
plebiscito s.m.
plêiade s.f.
pleiotropia s.f.
pleiotrópico adj.
pleistocênico adj.
pleistoceno s.m.
pleiteante adj. s.2g.
pleitear v.
pleito s.m.
plenamente adv.
plenária s.f.
plenário adj. s.m.
plenilúnio s.m.
plenipotência s.f.
plenipotenciário adj. s.m.
plenitude s.f.
pleno adj.
pleocroísmo s.m.
pleonasmo s.m.
pleonástico adj.
pletora s.f.
pletórico adj.
pleura s.f.
pleural adj.2g.
pleuris s.m.2n.
pleurisia s.f.
pleurite s.f.
plexo (cs) s.m.
plica s.f.
plicatura s.f.
plioceno adj. s.m.
plissado adj. s.m.
plissar v.
plissê s.m.
plistoceno s.m.
plotagem s.f.
plotar v.
plugado adj.
plugar v.
plugue s.m.
pluma s.f.
plumado adj
plumagem s.f.
plumário adj.
plúmbeo adj.
plumbismo s.m.
plumoso (ô) adj.; f. e pl.: (ó)
plúmula s.f.
plural adj.2g. s.m.
pluralidade s.f.
pluralismo s.m.
pluralista adj. s.2g.
pluralístico adj.
pluralização s.f.
pluralizar v.
plurianual adj.2g.
pluricelular adj.2g.
pluricultural adj.2g.
pluridimensional adj.2g.
pluridimensionalidade s.f.

pluridisciplinar adj.2g.
pluridisciplinaridade s.f.
plurifuncional adj.2g.
plurilateral adj.2g.
plurilíngue (ü) adj. s.2g.
plurinacional adj.2g.
pluriovulado adj.
pluripartidário adj.
pluripartidarismo s.m.
plurirracial adj.2g.
plurissecular adj.2g.
plutocracia s.f.
plutocrata adj. s.2g.
plutocrático adj.
plutônio s.m.
pluvial adj.2g. s.m.
pluviógrafo s.m.
pluviometria s.f.
pluviométrico adj.
pluviômetro s.m.
pluviosidade s.f.
pluvioso (ô) adj.; f. e pl.: (ó)
pneu s.m.
pneumático adj. s.m.
pneumatologia s.f.
pneumocócico adj.
pneumoconiose s.f.
pneumogástrico adj.
pneumologia s.f.
pneumologista s.2g.
pneumonia s.f.
pneumônico adj.
pneumopatia s.f.
pneumopático adj.
pneumotomia s.f.
pneumotórax (cs) s.m.2n.
pô interj.
pó s.m.
poaia s.f.
pobre adj. s.2g.
pobre-diabo s.m.; pl.: *pobres--diabos*
pobretão s.m.
pobreza (ê) s.f.
poça (ó) s.f.
poção s.f.
pocar v.
poceiro s.m.
pochê adj.
pochete s.f.
pocilga s.f.
poço (ô) s.m.
poda s.f.
podadeira s.f.
podado adj.
podador (ô) s.m.
podadura s.f.
podão s.m.
podar v.
pó de arroz s.m.
pó de mico s.m.
poder v. s.m.
poderio s.m.
poderoso (ô) adj. s.m.; f. e pl.: (ó)

podicipedídeo adj. s.m.
pódio s.m.
pododáctilo s.m.
podologia s.f.
podólogo s.m.
podômetro s.m.
podre (ô) adj. s.m.
podreira s.f.
podridão s.f.
poedeira adj. s.f.
poeira s.f.
poeirada s.f.
poeirama s.f.
poeirento adj.
poejo (ê) s.m.
poema s.m.
poemeto (ê) s.m.
poente adj.2g. s.m.
poento adj.
poesia s.f.
poeta s.m.
poetar v.
poetastro s.m.
poética s.f.
poeticidade s.f.
poético adj.
poetisa s.f.
poetização s.f.
poetizado adj.
poetizar v.
poial s.m.
pois conj.
poita s.f.
poitar v.
polaca s.f.
polaciúria s.f.
polaco adj. s.m.
polaina s.f.
polar adj.2g.
polaridade s.f.
polariscópio s.m.
polarização s.f.
polarizado adj.
polarizador (ô) adj. s.m.
polarizante adj.2g.
polarizar v.
polca s.f.
poldra (ô) s.f.
poldro (ô) s.m.
polegada s.f.
polegar adj.2g. s.m.
poleiro s.m.
polêmica s.f.
polêmico adj.
polemismo s.m.
polemista s.2g.
polemizado adj.
polemizante adj.2g.
polemizar v.
pólen s.m.
polenta s.f.
polia s.f.
poliamida s.f.

poliandria s.f.
poliândrico adj.
policêntrico adj.
policentrismo s.m.
polichinelo s.m.
polícia s.m. s.f.
policiado adj.
policial adj. s.2g.
policialesco (ê) adj.
policialismo s.m.
policiamento s.m.
policiar v.
policístico adj.
policitemia s.f.
policlínica s.f.
policromado adj.
policromia s.f.
policrômico adj.
policromo adj.
policultura s.f.
polidactilia s.f.
polidamente adv.
polidez (ê) s.f.
polido adj.
polidor (ô) adj. s.m.
poliédrico adj.
poliedro s.m.
poliembrionia s.f.
poliesportivo adj. s.m.
poliéster s.m.
poliestireno s.m.
polietileno s.m.
polifagia s.f.
polífago adj.
polifonia s.f.
polifônico adj.
poligamia s.f.
poligâmico adj.
polígamo s.m.
poligenismo s.m.
poliginia s.f.
poliglota adj. s.2g.
poligonal adj.2g.
polígono s.m.
poligráfico adj.
polígrafo s.m.
poli-insaturado adj.
polímata s.2g.
polimento s.m.
polimerase s.f.
polimérico adj.
polimerização s.f.
polimerizar v.
polímero s.m.
polimixina (cs) s.f.
polimórfico adj.
polimorfismo s.m.
polimorfo adj.
polinésio adj. s.m.
polineurite s.f.
polinevrite s.f.
polínico adj.
polinização s.f.
polinizado adj.

polinizador (ô) adj. s.m.
polinizar v.
polinômio s.m.
pólio s.f.
poliomielite s.f.
poliparasitismo s.m.
poliploide (ó) adj.2g. s.m.
poliploidia s.f.
polipneia (ê) s.f.
pólipo s.m.
polipodiácea s.f.
poliposo (ô) adj.; f. e pl.: (ó)
poliquimioterapia s.f.
polir v.
polirritmia s.f.
polissacarídeo s.m.
polissemia s.f.
polissêmico adj.
polissilábico adj.
polissílabo adj. s.m.
polissíndeto s.m.
polissonografia s.f.
polistireno s.m.
politburo s.m.
politécnica s.f.
politécnico adj. s.m.
politeísmo s.m.
politeísta adj. s.2g.
política s.f.
politicagem s.f.
politicalha s.f.
politicamente adv.
politicar v.
politicismo s.m.
político adj. s.m.
politiqueiro adj. s.m.
politiquice s.f.
politização s.f.
politizado adj.
politizador (ô) adj.
politizante adj.2g.
politizar v.
politizável adj.2g.
politonal adj.2g.
politonalidade s.f.
politraumatismo s.m.
politraumatizado adj.
politriz s.f.
poliuretano s.m.
poliuria s.f.
poliúria s.f.
polivalência s.f.
polivalente adj.2g.
polivinílico adj.
polo s.m. "extremidade de um eixo"; cf. *polo* (ó)
polo (ó) s.m. "filhote de gavião"; cf. *polo*
polonês adj. s.m.
polônio s.m.
polpa (ô) s.f.
polposo (ô) adj.; f. e pl.: (ó)
polpudo adj.
poltrão adj. s.m.

poltrona s.f.
polução s.f.
poluente adj.2g. s.m.
poluição s.f.
poluído adj.
poluidor (ô) adj. s.m.
poluir v.
polvadeira s.f.
polvarim s.m.
polveira s.f.
polvilhado adj.
polvilhar v.
polvilho s.m.
polvo (ô) s.m.
pólvora s.f.
polvorim s.m.
polvorinho s.m.
polvorosa s.f.
pomada s.f.
pomar s.m.
pomba s.f.
pombagira s.f.
pombal s.m.
pombalino adj.
pomba-rola s.f.; pl.: *pombas-rola* e *pombas-rolas*
pomba-trocal s.f.; pl.: *pombas-trocais*
pombear v.
pombeiro s.m.
pombo s.m.
pombo-correio s.m.; pl.: *pombos-correio* e *pombos-correios*
pomicultura s.f.
pomo s.m.
pomo de adão s.m. "cartilagem tireóidea acentuada"
pomo-de-adão s.m. "árvore"; pl.: *pomos-de-adão*
pompa s.f.
pompear v.
pompom s.m.
pomposamente adv.
pomposidade s.f.
pomposo (ô) adj.; f. e pl.: (ó)
pômulo s.m.
poncã s.f.
ponche s.m.
poncheira s.f.
poncho s.m.
ponderação s.f.
ponderado adj.
ponderal adj.2g.
ponderar v.
ponderável adj.2g.
pônei s.m.
pongídeo adj. s.m.
pongó adj. s.2g.
ponta s.f.
ponta-cabeça s.f.
pontaço s.m.
pontada s.f.

ponta de lança s.2g. "centro-avante"
ponta-de-lança s.f.; "espécie de planta"; pl.: *pontas-de-lança*
ponta-direita s.2g.; pl.: *pontas-direitas*
ponta-esquerda s.2g.; pl.: *pontas-esquerdas*
pontal s.m.
pontalete (ê) s.m.
pontão s.m.
pontapé s.m.
pontaria s.f.
ponta-seca s.f.; pl.: *pontas-secas*
pontazinha s.f.
ponte s.f.
ponteado adj. s.m.
pontear v.
ponteio s.m.
ponteira s.f.
ponteiro s.m.
pontiagudo adj.
pontificado s.m.
pontifical adj.2g. s.m.
pontificar v.
pontífice s.m.
pontificial adj.2g.
pontificio adj.
pontilhado adj. s.m.
pontilhão s.m.
pontilhar v.
pontilhismo s.m.
pontilhista adj. s.2g.
pontinha s.f.
ponto s.m.
ponto e vírgula s.m.
ponto-final s.m.; pl.: *pontos-finais*
pontuação s.f.
pontuado adj.
pontuador (ô) s.m.
pontual adj.2g.
pontualidade s.f.
pontualizar v.
pontualmente adv.
pontuar v.
pontuável adj.2g.
pontudo adj.
popa (ô) s.f.
popeline s.f.
populaça s.f.
população s.f.
populacho s.m.
populacional adj.2g.
populacionista adj.2g.
popular adj.2g. s.m.
popularesco (ê) adj.
popularidade s.f.
popularização s.f.
popularizado adj.
popularizador (ô) adj. s.m.
popularizar v.
popularmente adv.

populismo s.m.
populista adj. s.2g.
populoso (ô) adj.; f. e pl.: (ó)
pôquer s.m.
pôr do sol s.m.
por prep.
pôr v.
poranduba s.f.
porão s.m.
poraquê s.m.
porca s.f.
porcada s.f.
porcalhão adj. s.m.; fem.: *porcalhona*
porcalhona s.f. de *porcalhão*
porcamente adv.
porção s.f.
porcaria s.f.
porcariada s.f.
porcelana s.f.
porcelanizado adj.
porcentagem s.f.
porcentual s.m.
porco (ô) adj. s.m.; f. e pl.: (ó)
porco-do-mato s.m.; pl.: *porcos-do-mato*
porçoeira s.f.
porco-espinho s.m.; pl.: *porcos-espinho* e *porcos-espinhos*
porco-sujo s.m.; pl.: *porcos-sujos*
porejar v.
porém conj.
porfia s.f.
porfiado adj.
porfiar v.
porífero adj. s.m.
pormenor s.m.
pormenorizado adj.
pormenorizar v.
pornô adj.2g.2n. s.m.
pornochanchada s.f.
pornografia s.f.
pornográfico adj.
pornógrafo s.m.
pornoturismo s.m.
pornovídeo s.m.
poro s.m.
porongo s.m.
pororoca s.f.
porosidade s.f.
poroso (ô) adj.; f. e pl.: (ó)
porquanto conj.
porque conj.
porquê s.m.
porqueira s.f.
porquinho-da-índia s.m.; pl.: *porquinhos-da-índia*
porra (ô) s.f. interj.
porrada s.f.
porra-louca adj. s.2g.; pl.: *porras-loucas*
porre s.m.

porreta (ê) adj.2g. s.f.
porretada s.f.
porrete (ê) s.m.
porrinha s.f.
porta s.f.
porta-avião s.m.; pl.: *porta-aviões*
porta-aviões s.m.2n.
porta-bagagem s.m.; pl.: *porta-bagagens*
porta-bandeira s.2g.; pl.: *porta-bandeiras*
porta-cartão s.m.; pl.: *porta-cartões*
porta-chapéu s.m.; pl.: *porta-chapéus*
porta-chapéus s.m.2n.
porta-chave s.m.; pl.: *porta-chaves*
porta-chaves s.m.2n.
porta-cheque s.m.; pl.: *porta-cheques*
portada s.f.
portador (ô) adj. s.m.
porta-estandarte s.2g.; pl.: *porta-estandartes*
porta-fólio s.m.; pl.: *porta-fólios*
porta-garrafas s.m.2n.
portagem s.f.
porta-joia (ó) s.m.; pl.: *porta-joias* (ó)
porta-joias s.m.2n.
portal s.m.
porta-lápis s.m.2n.
portaló s.m.
porta-luvas s.m.2n.
porta-malas s.m.2n.
porta-moedas s.m.2n.
porta-níqueis s.m.2n.
portanto conj.
portão s.m.
portar v.
porta-retratos s.m.2n.
porta-revistas s.m.2n.
portaria s.f.
porta-seios s.m.2n.
portátil adj.2g.
porta-toalhas s.m.2n.
porta-voz s.m.; pl.: *porta-vozes*
porte s.m.
porteira s.f.
porteiro s.m.
portenho adj. s.m.
portento s.m.
portentoso (ô) adj.; f. e pl.: (ó)
portfólio s.m.
pórtico s.m.
portinhola s.f.
porto (ô) s.m.
porto-alegrense adj. s.2g.; pl.: *porto-alegrenses*
porto-riquenho adj. s.m.; pl.: *porto-riquenhos*

porto-riquense adj. s.2g.; pl.
    porto-riquenses
porto-velhense adj. s.2g.; pl.:
    porto-velhenses
portuário adj. s.m.
português adj. s.m.
portuguesismo s.m.
portulano s.m.
portunhol s.m.
porunga s.f.
porventura adv.
porvindouro adj.
porvir s.m.
pós-adolescência s.f.
posar v.
pós-banho adj.2g.2n.
pós-barba adj.2g.2n.
pós-capitalista adj.2g.
pós-carnaval adj.2g.2n.
poscênio s.m.
pós-cirurgia adj.2g.2n.
pós-cirúrgico adj.
pós-colonial adj.2g.
pós-comunismo s.m.
pós-comunista adj.2g.
pós-datado adj.
pós-datar v.
pós-diluviano adj.
pós-doutorado s.m.
pós-doutoramento s.m.
pós-doutorando s.m.
pose (ô) s.f.; cf. *pose*, fl. do v.
    posar
pós-eleitoral adj.2g.
pós-escolar adj.2g.
pós-escrito adj. s.m.
pós-estruturalismo s.m.
pós-estruturalista adj. s.2g.
posfácio s.m.
pós-fascismo s.m.
pós-fascista adj. s.2g.
pós-feminismo s.m.
pós-fixado adj.
pós-graduação s.f.
pós-graduado adj. s.m.
pós-graduando s.m.
pós-graduar v.
pós-guerra adj.2g.2n. s.m.2n.
posição s.f.
posicionado adj.
posicional adj.2g.
posicionamento s.m.
posicionar v.
pós-impressionismo s.m.
pós-impressionista adj. s.2g.
pós-industrial adj.2g.
positivado adj.
positivamente adv.
positivar v.
positividade s.f.
positivismo s.m.
positivista adj. s. 2g.
positivo adj. s.m.
pósitron s.m.

pós-liberalismo s.m.
pós-medieval adj.2g.
pós-menopausa s.f.
pós-meridiano adj.
pós-modernista adj. s.2g.
pós-moderno adj.
pós-natal adj.2g.
posologia s.f.
posológico adj.
pós-operatório adj. s.m.
pós-parto adj.2g.2n. s.m.
posponto s.m.
pospor (ô) v.
pospositivo adj.
posposto (ô) adj.
pós-renascentismo s.m.
pós-renascentista adj. s.2g.
pós-romântico adj. s.m.
pós-romantismo s.m.
possante adj.2g.
posse s.f.
posseiro s.m.
posses s.f.pl.
possessão s.f.
possessividade s.f.
possessivo adj.
possesso adj. s.m.
possessório adj.
possibilidade s.f.
possibilitado adj.
possibilitar v.
possível adj.2g. s.m.
possivelmente adv.
possuído adj. s.m.
possuidor (ô) adj. s.m.
possuir v.
posta s.f.
postado adj.
postagem s.f.
postal adj.2g. s.m.
postalista s.2g.
postar v.
posta-restante s.f.; pl.: *postas-
    -restantes*
poste s.m.
posteação s.f.
posteamento s.m.
postear v.
postecipar v.
postecipação s.f.
postectomia s.f.
posteiro s.m.
postema s.m.
pôster s.m.
postergação s.f.
postergado adj.
postergar v.
postergável adj.2g.
posteridade s.f.
posterior (ô) adj.2g.
posteriormente adv.
póstero adj.
posteroexterior (ô) adj.2g.
posteroinferior (ô) adj.2g.

posterointerior (ô) adj.2g.
pósteros s.m.pl.
posterossuperior (ô) adj.2g.
postiço adj.
postigo s.m.
postilhão s.m.
posto (ô) adj. s.m.; cf. *posto*, fl.
    do v. *postar*
pós-tropicalismo s.m.
pós-tropicalista adj. s.2g.
postulação s.f.
postulado s.m.
postulante adj. s.2g.
postular v.
postumamente adv.
póstumo adj.
postura s.f.
postural adj.2g.
posturas s.f.pl.
posudo adj.
pós-verbal adj.2g.
potabilidade s.f.
potâmide s.f.
potamita adj. s.2g.
potamografia s.f.
potassa s.f.
potássico adj. s.m.
potássio s.m.
potável adj.2g.
pote s.m.
potência s.f.
potenciação s.f.
potenciador (ô) adj. s.m.
potencial adj.2g. s.m.
potencialidade s.f.
potencialização s.f.
potencializado adj.
potencializador (ô) adj.
potencializar v.
potencialmente adv.
potenciar v.
potenciômetro s.m.
potentado s.m.
potente adj.2g.
potestade s.f.
potiguar adj. s.2g.
potiguara adj. s.2g. s.m.
potó s.m.
potoca s.f.
potoqueiro adj. s.m.
potranca s.f.
potranco s.m.
potreiro s.m.
potro (ô) s.m.
pouca-vergonha s.f.; pl.:
    poucas-vergonhas
pouco pron.
pouco-caso s.m.; pl.: *poucos-
    -casos*
poundiano (*paun*) adj.
poupado adj.
poupador (ô) adj. s.m.
poupança s.f.
poupar v.

pouquinho pron.
pousada s.f.
pousado adj.
pousar v.
pousio adj. s.m.
pouso s.m.
povão s.m.
povaredo (ê) s.m.
povaréu s.m.
povi s.m.
povinho s.m.
povo (ô) s.m.
póvoa s.f.
povoação s.f.
povoado adj. s.m.
povoador (ô) adj. s.m.
povoamento s.m.
povoar v.
poxa (ô) interj.
praça s.f.
praça de guerra s.f.
pracinha s.m. s.f.
pracista adj. s.2g.
pradaria s.f.
prado s.m.
prafrentex adj.2g.2n.
praga s.f.
pragmática s.m.
pragmaticamente adv.
pragmático adj.
pragmatismo s.m.
pragmatista adj. s.2g.
pragmatizar v.
praguejado adj.
praguejar v.
praguicida adj.2g. s.m.
praia s.f.
praiano adj. s.m.
praieiro adj. s.m.
prancha s.f.
pranchada s.f.
pranchear v.
prancheta (ê) s.f.
pranteado adj.
prantear v.
pranto s.m.
praseodímio s.m.
prata s.f.
prataria s.f.
pratarraz s.m.
prateado adj.
pratear v.
prateiro s.m.
prateleira s.f.
prática s.f.
praticagem s.f.
praticamente adv.
praticante adj.2g.
praticar v.
praticável adj.2g. s.m.
praticidade s.f.
praticismo s.m.
prático adj. s.m.
pratinha s.f.

prato s.m.
prato-cheio s.m.; pl.: pratos-
  -cheios
praxe s.f.
práxis (cs) s.f.2n.
praxista (cs) s.2g.
prazenteiro adj.
prazer (ê) s.m.
prazeroso (ô) adj.; f. e pl. (ó)
prazo s.m.
preá s.m.f.
preaca s.f.
preacada s.f.
pré-adolescência s.f.
pré-adolescente adj. s.2g.
pré-agônico adj.
pré-alfabetização s.f.
preamar s.f.
preâmbulo s.m.
pré-anestesia s.f.
pré-anestésico adj. s.m.
preanunciar v.
preaquecer v.
preaquecido adj.
preaquecimento s.m.
prear v.
pré-artrose s.f.
pré-auricular adj.2g.
pré-aviso s.m.
prebenda s.f.
preboste s.m.
pré-cabraliano adj.
pré-cabralino adj.
pré-cambriano adj. s.m.
pré-canceroso (ô) adj.; f. e
  pl.: (ó)
pré-candidato s.m.
pré-capitalismo s.m.
pré-capitalista adj.2g.
precariamente adv.
precariedade s.f.
precariíssimo adj.
precário adj.
precarização s.f.
precarizar v.
pré-carnaval s.m.
pré-carnavalesco (ê) adj.
precatado adj.
precatar v.
precatória s.f.
precatório adj. s.m.
precaução s.f.
precaver v.
precavido adj.
prece s.f.
precedência s.f.
precedente adj.2g. s.m.
preceder v.
precedido adj.
preceito s.m.
preceituado adj. s.m.
preceituar v.
preceituário s.m.
preceptor (ô) s.m.
pré-ciência s.f.

pré-científico adj.
preciosidade s.f.
preciosismo s.m.
preciosista adj. s2g.
preciosístico adj.
precioso (ô) adj.; f.
  e pl.: (ó)
precipício s.m.
precipitação s.f.
precipitado adj.
precipitador (ô) adj. s.m.
precipitar v.
precípite adj.2g.
precipuamente adv.
precípuo adj.
precisado adj.
precisamente adv.
precisão s.f.
precisar v.
preciso adj.
preclaro adj.
pré-classificado adj. s.m.
preço (ê) s.m.
precoce adj.2g.
precocemente adv.
precocidade s.f.
precognição s.f.
pré-colombiano adj.
pré-colonial adj.2g.
pré-coma s.m.f.
preconceber v.
preconcebido adj.
preconceito s.m.
preconceituoso (ô) adj.; f. e
  pl.: (ó)
precondição s.f.
precondicionar v.
preconizar v.
pré-conjugal adj.2g.
pré-consciente adj.2g. s.m.
precordial adj.2g.
precórdio s.m.
pré-cozido adj.
pré-cozimento s.m.
precursor (ô) adj. s.m.
predação s.f.
predador (ô) adj. s.m.
predar v.
pré-datado adj.
pré-datar v.
predatismo s.m.
predatório adj.
predecessor (ô) adj. s.m.
predestinação s.f.
predestinado adj.
predestinar v.
predeterminação s.f.
predeterminado adj.
predeterminar v.
pré-diabetes s.m.f.2n.
predial adj.2g.
prédica s.f.
predicação s.f.
predicado s.m.

predicador (ô) adj. s.m.
predicamento s.m.
predição s.f.
predicar v.
predicativo s.m.
predicatório adj.
predileção s.f.
predileto adj. s.m.
prédio s.m.
predisponente adj.2g.
predispor (ô) v.
predisposição s.f.
predisposto (ô) adj.
preditivo adj.
predito adj.
predizer v.
predizível adj.2g.
predominação s.f.
predominância s.f.
predominante adj.2g.
predominar v.
predomínio s.m.
pré-eclâmpsia s.f.
pré-eleitoral adj.2g.
preeminência s.f.
preeminente adj.2g.
preempção s.f.
preenchedor (ô) s.m.
preencher v.
preenchido adj.
preenchimento s.m.
pré-engorda s.f.
preensão s.f.
preênsil adj.2g.
preensor (ô) adj.
pré-escola s.f.
pré-escolar adj.2g.
pré-escolha s.f.
preestabelecer v.
preestabelecimento s.m.
pré-estreia (ê) s.f.
preexistência (z) s.f.
preexistente (z) adj.2g.
preexistir (z) v.
pré-fabricação s.f.
pré-fabricado adj.
prefaciador (ô) s.m.
prefaciar v.
prefácio s.m.
prefeito s.m.
prefeitura s.f.
preferência s.f.
preferencial adj.2g. s.f.
preferencialmente adv.
preferentemente adv.
preferido adj. s.m.
preferir v.
preferível adj.2g.
prefiguração s.f.
prefigurado adj.
prefigurar v.
prefixação (cs) s.f.
prefixado (cs) adj.
prefixar (cs) v.

prefixo (cs) s.m.
prefloração s.f.
prega s.f.
pregação s.f.
pregada s.f.
pregadeira s.f.
pregado adj.
pregador (ô) s.m.
pregão s.m.
pregar v.
pré-germinação s.f.
pregnância s.f.
prego s.m.
pregoeiro s.m.
pregresso adj.
pregueado adj. s.m.
pregueamento s.m.
preguear v.
preguiça s.f.
preguiçar v.
preguiçosa s.f.
preguiçoso (ô) adj. s.m.; f. e pl.: (ó)
pré-história s.f.
pré-histórico adj.
pré-homérico adj.
pré-impressão s.f.
pré-industrial adj.2g.
pré-inscrição s.f.
pré-islâmico adj.
preito s.m.
prejudicado adj.
prejudicar v.
prejudicial adj.2g.
prejuízo s.m.
pré-julgamento s.m.
prejulgar v.
prelado s.m.
pré-lançamento s.m.
pré-lavagem s.f.
prelazia s.f.
preleção s.f.
prelecionar v.
prelibar v.
preliminar adj.2g. s.f.
preliminarmente adv.
prélio s.m.
prelo s.m.
preludiar v.
prelúdio s.m.
preluzir v.
pré-matrícula s.f.
pré-matrimonial adj.2g.
prematuramente adv.
prematuridade s.f.
prematuro adj. s.m.
premeditação s.f.
premeditadamente adv.
premeditado adj.
premeditar v.
premência s.f.
pré-menopausa s.f.
pré-menstrual adj.2g.
premente adj.2g.

premer v.
premiação s.f.
premiado adj.
premiador (ô) adj. s.m.
premiar v.
premiável adj.2g.
premiê s.m.
prêmio s.m.
premir v.
premissa s.f.
pré-modernismo s.m.
pré-molar s.m.
pré-moldado adj. s.m.
premonição s.f.
premonitoriamente adv.
premonitório adj.
premunir v.
pré-natal adj.2g. s.m.
prenda s.f.
prendado adj.
prendedor (ô) s.m.
prender v.
prenhe adj.2g.
prenhez (ê) s.f.
prenome s.m.
prensa s.f.
prensado adj.
prensagem s.f.
prensar v.
prensista s.2g.
prenunciação s.f.
prenunciador (ô) adj.
prenunciar v.
prenúncio s.m.
pré-nupcial adj.2g.
preocupação s.f.
preocupado adj.
preocupante adj.2g.
preocupar v.
pré-olímpico adj. s.m.
pré-operatório adj. s.m.
pré-opinião s.f.
pré-ordenado adj.
pré-ovulatório adj.
preparação s.f.
preparado adj. s.m.
preparador (ô) adj. s.m.
preparar v.
preparativo adj. s.m.
preparativos s.m.pl.
preparatório adj.
preparo s.m.
pré-parto s.m.
preponderância s.f.
preponderante adj.2g.
preponderar v.
prepor (ô) v.
preposição s.f.
preposicionado adj.
pré-posicionamento s.m.
preposicionar v.
prepositivo adj.
preposto (ô) adj. s.m.; f. e pl.: (ó)

prepotência | 282 | primarismo

prepotência s.f.
prepotente adj.2g.
pré-primário adj. s.m.
pré-profissionalizante adj.2g.
pré-programado adj.
pré-projeto s.m.
pré-proposta s.f.
pré-puberdade s.f.
pré-púbere adj. s.2g.
prepúcio s.m.
pré-requisito s.m.
pré-revolucionário adj.
pré-romântico adj.
pré-romantismo s.m.
prerrogativa s.f.
presa (ê) s.f.
presbiopia s.f.
presbiopsia s.f.
presbiteral adj.2g.
presbiterato s.m.
presbiterianismo s.m.
presbiteriano adj. s.m.
presbitério s.m.
presbítero s.m.
presbitia s.f.
presbitismo s.m.
presciência s.f.
presciente adj.2g.
prescindir v.
prescindível adj.2g.
prescrever v.
prescrição s.f.
prescricional adj.2g.
prescritivel adj.2g.
prescritivista adj. s.2g.
prescritivo adj.
prescrito adj.
pré-seleção s.f.
pré-selecionado adj.
pré-selecionar v.
presença s.f.
presenciar v.
presencioso (ô) adj.; f. e pl.: (ó)
presente adj. 2g. s.m.
presenteado adj.
presenteador (ô) adj. s.m.
presentear v.
presentificação s.f.
presentificar v.
presepada s.f.
presepe s.m.
presepeiro adj. s.m.
presépio s.m.
preservação s.f.
preservacionismo s.m.
preservacionista adj. s.2g.
preservado adj.
preservador (ô) adj.
preservar v.
preservativo adj. s.m.
presidência s.f.
presidencial adj.2g.
presidencialismo s.m.

presidencialista adj. s.2g.
presidenciável adj. s.2g.
presidenta s.f. de presidente
presidente adj. s.2g. s.m.; fem.: presidenta
presidiário adj. s.m.
presídio s.m.
presidir v.
presilha s.f.
preso (ê) adj. s.m.
pré-socrático adj. s.m.
pressa s.f.
pressagiar v.
presságio s.m.
pressago adj.
pressão s.f.
pressentido adj.
pressentimento s.m.
pressentir v.
pressionado adj.
pressionar v.
pressupor (ô) v.
pressuposição s.f.
pressupostamente adv.
pressuposto (ô) adj. s.m.; f. e pl.: (ó)
pressurização s.f.
pressurizado adj.
pressurizar v.
pressuroso (ô) adj.; f. e pl.: (ó)
prestação s.f.
prestamista s.2g.
prestança s.f.
prestante adj.2g.
prestar v.
prestativo adj.
prestes adj.2g.2n.
presteza (ê) s.f.
prestidigitação s.f.
prestidigitador (ô) adj. s.m.
prestigiado adj.
prestigiar v.
prestígio s.m.
prestigioso (ô) adj.; f. e pl.: (ó)
prestímano s.m.
préstimo s.m.
prestimoso (ô) adj.; f. e pl.: (ó)
préstito s.m.
presto adj.
presumidamente adv.
presumido adj. s.m.
presumir v.
presumível adj.2g.
presumivelmente adv.
presunção s.f.
presunçoso (ô) adj. s.m.; f. e pl.: (ó)
presuntivo adj.
presunto s.m.
pretejar v.
pretendente adj. s.2g.
pretender v.
pretendido adj. s.m.
pretensamente adv.

pretensão s.f.
pretensioso (ô) adj.; f. e pl.: (ó)
pretenso adj.
preterição s.f.
preterido adj.
preterir v.
pretérito adj. s.m.
pré-teste s.m.
pretextar (s) v.
pretexto (ê) s.m.
preto (ê) adj. s.m.
preto e branco adj. s.m.
pretor (ô) s.m.
pretoria s.f.
pretoriano adj.
pretório adj. s.m.
pretume s.m.
pré-universitário adj. s.m.
prevalecência s.f.
prevalecente adj.2g.
prevalecer v.
prevalência s.f.
prevalente adj.2g.
prevaricação s.f.
prevaricador (ô) adj. s.m.
prevaricar v.
prevenção s.f.
prevenido adj.
prevenir v.
prevenível adj.2g.
preventivamente adv.
preventivo adj. s.m.
preventório s.m.
prever v.
pré-verbal adj.2g.
pré-vestibular adj.2g. s.m.
prévia s.f.
previamente adv.
previdência s.f.
previdencial adj.2g.
previdenciário adj. s.m.
previdente adj.2g.
prévio adj.
previsão s.f.
previsibilidade s.f.
previsível adj.2g.
previsor (ô) adj. s.m.
previsto adj.
pré-vocacional adj.2g.
prezado adj.
prezar v.
priápico adj.
priapismo s.m.
prima s.f.
primacial adj.2g.
primado s.m.
prima-dona s.f.; pl.: primas-
-donas
primar v.
primariamente adv.
primariedade s.f.
primário adj.
primarismo s.m.

primata adj. s.2g.
primatologia s.f.
primatologista s.2g.
primavera s.f.
primaveril adj.2g.
primaz adj.2g. s.m.
primazia s.f.
primeira s.f.
primeira-dama s.f.; pl.:
    primeiras-damas
primeiramente adv.
primeiranista s.2g.
primeiro num. adv.
primeiro-ministro s.m.; pl.:
    primeiros-ministros
primeiro-tenente s.m.; pl.:
    primeiros-tenentes
primevo adj.
primícias s.f.pl.
primípara s.f.
primitivamente adv.
primitividade s.f.
primitivismo s.m.
primitivista adj. s.2g.
primitivo adj.
primo adj. s.m.
primogênito adj. s.m.
primogenitura s.f.
primo-irmão s.m.; pl.: *primos-
    -irmãos*
primor (ô) s.m.
primordial adj.2g.
primordialmente adv.
primórdio s.m.
primoroso (ô) adj.; f. e pl.: (ó)
primo-segundo s.m.; pl.
    primos-segundos
prímula s.f.
princesa (ê) s.f.
principado s.m.
principal adj.2g. s.m.
principalidade s.f.
principalmente adv.
príncipe s.m.
principesco (ê) adj.
principiante adj. s.2g.
principiar v.
princípio s.m.
princípios s.m.pl.
principista adj.2g.
príon s.m.
prior (ô) s.m.
priora (ô) s.f.
prioresa (ê) s.f.
prioridade s.f.
prioritariamente adv.
prioritário adj.
priorização s.f.
priorizar v.
prisão s.f.
prisco adj.
prisional adj.2g.
prisioneiro adj. s.m.
prisma s.m.

prismático adj.
prismatizar v.
prístino adj.
privação s.f.
privacidade s.f.
privada s.f.
privado adj.
privança s.f.
privar v.
privatismo s.m.
privatista adj. s.2g.
privativo adj.
privatização s.f.
privatizado adj.
privatizador (ô) adj.
privatizante adj.2g. s.m.
privatizar v.
privatizável adj.2g.
privilegiado adj.
privilegiamento s.m.
privilegiar v.
privilégio s.m.
pró s.m. adv.
proa (ô) s.f.
probabilidade s.f.
probabilista adj. s.2g.
probabilístico adj.
probante adj.2g.
probatório adj.
probidade s.f.
problema s.m.
problemática s.f.
problemático adj.
problematização s.f.
problematizado adj.
problematizador (ô) adj.
problematizar v.
probo adj.
probóscide s.f.
proboscídeo adj. s.m.
procaína s.f.
procarionte adj.2g. s.m.
procarioto (ô) adj.
procedência s.f. "lugar de que
    se vem"; cf. *procidência*
procedente adj.2g.
proceder v. s.m.
procedimental adj.2g.
procedimento s.m.
procela s.f.
procelária s.f.
proceloso (ô) adj.; f. e pl.: (ó)
prócer s.m.
processado adj. s.m.
processador (ô) adj. s.m.
processamento s.m.
processante adj.2g.
processar v.
processional adj.2g.
processo s.m.
processual adj.2g.
processualista adj. s.2g.
processualística s.f.
processualístico adj.

processualmente adv.
procidência s.f. "prolapso";
    cf. *procedência*
procionídeo adj. s.m.
procissão s.f.
proclama s.m.
proclamação s.f.
proclamado adj.
proclamador (ô) s.m.
proclamar v.
proclamas s.m.pl.
próclise s.f.
proclítico adj.
procônsul s.m.
procrastinação s.f.
procrastinar v.
procriação s.f.
procriador (ô) adj. s.m.
procriar v.
procriativo adj.
proctologia s.f.
proctológico adj.
proctologista s.2g.
procura s.f.
procuração s.f.
procurado adj.
procurador (ô) s.m.
procuradoria s.f.
procurar v.
prodigalidade s.f.
prodigalizar v.
prodigamente adv.
prodígio s.m.
prodigiosamente adv.
prodigioso (ô) adj.; f. e pl.: (ó)
pródigo adj.
prodrômico adj.
pródromo s.m.
produção s.f.
producente adj.2g.
produtivamente adv.
produtividade s.f.
produtivismo s.m.
produtivista adj.
produtivo adj.
produto s.m.
produtor (ô) adj. s.m.
produtora (ô) s.f.
produzido adj.
produzir v.
proeiro s.m.
proeminência s.f.
proeminente adj.2g.
proêmio s.m.
proeza (ê) s.f.
profanação s.f.
profanado adj.
profanador (ô) adj. s.m.
profanar v.
profanatório adj.
profanidade s.f.
profano adj. s.m.
profecia s.f.
proferido adj.

proferir v.
professar v.
professo adj. s.m.
professor (ô) s.m.
professorado s.m.
professoral adj.2g.
professorando s.m.
profeta s.m.
profeticamente adv.
profético adj.
profetisa s.f.; cf. *profetiza*, fl. do v. *profetizar*
profetismo s.m.
profetizar v.
proficiência s.f.
proficiente adj.2g.
proficuidade s.f.
profícuo adj.
profilático adj.
profilaxia (cs) s.f.
profissão s.f.
profissional adj. s.2g.
profissionalismo s.m.
profissionalização s.f.
profissionalizado adj.
profissionalizante adj.2g.
profissionalizar v.
profissionalmente adv.
profligar v.
prófugo adj. s.m.
profundamente adv.
profundas s.f.pl.
profundez s.f.
profundeza (ê) s.f.
profundidade s.f.
profundo adj.
profusamente adv.
profusão s.f.
profuso adj.
progênie s.f.
progenitor (ô) s.m.
progenitura s.f.
progesterona s.f.
progestina s.f.
prógnata adj. s.2g.
prognatismo s.m.
prógnato adj. s.m.
prognose s.f.
prognosticado adj.
prognosticar v.
prognóstico s.m.
programa s.m.
programação s.f.
programado adj.
programador (ô) s.m.
programadora (ô) s.f.
programar v.
programaticamente adv.
programático adj.
programável adj.2g.
programista adj.2g.
progredir v.
progressão s.f.
progressismo s.m.

progressista adj. s.2g.
progressividade s.f.
progressivo adj.
progresso s.m.
proibição s.f.
proibido adj.
proibir v.
proibitivamente adv.
proibitivo adj.
proibitório adj.
projeção s.f.
projecionista s.2g.
projetado adj.
projetar v.
projetável adj.2g.
projetil s.m.
projétil s.m.
projetista adj. s.2g.
projetivo adj.
projeto s.m.
projetor (ô) s.m.
projetual adj.2g.
prol s.m.
pró-labore s.m.
prolação s.f.
prolapso s.m.
prolatar v.
prolator (ô) adj. s.m.
prole s.f.
prolegômenos s.m.pl.
proletariado s.m.
proletário adj. s.m.
proletarização s.f.
proletarizar v.
proliferação s.f.
proliferado adj.
proliferante adj.2g.
proliferar v.
proliferativo adj.
prolífero adj.
prolificidade s.f.
prolífico adj.
prolixidade (cs) s.f.
prolixo (cs) adj.
prólogo s.m.
prolongação s.f.
prolongadamente adv.
prolongado adj.
prolongamento s.m.
prolongar v.
prolongável adj.2g.
prolóquio s.m.
promanar v.
promazina s.f.
promécio s.m.
promessa s.f.
prometedor (ô) adj.
prometeico (ê) adj.
prometer v.
prometida s.f.
prometido adj. s.m.
prometimento s.m.
promiscuamente adv.
promiscuidade s.f.

promiscuir-se v.
promíscuo adj.
promissor (ô) adj.
promissoramente adv.
promissória s.f.
promissório adj.
promitente adj. s.2g.
promoção s.f.
promocional adj.2g.
promontório s.m.
promotor (ô) adj. s.m.
promotoria s.f.
promover v.
promovível adj.2g.
promulgação s.f.
promulgar v.
pronome s.m.
pronominal adj.2g.
pronta-entrega s.f.; pl.: *prontas-entregas*
prontamente adv.
prontidão s.f.
prontificar-se v.
pronto adj. s.m. adv. interj.
pronto-socorro s.m.; pl.: *prontos-socorros*
prontuário s.m.
pronúncia s.f.
pronunciado adj.
pronunciamento s.m.
pronunciar v.
pronunciável adj.2g.
propagação s.f.
propagador (ô) adj. s.m.
propaganda s.f.
propagandear v.
propagandista adj. s.2g.
propagandístico adj.
propagar v.
propagatório adj.
propágulo s.m.
propalado adj.
propalar v.
propano s.m.
proparoxítona (cs) s.f.
proparoxítono (cs) adj. s.m.
propedêutica s.f.
propedêutico adj. s.m.
propelente adj.2g. s.m.
propelir v.
propender v.
propeno s.m.
propensão s.f.
propenso adj.
propiciador (ô) adj.
propiciar v.
propiciatório adj.
propício adj.
propina s.f.
propinar v.
propínquo adj.
própole s.m.f.
própolis s.m.f.2n.
proponente adj. s.2g.

propor (ô) v.
proporção s.f.
proporcionado adj.
proporcionador (ô) adj. s.m.
proporcional adj.2g. s.f. s.m.
proporcionalidade s.f.
proporcionalista adj.2g.
proporcionalmente adv.
proporcionar v.
proporcionável adj.2g.
proposição s.f.
proposicional adj.2g.
propositadamente adv.
propositado adj.
proposital adj.2g.
propositalmente adv.
propositivo adj.
propósito s.m.
propositor (ô) s.m.
propositura s.f.
proposta s.f.
proposto (ô) adj.
propriamente adv.
propriedade s.f.
proprietário adj. s.m.
próprio adj. s.m. pron.
propriocepção s.f.
proprioceptivo adj.
propugnado adj.
propugnador (ô) adj. s.m.
propugnar v.
propulsão s.f.
propulsar v.
propulsionar v.
propulsor (ô) adj. s.m.
pró-reitor s.m.
pró-reitoria s.f.
prorrogação s.f.
prorrogacionista adj.2g.
prorrogado adj.
prorrogar v.
prorrogável adj.2g.
prorromper v.
prosa adj. s.2g. s.f.
prosador (ô) s.m.
prosaicamente adv.
prosaico adj.
prosaísmo s.m.
prosápia s.f.
prosar v.
proscênio s.m.
proscrever v.
proscrição s.f.
proscrito adj. s.m.
prosear v.
proselitismo s.m.
proselitista adj.2g.
prosélito s.m.
prosista adj.2g.
prosódia s.f.
prosódico adj.
prosopopeia (ê) s.f.
prospecção s.f.
prospectado adj.

prospectar v.
prospectivo adj.
prospecto s.m.
prospector (ô) adj.
prosperar v.
prosperidade s.f.
próspero adj.
prossecução s.f.
prosseguimento s.m.
prosseguir v.
prostaglandina s.f.
próstata s.f.
prostatectomia s.f.
prostático adj.
prosternação s.f.
prosternado adj.
prosternar v.
prostíbulo s.m.
prostituição s.f.
prostituído adj.
prostituir v.
prostituta s.f.
prostituto adj.
prostração s.f.
prostrado adj.
prostrar v.
protactínio s.m.
protagonismo s.m.
protagonista adj. s.2g.
protagonização s.f.
protagonizar v.
prótase s.f.
proteácea s.f.
protease s.f.
proteção s.f.
protecionismo s.m.
protecionista adj. s.2g.
proteger v.
protegido adj. s.m.
proteico (ê) adj.
proteiforme adj.2g.
proteína s.f.
proteinuria s.f.
proteinúria s.f.
protelação s.f.
protelado adj.
protelador (ô) adj. s.m.
protelamento s.m.
protelar v.
protelatório adj.
protendido adj.
proteólise s.f.
proteolítico adj.
proterozoico (ô) adj. s.m.
protervo adj.
prótese s.f.
protestado adj.
protestador (ô) adj. s.m.
protestante adj. s.2g.
protestantismo s.m.
protestar v.
protesto s.m.
protético adj. s.m.
protetivo adj. s.m.

protetor (ô) adj. s.m.
protetorado s.m.
protetoral adj.2g.
protetoralmente adv.
protetoramente adv.
protídeo s.m.
protista adj.2g. s.m.
protocolado adj.
protocolar v. adj.2g.
protocolo s.m.
protofonia s.f.
proto-história s.f.
proto-homem s.m.
protolíngua s.f.
protomártir s.2g.
próton s.m.
protoplasma s.m.
protoplasmático adj.
protoplásmico adj.
prototipagem s.f.
protótipo s.m.
protozoário s.m.
protrair v.
protrátil adj.2g.
protrombina s.f.
protrusão s.f.
protruso adj.
protuberância s.f.
protuberante adj.2g.
proustiano (prus) adj.
prova s.f.
provação s.f.
provado adj.
provador (ô) adj. s.m.
provança s.f.
provar v.
provável adj.2g.
provavelmente adv.
provecto adj.
provedor (ô) s.m.
provedora (ô) s.f.
provedoria s.f.
proveito s.m.
proveitosamente adv.
proveitoso (ô) adj.; f. e pl.: (ó)
provençal adj. s.2g. s.m.
proveniência s.f.
proveniente adj.2g.
provento s.m.
proventos s.m.pl.
prover v.
proverbial adj.2g.
provérbio s.m.
proveta (ê) s.f.
providência s.f.
providencial adj.2g.
providencialismo s.m.
providencialista adj. s.2g.
providenciar v.
provido adj.
provimento s.m.
província s.f.
provincial adj.2g.
provincianismo s.m.

provinciano adj. s.m.
provir v.
provisão s.f.
provisionado adj.
provisional adj.2g.
provisionamento s.m.
provisionar v.
provisoriedade s.f.
provisório adj.
provitamina s.f.
provocação s.f.
provocador (ô) adj. s.m.
provocante adj.2g.
provocar v.
provocativo adj.
provocatório adj.
provolone s.m.
proxeneta (cs...ê) s.2g.
proxenetismo (cs) s.m.
proximal (ss) adj.2g.
proximamente (ss) adv.
proximidade (ss) s.f.
próximo (ss) adj. s.m. adv.
prudência s.f.
prudencial adj.2g.
prudente adj.2g.
prumada s.f.
prumo s.m.
prurido s.m.
pruriginoso (ô) adj.; f. e pl.: (ó)
prussiano adj. s.m.
prússico adj.
pseudocaule s.m.
pseudociência s.f.
pseudocientífico adj.
pseudocientista s.2g.
pseudocisto s.m.
pseudocultura s.f.
pseudodemocracia s.f.
pseudodemocrático adj.
pseudofenômeno s.m.
pseudofruto s.m.
pseudomembrana s.f.
pseudônimo s.m.
pseudoparalisia s.f.
pseudópode s.m.
pseudópodo s.m.
psi s.m.
psicanalisar v.
psicanálise s.f.
psicanalista adj. s.2g.
psicanaliticamente adv.
psicanalítico adj.
psicastenia s.f.
psicastênico adj. s.m.
psicoanaléptico adj. s.m.
psicobiografia s.f.
psicobiologia s.f.
psicocinese s.f.
psicodelia s.f.
psicodélico adj.
psicodelismo s.m.
psicodinâmica s.f.

psicodinâmico adj.
psicodisléptico adj. s.m.
psicodrama s.m.
psicodramático adj.
psicodramatista s.2g.
psicofármaco s.m.
psicofarmacologia s.f.
psicofarmacológico adj.
psicofarmacologista s.2g.
psicofísico adj.
psicogênese s.f.
psicogênico adj.
psicografar v.
psicografia s.f.
psicógrafo s.m.
psicoléptico adj. s.m.
psicolinguista (ü) s.2g.
psicolinguística (ü) s.f.
psicologia s.f.
psicológico adj.
psicologismo s.m.
psicologista adj. s.2g.
psicologizante adj.2g.
psicologizar v.
psicólogo s.m.
psicometria s.f.
psicométrico adj.
psicomotor (ô) adj.
psicomotricidade s.f.
psiconeurológico adj.
psiconeurose s.f.
psiconeurótico adj. s.m.
psicopata adj. s.2g.
psicopatia s.f.
psicopático adj.
psicopatologia s.f.
psicopatológico adj.
psicopedagogia s.f.
psicopedagógico adj.
psicopedagogo (ô) s.m.
psicose s.f.
psicossexual (cs) adj.2g.
psicossocial adj.2g.
psicossociologia s.f.
psicossociológico adj.
psicossomático adj.
psicotécnica s.f.
psicotécnico adj.
psicoterapeuta s.2g.
psicoterapêutico adj.
psicoterapia s.f.
psicoterápico adj.
psicoteste s.m.
psicótico adj. s.m.
psicotóxico (cs) s.m.
psicotrópico adj. s.m.
psicrometria s.f.
psicrométrico adj.
psicrômetro s.m.
psique s.f.
psiquê s.f.
psiquiatra s.2g.
psiquiatria s.f.
psiquiátrico adj.

psíquico adj.
psiquismo s.m.
psitacídeo adj. s.m.
psitacismo s.m.
psiu interj.
psofiídeo adj. s.m.
psoríase s.f.
pteridófita s.f.
pteridófito adj. s.m.
pteridosperma s.f.
pterodáctilo adj.
pterossauro adj. s.m.
ptialina s.f.
ptolomaico adj.
ptose s.f.
pua s.f.
puba adj.2g. s.m. s.f.
puberdade s.f.
púbere adj.2g.
pubertário adj.
pubescência s.f.
pubescente adj.2g.
pubiano adj.
púbico adj.
púbis s.m.2n.
publicação s.f.
publicado adj.
publicador (ô) adj. s.m.
publicadora (ô) s.f.
pública-forma s.m.; pl.: *públicas-formas*
publicamente adv.
publicano s.m.
publicar v.
publicável adj.2g.
publicidade s.f.
publicista adj. s.2g.
publicitário adj. s.m.
público adj. s.m.
pubo adj.
puçá s.m.
puçanga s.f.
púcaro s.m.
pudendo adj.
pudente adj.2g.
pudibundo adj.
pudicamente adv.
pudicícia s.f.
pudicíssimo adj.
pudico adj.
pudim s.m.
pudor (ô) s.m.
puerícia s.f.
puericultor (ô) adj. s.m.
puericultura s.f.
pueril adj.2g.
puerilidade s.f.
puérpera s.f.
puerperal adj.2g.
puerpério s.m.
puérpero adj.
puf interj.
pufe s.m.
pugilato s.m.

pugilismo | 287 | **puxo**

pugilismo s.m.
pugilista adj. s.2g.
pugilístico adj.
pugna s.f.
pugnacidade s.f.
pugnar v.
pugnaz adj.2g.
puído adj.
puir v.
pujança s.f.
pujante adj.2g.
pulador (ô) adj. s.m.
pula-pula s.m.; pl.: *pula-pulas* e *pulas-pulas*
pular v.
pulcritude s.f.
pulcro adj.
pule s.f.
pulga s.f.
pulgão s.m.
pulgueiro s.m.
pulguento adj.
pulha adj. s.2g. s.f.
pulmão s.m.
pulmonado adj. s.m.
pulmonar adj.2g.
pulo s.m.
pulo do gato s.m.
pulorose s.f.
pulôver s.m.
púlpito s.m.
pulquérrimo adj.
pulsação s.f.
pulsante adj.2g.
pulsão s.f.
pulsar v.
pulsátil adj.2g.
pulsativo adj.
pulseira s.f.
pulsional adj.2g.
pulso s.m.
pululante adj.2g.
pulular v.
pulverização s.f.
pulverizado adj.
pulverizador (ô) s.m.
pulverizar v.
pulverulência s.f.
pulverulento adj.
pum s.m.
puma s.m.
pumba interj.
punção s.f.
puncionar v.
punctiforme adj.2g.

punctura s.f.
pundonor (ô) s.m.
pundonoroso (ô) adj.; f. e pl.: (ó)
punga s.f.
pungência s.f.
pungente adj.2g.
pungentemente adv.
pungido adj.
pungir v.
punguear v.
punguismo s.m.
punguista adj. s.2g.
punhada s.f.
punhado s.m.
punhal s.m.
punhalada s.f.
punheta (ê) s.f.
punheteiro adj. s.m.
punho s.m.
punibilidade s.f.
punicácea s.f.
punição s.f.
púnico adj. s.m.
punido adj. s.m.
punir v.
punitivo adj.
punível adj.2g.
puntiforme adj.2g.
puntura s.f.
pupa s.f.
pupila s.f.
pupilar adj.2g.
pupilo s.m.
pupunha s.f.
pupunheira s.f.
puramente adv.
purê s.m.
pureza (ê) s.f.
purga s.f.
purgação s.f.
purgado adj.
purgante adj.2g. s.m.
purgar v.
purgativo adj. s.m.
purgatorial adj.2g.
purgatório s.m.
purificação s.f.
purificado adj.
purificador (ô) adj. s.m.
purificante adj.2g.
purificar v.
purificatório adj.
purina s.f.
purismo s.m.

purista adj. s.2g.
puritanismo s.m.
puritano adj. s.m.
puro adj.
puro-sangue adj. s.m.; pl.: *puros-sangues*
púrpura adj.2g.2n. s.f.
purpurado adj. s.m.
purpúreo adj.
purpurina s.f.
purpurino adj.
purulência s.f.
purulento adj.
purupuru s.m.
pururuca adj.2g. s.f.
pus s.m.
pusilânime adj. s.2g.
pusilanimidade s.f.
pústula s.f.
pustulento adj. s.m.
puta adj.2g.2n. s.f.
putada s.f.
putana s.f.
putanheiro s.m.
putaria s.f.
putativo adj.
putear v.
puteiro s.m.
puto adj. s.m.
putrefação s.f.
putrefato adj.
putrefazer v.
putrefeito adj.
putrescibilidade s.f.
putrescível adj.2g.
putrião s.m.
pútrido adj.
puxa interj.
puxação s.f.
puxada s.f.
puxado adj. s.m.
puxador (ô) adj. s.m.
puxão s.m.
puxa-puxa adj.2g. s.m.; pl.: *puxa-puxas* e *puxas-puxas*
puxar v.
puxa-saco adj. s.2g.; pl.: *puxa-sacos*
puxa-saquismo s.m.; pl.: *puxa-saquismos*
puxavante adj.2g. s.m.
puxeta (ê) s.f.
puxo s.m.

Q q

q s.m.
quacre adj. s.2g.
quadernado adj.
quadra s.f.
quadradice s.f.
quadrado adj. s.m.
quadragenário adj. s.m.
quadragésimo num.
quadrangular adj.2g.
quadrângulo s.m.
quadrante s.m.
quadrar v.
quadrático adj.
quadratim s.m.
quadratura s.f.
quadrela s.f.
quadricentenário s.m.
quadríceps adj.2g.2n. s.m.2n.
quadriciclo s.m.
quadricromia s.f.
quadrícula s.f.
quadriculação s.f.
quadriculado adj. s.m.
quadricular v. adj.2g.
quadrículo s.m.
quadridimensional adj.2g.
quadrienal adj.2g.
quadriênio s.m.
quadrifeta (ê) s.f.
quadrifólio adj. s.m.
quadrifônico adj.
quadriga s.f.
quadrigêmeo adj. s.m.
quadril s.m.
quadrilátero s.m.
quadrilha s.f.
quadrilheiro s.m.
quadrilogia s.f.
quadrilongo adj. s.m.
quadrimestral adj.2g.
quadrimestralidade s.f.
quadrimestre s.m.
quadrimotor (ô) s.m.
quadringentésimo num.
quadrinha s.f.
quadrinhista s.2g.
quadrinho s.m.
quadrinhos s.m.pl.
quadrinista s.2g.
quadrinístico adj.
quadrinização s.f.
quadrinizado adj.
quadrinizar v.
quadrinômio s.m.
quadripartito adj.2g. s.m.

quadriplegia s.f.
quadriplégico adj. s.m.
quadrissemana s.f.
quadrissemanal adj.2g.
quadro s.m.
quadro-negro s.m.; pl.: *quadros-negros*
quadrúmano adj. s.m.
quadrúpede adj.2g. s.m.
quadruplicação s.f.
quadruplicado adj.
quadruplicador (ô) adj. s.m.
quadruplicar v.
quadruplicável adj.2g.
quádruplo num. s.m.
qual pron. conj. interj.
qualidade s.f.
qualificação s.f.
qualificado adj.
qualificador (ô) adj. s.m.
qualificar v.
qualificativo adj. s.m.
qualificatório adj.
qualificável adj.2g.
qualitativamente adv.
qualitativo adj.
qualquer pron.
quando adv. conj.
quantal adj.2g.
quantia s.f.
quântico adj.
quantidade s.f.
quantificação s.f.
quantificado adj.
quantificar v.
quantificativo adj. s.m.
quantificável adj.2g.
quantioso adj.
quantitativamente adv.
quantitativo adj. s.m.
quantização s.f.
quantizar v.
quanto pron. adv.
quão adv.
quarador (ô) s.m.
quaradouro s.m.
quarar v.
quarenta num.
quarentão adj. s.m.; fem.: *quarentona*
quarentena s.f.
quarentona s.f. de *quarentão*
quaresma s.f.
quaresmal adj.2g.
quaresmeira s.f.

quarta s.f.
quartã adj. s.f.
quarta de final s.f.
quarta-feira s.f.; pl.: *quartas-feiras*
quartanista adj. s.2g.
quartas de final s.f.pl.
quartau s.m.
quarteado adj.
quartear v.
quarteirão s.m.
quartel s.m.
quartelada s.f.
quartel-general s.m.; pl.: *quartéis-generais*
quartel-mestre s.m.; pl.: *quartéis-mestres*
quarteto (ê) s.m.
quartilho s.m.
quartinha s.f.
quartinho s.m.
quartista s.2g.
quarto num. s.m.
quarto de tom s.m.
quarto e sala s.m.2n.
quartos s.m.pl.
quartzito s.m.
quartzo s.m.
quaruba s.f.
quarup s.m.
quasar s.m.
quase adv.
quase contrato s.m.
quase delito s.m.
quase domicílio s.m.
quássia s.f.
quaternário adj. s.m.
quaternizado adj.
quati s.m.
quatorze (ô) num.
quatralvo adj.
quatrienal adj.2g.
quatriênio s.m.
quatrilhão num.
quatrilho s.m.
quatrilião num.
quatro num.
quatrocentão adj.; fem.: *quatrocentona*
quatrocentona s.f. de *quatrocentão*
quatrocentos num.
que adv. pron. conj. prep.
quê s.m. interj.
quebequense adj. s.2g.

quebra

quebra s.f.
quebra-cabeça s.m.; pl.:
  quebra-cabeças
quebração s.f.
quebracho s.m.
quebrada s.f.
quebra de braço s.f.
quebradeira s.f.
quebradiço adj.
quebrado adj. s.m.
quebrador (ô) s.m.
quebrados s.m.pl.
quebradura s.f.
quebra-galho s.m.; pl.:
  quebra-galhos
quebra-gelo s.m.; pl.: quebra-gelos
quebra-luz s.m.; pl.: quebra-luzes
quebra-mar s.m.; pl.: quebra-mares
quebramento s.m.
quebra-molas s.m.2n.
quebra-nozes s.m.2n.
quebrantado adj.
quebrantador (ô) adj. s.m.
quebrantamento s.m.
quebrantar v.
quebrantável adj.2g.
quebranto s.m.
quebra-pau s.m.; pl.: quebra-paus
quebra-pedra s.f.; pl.: quebra-pedras
quebra-peito s.m.; pl.: quebra-peitos
quebra-quebra s.m.; pl.:
  quebra-quebras e quebras-quebras
quebra-queixo s.m.; pl.:
  quebra-queixos
quebrar v.
quebrável adj.2g.
quebra-vento s.m.; pl.:
  quebra-ventos
quebreira s.f.
quéchua adj. s.2g. s.m.
queda s.f.
queda de asa s.f.
queda-d'água s.f.; pl.: quedas-d'água
queda de braço s.f.
queda de quatro s.f.
quedar v.
quedo (ê) adj.
quefazeres (ê) s.m.pl.
queijada s.f.
queijadinha s.f.
queijaria s.f.
queijeira s.f.
queijeiro s.m.
queijo s.m.
queima s.f.
queimação s.f.

queimada s.f.
queimadão adj.; fem.:
  queimadona
queimado adj.
queimadona s.f. de queimadão
queimador (ô) s.m.
queimadura s.f.
queimamento s.m.
queimante adj.2g. s.m.
queimar v.
queima-roupa s.f.
queimável adj.2g.
queirosiano adj.
queixa s.f.
queixa-crime s.f.; pl.: queixas-crime e queixas-crimes
queixada s.f.
queixal adj.2g. s.m.
queixar-se v.
queixo s.m.
queixoso (ô) adj. s.m.; f. e
  pl.: (ó)
queixudo adj.
queixume s.m.
quejando adj. pron.
quelação s.f.
quelante adj.2g.
quelato s.m.
quelha (ê) s.f.
quelho (ê) s.m.
quelícera s.f.
quelídeo adj. s.m.
queloide (ó) s.m.
quelônio s.m.
quem pron.
quem-te-vestiu s.m.2n.
quendô s.m.
quenga s.f.
quengo s.m.
queniano adj. s.m.
quenopodiácea s.f.
quenopódio s.m.
quentão s.m.
quentar v.
quente adj.2g. s.m.
quentinha s.f.
quentura s.f.
quepe s.m.
quer conj.
queratina s.f.
queratite s.f.
queratose s.f.
querela s.f.
querelado adj. s.m.
querelar v.
queremismo s.m.
queremista adj. s.2g.
querença s.f.
querência s.f.
querer v. s.m.
querido adj. s.m.
quermesse s.f.
quero-quero s.m.; pl.: quero-queros e queros-queros

quilovolt

querosene s.m.
querubim s.m.
querubínico adj.
quesito s.m.
questão (u ou ü) s.f.
questionado (u ou ü) adj.
questionador (u ou ü...ô)
  adj. s.m.
questionamento (u ou ü)
  s.m.
questionar (u ou ü) v.
questionário (u ou ü) s.m.
questionável (u ou ü) adj.2g.
questiúncula (u ou ü) s.f.
qui s.m.
quiabar v.
quiabeiro s.m.
quiabo s.m.
quiáltera s.f.
quiasmo s.m.
quiba s.f.
quibe s.m.
quibebe (é ou ê) s.m.
quiçá adv.
quiçaça s.f.
quicar v.
quicé s.f.
quiche s.f.
quíchua adj. s.2g. s.m.
quicongo adj. s.m.
quicuio adj. s.m.
quiescência s.f.
quietação s.f.
quietamente adv.
quietar v.
quieteza (ê) s.f.
quietismo s.m.
quieto adj.
quietude s.f.
quilanque s.m.
quilate s.m.
quilha s.f.
quiliasmo s.m.
quiliasta adj. s.2g.
quilo s.m.
quilobaite s.m.
quilobit s.m.
quilobite s.m.
quilobyte s.m.
quilocaloria s.f.
quilograma s.m.
quilograma-força s.m.;
  pl.: quilogramas-força e
  quilogramas-forças
quilo-henry s.m.2n.
quilo-hertz s.m.2n.
quilolitro s.m.
quilombo s.m.
quilombola adj. s.2g.
quilometragem s.f.
quilométrico adj.
quilômetro s.m.
quiloton s.m.
quilovolt s.m.

quilowatt s.m.
quilowatt-hora s.m.; pl.:
    quilowatts-hora e quilowatts-
    -horas
quiluria s.f.
quilúria s.f.
quimbanda s.m. s.f.
quimbundo adj. s.m.
quimera s.f.
quimérico adj.
química s.f.
quimicamente adv.
químico adj. s.m.
quimificação s.f.
quimiorreceptor (ô) adj. s.m.
quimioterapia s.f.
quimioterápico adj.
quimo s.m.
quimógrafo s.m.
quimono s.m.
quina s.f.
quinado adj. s.m.
quinau s.m.
quincha s.f.
quinchar v.
quindão s.m.
quindim s.m.
quineira s.f.
quinetoscópio s.m.
quingentésimo (ü) num.
quinhão s.m.
quinhentismo s.m.
quinhentista adj. s.2g.
quinhentos num.
quinhoeiro s.m.
quinina s.f.
quinino s.m.
quinona s.f.
quinquagenário (ü) adj. s.m.
quinquagésimo (ü) num.
quinquenal (ü...ü) adj.2g.
quinquênio (ü...ü) s.m.

quinquídio (ü...ü) s.m.
quinquilharia s.f.
quinquilharias s.f.pl.
quinta s.f.
quintã adj. s.f.
quinta-coluna adj. s.2g.; pl.:
    quintas-colunas
quinta-essência s.f.; pl.:
    quintas-essências
quinta-feira s.f.; pl.: quintas-
    -feiras
quintal s.m.
quintessência s.f.
quintessencial adj.2g.
quinteto (ê) s.m.
quintilha s.f.
quintilhão num.
quintilião num.
quinto num.
quintuplicação s.f.
quintuplicado adj.
quintuplicar v.
quintuplicável adj.2g.
quíntuplo num. s.m.
quinze num.
quinzena s.f.
quinzenal adj.2g.
quinzenalmente adv.
quioiô s.m.
quiosque s.m.
quipá s.m.
quiproquó (ü) s.m.
quirera s.f.
quirguiz adj. s.2g.
quiri s.m.
quiriri adj.2g. s.m.
quirografário adj.
quirólogo s.m.
quiromancia s.f.
quiromante s.2g.
quiromântico adj.
quiropata s.2g.

quiropatia s.f.
quiropático adj.
quiroprática s.f.
quiroprático adj. s.m.
quisto s.m.
quitação s.f.
quitanda s.f.
quitandeiro s.m.
quitar v.
quite adj.2g.
quitina s.f.
quitinete s.f.
quitinoso (ó) adj.; f. e pl.: (ó)
quitute s.m.
quituteiro s.m.
quiuí s.m.
quivi s.m.
quixaba s.f.
quixabeira s.f.
quixó s.m.
quixotada s.f.
quixote s.m.
quixotesco (ê) adj.
quixotice s.f.
quixotismo s.m.
quizila s.f.
quizilar v.
quizilento adj.
quizília s.f.
quizomba s.m. "dança"; cf.
    quizumba
quizumba s.f. "confusão"; cf.
    quizomba
quociente s.m.
quota s.f.
quota-parte s.f.; pl.: quotas-
    -parte e quotas-partes
quotar v.
quotidiano s.m.
quotista adj. s.2g.
quotizar v.

R r

r s.m.
rã s.f.
rabaçã s.f.
rabada s.f.
rabadilha s.f.
rabanada s.f.
rabanete (ê) s.m.
rábano s.m.
rabão adj. s.m.; fem. do adj.: *rabona*
rabastacha s.m.
rabdovírus s.m.2n.
rabeadura s.f.
rabear v.
rabeca s.f.
rabecão s.m.
rabeira s.f.
rabejar v.
rabejo (ê) s.m.
rabelaisiano (lê) adj.
rabelo (ê) s.m.
rabequeiro adj. s.m.
rabequista adj. s.2g.
rabeta (ê) s.f.
rabi s.m.
rabiça s.f.
rabicano s.m.
rabicho s.m.
rábico adj.
rabicó adj.2g.
rabicurto adj.
rábido adj.
rabilongo adj.
rabinato s.m.
rabínico adj.
rabino s.m.
rabiola s.f.
rabiscado adj.
rabiscar v.
rabisco s.m.
rabiscos s.m.pl.
rabo s.m.
rabo de arraia s.m.
rabo de cavalo s.m. "penteado"
rabo-de-cavalo s.m. "planta"; pl.: *rabos-de-cavalo*
rabo de foguete s.m.
rabo de galo s.m.
rabo de grota s.m.
rabo de palha s.m.
rabo de peixe s.m.
rabo de saia s.m.
rabo de tatu s.m.
rabo do judas s.m.

rabona adj. s.f. de *rabão*
raboso (ô) adj.; f. e pl.: (ó)
rabudo adj.
rabugem s.f.
rabugento adj.
rabugice s.f.
rabujar v.
rábula s.m.
rabulesco (ê) adj.
rabulice s.f.
raça s.f.
raçado adj.
raçador (ô) s.m.
ração s.f.
raceado adj.
racêmico adj.
racemificação s.f.
racemo s.m.
racha s.m. s.f. "pelada", "fenda"; cf. *raxa*
rachado adj.
rachador (ô) s.m.
rachadura s.f.
rachamento s.m.
rachar v.
racial adj.2g.
racialmente adv.
racimo s.m.
raciocinado adj.
raciocinador (ô) adj. s.m.
raciocinante adj.2g.
raciocinar v.
raciocínio s.m.
racionado adj.
racional adj.2g.
racionalidade s.f.
racionalismo s.m.
racionalista adj. s.2g.
racionalização s.f.
racionalizado adj.
racionalizador (ô) adj.
racionalizante adj.2g.
racionalizar v.
racionalizável adj.2g.
racionalmente adv.
racionamento s.m.
racionar v.
racionável adj.2g.
racismo s.m.
racista adj. s.2g.
raconto s.m.
raçudo adj.
radar s.m.
radiação s.f.
radiado adj.

radiador (ô) adj. s.m.
radial adj.2g. s.f.
radialismo s.m.
radialista adj. s.2g.
radialmente adv.
radiamador (ô) adj. s.m.
radiano s.m.
radiante adj.2g.
radiar v.
radiatividade s.f.
radiativo adj.
radicação s.f.
radicado adj.
radical adj. s.2g.
radicalidade s.f.
radicalismo s.m.
radicalista adj. s.2g.
radicalização s.f.
radicalizado adj.
radicalizar v.
radicalmente adv.
radicando s.m.
radicar v.
radicela s.f.
radiciação s.f.
radícola adj.2g. "que vive na raiz das plantas"; cf. *radícula*
radícula s.f. "raiz de embrião de plantas"; cf. *radícola*
radiculado adj.
radicular adj.2g.
radieletricidade s.f.
radielétrico adj.
radiestesia s.f.
radiestrela (ê) s.f.
rádio s.m. s.f.
radioamador (ô) adj. s.m.
radioamadorismo s.m.
radioastronomia s.f.
radioatividade s.f.
radioativo adj.
radioator (ô) s.m.
radiocomunicação s.f.
radiocomunicador (ô) adj. s.m.
radiodifusão s.f.
radiodifusor (ô) adj.
radiodifusora (ô) s.f.
radioelemento s.m.
radioeletricidade s.f.
radioelétrico adj.
radioemissão s.f.
radioemissor (ô) adj.
radioemissora (ô) s.f.

radioescuta s.f.
radioestesia s.f.
radioestesista s.2g.
radiofone s.m.
radiofonia s.f.
radiofônico adj.
radiofonização s.f.
radiofonizado adj.
radiofonizar v.
radiofoto s.f.
radiofotografia s.f.
radiofotográfico adj.
radiofrequência (ü) s.f.
radiogoniometria s.f.
radiografado adj.
radiografar v.
radiografia s.f.
radiográfico adj.
radiograma s.m.
radiogravador (ô) s.m.
radioisotópico adj.
radioisótopo s.m.
radiojornalismo s.m.
radíola s.f.
radiolário adj. s.m.
radiologia s.f.
radiologicamente adv.
radiológico adj.
radiologista adj. s.2g.
radioluminescência s.f.
radiomensagem s.f.
radiometria s.f.
radiométrico adj.
radiômetro s.m.
radionovela s.f.
rádio-operador (ô) adj. s.m.
radiopacidade s.f.
radiopaco adj.
radiopatrulha s.f.
radiopatrulhamento s.m.
radioperador (ô) s.m.
radiopirata s.f.
radioproteção s.f.
radioquímica s.f.
radioquímico adj. s.m.
rádio-relógio s.m.; pl.: *rádios-
  -relógios e rádios-relógio*
radiorrecepção s.f.
radiorreceptor (ô) s.m.
radiorreportagem s.f.
radiorrepórter s.2g.
radioscopia s.f.
radioscópico adj.
radiosidade s.f.
radioso (ô) adj.; f. e pl.: (ó)
radiossonda s.f.
radiossondagem s.f.
radiotáxi (cs) s.m.
radioteatro s.m.
radiotécnica s.f.
radiotécnico s.m.
radiotelefonia s.f.
radiotelefônico adj.
radiotelefonista s.2g.

radiotelegrafia s.f.
radiotelegráfico adj.
radiotelegrafista s.2g.
radiotelemetria s.f.
radiotelescópio s.m.
radioterapeuta s.2g.
radioterapêutica s.f.
radioterapêutico adj.
radioterapia s.f.
radioterápico adj.
radiotransmissão s.f.
radiotransmissor (ô) adj.
  s.m.
radiotransmissora (ô) s.f.
radiotransmitir v.
radiouvinte adj. s.2g.
radiovitrola s.f.
radônio s.m.
rádula s.f.
rafameia (ê) s.f.
rafeiro adj. s.m.
ráfia s.f.
ragu s.m.
raia s.f.
raiado adj.
raia-miúda s.f.; pl.: *raias-
  -miúdas*
raiar v.
rainha s.f.
rainha-mãe s.f.; pl.: *rainhas-
  -mãe e rainhas-mães*
raio s.m.
raiom s.m.
raiva s.f.
raivar v.
raivejar v.
raivento adj.
raivoso (ô) adj.; f. e pl.: (ó)
raiz s.f.
raizama s.f.
raizame s.m.
raizeiro s.m.
raiz-forte s.f.; pl.: *raízes-fortes*
rajá s.m.
rajada s.f.
rajado adj.
rajar v.
rala-bucho s.m.; pl.: *rala-
  -buchos*
ralação s.f.
ralada s.f.
ralado adj.
ralador (ô) s.m.
raladura s.f.
ralar v.
rala-rala s.m.; pl.: *rala-ralas e
  ralas-ralas*
ralé s.f.
ralentado adj.
ralentar v.
ralhação s.f.
ralhador (ô) adj.
ralhar v.
ralho s.m.

rali s.m.
ralo adj. s.m.
rama s.f.
ramada s.f.
ramadã s.m.
ramado adj.
ramagem s.f.
ramal s.m.
ramalhar v.
ramalhete (ê) s.m.
ramalho s.m.
ramalhoso (ô) adj.; f. e pl.: (ó)
ramalhudo adj.
ramaria s.f.
rameira s.f.
ramela s.f.
ramerrão s.m.
rami s.m.
ramícola adj.2g.
ramificação s.f.
ramificado adj.
ramificar v.
ramilhete (ê) s.m.
raminho s.m.
ramo s.m.
ramona s.f.
ramoso (ô) adj.; f. e pl.: (ó)
rampa s.f.
rampeado adj. s.m.
rampeiro adj.
ramudo adj.
ramular adj.2g.
ramúsculo s.m.
ranário s.m.
rançar v.
rancharia s.f.
rancheira s.f.
rancheiro s.m.
rancho s.m.
rancidez (ê) s.f.
râncido adj.
rancificação s.f.
rancificar v.
ranço s.m.
rancor (ô) s.m.
rancorosamente adv.
rancoroso (ô) adj.; f. e pl.: (ó)
rançoso (ô) adj.; f. e pl.: (ó)
randevu s.m.
randômico adj.
ranfastídeo adj. s.m.
rangar v.
rangedeira s.f.
rangedor (ô) adj.
rangente adj.2g.
ranger v.
range-range s.m.; pl.: *range-
  -ranges e ranges-ranges*
rangido s.m.
rangífer s.m.
rangir v.
rango s.m.
rangote s.m.
ranhento adj.

ranheta (ê) adj.2g.
ranhetice s.f.
ranho s.m.
ranhoso (ô) adj.; f. e pl.: (ó)
ranhura s.f.
ranhurado adj.
ranhuragem s.f.
ranhurar v.
ranicultor (ô) s.m.
ranicultura s.f.
ranídeo adj. s.m.
ranilha s.f.
ranqueado adj.
ranqueamento s.m.
ranquear v.
ranunculácea s.f.
ranúnculo s.m.
ranzinza adj.2g.
ranzinzar v.
ranzinzice s.f.
rapa s.m. s.f.
rapace adj.2g.
rapacidade s.f.
rapacíssimo adj.
rapada s.f.
rapadela s.f.
rapado adj.
rapadura s.f.
rapagão s.m.
rapagote s.m.
rapapé s.m.
rapar v.
rapariga s.f.
raparigueiro s.m.
rapaz adj.2g. s.m.
rapaziada s.f.
rapazinho s.m.
rapazola s.m.
rapazote s.m.
rapé s.m.
rapeado adj.
rapeiro s.m.
rapel s.m.
rapelado adj.
rapelar v.
rapidamente adv.
rapidez (ê) s.f.
rápido adj. s.m. adv.
rapina s.f.
rapinador (ô) adj. s.m.
rapinagem s.f.
rapinante adj. s.2g.
rapinar v.
rapineiro s.m.
rapista s.2g.
raposa (ô) s.f.
raposice s.f.
raposino adj.
raposismo s.m.
raposo (ô) adj. s.m.
rapsódia s.f.
rapsódico adj.
rapsodista s.2g.
rapsodo (ó ou ô) s.m.

raptado adj. s.m.
raptar v.
rapto s.m.
raptor (ô) s.m.
raque s.f.
raqueta (ê) s.f.
raquetada s.f.
raquete s.f.
raquialgia s.f.
raquianestesia s.f.
raquiano adj.
raquidiana s.f.
raquidiano adj.
raquimedular adj.2g.
raquítico adj. s.m.
raquitismo s.m.
raramente adv.
rareamento s.m.
rarear v.
rarefação s.f.
rarefazer v.
rarefeito adj.
raridade s.f.
raro adj. adv.
rasa s.f.
rasadura s.f.
rasante adj.2g. s.m.
rasar v.
rasca s.f.
rascante adj.2g. s.m.
rascar v.
rascunhado adj.
rascunhar v.
rascunho s.m.
rasgação s.f.
rasgadamente adv.
rasgadela s.f.
rasgado adj. s.m.
rasgador (ô) adj.
rasgadura s.f.
rasgamento s.m.
rasgante adj.2g.
rasgão s.m.
rasgar v.
rasga-seda s.m.; pl.: *rasga-sedas*
rasgo s.m.
raso adj. s.m.
rasoirar v.
rasoura s.f.
rasourar v.
raspa s.f.
raspada s.f.
raspadeira s.f.
raspadela s.f.
raspadinha s.f.
raspado adj.
raspador (ô) adj. s.m.
raspadura s.f.
raspagem s.f.
raspança s.f.
raspante adj.2g.
raspão s.m.
raspar v.
rasqueado s.m.

rasquear v.
rasta adj. s.2g.
rastafári adj. s.2g.
rastafarianismo s.m.
rastafariano adj.
rastafarismo s.m.
rastapé s.m.
rastaquera (ü) adj. s.2g.
rasteador (ô) adj. s.m.
rasteira s.f.
rasteiro adj.
rastejador (ô) adj. s.m.
rastejadura s.f.
rastejamento s.m.
rastejante adj.2g.
rastejar v.
rastejo (ê) s.m.
rastelar v.
rastelo (ê) s.m.; cf. *rastelo*, fl. do v. *rastelar*
rastilhagem s.f.
rastilho s.m.
rasto s.m.
rastra s.f.
rastreabilidade s.f.
rastreado adj.
rastreador (ô) adj. s.m.
rastreamento s.f.
rastrear v.
rastreável adj.2g.
rastreio s.m.
rastro s.m.
rasura s.f.
rasurado adj.
rasurar v.
rata s.f.
ratã s.m.
ratada s.f.
ratão s.m.
rataplã s.m.
rataria s.f.
ratatuia s.f.
ratazana s.f.
rateação s.f.
rateada s.f.
rateado adj.
rateamento s.m.
ratear v.
rateio s.m.
rateira s.f.
rateiro adj.
raticida adj.2g. s.m.
ratificação s.f.
ratificado adj.
ratificador (ô) adj. s.m.
ratificar v.
ratificável adj.2g.
rato s.m.
rato-branco s.m.; pl.: *ratos-brancos*
rato-d'água s.m.; pl.: *ratos-d'água*
ratoeira s.f.
ratoneiro s.m.

rato-preto s.m.; pl.: *ratos--pretos*
ratuíno s.m.
ravina s.f.
ravinamento s.m.
ravióli s.m.
raxa s.f. "pano grosseiro"; cf. *racha*
razão s.f.
razia s.f.
razoabilidade s.f.
razoável adj.2g.
razoavelmente adv.
ré s.f. de réu
reabastecer v.
reabastecido adj.
reabastecimento s.m.
reaberto adj.
reabertura s.f.
reabilitação s.f.
reabilitado adj.
reabilitador (ô) adj. s.m.
reabilitar v.
reabilitativo adj.
reabilitável adj.2g.
reabitar v.
reabraçar v.
reabrir v.
reabsorção s.f.
reabsorver v.
reabsorvido adj.
reação s.f.
reaceleração s.f.
reacelerar v.
reacender v.
reacerto (ê) s.m.
reacional adj.2g.
reacionário adj. s.m.
reacionarismo s.m.
reacomodação s.f.
reacomodar v.
reacoplamento s.m.
reacoplar v.
reacostumar v.
readaptação s.f.
readaptado adj.
readaptar v.
readequação s.f.
readequar v.
readmissão s.f.
readmitido adj. s.m.
readmitir v.
readoção s.f.
readormecer v.
readquirir v.
reafirmação s.f.
reafirmado adj.
reafirmar v.
reagente adj.2g. s.m.
reagir v.
reaglutinação s.f.
reaglutinador (ô) adj. s.m.
reaglutinamento s.m.
reaglutinar v.

reagradecer v.
reagrupado adj.
reagrupamento s.m.
reagrupar v.
reajustado adj.
reajustagem s.f.
reajustamento s.m.
reajustar v.
reajustável adj.2g.
reajuste s.m.
real adj.2g. s.m.
realçado adj.
realçador (ô) adj. s.m.
realçar v.
realce s.m.
realejo (ê) s.m.
realejo de boca s.m.
realengo adj.
realentado adj.
realeza (ê) s.f.
realidade s.f.
realimentação s.f.
realimentado adj.
realimentador (ô) adj. s.m.
realimentar v.
realinhado adj.
realinhamento s.m.
realinhar v.
realismo s.m.
realista adj. s.2g.
realístico adj.
realização s.f.
realizado adj.
realizador (ô) adj. s.m.
realizar v.
realizável adj.2g.
realmente adv.
reanalisar v.
reanexação (cs) s.f.
reanexar (cs) v.
reanimação s.f.
reanimado adj.
reanimador (ô) adj.
reanimar v.
reaparecer v.
reaparecimento s.m.
reaparelhamento s.m.
reaparelhar v.
reaparição s.f.
reapertar v.
reaperto (ê) s.m.; cf. *reaperto*, fl. do v. *reapertar*
reaplicação s.f.
reaplicar v.
reapreciação s.f.
reaprender v.
reaprendizado s.m.
reaprendizagem s.f.
reapresentação s.f.
reapresentado adj.
reapresentar v.
reaproveitado adj.
reaproveitamento s.m.
reaproveitar v.

reaproveitável adj.2g.
reaproximação (ss) s.f.
reaproximar (ss) v.
reaprumar v.
reapurar v.
reaquecer v.
reaquecido adj.
reaquecimento s.m.
reaquisição s.f.
rearmamento s.m.
rearranjada s.f.
rearranjado adj.
rearranjar v.
rearranjo s.m.
rearrumação s.f.
rearrumar v.
rearticulação s.f.
rearticular v.
reassentamento s.m.
reassentar v.
reassistir v.
reassumir v.
reatamento s.m.
reatar v.
reativação s.f.
reativamente s.m.
reativar v.
reatividade s.f.
reativo adj.
reato s.m.
reator (ô) adj. s.m.
reatualização s.f.
reatualizar v.
reavaliação s.f.
reavaliado adj.
reavaliar v.
reaver v.
reavisar v.
reaviso s.m.
reavivamento s.m.
reavivar v.
rebaixa s.f.
rebaixado adj.
rebaixamento s.m.
rebaixar v.
rebanho s.m.
rebarba s.f.
rebarbativo adj.
rebate s.m.
rebatedor (ô) adj. s.m.
rebater v.
rebatida s.f.
rebatido adj.
rebatimento s.m.
rebatível adj.2g.
rebatizado adj.
rebatizar v.
rebelado adj. s.m.
rebelar v.
rebelde adj. s.2g.
rebeldia s.f.
rebelião s.f.
rebenque s.m.
rebentação s.f

rebentado adj.
rebentão s.m.
rebentar v.
rebento s.m.
rebimba s.f.
rebitado adj.
rebitagem s.f.
rebitar v.
rebite s.m.
reboante adj.2g.
reboar v
rebobinado adj.
rebobinagem s.f.
rebobinamento s.m.
rebobinar v.
rebocado adj.
rebocador (ô) adj. s.m.
rebocadura s.f.
rebocamento s.m.
rebocar v.
rebocável adj.2g.
reboco (ô) s.m.; cf. *reboco*, fl. do v. *rebocar*
rebojo (ô) s.m.
rebolado adj. s.m.
rebolante adj.2g.
rebolar v.
rebolativo adj.
reboleante adj.2g.
reboleio s.m.
reboleira s.f.
rebolir v.
rebolo (ô) s.m.; cf. *rebolo*, fl. do v. *rebolar*
rebombear v.
reboo (ô) s.m.
reboque s.m.
rebordado adj.
rebordar v.
rebordo (ô) s.m.; cf. *rebordo*, fl. do v. *rebordar*
rebordosa s.f.
rebotalho s.m.
rebote s.m.
rebotear v.
rebrilhar v.
rebrilho s.m.
rebritador (ô) s.m.
rebrota s.f.
rebrotamento s.m.
rebrotar v.
rebu s.m.
rebuçado adj. s.m.
rebuçar v.
rebuliço s.m.
rebulir v.
reburocratização s.f.
rebuscado adj.
rebuscamento s.m.
rebuscar v.
recadastrado adj.
recadastramento s.m.
recadastrar v.
recadastro s.m.

recadeiro adj. s.m.
recadista s.2g.
recado s.m.
recaída s.f.
recair v.
recalcado adj. s.m.
recalcamento s.m.
recalçamento s.m.
recalcante adj.2g.
recalcar v.
recalcificação s.f.
recalcitrância s.f.
recalcitrante adj. s.2g.
recalcitrar v.
recalcular v.
recálculo s.m.
recalibragem s.f.
recalibramento s.m.
recalibrar v.
recalque s.m.
recamado adj.
recamar v.
recambiar v.
recambiável adj.2g.
recâmbio s.m.
recamo s.m.
recandidatar v.
recanto s.m.
recapacitação s.f.
recapacitar v.
recapagem s.f.
recapamento s.m.
recapar v.
recapeado adj.
recapeadora (ô) s.f.
recapeamento s.m.
recapear v.
recapitalização s.f.
recapitalizar v.
recapitulação s.f.
recapitulador adj. s.m.
recapitular v.
recaptura s.f.
recapturar v.
recarga s.f.
recarregamento s.m.
recarregar v.
recarregável adj.2g.
recatado adj.
recatar v.
recato s.m.
recauchutado adj.
recauchutador (ô) adj. s.m.
recauchutadora (ô) s.f.
recauchutagem s.f.
recauchutar v.
recavém s.m.
receado adj.
recear v.
recebedor (ô) adj. s.m.
recebedoria s.f.
receber v.
recebido adj.
recebimento s.m.

recebível adj.2g.
receio s.m.
receita s.f.
receitado adj.
receitador (ô) adj. s.m.
receitar v.
receituário s.m.
recém adv.
recém-casado adj. s.m.; pl.: *recém-casados*
recém-chegado adj. s.m.; pl.: *recém-chegados*
recém-formado adj. s.m.; pl.: *recém-formados*
recém-nascido adj. s.m.; pl.: *recém-nascidos*
recendência s.f.
recendente adj.2g.
recender v.
recensão s.f.
recenseado adj. s.m.
recenseador (ô) adj. s.m.
recenseamento s.m.
recensear v.
recente adj.2g.
recentemente adv.
recentralização s.f.
receoso (ô) adj.; f. e pl.: (ó)
recepção s.f.
recepcionado adj.
recepcionar v.
recepcionista s.2g.
receptação s.f.
receptáculo s.m.
receptador (ô) adj. s.m.
receptar v.
receptividade s.f.
receptivo adj.
receptor (ô) adj. s.m.
recessão s.f. "retraimento"; cf. *ressecção*
recessionista adj.2g.
recessividade s.f.
recessivo adj.
recesso s.m.
rechaçado adj.
rechaçamento s.m.
rechaçar v.
rechaço s.m.
recheado adj. s.m.
rechear v.
recheio s.m.
rechinante adj.2g.
rechinar v. s.m.
rechonchudo adj.
recibo s.m.
reciclado adj.
reciclador (ô) adj. s.m.
recicladora (ô) s.f.
reciclagem s.f.
reciclamento s.m.
reciclar v.
reciclável adj.2g.
recidiva s.f.

recidivante | 298 | recredenciar

recidivante adj.2g.
recidivar v.
recidivo adj.
recife s.m.
recifense adj. s.2g.
recinto s.m.
récipe s.m.
recipiente s.m.
recíproca s.f.
reciprocamente adv.
reciprocidade s.f.
recíproco adj.
récita s.f.
recitação s.f.
recitado adj. s.m.
recitador (ô) adj. s.m.
recital s.m.
recitalista adj. s.2g.
recitante adj. s.2g.
recitar v.
recitativo s.m.
reclamação s.f.
reclamado adj.
reclamador (ô) adj. s.m.
reclamante adj. s.2g.
reclamar v.
reclame s.m.
reclamo s.m.
reclassificação s.f.
reclassificar v.
reclassificatório adj.
reclinação s.f.
reclinado adj.
reclinar v.
reclinatório s.m.
reclinável adj.2g.
recluído adj.
recluir v.
reclusão s.f.
reclusivo adj.
recluso adj. s.m.
reco s.m.
recoberto adj.
recobrado adj.
recobramento s.m.
recobrar v.
recobrimento s.m.
recobrir v.
recobro (ô) s.m.; cf. recobro, fl. do v. recobrar
recognição s.f.
recolagem s.f.
recolar v.
recoleto s.m.
recolha (ô) s.f.
recolhedor (ô) adj. s.m.
recolher v.
recolhido adj.
recolhimento s.m.
recolocação s.f.
recolocar v.
recolonização s.f
recolonizar v.
recolorido adj.

recombinação s.f.
recombinado adj.
recombinar v.
recomeçar v.
recomeço (ê) s.m.; cf. recomeço, fl. do v. recomeçar
recomendação s.f.
recomendações s.f.pl.
recomendado adj. s.m.
recomendar v.
recomendativo adj.
recomendável adj.2g.
recompensa s.f.
recompensado adj.
recompensador (ô) adj.
recompensar v.
recompor (ô) v.
recomposição s.f.
recomposto (ô) adj.; f. e pl.: (ó)
recompra s.f.
recomprar v.
recôncavo s.m.
reconceituação s.f.
reconceituar v.
reconcentração s.f.
reconcentrar v.
reconciliação s.f.
reconciliado adj.
reconciliador (ô) adj. s.m.
reconciliar v.
reconciliatório adj.
reconciliável adj.2g.
recondicionado adj.
recondicionador (ô) adj. s.m.
recondicionamento s.m.
recondicionar v.
recôndito adj. s.m.
reconditório s.m.
recondução s.f.
reconduzir v.
reconectar v.
reconexão (cs) s.f.
reconferir v.
reconfiguração s.f.
reconfigurar v.
reconfortado adj.
reconfortador (ô) adj
reconfortante adj.2g. s.m.
reconfortar v.
reconforto (ô) s.m.; cf. reconforto, fl. do v. reconfortar
reconhecedor (ô) adj. s.m.
reconhecer v.
reconhecidamente adv.
reconhecido adj.
reconhecimento s.m.
reconhecível adj.2g.
reconquista s.f.
reconquistado adj.
reconquistar v.
reconsideração s.f.
reconsiderar v.
reconstituição s.f.

reconstituído adj.
reconstituinte adj.2g. s.m.
reconstituir v.
reconstituível adj.2g.
reconstrução s.f.
reconstruído adj.
reconstruir v.
reconstrutivo adj.
reconstrutor (ô) adj. s.m.
recontado adj.
recontagem s.f.
recontar v.
recontextualização s.f.
recontratação s.f.
recontratado adj. s.m.
recontratar v.
reconvenção s.f.
reconversão s.f.
reconversar v.
reconverter v.
reconvertido adj. s.m.
reconvocação s.f.
reconvocar v.
recopiar v.
recordação s.f.
recordado adj.
recordar v.
recordativo adj.
recordatório adj.
recorde adj.2g.2n. s.m.
recordista adj. s.2g.
reco-reco s.m.; pl.: reco-recos
recorrência s.f.
recorrente adj. s.2g.
recorrentemente adv.
recorrer v.
recorrido adj. s.m.
recorrível adj.2g.
recortado adj.
recortar v.
recortável adj.2g.
recorte s.m.
recoser v. "recosturar"; cf. recozer
recostado adj.
recostar v.
recosto (ô) s.m.; cf. recosto, fl. do v. recostar
recostura s.f.
recosturar v.
recozedura s.f.
recozer v. "tornar a cozinhar"; cf. recoser
recozido adj.
recozimento s.m.
recravadeira s.f.
recreação s.f.
recreacional adj.2g.
recreacionista s.2g.
recreador (ô) adj. s.m.
recrear v.
recreativo adj.
recredenciamento s.m.
recredenciar v.

recreio s.m.
recrescer v.
recrescimento s.m.
recriação s.f.
recriado adj.
recriador (ô) adj. s.m.
recriar v.
recriminação s.f.
recriminador (ô) adj. s.m.
recriminar v.
recriminativo adj.
recriminatório adj.
recriminável adj.2g.
recristalização s.f.
recrudescência s.f.
recrudescente adj.2g.
recrudescer v.
recrudescimento s.m.
recruta s.2g.
recrutado adj. s.m.
recrutador (ô) adj. s.m.
recrutamento s.m.
recrutar v.
recruzado adj.
recruzar v.
récua s.f.
recuada s.f.
recuado adj.
recuar v.
recuo s.m.
recuperação s.f.
recuperado adj.
recuperador (ô) adj. s.m.
recuperar v.
recuperativo adj.
recuperável adj.2g.
recursal adj.2g.
recursão s.f.
recursividade s.f.
recursivo adj.
recurso s.m.
recursos s.m.pl.
recurvado adj.
recurvar v.
recurvo adj.
recusa s.f.
recusado adj.
recusar v.
recusável adj.2g.
redação s.f.
redacional adj.2g.
redarguente (ü) adj.2g.
redarguição (ü) s.f.
redarguidor (ü...ô) adj. s.m.
redarguir (ü) v.
redarguitivo (ü) adj.
redarguível (ü) adj.2g.
redatação s.f.
redatilografado adj.
redator (ô) s.m.
redatorial adj.2g.
rede (ê) s.f.
rédea s.f.
redebater v.

redecoração s.f.
redecorado adj.
redecorar v.
redefinição s.f.
redefinido adj.
redefinir v.
redemocratização s.f.
redemocratizado adj.
redemocratizante adj.2g.
redemocratizar v.
redemoinhar v.
redemoinho s.m.
redemunho s.m.
redenção s.f.
redenominação s.f.
redentor (ô) adj. s.m.
redentorista adj.2g. s.m.
redescoberta s.f.
redescoberto adj.
redescobridor (ô) adj. s.m.
redescobrimento s.m.
redescobrir v.
redescontar v.
redesconto s.m.
redesenhado adj.
redesenhar v.
redesenho s.m.
redespertar v.
redestinação s.f.
redigido adj.
redigir v.
redigitação s.f.
redigitar v.
redil s.m.
redimensionado adj.
redimensionamento s.m.
redimensionar v.
redimido adj.
redimir v.
redimível adj.2g.
redingote s.m.
redinha s.f.
redirecionado adj.
redirecionamento s.m.
redirecionar v.
rediscagem s.f.
rediscussão s.f.
rediscutir v.
redistribuição s.f.
redistribuído adj. s.m.
redistribuidor (ô) adj. s.m.
redistribuir v.
redistributivismo s.m.
redistributivista adj.2g.
redistributivo adj.
redito adj.
rédito s.m.
redividir v.
redivisão s.f.
redivivo adj.
redizer v.
redobrado adj.
redobramento s.m.
redobrar v.

redobro (ô) s.m.; cf. *redobro*,
 fl. do v. *redobrar*
redoma s.f.
redomão s.m.
redomoinhar v.
redondamente adv.
redondel s.m.
redondeza (ê) s.f.
redondezas (ê) s.f.pl.
redondilha s.f.
redondilho s.m.
redondo adj. s.m. adv.
redor s.m.
redourado adj.
redramatizar v.
redução s.f.
reducionismo s.m.
reducionista adj. s.2g.
redundância s.f.
redundante adj.2g.
redundar v.
reduplicação s.f.
reduplicar v.
redutibilidade s.f.
redutível adj.2g.
redutivo adj.
reduto s.m.
redutor (ô) adj. s.m.
reduzido adj.
reduzir v.
reduzível adj.2g.
reedição s.f.
reedificação s.f.
reedificar v.
reeditado adj.
reeditar v.
reeducação s.f.
reeducar v.
reelaboração s.f.
reelaborar v.
reeleger v.
reelegibilidade s.f.
reelegível adj.2g.
reeleição s.f.
reeleito adj. s.m.
reembalagem s.f.
reembalar v.
reembolsar v.
reembolsável adj.2g.
reembolso (ô) s.m.; cf.
 reembolso, fl. do v. *reembolsar*
reemergência s.f.
reemergente adj.2g.
reemitir v.
reempacotar v.
reempossar v.
reempregar v.
reencarnação s.f.
reencarnado adj.
reencarnar v.
reencenado adj.
reencenar v.
reencetar v.
reencher v.

reencontrado adj.
reencontrar v.
reencontro s.m.
reenergizado adj.
reenergizar v.
reengatamento s.m.
reengenharia s.f.
reentrada s.f.
reentrância s.f.
reentrante adj.2g.
reentrar v.
reentronização s.f.
reenviar v.
reenvidar v.
reenvio s.m.
reequacionamento s.m.
reequacionar v.
reequilibrar v.
reequilíbrio s.m.
reequipado adj.
reequipagem s.f.
reequipamento s.m.
reequipar v.
reerguer v.
reerguida s.f.
reerguimento s.m.
reescalonamento s.m.
reescalonar v.
reescrever v.
reescrita s.f.
reescrito adj.
reescritura s.f.
reestabilizar v.
reestenose s.f.
reestruturação s.f.
reestruturado adj.
reestruturador (ô) adj. s.m.
reestruturar v.
reestudar v.
reestudo s.m.
reexame (z) s.m.
reexaminar (z) v.
reexibição (z) s.f.
reexibir (z) v.
reexportar v.
refazer v.
refazimento s.m.
refego (ê) s.m.
refeição s.f.
refeito adj.
refeitório s.m.
refeitura s.f.
refém s.2g.
referência s.f.
referenciado adj.
referencial adj.2g. s.m.
referencialidade s.f.
referenciar v.
referências s.f.pl.
referendar v.
referendário adj.
referendo s.m.
referente adj.2g. s.m.
referido adj.

referimento s.m.
referir v.
referver v.
refestelado adj.
refestelar-se v.
refigurar v.
refil s.m.
refilho s.m.
refiliação s.f.
refiliado adj. s.m.
refiliar v.
refilmagem s.f.
refilmar v.
refinação s.f.
refinado adj.
refinador (ô) adj. s.m.
refinadora (ô) s.f.
refinamento s.m.
refinanciamento s.m.
refinanciar v.
refinanciável adj.2g.
refinar v.
refinaria s.f.
refino s.m.
refle s.m.
refletido adj.
refletir v.
refletividade s.f.
refletivo adj.
refletor (ô) adj. s.m.
reflexamente (cs) adv.
reflexão (cs) s.f.
reflexionante (cs) adj.2g.
reflexionar (cs) v.
reflexivamente (cs) adv.
reflexividade (cs) s.f.
reflexivo (cs) adj.
reflexo (cs) adj. s.m.
reflexologia (cs) s.f.
reflorescência s.f.
reflorescente adj.2g.
reflorescer v.
reflorescimento s.m.
reflorestador (ô) adj. s.m.
reflorestamento s.m.
reflorestar v.
reflorir v.
refluir v.
refluxo (cs) s.m.
refocilar v.
refogado adj. s.m.
refogar v.
refolhado adj.
refolhar v.
refolho (ô) s.m.; pl.: (ó)
refolhos s.m.pl.
reforçado adj.
reforçador (ô) adj. s.m.
reforçamento s.m.
reforçar v.
reforçativo adj.
reforço (ô) s.m.; pl.: (ó)
reforma s.f.
reformação s.f.

reformado adj. s.m.
reformador (ô) adj. s.m.
reformar v.
reformatação s.f.
reformatar v.
reformatório adj. s.m.
reformismo s.m.
reformista adj. s.2g.
reformulação s.f.
reformulado adj.
reformulador (ô) adj. s.m.
reformular v.
refração s.f.
refrangente adj.2g.
refranger v.
refrangido adj.
refrão s.m.
refratado adj.
refratar v.
refratariedade s.f.
refratário adj. s.m.
refratômetro s.m.
refrator (ô) adj. s.m.
refreado adj.
refreador (ô) adj. s.m.
refreamento s.m.
refrear v.
refreável adj.2g.
refrega s.m.
refregar v.
refreio s.m.
refrescado adj.
refrescamento s.m.
refrescância s.f.
refrescante adj.2g.
refrescar v.
refresco (ê) s.m.
refrigeração s.f.
refrigerado adj.
refrigerador (ô) adj. s.m.
refrigerante adj.2g. s.m.
refrigerar v.
refrigério s.m.
refringência s.f.
refringente adj.2g.
refugado adj.
refugador (ô) adj. s.m.
refugar v.
refugiado adj. s.m.
refugiar v.
refúgio s.m.
refugo s.m.
refulgência s.f.
refulgente adj.2g.
refulgir v.
refundição s.f.
refundir v.
refutação s.f.
refutado adj.
refutador (ô) adj. s.m.
refutar v.
refutatório adj.
refutável adj.2g.
rega s.f.

rega-bofe | 301 | **reinterrogar**

rega-bofe s.m.; pl.: *rega-bofes*
regaça s.f.
regaçar v.
regaço s.m.
regadio s.m.
regado adj.
regador (*ô*) adj. s.m.
regadura s.f.
regaladamente adv.
regalado adj.
regalar v.
regalia s.f.
regalismo s.m.
regalista adj. s.2g.
regalo s.m.
reganhar v.
regar v.
regata s.f.
regatão s.m.
regateador (*ô*) adj. s.m.
regatear v.
regateio s.m.
regateirice s.f.
regateiro adj.
regato s.m.
regedor (*ô*) adj. s.m.
regelação s.f.
regelado adj.
regelar v.
regelo (*ê*) s.m.
regência s.f.
regencial adj.2g.
regeneração s.f.
regenerado adj.
regenerador (*ô*) adj. s.m.
regeneradora (*ô*) s.f.
regenerante adj.2g.
regenerar v.
regenerativo adj.
regeneratriz s.f.
regente adj. s.2g.
reger v.
regiamente adv.
região s.f.
regicida adj. s.2g.
regicídio s.m.
regido adj.
regime s.m.
regímen s.m.
regimental adj.2g.
regimentalmente adv.
regimentar v. adj. 2g.
regimento s.m.
régio adj.
regional adj.2g. s.m. s.f.
regionalismo s.m.
regionalista adj. s.2g.
regionalização s.f.
regionalizado adj.
regionalizar v.
regionalmente adv.
regirar v.
registrado adj.
registrador (*ô*) adj. s.m.

registradora (*ô*) s.f.
registrar v.
registrável adj.2g.
registro s.m.
rego (*ê*) s.m.; cf. *rego*, fl. do v. *regar*
regolfo (*ô*) s.m.
regolito s.m.
regougado adj.
regougar v.
regougo s.m.
regozijar v.
regozijo s.m.
regra s.f.
regrado adj.
regramento s.m.
regrar v.
regras s.f.pl.
regra-três s.2g.; pl.: *regras-três*
regravação s.f.
regravar v.
regravável adj.2g.
regredir v.
regressão s.f.
regressar v.
regressista adj. s.2g.
regressividade s.f.
regressivo adj.
regresso s.m.
régua s.f.
reguada s.f.
regueira s.f.
reguengo adj.
regulação s.f.
regulado adj.
regulador (*ô*) adj. s.m.
regulagem s.f.
regulamentação s.f.
regulamentado adj.
regulamentador (*ô*) adj. s.m.
regulamentar v. adj.2g.
regulamento s.m.
regular v. adj.2g.
regularidade s.f.
regularização s.f.
regularizado adj.
regularizador (*ô*) adj. s.m.
regularizar v.
regulativo adj.
regulatório adj.
regulável adj.2g.
régulo s.m.
regurgitação s.f.
regurgitada s.f.
regurgitado adj.
regurgitamento s.m.
regurgitante adj.2g.
regurgitar v.
rei s.m.
reichiano (*rai*) adj. s.m.
reide s.m.
reidratação s.f.
reidratado adj.
reidratante adj.2g. s.m.

reidratar v.
reificação s.f.
reificado adj.
reificador (*ô*) adj.
reificante adj.2g.
reificar v.
reima s.f.
reimão adj.
reimoso (*ô*) adj.; f. e pl.: (*ó*)
reimplantação s.f.
reimplantado adj.
reimplantar v.
reimplante s.m.
reimpor (*ô*) v.
reimportar v.
reimpressão s.f.
reimpressor (*ô*) s.m.
reimprimir v.
reinação s.f.
reinaço s.m.
reinado s.m.
reinador (*ô*) adj.
reinante adj.2g.
reinar v.
reinauguração s.f.
reinaugurar v.
reincentivar v.
reincidência s.f.
reincidente adj. s.2g.
reincidir v.
reincluir v.
reinclusão s.f.
reincorporação s.f.
reincorporar v.
reindexação (*cs*) s.f.
reindexar (*cs*) v.
reinfecção s.f.
reinfectar v.
reinfestação s.f.
reingressar v.
reingresso s.m.
reiniciação s.f.
reiniciado adj.
reiniciar v.
reinício s.m.
reino s.m.
reinol adj. s.2g.
reinquirir v.
reinscrever v.
reinscrição s.f.
reinserção s.f.
reinserir v.
reinstalação s.f.
reinstalado adj.
reinstalar v.
reinstituição s.f.
reinstituir v.
reintegração s.f.
reintegrado adj.
reintegrador (*ô*) adj.
reintegrar v.
reinterpretação s.f.
reinterpretar v.
reinterrogar v.

reintrodução s.f.
reintroduzir v.
reinvadir v.
reinvasão s.f.
reinvenção s.f.
reinventado adj.
reinventar v.
reinvestido adj.
reinvestidura s.f.
reinvestigar v.
reinvestimento s.m.
reinvestir v.
réis s.m.pl.
reisada s.f.
reisado s.m.
reiteração s.f.
reiteradamente adv.
reiterado adj.
reiterar v.
reiterativo adj.
reiterável adj.2g.
reitor (ô) s.m.
reitorado s.m.
reitoral adj.2g.
reitorável s.2g.
reitoria s.f.
reiuna s.f.
reiunar v
reiuno adj.
reivindicação s.f.
reivindicado adj.
reivindicador (ô) adj. s.m.
reivindicante adj.2g.
reivindicar v.
reivindicativo adj.
reivindicatório adj.
reizeiro s.m.
rejeição s.f.
rejeitar v.
rejeitável adj.2g.
rejeito s.m.
rejubilação s.f.
rejubilar v.
rejuvenescedor (ô) adj.
rejuvenescer v.
rejuvenescido adj.
rejuvenescimento s.m.
relação s.f.
relacionado adj.
relacional adj.2g.
relacionamento s.m.
relacionar v.
relacionável adj.2g.
relações s.f.pl.
relações-públicas s.2g.2n.
relâmpago adj.2g.2n. s.m.
relampaguear v.
relampeado s.m.
relampear v.
relampejante adj.2g.
relampejar v.
relançamento s.m.
relançar v.
relance s.m.

relancear v.
relapso adj. s.m.
relar v.
relatado adj. s.m.
relatar v.
relativamente adv.
relatividade s.f.
relativismo s.m.
relativista adj. s.2g.
relativização s.f.
relativizado adj.
relativizar v.
relativo adj.
relato s.m.
relator (ô) adj. s.m.
relatoria s.f.
relatorial adj.2g.
relatório s.m.
relatorista s.2g.
relaxação s.f.
relaxado adj. s.m.
relaxamento s.m.
relaxante adj.2g. s.m.
relaxar v.
relaxo s.m.
relé s.m.
relegação s.f.
relegado adj.
relegamento s.m.
relegar v.
relegitimar v.
releitura s.f.
relembrado adj.
relembrança s.f.
relembrar v.
relento s.m.
relepada s.f.
reler v.
reles adj.2g.2n.
relevação s.f.
relevado adj.
relevamento s.m.
relevância s.f.
relevante adj.2g.
relevar v.
relevável adj.2g.
relevo (ê) s.m.
relha (ê) s.f.
relhada s.f.
relhar v.
relho (ê) s.m.
relicário s.m.
religação s.f.
religamento s.m.
religar v.
religião s.f.
religiosamente adv.
religiosidade s.f.
religioso (ô) adj. s.m.; f. e pl.: (ó)
relinchar v.
relincho s.m.
relíquia s.f.
relocação s.f.

relocalizar v.
relocar v.
relógio s.m.
relojoaria s.f.
relojoeiro adj. s.m.
reloteamento s.m.
relume s.m.
relumeante adj.2g.
relumiar v.
relutância s.f.
relutante adj.2g.
relutantemente adv.
relutar v.
reluzente adj.2g.
reluzido adj.
reluzir v.
relva s.f.
relvado adj. s.m.
relvoso (ô) adj.; f. e pl.: (ó)
rem s.m.
remada s.f.
remador (ô) s.m.
remalina s.f.
remanchador (ô) adj. s.m.
remanchar v.
remanche s.m.
remancheado adj.
remanchear v.
remancho s.m.
remandiola s.f.
remanejado adj.
remanejamento s.m.
remanejar v.
remanescência s.f.
remanescente adj. s.2g.
remanescer v.
remansar v.
remanso s.m.
remansoso (ô) adj.; f. e pl.: (ó)
remanufaturamento s.m.
remanusear v.
remapeamento s.m.
remapear v.
remar v.
remarcação s.f.
remarcado adj.
remarcar v.
remarcatório adj.
remarcável adj.2g.
remascado adj.
remascar v.
remasterização s.f.
remasterizado adj.
remasterizar v.
rematado adj.
rematar v.
remate s.m.
rematrícula s.f.
remedar v.
remediação s.f.
remediado adj. s.m.
remediador (ô) adj. s.m.
remediar v.
remediável adj.2g.

remédio s.m.
remedo (ê) s.m.
remeiro s.m.
remela s.f.
remelento adj.
remelexo (ê) s.m.
rememoração s.f.
rememorar v.
rememorativo adj.
rememorável adj.2g.
rememória s.f.
remendado adj.
remendador (ô) adj. s.m.
remendagem s.f.
remendão adj. s.m.; fem.: *remendona*
remendar v.
remendável adj.2g.
remendo s.m.
remendona s.f. de *remendão*
remergulhar v.
remessa s.f.
remetente adj. s.2g.
remeter v.
remetida s.f.
remetido adj.
remexer v.
remexido adj. s.m.
remeximento s.m.
remição s.f.
remido adj.
rêmige adj.2g. s.f.
remígio s.m.
remigração s.f.
remigrar v.
remilitarização s.f.
remilitarizar v.
reminiscência s.f.
reminiscente adj.2g.
remir v.
remirar v.
remissão s.f.
remissiva s.f.
remissível adj.2g.
remissividade s.f.
remissivo adj.
remisso adj.
remitência s.f.
remitente adj.2g.
remitir v.
remível adj.2g.
remixado (cs) adj.
remixagem (cs) s.f.
remixar (cs) v.
remo s.m.
remobilização s.f.
remobilizar v.
remoçado adj.
remoçador (ô) adj.
remoçamento s.m.
remoçante adj.2g.
remoção s.f.
remoçar v.
remodelação s.f.

remodelado adj.
remodelador (ô) adj. s.m.
remodelagem s.f.
remodelamento s.m.
remodelar v.
remoer v.
remoinhar v.
remoinho s.m.
remoldagem s.f.
remoldar v.
remonta s.f.
remontado adj.
remontagem s.f.
remontar v.
remontável adj.2g.
remonte s.m.
remoque s.m.
remora s.f.
remorar v.
remorder v.
remordido adj.
remordimento s.m.
remorso s.m.
remotamente adv.
remotivação s.f.
remotivado adj.
remotivar v.
remoto adj.
removedor (ô) s.m.
remover v.
removibilidade s.f.
removido adj.
removível adj.2g.
remuneração s.f.
remunerado adj.
remunerador (ô) adj. s.m.
remunerar v.
remunerativo adj.
remuneratório adj.
remunerável adj.2g.
rena s.f.
renacionalização s.f.
renacionalizar v.
renal adj.2g.
renanismo s.m.
renascença s.f.
renascente adj.2g.
renascentismo s.m.
renascentista adj. s.2g.
renascer v.
renascido adj.
renascimento s.m.
renda s.f.
rendado adj.
rendão s.m.
rendar v.
rendeira s.f.
rendeiro adj. s.m.
render v.
renderização s.f.
rendição s.f.
rendido adj.
rendidura s.f.
rendilha s.f.

rendilhado adj. s.m.
rendilhar v.
rendimento s.m.
rendoso (ô) adj.; f. e pl.: (ó)
renegação s.f.
renegado adj. s.m.
renegamento s.m.
renegar v.
renegociação s.f.
renegociar v.
rengo adj. s.m.
renguear v.
renhidamente adv.
renhido adj.
renhir v.
reniforme adj.2g.
renitência s.f.
renitente adj.2g.
renitentemente adv.
renitir v.
renomado adj.
renome s.m.
renomeação s.f.
renomeado adj.
renomear v.
renovação s.f.
renovado adj.
renovador (ô) adj. s.m.
renovamento s.m.
renovar v.
renovatório adj.
renovável adj.2g.
renovo (ô) s.m.; cf. *renovo*, fl. do v. *renovar*
renque s.m.
rentabilidade s.f.
rentabilização s.f.
rentabilizar v.
rentável adj.2g
rente adj.2g. adv.
rentear v.
rentismo s.m.
rentista adj. s.2g.
rentoso (ô) adj.; f. e pl.: (ó)
rentura s.f.
renuir v.
renúncia s.f.
renunciador (ô) adj. s.m.
renunciante adj.2g.
renunciar v.
renunciatório adj.
renunciável adj.2g.
reocupação s.f.
reocupar v.
reolhar v.
reoperação s.f.
reoperar v.
reordenação s.f.
reordenado adj.
reordenamento s.m.
reordenar v.
reorganização s.f.
reorganizado adj.
reorganizador (ô) adj. s.m.

reorganizar v.
reorientação s.f.
reorientar v.
reorquestrar v.
reostato s.m.
reóstato s.m.
reoxigenar (cs) v.
repaginação s.f.
repaginar v.
reparabilidade s.f.
reparação s.f.
reparadeira s.f.
reparador (ô) adj. s.m.
reparar v.
reparatório adj.
reparável adj.2g.
reparcelamento s.m.
reparcelar v.
reparo s.m.
reparte s.m.
repartição s.f.
repartido adj.
repartidor (ô) adj. s.m.
repartimento s.m.
repartir v.
repassado adj.
repassador (ô) adj. s.m.
repassar v.
repassável adj.
repasse s.m.
repasso s.m.
repastar v.
repasto s.m.
repatriação s.f.
repatriado adj. s.m.
repatriamento s.m.
repatriar v.
repatriável adj.2g.
repavimentação s.f.
repavimentar v.
repelão s.m.
repelência s.f.
repelente adj.2g. s.m.
repelir v.
repenicado s.m.
repenicar v.
repenique s.m.
repensamento s.m.
repensar v.
repente s.m.
repentinamente adv.
repentino adj.
repentismo s.m.
repentista adj. s.2g.
repercussão s.f.
repercussivo adj.
repercutente adj.2g.
repercutir v.
repertoriar v.
repertório s.m.
repesar v.
repescagem s.f.
repeteco s.m.
repetência s.f.

repetente adj.2g.
repetibilidade s.f.
repetição s.f.
repetidamente adv.
repetido adj.
repetidor (ô) adj.
repetidora (ô) s.f.
repetir v.
repetitivamente adv.
repetitividade s.f.
repetitivo adj.
repetível adj.2g.
repicado adj.
repicagem s.f.
repicar v.
repigmentação s.f.
repimpado adj.
repimpar v.
repinicado adj. s.m.
repinicante adj.2g.
repinicar v.
repinique s.m.
repintado adj.
repintar v.
repique s.m.
repiquete (ê) s.m.
repisado adj.
repisamento s.m.
repisar v.
replanejamento s.f.
replanejar v.
replanta s.f.
replantação s.f.
replantar v.
replantio s.m.
repleção s.m.
replementar adj.2g.
repleno adj.
repleto adj.
réplica s.f.
replicabilidade s.f.
replicação s.f.
replicante adj. s.2g.
replicar v.
repolho (ô) s.m.
repolhudo adj.
repoltrear v.
repontar v.
repor (ô) v.
reportado adj.
reportagem s.f.
reportar v.
repórter s.2g.
reposição s.f.
reposicionamento s.m.
reposicionar v.
reposicionável adj.2g.
repositor (ô) adj. s.m.
repositório s.m.
repostar v.
reposteiro s.m.
repousado adj
repousante adj.2g.
repousar v.

repouso s.m.
repovoação s.f.
repovoamento s.m.
repovoar v.
repreender v.
repreensão s.f.
repreensível adj.2g.
repreensivo adj.
repreensor (ô) adj. s.m.
repregar v.
represa (ê) s.f.
represado adj.
represália s.f.
represamento s.m.
represar v.
representação s.f.
representacional adj.2g.
representador (ô) adj. s.m.
representante adj. s.2g.
representar v.
representatividade s.f.
representativo adj.
representável adj.2g.
repressão s.f.
repressividade s.f.
repressivo adj.
repressor (ô) adj. s.m.
reprimenda s.f.
reprimido adj.
reprimir v.
reprimível adj.2g.
reprisado adj.
reprisar v.
reprisável adj.2g.
reprise s.f.
reprivatização s.f.
reprivatizar v.
reprobativo adj.
reprobatório adj.
réprobo adj. s.m.
reprocessado adj.
reprocessador (ô) adj. s.m.
reprocessadora (ô) s.f.
reprocessamento s.m.
reprocessar v.
reprochar v.
reprochável adj.2g.
reproche s.m.
reprodução s.f.
reprodutibilidade s.f.
reprodutível adj.2g.
reprodutividade s.f.
reprodutivo adj.
reprodutor (ô) adj. s.m.
reprodutriz s.f.
reproduzido adj.
reproduzir v.
reproduzível adj.2g.
reprografia s.f.
reprográfico adj.
reprogramação s.f.
reprogramar v.
reprovação s.f.
reprovado adj. s.m.

reprovador | 305 | **respigar**

reprovador (ô) adj. s.m.
reprovar v.
reprovativo adj.
reprovatório adj.
reprovável adj.2g.
reptação s.f.
reptador (ô) adj. s.m.
reptante adj. s.2g.
reptar v.
reptil s.m.
réptil s.m.
reptiliano adj.
repto s.m.
república s.f.
republicação s.f.
republicanismo s.m.
republicanista adj. s.2g.
republicanização s.f.
republicanizar v.
republicano adj. s.m.
republicar v.
republiqueta (ê) s.f.
repudiado adj.
repudiante adj. s.2g.
repudiar v.
repudiável adj.2g.
repúdio s.m.
repugnado adj.
repugnância s.f.
repugnante adj.2g.
repugnar v.
repulsa s.f.
repulsão s.f.
repulsar v.
repulsivamente adv.
repulsividade s.f.
repulsivo adj.
repulsor (ô) adj. s.m.
reputação s.f.
reputado adj.
reputar v.
repuxado adj.
repuxamento s.m.
repuxão s.m.
repuxar v.
repuxo s.m.
requalificação s.f.
requalificar v.
requebrado adj. s.m.
requebrante adj.2g.
requebrar v.
requebro (ê) s.m.; cf. *requebro*, fl. do verbo *requebrar*
requeijão s.m.
requeimado adj.
requeimar v.
requeiro s.m.
requentado adj.
requentar v.
requerente adj. s.2g.
requerer v.
requerido adj. s.m.
requerimento s.m.
requesta s.m.

requestado adj.
requestador (ô) adj. s.m.
requestar v.
réquiem s.m.
requififes s.m.pl.
requinta s.f.
requintado adj.
requintar v.
requinte s.m.
requisição s.f.
requisitado adj.
requisitante adj. s.2g.
requisitar v.
requisito s.m.
requisitório adj. s.m.
rés s.m.
rês s.f.
rescaldar v.
rescaldo s.m.
rescindido adj.
rescindir v.
rescindível adj.2g.
rescisão s.f.
rescisório adj.
rescrito s.m.
rés do chão s.m.2n.
resedá s.m.
resenha s.f.
resenhado adj.
resenhador (ô) s.m.
resenhar v.
resenhista s.2g.
reserva adj. s.2g. s.f.
reservação s.f.
reservadamente adv.
reservado adj. s.m.
reservar v.
reservas s.m.pl.
reservatório adj. s.m.
reservista s.2g.
reservoso (ô) adj.; f. e pl.: (ó)
resfolegante adj.2g.
resfolegar v.
resfôlego s.m.
resfolgar v.
resfriado adj. s.m.
resfriador (ô) adj. s.m.
resfriamento s.m.
resfriar v.
resgatado adj. s.m.
resgatar v.
resgatável adj.2g.
resgate s.m.
resguardado adj.
resguardar v.
resguardo s.m.
residência s.f.
residencial adj.2g.
residente adj. s.2g.
residir v.
residual adj.2g.
residualmente adv.
resíduo adj.
residuografia s.f.

residuográfico adj.
resignação s.f.
resignadamente adv.
resignado adj.
resignar v.
resignatário adj.
resignável adj.2g.
resilição s.f.
resiliência s.f.
resiliente adj.2g.
resilir v.
resina s.f.
resinífero adj.
resinoso (ô) adj.; f. e pl.: (ó)
resistência s.f.
resistente adj. s.2g.
resistido adj.
resistir v.
resistível adj.2g.
resistividade s.f.
resistivo adj.
resistor (ô) s.m.
resma (ê) s.f.
resmonear v.
resmungado adj. s.m.
resmungão adj. s.m; fem.: *resmungona*
resmungar v.
resmungo s.m.
resmungona s.f. de *resmungão*
resmunguento adj. s.m.
resmunguice s.f.
reso s.m. "espécime de macaco de cauda comprida"; cf. *rezo*, fl. do v. *rezar*
resolubilidade s.f.
resolução s.f.
resolutamente adv.
resolutivo adj.
resoluto adj.
resolúvel adj.2g.
resolvedor (ô) adj.
resolver v.
resolvido adj.
resolvível adj.2g.
respaldado adj.
respaldar v.
respaldo s.m.
respectivamente adv.
respectivo adj.
respeitabilidade s.f.
respeitado adj.
respeitador (ô) adj.
respeitante adj.2g.
respeitar v.
respeitável adj.2g.
respeito s.m.
respeitos s.m.pl.
respeitosamente adv.
respeitoso (ô) adj.; f. e pl.: (ó)
respigadeira s.f.
respigador (ô) adj. s.m.
respigar v.

respingado adj.
respingador (ô) adj. s.m.
respingar v.
respingo s.m.
respiração s.f.
respirado adj.
respirador (ô) adj. s.m.
respiradouro s.m.
respirar v.
respiratório adj.
respirável adj.2g.
respiro s.m.
resplandecência s.f.
resplandecente adj.2g.
resplandecer v.
resplendência s.f.
resplendente adj.2g.
resplender v.
resplendor (ô) s.m.
resplendoroso (ô) adj.; f. e pl.: (ó)
respondão adj. s.m.; fem.: respondona
respondedor (ô) adj. s.m.
respondente s.2g.
responder v.
respondido adj.
respondona s.f. de respondão
responsa s.f.
responsabilidade s.f.
responsabilização s.f.
responsabilizado adj.
responsabilizar v.
responsabilizável adj. s.2g.
responsar v.
responsável adj. s.2g.
responsavelmente adv.
responsivo adj.
responso s.m.
responsório s.m.
resposta s.f.
respostar v.
resquício s.m.
ressabiado adj.
ressabiamento s.m.
ressabiar v.
ressabido adj.
ressaca s.f.
ressacralização s.f.
ressacralizar v.
ressaibo s.m.
ressair v.
ressaltado adj.
ressaltante adj.2g.
ressaltar v.
ressalte s.m.
ressalto s.m.
ressalva s.f.
ressalvar v.
ressarcimento s.m.
ressarcir v.
ressecado adj.
ressecamento s.m.
ressecante adj.2g.

resseção s.f. "ação de extirpar"; cf. *recessão*
ressecar v.
ressecção s.f.
ressegurador (ô) adj. s.m.
resseguradora (ô) s.f.
ressegurar v.
resseguro s.m.
ressentido adj.
ressentimento s.m.
ressentir v.
ressequido adj.
ressequir v.
ressoador (ô) adj. s.m.
ressoante adj.2g.
ressoar v.
ressocialização s.f.
ressocializado adj.
ressocializar v.
ressolhador (ô) adj.
ressolhar v.
ressonância s.f.
ressonante adj.2g.
ressonar v.
ressongar v.
ressoo (ô) v.
ressopro (ô) s.m.
ressudar v.
ressumação s.f.
ressumante adj.2g.
ressumar v.
ressumbrante adj.2g.
ressumbrar v.
ressupino adj.
ressurgência s.f.
ressurgente adj.2g.
ressurgido adj.
ressurgimento s.m.
ressurgir v.
ressurrecto adj.
ressurreição s.f.
ressurreto adj.
ressuscitação s.f.
ressuscitado adj. s.m.
ressuscitador (ô) adj. s.m.
ressuscitamento s.m.
ressuscitar v.
restabelecer v.
restabelecido adj.
restabelecimento s.m.
restante adj.2g. s.m.
restar v.
restauração s.f.
restaurado adj.
restaurador (ô) adj. s.m.
restaurante s.m.
restaurar v.
restaurativo adj.
restaurável adj.2g.
restauro s.m.
restelo (ê) s.m.
resteva (ê) s.f.
réstia s.f.
restilo s.m.

restinga s.f.
restituição s.f.
restituído adj.
restituidor (ô) adj. s.m.
restituir v.
restituível adj.2g.
resto s.m.
restolhal s.m.
restolhar v.
restolho (ô) s.m.; pl.: (ó)
restos s.m.pl.
restrição s.f.
restringência s.f.
restringente adj.2g.
restringido adj.
restringir v.
restringível adj.2g.
restritamente adv.
restritivamente adv.
restritivo adj.
restrito adj.
resultado s.m.
resultância s.f.
resultante adj.2g. s.f.
resultar v.
resumidamente adv.
resumido adj.
resumidor (ô) adj. s.m.
resumir v.
resumo s.m.
resvaladiço adj.
resvaladio adj.
resvaladouro s.m.
resvaladura s.f.
resvalamento s.m.
resvalante adj.2g.
resvalar v.
resvalo s.m.
resvés adj.2g. adv.
reta s.f.
retabulado adj.
retábulo s.m.
retaco adj.
retado adj.
retaguarda s.f.
retal adj.2g.
retalhação s.f.; cf. *retaliação*
retalhado adj. s.m.; cf. *retaliado*
retalhadura s.f.
retalhamento s.m.
retalhar v. "cortar"; cf. *retaliar*
retalhista adj.2g.
retalho s.m.
retaliação s.f.; cf. *retalhação*
retaliado adj.; cf. *retalhado*
retaliamento s.m.
retaliar v. "revidar"; cf. *retalhar*
retaliativo adj.
retaliatório adj.
retamente adv.
retangular adj.2g.
retangularidade s.f.

retângulo | 307 | returno

retângulo adj. s.m.
retardação s.f.
retardado adj. s.m.
retardador (ô) adj. s.m.
retardamento s.m.
retardante adj.2g.
retardar v.
retardatário adj. s.m.
retardo s.m.
retemperado adj.
retemperador (ô) adj.
retemperante adj.2g.
retemperar v.
retenção s.f.
retentiva s.f.
retentividade s.f.
retentivo adj.
retentor (ô) adj. s.m.
reter v.
retesado adj.
retesamento s.m.
retesar v.
reteso (ê) adj.
reticência s.f.
reticenciar v.
reticências s.f.pl.
reticencioso adj.(ô); f. e pl.: (ó)
reticente adj.2g.
retícula s.f.
reticulação s.f.
reticulado adj.
reticulagem s.f.
reticular v. adj.2g.
retículo adj. s.m.
retidão s.f.
retido adj.
retífica s.f.
retificação s.f.
retificado adj.
retificador (ô) adj. s.m.
retificadora (ô) s.f.
retificar v.
retificativo adj.
retificável adj.2g.
retiforme adj.2g.
retilíneo adj.
retilinidade s.f.
retilinização s.f.
retina s.f.
retingir v.
retiniano adj.
retínico adj.
retinido s.m.
retininte adj.2g.
retinir v.
retinite s.f.
retinoblastoma s.m.
retinoico (ó) adj.
retinol s.m.
retinopatia s.f.
retinose s.f.
retintamente adv.
retintim s.m.
retinto adj.

retirada s.f.
retirado adj.
retirante adj. s.2g.
retirar v.
retirável adj.2g.
retireiro s.m.
retiro s.m.
retitude s.f.
reto adj. s.m.
retocado adj.
retocador (ô) s.m.
retocar v.
retocável adj.2g.
retocolite s.f.
retomada s.f.
retomado adj.
retomar v.
retoque s.m.
retor (ô) s.m.
retorcer v.
retorcido adj.
retorcimento s.m.
retórica s.f.
retoricamente adv.
retórico adj. s.m.
retornante adj. s.2g.
retornar v.
retornável adj.2g.
retorno (ô) s.m.; cf. *retorno*, fl. do v. *retornar*
retorquir (*u* ou *ü*) v.
retorquível (*u* ou *ü*) adj.2g.
retorsão s.f.
retorta s.f.
retorto (ô) adj. s.m.; f. e pl.: (ó)
retoscopia s.f.
retotomia s.f.
retouçar v.
retoucar v.
retouço s.m.
retovado adj.
retovar v.
retovesical adj.2g.
retrabalhado adj.
retrabalhar v.
retração s.f.
retraçar v.
retráctil adj.2g.
retractilidade s.f.
retraído adj.
retraimento s.m.
retrair v.
retranca s.f.
retrancado adj.
retrancar v.
retranqueiro adj.
retransmissão s.f.
retransmissor (ô) adj. s.m.
retransmissora (ô) s.f.
retransmitir v.
retrasado adj.
retratação s.f.
retratado adj.
retratar v.

retrátil adj.2g.
retratilidade s.f.
retratista s.2g.
retrato s.m.
retreinamento s.m.
retreinar v.
retremer v.
retreta (ê) s.f.
retrete (ê ou é) s.f.
retribuição s.f.
retribuído adj.
retribuir v.
retributivo adj.
retrilha s.f.
retrilhar v.
retrincado adj.
retrincar v.
retriz s.f.
retrô adj.2g.2n.
retroação s.f.
retroagir v.
retroalimentação s.f.
retroalimentar v.
retroativamente adv.
retroatividade s.f.
retroativo adj.
retroauricular adj.2g.
retrocedência s.f.
retrocedente adj.2g.
retroceder v.
retrocedimento s.m.
retrocessão s.f.
retrocessivo adj.
retrocesso s.m.
retroescavadeira s.f.
retroescavadora (ô) s.f.
retroflexão (*cs*) s.f.
retroflexo (*cs*) adj.
retrofoguete (ê) s.m.
retrognatismo s.m.
retrogradação s.f.
retrogradar v.
retrógrado adj. s.m.
retrogredir v.
retrogressão s.f.
retromencionado adj.
retroperitonial adj.2g.
retroperitônio s.m.
retroprojetor (ô) s.m.
retrós s.m.
retrospecção s.f.
retrospectiva s.f.
retrospectivamente adv.
retrospectivo adj.
retrospecto s.m.
retroviral adj.2g.
retrovírus s.m.2n.
retrovisor (ô) adj. s.m.
retrucar v.
retruco s.m.
retumbância s.f.
retumbante adj.2g.
retumbar v.
returno s.m.

réu s.m.; fem. *ré*
reuma s.f.
reumanização s.f.
reumanizado adj.
reumanizar v.
reumático adj. s.m.
reumatismo s.m.
reumatoide (ó) adj.
reumatologia s.f.
reumatológico adj.
reumatologista s.2g.
reunião s.f.
reunido adj.
reunificação s.f.
reunificar v.
reunir v.
reurbanização s.f.
reurbanizar v.
reutilização s.f.
reutilizado adj.
reutilizar v.
reutilizável adj.2g.
revalidação s.f.
revalidado adj.
revalidar v.
revalorar v.
revalorização s.f.
revalorizado adj.
revalorizar v.
revanche s.f.
revanchismo s.m.
revanchista adj. s.2g.
revascularização s.f.
revel adj.2g.
revelação s.f.
revelado adj.
revelador (ó) adj. s.m.
revelar v.
revelável adj.2g.
revelho adj.
revelia s.f.
revência s.f.
revenda s.f.
revendedor (ô) adj. s.m.
revendedora (ô) s.f.
revender v.
revendido adj.
rever v.
reverberação s.f.
reverberante adj.2g.
reverberar v.
reverberatório adj.
revérbero s.m.
reverdecer v.
reverdecido adj.
reverdecimento s.m.
reverência s.f.
reverenciado adj.
reverenciador (ó) adj. s.m.
reverencial adj.2g.
reverenciar v.
reverencioso (ô) adj.; f. e pl.: (ó)
reverendíssima s.f.

reverendíssimo adj.
reverendo adj. s.m.
reverente adj.2g.
reverentemente adv.
reversamente adv.
reversão s.f.
reversibilidade s.f.
reversível adj.2g.
reverso adj. s.m.
reversor (ô) s.m.
reverter v.
revertério s.m.
revertido adj.
revés s.m.
revessa (ê) s.f.
revessar v.
revesso (ê) adj. s.m.
revestido adj.
revestimento s.m.
revestir v.
revestrés adv.
revezamento s.m.
revezar v.
revezo (ê) s.m.
revidância s.f.
revidar v.
revide s.m.
revigorado adj.
revigorador (ó) adj.
revigoramento s.m.
revigorante adj.2g. s.m.
revigorar v.
revigorativo s.m.
revindita s.f.
revir v.
revirado adj.
reviramento s.m.
revirão s.m.
revirar v.
reviravolta s.f.
revisado adj.
revisão s.f.
revisar v.
revisional adj.2g.
revisionamento s.m.
revisionismo s.m.
revisionista adj. s.2g.
revisitar v.
revisor (ô) adj. s.m.
revisório adj.
revista s.f.
revistado adj.
revistar v.
revisteca s.f.
revisteiro adj. s.m.
revisto adj.
revitalização s.f.
revitalizado adj.
revitalizador (ó) adj. s.m.
revitalizante adj.2g.
revitalizar v.
revivalismo s.m.
revivalista adj.2g.
revivência s.f.

revivenciar v.
reviver v.
revivescência s.f.
revivescente adj.2g.
revivescer v.
revivescimento s.m.
revivido adj.
revivificação s.f.
revivificado adj.
revivificante adj.2g.
revivificar v.
revoada s.f.
revoar v.
revocar v.
revocatória s.f.
revocatório adj.
revogabilidade s.f.
revogação s.f.
revogado adj.
revogador (ó) adj. s.m.
revogante adj.2g.
revogar v.
revogatória s.f.
revogatório adj.
revogável adj.2g.
revolta s.f.
revoltado adj. s.m.
revoltante adj.2g.
revoltar v.
revoltear v.
revolto (ô) adj.
revoltoso (ó) adj. s.m.; f. e pl.: (ó)
revolução s.f.
revolucionado adj.
revolucionador (ó) adj. s.m.
revolucionamento s.m.
revolucionar v.
revolucionário adj. s.m.
revolucionarismo s.m.
revolutear v.
revoluto adj.
revolvedor (ô) adj.
revolvente adj.2g.
revolver v.
revólver s.m.
revolvido adj.
revolvimento s.m.
revoo (ô) s.m.
revulsão s.f.
revulsivo adj.
reza s.f.
reza-brava s.f.; pl.: *rezas-bravas*
rezadeira adj. s.f.
rezador (ó) adj. s.m.
rezar v.
rezinga s.f.
rezingão adj. s.m.; fem.: *rezingona*
rezingar v.
rezingona s.f. de *rezingão*
rezingueiro adj. s.m.
rezinguento adj.
rezoneamento s.m.

rezonear | 309 | **rixa**

rezonear v.
ria s.f.
riacho s.m.
rial s.m.
riamba s.f.
riba s.f.
ribalta s.f.
ribamar s.m
ribanceira s.f.
ribeira s.f.
ribeirão s.m.
ribeirão-pretano adj. s.m.; pl.: *ribeirão-pretanos*
ribeirinho adj. s.m.
ribeiro s.m.
riboflavina s.f.
ribombância s.f.
ribombante adj.2g.
ribombar v.
ribombo s.m.
ribonucleico (*é*) adj.
ribossômico adj.
ribossomo s.m.
ricaço adj. s.m.
riçado adj.
ricamente adv.
riçar v.
ricardão s.m.
ricina s.f.
rícino s.m.
ricinocultura s.f.
rico adj. s.m.
riço adj.
ricochetar v.
ricochete (*ê*) s.m.
ricochetear v.
ricocheteio s.m.
rico-homem s.m.; pl.: *ricos--homens*
ricota s.f.
ricto s.m.
ríctus s.m.2n.
ridente adj.2g.
ridicar v.
rídico adj.
ridiculamente adv.
ridicularia s.f.
ridicularização s.f.
ridicularizado adj.
ridicularizante adj.2g.
ridicularizar v.
ridiculizar v.
ridículo adj.
rifa s.f.
rifão s.m.; pl.: *rifões* ou *rifães*
rifar v.
rifeia (*ê*) s.f. de *rifeu*
rifeu adj. s.m.; fem.: *rifeia* (*ê*)
rififi s.m.
rifle s.m.
rigidamente adv.
rigidez (*ê*) s.f.
rígido adj.
rigor (*ô*) s.m.

rigorismo s.m.
rigorista adj. s.2g.
rigorosamente adv.
rigoroso (*ô*) adj. s.m.; f. e pl.: (*ó*)
rijamente adv.
rijeza (*ê*) s.f.
rijo adj.
rilhador (*ô*) adj. s.m.
rilhadura s.f.
rilhar v.
rim s.m.
rima s.f.
rimado adj.
rimalhar v.
rimar v.
rimário s.m.
rimas s.f.pl.
rimbombar v.
rimbombo s.m.
rímel s.m.
rinçagem s.f.
rincão s.m.
rinçar v.
rinchador (*ô*) adj.
rinchante adj.2g.
rinchar v.
rinchavelhada s.f.
rincho s.m.
rincocéfalo s.m.
ringidor (*ô*) adj.
ringir v.
ringue s.m.
rinha s.f.
rinhador (*ô*) s.m.
rinhar v.
rinheiro s.m.
rinite s.f.
rinoceronte s.m.
rinofaringe s.f.
rinologia s.f.
rinológico adj.
rinologista adj. s.2g.
rinoplastia s.f.
rinorragia s.f.
rinoscopia s.f.
rinovírus s.m.2n.
rinque s.m.
rins s.m.pl.
rio s.m.
rio-branquense adj. s.2g.; pl.: *rio-branquenses*
rio-grandense-do-norte adj. s.2g.; pl.: *rio-grandenses-do--norte*
rio-grandense-do-sul adj. s.2g.; pl.: *rio-grandenses-do-sul*
riólito s.m.
rio-platense adj. s.2g.; pl.: *rio-platenses*
rio-pretense adj. s.2g.; pl.: *rio-pretenses*
ripa s.f.
ripada s.f.

ripado adj.
ripagem s.f.
ripamento s.m.
ripanço s.m.
ripar v.
riponga adj. s.2g.
ripongo adj. s.m.
riponguice s.f.
riponguismo s.m.
riposta s.f.
ripostar v.
riqueza (*ê*) s.f.
riquinho adj. s.m.
riquixá s.m.
rir v.
risada s.f.
risadaria s.f.
risadinha s.f.
risão adj.; fem.: *risona*
risca s.f.
risca de giz s.f.
riscadinho s.m.
riscado adj. s.m.
riscador (*ô*) adj. s.m.
riscadura s.f.
riscamento s.m.
riscar v.
risco s.m.
risibilidade s.f.
risível adj.2g.
riso s.m.
risona s.f. de *risão*
risonho adj.
risota s.f.
risotear v.
risoto (*ô*) s.m. "iguaria"; cf. *rizoto*
rispidamente adv.
rispidez (*ê*) s.f.
ríspido adj.
rissole s.m.
riste s.m.
ritidoma s.f.
ritmação s.f.
ritmadamente adv.
ritmado adj.
ritmar v.
rítmica s.f.
rítmico adj.
ritmista s.m.
ritmo s.m.
rito s.m.
ritornelo s.m.
ritual adj.2g. s.m.
ritualismo s.m.
ritualista adj. s.2g.
ritualístico adj.
ritualização s.f.
ritualizado adj.
ritualizar v.
rival adj. s.2g.
rivalidade s.f.
rivalizar v.
rixa s.f.

rixento adj.
rixoso (ô) adj.; f. e pl.: (ó)
rizícola adj.2g.
rizicultor (ô) adj. s.m.
rizicultura s.f.
rizoide (ó) s.m.
rizoma s.m.
rizomático adj.
rizomatoso (ô) adj.; f. e pl.: (ó)
rizópode adj.2g.
rizoto adj. s.m. "animal metazoário"; cf. *risoto* (ô)
rizotomia s.f.
rizotônico adj.
rô s.m.
roaz adj.2g.
robalo s.m.
robe s.m.
roble s.m.
robô s.m.
roboração s.f.
roborante adj.2g
roborar v.
roborativo adj.
roborizado adj.; cf. *ruborizado*
roborizar v. "roborar"; cf. *ruborizar*
robótica s.f.
robótico adj.
robotização s.f.
robotizado adj.
robotizar v.
robustecer v.
robustecido adj.
robustecimento s.m.
robustez (ê) s.f.
robusteza (ê) s.f.
robusto adj.
roca s.f.
roça s.f.
roçada s.f.
roçadeira s.f.
roçado adj. s.m.
roçadura s.f.
roçagante adj.2g.
roçagar v.
roçagem s.f.
rocal adj.2g. s.m.
rocalha s.f.
rocambole s.m.
rocambolesco (ê) adj.
rocar v.
roçar v.
rocega s.f.
roceirama s.f.
roceirão s.m.; fem.: *roceirona*
roceiro adj. s.m.
roceirona s.f. de *roceirão*
rocha s.f.
rochedo (ê) s.m.
rochoso (ô) adj.; f. e pl.: (ó)
rocim s.m.
rocinante s.m.
rocio s.m.

rococó adj.2g. s.m.
roda s.f.
rodada s.f.
roda da fortuna s.f. "sorte"
roda-da-fortuna s.f. "espécie de planta"; pl.: *rodas-da--fortuna*
roda-d'água s.f.; pl.: *rodas--d'água*
rodado adj. s.m.
rodagem s.f.
roda-gigante s.f.; pl.: *rodas--gigantes*
rodamoinho s.m.
rodante adj.2g.
rodapé s.m.
rodaque s.m.
rodar v.
roda-viva s.f.; pl.: *rodas-vivas*
rodeado adj.
rodeança s.f.
rodear v.
rodeio s.m.
rodeiro s.m.
rodejar s.m.
rodel s.m.
rodela s.f.
rodenticida s.m.
rodete (ê) s.m.
rodilha s.f.
ródio s.m.
rodízio s.m.
rodo (ô) s.m.; cf. *rodo*, fl. do v. *rodar*
rodoanel s.m.
rodocrosita s.f.
rododáctilo adj.
rododendro s.m.
rodoferroviário adj.
rodofícea s.f.
rodoleiro s.m.
rodomoço (ô) s.m.
rodomoinhar v.
rodonita s.f.
rodopiante adj.2g.
rodopiar v.
rodopio s.m.
rodopsina s.f.
rodotrém s.m.
rodovalho s.m.
rodovia s.f.
rodoviária s.f.
rodoviário adj. s.m.
rodriguiano adj.
roeção s.f.
roedeira s.f.
roedor (ô) adj. s.m.
roedura s.f.
roentgen (rêntguen) s.m.
roentgenfotografia (rentguen) s.f.
roer v.
rogação s.f.
rogado adj.

rogante adj.2g.
rogar v.
rogativa s.f.
rogativo adj.
rogatória s.f.
rogatório adj.
rogo (ô) s.m.; pl.: (ó); cf. *rogo*, fl. do v. *rogar*
roído adj.
rojão s.m.
rojar v.
rojo (ô) adj. s.m.; cf. *rojo*, fl. do v. *rojar*
rol s.m.
rola (ô) s.f.; cf. *rola*, fl. do v. *rolar*
rola-bosta s.m.; pl.: *rola-bostas*
roladeira s.f.
rolado adj.
rolador (ô) adj. s.m.
rolagem s.f.
rolamento s.m.
rolante adj.2g.
rolão s.m.
rolar v.
roldana s.f.
roldão s.m.
rolê s.m.
rolé s.m.
roleira s.f.
roleta (ê) s.f.
roleta-paulista s.f.; pl.: *roletas--paulistas*
roleta-russa s.f.; pl.: *roletas--russas*
rolete (ê) s.m.
rolha (ô) s.f.
roliço adj.
rolimã s.m.
rolinha s.f.
rolinha-cascavel s.f.; pl.: *rolinhas-cascavel* e *rolinhas--cascavéis*
rolista s.2g.
rolo (ô) s.m.; cf. *rolo*, fl. do v. *rolar*
rolotê s.m.
romã s.f.
romagem s.f.
romança s.f.
romance s.m.
romanceado adj.
romanceador (ô) adj. s.m.
romancear v.
romanceiro s.m.
romanche adj.2g. s.m.
romancista s.2g.
romanear v.
romanesco (ê) adj.
romani s.m.
români s.m.
românico adj. s.m.
romanidade s.f.
romanista adj. s.2g.

romanística s.f.
romanístico adj.
romanização s.f.
romanizado adj.
romanizar v.
romano adj. s.m.
romanticamente adv.
romanticismo s.m.
romântico adj. s.m.
romantismo s.m.
romantização s.f.
romantizado adj.
romantizar v.
romaria s.f.
romãzeira s.f.
rômbico adj.
rombiforme adj.2g.
rombo adj. s.m.
romboédrico adj.
romboedro s.m.
romboidal adj.2g.
romboide (ó) adj.2g. s.m.
rombudez (ê) s.f.
rombudo adj.
romeiro s.m.
romeno adj. s.m.
romeu e julieta s.m.
rompância s.f.
rompante adj.2g. s.m.
rompão s.m.
rompedor (ô) adj. s.m.
rompedura s.f.
rompente adj.2g.
romper v.
rompida s.f.
rompido adj.
rompimento s.m.
rom-rom s.m.; pl.: *rom-rons*
ronca s.f.
roncado adj. s.m.
roncador (ô) adj. s.m.
roncadura s.f.
roncar v.
roncear v.
ronceirice s.f.
ronceiro adj.
roncha s.f.
ronco adj. s.m.
roncolho (ô) adj. s.m.
roncor (ô) s.m.
ronda s.f.
rondante adj.2g.
rondar v.
rondel s.m.
rondó s.m.
rondoniano adj. s.m.
rondoniense adj. s.2g.
ronha s.f.
ronhento adj.
ronhoso (ô) adj.; f. e pl.: (ó)
ronqueira s.f.
ronquido s.m.
ronronado adj.
ronronador (ô) adj. s.m.

ronronante adj.2g.
ronronar v.
ronroneiro adj.
roque s.m.
roqueira s.f.
roqueiro s.m.
roquete (ê) s.m.
ror (ô) s.m.
roraimense adj. s.2g.
rorar v.
rorejado adj.
rorejante adj.2g.
rorejar v.
rosa adj.2g.2n. s.m. s.f.
rosácea s.f.
rosáceo adj.
rosa-chá s.f.; pl.: *rosas-chá* e *rosas-chás*
rosa-choque adj.2g.2n. s.m.; pl. do s.: *rosas-choques*
rosacruciano adj. s.m.
rosa-cruz s.f. s.2g.2n. ou s.f. s.2g.; pl.: *rosa-cruzes*
rosa-de-cão s.f.; pl.: *rosas-de-cão*
rosado adj.
rosa dos ventos s.f.
rosal s.m.
rosalgar adj. s.2g. s.m.
rosa-maravilha adj.2g.2n. s.m.; pl. do s.: *rosas-maravilha* e *rosas-maravilhas*
rosário s.m.
rosbife s.m.
rosca (ô) s.f.
roscar v.
roscofe adj.2g.
roseano adj.
rosear v.
roseira s.f.
roseiral s.m.
róseo adj.
roséola s.f.
roseta (ê) s.f.
rosetar v.
rosetear v.
rosicler adj.2g. s.m.
rosilho adj. s.m.
rosmaninho s.m.
rosnada s.f.
rosnadela s.f.
rosnado s.m.
rosnador (ô) adj.
rosnadura s.f.
rosnar v.
rosnido s.m.
rosqueado adj.
rosqueadora (ô) s.f.
rosqueamento s.m.
rosquear v.
rosquinha s.f.
rossio s.m.
rosto (ô) s.m.
rostrado adj.

rostro (ô) s.m.
rosulado adj.
rota s.f.
rotação s.f.
rotáceo adj.
rotacional adj.2g.
rotacionar v.
rotador (ô) adj.
rotariano adj. s.m.
rotativa s.f.
rotatividade s.f.
rotativismo s.m.
rotativista s.2g.
rotativo adj.
rotatória s.f.
rotatório adj.
rotavírus s.m.2n.
roteador (ô) s.m.
roteamento s.m.
roteirista s.2g.
roteirização s.f.
roteirizar v.
roteiro s.m.
rotenoide (ó) s.m.
rotenona s.f.
rotífero s.m.
rotina s.f.
rotineiramente adv.
rotineiro adj. s.m.
rotinização s.f.
rotinizado adj.
rotinizar v.
rotisseria s.f.
roto (ó) adj.
rotogravura s.f.
rotor (ô) s.m.
rótula s.f.
rotulação s.f.
rotulado adj.
rotulador (ô) s.m.
rotuladora (ô) s.f.
rotulagem s.f.
rotular v.
rotulável adj.2g.
rótulo s.m.
rotunda s.f.
rotundamente adv.
rotundidade s.f.
rotundo adj.
rotura s.f.
roubada s.f.
roubado adj.
roubalheira s.f.
rouba-monte s.m.; pl.: *rouba-montes*
roubar v.
roubo s.m.
rouco adj.
roufenho adj.
roupa s.f.
roupagem s.f.
roupão s.m.
rouparia s.f.
roupa-velha s.f.; pl.: *roupas-velhas*

roupeiro s.m.
roupeta (ê) s.f.
rouquejar v.
rouquenho adj.
rouquidão s.f.
rouxinol s.m.
roxear v.
roxo (ô) adj. s.m.
rua s.f.
ruanda s.m.
ruandense adj. s.2g.
ruandês adj.
ruano adj.
ruão adj. s.m.
rubato s.m.
rubejante adj.2g.
rubelita s.f.
rubente adj.2g.
rúbeo adj.
rubéola s.f.
rubeose s.f.
rubescência s.f.
rubescente adj.2g.
rubi adj. s.m.
rubiácea s.f.
rubiáceo adj.
rubicundo adj.
rubídio s.m.
rubiginoso (ô) adj.; f. e pl. (ó)
rubim adj. s.m.
rublo s.m.
rubor (ô) s.m.
ruborização s.f.
ruborizado adj.; cf. *roborizado*
ruborizar v. "avermelhar-se"; cf. *roborizar*
rubrica s.f.
rubricado adj.
rubricar v.
rubro adj. s.m.
rubro-negro adj. s.m.; pl.: *rubro-negros*
ruçar v.
rucilho s.m.
ruço adj. s.m. "pardacento", "nevoeiro"; cf. *russo*
rúcula s.f.
rude adj.2g.
rudemente adv.
ruderal adj.
rudez (ê) s.f.
rudeza (ê) s.f.
rudimentar adj.

rudimentariedade s.f.
rudimentarismo s.m.
rudimentarmente adv.
rudimento s.m.
rudimentos s.m.pl.
rueiro adj. s.m.
ruela s.f.
ruelo s.m.
rufado adj.
rufar v.
rufianismo s.m.
rufião s.m.; fem.: *rufiona*; pl.: *rufiães* e *rufiões*
rufiar v.
rufiona s.f. de *rufião*
ruflante adj.2g.
ruflar v.
ruflo s.m.
rufo s.m.
ruga s.f.
rugar v.
rúgbi s.m.
ruge s.m.
ruge-ruge s.m.; pl.: *ruge-ruges* e *ruges-ruges*
rugido s.m.
rugidor (ô) adj.
rugir v.
rugosidade s.f.
rugoso (ô) adj.; f. e pl.: (ó)
ruibarbo s.m.
ruído s.m.
ruidosamente adv.
ruidoso (ô) adj.; f. e pl.: (ó)
ruim adj.2g. s.m.
ruína s.f.
ruindade s.f.
ruinoso (ô) adj.; f. e pl.: (ó)
ruir v.
ruivacento adj.
ruivo adj. s.m.
rular v.
rum s.m.
ruma s.f.
rumar v.
rumba s.f.
rumbear v.
rumbeiro s.m.
rúmen s.m.
ruminação s.f.
ruminante adj. s.2g.
ruminar v.
ruminativo adj.

rumo s.m.
rumor (ô) s.m.
rumoração s.f.
rumorar v.
rumorejante adj.2g.
rumorejar v.
rumorejo (ê) s.m.
rumoroso (ô) adj.; f. e pl.: (ó)
runa s.f.
runha s.f.
rupestre adj.2g.
rupia s.f.
rúpia s.f.
rupícola adj.2g.
rúptil adj.2g.
ruptilidade s.f.
ruptura s.f.
rural adj.2g.
ruralidade s.f.
ruralismo s.m.
ruralista adj. s.2g.
ruralização s.f.
ruralizado adj.
ruralizar v.
rurbanismo s.m.
rurbano adj. s.m.
rurícola adj.2g.
rusga s.f.
rusgar v.
rusguento adj.
russificação s.f.
russificado adj.
russificar v.
russo adj. s.m. "povo" "língua russa"; cf. *ruço*
rusticamente adv.
rusticano adj.
rusticidade s.f.
rústico adj. s.m.
rutácea s.f.
rutáceo adj.
rutênio s.m.
rutherfórdio s.m.
rutilação s.f.
rutilância s.f.
rutilante adj.2g.
rutilar v.
rutílio s.m.
rutilo s.m.
rútilo adj.
rutina s.f.
rutura s.f.
ruzagá adj. s.2g.

S s

s s.m.
sá s.f.
sã adj.f. de *são*
saariano adj. s.m.
sabá s.m.
sabadão s.m.
sábado s.m.
sabão s.m.
sabático adj.
sabatina s.f.
sabatinador (ô) s.m.
sabatinar v.
sabedor (ô) adj. s.m.
sabedoria s.f.
sabença s.f.
saber v. s.m.
sabe-tudo s.2g.2n.
sabiá s.m.f.
sabiamente adv.
sabichã s.f. de *sabichão*
sabichão adj. s.m.; fem.: sabichã e *sabichona*
sabichona s.f. de *sabichão*
sabidamente adv.
sabidão adj. s.m.; fem.: *sabidona*
sabido adj. s.m.
sabidona s.f. de *sabidão*
sabino adj. s.m.
sábio adj. s.m.
saboaria s.f.
saboeiro s.m.
sabonária s.f.
sabonetão s.m.
sabonete (ê) s.m.
saboneteira s.f.
sabor (ô) s.m.
saborear v.
saborido adj.
saboró s.m.
saborosamente adv.
saboroso (ô) adj.; f. e pl.: (ó)
sabotador (ô) adj. s.m.
sabotagem s.f.
sabotar v.
sabre s.m.
sabugo s.m.
sabugueiro s.m.
sabujar v.
sabujice s.f.
sabujismo s.m.
sabujo adj. s.m.
saburra s.f.
saburroso (ô) adj.; f. e pl.: (ó)
saca s.f.

sacação s.f.
sacada s.f.
sacado adj. s.m.
sacador (ô) adj.
sacana adj. s.2g.
sacanagem s.f.
sacaneada s.f.
sacaneado adj.
sacanear v.
sacão s.m.
sacar v.
sacaria s.f.
saçaricante adj.2g.
saçaricar v.
saçarico s.m.
sacarídeo adj. s.m.
sacarífero adj.
sacarina s.f.
sacarino adj.
saçariqueiro adj.
saca-rolhas s.m.2n.
sacarose s.f.
sacável adj.2g.
sacerdócio s.m.
sacerdotal adj.2g.
sacerdote s.m.
sacerdotisa s.f.
sachar v.
sachê s.m.
sacho s.m.
saci s.m.
saciado adj.
saciamento s.m.
saciar v.
saciável adj.2g.
saciedade s.f.
saciforme adj.2g.
saci-pererê s.m.; pl.: *saci--pererês* e *sacis-pererês*
saco s.m.
sacola s.f.
sacolada s.f.
sacolagem s.f.
sacolão s.m.
sacolé s.m.
sacoleiro s.m.
sacolejante adj.2g.
sacolejão s.m.
sacolejar v.
sacolejo (ê) s.m.
sacolinha s.f.
sacra s.f.
sacral adj.2g.
sacralidade s.f.
sacralização s.f.

sacralizado adj.
sacralizante adj.2g.
sacralizar v.
sacramentação s.f.
sacramentado adj.
sacramental adj.2g. s.m.
sacramentar v.
sacramento s.m.
sacrário s.m.
sacrificado adj.
sacrificador (ô) adj. s.m.
sacrificante adj.2g.
sacrificar v.
sacrificial adj.2g.
sacrifício s.m.
sacrilégio s.m.
sacrílego adj. s.m.
sacripanta adj. s.2g.
sacrista s.m.
sacristã s.f. de *sacristão*
sacristão s.m.; fem.: *sacristã*; pl.: *sacristães* e *sacristãos*
sacristia s.f.
sacro adj. s.m.
sacrococcígeo adj.
sacroespinhal adj.2g.
sacroilíaco adj.
sacrossanto adj.
sacudida s.f.
sacudidela s.f.
sacudido adj.
sacudir v.
sáculo s.m.
sadiamente adv.
sadicamente adv.
sádico adj. s.m.
sadio adj.
sadismo s.m.
sadomasoquismo s.m.
sadomasoquista adj. s.2g.
saduceia (ê) s.f. de *saduceu*
saduceu s.m.; fem.: *saduceia* (ê)
safadagem s.f.
safadeza (ê) s.f.
safado adj. s.m.
safadoso adj.
safanão s.m.
safar v.
safardana adj. s.2g.
safári s.m.
sáfaro adj.
safena s.f.
safenado adj. s.m.
safenectomia s.f.
safenectomizado adj. s.m.

sáfico adj.
safio s.m.
safira s.f.
safismo s.m.
safo adj. s.m.
safra s.f.
safrado adj.
safreiro s.m.
safrejar v.
safrinha s.f.
safrista adj. s.2g.
safrol s.m.
safuricado adj.
saga s.f.
sagacidade s.f.
sagaz adj.2g.
sagazmente adv.
sagital adj.2g.
sagitariano adj. s.m.
sagitário adj. s.m.
sagração s.f.
sagrado adj. s.m.
sagrar v.
sagu s.m.
saguão s.m.
saguaraji s.m.
sagueiro (ü) s.m.
sagui (ü) s.m.
saguim (ü) s.m.
saí s.m. s.f.; cf. *saí*, fl. do v. *sair*
saia s.f.
saia-calça s.f.; pl.: *saias-calça* e *saias-calças*
saia-justa s.f.; pl.: *saias-justas*
saião adj. s.m.
saibo s.m.
saibrar v.
saibro s.m.
saição s.f.
saída s.f.
saideira s.f.
saidinha s.f.
saidinho adj.
saído adj.
saimento s.m.
sainete (ê) s.m.
saiote s.m.
sair v.
sais s.m.pl.
sajica adj.2g.
saju s.m.
sal s.m.
sala s.f.
salada s.f.
saladeira s.f.
sala e quarto s.m.2n.
salafra s.m.
salafrário s.m.
salamaleque s.m.
salamalequice s.f.
salamandra s.f.
salame s.m.
salaminho s.m.
salão s.m.

salariado adj. s.m.
salarial adj.2g.
salário s.m.
salário-base s.m.; pl.: *salários-base* e *salários-bases*
salário-desemprego s.m.; pl.: *salários-desemprego*
salário-educação s.m.; pl.: *salários-educação*
salário-família s.m.; pl.: *salários-família* e *salários-famílias*
salário-hora s.m.; pl.: *salários-hora* e *salários-horas*
salário-mínimo s.m.; pl.: *salários-mínimos*
salaz adj.2g.
salazarismo s.m.
salazarista adj. s.2g.
saldão s.m.
saldar v.
saldo s.m.
saleiro s.m.
salesiano adj. s.m.
saleta (ê) s.f.
salga s.f.
salgadinho s.m.
salgado adj. s.m.
salgadura s.f.
salgar v.
sal-gema s.m.; pl.: *sais-gemas*
salgueiro s.m.
salicilato s.m.
salicílico adj.
salicultura s.f.
saliência s.f.
salientar v.
saliente adj. s.2g.
salina s.f.
salinação s.f.
salineiro adj. s.m.
salinha s.f.
salinidade s.f.
salinização s.f.
salinizar v.
salino adj.
salinômetro s.m.
salitrado adj.
salitragem s.f.
salitre s.m.
salitroso (ô) adj.; f. e pl.: (ó)
saliva s.f.
salivação s.f.
salivar v. adj.
salmão adj.2g.2n. s.m.
salmejar v.
salmista adj. s.2g.
salmo s.m.
salmodia s.f.
salmodiar v.
salmonela s.f.
salmonelose s.f.
salmonete (ê) s.m.
salmonídeo adj. s.m.

salmoura s.f.
salmouragem s.f.
salobre (ô) adj.2g.
salobro (ô) adj.
saloio adj. s.m.
salomonicamente adv.
salomônico adj.
salonismo s.m.
salonista adj. s.2g.
salopete s.f.
salpa s.f.
salpicado adj.
salpicão s.m.
salpicar v.
salpico s.m.
salpingite s.f.
salsa s.f.
salsão s.m.
salsaparrilha s.f.
salseiro s.m.
salsicha s.f.
salsichão s.m.
salsicharia s.f.
salsicheiro s.m.
salsifi s.m.
salsinha s.f.
salso adj. s.m.
salsugem s.f.
saltado adj. s.m.
saltador (ô) adj. s.m.
saltar v.
salteado adj.
salteador (ô) adj. s.m.
salteamento s.m.
saltear v.
saltério s.m.
saltígrado adj.
saltimbanco s.m.
saltinho s.m.
saltitante adj.2g.
saltitar v.
salto s.m.
salto-mortal s.m.; pl.: *saltos-mortais*
salubre adj.2g. s.m.
salubridade v. s.f.
salutar adj.2g.
salutarmente adv.
salva s.f.
salvação s.f.
salvacionismo s.m.
salvacionista adj. s.2g.
salvador (ô) adj. s.m.
salvadorenho adj. s.m.
salvadorense adj. s.2g.
salvados s.m.pl.
salvaguarda s.f.
salvaguardar v.
salvamento s.m.
salvante prep.
salvar v.
salvatagem s.f.
salvatério adj. s.m.
salvável adj.2g.

salva-vidas | 315 | saponáceo

salva-vidas adj. s.2g.2n.
salve-rainha s.f.; pl.: *salve-rainhas*
salve-se quem puder s.m.2n.
sálvia s.f.
salvo adj. s.m. prep.
salvo-conduto s.m.; pl.: *salvo-condutos* e *salvos-condutos*
samambaia s.f.
samango s.m.
sâmara s.f.
samariforme adj.2g.
samaritano adj. s.m.
samba s.m.
samba-canção s.m.; pl.: *sambas-canção* e *sambas-canções*
sambada s.f.
sambado adj.
samba em berlim s.m.
samba-enredo s.m.; pl.: *sambas-enredo* e *sambas-enredos*
sambanga adj. s.2g.
sambaqui s.m.
sambar v.
sambeador (ô) adj.
sambenito s.m.
sambista adj. s.2g.
sambódromo s.m.
sambuca s.f.
sambudo adj.
samburá s.m.
samoano adj. s.m.
samoense adj. s.2g.
samovar s.m.
samplear v.
samurai s.m.
sanado adj.
sanador (ô) adj.
sanar v.
sanativo adj.
sanatório s.m.
sanável adj.2g.
sanca s.f.
sanção s.f.
sancionador (ô) adj. s.m.
sancionar v.
sancionável adj.2g.
sanco s.m.
sandália s.f.
sândalo s.m.
sandeu adj. s.m.; fem.: *sandia*
sandia s.f. de *sandeu*
sandice s.f.
sandinismo s.m.
sandinista adj. s.2g.
sanduichado adj.
sanduíche s.m.
sanduicheira s.f.
sanduicheiro s.m.
sanduicheria s.f.
saneada s.f.
saneado adj.

saneador (ô) adj. s.m.
saneamento s.m.
saneante adj.2g.
sanear v.
saneatório adj.
sanefa s.f.
sanfona s.f.
sanfonado adj.
sanfonar v.
sanfoneiro s.m.
sanga s.f.
sangra s.f.
sangração s.f.
sangrado adj. s.m.
sangrador (ô) adj. s.m.
sangradouro s.m.
sangradura s.f.
sangramento s.m.
sangrante adj.2g.
sangrar v.
sangreira s.f.
sangrento adj.
sangria s.f.
sangue s.m.
sangue-frio s.m.; pl.: *sangues-frios*
sangueira s.f.
sangue-novo s.m.; pl.: *sangues-novos*
sanguessuga s.f.
sanguinário (*u* ou *ü*) adj. s.m.
sanguíneo (*u* ou *ü*) adj. s.m.
sanguinolência (*u* ou *ü*) s.f.
sanguinolento (*u* ou *ü*) adj.
sanha s.f.
sanhaço s.m.
sanhaçu s.m.
sanharó s.m.
sanhudo adj.
sanidade s.f.
sânie s.f.
sanioso (ô) adj.; f. e pl.: (ó)
sanitariamente adv.
sanitário adj. s.m.
sanitarismo s.m.
sanitarista adj. s.2g.
sanitarização s.f.
sanitarizar v.
sânscrito adj. s.m.
sansei adj. s.2g.
santamente adv.
santantônio s.m.
santareno adj. s.m.
santarrão adj. s.m.; fem.: *santarrona*
santarrona s.f. de *santarrão*
santeiro adj. s.m.
santelmo s.m.
santidade s.f.
santificação s.f.
santificado adj.
santificador (ô) adj. s.m.
santificante adj.2g.
santificar v.

santimônia s.f.
santinho s.m.
santíssimo adj. s.m.
santista adj. s.2g.
santo adj. s.m.
santo-antônio s.m.; pl.: *santo-antônios*
santo-daime s.m.; pl.: *santo-daimes*
santomense adj. s.2g.
santonina s.f.
santuário s.m.
são adj. s.m.; fem.: *sã*; pl.: *sãos*
são-bernardo s.m.; pl.: *são-bernardos*
são-borjense adj. s.2g.; pl.: *são-borjenses*
são-luisense adj. s.2g.; pl.: *são-luisenses*
são-paulino adj. s.m.; pl.: *são-paulinos*
são-tomense adj. s.2g.; pl.: *são-tomenses*
sapa s.f.
sapaju s.m.
sapar v.
saparia s.f.
sapata s.f.
sapatada s.f.
sapatão s.m.
sapataria s.f.
sapateado adj. s.m.
sapateador (ô) adj. s.m.
sapatear v.
sapateio s.m.
sapateira s.f.
sapateiro s.m.
sapatilha s.f.
sapato s.m.
sapé s.m.
sapê s.m.
sapeada s.f.
sapear v.
sapeca adj. s.2g. s.f.
sapecado adj. s.m.
sapecar v.
sapequice s.f.
sapezal s.m.
sapicuá s.m.
sápido adj.
sapiência s.f.
sapiente adj.2g.
sapinho s.m.
sapiranga s.f.
sapiroca s.f.
sapiroquento adj.
sapituca s.f.
sapo s.m.
sapo-boi s.m.; pl.: *sapos-boi* e *sapos-bois*
sapo-cururu s.m.; pl.: *sapos-cururus*
sapólio s.m.
saponáceo adj. s.m.

saponificação s.f.
saponina s.f.
sapopema s.f.
sapopemba s.f.
sapota s.f.
sapoti s.m.
sapotilha s.f.
sapotilheira s.f.
sapotizeiro s.m.
saprofítico adj.
saprófito adj. s.m.
saproparasita s.f.
sapróvoro adj. s.m.
sapucaia s.f.
saquarema s.m.
saque s.m.
saquê s.m.
saqueador (ô) adj. s.m.
saquear v.
saquerita s.f.
saquitel s.m.
sarã s.m.
sarabanda s.f.
sarabatana s.f.
saracotear v.
saracoteio s.m.
saracura s.f.
sarado adj.
saraiva s.f.
saraivada s.f.
sarambeque s.m.
sarampão s.m.
sarampo s.m.
sarandear v.
sarandeio s.m.
sarandi s.m.
sarandizal s.m.
saranga adj. s.2g.
sarapantado adj.
sarapantar v.
sarapatel s.m.
sarapintado adj.
sarapintar v.
sarar v.
sarará adj. s.2g.
sarau s.m.
saravá s.m. interj.
sarça s.f.
sarcasmo s.m.
sarcástico adj.
sarcofagídeo adj. s.m.
sarcófago adj. s.m.
sarcoma s.m.
sarcoplasmático adj.
sarcóptico adj.
sarda s.f.
sardana s.f.
sardela s.f.
sardento adj.
sardinha s.f.
sardinhada s.f.
sardo adj. s.m.
sardônico adj.
sargaço s.m.

sargento s.m.
sari s.m.
sári s.m.
sarigué (*u* ou *ü*) s.m.
sarilhar v.
sarilho s.m.
sarin s.m.
sarja s.f.
sarjão s.m.
sarjar v.
sarjeta (ê) s.f.
sármata adj. s.2g.
sarmento s.m.
sarmentoso (ó) adj.; f. e pl.:
    (ó)
sarna s.f. s.2g.
sarnento adj. s.m.
saroba s.f.
sarobá s.m.
sarobal s.m.
sarongue s.m.
sarrabalho s.m.
sarrabulhada s.f.
sarrabulho s.m.
sarraceno adj. s.m.
sarrafada s.f.
sarrafo s.m.
sarrento adj.
sarrido s.m.
sarro s.m.
sartório adj. s.m.
sartriano adj. s.m.
sassafrás s.m.
sassânida adj. s.2g.
sassaricar v.
satã s.m.
satanás s.m.
satanicamente adv.
satânico adj. s.m.
satanismo s.m.
satanista adj. s.2g.
satanização s.f.
satanizar v.
satélite adj.2g.2n. s.m.
sátira s.f.
satiríase s.f.
satírico adj. s.m.
satirista adj. s.2g.
satirização s.f.
satirizar v.
sátiro s.m.
satisfação s.f.
satisfatório adj.
satisfazer v.
satisfeito adj.
sátrapa s.m.
satrapia s.f.
saturação s.f.
saturado adj.
saturar v.
saturnal adj.2g. s.f.
saturnino adj. s.m.
saturnismo s.m.
sauá s.m.

saudação s.f.
saudade s.f.
saudades s.f.pl.
saudar v.
saudável adj.2g.
saúde s.f.
saudita adj. s.2g.
saudosamente adv.
saudosismo s.m.
saudosista adj. s.2g.
saudoso (ó) adj.; f.
    e pl.: (ó)
sauna s.f.
sáurio adj. s.m.
saurópode adj.2g. s.m.
saurópodo s.m.
saúva s.f.
sauveiro s.m.
savana s.f.
savanícola adj. s.2g.
saveiro s.m.
sável s.m.
savelha (ê) s.f.
sax (cs) s.m.2n.
saxão (cs) adj. s.m.
saxícola (cs) adj. s.2g.
saxofone (cs) s.m.
saxofonista (cs) adj. s.2g.
saxônico (cs) adj. s.m.
saxônio (cs) adj. s.m.
saxorne (cs) s.m.
sax-tenor (cs...ô) s.m.
sazão s.f.
sazonado adj.
sazonal adj.2g.
sazonalidade s.f.
sazonamento s.m.
sazonar v.
schopenhaueriano adj.
se conj. pron.
sé s.f.
seara s.f.
seareiro s.m.
sebaça s.f.
sebáceo adj.
sebastianismo s.m.
sebastianista adj. s.2g.
sebe s.f.
sebenta s.f.
sebento adj. s.m.
sebereba s.f.
sebo (ê) s.m.
seborreia (ê) s.f.
seborreico (ê) adj.
seboso (ó) adj. s.m.; f.
    e pl.: (ó)
sebruno adj.
seca s.f. "ato de secar", etc.;
    cf. seca (ê) s.f. e seca, fl. do
    v. secar
seca (ê) s.f. "estiagem"; cf. seca
    s.f. e seca, fl. do v. secar
secador (ô) adj. s.m.
secadora (ô) s.f.

secagem s.f.
secamente adv.
secamento s.m.
secante adj. s.2g. s.f.
seção s.f. "corte", etc.; cf. *cessão* e *sessão*
secar v.
secarrão adj. s.m.; fem.: *secarrona*
secarrona s.f. de *secarrão*
secativo adj.
secção s.f.
seccional adj.2g.
seccionamento s.m.
seccionar v.
secessão s.f.
secessionismo s.m.
secessionista adj. s.2g.
secional adj.2g.
secionar v.
seco (*ê*) adj. s.m.; cf. *ceco* s.m. e *seco*, fl. do v. *secar*
secreção s.f.
secreta s.m. s.f.
secretamente adv.
secretar v.
secretaria s.f.
secretária s.f.
secretariado s.m.
secretarial adj.2g.
secretariar v.
secretário s.m.
secreto adj. s.m.
secretor (*ô*) adj. s.m.
secretório adj.
sectário adj. s.m.
sectarismo s.m.
sectarista adj. s.2g.
secular adj.2g.
secularidade s.f.
secularista adj. s.2g.
secularização s.f.
secularizado adj.
secularizar v.
secularmente adv.
século s.m.
secundar v.
secundário adj. s.m.
secundina s.f.
secura s.f.
securidade s.f.
securitário adj. s.m.
securitização s.f.
securitizador (*ô*) adj. s.m.
securitizadora (*ô*) s.f.
securitizar v.
seda (*ê*) s.f.; cf. *ceda* e *seda*; fl. dos v. *ceder* e *sedar*
sedã s.m.
sedação s.f.
sedado adj.
sedante adj.2g.
sedar v.
sedativo adj. s.m.

sede s.f. "polo de uma empresa", etc.; cf. *sede* (*ê*) s.f. e *cede*, fl. do v. *ceder*
sede (*ê*) s.f. "vontade de beber um líquido"; cf. *sede* s.f. e *cede*, fl. do v. *ceder*
sedeca s.f.
sedém s.m.
sedenho s.m.
sedentariedade s.f.
sedentário adj. s.m.
sedentarismo s.m.
sedentarização s.f.
sedentarizado adj.
sedentarizar v.
sedento adj. s.m.
sedeúdo adj.
sediado adj.
sediador adj.
sediar v.
sedição s.f.
sedicioso (*ô*) adj. s.m.; f. e pl.: (*ó*)
sediço adj.
sedimentação s.f.
sedimentado adj.
sedimentador (*ô*) adj. s.m.
sedimentar v. adj.2g.
sedimentário adj.
sedimento s.m.
sedimentologia s.f.
sedimentológico adj.
sedosidade s.f.
sedoso (*ô*) adj.; f. e pl.: (*ó*)
sedução s.f.
sedutor (*ô*) adj. s.m.
sedutoramente adv.
seduzido adj. s.m.
seduzir v.
seduzível adj.2g.
sefardi adj. s.2g.
sefardim adj. s.2g.
sefardita adj. s.2g.
sega s.f. "ceifa"; cf. *cega*, fl. do v. *cegar*
segada s.f.
segadeira s.f.
segado adj.
segador (*ô*) adj. s.m.
segar v. "ceifar"; cf. *cegar*
sege s.f.
segeiro s.m.
segmentação s.f.
segmentado adj.
segmentador (*ô*) s.m.
segmentar v. adj.2g.
segmentaridade s.f.
segmentário adj.
segmentável adj.2g.
segmento s.m.
segredar v.
segredo (*ê*) s.m.; cf. *segredo*, fl. do v. *segredar*
segredoso (*ô*) adj.; f. e pl. (*ó*)

segregação s.f.
segregacionismo s.m.
segregacionista adj. s.2g.
segregado adj.
segregador (*ô*) adj. s.m.
segregamento s.m.
segregar v.
seguida s.f.
seguidamente adv.
seguidilha s.f.
seguido adj. adv.
seguidor (*ô*) adj. s.m.
seguimento s.m.
seguinte adj.2g. s.m.
seguir v.
segunda s.f.
segunda-feira s.f.; pl.: *segundas-feiras*
segundamente adv.
segundanista adj. s.2g.
segundo num. adj. s.m. prep. adv. conj.
segundo-sargento s.m.; pl.: *segundos-sargentos*
segundo-tenente s.m.; pl.: *segundos-tenentes*
segurado adj. s.m.
segurador (*ô*) adj. s.m.
seguradora (*ô*) s.f.
seguramente adv.
segurança s.f. s.2g.
segurar v.
segurelha (*ê*) s.f.
seguridade s.f.
seguro adj. s.m. adv.
seguro-desemprego s.m.; pl.: *seguros-desemprego* e *seguros--desempregos*
seguro-saúde s.m.; pl.: *seguros-saúde* e *seguros-saúdes*
seio s.m.
seis num.
seiscentista adj. s.2g.
seiscentos num. s.m.
seita s.f
seiva s.f.
seivoso (*ô*) adj.; f. e pl.: (*ó*)
seixo s.m.
sela s.f. "arreio da cavalgadura"; cf. *cela*
selado adj. s.m.
selador (*ô*) adj. s.m.
seladora (*ô*) s.f.
seladura s.f.
selagem s.f.
selaginelácea s.f.
selamento s.m.
selante adj.2g. s.m.
selar v.
selaria s.f.
seleção s.f.
selecionado adj. s.m.
selecionador (*ô*) adj. s.m.
selecionamento s.m.

selecionar v.
selecionável adj.2g.
seleiro adj. s.m. "fabricante de sela"; cf. *celeiro*
selênico adj.
selênio s.m.
selenita adj. s.2g. s.f.
selenose s.f.
seleta s.f.
seletividade s.f.
seletivo adj.
seleto adj.
seletor (ô) adj. s.m.
selha (ê) s.f.
selim s.m.
selinho s.m.
selo (ê) s.m.; cf. *selo*, fl. do v. *selar*
selote s.m.
selva s.f.
selvagem adj. s.2g.
selvageria s.f.
selvajaria s.f.
selvático adj.
selvícola adj. s.2g.
sem prep.; cf. *cem* num.
sema s.f.
semáfora s.f.
semafórico adj. s.m.
semaforizado adj.
semáforo s.m.
semana s.f.
semanada s.f.
semanal adj.2g.
semanalização s.f.
semanalmente adv.
semanário adj. s.m.
semancol s.m.
semantema s.m.
semantemático adj.
semântica s.f.
semanticamente adv.
semanticista adj. s.2g.
semântico adj.
semblante s.m.
sem-cerimônia s.f.; pl.: *sem-cerimônias*
semeação s.f.
semeada s.f.
semeadeira s.f.
semeado adj.
semeador (ô) adj. s.m.
semeadora (ó) s.f.
semeadura s.f.
semear v.
semeável adj.2g.
semelhança s.f.
semelhante adj.2g. s.m. pron.
semelhar v.
sêmen s.m.
semente s.f.
sementeira s.f.
sementeiro adj. s.m.
semestral adj.2g.

semestralidade s.f.
semestralmente adv.
semestre s.m.
sem-fim s.m.; pl.: *sem-fins*
sem-gracice s.f.; pl.: *sem-gracices*
semianalfabeto adj. s.m.
semiaquático adj.
semiárido adj. s.m.
semibárbaro adj.
semibreve s.f.
semicerrar v.
semicircular adj.2g.
semicírculo adj. s.m.
semicircunferência s.f.
semicolcheia s.f.
semicoma s.m.
semicondutor (ô) adj. s.m.
semiconsciência s.f.
semiconsciente adj.2g.
semideus s.m.
semidivindade s.f.
semiescravidão s.f.
semiescuridão s.f.
semifinal adj.2g. s.f.
semifinalista adj. s.2g.
semifusa s.f.
semi-humano adj.
semi-internato s.m.
semi-interno adj. s.m.
semilíquido adj.
semilunar adj.2g. s.m.
semimarinho adj.
semimorto (ô) adj.
seminal adj.2g.
seminário s.m.
seminarista adj. s.2g.
seminarístico adj.
seminífero adj.
semínima s.f.
seminu adj.
semiologia s.f.
semiológico adj.
semiólogo s.m.
semiose s.f.
semiotécnica s.f.
semiótica s.f.
semioticista adj. s.2g.
semiótico adj.
semiplano s.m.
semiplegia s.f.
semiplégico adj.
semiprecioso (ô) adj.; f. e pl.: (ó)
semirreligioso (ô) adj.; f. e pl.: (ó)
semirreta s.f.
semirroto (ô) adj.
semisselvagem adj.2g.
semissoma s.f.
semita adj. s.2g.
semítico adj. s.m.
semitismo s.m.
semitofobia s.f.

semitologista s.2g.
semitom s.m.
semitonal adj.2g.
semitonar v.
semitransparente adj.2g.
semiúmido adj.
semivivo adj.
semivogal s.f.
sem-número s.m.2n.
sêmola s.f.
semolina s.f.
semostradeira adj. f.
semostrador (ô) adj.
semovente adj. s.2g. s.m.
sem-par adj. s.2g.2n.
sempiterno adj.
sempre adv. conj. s.m.
sempre-viva s.f.; pl.: *sempre-vivas*
sem-sal adj. s.2g.2n.
sem-terra adj. s.2g.2n.
sem-teto adj. s.2g.2n.
sem-vergonha adj. s.2g.2n.
sem-vergonhice s.f.; pl.: *sem-vergonhices*
sem-vergonhismo s.m.; pl.: *sem-vergonhismos*
sena adj. s.2g. s.m. s.f.
senado s.m.
senador (ô) s.m.
senadoria s.f.
senão s.m. conj. prep.
senatoria s.f.
senatória s.f.
senatorial adj.2g.
senatório adj.
sencilha s.f.
senda s.f.
sendeiro adj. s.m.
senderismo s.m.
senderista adj. s.2g.
senectude s.f.
senegalês adj. s.m.
senegalesco (ê) adj.
senescência s.f.
senescente adj. s.2g.
sengue s.f.
senha (ü) s.m.
senhor (ô) adj. s.m. pron.; f.: (ó)
senhorear v.
senhoria s.f.
senhoriagem s.f.
senhorial adj.2g.
senhoriato s.m.
senhoril adj.2g.
senhorinha s.f.
senhorio s.m.
senhorita s.f.
senhorzinho s.m.
senil adj.2g.
senilidade s.f.
senilitude s.f.
senilizar v.

sênior adj.2g. s.m.; pl.: *seniores* (ô)
senioridade s.f.
seno s.m.
senoidal adj.2g.
senoide (ó) adj.2g. s.f.
sensabor (ô) adj. s.2g.
sensaborão adj. s.m.; fem.: *sensaborona*
sensaboria s.f.
sensaborona s.f. de *sensaborão*
sensação s.f.
sensacional adj.2g.
sensacionalismo s.m.
sensacionalista adj. s.2g.
sensacionalizar v.
sensatamente adv.
sensatez (ê) s.f.
sensato adj.
sensibilidade s.f.
sensibilização s.f.
sensibilizado adj.
sensibilizador (ô) adj. s.m.
sensibilizante adj.2g. s.m.
sensibilizar v.
sensibilizatório adj.
sensitiva s.f.
sensitividade s.f.
sensitivo adj. s.m.
sensitivo-motor adj.; pl.: *sensitivo-motores*
sensitometria s.f.
sensitométrico adj.
sensitômetro s.m.
sensível adj.2g.
sensivelmente adv.
senso s.m. "entendimento"; cf. *censo*
sensor (ô) adj. s.m. "mecanismo que capta vibrações"; cf. *censor*
sensorial adj.2g.
sensorialidade s.f.
sensoriamento s.m.
sensório adj. s.m. "que se refere à sensibilidade"; cf. *censório*
sensual adj. s.2g.
sensualidade s.f.
sensualismo s.m.
sensualista adj. s.2g.
sensualmente adv.
sentado adj.
sentar v.
sentença s.f.
sentenciação s.f.
sentenciado adj. s.m.
sentenciador (ô) adj. s.m.
sentencial adj.2g.
sentenciamento s.m.
sentenciar v.
sentencioso (ô) adj.; f. e pl.: (ó)
sentido adj. s.m.

sentimental adj. s.2g.
sentimentalidade s.f.
sentimentalismo s.m.
sentimentalista adj. s.2g.
sentimentalmente adv.
sentimentaloide (ó) adj. s.2g.
sentimento s.m.
sentina s.f.
sentinela s.f.
sentir v. s.m.
senzala s.f.
sépala s.f.
separação s.f.
separacionismo s.m.
separadamente adv.
separado adj. s.m.
separador (ô) adj. s.m.
separadora (ô) s.f.
separar v.
separata s.f.
separatismo s.m.
separatista adj. s.2g.
separatividade s.f.
separativismo s.m.
separatório adj. s.m.
separável adj.2g.
sépia adj.2g.2n. s.m. s.f.
sepsia s.f.
sépsis s.f.2n.
septado adj.
septal adj.2g.
septênio s.m.
septeto (ê) s.m.
septicemia s.f.
septicêmico adj.
séptico adj.
septilha s.f.
septo s.m.
septuagenário adj. s.m.
septuagésimo num.
séptuor s.m.
séptuplo num.
sepulcral adj.2g.
sepulcro s.m.
sepultado adj.
sepultador (ô) adj. s.m.
sepultamento s.m.
sepultar v.
sepulto adj.
sepultura s.f.
sequaz adj. s.2g.
sequeiro adj. s.m.
sequela (ü) s.f.
sequência (ü) s.f.
sequenciação (ü) s.f.
sequenciado (ü) adj.
sequenciador (ü...ô) adj. s.m.
sequencial (ü) adj.2g. s.m.
sequencialidade (ü) s.f.
sequencialmente (ü) adv.
sequenciamento (ü) s.m.
sequenciar (ü) v.
sequente (ü) adj.2g.
sequer adv.

sequestração (ü) s.f.
sequestrado (ü) adj. s.m.
sequestrador (ü...ô) adj. s.m.
sequestrante (ü) adj. s.2g.
sequestrar (ü) v.
sequestrável (ü) adj.2g.
sequestro (ü) s.m.
sequidão s.f.
sequilho s.m.
sequioso (ô) adj.; f. e pl.: (ó)
séquito (u ou ü) s.m.
sequoia (ó) s.f.
ser v. s.m.
seráfico adj.
serafim s.m.
serão s.m.
serapilheira s.f.
sereia s.f.
serelepe adj. s.2g. s.m.
serenada s.f.
serenado adj.
serenamente adv.
serenamento s.m.
serenar v.
serenata s.f.
serenateiro adj. s.m.
serenidade s.f.
sereníssimo adj.
sereno adj. s.m.
serenoso (ô) adj.; f. e pl.: (ó)
seresta s.f.
seresteiro adj. s.m.
sergipano adj. s.m.
sergipense adj. s.2g.
seriação s.f.
seriado adj. s.m.
serial adj.2g.
serialidade s.f.
serialismo s.m.
serialista adj. s.2g.
serialização s.f.
serializado adj.
serializar v.
serialmente adv.
seriamente adv.
seriar v.
seribolo s.m.
seríceo adj.
sericicultor (ô) adj. s.m.
sericicultura s.f.
sericina s.f.
sérico adj. s.m.
sericoia (ó) s.f.
sericultor (ô) adj. s.m.
sericultura s.f.
seridó s.m.
série s.f.
seriedade s.f.
seriema s.f.
serifa s.f.
serifado adj.
serigola s.f.
serigote s.m.
serigrafado adj.

serigrafar | 320 | sexagésimo

serigrafar v.
serigrafia s.f.
serigráfico adj.
serigrafista s.2g.
seriguela (ŭ) s.f.
seriíssimo adj.
seringa s.f.
seringação s.f.
seringal s.m.
seringalista adj. s.2g.
seringar v.
seringueira s.f.
seringueiro s.m.
sério adj. s.m. adv. "grave"; cf. céreo e cério
serioso (ô) adj.; f. e pl.: (ó)
sermão s.m.
sermonário adj. s.m.
sermoneiro s.m.
sermonista adj.2g.
sernambi s.m.
serôdio adj.
seroimunologia s.f.
serologia s.f.
serosa s.f.
serosidade s.f.
seroso (ô) adj.; f. e pl.: (ó)
seroterapia s.f.
serotonina s.f.
serpa s.m.
serpe s.f.
serpeante adj.2g.
serpear v.
serpentário s.m.
serpente s.f.
serpenteado adj.
serpenteamento s.m.
serpenteante adj.2g.
serpentear v.
serpenteio s.m.
serpentiforme adj.2g.
serpentina s.f.
serpentinado adj.
serpentino adj.
serpiginoso (ô) adj.; f. e pl.: (ó)
serra s.f.
serração s.f.
serradela s.f.
serrado adj.
serrador (ô) s.m.
serradura s.f.
serragem s.f.
serra-leonense adj. s.2g.; pl.: serra-leonenses
serralha s.f.
serralharia s.f.
serralheiro s.m.
serralheria s.f.
serralho s.m.
serrania s.f.
serranídeo adj. s.m.
serrano adj. s.m.
serra-osso s.m.; pl.: serra-ossos

serrar v. "cortar"; cf. cerrar
serraria s.f.
serrátil adj.2g.
serreado adj.
serrear v.
serrilha s.f.
serrilhado adj.
serrilhar v.
serro (ê) s.m. "espinhaço"; cf. cerro s.m. e fl. do v. cerrar
serrote s.m.
sertanejo (ê) adj. s.m.
sertanismo s.m.
sertanista adj. s.2g.
sertão s.m.
servente adj. s.2g.
serventia s.f.
serventuário s.m.
serviçal adj. s.2g.
servicinho s.m.
serviço s.m.
servidão s.f.
servido adj.
servidor (ô) adj. s.m.
servil adj.2g.
servilidade s.f.
servilismo s.m.
servilizado adj.
sérvio adj. s.m.
servir v.
servo adj. s.m.; cf. cervo (é ou ê)
servo-croata adj. s.2g.; pl.: servo-croatas
servofreio s.m.
servomecanismo s.m.
sésamo s.m.
sesgo (ê) adj.
sesmaria s.f.
sesmarial adj.2g.
sesmeiro s.m.
sesquicentenário s.m.
sesquipedal adj.2g.
sessão s.f. "reunião"; cf. cessão e seção
sessé s.m.
sessenta num.
sessentão adj. s.m.; fem.: sessentona
sessentismo s.m.
sessentista adj. s.2g
sessentona s.f. de sessentão
séssil adj.2g.
sesta s.f. "repouso"; cf. cesta (ê) e sexta (ê)
sesteada s.f.
sestear v.
sesteiro s.m. "medida de três alqueires"; cf. cesteiro
sestércio s.m.
sestro adj. s.m.
sestroso (ô) adj.; f. e pl.: (ó)
seta s.f.
setada s.f.

sete num. s.m.
sete-casacas s.f.2n.
setecentismo s.m.
setecentista adj. s.2g.
setecentos num.
sete-cores s.m.2n.
sete-couros s.m.2n.
sete e meio s.m.2n.
sete em porta s.m.2n.
sete-em-rama s.m.2n.
seteira s.f.
seteiro adj. s.m.
sete-léguas s.f.2n.
setembro s.m.
setenário adj. s.m.
setênio s.m.
setenta num.
setentão adj. s.m.; fem.: setentona
setentona s.f. de setentão
setentrião s.m.
setentrional adj. s.2g.
sete-sangrias s.f.2n.
setiforme adj.2g.
setilha s.f.
setilhão num.
setilião num.
sétimo num.
setingentésimo num.
setissílabo adj. s.m.
setor (ô) s.m.
setorial adj.2g.
setorialista adj. s.2g.
setorialização s.f.
setorializado adj.
setorialmente adv.
setorista s.2g.
setorização s.f.
setorizado adj.
setorizar v.
setoso (ô) adj.; f. e pl.: (ó)
setuagenário adj. s.m.
setuagésimo num.
setuplicar v.
sétuplo num.
seu pron. s.m.
seu-vizinho s.m.; pl.: seus-vizinhos
sevandija s.2g. s.f.
severidade s.f.
severo adj. s.m.
sevícia s.f.
seviciado adj. s.m.
seviciador (ô) adj. s.m.
seviciar v.
sevícias s.f.pl.
sevilhana s.f.
sevilhano adj. s.m.
sexador (cs...ô) s.m.
sexagem (cs) s.f.
sexagenário (cs) adj. s.m.
sexagésima (cs) s.f.
sexagesimal (cs) adj.2g.
sexagésimo (cs) num.

sexangular (cs) adj.2g.
sexcentésimo (cs) num.
sexenal (cs) adj.2g.
sexênio (cs) s.m.
sexismo (cs) s.m.
sexista (cs) adj. s.2g.
sexo (cs) s.m.
sexofobia (cs) s.f.
sexofóbico (cs) adj.
sexologia (cs) s.f.
sexológico (cs) adj.
sexologista (cs) adj. s.2g.
sexólogo (cs) s.m.
sexomania (cs) s.f.
sexomaníaco (cs) adj. s.m.
sexta (ê) s.f. "dia da semana"; cf. *cesta* (ê) e *sesta*
sexta-feira s.f.; pl.: *sextas-feiras*
sextante s.m.
sextavado adj.
sextavar v.
sexteto (ê) s.m.
sextil adj.2g. s.m.
sextilha s.f.
sextilhão num.
sextilião num.
sexto (ê) num. "ordinal de seis"; cf. *cesto*
sextuplicado adj.
sextuplicar v.
sêxtuplo num.
sexuado (cs) s.m. adj.
sexual (cs) adj.2g.
sexualidade (cs) s.f.
sexualismo (cs) s.m.
sexualista (cs) adj.2g.
sexualização (cs) s.f.
sexualizar (cs) v.
sexualmente (cs) adv.
sezão s.f.
shakespeariano (*xeiquispir*) adj.
showmício (*xou*) s.m.
si s.m. pron.
sia s.f.
siá s.f.
sial s.m.
siálico adj.
sialorreia (ê) s.f.
siamês adj. s.m.
sianinha s.f.
siba s.f.
sibarita adj. s.2g.
sibarítico adj.
sibaritismo s.m.
siberiano adj. s.m.
sibila s.f.
sibilação s.f.
sibilado adj.
sibilante adj.2g. s.f.
sibilar v.
sibilino adj.
sibilo s.m.
sibipiruna s.f.

sicário s.m.
siciliano adj. s.m.
siclemia s.f.
sicofanta s.2g.
sicômoro s.m.
sicranização s.f.
sicrano s.m.
sicupira s.f.
sicuriju s.f.
sidagá s.f.
sideração s.f.
siderado adj.
sideral adj.2g.
siderar v.
sidéreo adj.
siderito s.m.
siderossilicose s.f.
siderurgia s.f.
siderúrgica s.f.
siderúrgico adj. s.m.
sidra s.f. "bebida fermentada à base de maçã"; cf. *cidra*
sifão s.m.
sífilis s.f.2n.
sifilítico adj. s.m.
sifoide (ó) adj.2g.
sifonado adj.
sifonagem s.f.
sifonóforo adj. s.m.
sifonogamia s.f.
sifonópode adj.2g. s.m.
sigilo s.m.
sigilosamente adv.
sigiloso (ô) adj.; f. e pl.: (ó)
sigla s.f.
siglado adj.
siglagem s.f.
siglar v.
siglário s.m.
sigma s.m.
sigmoide (ó) adj.2g.
sigmoidostomia s.f.
signatário adj. s.m.
significação s.f.
significado s.m.
significador (ô) s.m.
significância s.f.
significante adj.2g. s.m.
significantemente adv.
significar v.
significativamente adv.
significatividade s.f.
significativo adj.
signo s.m.
signo de salomão s.m.
signográfico adj.
signo-salomão s.m.; pl.: *signos-salomão* e *signos--salomões*
sílaba s.f.
silabação s.f.
silabada s.f.
silabado adj.
silabar v.

silabário s.m.
silábico adj.
silagem s.f.
silástico s.m.
silenciado adj.
silenciador (ô) s.m.
silenciamento s.m.
silenciar v.
silêncio s.m.
silenciosamente adv.
silencioso (ô) adj. s.m.; f. e pl.: (ó)
silente adj.2g.
silepse s.f.
sílex (cs) s.m.2n.
sílfide s.f.
silfídico adj.
silfo s.m.
silhão s.m.
silhueta (ê) s.f.
sílica s.f.
silicato s.m.
sílice s.m.
silicificado adj.
silício s.m.
silicioso (ô) adj.; f. e pl.: (ó)
siliconado adj.
silicone s.m.
siliconizado adj.
siliconoma s.m.
silicose s.f.
silicoso (ô) adj.; f. e pl.: (ó)
siligristido adj. s.m.
siligristir v.
silimanita s.f.
silo s.m.
silogismo s.m.
silogista adj. s.2g.
silogística s.f.
silogístico adj.
siloxano (cs) s.m.
silte s.m.
siltoso (ô) adj.; f. e pl.: (ó)
siluriano adj. s.m.
silva s.f.
silvar v.
silveiro adj.
silvestre adj.2g.
silvícola adj. s.2g.
silvicultor (ô) adj. s.m.
silvicultura s.f.
silviídeo adj. s.m.
silvo s.m.
sim adv. s.m.
sima s.m. "camada geológica abaixo do sial"; cf. *cima*
simbionte adj.2g. s.m.
simbiôntico adj.
simbiose s.f.
simbiótico adj.
simbolicamente adv.
simbólico adj. s.m.
simbolismo s.m.
simbolista adj. s.2g.

simbolização

simbolização s.f.
simbolizado adj.
simbolizador (ó) adj.
simbolizar v.
símbolo s.m.
simbologia s.f.
simbológico adj.
simetria s.f.
simétrico adj. s.m.
simiano adj. s.m.
simiesco (ê) adj.
símil adj.2g.
similar adj.2g. s.m.
similaridade s.f.
similarmente adv.
símile adj.2g. s.m.
similitude s.f.
símio adj. s.m.
simioto (ó) s.m.
simonia s.f.
simoníaco adj. s.m.
simonista adj.2g.
simonte s.m.
simpatia s.f.
simpaticamente adv.
simpaticíssimo adj.
simpático adj. s.m.
simpatizante adj. s.2g.
simpatizar v.
simples adj. s.2g.2n. adv.
simpleza (ê) s.f.
símplice adj.2g
simplicidade s.f.
simplicíssimo adj.
simplificação s.f.
simplificadamente adv.
simplificado adj.
simplificador (ó) adj. s.m.
simplificar v.
simplificativo adj.
simplismo s.m.
simplista adj.2g.
simploriamente adv.
simploriedade s.f.
simplório adj. s.m.
simpodial adj.2g.
simpódio s.m.
simpósio s.m.
simposista s.2g.
simulação s.f.
simulacro s.m.
simuladamente adv.
simulado adj. s.m.
simulador (ó) adj. s.m.
simular v.
simulatório adj.
simulcadência s.f.
simulcadente adj.2g.
simultaneamente adv.
simultaneidade s.f.
simultâneo adj.
simum s.m.
sina s.f.
sinagoga s.f.

| 322 |

sinal s.m.
sinalagma s.m.
sinalagmático adj.
sinalar v.
sinal da cruz s.m.
sinalefa s.f.
sinaleira s.f.
sinaleiro adj. s.m.
sinalética s.f.
sinalização s.f.
sinalizado adj.
sinalizador (ó) adj. s.m.
sinalizar v.
sinapismo s.m.
sinapse s.f.
sináptico adj.
sincarpo s.m.
sinceramente adv.
sinceridade s.f.
sincero adj.
sincicial adj.2g.
sincício s.m.
sincinesia s.f.
sincopado adj.
sincopal adj.2g.
sincopar v.
síncope s.f.
sincópico adj.
sincrético adj.
sincretismo s.m.
sincretista adj. s.2g.
sincretístico adj.
sincretização s.f.
sincretizar v.
sincronia s.f.
sincronicamente adv.
sincronicidade s.f.
sincrônico adj.
sincronismo s.m.
sincronização s.f.
sincronizado adj.
sincronizador (ó) adj. s.m.
sincronizar v.
síncrono adj.
síncrotron s.m.
sindético adj.
síndeto s.m.
sindical adj.2g.
sindicalismo s.m.
sindicalista adj. s.2g.
sindicalização s.f.
sindicalizado adj. s.m.
sindicalizar v.
sindicância s.f.
sindicante adj. s.2g.
sindicar v.
sindicato s.m.
síndico adj. s.m.
síndrome s.f.
sindrômico adj.
sinecura s.f.
sinédoque s.f.
sinédrio s.m.
sinedrita adj. s.m.

sinopse

sineira s.f.
sineiro adj. s.m.
sinequia s.f.
sinequial adj.2g.
sinérese s.f.
sinergético adj.
sinergia s.f.
sinergicamente adv.
sinérgico adj.
sinergismo s.m.
sinergista adj.2g.
sinestesia s.f.
sinestésico adj.
sineta (ê) s.f.
sinete (ê) s.m.
sínfise s.f.
sinfonia s.f.
sinfônica s.f.
sinfônico adj.
sinfonismo s.m.
sinfonista adj.2g.
sinfonização s.f.
sinfonizar v.
singelamente adv.
singeleza (ê) s.f.
singelo adj. s.m.
singradura s.f.
singrante adj.2g.
singrar v.
singular adj.2g. s.m.
singularidade s.f.
singularização s.f.
singularizado adj.
singularizar v.
singularmente adv.
sinhá s.f.
sinhá-moça s.f.; pl.: sinhás-
   -moças
sinhaninha s.f.
sinhazinha s.f.
sinhô s.m.
sinhozinho s.m.
sinimbu s.m.
sinistra s.f.
sinistrado adj.
sinistralidade s.f.
sinistrismo s.m.
sinistro adj. s.m.
sinistrose s.f.
sino s.m.
sino-americano adj. s.m.; pl.:
   sino-americanos
sinoatrial adj.2g.
sino-brasileiro adj. s.m.; pl.:
   sino-brasileiros
sinodal adj.2g.
sinódico adj.
sínodo s.m.
sinologia s.f.
sinólogo adj. s.m.
sinonímia s.f.
sinonímica s.f.
sinônimo adj. s.m.
sinopse s.f.

sinostose s.f.
sinótico adj. s.m.
sinóvia s.f.
sinovial adj.2g.
sínquise s.f.
sintagma s.m.
sintagmático adj.
sintaticamente adv.
sintático adj.
sintaxe (ss) s.f.
sinteco s.m.
sinterização s.f.
sinterizado adj.
sinterizar v.
síntese s.f.
sinteticamente adv.
sinteticidade s.f.
sintético adj.
sintetismo s.m.
sintetista adj. s.2g.
sintetização s.f.
sintetizado adj.
sintetizador (ó) adj. s.m.
sintetizar v.
sintoma s.m.
sintomaticamente adv.
sintomático adj.
sintomatologia s.f.
sintomatológico adj.
sintomatologista s.2g.
sintonia s.f.
sintonização s.f.
sintonizado adj.
sintonizador (ó) adj. s.m.
sintonizar v.
sinuca s.f.
sinuelo (ê) s.m.
sinuosamente adv.
sinuosidade s.f.
sinuoso (ó) adj.; f. e pl.: (ó)
sinuqueiro s.m.
sinuquinha s.f.
sinusia s.f.
sinúsia s.f.
sinusite s.f.
siô s.m.
sionismo s.m.
sionista adj. s.2g.
sipuína s.f.
siracusano adj. s.m.
sirena s.f.
sirene s.f.
siri s.m.
siríaco adj. s.m.
sirigaita s.f.
sírio adj. s.m.
siriri s.m.
siririca s.f.
siriúba s.f.
siroco (ó) s.m.
sisal s.m.
sisaleiro adj.
sismicidade s.f.
sísmico adj.

sismo s.m.
sismografia s.f.
sismográfico adj.
sismógrafo s.m.
sismologia s.f.
sismológico adj.
sismologista s.2g.
sismólogo s.m.
sismômetro s.m.
siso s.m.
sistema s.m.
sistemática s.f.
sistematicamente adv.
sistematicidade s.f.
sistemático adj.
sistematização s.f.
sistematizado adj.
sistematizador (ó) adj. s.m.
sistematizar v.
sistemicamente adv.
sistêmico adj.
sístole s.f.
sistólico adj.
sisudez (ê) s.f.
sisudo adj. s.m.
sitiado adj. s.m.
sitiante s.2g.
sitiar v.
sitieiro s.m.
sítio s.m.
sitioca s.f.
sito adj.
situação s.f.
situacional adj.2g.
situacionalmente adv.
situacionismo s.m.
situacionista adj. s.2g.
situado adj.
situar v.
sizígia s.f.
skatista (skeit) s.2g.
só adj.2g. adv.
soabrir v.
soalhar v.
soalheira s.f.
soalheiro adj. s.m.
soalho s.m.
soante adj.2g. s.f.
soar v.
sob prep.
soba s.m.
sobejamente adv.
sobejante adj.2g.
sobejar v.
sobejo (ê) adj. s.m. adv.
soberanamente adv.
soberania s.f.
soberano adj. s.m.
soberba (ê) s.f.
soberbamente adv.
soberbia s.f.
soberbo (ê) adj. s.m.
sobpor (ó) v.
sobra s.f.

sobraçado adj.
sobraçar v.
sobrado adj. s.m.
sobraji s.f.
sobrancear v.
sobranceiro adj. adv.
sobrancelha (ê) s.f.
sobranceria s.f.
sobrante adj.2g.
sobrar v.
sobrasil s.m.
sobre (ô) s.m. prep.; cf. *sobre*, fl. do v. *sobrar*
sobreavaliação s.f.
sobreaviso s.m.
sobrecapa s.f.
sobrecarga s.f.
sobrecarregado adj.
sobrecarregamento s.m.
sobrecarregar v.
sobrecarta s.f.
sobrecasaca s.f.
sobrecenho adj. s.m.
sobrecéu s.m.
sobrecomum adj.2g. s.m.
sobrecoser v.
sobrecostura s.f.
sobrecoxa (ó) s.f.
sobrecu s.m.
sobredeterminação s.f.
sobredeterminar v.
sobredimensionado adj.
sobredimensionar v.
sobredito adj. s.m.
sobre-endividamento s.m.
sobre-endividar v.
sobre-estimação s.f.
sobre-estimado adj.
sobre-estimar v.
sobre-estimativa s.f.
sobrefaturamento s.m.
sobrefaturar v.
sobrefinanciar v.
sobregravar v.
sobre-humano adj.
sobreiro adj. s.m.
sobrejacente adj.2g.
sobrelanço s.m.
sobrelevação s.f.
sobrelevar v.
sobreloja s.f.
sobrelucro s.m.
sobremaneira adv.
sobremesa (ê) s.f.
sobremodo adv.
sobrenadar v.
sobrenatural adj.2g. s.m.
sobrenaturalidade s.f.
sobrenaturalismo s.m.
sobrenaturalista adj.2g.
sobrenome s.m.
sobrepairar v.
sobrepassar v.
sobrepasso s.m.

sobrepeliz s.f.
sobrepesca s.f.
sobrepeso (ê) s.m.
sobrepor (ô) v.
sobreposição s.f.
sobreposto (ó) adj. s.m.; f. e pl.: (ó)
sobrepreço (ê) s.m.
sobreprova s.f.
sobrepujança s.f.
sobrepujante adj.2g.
sobrepujar v.
sobrescrever v.
sobrescritado adj.
sobrescritar v.
sobrescrito adj. s.m.
sobressaia s.f.
sobressair v.
sobressalência s.f.
sobressalente adj.2g. s.m.
sobressaltado adj.
sobressaltar v.
sobressalto s.m.
sobrestadia s.f.
sobrestar v.
sobrestimação s.f.
sobrestimar v.
sobretaxa s.f.
sobretaxação s.f.
sobretaxado adj.
sobretaxar v.
sobretensão s.f.
sobretingir v.
sobretinta s.f.
sobretítulo s.m.
sobretom s.m.
sobretudo s.m. adv.
sobrevalorização s.f.
sobrevalorizado adj.
sobrevalorizar v.
sobrevenda s.f.
sobreveniente adj.2g.
sobrevida s.f.
sobrevindo adj. s.m.
sobrevir v.
sobrevivência s.f.
sobrevivente adj. s.2g.
sobreviver v.
sobrevoar v.
sobrevoo (ô) s.m.
sobriamente adv.
sobriedade s.f.
sobrinho s.m.
sobrinho-neto s.m.; pl.: sobrinhos-netos
sóbrio adj.
sobrolho (ô) s.m.; pl.: (ó)
sobrosso (ô) s.m.; pl.: (ó)
soca s.f.
socado adj. s.m.
socador (ô) adj. s.m.
socadura s.f.
soçaite s.m.
socalco s.m.

socapa s.f.
socar v.
socavão s.m.; pl.: (ãos ou ões)
socavar v.
sociabilidade s.f.
sociabilização s.f.
sociabilizante adj.2g.
sociabilizar v.
social adj.2g. s.m. s.f.
social-democracia s.f.; pl.: sociais-democracias
social-democrata adj. s.2g.; pl. do adj. social-democratas; pl. do s. sociais-democratas
socialidade s.f.
socialismo s.m.
socialista adj. s.2g.
socialização s.f.
socializado adj.
socializador (ô) adj. s.m.
socializante adj. s.2g.
socializar v.
socializável adj.2g.
socialmente adv.
sociável adj.2g. s.f.
socioeconômico adj.
sociedade s.f.
societário adj. s.m.
societarismo s.m.
sócio adj. s.m.
sociocracia s.f.
sociocrático adj.
sociocultural adj.2g.
socioeconômico adj.
sociofobia s.f.
sócio-histórico adj.; pl.: sócio-históricos
socioleto s.m.
sociolinguística (ü) s.f.
sociolinguístico (ü) adj.
sociologia s.f.
sociologicamente adv.
sociológico adj.
sociologismo s.m.
sociologista adj. s.2g.
sociólogo s.m.
sociopata s.2g.
sociopolítico adj.
soco s.m. "tamanco"; cf. soco (ô)
soco (ô) s.m. "murro", etc.; cf. soco s.m. e fl. do v. socar
socó s.m.
soçobrar v.
soçobro (ô) s.m. "naufrágio"; cf. soçobro, fl. do v. soçobrar
soco-inglês s.m.; pl.: socos-ingleses
socorrer v.
socorrista s.2g.
socorro (ô) s.m.; pl.: (ó)
socrático adj. s.m.
soda s.f.
sodalício s.m.
sodalita s.f.

sódico adj.
sódio s.m.
sodomia s.f.
sodomita adj. s.2g.
sodomizar v.
soer v.
soerguer v.
soerguimento s.m.
soez (ê) adj.2g.
sofá s.m.
sofá-cama s.m.; pl.: sofás-cama e sofás-camas
sofisma s.m.
sofismar v.
sofista adj. s.2g.
sofística s.f.
sofisticação s.f.
sofisticadamente adv.
sofisticado adj.
sofisticar v.
sofístico adj.
sofrê s.m.
sofreada s.f.
sofreamento s.m.
sofrear v.
sofredor (ô) adj. s.m.
sofregamente adv.
sôfrego adj.
sofreguidão s.f.
sofrenaço s.m.
sofrenar v.
sofrente s.2g.
sofrer v.
sofridamente adv.
sofrido adj.
sofrimento s.m.
sofrível adj.2g.
soga s.f.
sogaço s.m.
sogro (ô) s.m.; f. (ó) e pl.: (ó e ô)
sogueiro s.m.
soja s.f.
sojicultor (ô) s.m.
sojicultura s.f.
sojigar v.
sol s.m.
sola s.f.
solada s.f.
solado adj. s.m.
solão s.m.
solapador (ô) adj. s.m.
solapamento s.m.
solapar v.
solar v. adj.2g. s.m.
solarengo adj. s.m.
solário adj. s.m.
solarização s.f.
solavancar v.
solavanco s.m.
solda s.f.
soldada s.f.
soldadeira s.f.
soldadesca (ê) s.f.
soldado adj. s.m.

soldador (ô) adj. s.m.
soldadura s.f.
soldagem s.f.
soldar v.
soldo (ô) s.m.
solecismo s.m.
soledade s.f.
soleira s.f.
solene adj.2g.
solenemente adv.
solenidade s.f.
solenizar v.
solércia s.f.
solerte adj. s.2g.
soletração s.f.
soletrar v.
solfejar v.
solfejo (ê) s.m.
solferino adj. s.m.
solha (ô) s.f.
solicitação s.f.
solicitador (ô) adj. s.m.
solicitante adj. s.2g.
solicitar v.
solícito adj.
solicitude s.f.
solidão s.f.
solidariedade s.f.
solidário adj.
solidarismo s.m.
solidarização s.f.
solidarizar v.
solidéu s.m.
solidez (ê) s.f.
solidificação s.f.
solidificado adj.
solidificar v.
sólido adj. s.m.
solilóquio s.m.
sólio s.m.
solípede adj.2g. s.m.
solipista adj.2g.
solipsismo s.m.
solipsista adj. s.2g.
solista adj. s.2g.
solitária s.f.
solitário adj. s.m.
solito adj.
solitude s.f.
solo adj.2g. s.m.
solstício s.m.
solta (ô) s.f.
soltada s.f.
soltar v.
solteirão adj. s.m.; fem.: *solteirona*
solteirice s.f.
solteiro adj. s.m.
solteirona s.f. de *solteirão*
solto (ô) adj. s.m.; cf. *solto*, fl. do v. *soltar*
soltura s.f.
solubilidade s.f.
solubilização s.f.
solubilizar v.

soluçante adj.2g.
solução s.f.
soluçar v.
solucionado adj.
solucionador (ô) s.m.
solucionamento s.m.
solucionar v.
solucionável adj.2g.
soluço s.m.
soluto adj. s.m.
solúvel adj.2g.
solvável adj.2g
solvência s.f.
solvente adj.2g. s.m.
solver v.
solvido adj.
solvível adj.2g.
som s.m.
soma s.m. s.f.
somação s.f.
somali adj. s.2g.
somaliano adj. s.m.
somar v.
somático adj.
somatização s.f.
somatizar v.
somatomedina s.f.
somatometria s.f.
somatória s.f.
somatório adj. s.m.
somatossensitivo adj.
somatoterapia s.f.
somatotonia s.f.
somatotônico adj. s.m.
somatotopia s.f.
somatotópico adj.
somatotrófico adj.
somatotrofina s.f.
somatotropina s.f.
sombra s.f.
sombração s.f.
sombreado adj. s.m.
sombreador (ô) adj. s.m.
sombreamento s.m.
sombrear v.
sombreiro adj. s.m.
sombrinha s.f.
sombrio adj. s.m.
sombrite s.f.
somenos adj.2g.2n. s.m.2n.
somente adv.
somestesia s.f.
somestésico adj.
somiticaria s.f.
somítico adj. s.m.
sonado adj.
sonambúlico adj.
sonambulismo s.m.
sonâmbulo adj. s.m.
sonância s.f.
sonante adj.2g. s.m.
sonar adj.2g. s.m.
sonata s.f.
sonda s.f.

sondada s.f.
sondador (ô) s.m.
sondagem s.f.
sondar v.
sondável adj.2g.
soneca s.f.
sonegação s.f.
sonegador (ô) adj. s.m.
sonegar v.
sonegatório adj.
sonegável adj.2g.
soneira s.f.
sonetista adj. s.2g.
soneto (ê) s.m.
songa s.f.
songamonga adj. s.2g.
sonhado adj.
sonhador (ô) adj. s.m.
sonhar v.
sonho s.m.
sônico adj. s.m.
sonífero adj. s.m.
sono s.m.
sonofletor (ô) adj. s.m.
sonofonia s.f.
sonolência s.f.
sonolento adj. s.m.
sonoplasta s.2g.
sonoplastia s.f.
sonoramente adv.
sonoridade s.f.
sonorização s.f.
sonorizado adj.
sonorizador (ô) adj. s.m.
sonorizar v.
sonoro adj.
sonoroso (ô) adj.; f. e pl.: (ó)
sonoterapia s.f.
sonso adj. s.m.
sopa (ô) s.f.
sopapear v.
sopapo s.m.
sopé s.m.
sopear v.
sopeira s.f.
sopesar v.
sopinha s.f.
sopitação s.f.
sopitado adj.
sopitar v.
sopor (ô) s.m.
soporífero adj. s.m.
soporífico adj. s.m.
soprada s.f.
soprado adj.
soprador (ô) adj. s.m.
sopranino adj. s.m.
sopranista s.m.
soprano s.2g.
soprar v.
sopro (ô) s.m.; cf. *sopro*, fl. do v. *soprar*
soqueado adj.
soquear v.

soqueira s.f.
soquete s.f. "mão de pilão"; cf. *soquete* (ê)
soquete (ê) s.m. "secador de pólvora"; cf. *soquete*
sorar v.
sorbítico adj.
sordície s.f.
sordidez (ê) s.f.
sórdido adj.
sorga s.f.
sorgo (ô) s.m.
sorna adj. s.2g. s.f.
soro (ô) s.m.
sorologia s.f.
sorológico adj.
soronegativo adj. s.m.
soropositividade s.f.
soropositivo adj. s.m.
soroprevalência s.f.
soroproteína s.f.
soror (ô) s.f.
sóror s.f.; pl.: *sorores* (ô)
sororato s.m.
sororó s.m.
sororoca s.f.
soroterapia s.f.
sorotipo s.m.
sorrateiramente adv.
sorrateiro adj.
sorrelfa adj. s.2g. s.f.
sorridente adj.2g.
sorrir v.
sorriso s.m.
sorro adj. s.m.
sorte s.f.
sorteado adj. s.m.
sortear v.
sorteio s.m.
sortida s.f.
sortido adj. s.m.
sortilégio s.m.
sortimento s.m.
sortir v.
sortista s.2g.
sortudo adj. s.m.
sorubim s.m.
sorumbático adj. s.m.
sorva (ô) s.f.
sorvedouro s.m.
sorveira s.f.
sorver v.
sorvete (ê) s.m.
sorveteira s.f.
sorveteiro s.m.
sorveteria s.f.
sorvo (ô) s.m.
sósia s.2g.
soslaio s.m.
sossegadamente adv.
sossegado adj.
sossega-leão s.m.; pl.: *sossega--leões*
sossegar v.

sossego (ê) s.m.; cf. *sossego*, fl. do v. *sossegar*
sotaina s.f.
sótão s.m.; pl.: *sotãos*
sotaque s.m.
sota-vento s.m.; pl.: *sota-ventos*
soteriologia s.f.
soteropolitano adj. s.m.
soterrado adj. s.m.
soterramento s.m.
soterrar v.
soto-pôr v.
soto-posto (ô) adj.; f. e pl.: (ó)
soturnamente adv.
soturno adj.
sova s.m. s.f.
sovaco s.m.
sovado adj.
sovaqueira s.f.
sovar v.
sovela s.f.
sovelar v.
soverter v.
soviete s.m.
soviético adj. s.m.
sovietização s.f.
sovina adj. s.2g.
sovinar v.
sovinice s.f.
sozinho adj.
stalinismo s.m.
stalinista adj.2g.
sua pron.
suã s.f.
suábio adj. s.m.
suaçu s.m.
suaçuapara s.f.
suadeira s.f.
suado adj.
suador (ô) adj.
suadouro s.m.
suaíle adj. s.2g. s.m.
suaíli adj. s.2g. s.m.
suar v.
suarabácti s.m.
suarento adj.
suasório adj.
suástica s.f.
suave adj.2g.
suavemente adv.
suavidade s.f.
suaviloquência (ü) s.f.
suavização s.f.
suavizado adj.
suavizador (ô) adj. s.m.
suavizante adj.2g.
suavizar v.
subabdominal adj.2g.
subadutora (ô) s.f.
subaéreo adj.
subagudo adj.
subalimentação s.f.
subalimentado adj. s.m.
subalpino adj.

subalternidade s.f.
subalternismo s.m.
subalternização s.f.
subalternizado adj. s.m.
subalternizar v.
subalterno adj. s.m.
subalugar v.
subandino adj.
subantártico adj.
subaproveitado adj.
subaproveitamento s.m.
subaproveitar v.
subaquático adj.
subaquoso (ó) adj.; f. e pl.: (ó)
subaracnóideo adj.
subaracnoidiano adj.
subarbóreo adj.
subarbustivo adj.
subarbusto s.m.
subárea s.f.
subarrendamento s.m.
subarrendar v.
subarrendatário s.m.
subártico adj.
subatômico adj.
subavaliação s.f.
subavaliado adj.
subavaliar v.
subcantão s.m.
subcapitalismo s.m.
subcapitalista adj.2g.
subcapitalizado adj.
subcapítulo s.m.
subcapsular adj.2g.
subcategoria s.f.
subcentro s.m.
subchefe s.2g.
subchefia s.f.
subcidadania s.f.
subcidadão s.m.
subclasse s.f.
subclassificação s.f.
subclassificar v.
subclávia s.f.
subclínico adj.
subcomandante adj. s.2g.
subcomissão s.f.
subcomissário s.m.
subcompacto s.m.
subconjuntival adj.2g.
subconjunto s.m.
subconsciência s.f.
subconsciente adj.2g. s.m.
subconscientemente adv.
subconsumo s.m.
subconta s.f.
subcontador (ô) s.m.
subcontinente s.m.
subcontratação s.f.
subcontratado adj. s.m.
subcontratar v.
subcontrato s.m.
subcoordenador (ô) s.m.
subcoriáceo adj.

subcorrente s.f.
subcortical adj.2g.
subcostal adj.2g.
subcozido adj.
subcutâneo adj.
subdelegacia s.f.
subdelegado adj. s.m.
subdelegar v.
subdemanda s.f.
subdesenvolvido adj. s.m.
subdesenvolvimento s.m.
subdeterminação s.f.
subdiácono s.m.
subdiaconato s.m.
subdiafragmático adj.
subdimensionado adj.
subdimensionamento s.m.
subdiretor (ô) s.m.
subdiretoria s.f.
subdiretório s.m.
subdistrito s.m.
subdividido adj.
subdividir v.
subdivisão s.f.
subdominante adj.2g.
subdosagem s.f.
subdural adj.2g.
subeditor (ô) s.m.
subemenda s.f.
subempregado adj. s.m.
subemprego (ê) s.m.
subempreitada s.f.
subempreitar v.
subempreiteira s.f.
subenredo (ê) s.m.
subentender v.
subentendido adj. s.m.
súber s.m.
suberificado adj.
suberização s.f.
suberoso (ô) adj.; f. e pl.: (ó)
subespaço s.m.
subespecialidade s.f.
subespécie s.f.
subespontâneo adj.
subestação s.f.
subestimação s.f.
subestimado adj.
subestimar v.
subestimativa s.f.
subestimável adj.2g.
subestrutura s.f.
subfaturado adj.
subfaturamento s.m.
subfaturar v.
subfertilidade s.f.
subfilo s.m.
subfluvial adj.2g.
subfornecedor (ô) s.m.
subfrênico adj.
subgengival adj.2g.
subgerente s.2g.
subgloboso (ô) adj.; f. e pl.: (ó)
subgrave adj.2g.

subgrupo s.m.
sub-humano adj.
subida s.f.
subido adj.
subir v.
subitamente adv.
subitâneo adj.
súbitas s.f.pl.
súbito adj. adv. s.m.
subjacência s.f.
subjacente adj.2g.
subjazer v.
subjetivação s.f.
subjetivar v.
subjetividade s.f.
subjetivismo s.m.
subjetivista adj.2g.
subjetivo adj. s.m.
subjugação s.f.
subjugado adj.
subjugador (ô) adj. s.m.
subjugamento s.m.
subjugar v.
subjuntivo adj. s.m.
sublegenda (b-l) s.f.
sublevação s.f.
sublevado adj.
sublevar v.
sublimação s.f.
sublimado adj. s.m.
sublimar v.
sublimatório adj. s.m.
sublime adj.2g. s.m.
sublimidade s.f.
subliminar (b-l) adj.2g.
subliminarmente (b-l) adv.
sublingual (b-l) adj.2g.
sublinha (b-l) s.f.
sublinhado adj. s.m.
sublinhar v.
subliterário (b-l) adj.
subliteratura (b-l) s.f.
sublocação (b-l) s.f.
sublocado (b-l) adj.
sublocador (b-l... ô) adj. s.m.
sublocar (b-l) v.
sublocatário (b-l) s.m.
sublunar (b-l) adj.2g.
subluxação (b-l) s.f.
submarino adj. s.m.
submergência s.f.
submergente adj.2g.
submergir v.
submergível adj.2g. s.m.
submersão s.f.
submersível adj.2g. s.m.
submerso adj.
submeter v.
submetido adj.
submetralhadora (ô) s.f.
submissão s.f.
submisso adj.
submúltiplo s.m.
submundo s.m.

subnuclear adj.2g.
subnutrição s.f.
subnutrido adj.
subnutrir v.
suboficial s.m.
subordem s.f.
subordinação s.f.
subordinado adj. s.m.
subordinante adj.2g. s.f.
subordinar v.
subordinativo adj.
subordinável adj.2g.
subornado adj. s.m.
subornador (ô) adj. s.m.
subornar v.
subornável adj.2g.
suborno (ô) s.m.; cf. suborno, fl. do v. subornar
subpasta s.f.
subperíodo s.m.
subprefeito s.m.
subprefeitura s.f.
subprocesso s.m.
subprocurador (ô) s.m.
subprocuradoria s.f.
subprodução s.f.
subproduto s.m.
subprograma s.m.
subprojeto s.m.
subproletariado s.m.
sub-região s.f.
sub-regional adj.2g.
sub-reino s.m.
sub-reitor (ô) s.m.
sub-repção s.f.
sub-reptício adj.
sub-rogação s.f.
sub-rogar v.
subsaariano adj.
subsalino adj.
subscrever v.
subscrição s.f.
subscritar v.
subscrito adj. s.m.
subscritor (ô) adj. s.m.
subseção s.f.
subsecretaria s.f.
subsecretário s.m.
subsede s.f.
subsequência (ü) s.f.
subsequente (ü) adj.2g. s.m.
subsequentemente (ü) adv.
subserviência s.f.
subserviente adj.2g.
subsidência (si) s.f.
subsidiado (si) adj. s.m.
subsidiar (si) v.
subsidiária (si) s.f.
subsidiário (si) adj. s.m.
subsídio (si ou zi) s.m.
subsistema (si) s.m.
subsistência (si ou zi) s.f.
subsistente (si ou zi) adj.2g.
subsistir (si ou zi) v.

subsolo s.m.
subsônico adj.
substabelecer v.
substabelecimento s.m.
substância s.f.
substancial adj.2g. s.m.
substancialidade s.f.
substancialismo s.m.
substancialista adj. s.2g.
substancialização s.f.
substancializado adj.
substancializar v.
substancialmente adv.
substanciar v.
substancioso (ô) adj.; f. e pl.: (ó)
substantivação s.f.
substantivamente adv.
substantivar v.
substantivo adj. s.m.
substituição s.f.
substituidor (ô) adj. s.m.
substituir v.
substituível adj.2g.
substitutivo adj. s.m.
substituto adj. s.m.
substrato s.m.
subsumir v.
subtender v.
subtenente s.2g.
subtensão s.f.
subterfúgio s.m.
subterraneamente adv.
subterrâneo adj. s.m.
subtipo s.m.
subtítulo s.m.
subtotal adj.2g. s.m.
subtração s.f.
subtraendo s.m.
subtraído adj.
subtrair v.
subtropical adj.2g.
subumano adj.
subunidade s.f.
suburbano adj. s.m.
subúrbio s.m.
subutilizado adj.
subvalorizado adj.
subvalorizar v.
subvenção s.f.
subvencionado adj.
subvencionar v.
subversão s.f.
subversivo adj. s.m.
subversor (ô) adj. s.m.
subverter v.
sucata s.f.
sucateado adj.
sucateamento s.m.
sucatear v.
sucateiro s.m.
sucção s.f.
sucedâneo adj. s.m.
sucedente adj.2g.

suceder v.
sucedido adj. s.m.
sucessão s.f.
sucessivamente adv.
sucessividade s.f.
sucessivo adj.
sucesso s.m.
sucessor (ô) adj. s.m.
sucessório adj.
súcia s.f.
suciata s.f.
sucinto adj.
súcio s.m.
suco s.m.
sucoso (ô) adj.; f. e pl.: (ó)
sucrilho s.m.
suçuapara s.m.
suçuarana s.f.
súcubo adj. s.m.
sucuiuiú s.m.
suculência s.f.
suculento adj.
sucumbência s.f.
sucumbido adj.
sucumbir v.
sucupira s.f.
sucuri s.f.
sucuriju s.f.
sucursal adj.2g. s.f.
sudação s.f.
sudanês adj. s.m.
sudário s.m.
sudentá s.m.
sudeste adj.2g. s.m.
súdito adj. s.m.
sudoeste adj.2g. s.m.
sudorese s.f.
sudorífero adj. s.m.
sudorífico adj. s.m.
sudoríparo adj.
sudu s.m.
sueca s.f.
sueco adj. s.m.
sueste adj.2g. s.m.
suéter s.m.f.
sueto (ê) s.m.
suevo adj. s.m.
suficiência s.f.
suficiente adj.2g. s.m.
suficientemente adv.
sufismo s.m.
sufista adj. s.2g.
sufixação (cs) s.f.
sufixar (cs) v.
sufixo (cs) s.m.
suflê s.m.
sufocação s.f.
sufocado adj.
sufocador (ô) adj. s.m.
sufocamento s.m.
sufocante adj.2g.
sufocar v.
sufoco (ô) s.m.
sufragâneo adj. s.m.

sufragante adj. s.2g.
sufragar v.
sufrágio s.m.
sufragista adj. s.2g. s.f.
sufragístico adj.
sufusão s.f.
sugação s.f.
sugado adj.
sugador (ô) adj. s.m.
sugadouro s.m.
sugar v.
sugerir v.
sugestão s.f.
sugestionabilidade s.f.
sugestionado adj.
sugestionamento s.m.
sugestionar v.
sugestionável adj.2g.
sugestivo adj.
suiá adj. s.2g. s.m.
suíça s.f.
suíças s.f.pl.
suicida adj. s.2g.
suicidar v.
suicídio s.m.
suíço adj. s.m.
suinã s.f.
suindara s.f.
suingado adj.
suingante adj.2g.
suingar v.
suingue s.m.
suíno adj. s.m.
suinocultor (ô) adj. s.m.
suinocultura s.f.
suíte s.m. s.f.
sujar v.
sujeição s.f.
sujeira s.f.
sujeirada s.f.
sujeirama s.f.
sujeitão s.m.
sujeitar v.
sujeitinho s.m.
sujeito adj. s.m.
sujice s.f.
sujidade s.f.
sujo adj. s.m.
sul adj.2g. s.m.
sul-africano adj. s.m.; pl.: sul-africanos
sul-americano adj. s.m.; pl.: sul-americanos
sulcado adj.
sulcador (ô) adj. s.m.
sulcagem s.f.
sulcar v.
sulco s.m.
sul-coreano adj. s.m.; pl.: sul-coreanos
sulfa s.f.
sulfamida s.f.
sulfanilamida s.f.
sulfato s.m.

sulfeto (ê) s.m.
sulfídrico adj. s.m.
sulfite adj.2g.
sulfito s.m.
sulfonamida s.f.
sulfurado adj.
sulfúreo adj.
sulfureto (ê) s.m.
sulfúrico adj. s.m.
sulfurino adj. s.m.
sulfuroso (ô) adj.; f. e pl.: (ó)
sulino adj. s.m.
sulista adj. s.2g.
sul-mato-grossense adj. s.2g.; pl.: *sul-mato-grossenses*
sul-rio-grandense adj. s.2g.; pl.: *sul-rio-grandenses*
sultana s.f. de *sultão*
sultanato s.m.
sultão s.m.; fem.: *sultana*; pl.: *sultães, sultãos e sultões*
sul-vietnamita adj. s.2g.; pl.: *sul-vietnamitas*
suma s.f.
sumaré s.m.
sumarento adj.
sumariado adj.
sumariamente adv.
sumariar v.
sumário adj. s.m.
sumarização s.f.
sumarizado adj.
sumarizar v.
sumaúma s.f.
sumaumeira s.f.
sumauveira s.f.
sumeriano adj. s.m.
sumérico adj.
sumério adj. s.m.
sumição s.f.
sumiço s.m.
sumidade s.f.
sumido adj.
sumidouro s.m.
sumir v.
sumítico adj.
sumo adj. s.m.
sumô s.m.
súmula s.f.
sumulado adj.
sunga s.f.
sungar v.
sunguê s.m.
sunismo s.m.
sunita adj. s.2g.
suntuário adj.
suntuosidade s.f.
suntuoso (ô) adj.; f. e pl.: (ó)
suor s.m.
supeditar v.
superaberto adj.
superabundância s.f.
superabundante adj.2g.
superabundar v.

superacademia s.f.
superação s.f.
superaconchegante adj.2g.
superado adj.
superador (ô) adj.
superagasalhar v.
superalimentação s.f.
superalimentar v. adj.2g.
superaquecer v.
superaquecido adj.
superaquecimento s.m.
superar v.
superassalto s.m.
superastro s.m.
superatleta s.2g.
superavaliação s.f.
superavaliado adj.
superavaliar v.
superável adj.2g.
superavitário adj.
superbactéria s.f.
supercampeão s.m.
supercampeonato s.m.
supercantor (ô) s.m.
supercasamento s.m.
supercílio s.m.
supercivilizado adj. s.m.
superclasse s.f.
supercolégio s.m.
supercomputador (ô) s.m.
supercondutividade s.f.
supercondutor (ô) adj. s.m.
supercontinente s.m.
superdimensionado adj.
superdimensionamento s.m.
superdimensionar v.
superdosagem s.f.
superdose s.f.
superdotado adj. s.m.
superego s.m.
superestima s.f.
superestimação s.f.
superestimado adj.
superestimar v.
superestimativa s.f.
superestrutura s.f.
superexperimental adj.2g.
superexposição s.f.
superexposto (ô) adj.; f. e pl.: (ó)
superfamília s.f.
superfamiliar adj.2g.
superfaturado adj.
superfaturamento s.m.
superfaturar v.
superficial adj.2g.
superficialidade s.f.
superficialismo s.m.
superficializar v.
superfície s.f.
superfluidade s.f.
supérfluo adj. s.m.
super-herói s.m.
super-homem s.m.

superintendência s.f.
superintendente adj. s.2g.
superintender v.
superior (ô) adj.2g. s.m. s.f.
superioridade s.f.
superiorizar v.
superiormente adv.
superlativo adj. s.m.
superlotação s.f.
superlotado adj.
superlotar v.
supermercadista adj. s.2g.
supermercado s.m.
superoferta s.f.
superpetroleiro s.m.
superpopulação s.f.
superpor (ô) v.
superposição s.f.
superposto (ô) adj.; f. e pl.: (ó)
superpotência s.f.
superpovoado adj.
superpovoamento s.m.
superpovoar v.
superprodução s.f.
superproteção s.f.
superproteger v.
superprotetor (ô) adj.2g.
superquadra s.f.
supersensível adj.2g.
supersom s.m.
supersônico adj. s.m.
superstição s.f.
supersticiosamente adv.
supersticioso (ô) adj. s.m.; f. e pl.: (ó)
supérstite adj.2g.
superterremoto s.m.
supertinto s.m.
superutilização s.f.
superutilizado adj.
supervalorização s.f.
supervalorizado adj.
supervalorizar v.
superveniência s.f.
superveniente adj.2g.
supervisão s.f.
supervisar v.
supervisionado adj.
supervisionar v.
supervisor (ô) adj. s.m.
supetão s.m.
supimpa adj.2g.
supinação s.f.
supinamente adv.
supino adj. s.m.
suplantação s.f.
suplantado adj.
suplantar v.
suplementação s.f.
suplementado adj.
suplementar adj.2g. v.
suplementarmente adv.
suplemento s.m.
suplência s.f.

suplente adj. s.2g.
supletivamente adv.
supletivo adj. s.m.
súplica s.f.
suplicação s.f.
suplicante adj. s.2g.
suplicar v.
súplice adj.2g.
supliciado adj. s.m.
supliciamento s.m.
supliciante adj.2g.
supliciar v.
suplício s.m.
supor (ô) v.
suportabilidade s.f.
suportado adj.
suportar v.
suportável adj.2g.
suporte s.m.
suposição s.f.
supositício adj.
supositório s.m.
supostamente adv.
suposto (ô) adj.; f. e pl.: (ó)
supracitado adj.
supraclavicular adj.2g.
supralegal adj.2g.
supramencionado adj.
supranacional adj.2g.
supranacionalidade s.f.
supranatural adj.2g.
suprapartidário adj.
suprarreal adj.2g.
suprarrealista adj. s.2g.
suprarrenal adj.2g. s.f.
suprassegmental adj.2g.
suprassensível adj.2g.
suprassumo s.m.
supratemporal adj.2g.
supremacia s.f.
supremacista s.2g.
supremamente adv.
suprematismo s.m.
suprematista adj. s.2g.
supremo adj. s.m.
supressão s.f.
supressivo adj.
supresso adj.
supressor (ô) adj. s.m.
suprido adj.
supridor (ô) adj. s.m.
suprimento s.m.
suprimido adj.
suprimir v.
suprir v.
suprível adj.2g.
supuração s.f.
supurado adj.
supurar v.
supurativo adj. s.m.
surata s.f.

surdamente adv.
surdez (ê) s.f.
surdina s.f.
surdir v.
surdo adj. s.m.
surdo-mudez s.f.; pl.: *surdo-
 -mudezes*
surdo-mudo adj. s.m.; pl.:
 surdos-mudos
surfar v.
surfe s.m.
surfista s.2g.
surfístico adj.
surgimento s.m.
surgir v.
surinamense adj. s.2g.
surinamês adj. s.m.
surpreendente adj.2g.
surpreender v.
surpreendido adj.
surpresa (ê) s.f.
surpreso (ê) adj.
surra s.f.
surrado adj.
surrão s.m.
surrar v.
surreal adj.2g.
surrealidade s.f.
surrealismo s.m.
surrealista adj. s.2g.
surriada s.f.
surripiado adj. s.m.
surripiar v.
surro s.m.
surrupiado adj. s.m.
surrupiar v.
surtar v.
surtir v.
surto s.m.
suruba s.f.
surubi s.m.
surubim s.m.
surucuá s.m.
surucucu s.f.
suruí adj. s.2g.
surungo s.m.
sururu s.m.
susceptibilidade s.f.
susceptibilizar v.
susceptível adj.2g
suscetibilidade s.f.
suscetibilizar v.
suscetível adj.2g.
suscitação s.f.
suscitado adj. s.m.
suscitar v.
suserania s.f.
suserano adj. s.m.
suspeição s.f.
suspeita s.f.
suspeitar v.

suspeitável adj.2g.
suspeito adj. s.m.
suspeitoso (ô) adj..; f. e pl.: (ó)
suspender v.
suspensão s.f.
suspense s.m.
suspensivo adj.
suspenso adj.
suspensor (ô) adj. s.m.
suspensório adj. s.m.
suspicácia s.f.
suspicaz adj.2g.
suspiração s.f.
suspirado adj.
suspirar v.
suspiro s.m.
suspiroso (ô) adj.; f. e pl.: (ó)
sussurrado adj.
sussurrante adj.2g.
sussurrar v.
sussurro s.m.
sustação s.f.
sustado adj.
sustança s.f.
sustante adj.2g.
sustar v.
sustenido adj. s.m.
sustentabilidade s.f.
sustentação s.f.
sustentáculo s.m.
sustentadamente adv.
sustentado adj.
sustentador (ô) adj. s.m.
sustentar v.
sustentável adj.2g.
sustento s.m.
suster v.
sustido adj.
susto s.m.
su-sudeste adj.2g. s.m.; pl.:
 su-sudestes
su-sudoeste adj.2g. s.m.; pl.:
 su-sudoestes
su-sueste adj.2g. s.m.; pl.:
 su-suestes
suta s.f.
sutache s.f.
sutado adj.
sutiã s.m.
sutil adj.2g.
sutileza (ê) s.f.
sutilidade s.f.
sutilizar v
sutilmente adv.
sutra s.m.
sutura s.f.
suturação s.f.
suturado adj.
suturar v.
suvenir s.m.

T

t s.m.
taba s.f.
tabaca adj. s.2g. s.f.
tabacaria s.f.
tabaco s.m.
tabacófilo adj. s.m.
tabacudo adj.
tabageiro adj.
tabágico adj.
tabagismo s.m.
tabagista s.2g.
tabagístico adj.
tabajara adj. s.2g.
tabaqueado adj.
tabaqueira s.f.
tabaqueiro adj.
tabaquista adj. s.2g.
tabarana s.f.
tabaréu s.m.; fem.: *tabaroa (ô)*
tabaroa (ô) s.f. de *tabaréu*
tabasco s.m.
tabatinga s.f.
tabefe s.m.
tabela s.f.
tabelaço s.m.
tabelado adj.
tabelamento s.m.
tabelar v. adj.2g.
tabeliã s.f. de *tabelião*
tabelião s.m.; fem.: *tabeliã* e *tabelioa*; pl.: *tabeliães*
tabelinha s.f.
tabelioa (ô) s.f. de *tabelião*
tabelionatário adj.
tabelionato s.m.
taberna s.f.
tabernáculo s.m.
tabernal adj.2g.
taberneiro adj. s.m.
tabica s.f.
tabicada s.f.
tabique s.m.
tablado s.m.
tablete s.m.
tablita s.f.
tabloide (ó) s.m.
tabloidização s.f.
taboa (ô) s.f.
taboca s.f.
tabocal s.m.
taboqueado adj. s.m.
taboqueira s.f.
tabu adj.2g. s.m.
tabua s.f.
tábua s.f.
tabuada s.f.
tabuado s.m.
tábula s.f.
tabulação s.f.
tabulado adj. s.m.
tabulador (ô) adj. s.m.
tabulagem s.f.
tabular v. adj.2g.
tabulário adj. s.m.
tabule s.m.
tabuleiro s.m.
tabuleta (ê) s.f.
taça s.f.
tacacá s.m.
tacada s.f.
tacanharia s.f.
tacanhice s.f.
tacanhismo s.m.
tacanho adj.
tacão s.m.
tacape s.m.
tacar v.
tacha s.f. "prego", etc.; cf. *taxa* s.f. e fl. do v. *taxar*
tachada s.f.
tachar v. "censurar"; cf. *taxar*
tacheado adj.
tachear v.
tachismo s.m.
tachista adj. s.2g.
tacho s.m. "recipiente para fins culinários"; cf. *taxo*, fl. do v. *taxar*
tachola s.f.
tacitamente adv.
tácito adj.
taciturnidade s.f.
taciturno adj.
taco s.m.
tacógrafo s.m.
tacômetro s.m.
tacuru s.m.
tafetá s.m.
taful adj.2g. s.m.
tafulão adj. s.m.; fem.: *tafulona*
tafular v.
tafularia s.f.
tafulhado adj.
tafulhar v.
tafulho s.m.
tafulona s.f. de *tafulão*
tagarela adj. s.2g. s.f.
tagarelante adj.2g.
tagarelar v.
tagarelice s.f.
taído adj.
taifeiro s.m.
taiga s.f.
tailandês adj. s.m.
tainha s.f.
tainheira s.f.
tainheiro s.m.
taioba s.f.
taiobeira s.f.
taioca s.f.
taipa s.f.
taipal s.m.
taita adj. s.m.
taitiano adj. s.m.
taiuanês adj. s.m.
taiuiá s.m.
taiuva s.f.
taiuveira s.f.
tal s.2g. adv. pron.
tala s.f.
talabarte s.m.
talada s.f.
talado adj. s.m.
talador (ô) adj.
talagada s.f.
talagarça s.f.
tala-larga adj.; pl.: *talas-largas*
talâmico adj.
tálamo s.m.
talante s.m.
talão s.m.
talar v. adj.2g. s.m.
talassemia s.f.
talássico adj.
talassofobia s.f.
talassofóbico adj. s.m.
talassoterapeuta s.2g.
talassoterapia s.f.
talassoterápico adj.
talco s.m.
talcoso (ô) adj.; f. e pl.: (ó)
taleiga s.f.
talento s.m.
talentosamente adv.
talentoso (ô) adj.; f. e pl.: (ó)
talha s.f.
talhada s.f.
talhadeira s.f.
talhado adj. s.m.
talhador (ô) s.m.
talhadura s.f.
talhão s.m.
talhar v.
talharim s.m.

talhe s.m.
talher s.m.
talho s.m.
talião s.m.
talidomida s.f.
talim s.m.
talisca s.f.
talismã s.m.
talismânico adj.
talmude s.m.
talmúdico adj.
talo s.m.
talófito adj. s.m.
talonadora (ô) s.f.
talonário adj. s.m.
taloso (ô) adj.; f. e pl.: (ó)
talude s.m.
taludo adj.
talvegue s.m.
talvez (ê) adv.
tamancada s.f.
tamanco s.m.
tamanduá s.m.
tamanduá-bandeira s.m.; pl.: *tamanduás-bandeira* e *tamanduás-bandeiras*
tamanduá-mirim s.m.; pl.: *tamanduás-mirins*
tamanho adj. s.m.
tamanho-família adj.2g.2n.
tamanqueiro s.m.
tâmara s.f.
tamareira s.f.
tamarindal s.m.
tamarindeiro s.m.
tamarindo s.m.
tamarineira s.f.
tambacu s.m.
tambaqui s.m.
tambeiro adj. s.m.
também adv. conj.
tambiú s.m.
tambo s.m.
tamboeira s.f.
tambor (ô) s.m.
tamborear v.
tamboreiro s.m.
tamborete (ê) s.m.
tamboril s.m.
tamborilada s.f.
tamborilar v. s.m.
tamborim s.m.
tamborineiro s.m.
tamburi s.m.
tamis s.m.
tamisação s.f.
tamisar v.
tamoeiro s.m.
tamoio adj. s.2g.
tampa s.f.
tampado adj.
tampadora (ô) s.f.
tampão s.m.
tampar v.

tampinha s.2g. s.f.
tampo s.m.
tampografia s.f.
tamponado adj.
tamponamento s.m.
tamponar v.
tampouco adv.
tanajura s.f.
tanásimo adj.
tanatofobia s.f.
tanatofóbico adj. s.m.
tanatologia s.f.
tanatológico adj.
tanatologista s.2g.
tancagem s.f.
tanga s.f.
tangado adj.
tangará s.m.
tangedor (ô) s.m.
tangência s.f.
tangenciado adj.
tangencial adj.2g.
tangencialmente adv.
tangenciamento s.m.
tangenciar v.
tangente adj.2g. s.f.
tanger v. s.m.
tangerina s.f.
tangerineira s.f.
tangerino adj. s.m.
tangibilidade s.f.
tangido adj.
tangimento s.m.
tangível adj.2g.
tango s.m.
tanguear v.
tangueiro adj. s.m.
tânico adj.
tanífero adj.
tanino s.m.
tanoaria s.f.
tanoeiro s.m.
tanque s.m.
tanqueiro adj. s.m.
tantã adj. s.2g. "pessoa desequilibrada"; cf. *tã-tã*
tantálico adj.
tantalita s.f.
tantalizante adj.2g.
tantalizar v.
tântalo s.m.
tantinho pron.
tanto adj. adv. s.m. pron.
tanzaniano adj. s.m.
tão adv.
taoismo s.m.
taoista adj. s.2g.
tapa s.m.f. s.f.
tapa-buraco s.2g.; pl.: *tapa--buracos*
tapada s.f.
tapadeira s.f.
tapado adj. s.m.
tapador (ô) adj. s.m.

tapadura s.f.
tapagem s.f.
tapajó adj. s.2g.
tapajônico adj.
tapamento s.m.
tapa-olho s.m.; pl.: *tapa-olhos*
tapar v.
tapa-sexo s.m.; pl.: *tapa-sexos*
tapeação s.f.
tapeador (ô) adj. s.m.
tapear v.
tapeba adj. s.2g.
tapeçaria s.f.
tapeceiro s.m.
tapejara adj. s.2g.
tapera adj.2g. s.f.
taperá s.m.
taperê s.m.
taperebá s.m.
tapererê s.m.
taperi s.m.
taperu s.m.
tapetado adj.
tapetão s.m.
tapetar v.
tapete (ê) s.m.; cf. *tapete*, fl. do v. *tapetar*
tapiara s.f.
tapicuém s.m.
tapioca s.f.
tapiocanga s.f.
tapir s.m.
tapira s.m.
tapirapé adj. s.2g. s.m.
tapiri s.m.
tapirídeo adj. s.m.
tapiriri s.m.
tapiti s.m.
tapiuara s.f.
tapona s.f.
tapuia adj. s.2g.
tapuio adj. s.m.
tapume s.m.
tapuru s.m.
taquara s.f.
taquaral s.m.
taquari adj. s.m.
taquariúba s.f.
taquear v.
taqueira s.f.
taquera s.f.
taquicardia s.f.
taquicardíaco adj. s.m.
taquigrafar v.
taquigrafia s.f.
taquigráfico adj.
taquígrafo s.m.
táquion s.m.
taquipneia (ê) s.f.
tara s.f.
tarado adj. s.m.
taralhão s.m.
taramela s.f.
taramelagem s.f.

taramelar v.
tarantela s.f.
tarântula s.f.
tarar v.
tarará s.m.
tardada s.f.
tardança s.f.
tardar v.
tarde s.f. adv.
tardezinha s.f.
tardiamente adv.
tardígrado adj. s.m.
tardinha s.f.
tardinheiro adj.
tardio adj.
tardo adj.
tarecada s.f.
tarefa s.f.
tarefar v.
tarefeiro s.m.
tariar v.
tarifa s.f.
tarifação s.f.
tarifaço s.m.
tarifado adj.
tarifamento s.m.
tarifar v.
tarifário adj.
tarimba s.f.
tarimbado adj.
tarja s.f.
tarjado adj.
tarjar v.
tarjeta (ê) s.f.
tarlatana s.f.
tarô s.m.
tarol s.m.
tarologia s.f.
tarólogo s.m.
tarraco adj. s.m.
tarrafa s.f.
tarrafada s.f.
tarrafar v.
tarrafear v.
tarrafeiro s.m.
tarraxa s.f.
tarro s.m.
tarso s.m.
tartamudear v.
tartamudez (ê) s.f.
tartamudo adj. s.m.
tartárico adj.
tártaro adj. s.m.
tartaruga s.f.
tartarugada s.f.
tartufice s.f.
tartufo s.m.
tarugo s.m.
tarumá adj. s.2g. s.m.
tarumã s.m.
tasca s.f.
tascar v.
tasco s.m.
tasmaniano adj. s.m.

tasquinha s.f. s.2g.
tassalho s.m.
tã-tã s.m. "tambor"; pl.: *tã-tãs*; cf. *tantã*
tatajuba s.f.
tatalante adj.2g.
tatalar v. s.m.
tatame s.m.
tataquá s.m.
tatarana s.f.
tataraneto s.m.
tataravó s.f. de *tataravô*
tataravô s.m.; fem.: *tataravó*
tã-tã-tã s.m.
tateabilidade s.f.
tateamento s.m.
tateante adj.2g.
tatear v.
tateável adj.2g.
tatibitate adj. s.2g.
tatibitatear v.
tática s.f.
taticamente adv.
tático adj. s.m.
tátil adj.2g.
tatilidade s.f.
tato s.m.
tatu s.m.
tatuado adj.
tatuador (ô) s.m.
tatuagem s.f.
tatuar v.
tatu-bola s.m.; pl.: *tatus-bola* e *tatus-bolas*
tatu-galinha s.m.; pl.: *tatus--galinha* e *tatus-galinhas*
tatuí s.m.
tatupeba s.m.
tatuquira s.f.
taturana s.f.
tauá s.m.
taúba s.f.
taumaturgo s.m.
taurino adj. s.m.
tauromaquia s.f.
tautologia s.f.
tautológico adj.
tauxia s.f.
tauxiado adj.
tauxiar v.
tava s.f.
taverna s.f.
tavernal adj.2g.
taverneiro s.m.
tavolagem s.f.
taxa s.f. "imposto"; cf. *tacha* s.f. e fl. do v. *tachar*
taxação s.f.
taxado adj.
taxador (ô) adj. s.m.
taxar v. "impor tributo"; cf. *tachar*
taxativamente adv.
taxatividade s.f.

taxativo adj.
táxi (cs) s.m.
táxi-aéreo s.m.; pl.: *táxis-aéreos*
taxiamento (cs) s.m.
taxiar (cs) v.
taxidermia (cs) s.f.
taxidérmico (cs) adj.
taxidermista (cs) s.2g.
taxidermizado (cs) adj.
taximétrico (cs) adj
taxímetro (cs) s.m.
taxionomia (cs) s.f.
taxionômico (cs) adj.
taxionomista (cs) s.2g.
taxista (cs) s.2g.
taxonomia (cs) s.f.
taxonômico (cs) adj.
taxonomista (cs) s.2g.
taylorismo (tei) s.m.
taylorista (tei) adj. s.2g.
taylorização (tei) s.f.
taylorizado (tei) adj.
tchã s.m.
tchau interj. s.m.
tcheco adj. s.m.
tchecoslovaco adj. s.m.
te pron.
tê s.m.
tear s.m.
teatino adj. s.m.
teatral adj.2g.
teatralidade s.f.
teatralismo s.m.
teatralização s.f.
teatralizado adj.
teatralizante adj.2g.
teatralizar v.
teatralmente adv.
teatro s.m.
teatrófilo s.m.
teatrologia s.f.
teatrólogo s.m.
teba s.2g.
tebaína s.f.
tebano adj. s.m.
teca s.f.
tecar v.
tecedeira s.f.
tecedor (ô) adj. s.m.
tecedura s.f.
tecelã s.f. de *tecelão*
tecelagem s.f.
tecelão s.m.; fem.: *tecelã* e *teceloa*
tecelaria s.f.
teceloa s.f. de *tecelão*
tecer v.
tecido adj. s.m.
tecidual adj.2g.
tecla s.f.
tecladista s.2g.
teclado adj. s.m.
teclagem s.f.
teclar v.

técnica s.f.
tecnicalidade s.f.
tecnicamente adv.
tecnicidade s.f.
tecnicismo s.m.
tecnicista adj.2g.
técnico adj. s.m.
tecnicólor adj.2g. s.m.
tecnificação s.f.
tecnificado adj.
tecnificar-se v.
tecnoburocracia s.f.
tecnoburocrata adj. s.2g.
tecnoburocrático adj.
tecnocêntrico adj.
tecnocientífico adj.
tecnocracia s.f.
tecnocrata adj. s.2g.
tecnocrático adj.
tecnocratismo s.m.
tecnocratização s.f.
tecnocratizar v.
tecnófilo adj. s.m.
tecnofobia s.f.
tecnofóbico adj. s.m.
tecnófobo adj. s.m.
tecnolatria s.f.
tecnologia s.f.
tecnologicamente adv.
tecnológico adj.
tecnologista s.2g.
tecnologização s.f.
tecnólogo adj. s.m.
tecnópole s.f.
tecnopolo s.m.
teco s.m.
tecodonte adj.2g. s.m.
teco-teco s.m.; pl.: *teco-tecos*
tectônica s.f.
tectônico adj.
tedesco (ê) adj. s.m.
tediento adj.
tédio s.m.
tediosamente adv.
tedioso (ó) adj.; f. e pl.: (ó)
tegumentar adj.2g.
tegumentário adj.
tegumento s.m.
teia s.f.
teima s.f.
teimar v.
teimosamente adv.
teimosia s.f.
teimoso (ó) adj. s.m.; f. e pl.: (ó)
teísmo s.m.
teísta adj. s.2g.
teiú s.m.
teixo s.m.
tejo s.m.
tejubina s.f.
tela s.f.
telada s.f.
telado adj.

telão s.m.
telar v.
tele s.f.
teleadaptador (ô) s.m.
telebanco s.m.
telecentro s.m.
telecine s.m.
telecinesia s.f.
telecinético adj.
telecomandado adj.
telecomando s.m.
telecompra s.f.
telecomputador (ô) s.m.
telecomunicação s.f.
telecomunicador (ô) adj. s.m.
teleconferência s.f.
teleconversor (ô) s.m.
telecurso s.m.
teledetecção s.f.
telediagnóstico s.m.
teledifusão s.f.
teledrama s.m.
teledramaturgia s.f.
teleducação s.f.
tele-emissora (ô) s.f.
telefax (cs) s.m.2n.; tb.
telefaxes
teleférico adj. s.m.
telefonada s.f.
telefonar v.
telefone s.m.
telefonema s.m.
telefonia s.f.
telefônica s.f.
telefônico adj.
telefonista s.2g.
telefoto s.f.
telefotografar v.
telefotografia s.f.
telegenia s.f.
telegênico adj.
telegrafado adj.
telegrafar v.
telegrafia s.f.
telegráfico adj.
telegrafista s.2g.
telégrafo s.m.
telegrama s.m.
teleguiado adj. s.m.
teleguiar v.
teleinformação s.f.
teleinformática s.f.
telejogo (ô) s.m.
telejornal s.m.
telejornalismo s.m.
telejornalista s.2g.
telejornalístico adj.
telemática s.f.
telemático adj.
telemensagem s.f.
telemetria s.f.
telemétrico adj.
telenotícia s.f.
telenovela s.f.

telenovelista s.2g.
teleobjetiva s.f.
teleologia s.f.
teleológico adj.
teleonomia s.f.
teleonômico adj.
teleósteo adj. s.m.
telepata adj. s.2g.
telepatia s.f.
telepático adj.
teleprocessamento s.m.
teleprojeção s.f.
teleprojetor (ô) s.m.
telescopia s.f.
telescópico adj.
telescópio s.m.
telespectador (ô) adj. s.m.
teleteatro s.m.
teletexto s.m.
teletipo s.m.
teletransportar v.
teletransporte s.m.
televenda s.f.
televisado adj.
televisamento s.m.
televisão s.f.
televisar v.
televisionado adj.
televisionamento s.m.
televisionar v.
televisionável adj.2g.
televisivo adj.
televisor (ô) adj. s.m.
televisora (ô) s.f.
televisual adj.2g.
telex (cs) s.m.2n.; tb. pl.: *telexes*
telexar (cs) v.
telha (ê) s.f.
telhado adj. s.m.
telhal s.m.
telhamento s.m.
telhar v.
telha-vã s.f.; pl.: *telhas-vãs*
telheiro s.m.
telhudo adj.
telinha s.f.
telófase s.f.
telógeno adj.
telolécito adj.
telomerase s.f.
telômero s.m.
telúrico adj.
telúrio s.m.
telurismo s.m.
tema s.m.
temário s.m.
temática s.f.
tematicamente adv.
temático adj.
tematização s.f.
tematizado adj.
tematizar v.
tembé adj. s.2g. s.m.
tembetá s.m.

temente adj.2g.
temer v.
temerariamente adv.
temerário adj.
temeridade s.f.
temerosamente adv.
temeroso (ô) adj.; f. e pl.: (ó)
temido adj.
temível adj.2g.
temor (ô) s.m.
tempão s.m.
têmpera s.f.
temperado adj.
temperador (ô) s.m.
temperamental adj. s.2g.
temperamentalismo s.m.
temperamento s.m.
temperança s.f.
temperante adj.2g.
temperar v.
temperatura s.f.
tempérie s.f.
tempero (ê) s.m.; cf. *tempero*, fl. do v. *temperar*
tempestade s.f.
tempestivamente adv.
tempestividade s.f.
tempestivo adj.
tempestuar v.
tempestuosamente adv.
tempestuosidade s.f.
tempestuoso (ô) adj.; f. e pl.: (ó)
templário s.m.
templo s.m.
tempo s.m.
tempo-quente s.m.; pl.: *tempos-quentes*
temporã s.f. de *temporão*
têmpora s.f.
temporada s.f.
temporal adj.2g. s.m. s.f.
temporalidade s.f.
temporalização s.f.
temporalizar v.
temporalmente adv.
temporão adj. s.m.; fem.: *temporã*; pl.: *temporãos*
temporariamente adv.
temporariedade s.f.
temporário adj.
temporização s.f.
temporizado adj.
temporizador (ô) adj. s.m.
temporizar v.
temporofrontal adj.2g.
temporomandibular adj.2g.
temporoparietal adj.2g.
tempurá s.m.
tenácia s.f.
tenacidade s.f.
tenaz adj.2g. s.f.
tenazmente adv.
tenção s.f. "intento"; cf. *tensão*

tencionar v.
tenda s.f.
tendal s.m.
tendão s.m.
tendeiro s.m.
tendência s.f.
tendencial adj.2g.
tendencialmente adv.
tendenciosamente adv.
tendenciosidade s.f.
tendencioso (ô) adj.; f. e pl.: (ó)
tendente adj.2g.
tendepá s.m.
tender v.
tendéu s.m.
tendíneo adj.
tendinha s.f.
tendinite s.f.
tendinoso (ô) adj.; f. e pl.: (ó)
tenebricoso (ô) adj.; f. e pl.: (ó)
tenebrionídeo adj. s.m.
tenebrosidade s.f.
tenebroso (ô) adj.; f. e pl.: (ó)
tenência s.f.
tenente s.m.
tenentismo s.m.
tenentista adj.2g.
tênia s.f.
teníase s.f.
tênis s.m.2n.
tênis de mesa s.m.2n.
tenista s.2g.
tenístico adj.
tenor (ô) s.m.
tenorino s.m.
tenotomia s.f.
tenro adj.
tensão s.f. "estado do que está esticado"; cf. *tenção*
tensiômetro s.m.
tensionado adj.
tensionador (ô) s.m.
tensional adj.2g.
tensionamento s.m.
tensionante adj.2g.
tensionar v.
tensivo adj.
tenso adj.
tensoativo adj.
tensor (ô) adj. s.m.
tenta s.f.
tentação s.f.
tentaculado adj.
tentacular adj.2g.
tentaculite s.f.
tentaculitídeo s.m.
tentáculo s.m.
tentado adj.
tentador (ô) adj. s.m.
tentadoramente adv.
tentame s.m.
tentâmen s.m.
tentar v.

tentativa s.f.
tentativamente adv.
tentativo adj.
tenteante adj.2g.
tentear v.
tenteio s.m.
tentilhão s.m.
tento s.m.
tenuamente adv.
tênue adj.2g.
tenuidade s.f.
teocêntrico adj.
teocentrismo s.m.
teocentrista adj.2g.
teocracia s.f.
teocrata adj. s.2g.
teocrático adj.
teodiceia (é) s.f.
teodolito s.m.
teofania s.f.
teofilina s.f.
teogonia s.f.
teogônico adj.
teologal adj.2g.
teologia s.f.
teologicamente adv.
teológico adj.
teologismo s.m.
teólogo s.m.
teomania s.f.
teor (ô) s.m.
teorema s.m.
teorético adj.
teoria s.f.
teoricamente adv.
teoricismo s.m.
teórico adj. s.m.
teorismo s.m.
teorista s.2g.
teorização s.f.
teorizado adj.
teorizador (ô) adj. s.m.
teorizante adj.2g.
teorizar v.
teorizável adj.2g.
teosofia s.f.
teosófico adj.
teosofista adj. s.2g.
teósofo s.m.
tépala s.f.
tepidez (ê) s.f.
tépido adj.
tequila s.f.
ter v.
terapeuta s.2g.
terapêutica s.f.
terapeuticamente adv.
terapêutico adj.
terapia s.f.
teratogênese s.f.
teratogenia s.f.
teratogênico adj.
teratologia s.f.
teratológico adj.

teratoma s.m.
térbio s.m.
terça (ê) adj. s.f.; cf. *terça*, fl. do v. *terçar*
terçado adj. s.m.
terça-feira s.f.; pl.: *terças-feiras*
terçar v.
terceira s.f.
terceiranista adj. s.2g.
terceirização s.f.
terceirizado adj.
terceirizar v.
terceiro num. s.m.
terceiro-mundista adj. s.2g.; pl.: *terceiro-mundistas*
terceiro-mundo s.m.; pl.: *terceiros-mundos*
terceiro-sargento s.m.; pl.: *terceiros-sargentos*
terceto (ê) s.m.
terciário adj. s.m.
terço (ê) num. s.m. "terça parte de alguma coisa", etc.; cf. *terço*, fl. do v. *terçar*
terçol s.m.
terebintina s.f.
terebinto s.m.
terebrante adj.2g. s.m.
teredo s.m.
terém s.m.
terena adj. s.2g. s.m.
teresinense adj. s.2g.
tergal adj.2g. s.m.
tergiversação s.f.
tergiversar v.
teriaga s.f.
terma s.f.
termal adj.2g.
termelétrica s.f.
termeletricidade s.f.
termelétrico adj.
termicamente adv.
termicidade s.f.
térmico adj.
terminação s.f.
terminador (ô) adj. s.m.
terminal adj.2g. s.m.
terminalidade s.f.
terminalmente adv.
terminante adj.2g.
terminantemente adv.
terminar v.
terminativo adj.
término s.m.
terminologia s.f.
terminologicamente adv.
terminológico adj.
termistor (ô) s.m.
térmita s.f.
termiteiro s.m.
termização s.f.
termo (ê) s.m.
termoacústico adj.
termodinâmica s.f.
termodinâmico adj.
termoelétrica s.f.
termoeletricidade s.f.
termoelétrico adj.
termoestável adj.2g.
termofílico adj.
termogênese s.f.
termogênico adj.
termometria s.f.
termométrico adj.
termômetro s.m.
termonebulização s.f.
termonuclear adj.2g.
termoplástico adj. s.m.
termoquímica s.f.
termorreceptor (ô) adj. s.m.
termorregulação s.f.
termorregulador (ô) adj. s.m.
termorresistente adj.2g.
termosfera s.f.
termostático adj.
termostato s.m.
ternamente adv.
ternantante adv.
ternário adj.
terneiro s.m.
terninho s.m.
terno adj. s.m.
ternura s.f.
terofítico adj.
terófito s.m.
terpeno s.m.
terra s.f.
terra a terra adj.2g.2n.
terraceamento s.m.
terraço s.m.
terracota s.f.
terral s.m.
terramicina s.f.
terrão s.m.
terraplanagem s.f.
terraplanar v.
terraplenagem s.f.
terraplenar v.
terrapleno s.m.
terráqueo adj. s.m.
terrário s.m.
terreal adj.2g.
terreiro adj. s.m.
terremoto s.m.
terreno adj. s.m.
térreo adj. s.m.
terrestre adj.2g.
terriço s.m.
terrícola adj. s.2g.
terrificado adj.
terrificante adj.2g.
terrificar v.
terrífico adj.
terrina s.f.
territorial adj.2g.
territorialidade s.f.
territorialismo s.m.
territorialização s.f.
territorialmente adv.
território s.m.
terrível adj.2g. s.m.
terrivelmente adv.
terror (ô) s.m.
terrorismo s.m.
terrorista adj. s.2g.
terroso (ô) adj.; f. e pl.: (ó)
tertúlia s.f.
tesão s.m.
tese s.f.
teso (ê) adj. s.m.
tesoura s.f.
tesourada s.f.
tesourar v.
tesouraria s.f.
tesoureiro s.m.
tesoureiro-geral s.m.; pl.: *tesoureiros-gerais*
tesoureiro-mor s.m.; pl.: *tesoureiros-mores*
tesourinha s.f.
tesouro s.m.
tessalonicense adj. s.2g.
tessela s.f.
tessitura s.f.
testa s.f.
testada s.f.
testa de ferro s.2g.
testado adj.
testador (ô) s.m.
testagem s.f.
testamental adj.2g.
testamentário adj. s.m.
testamenteiro adj. s.m.
testamento s.m.
testar v.
testável adj.2g.
teste s.m.
testeira s.f.
testemunha s.f.
testemunha de jeová s.2g.
testemunhado adj.
testemunhal adj.2g.
testemunhar v.
testemunho s.m.
testicular adj.2g.
testículo s.m.
testificação s.f.
testificar v.
testilha s.f.
testilhar v.
testo (ê) s.m. "tampa de panela"; cf. *texto* (ê) s.m. e *testo*, fl. do v. *testar*
testosterona s.f.
testudo adj. s.m.
tesura s.f.
teta s.m. "letra do alfabeto grego"; cf. *teta* (ê)
teta (ê) s.f. "glândula mamária"; cf. *teta*
tetânico adj.

tetanizante adj.2g.
tétano s.m.
teteia (ê) s.f.
tético adj.
teto s.m.
tetra adj.2g.2n. s.m.2n.
tetracampeão adj.
tetracampeonato s.m.
tetracíclico adj.
tetraciclina s.f.
tetracloretano s.m.
tetracloreto (ê) s.m.
tétrade s.f.
tetraédrico adj.
tetraedro s.m.
tetrafásico adj.
tetragonal adj.2g.
tetrágono adj. s.m.
tetralina s.f.
tetralogia s.f.
tetrâmero adj.
tetrâmetro s.m.
tetramicina s.f.
tetramina s.f.
tetraneto s.m.
tetraplegia s.f.
tetraplégico adj. s.m.
tetraploide (ó) adj.2g. s.m.
tetraploidia s.f.
tetrápode adj.2g. s.m.
tetráptero adj.
tetrarca s.m.
tetrarquia s.f.
tetrassacarídeo s.m.
tetrassílabo adj. s.m.
tetravó s.f. de *tetravô*
tetravô s.m.; fem.: *tetravó*
tetrazol s.m.
tétrico adj.
teu pron.
teuto adj. s.m.
teuto-brasileiro adj. s.m.; pl.: *teuto-brasileiros*
teutônico adj.
tevê s.f.
texano (*cs*) adj. s.m.
têxtil adj.2g. s.m.
texto (ê) s.m. "obra escrita"; cf. *testo*, fl. do v. *testar* e *testo* (ê) s.m.
textual adj.2g.
textualidade s.f.
textualmente adv.
textura s.f.
textural adj.2g.
texturização s.f.
texturizado adj.
texturizar v.
texugo s.m.
tez (ê) s.f.
ti pron.
tia s.f.
tia-avó s.f.; pl.: *tias-avós*
tiara s.f.

tibetano adj. s.m.
tíbia s.f.
tibial adj.2g. s.m.
tibiez (ê) s.f.
tibieza (ê) s.f.
tíbio adj. s.m.
tiborna s.f.
tibórnia s.f.
tibungar v.
tibungo s.m.
ticaca s.f.
tição s.m.
ticaquento adj.
ticar v.
tico s.m.
tico-tico s.m.; pl.: *tico-ticos*
ticuna adj. s.2g. s.m.
tié s.m.
tiê s.m.
tietada s.f.
tietagem s.f.
tietar v.
tiete s.2g.
tífico adj.
tifo s.m.
tifoide (ó) adj.2g.
tifoso (ó) adj. s.m.; f. e pl.: (ó)
tigela s.f.
tigelada s.f.
tigrado adj.
tigre s.m.
tigresa (ê) s.f.
tijolada s.f.
tijoleiro s.m.
tijolo (ô) s.m.; pl.: (ó)
tijuco s.m.
til s.m.
tilápia s.f.
tílburi s.m.
tildar v.
tília s.f.
tilintante adj.2g.
tilintar v.
tiloma s.m.
timaço s.m.
timão s.m.
timbalada s.f.
timbale s.m.
timbaleiro adj. s.m.
timbau s.m.
timbaúba s.f.
timbaúva s.f.
timbira adj. s.2g. s.m.
timbó s.m.
timbopeva s.m.
timbrado adj.
timbragem s.f.
timbrar v.
timbre s.m.
timbroso (ô) adj.; f. e pl.: (ó)
timbu s.m.
timburé s.m.
time s.m.
timeco s.m.

tímico adj.
timidamente adv.
timidez (ê) s.f.
tímido adj. s.m.
timo s.m.
timo-dependência s.f.
timo-dependente adj.2g.
timol s.m.
timoneiro s.m.
timorato adj.
timorense adj. s.2g.
timpânico adj.
timpanismo s.m.
tímpano s.m.
tim-tim s.m.; pl.: *tim-tins*
tina s.f.
tíner s.m.
tingido adj.
tingidor (ô) adj. s.m.
tingimento s.m.
tingir v.
tingui adj. s.m. s.2g.
tinguijar v.
tinha s.f.
tinhorão s.m.
tinhoso (ô) adj. s.m.; f. e pl.: (ó)
tinido adj. s.m.
tinir v.
tino s.m.
tinta s.f.
tintado adj.
tinteiro s.m.
tintinar v.
tinto adj. s.m.
tintorial adj.2g.
tintura s.f.
tinturaria s.f.
tintureira s.f.
tintureiro s.m.
tio adj. s.m.
tio-avô s.m.; fem.: *tia-avó*; pl.: *tios-avós*
tipa s.f.
tipagem s.f.
tipão s.m.; fem.: *tipona*
tipicamente adv.
tipicidade s.f.
típico adj.
tipificação s.f.
tipificado adj.
tipificador (ô) adj.
tipificar v.
tipiti s.m.
tipo s.m.
tipografar v.
tipografia s.f.
tipograficamente adv.
tipográfico adj.
tipógrafo s.m.
tipoia (ó) s.f.
tipologia s.f.
tipologicamente adv.
tipológico adj.

tipologização s.f.
tipologizar v.
tipona s.f. de *tipão*
tipuana s.f.
tique s.m.
tique-taque s.m.; pl.: *tique--taques*
tiquetaquear v.
tíquete s.m.
tiquinho s.m.
tiquira s.f.
tira s.f. s.2g.
tiração s.f.
tiracolo s.m.
tirada s.f.
tira-dentes s.2g.2n.
tirador (ô) adj. s.m.
tira-dúvida s.m.; pl.: *tira--dúvidas*
tira-dúvidas s.m.2n.
tiragem s.f.
tira-gosto s.m.; pl.: *tira-gostos*
tira-manchas s.m.2n.
tirambaço s.m.
tiramboia (ó) s.f.
tiramento s.m.
tiramina s.f.
tirana s.f.
tiranaboia (ó) s.f.
tiranete (ê) s.m.
tirania s.f.
tiranicídio s.m.
tirânico adj.
tiranizado adj.
tiranizar v.
tirano adj. s.m.
tiranossauro s.m.
tirante adj.2g. s.m. prep.
tira-provas s.m.2n.
tirar v.
tira-teima s.m.; pl.: *tira-teimas*
tira-teimas s.m.2n.
tireoide (ó) adj.2g. s.f.
tireóideo adj.
tireoidiano adj.
tireoidite s.f.
tireotropina s.f.
tiriba s.f.
tiririca adj.2g. s.f.
tirístor (ó) s.m.
tiritante adj.2g.
tiritar v.
tiro s.m.
tirocínio s.m.
tiro de guerra s.m.
tiroide (ó) adj.2g. s.m.
tirolês adj. s.m.
tirombaço s.m.
tirosina s.f.
tirosinase s.f.
tirotear v.
tiroteio s.m.
tirotricina s.f.
tiroxina (cs) s.f.

tisana s.f.
tísica s.f.
tísico adj. s.m.
tisiologia s.f.
tisiológico adj.
tisiologista adj. s.2g.
tisiólogo s.m.
tisna s.f.
tisnado adj. s.m.
tisnadura s.f.
tisnar v.
tisne s.m.
tissular adj.2g.
titã s.m.
titanato s.m.
titânia s.f.
titânico adj.
titânio s.m.
titanita s.f.
titanossauro s.m.
titanotério s.m.
titela s.f.
títere adj.2g. s.m.
titereiro s.m.
titeriteiro s.m.
titica s.f.
titilação s.f.
titilante adj.2g.
titilar v. adj.2g.
titilável adj.2g.
titio s.m.
titiricar v.
ti-ti-ti s.m.; pl.: *ti-ti-tis*
titubeação s.f.
titubeante adj.2g.
titubear v.
titubeio s.m.
titulação s.f.
titulado adj.
titulagem s.f.
titular v. adj. s.2g.
titularidade s.f.
título s.m.
tiúba s.f.
tiziu s.m.
toa (ô) s.f.
toada s.f.
toadeira s.f.
toalete s.m. s.f.
toalha s.f.
toalhada s.f.
toalheiro s.m.
toante adj.2g.
toar v.
toba s.m.
tobó s.m.
toboágua s.m.
tobogã s.m.
toca s.f.
toca-disco s.m.; pl.: *toca-discos*
toca-discos s.m.2n.
tocado adj.
tocador (ô) adj. s.m.
toca-fita s.m.; pl.: *toca-fitas*

toca-fitas s.m.2n.
tocaia s.f.
tocaiar v.
tocaieiro s.m.
tocandira s.f.
tocante adj.2g.
tocantemente adv.
tocantinense adj. s.2g.
tocar v. s.m.
tocata s.f.
tocável adj.2g.
tocha s.f.
tocheira s.f.
tocheiro s.m.
toco (ô) s.m.; cf. *toco*, fl. do v. *tocar*; pl. (ô ou ó)
tocoanalgesia s.f.
tocoanalgésico s.m.
tocoferol s.m.
tocoginecologia s.f.
tocoginecológico adj.
tocoió adj. s.2g.
tocologia s.f.
tocológico adj.
tocólogo s.m.
tocomático s.m.
tocopatia s.f.
tocotraumático adj.
tocotraumatismo s.m.
tocurgia s.f.
tocúrgico adj.
todavia conj.
todinho pron.
todo (ô) adj. s.m. pron. adv.
todo-poderoso (ô) adj. s.m.; fem.: *todo-poderosa* (ô); pl.: *todo-poderosos* (ó)
toesa (ê) s.f.
tofu s.m.
toga s.f.
togado adj. s.m.
togar v.
toicinho s.m.
tolamente adv.
tolda (ô) s.f.; cf. *tolda*, fl. do v. *toldar*
toldado adj.
toldar v.
toldeira s.f.
toldo (ô) s.m.
toleba s.m.
toleima s.f.
toleimado adj.
toleirão adj. s.m.; fem.: *toleirona*
toleirona s.f. de *toleirão*
tolerabilidade s.f.
tolerado adj.
tolerância s.f.
tolerante adj.2g.
tolerar v.
tolerável adj.2g.
tolete (ê) s.m.
tolhedor (ô) adj.

tolher v.
tolhido adj.
tolhimento s.m.
tolice s.f.
tolo (ô) adj. s.m.
tolteca adj. s.2g.
tolueno s.m.
tom s.m.
tomação s.f.
tomada s.f.
tomado adj.
tomador (ô) s.m.
toma lá dá cá s.m.2n.
tomar v.
tomara interj.
tomara que caia adj.2g.2n. s.m.2n.
tomatada s.f.
tomate s.m.
tomateiro s.m.
tomatina s.f.
tombadilho s.m.
tombado adj.
tombador (ô) adj. s.m.
tombadouro s.m.
tombamento s.m.
tombar v.
tombo s.m.
tômbola s.f.
tômbolo s.m.
tomento s.m.
tomentoso (ô) adj.; f. e pl.: (ó)
tomilho s.m.
tomismo s.m.
tomista adj. s.2g.
tomo s.m.
tomografia s.f.
tomográfico adj.
tomografista s.2g.
tomógrafo s.m.
tona s.f.
tonal adj.2g.
tonalidade s.f.
tonalismo s.m.
tonalista adj. s.2g.
tonalito s.m.
tonalizador (ô) adj. s.m.
tonalizante adj.2g. s.m.
tonalizar v.
tonante adj.2g.
tonel s.m.
tonelada s.f.
tonelagem s.f.
toneleiro s.m.
tônica s.f.
tonicidade s.f.
tônico adj. s.m.
tonificação s.f.
tonificado adj.
tonificador (ô) adj.
tonificante adj.2g. s.m.
tonificar v.
toninha s.f.
tonitruante adj.2g.

tonitruar v.
tonítruo adj.
tonitruoso (ô) adj.; f. e pl.: (ó)
tono s.m.
tonografia s.f.
tonometria s.f.
tonométrico adj.
tonômetro s.m.
tonsila s.f.
tonsilar adj.2g.
tonsura s.f.
tonsurado adj. s.m.
tonsurar v.
tonta s.f.
tonteado adj.
tontear v.
tonteira s.f.
tontice s.f.
tonto adj. s.m.
tontura s.f.
tônus s.m.2n.
topação s.f.
topada s.f.
topador (ô) adj.
topar v.
topa-tudo s.2g.2n.
topázio s.m.
tope s.m.
topejadeira s.f.
topejar v.
topete s.m.
topetice s.f.
topetudo adj. s.m.
topiaria s.f.
topiário s.m.
topicalidade s.f.
topicalização s.f.
topicalizado adj.
topicalizar v.
topicamente adv.
tópico adj. s.m.
topo (ô) s.m.; cf. *topo*, fl. do v. *topar*
topografia s.f.
topograficamente adv.
topográfico adj.
topógrafo s.m.
topologia s.f.
topológico adj.
toponímia s.f.
toponímico adj.
topônimo s.m.
toque s.m.
toqueiro s.m.
toque-toque s.m.; pl.: *toque--toques*
tora s.f.
torácico adj.
toracoabdominal adj.2g.
toracolombar adj.2g.
toracometria s.f.
torado adj.
toranja s.f.
torar v.

tórax (cs) s.m.2n.
torçal s.m.
torção s.f.
torcaz s.2g.
torcedor (ô) adj. s.m.
torcedura s.f.
torcer v.
torcicolar v.
torcicolo s.m.
torcida s.f.
torcido adj.
torcimento s.m.
tórculo s.m.
tordilho adj. s.m.
tordo (ô) s.m.
toré s.m.
torém s.m.
toreuta s.2g.
torêutica s.f.
tório s.m.
tormenta s.f.
tormento s.m.
tormentório adj.
tormentoso (ô) adj.; f. e pl.: (ó)
tornado adj. s.m.
tornar v.
tornassol s.m.
torna-viagem adj. s.2g. s.f.; pl.: *torna-viagens*
torneado adj. s.m.
torneador (ô) adj. s.m.
torneamento s.m.
tornear v.
tornearia s.f.
torneio s.m.
torneira s.f.
torneiro s.m.
torniquete (ê) s.m.
torno (ô) s.m.; pl.: (ó); cf. *torno*, fl. do v. *tornar*
tornozeleira s.f.
tornozelo (ê) s.m.
toro s.m.
toró s.m.
torpe (ô) adj.2g.
torpedeamento s.m.
torpedear v.
torpedeira s.f.
torpedeiro adj. s.m.
torpedo (ê) s.m.
torpemente adv.
torpeza (ê) s.f.
tórpido adj.
torpitude s.f.
torpor (ô) s.m.
torporoso (ô) adj.; f. e pl.: (ó)
torque s.m.
torquemadesco (ê) adj.
torquês s.f.
torra s.f.
torração s.f.
torrada s.f.
torradeira s.f.

torrado adj.
torrador (ô) s.m.
torragem s.f.
torrão s.m.
torrar v.
torre (ô) s.f.; cf. *torre*, fl. do v. *torrar*
torreado adj.
torreante adj.2g.
torreão s.m.
torrefação s.f.
torrefador (ô) adj. s.m.
torrefadora (ô) s.f.
torrencial adj.2g.
torrencialmente adv.
torrente s.f.
torrentoso (ô) adj.; f. e pl.: (ó)
torresmo (ê) s.m.
torreta (ê) s.f.
tórrido adj.
torrificação s.f.
torrificante adj.2g.
torrificar v.
torrinha s.f.
torrone s.m.
torso (ô) s.m. "busto"; cf. *torço* (ô) s.m. e fl. do v. *torcer*
torta s.f.
tortamente adv.
torto (ô) adj. s.m. adv.; f. e pl.: (ó)
tortulho s.m.
tortuosamente adv.
tortuosidade s.f.
tortuoso (ô) adj.; f. e pl.: (ó)
tortura s.f.
torturado adj. s.m.
torturador (ô) s.m.
torturante adj.2g.
torturar v.
torturável adj.2g.
torvelinho s.m.
torvo (ô) adj.
tosa s.f.
tosado adj.
tosador (ô) adj. s.m.
tosadura s.f.
tosar v.
toscamente adv.
toscanejar v.
toscano adj. s.m.
tosco (ô) adj.
toso (ô) s.m.; cf. *toso*, fl. do. v. *tosar*
tosquia s.f.
tosquiado adj.
tosquiador (ô) s.m.
tosquiar v.
tosse s.f.
tossezinha s.f.
tossicar v.
tossida s.f.
tossidela s.f.
tossir v.

tostadela s.f.
tostado adj.
tostador (ô) s.m.
tostadura s.f.
tostagem s.f.
tostante adj.2g.
tostão s.m.
tostar v.
tostex (cs) s.m.2n.
total adj.2g. s.m.
totalidade s.f.
totalitário adj.
totalitarismo s.m.
totalitarista adj.2g.
totalização s.f.
totalizado adj.
totalizador (ô) adj. s.m.
totalizante adj.2g.
totalizar v.
totalmente adv.
totem s.m.
totêmico adj.
totemismo s.m.
totemista adj. s.2g.
totó s.m.
touca s.f.
touça s.f.
toucado s.m.
toucador (ô) s.m.
toucar v.
touceira s.f.
toucinho s.m.
toupeira s.f.
tourada s.f.
toureador (ô) adj. s.m.
tourear v.
toureiro s.m.
touro s.m.
touruno adj.
touta s.f.
toutiço s.m.
toxalbumina (cs) s.f.
toxemia (cs) s.f.
toxêmico (cs) adj.
toxicar (cs) v.
toxicidade (cs) s.f.
tóxico (cs) adj. s.m.
tóxico-dependência (cs) s.f.
tóxico-dependente (cs) adj. s.2g.
toxicografia (cs) s.f.
toxicologia (cs) s.f.
toxicológico (cs) adj.
toxicologista (cs) adj. s.2g.
toxicólogo (cs) s.m.
toxicomania (cs) s.f.
toxicomaníaco (cs) adj. s.m.
toxicômano (cs) adj. s.m.
toxicose (cs) s.f.
toxidez (cs...ê) s.f.
toxina (cs) s.f.
toxoide (csó) adj.2g. s.m.
toxoplasmose (cs) s.f.
trabalhado adj.

trabalhador (ô) adj. s.m.
trabalhão s.m.
trabalhar v.
trabalhável adj.2g.
trabalheira s.f.
trabalhismo s.m.
trabalhista adj. s.2g.
trabalho s.m.
trabalhosamente adv.
trabalhoso (ô) adj.; f. e pl.: (ó)
trabécula s.f.
trabeculado adj.
trabecular adj.2g.
trabelho (ê) s.m.
trabucada s.f.
trabucado adj.
trabucador (ô) adj. s.m.
trabucar v.
trabuco s.m.
trabuqueiro s.m.
trabuzana s.m. s.f.
traça s.f.
traçado adj. s.m.
traçador (ô) adj. s.m.
tracajá s.m.
tração s.f.
traçar v.
tracejado adj. s.m.
tracejamento s.m.
tracejar v.
trácio adj. s.m.
tracionado adj.
tracionador (ô) adj. s.m.
tracionamento s.m.
tracionar v.
traço s.m.
traço de união s.m.
tracoma s.m.
tracomatoso (ô) adj. s.m.
tradescância s.f.
tradição s.f.
tradicional adj.2g.
tradicionalidade s.f.
tradicionalismo s.m.
tradicionalista adj. s.2g.
tradicionalmente adv.
trado s.m.
tradução s.f.
tradutibilidade s.f.
tradutor (ô) adj. s.m.
tradutório adj.
traduzido adj.
traduzir v.
traduzível adj.2g.
trafegação s.f.
trafegar v.
trafegável adj.2g.
tráfego s.m.
traficância s.f.
traficante adj. s.2g.
traficar v.
tráfico s.m.
tragada s.f.
tragar v.

tragável | 341 | transformação

tragável adj.2g.
tragédia s.f.
tragediógrafo s.m.
tragicamente adv.
tragicidade s.f.
trágico adj. s.m.
tragicomédia s.f.
tragicomicidade s.f.
tragicômico adj.
trago s.m.
traição s.f.
traiçoeiramente adv.
traiçoeiro adj. s.m.
traído adj.
traidor (ô) adj. s.m.
traineira s.f.
trair v.
traíra s.f.
trajado adj.
trajar v.
traje s.m.
trajeto s.m.
trajetória s.f.
trajo s.m.
tralha s.f.
tralhada s.f.
tralhoto (ô) s.m.
trama s.f.
tramado adj. s.m.
tramar v.
trambecar v.
trambelho (ê) s.m.
trambicagem s.f.
trambicar v.
trambique s.m.
trambiqueiro adj. s.m.
trambolhada s.f.
trambolhão s.m.
trambolhar v.
trambolho (ô) s.m.;
    cf. *trambolho*, fl. do v.
    trambolhar
tramela s.f.
tramelagem s.f.
tramelar v.
tramitação s.f.
tramitar v.
trâmite s.m.
tramoia (ó) s.f.
tramontana s.f.
tramontano adj.
tramontar v.
trampa s.f.
trampar v.
trampear v.
trampo s.m.
trampolim s.m.
trampolinagem s.f.
trampolinar v.
trampolineiro adj. s.m.
tramposo (ô) adj.; f. e pl.: (ô)
tranar v.
tranca s.f.
trança s.f.

trancação s.f.
trancaço s.m.
trançadeira s.f.
trancado adj.
trançado adj. s.m.
trançador (ô) s.m.
trancafiado adj.
trancafiamento s.m.
trancafiar v.
trancamento s.m.
trancar v.
trançar v.
tranca-rua s.2g.; pl.: *tranca-
    -ruas*
tranca-ruas s.2g.2n.
trança-trança s.m.; pl.: *trança-
    -tranças e tranças-tranças*
trancelim s.m.
tranchã adj.2g.2n.
tranco s.m.
tranqueada s.f.
tranqueira s.f.
tranquibérnia s.f.
tranquilamente (ü) adv.
tranquilidade (ü) s.f.
tranquilização (ü) s.f.
tranquilizado (ü) adj.
tranquilizador (ü...ô) adj.
    s.m.
tranquilizante (ü) adj.2g. s.m.
tranquilizar (ü) v.
tranquilo (ü) adj.
tranquitana s.f.
tranquito s.m.
transa (z) s.f.
transação (z) s.f.
transacional (z) adj.2g.
transacionar (z) v.
transacionável (z) adj.2g.
transacto (z) adj.
transado (z) adj.
transafricano (z) adj. s.m.
transalpino (z) adj.
transamazônico (z) adj.
transaminase (z) s.f.
transandino (z) adj.
transar (z) v.
transatlântico (z) adj. s.m.
transato (z) adj.
transbordado adj.
transbordamento s.m.
transbordante adj.2g.
transbordar v.
transbordo (ô) s.m.;
    cf. *transbordo*, fl. do v.
    transbordar
transcaucasiano adj. s.m.
transcendência s.f.
transcendental adj.2g.
transcendentalidade s.f.
transcendentalismo s.m.
transcendentalista adj. s.2g.
transcendentalizado adj.
transcendentalizar v.

transcendente adj.2g. s.m.
transcender v.
transceptor (ô) adj. s.m.
transcodificação s.f.
transcodificado adj.
transcodificador (ô) adj. s.m.
transcodificar v.
transcontinental adj.2g.
transcorrer v.
transcorrido adj.
transcortical adj.2g.
transcrever v.
transcriação s.f.
transcriar v.
transcrição s.f.
transcriptase s.f.
transcrito adj. s.m.
transculturação s.f.
transcultural adj.2g.
transculturalismo s.m.
transculturalista adj. s.2g.
transcurar v.
transcursão s.f.
transcurso s.m.
transcurvo adj.
transcutâneo adj.
transdérmico adj.
transdisciplinar adj.2g.
transdisciplinaridade s.f.
transdução s.f.
transdutor (ô) s.m.
transe (z) s.m.
transeção s.f.
transecção s.f.
transecular adj.2g.
transeptal adj.2g.
transepto s.m.
transesofágico (z) adj.
transesterificação (z) s.f.
transeunte (z) adj. s.2g.
transexual (cs) adj. s.2g.
transexualidade (cs) s.f.
transexualismo (cs) s.m.
transfazer-se v.
transferase s.f.
transferência s.f.
transferencial adj.2g.
transferido adj.
transferidor (ô) adj. s.m.
transferir v.
transferível adj.2g.
transfiguração s.f.
transfigurado adj.
transfigurador (ô) adj. s.m.
transfigurante adj.2g.
transfigurar v.
transfigurável adj.2g.
transfinito adj.
transfixação (cs) s.f.
transfixão (cs) s.f.
transfixar (cs) v.
transfixiante (cs) adj.2g.
transformabilidade s.f.
transformação s.f.

transformado adj.
transformador (ô) adj. s.m.
transformante adj.2g.
transformar v.
transformável adj.2g.
transformismo s.m.
transformista adj. s.2g.
trânsfuga s.2g.
transfúgio s.m.
transfugir v.
transfundido adj.
transfundir v.
transfusão s.f.
transfusional adj.2g.
transgênico adj. s.m.
transgredir v.
transgressão s.f.
transgressivo adj.
transgressor (ô) adj. s.m.
transiberiano adj.
transição (z) s.f.
transicional (z) adj.2g.
transicionalidade (z) s.f.
transido (z) adj.
transigência (z) s.f.
transigente (z) adj.2g.
transigir (z) v.
transigível (z) adj.2g.
transilvânico adj.
transir v. (z)
transistor (z...ô) s.m.
transístor (z) s.m.
transistorizado (z) adj.
transistorizar (z) v.
transitado (z) adj.
transitante (z) adj.2g.
transitar (z) v.
transitável (z) adj.2g.
transitividade (z) s.f.
transitivo (z) adj.
trânsito (z) s.m.
transitoriamente (z) adv.
transitoriedade (z) s.f.
transitório (z) adj.
translação s.f.
transladação s.f.
transladado adj.
transladar v.
translado s.m.
translativo adj.
translato adj.
transliteração s.f.
transliterado adj.
transliterar v.
translocação s.f.
translucente adj.2g.
translucidez (ê) s.f.
translúcido adj.
translumbrante adj.2g.
translumbrar v.
transluzente adj.2g.
transluzir v.
transmedular adj.2g.
transmetilação s.f.

transmigração s.f.
transmigrado adj.
transmigrar v.
transmigratório adj.
transmissão s.f.
transmissibilidade s.f.
transmissível adj.2g.
transmissivo adj.
transmissor (ô) adj. s.m.
transmitir v.
transmontar v.
transmudação s.f.
transmudado adj.
transmudar v.
transmutabilidade s.f.
transmutação s.f.
transmutado adj.
transmutar v.
transmutável adj.2g.
transnacional adj.2g.
transnacionalidade s.f.
transnacionalismo s.m.
transnacionalização s.f.
transnacionalizado adj.
transnacionalizar v.
transoceânico (z) adj.
transpacífico adj.
transpantaneiro adj.
transparecer v.
transparência s.f.
transparente adj. 2g.
transparietal adj.2g.
transpartidário adj.
transpassado adj.
transpassar v.
transpasse s.m.
transpélvico adj.
transpelvino adj.
transpeptidação s.f.
transpeptidase s.f.
transperitoneal adj.2g.
transperitonial adj.2g.
transpessoal adj.2g.
transpiração s.f.
transpiracional adj.2g.
transpirante adj.2g.
transpirar v.
transpirativo adj.
transpiratório adj.
transplacentário adj.
transplanetário adj.
transplantação s.f.
transplantado adj.
transplantador (ô) adj.
transplantar v.
transplantável adj.2g.
transplante s.m.
transplantio s.m.
transplatino adj.
transpolar adj.2g.
transponível adj.2g.
transpor (ô) v.
transportado adj.
transportador (ô) adj. s.m.

transportadora (ô) s.f.
transportar v.
transportável adj.2g.
transporte s.m.
transposição s.f.
transposto (ô) adj.
transracial adj.2g.
transregional adj.2g.
transretal adj.2g.
transtextualidade s.f.
transtornado adj.
transtornador (ô) adj.
transtornante adj.2g.
transtornar v.
transtorno (ô) s.m.;
   cf. *transtorno*, fl. do v.
   transtornar
transtravado adj.
transubstanciação s.f.
transubstancial adj.2g.
transubstanciar v.
transudação s.f.
transudante adj.2g.
transudar v.
transudato s.m.
transumância (z) s.f.
transumano (z) adj.
transunto s.m.
transurânico (z) adj. s.m.
transuretral (z) adj.2g.
transvaginal adj.2g.
transvaloração s.f.
transvalorar v.
transvalvar adj.2g.
transvazar v.
transverberar v.
transversal adj.2g. s.f.
transversalmente adv.
transverso adj.
transvestido adj.
transvestir v.
transviado adj.
transviar v.
trapaça s.f.
trapaçaria s.f.
trapaceado adj. s.m.
trapaceador (ô) adj. s.m.
trapacear v.
trapaceiro adj. s.m.
trapalhada s.f.
trapalhão adj. s.m.; fem.:
   trapalhona
trapalhona s.f. de *trapalhão*
trapeira s.f.
trapeiro s.m.
trapejar v.
trapento adj.
trapézio s.m.
trapezista adj. s.2g.
trapezoidal adj.2g.
trapezoide (ô) adj.2g.
trapiche s.m.
trapicheiro s.m.
trapista adj. s.2g.

trapizonga | 343 | tremura

trapizonga s.f.
trapo s.m.
trapoeraba s.f.
trápola adj. s.2g. s.f.
trapudo adj.
traque s.m.
traqueal adj.2g.
traqueia (ê) s.f.
traqueíde s.f.
traqueíte s.f.
traquejado adj.
traquejador (ô) s.m.
traquejar v.
traquejo (ê) s.m.
traqueobrônquico adj.
traqueobronquite s.f.
traqueostomia s.f.
traqueostomizado adj.
traqueotomia s.f.
traqueotômico adj.
traquete (ê) s.m.
traquinada s.f.
traquinagem s.f.
traquinar v.
traquinas adj. s.2g.2n.
traquineiro s.m.
traquinice s.f.
traquino adj. s.m.
traquitana s.f.
trás adv. prep.
trasanteontem adv.
trasantontem adv.
traseira s.f.
traseiro adj. s.m.
trasfega s.f.
trasfegar v.
trasgo s.m.
trasladação s.f.
trasladado adj.
trasladar v.
traslado s.m.
trasmontano adj.
traspassado adj.
traspassamento s.m.
traspassar v.
traste s.m.
trastejar v.
trasto s.m.
tratabilidade s.f.
tratadista s.2g.
tratado s.m.
tratador (ô) s.m.
tratamento s.m.
tratantada s.f.
tratante adj. s.2g. s.m.
tratar v.
tratativa s.f.
tratativo adj.
tratável adj.2g.
trato s.m.
trator (ô) s.m.
tratorista s.2g.
traulitada s.f.
traulitar v.

trauma s.m.
traumaticamente adv.
traumático adj.
traumatismo s.m.
traumatizado adj.
traumatizante adj.2g.
traumatizar v.
traumatologia s.f.
traumatológico adj.
traumatologista s.2g.
trautear v.
trauteio s.m.
trava s.f.
travação s.f.
travada s.f.
travadeira s.f.
travado adj.
travador (ô) adj. s.m.
travadura s.f.
travagem s.f.
trava-língua s.m.; pl.: trava-
 -línguas
travamento s.m.
travanca s.f.
travão s.m.
travar v.
trave s.f.
traveco s.m.
travejamento s.m.
travejar v.
travertino adj. s.m.
través s.m.
travessa s.f.
travessão s.m.
travesseiro s.m.
travessia s.f.
travesso (ê) adj. "traquinas";
 cf. travesso adj. s.m. e fl. do
 v. travessar
travesso adj. s.m.
 "atravessado"; cf. travesso (ê)
travessura s.f.
travesti s.2g.
travestido adj.
travestimento s.m.
travestir v.
travestismo s.m.
travo s.m.
travor (ô) s.m.
travoso (ô) adj.; f. e pl.: (ó)
trazedor (ô) adj.
trazer v.
trebelho (ê) s.m.
trecentésimo num.
trecheio adj.
trecheiro s.m.
trecho (ê) s.m.
trechozinho s.m.
treco s.m.
tredo (ê) adj.
trêfego adj.
trefilação s.f.
trefilado s.m.
trefilador (ô) adj.

trefilar v.
trefilaria s.f.
trégua s.f.
treinado adj.
treinador (ô) s.m.
treinamento s.m.
treinar v.
treino s.m.
treita s.f.
treiteiro adj. s.m.
treitento adj.
trejeitar v.
trejeitear v.
trejeito s.m.
trela s.f.
trelar v.
trelento adj.
treler v.
treliça s.f.
treloso (ô) adj.; f. e pl.: (ó)
trem s.m.
trema s.m.
tremado adj.
tremar v.
trematização s.f.
trematódeo adj. s.m.
trem-bala s.m.; pl.: trens-bala e
 trens-balas
tremebundo adj.
tremedal s.m.
tremedeira s.f.
tremedor (ô) adj.
tremelicação s.f.
tremelicado adj.
tremelicante adj.2g.
tremelicar v.
tremelicoso (ô) adj.; f. e pl.:
 (ó)
tremelique s.m.
tremeluzente adj.2g.
tremeluzir v.
tremendamente adv.
tremendo adj.
tremente adj.2g.
tremer v.
treme-treme s.m.; pl.: treme-
 -tremes e tremes-tremes
tremido adj.
treminhão s.m.
tremível adj.2g.
tremoçado adj.
tremoçar v.
tremoceiro s.m.
tremoço (ô) s.m.; pl.: (ó)
tremolita s.f.
tremor (ô) s.m.
tremoso (ô) adj.; f. e pl.: (ó)
trempe s.f.
tremulação s.f.
tremulamente adv.
tremulante adj.2g.
tremular v.
trêmulo adj.
tremura s.f.

trena s.f.
trenó s.m.
trepação s.f.
trepada s.f.
trepadeira s.f.
trepado adj.
trepador (ô) adj. s.m.
trepanação s.f.
trepanado adj. s.m.
trepanar v.
trépano s.m.
trepar v.
trepa-trepa s.m.; pl.: *trepa--trepas e trepas-trepas*
trepidação s.f.
trepidante adj.2g.
trepidar v.
tréplica s.f.
treplicar v.
treponema s.m.
treponematose s.f.
três num.
tresandante adj.2g.
tresandar v.
tresantontem adv.
trescalante adj.2g.
trescalar v.
tresdobrado adj.
tresdobrar v.
tresdobro (ô) s.m.; cf. *tresdobro*, fl. do v. *tresdobrar*
três-folhas s.f.2n.
tresler v.
tresloucadamente adv.
tresloucado adj. s.m.
tresloucar v.
tresmalhado adj.
tresmalhar v.
tresnoitado adj. s.m.
tresnoitar v.
tresoitão s.m.
trespassado adj.
trespassamento s.m.
trespassar v.
trespasse s.m.
três-peças s.m.2n.
tresvariado adj.
tresvariar v.
tresvario s.m.
treta (ê) s.f.
tretar v.
tretear v.
treteiro adj. s.m.
tretinoína s.f.
treva s.f.
trevas s.f.pl.
trevo (ê) s.m.
trevor (ô) s.m.
trevoso (ô) adj.; f. e pl.: (ó)
treze (ê) num.
trezena s.f.
trezentos num.
tríada s.f.
tríade s.f.

triagem s.f.
triagueiro s.m.
triálogo s.m.
triangulação s.f.
triangulado adj.
triangular v. adj.2g.
triângulo s.m.
trianual adj.2g.
triar v.
triarticulado adj.
triásico adj.
triássico adj.
triatleta s.2g.
triatlo s.m.
triátlon s.m.
triatomíneo s.m.
tribal adj.
tribalidade s.f.
tribalismo s.m.
tribalista adj.2g.
tribásico adj.
tribo s.f.
tribofe s.m.
tribologia s.f.
triboluminescência s.f.
tribufu adj.2g. s.m.
tribulação s.f.
tribuna s.f.
tribunado s.m.
tribunal s.m.
tribunato s.m.
tribunício adj.
tribuno s.m.
tributação s.f.
tributado adj.
tributador (ô) adj.
tributante adj.2g.
tributar v.
tributário adj. s.m.
tributarismo s.m.
tributarista adj. s.2g.
tributável adj.2g.
tributo s.m.
trica s.f.
tricálcico adj.
tricampeã s.f. de *tricampeão*
tricampeão adj. s.m.; fem.: *tricampeã*
tricampeonato s.m.
tricarpelar adj.2g.
tricéfalo adj.
tricelular adj.2g.
tricentenário adj. s.m.
tricentésimo num.
tríceps adj.2g.2n. s.m.2n.
triciclo s.m.
trício s.m.
triclínico adj.
triclínio s.m.
tricloreto (ê) s.m.
tricô s.m.
tricocefalíase s.f.
tricolina s.f.
tricoline s.f.

tricologia s.f.
tricolor (ô) adj.2g. s.m.
tricoma s.m.
tricomona s.m.
tricomoníase s.f.
tricomonose s.f.
tricórnio s.m.
tricotagem s.f.
tricotar v.
tricoteio s.m.
tricoteira s.f.
tricoterapia s.f.
tricotilomania s.f.
tricotomia s.f.
tricromático adj.
tricromia s.f.
tricuríase s.f.
tricuspidado adj.
tricúspide adj.2g. s.f.
tricuspídeo adj.
tridente adj.2g. s.m.
tridimensão s.f.
tridimensional adj.2g.
tridimensionalidade s.f.
tridimensionalismo s.m.
tríduo s.m.
triedro s.m.
trienal adj.2g.
triênio s.m.
trifásico adj.
trifeta (ê) s.f.
trifoliado adj.
trifólio s.m.
trifosfato s.m.
trifurcação s.f.
trifurcado adj.
trifurcar v.
trigal s.m.
trigêmeo adj. s.m.
trigeminal adj.2g.
trigésimo num.
triglicéride s.m.
triglicerídio s.m.
trigo s.m.
trigonal adj.2g.
trígono adj. s.m.
trigonometria s.f.
trigonométrico adj.
trigueiro adj. s.m.
trilaminar adj.2g.
trilar v.
trilateral adj.2g.
trilátero adj. s.m.
trilha s.f.
trilhado adj.
trilhão num.
trilhar v.
trilheiro s.m.
trilho s.m.
trilião num.
trilíngue (ü) adj.2g.
trilinguismo (ü) s.m.
trilionário adj. s.m.
trilionésimo num.

trilo s.m.
trilobado adj.
trilobito s.m.
trilogia s.f.
trimensal adj.2g.
trímero adj.
trimestral adj.2g.
trimestralidade s.f.
trimestralização s.f.
trimestralmente adv.
trimestre s.m.
trinacional adj.2g.
trinado s.m.
trinador (ô) adj. s.m.
trinar v.
trinca s.f.
trincado adj.
trincadura s.f.
trinca-ferro s.m.; pl.: *trinca-ferros*
trincamento s.m.
trincar v.
trincha s.f.
trinchador (ô) adj.
trinchante adj.2g. s.m.
trinchar v.
trincheira s.f.
trinchete (ê) s.m.
trinco s.m.
trindade s.f.
trinervado adj.
trinérveo adj.
trineto s.m.
trinitário adj. s.m.
trino adj. s.m.
trinômio s.m.
trinque s.m.
trinta num.
trintão adj. s.m.
trintenário adj. s.m.
trio s.m.
tripa s.f.
tripanossoma s.m.
tripanossomíase s.f.
tripanossomo s.m.
tripartição s.f.
tripartido adj.
tripartir v.
tripartismo s.m.
tripartite adj.2g.
tripé s.m.
tripeça s.f.
tripeiro s.m.
tripenado adj.
tripeptídeo adj. s.m.
tripétalo adj.
triplamente adv.
triplano s.m.
tripleto (ê) sm
triplex (cs) adj.2g.2n. s.m.2n.
tríplex (cs) adj.2g.2n. s.m.2n.
triplicação s.f.
triplicado adj.
triplicar v.

triplicata s.f.
tríplice adj.2g. num.
triplicidade s.f.
triplista s.2g.
triplo adj. num.
triploide (ó) adj.
triploidia s.f.
trípode s.f.
trípoli s.m.
tripsina s.f.
tripsinogênio s.m.
tríptico s.m.
triptofano s.m.
tripudiante adj.2g.
tripudiar v.
tripúdio s.m.
tripulação s.f.
tripulante adj. s.2g.
tripular v.
triquina s.f.
triquiníase s.f.
triquinose s.f.
triquinoso (ó) adj.; f. e pl.: (ó)
trisavó s.f. de *trisavô*
trisavô s.m.; fem.: *trisavó*
triscado adj.
triscar v.
trismo s.m.
trissar v.
trissecado adj.
trisseção s.f.
trissecar v.
trissecção s.f.
trissemanal adj.2g.
trisseriado adj.
trissilábico adj.
trissílabo adj. s.m.
trissomia s.f.
trissômico adj.
triste adj.2g.
tristemente adv.
tristeza (ê) s.f.
tristonho adj.
tristoso (ó) adj.; f. e pl.: (ó)
tristura s.f.
tritão s.m.
tritícola adj.2g.
triticultor (ô) s.m.
triticultura s.f.
trítio s.m.
tritongo s.m.
trítono s.m.
trituração s.f.
triturado adj.
triturador (ô) adj. s.m.
trituramento s.m.
triturante adj.2g.
triturar v.
triunfador (ô) adj. s.m.
triunfal adj.2g.
triunfalidade s.f.
triunfalismo s.m.
triunfalista adj.2g.
triunfalmente adv.

triunfante adj.2g.
triunfar v.
triunfo s.m.
triunviral adj.2g.
triunvirato s.m.
triúnviro s.m.
trivalência s.f.
trivalente adj.2g.
trivela s.f.
trivial adj.2g. s.m.
trivialidade s.f.
trivialização s.f.
trivializado adj.
trivializar v.
trivialmente adv.
trívio s.m.
triz s.m.
troada s.f.
troante adj.2g.
troar v.
troca s.f.
troça s.f.
trocadilhar v.
trocadilhesco (ê) adj.
trocadilhista s.2g.
trocadilho s.m.
trocado adj. s.m.
trocador (ô) s.m.
trocanter s.m.
troca-pernas s.m.2n.
trocar v.
troçar v.
trocarte s.m.
troca-troca s.m.; pl.: *trocas-trocas* e *troca-trocas*
trocável adj.2g.
trocista adj. s.2g.
troco (ô) s.m.; cf. *troco*, fl. do v. *trocar*
troço s.m. "coisa imprestável"; cf. *troço* (ô)
troço (ô) s.m. "pedaço de madeira"; pl.: (ó); cf. *troço* s.m. e fl. do v. *troçar*
troféu s.m.
troficidade s.f.
trófico adj.
trofismo s.m.
trofoblástico adj.
trofoblasto s.m.
trofozoíto s.m.
troglodita adj. s.2g.
troglodítico adj.
trogloditismo s.m.
troiano adj. s.m.
troica s.f.
trolado adj.
trole s.m.
trólebus s.m.2n.
trolha s.2g. s.f.
tró-ló-ló s.m.; pl.: *tró-ló-lós*
tromba s.f.
tromba-d'água s.f.; pl.: *trombas-d'água*
trombada s.f.

trombadinha s.2g.
trombador (ô) adj. s.m.
trombar v.
trombejar v.
trombeta (ê) s.f.
trombetar v.
trombetear v.
trombeteiro adj. s.m.
trombina s.f.
trombista s.2g.
trombo s.m.
trombócito s.m.
trombocitopenia s.f.
trombocitose s.f.
tromboembolismo s.m.
tromboflebite s.f.
trombólise s.f.
trombolítico adj.
trombone s.m.
trombonista s.2g.
trombopatia s.f.
tromboplastina s.f.
tromboplastínico adj.
trombopoietina s.f.
tromboquinase s.f.
trombosado adj.
trombosante adj.2g.
trombose s.f.
trombótico adj.
trombudo adj. s.m.
trompa s.f.
trompaço s.m.
trompázio s.m.
trompeta (ê) adj. s.2g.
trompete s.f.
trompetista s.2g.
trompista s.2g.
tronante adj.2g.
tronar v.
troncha s.f.
tronchar v.
troncho adj.
tronco s.m.
troncudo adj.
trono s.m.
tronqueira s.f.
troostita s.f.
tropa s.f.
tropacocaína s.f.
tropeada s.f.
tropear v.
tropeçada s.f.
tropeçador (ô) adj.
tropeçante adj.2g.
tropeção s.m.
tropeçar v.
tropeço (ê) s.m.; cf. tropeço, fl. do v. tropeçar
tropegamente adv.
trôpego adj.
tropeirada s.f.
tropeiro s.m.
tropejar v.
tropel s.m.

tropelia s.f.
tropeliar v.
tropia s.f.
tropicada s.f.
tropical adj.2g. s.m.
tropicália s.f.
tropicalidade s.f.
tropicalismo s.m.
tropicalista adj. s.2g.
tropicalização s.f.
tropicalizado adj.
tropicalizante adj.2g.
tropicalizar v.
tropicão s.m.
tropicar v.
trópico adj. s.m.
tropilha s.f.
tropina s.f.
tropismo s.m.
tropo s.m.
tropologia s.f.
tropológico adj.
troposfera s.f.
troposférico adj.
troquilídeo s.m.
trotador (ô) adj. s.m.
trotão adj. s.m.
trotar v.
trote s.m.
troteada s.f.
trotear v.
troteiro adj. s.m.
trotejar v.
trotskismo s.m.
trotskista adj. s.2g.
trouxa adj. s.2g. s.f.
trouxice s.f.
trova s.f.
trovador (ô) s.m.
trovadoresco (ê) adj.
trovão s.m.
trovar v.
trovejante adj.2g.
troveiro s.m.
trovejamento s.m.
trovejante adj.2g.
trovejar v.
trovejo (ê) s.m.
trovoada s.f.
trovoar v.
truanesco (ê) adj.
truanice s.f.
truão s.m.
trubufu adj.2g. s.m.
truca s.f.
trucada s.f.
trucador (ô) s.m.
trucagem s.f.
trucar v.
trucidação s.f.
trucidado adj.
trucidamento s.m.
trucidar v.
truco s.m.

truculência s.f.
truculentamente adv.
truculento adj.
trufa s.f.
trufado adj. s.m.
trufar v.
truísmo s.m.
trumbicar-se v.
truncado adj.
truncamento s.m.
truncar v.
trunfa s.f.
trunfo s.m.
trupe s.f.
truque s.m.
truqueiro adj.
truste s.m.
truta s.f.
trutaria s.f.
trutário s.m.
truticultor (ô) s.m.
truticultura s.f.
truz s.m.
tsar s.m.
tsé-tsé s.2g.; pl.: tsé-tsés
tu pron.
tua pron.
tuba s.f.
tubáceo adj.
tubagem s.f.
tubarana s.f.
tubarão s.m.
tubário adj.
tubaronato s.m.
tuberculina s.f.
tuberculização s.f.
tubérculo s.m.
tuberculoide (ó) adj.2g.
tuberculose s.f.
tuberculoso (ô) adj. s.m.; f. e pl.: (ó)
tuberização s.f.
tuberosa s.f.
tuberosidade s.f.
tuberoso (ô) adj.; f. e pl.: (ó)
tubícola adj.2g. s.m.
tubículo s.m.
tubiforme adj.2g.
tubinho s.m.
tubista s.2g.
tubo s.m.
tubulação s.f.
tubulado adj.
tubular adj.2g.
tubulatura s.f.
túbulo s.m.
tucanada s.f.
tucanagem s.f.
tucanar v.
tucanato s.m.
tucanidade s.f.
tucanismo s.m.
tucano adj. s.2g. s.m.
tucum s.m.

tucumã s.m.
tucuna adj. s.2g. s.m.
tucunaré s.m.
tucupi s.m.
tucura s.f.
tucuxi s.m.
tudo pron.
tufado adj.
tufão s.m.
tufar v.
tufo s.m.
tufoso (ô) adj.; f. e pl.: (ó)
tugido s.m.
tugir v.
tugúrio s.m.
tuí s.m.
tuia s.f.
tuim s.m.
tuíra adj.2g.
tuíste s.m.
tuiuiú s.m.
tule s.m.
tulha s.f.
túlio s.m.
tulipa s.f.
tulipáceo adj.
tumba s.f.
tumbeiro s.m.
tumefação s.f.
tumefato adj.
tumefazer v.
tumefeito adj.
tumescência s.f.
tumescente adj.2g.
tumidez (ê) s.f.
túmido adj.
tumor (ô) s.m.
tumoração s.f.
tumoral adj.2g.
tumorectomia s.f.
tumular adj.2g.
túmulo s.m.
tumulto s.m.
tumultuado adj.
tumultuador (ô) adj.
tumultuante adj.2g.
tumultuar v.
tumultuário adj.
tumultuosamente adv.
tumultuoso (ô) adj.; f. e pl.: (ó)
tuna s.f.
tunco s.m.
tunda s.f.
tundar v.
tundra s.f.
túnel s.m.
tunga s.f.
tungada s.f.
tungado adj.
tungar v.

tungstênio s.m.
túnica s.f.
tunicado adj. s.m.
tunisiano adj. s.m.
tunisino adj. s.m.
tuntuquera (ü) s.m.
tupã s.m.
tupaia s.m.
tupi adj. s.2g. s.m.
tupia s.f.
tupi-guarani adj. s.2g. s.m.; pl.: *tupis-guaranis*
tupinambá adj. s.2g. s.m.
tupinambarana adj. s.2g.
tupiniquim adj. s.2g. s.m.
tupinismo s.m.
tupinologia s.f.
tupinólogo s.m.
turacina s.f.
turaco s.m.
turba s.f.
turbação s.f.
turbado adj.
turbamulta s.f.
turbante s.m.
turbar v.
turbelário s.m.
turbidez (ê) s.f.
túrbido adj.
turbilhão s.m.
turbilhonado adj.
turbilhonal adj.2g.
turbilhonamento s.m.
turbilhonante adj.2g.
turbilhonar v.
turbina s.f.
turbinação s.f.
turbinado adj.
turbinagem s.f.
turbinante adj.2g.
turbinar v.
turbinável adj.2g.
turbo s.m.
turbocompressor (ô) s.m.
turbocomprimido adj.
turboélice s.m.
turbogerador (ô) s.m.
turbopropulsor (ô) s.m.
turbulência s.f.
turbulento adj.
turco adj. s.m.
turcomano adj. s.m.
turfa s.f.
turfe s.m.
turfeira s.f.
turfista adj. s.2g.
turfístico adj.
turgência s.f.
turgescência s.f.
turgescente adj.2g.
turgidez (ê) s.f.

túrgido adj.
turgor (ô) s.m.
turíbulo s.m.
turismo s.m.
turista s.2g.
turistada s.f.
turisticamente adv.
turístico adj.
turma s.f.
turmalina s.f.
turnê s.f.
turno s.m.
turquesa (ê) adj.2g.2n. s.m. s.f.
turra s.f.
turrão adj. s.m.; fem.: *turrona*
turrar v.
turrento adj.
turrice s.f.
turturinar v.
turturino s.m.
turu s.m .
turumbamba s.m.
turuna adj. s.2g.
turvabilidade s.f.
turvação s.f.
turvado adj.
turvador (ô) adj.
turvamento s.m.
turvar v.
turvo adj.
tusco adj. s.m.
tussígeno adj.
tussilagem s.f.
tussor (ô) s.m.
tuta e meia s.f.
tutameia (ê) s.f.
tutano s.m.
tutanudo adj.
tutear v.
tutela s.f.
tutelado adj. s.m.
tutelador (ô) adj.
tutelagem s.f.
tutelar adj.2g. v.
tutor (ô) s.m.
tutorado adj.
tutorar v.
tutoria s.f.
tutorial adj.2g. s.m.
tutu s.m.
tutumumbuca s.m.
tuvira s.f.
tuxaua s.m.
txucarramãe adj. s.2g. s.m.
tzar s.m.
tzarina s.f.
tzarismo s.m.
tzarista adj. s.2g.

Uu

u s.m.
uacari s.m.
uai interj.
uaimiri-atroari adj. s.2g.; pl.: *uaimiris-atroaris*
uapé s.m.
uapixana adj. s.2g. s.m.
uariri adj.
uatapi s.m.
uaurá adj. s.2g. s.m.
ubá s.m. s.f.
ubatubano adj. s.m.
ubatubense adj. s.2g.
uberabense adj. s.2g.
uberdade s.f.
úbere adj.2g. s.m.
ubérrimo adj.
ubiquidade (ü) s.f.
ubíquo adj.
ubre s.m.
uca s.f.
ucá s.m.
uça s.f.
uçá s.m.
ucharia s.f.
ucraniano adj. s.m.
ucuuba s.f.
ué interj.
uê interj.
uf interj.
ufa interj.
ufanar-se v.
ufania s.f.
ufânico adj.
ufanismo s.m.
ufanista adj. s.2g.
ufanístico adj.
ufano adj.
ufirização s.f.
ufirizado adj.
ufirizar v.
ufo s.m.
ufologia s.f.
ufológico adj.
ufologista s.2g.
ufólogo s.m.
ugandense adj. s.2g.
uh interj.
ui interj.
uiara s.f.
uirapuru s.m.
uísque s.m.
uisqueria s.f.
uivado s.m.
uivante adj.2g.
uivar v.

uivo s.m.
ulano s.m.
úlcera s.f.
ulceração s.f.
ulcerado adj.
ulcerar v.
ulcerativo adj.
ulceroso (ô) adj.; f. e pl.: (ó)
ulema s.f.
ulemá s.m.
ulna s.f.
ulterior (ô) adj.
ulteriormente adv.
última s.f.
ultimação s.f.
ultimado adj.
ultimamente adv.
ultimar v.
ultimato s.m.
ultimátum s.m.
último adj. s.m.
ultra s.2g.
ultra-absorvente adj.2g.
ultracalórico adj.
ultracentrífuga s.f.
ultracentrifugação s.f.
ultraconservador (ô) adj. s.m.
ultraconservadorismo s.m.
ultracorreção s.f.
ultradireita s.f.
ultradireitismo s.m.
ultradireitista adj. s.2g.
ultraesquerda s.f.
ultraesquerdismo s.m.
ultraesquerdista adj. s.2g.
ultrafino adj.
ultrajado adj.
ultrajante adj.2g.
ultrajar v.
ultraje s.m.
ultrajoso (ô) adj.; f. e pl. (ó)
ultraleve s.m.
ultraliberal adj.2g.
ultraliberalismo s.m.
ultramar s.m.
ultramaratona s.f.
ultramaratonista s.2g.
ultramarino adj.
ultramicroscopia s.f.
ultramicroscópico adj.
ultramicroscópio s.m.
ultramoderno adj.
ultramontanismo s.m.
ultramontano adj. s.m.

ultranacionalismo s.m.
ultranacionalista adj. s.2g.
ultraotimista adj.2g.
ultrapassado adj.
ultrapassagem s.f.
ultrapassamento s.m.
ultrapassar v.
ultrarradical adj.2g.
ultrarrápido adj.
ultrarrealismo s.m.
ultrarrealista adj.2g.
ultrarromântico adj. s.m.
ultrarromantismo s.m.
ultrassecreto adj.
ultrassensível adj.2g.
ultrassom s.m.
ultrassônico adj.
ultrassonografia s.f.
ultrassonográfico adj.
ultrassonografista adj.2g.
ultrassonoro adj.
ultravioleta (ê) adj.2g.2n. s.m.
ululante adj.2g.
ulular v.
ululo s.m.
ulva s.f.
um art. num. pron.
umbanda s.f.
umbandismo s.m.
umbandista adj. s.2g.
umbandístico adj.
umbaúba s.f.
umbela s.f.
umbigada s.f.
umbigo s.m.
umbilicado adj.
umbilical adj.2g.
umbilicalmente adv.
umbral s.m.
umbrela s.f.
úmbrico adj.
umbrífero adj.
umbroso (ô) adj.; f. e pl.: (ó)
umbu s.m.
umbundo s.m.
umburana s.f.
umbuzeiro s.m.
umectação s.f.
umectante adj.2g.
umectar v.
umedecer v.
umedecido adj.
umedecimento s.m.
umeral adj.2g.
úmero s.m.
umidade s.f.

umidificação | 350 | urtigante

umidificação s.f.
umidificado adj.
umidificador (ô) s.m.
umidificante adj.2g. s.m.
umidificar v.
úmido adj.
unânime adj.2g.
unanimemente adv.
unanimidade s.f.
unção s.f.
uncial adj.2g.
undécimo num.
ungido adj. s.m.
ungir v.
ungueal adj.2g.
unguento (ü) s.m.
unguífero (ü) adj.
ungulado adj. s.m.
unha de fome s.2g.
unha s.f.
unhaca s.2g.
unhada s.f.
unha-de-boi s.f.; pl.: *unhas--de-boi*
unha-de-gato s.f.; pl.: *unhas--de-gato*
unhar v.
unheiro s.m.
união s.f.
unicamente adv.
unicameral adj.2g.
unicarpelado adj.
unicelular adj.2g.
unicidade s.f.
único adj.
unicolor (ô) adj.
unicórnio s.m.
uniculturalismo s.m.
unidade s.f.
unidimensional adj.2g.
unidimensionalidade s.f.
unidirecional adj.2g.
unidisciplinar adj.2g.
unido adj.
unifamiliar adj.2g.
unificação s.f.
unificado adj.
unificador (ô) adj.
unificar v.
unificatório adj.
unifólio adj.
uniforme adj.2g. s.m.
uniformemente adv.
uniformidade s.f.
uniformitarismo s.m.
uniformização s.f.
uniformizado adj.
uniformizador (ô) adj.
uniformizante adj.2g.
uniformizar v.
unigênito adj. s.m.
unilateral adj.2g.
unilateralidade s.f.
unilateralismo s.m.
unilateralista adj.2g.
unilateralmente adv.
unilinear adj.2g.
unilíngue (ü) adj.2g.
uninominal adj.2g.
unionismo s.m.
unionista adj. s.2g.
uníparo adj.
unipartidário adj.
unipartidarismo s.m.
unipessoal adj.2g.
unipolar adj.2g.
unipolaridade s.f.
unir v.
unirradicular adj.2g.
unissex (cs) adj.2g.2n.
unissexuado (cs) adj.
unissexual (cs) adj.2g.
unissonância s.f.
uníssono adj. s.m.
unitariamente adv.
unitário adj.
unitarismo s.m.
unitarista adj. s.2g.
univalve adj.2g.
universal adj.2g.
universalidade s.f.
universalismo s.m.
universalista adj. s.2g.
universalístico adj.
universalização s.f.
universalizado adj.
universalizante adj.2g.
universalizar v.
universalmente adv.
universidade s.f.
universitário adj. s.m.
universo s.m.
univitelino adj.
univocidade s.f.
unívoco adj.
uno adj.
untado adj.
untar v.
unto s.m.
untuoso (ô) adj.; f. e pl.: (ó)
untura s.f.
upa s.f. interj.
ura s.f.
úraco s.m.
uraliano adj.
uranífero adj.
urânio s.m.
uranismo s.m.
uranista s.2g.
uranografia s.f.
urato s.m.
urbanidade s.f.
urbanismo s.m.
urbanista s.2g.
urbanisticamente adv.
urbanístico adj.
urbanitário adj. s.m.
urbanização s.f.
urbanizado adj.
urbanizador (ô) adj. s.m.
urbanizar v.
urbano adj.
urbe s.f.
urca s.f.
urco adj.
urdideira s.f.
urdidor (ô) adj. s.m.
urdidura s.f.
urdimento s.m.
urdir v.
urdume s.m.
ureia (é) s.f.
uremia s.f.
urente adj.2g.
uretana s.f.
uretano s.m.
ureter s.m.
uretra s.f.
uretral adj.2g.
uretrite s.f.
uretrocistografia s.f.
uretrografia s.f.
uretroplastia s.f.
urgência s.f.
urgente adj.2g.
urgentemente adv.
urgir v.
úrico adj.
urina s.f.
urinar v.
urinário adj.
urinol s.m.
urinoso (ô) adj.; f. e pl.: (ó)
urinoterapia s.f.
urna s.f.
urobilinogênio s.m.
urogenital adj.2g.
urografia s.f.
urologia s.f.
urológico adj.
urologista s.2g.
urônico adj.
uropigiano adj.
uropígio s.m.
urovagina s.f.
urra interj.
urrante adj.2g.
urrar v.
urro s.m.
ursada s.f.
ursídeo adj. s.m.
ursino adj.
urso s.m.
urso-branco s.m.; pl.: *ursos--brancos*
ursulina s.f.
urticante adj.2g.
urticar v.
urticária s.f.
urticariforme adj.2g.
urtiga s.f.
urtigante adj.2g.

uru s.m.
urubamba s.f.
urubu s.m.
urubu-rei s.m.; pl.: *urubus-rei* e *urubus-reis*
urubutinga s.m.
urubuzada s.f.
urubuzama s.f.
urubuzar v.
uruca s.f.
urucu s.m.
uruçu s.f.
urucuba s.f.
urucubaca s.f.
urucum s.m.
urucuzeiro s.m.
uruguaio adj. s.m.
urundeúva s.f.
urupá s.m.
urupê s.m.
urupema s.f.
ururau s.m.
urutau s.m.
urutu s.m.f.
urze s.f.
usado adj.
usança s.f.
usar v.
usável adj.2g.
useiro adj.
usina s.f.
usinado adj.
usinagem s.f.
usinar v.
usineiro s.m.
uso s.m.
usual adj.2g.
usualmente adv.
usuário s.m.
usucapião s.f.
usufruidor (ô) adj. s.m.
usufruir v.
usufruto s.m.
usufrutuário s.m.
usura s.f.
usurário adj. s.m.
usurpação s.f.
usurpador (ô) adj. s.m.
usurpar v.
utensílio s.m.
utente adj. s.2g.
uterino adj.
útero s.m.
útil adj.2g.
utilidade s.f.
utilitário adj. s.m.
utilitarismo s.m.
utilitarista adj. s.2g.
utilização s.f.
utilizador (ô) adj. s.m.
utilizar v.
utilizável adj.2g.
utilmente adv.
utopia s.f.
utópico adj. s.m.
utopismo s.m.
utopista adj. s.2g.
utricular adj.2g.
utrículo s.m.
uva s.f.
uvá s.f.
uvalha s.f.
úvea s.f.
uveal adj.2g.
úvula s.f.
uvulite s.f.
uxoricida (*cs*) s.m.
uxoricídio (*cs*) s.m.
uzbeque adj. s.2g. s.m.

V v

v s.m.
vaca s.f.
vacada s.f.
vaca-fria s.f.; pl.: *vacas-frias*
vaca-marinha s.f.; pl.: *vacas--marinhas*
vacância s.f.
vacante adj.2g.
vacapari s.f.
vaca-preta s.f.; pl.: *vacas-pretas*
vacaria s.f.
vacilação s.f.
vacilada s.f.
vacilante adj.2g.
vacilão adj. s.m.; fem.: *vacilona*
vacilar v.
vacilo s.m.
vacilona s.f. de *vacilão*
vacina s.f.
vacinação s.f.
vacinado adj.
vacinador (ô) adj. s.m.
vacinal adj.2g.
vacinar v.
vacinoterapia s.f.
vacinoterápico adj.
vacorado s.m.
vacuidade s.f.
vacum adj.2g. s.m.
vácuo adj. s.m.
vacuolização s.f.
vacuolizado adj.
vacúolo s.m.
vacuômetro s.m.
vadear v.
vade-mécum s.m.; pl.: *vade--mécuns*
vadia s.f.
vadiação s.f.
vadiagem s.f.
vadiar v.
vadiice s.f.
vadio adj. s.m.
vaga s.f.
vagabunda s.f.
vagabundagem s.f.
vagabundar v.
vagabundear v.
vagabundice s.f.
vagabundo adj. s.m.
vágado s.m.
vagal adj.2g. s.m.
vagalhão s.m.
vaga-lume s.m.; pl.: *vaga-lumes*
vagamente adv.

vagamundear v.
vagamundo adj. s.m.
vagante adj.2g.
vagão s.m.
vagão-leito s.m.; pl.: *vagões--leito* e *vagões-leitos*
vagão-restaurante s.m.; pl.: *vagões-restaurante* e *vagões--restaurantes*
vagar v.
vagarejo adj.
vagareza (ê) s.f.
vagarosamente adv.
vagarosidade s.f.
vagaroso (ô) adj.; f. e pl.: (ó)
vagem s.f.
vagido s.m.
vagina s.f.
vaginal adj.2g.
vagínico adj.
vaginiforme adj.2g.
vaginismo s.m.
vaginite s.f.
vaginose s.f.
vagir v.
vago adj.
vagonete (ê) s.m.
vagotomia s.f.
vagotonia s.f.
vaguear v.
vagueza (ê) s.f.
vaguidade s.f.
vaguidão s.f.
vaia s.f.
vaiar v.
vaidade s.f.
vaidosamente adv.
vaidosão adj. s.m.; fem.: *vaidosana*
vaidoso (ô) adj.; f. e pl.: (ó)
vai e vem s.m.
vai não vai s.m.2n.
vaivém s.m.
vala s.f.
valado s.m.
valdevinos s.m.2n.
vale s.m.
valedor (ô) s.m.
valência s.f.
valenciano adj. s.m.
valentão adj. s.m.; fem.: *valentona*
valente adj.2g. s.m.
valentia s.f.
valentona s.f. de *valentão*

valer v.
vale-refeição s.f.; pl.: *vales--refeição* e *vales-refeições*
valeriana s.f.
valeta (ê) s.f.
valete s.m.
vale-transporte s.m.; pl.: *vales-transporte* e *vales--transportes*
valetudinário adj. s.m.
vale-tudo s.m.2n.
valgo adj.
valhacouto s.m.
valia s.f.
validação s.f.
validade s.f.
validado adj.
validamente adv.
validar v.
validez (ê) s.f.
validismo s.m.
valido adj. s.m.
válido adj.
valimento s.m.
valiosamente adv.
valioso (ô) adj.; f. e pl.: (ó)
valise s.f.
valo s.m.
valor (ô) s.m.
valoração s.f.
valorado adj.
valorar v.
valorativo adj.
valorização s.f.
valorizado adj.
valorizador (ô) adj.
valorizar v.
valoroso (ô) adj.; f. e pl.: (ó)
valquíria s.f.
valsa s.f.
valsar v.
valseado adj.
valsista adj. s.2g.
valva s.f.
valvar adj.2g.
válvula s.f.
valvulado adj.
vampiragem s.f.
vampiresco (ê) adj.
vampírico adj.
vampirismo s.m.
vampirização s.f.
vampirizado adj.
vampirizar v.
vampiro s.m.

vampirólogo | 354 | vedetismo

vampirólogo s.m.
vanádio s.m.
vandalismo s.m.
vandalizado adj.
vandalizar v.
vândalo adj. s.m.
vanglória s.f.
vangloriar v.
vanguarda s.f.
vanguardeiro adj. s.m.
vanguardismo s.m.
vanguardista adj. s.2g.
vaníssimo adj.
vantagem s.f.
vantajosamente adv.
vantajoso (ô) adj.; f. e pl.: (ó)
vante s.f.
vão adj. s.m.; pl.: *vãos*
vapor (ô) s.m.
vaporar v.
vaporização s.f.
vaporizado adj.
vaporizador (ô) s.m.
vaporizar v.
vaporoso (ô) adj.; f. e pl.: (ó)
vapozeiro s.m.
vapt-vupt interj.
vaqueano s.m.
vaqueirada s.f.
vaqueirama s.f.
vaqueiro s.m.
vaquejada s.f.
vaquejar v.
vaquejo (ê) s.m.
vaqueta (ê) s.f.
vaquinha s.f.
vara s.f.
varação s.f.
varado adj.
varador (ô) adj. s.m.
varadouro s.m.
varal s.m.
varanda s.f.
varandim s.m.
varão adj. s.m.
varapau s.m.
varar v.
vareio s.m.
vareiro adj.
vareja (ê) s.f.
varejão s.m.
varejar v.
varejeira s.f.
varejista adj. s.2g.
varejo (ê) s.m.
varela s.f.
vareta (ê) s.f.
vargeado s.m.
vargedo (ê) s.f.
vargem s.f.
variabilidade s.f.
variação s.f.
variadamente adv.
variado adj.

variador (ô) s.m.
variância s.f.
variante adj.2g. s.f.
variar v.
variável adj.2g. s.f.
varicela s.f.
varicocele s.f.
varicose s.f.
varicosidade s.f.
varicoso (ô) adj.; f. e pl.: (ó)
variedade s.f.
variedades s.f.pl.
variegado adj.
variegar v.
varietal adj.2g. s.m.
varina s.f.
vário adj.
varíola s.f.
variolado adj.
variólico adj.
variolização s.f.
varioloso (ô) adj. s.m.; f. e pl.: (ó)
vários pron.
varistor (ô) s.m.
variz s.f.
varjão s.m.
varo adj.
varonia s.f.
varonil adj.2g.
varonilidade s.f.
varote s.m.
varrão s.m.
varrasco s.m.
varredeira s.f.
varredor (ô) adj. s.m.
varredoura s.f.
varredura s.f.
varrer v.
varrição s.f.
varrida s.f.
varridela s.f.
varrido adj.
varsoviana s.f.
várzea s.f.
vasa s.f.
vasca s.f.
vascaíno adj. s.m.
vasco adj.
vascolejar v.
vasconço adj. s.m.
vascular adj.2g.
vascularidade s.f.
vascularização s.f.
vascularizado adj.
vascularizar v.
vasculhação s.f.
vasculhado adj.
vasculhador (ô) s.m.
vasculhamento s.m.
vasculhar v.
vasculhejar v.
vasculho s.m.
vasculocerebral adj.2g.

vasculopatia s.f.
vasculopulmonar adj.2g.
vasculossanguíneo (u ou ü) adj.
vasectomia s.f.
vasectomizado adj.
vasectomizar-se v.
vaselina s.f.
vaselinado adj.
vasidilatação s.f.
vasilha s.f.
vasilhame s.m.
vaso s.m.
vasoconstrição s.f.
vasoconstritor (ô) adj.
vasodilatação s.f.
vasodilatador (ô) adj.
vasomotor (ô) adj.
vasqueirar v.
vasqueiro adj.
vassalagem s.f.
vassalização s.f.
vassalo adj. s.m.
vassoura s.f.
vassourada s.f.
vassoura-de-bruxa s.f.; pl.: *vassouras-de-bruxa*
vassourar v.
vassouredo (ê) s.m.
vassoureiro s.m.
vassourinha s.f.
vastamente adv.
vastidão s.f.
vasto adj.
vatapá s.m.
vate s.m.
vaticanista s.2g.
vaticano adj. s.m.
vaticinador (ô) adj. s.m.
vaticinar v.
vaticínio s.m.
vatímetro s.m.
vau s.m.
vaza s.f.
vazado adj. s.m.
vazador (ô) s.m.
vazadouro s.m.
vazamento s.m.
vazante adj.2g. s.f.
vazão s.f.
vazar v.
vazável adj.2g.
vazio adj. s.m.
veadagem s.f.
veadeiro s.m.
veadismo s.m.
veado adj. s.m.
vedação s.f.
vedado adj.
vedante adj.2g. s.m.
vedar v.
vedeta s.f.
vedete s.f.
vedetismo s.m.

védico adj.
vedor (ô) s.m.
vedoria s.m.
veemência s.f.
veemente adj.2g.
veementemente adv.
vegetação s.f.
vegetacional adj.2g.
vegetal adj.2g. s.m.
vegetante adj.2g.
vegetar v.
vegetarianismo s.m.
vegetariano adj. s.m.
vegetarismo s.m.
vegetativo adj.
vegetomineral adj.2g.
veia s.f.
veiado adj.
veiculação s.f.
veiculador (ô) adj. s.m.
veicular v. adj.2g.
veiculável adj.2g.
veículo s.m.
veiga s.f.
veio s.m.
vela s.f.
veladamente adv.
velado adj.
velador (ô) adj.
veladura s.f.
velame s.m.
velamento s.m.
velar v. adj.2g. s.f.
velário s.m.
velcro s.m.
veleidade s.f.
veleiro s.m.
velejador (ô) s.m.
velejar v.
velhacada s.f.
velhacagem s.f.
velhacaria s.f.
velhaco adj. s.m.
velhada s.f.
velha-guarda s.f.; pl.: *velhas--guardas*
velharada s.f.
velharia s.f.
velheira s.f.
velhice s.f.
velhinho s.m.
velho adj. s.m.
velhote adj. s.m.
velhusco adj.
velo s.m.
velocidade s.f.
velocímetro s.m.
velocino s.m.
velocípede s.m.
velocirraptor (ô) s.m.
velocista s.m.
velódromo s.m.
velório s.m.
veloz adj.2g.

veludo s.m.
veludoso (ô) adj.; f. e pl.: (ó)
venábulo s.m.
venal adj.2g.
venalidade s.f.
venatória s.f.
venatório adj.
vencedor (ô) adj. s.m.
vencer v.
vencido adj. s.m.
vencimento s.m.
vencível adj.2g.
venda s.f.
vendado adj.
vendagem s.f.
vendar v.
vendaval s.m.
vendável adj.2g.
vendedor (ô) adj. s.m.
vendeiro s.m.
vender v.
vendeta (ê) s.f.
vendido adj.
vendilhão s.m.
vendível adj.2g.
vendola s.f.
veneno s.m.
venenoso (ô) adj.; f. e pl.: (ó)
venera s.f.
venerabilidade s.f.
veneração s.f.
venerador (ô) adj. s.m.
venerando adj.
venerar v.
venerável adj.2g.
venéreo adj.
venereologia s.f.
veneta (ê) s.f.
vêneto adj. s.m.
veneziana s.f.
veneziano adj.
venezuelano adj. s.m.
vênia s.f.
venial adj.2g.
venocapilar adj.2g.
venografia s.f.
venoso (ô) adj.; f. e pl.: (ó)
venta s.f.
ventana s.m. s.f.
ventania s.f.
ventanilha s.f.
ventanista adj.2g. s.m.
ventar v.
ventarola s.f.
ventas s.f.pl.
ventear v.
ventilação s.f.
ventilado adj.
ventilador (ô) s.m.
ventilar v.
ventilatório adj.
vento s.m.
ventoinha s.f.
ventosa s.f.

ventosiar v.
ventosidade s.f.
ventoso (ô) adj.; f. e pl.: (ó)
ventral adj.2g.
ventre s.m.
ventricular adj.2g.
ventriculectomia s.f.
ventriculite s.f.
ventrículo s.m.
ventriculografia s.f.
ventriculomioplastia s.f.
ventriloquia s.f.
ventríloquo adj. s.m.
ventrudo adj.
ventura s.f.
venturoso (ô) adj.; f. e pl.: (ó)
vênula s.f.
vênus s.f.
venusiano adj. s.m.
ver v.
vera s.f.
veracidade s.f.
veracíssimo adj.
veranear v.
veraneio s.m.
veranico s.m.
veranil adj.2g.
veranista s.2g.
verão s.m.
veraz adj.2g.
verazmente adv.
verba s.f.
verbal adj.2g.
verbalismo s.m.
verbalista adj. s.2g.
verbalização s.f.
verbalizar v.
verbalmente adv.
verbena s.f.
verberação s.f.
verberante adj.2g.
verberar v.
verberativo adj.
verbete (ê) s.m.
verbetista s.2g.
verbiagem s.f.
verbo s.m.
verbo-nominal adj.2g.; pl.: *verbo-nominais*
verborragia s.f.
verborrágico adj.
verborreia (ê) s.f.
verbosidade s.f.
verboso (ô) adj.; f. e pl.: (ó)
verdade s.f.
verdadeiramente adv.
verdadeiro adj.
verdal adj.2g.
verde (ê) adj. s.m.
verde-amarelo adj. s.m.; pl. do adj.: *verde-amarelos*; pl. do s.: *verdes-amarelos*

verdear v.
verde-garrafa adj.2g.2n. s.m.;
  pl. do s.: *verdes-garrafa* e
  verdes-garrafas
verdeio s.m.
verdejante adj.2g.
verdejar v.
verde-mar s.m. adj.2g.2n.;
  pl. do s.: *verdes-mar* e *verdes-
  -mares*
verde-oliva s.m. adj.2g.2n.;
  pl. do s.: *verdes-oliva* e *verdes-
  -olivas*
verdilhão s.f.
verdinha s.f.
verdoengo adj.
verdolengo adj.
verdólogo s.m.
verdor (ô) s.m.
verdoso (ô) adj.; f. e pl.: (ó)
verdugo s.m.
verdume s.m.
verdura s.f.
verdureiro s.m.
vereador (ô) s.m.
vereança s.f.
verear v.
vereda (ê) s.f.
veredeiro s.m.
veredicto s.m.
veredito s.m.
verga (ê) s.f.
vergado adj.
vergalhão s.m.
vergalhar v.
vergalho s.m.
vergão s.m.
vergar v.
vergasta s.f.
vergastada s.f.
vergastar v.
vergel s.m.
vergonha s.f.
vergonhas s.f.pl.
vergonheira s.f.
vergonhosamente adv.
vergonhoso (ô) adj.; f. e pl.:
  (ó)
vergôntea s.f.
verídico adj.
verificabilidade s.f.
verificação s.f.
verificado adj.
verificador (ô) adj. s.m.
verificar v.
verificável adj.2g.
verismo s.m.
verista adj.2g.
verme s.m.
vermelhão s.m.
vermelhidão s.f.
vermelho (ê) adj. s.m.
vermicida adj.2g. s.m.
vermiculita s.f.

vermiforme adj.2g.
vermifugação s.f.
vermifugar v.
vermífugo adj. s.m.
verminose s.f.
verminoso (ô) adj.; f. e pl.: (ó)
vermute s.m.
vernacular adj.2g. s.m.
vernaculidade s.f.
vernaculismo s.m.
vernaculista adj. s.2g.
vernaculização s.f.
vernaculizado adj.
vernaculizar v.
vernáculo adj. s.m.
vernal adj.2g.
vernalização s.f.
vernalizado adj.
verniz s.m.
vero adj.
veronês adj. s.m.
verônica s.f.
verossímil adj.2g.
verossimilhança s.f.
verossimilitude s.f.
verrina s.f.
verrucoso (ô) adj.; f. e pl.: (ó)
verruga s.f.
verrugose s.f.
verrugoso (ô) adj.; f. e pl.: (ó)
verruguento adj.
verruma s.f.
verrumar v.
versado adj.
versal adj.2g. s.f.
versalete (ê) adj. s.m.
versalhada s.f.
versamento s.m.
versão s.f.
versar v.
versátil adj.2g.
versatilidade s.f.
versejador (ô) adj. s.m.
versejar v.
versicolor (ô) adj.2g.
versículo s.m.
versidade s.f.
versificação s.f.
versificar v.
verso s.m.
vértebra s.f.
vertebração s.f.
vertebrado adj. s.m.
vertebral adj.2g.
vertebrar v.
vertedor (ô) s.m.
vertedouro s.m.
vertente adj.2g. s.f.
verter v.
vertical adj.2g. s.f.
verticalidade s.f.
verticalismo s.m.
verticalização s.f.
verticalizado adj.

verticalizante adj.2g.
verticalizar v.
verticalmente adv.
vértice s.m.
verticilo s.m.
vertido adj.
vertigem s.f.
vertiginosamente adv.
vertiginoso (ô) adj.; f. e pl.: (ó)
verve s.f.
vesânia s.f.
vesânico adj.
vesano adj.
vesgo (ê) adj. s.m.
vesguice s.f.
vesical adj.2g.
vesicante adj.2g.
vesícula s.f.
vesiculação s.f.
vesicular adj.2g.
vespa (ê) s.f.
vespeiro s.m.
vésper s.m.
véspera s.f.
vesperal adj.2g. s.m. s.f.
vésperas s.f.pl.
vespertino adj. s.m.
vestal s.f.
vestalidade s.f.
veste s.f.
véstia s.f.
vestiário s.m.
vestibulando s.m.
vestibular adj.2g. s.m.
vestíbulo s.m.
vestido adj. s.m.
vestido-tubo s.m.; pl. *vestidos-
  -tubo* e *vestidos-tubos*
vestidura s.f.
vestígio s.m.
vestimenta s.f.
vestir v.
vestuário s.m.
vetado adj.
vetar v.
veterano adj. s.m.
veterinária s.f.
veterinário adj. s.m.
vetiver s.m.
veto s.m.
vetor (ô) s.m.
vetorial adj.2g.
vetustez s.f.
vetusto adj.
véu s.m.
vexação s.f.
vexado adj.
vexame s.m.
vexaminoso (ô) adj.; f. e
  pl.: (ó)
vexar v.
vexativo adj.
vexatório adj.
vez (ê) s.f.

vezeiro adj.
vezo (ê) s.m.
via s.f. prep.
viabilidade s.f.
viabilização s.f.
viabilizador (ô) adj. s.m.
viabilizar v.
viação s.f.
via-crúcis s.f.; pl.: *vias-crúcis*
viaduto s.m.
viageiro adj. s.m.
viagem s.f.; cf. *viajem*, fl. do v. *viajar*
viajação s.f.
viajada s.f.
viajado adj.
viajante adj. s.2g.
viajar v.
viajor (ô) s.m.
vianda s.f.
viandante adj. s.2g.
viário adj.
via-sacra s.f.; pl.: *vias-sacras*
viático s.m.
viatório adj.
viatura s.f.
viável adj.2g.
víbora s.f.
vibração s.f.
vibracional adj.2g.
vibrador (ô) s.m.
vibrafone s.m.
vibrafonista s.2g.
vibrante adj.2g.
vibrar v.
vibrátil adj.2g.
vibratilidade s.f.
vibrato s.m.
vibratório adj.
vibrião s.m.
vibrissa s.f.
viçar v.
vicarial adj.2g.
vicariato s.m.
vicariedade s.f.
vicário adj.
vice s.2g.
vice-almirante s.m.
vice-campeão adj. s.m.
vice-campeonato s.m.
vice-chanceler s.2g.
vice-chefe s.2g.
vice-cônsul s.m.
vice-consulado s.m.
vice-diretor s.m.
vice-gerente s.2g.
vice-governador s.m.
vice-governadoria s.f.
vicejante adj.2g.
vicejar v.
vice-líder s.m.
vice-ministro s.m.
vicênio s.m.
vicentino adj. s.m.
vice-prefeito s.m.
vice-presidência s.f.
vice-presidenta s.f. de *vice-presidente*
vice-presidente s.2g. s.m.; fem.: *vice-presidenta*
vice-rei s.m.
vice-reinado s.m.
vice-reino s.m.
vice-reitor s.m.
vice-reitoria s.f.
vice-versa adv.
vichi s.m.
viciação s.f.
viciado adj. s.m.
viciador (ô) adj. s.m.
viciamento s.m.
viciante adj.2g.
viciar v.
vicinal adj.2g.
vício s.m.
vicioso (ô) adj.; f. e pl.: (ó)
vicissitude s.f.
viço s.m.
viçosamente adv.
viçoso (ô) adj.; f. e pl.: (ó)
vicunha s.f.
vida s.f.
vidão s.m.
vide s.f.
videasta s.2g.
videira s.f.
vidência s.f.
vidente adj. s.2g.
vídeo s.m.
videoarte s.f.
videocassete s.m.
videoclipe s.m.
videoclube s.m.
videoconferência s.f.
videodisco s.m.
videoendoscopia s.f.
videoendoscópico adj.
videofilme s.m.
videófilo s.m.
videofone s.m.
videogenia s.f.
videografar v.
videografia s.f.
videográfico adj.
videojogo s.m.
videolaparoscopia s.f.
videolaparoscópico adj.
videolocação s.f.
videolocadora (ô) s.f.
videopôquer s.m.
videoteca s.f.
videoteipe s.m.
videotexto (ês) s.m.
vidraça s.f.
vidraçaria s.f.
vidraceiro s.m.
vidrado adj.
vidrar v.
vidraria s.f.
vidreiro adj. s.m.
vidrilho s.m.
vidro s.m.
vieira s.f.
viela s.f.
vienense adj.2g.
viés s.m.
vietcongue adj. s.2g. s.m.
vietnamita adj. s.2g. s.m.
viga s.f.
vigairaria s.f.
vigamento s.m.
vigarice s.f.
vigário s.m.
vigarista adj. s.2g.
vigência s.f.
vigente adj.2g.
viger v.
vigésimo num.
vigia s.2g. s.m. s.f.
vigiação s.f.
vigiar v.
vigilância s.f.
vigilante adj. s.2g.
vigilar v.
vigília s.f.
vigor (ô) s.m.
vigorante adj.2g.
vigorar v.
vigorosamente adv.
vigoroso (ô) adj.; f. e pl.: (ó)
vigota s.f.
vil adj. s.2g.
vila s.f.
vilã s.f. de *vilão*
vilanesco (ê) adj.
vilania s.f.
vilão adj. s.m; fem.: *vilã*; pl.: *vilãos*, *vilões* e *vilães*
vilar s.m.
vilarejo (ê) s.m.
vilegiatura s.f.
vileza (ê) s.f.
vilificar v.
vilipendiado adj.
vilipendiador (ô) s.m.
vilipendiar v.
vilipêndio s.m.
vilipendioso (ô) adj.; f. e pl.: (ó)
vilocorial adj.2g.
vilosidade s.f.
viloso (ô) adj.; f. e pl.: (ó)
vilota s.f.
vime s.m.
vimeiro s.m.
vinagrar v.
vinagre s.m.
vinagreira s.f.
vinagrete s.m.
vinário adj.
vinca s.f.
vincado adj.

vincar v.
vincendo adj.
vinco s.m.
vinculação s.f.
vinculado adj.
vinculante adj.2g.
vincular v.
vinculativo adj.
vinculatório adj.
vínculo s.m.
vinda s.f.
vindicação s.f.
vindicante adj.2g.
vindicar v.
vindicativo adj.
vindima s.f.
vindimar v.
vindita s.f.
vindo adj.
vindouro adj.
vingado adj.
vingador (ô) adj. s.m.
vingança s.f.
vingar v.
vingativo adj.
vinha s.f.
vinhaça s.f.
vinha-d'alhos s.f.; pl.: vinhas-d'alhos
vinhataria s.f.
vinhateiro adj. s.m.
vinhático s.m.
vinhedo (ê) s.m.
vinheria s.f.
vinheta (ê) s.f.
vinhetista s.2g.
vinho s.m.
vinhoduto s.m.
vinhoso (ô) adj.; f. e pl.: (ó)
vinhoto (ô) s.m.
viniciano adj.
vinícola adj.2g.
vinicultor (ô) adj. s.m.
vinicultura s.f.
vinífera s.f.
vinífero adj.
vinificação s.f.
vinil s.m.
vinílico adj. s.m.
vinte num.
vintém s.m.
vintena s.f.
vintênio s.m.
viola s.f.
violabilidade s.f.
violação s.f.
violácea s.f.
violáceo adj.
violado adj.
violador (ô) adj. s.m.
violão s.m.
violar v.
violável adj.2g.
violeiro s.m.

violência s.f.
violentação s.f.
violentador (ô) adj. s.m.
violentamente adv.
violentar v.
violento adj.
violeta (ê) adj.2g.2n. s.m. s.f.
violeteira s.f.
violinista s.2g.
violinístico adj.
violino s.m.
violista s.2g.
violoncelista s.2g.
violoncelístico adj.
violoncelo s.m.
violonista s.2g.
violonístico adj.
viperino adj.
vir v.
vira e mexe adv.
vira s.m. s.f.
vira-bosta s.m.; pl.: vira-bostas
virabrequim s.m.
viração s.f.
vira-casaca s.2g.; pl.: vira-casacas
virada s.f.
viradinho s.m.
virado adj. s.m.
virador (ô) s.m.
viragem s.f.
virago s.m.f.
viral adj.2g.
vira-lata adj. s.m.; pl.: vira-latas
vira-mundo s.m.; pl.: vira-mundos
virar v.
vira-vira s.m.; pl.: vira-viras e viras-viras
viravolta s.f.
virente adj.2g.
virgem adj.2g. s.f.
virgiliano adj.
virginal adj.2g.
virgindade s.f.
virginiano adj. s.m.
vírgula s.f.
virgulação s.f.
virgular v.
virgulatório adj.
virguleta (ê) s.f.
viridente adj.2g.
viril adj.2g.
virilha s.f.
virilidade s.f.
virola s.f.
virologia s.f.
virologista adj. s.2g.
virólogo s.m.
virose s.f.
virossoma s.m.
virote s.m.
virótico adj.

virtual adj.2g.
virtualidade s.f.
virtualização s.f.
virtualmente adv.
virtude s.f.
virtuosamente adv.
virtuose (ô) s.2g.
virtuosidade s.f.
virtuosismo s.m.
virtuosisticamente adv.
virtuosístico adj.
virtuoso (ô) adj.; f. e pl.: (ó)
virucida adj.2g. s.m.
virulência s.f.
virulento adj.
vírus s.m.2n.
visado adj.
visagem s.f.
visagismo s.m.
visagista adj. s.2g.
visão s.f.
visar v.
víscera s.f.
visceral adj.2g.
visceralidade s.f.
visceralmente adv.
vísceras s.f.pl.
viscerotônico adj. s.m.
visco s.m.
viscondado s.m.
visconde s.m.
viscondessa (ê) s.f.
viscose s.f.
viscosidade s.f.
viscoso (ô) adj.; f. e pl.: (ó)
viseira s.f.
visgo s.m.
visgoso (ô) adj.; f. e pl.: (ó)
visgueira s.f.
visgueiro s.m.
visguento adj.
visibilidade s.f.
visibilíssimo adj.
visigodo (ô) adj. s.m.
visigótico adj.
visionar v.
visionário adj. s.m.
visionarismo s.m.
visita s.f.
visitação s.f.
visitador (ô) s.m.
visitante adj. s.2g.
visitar v.
visível adj.2g.
visivelmente adv.
vislumbrar v.
vislumbre s.m.
visom s.m.
visor (ô) s.m.
víspora s.f.
vista s.f.
visto adj. s.m.

vistoria s.f.
vistoriar v.
vistosidade s.f.
vistoso (ô) adj.; f. e pl.: (ó)
visual adj.2g. s.m.
visualidade s.f.
visualização s.f.
visualizar v.
visualizável adj.2g.
visualmente adv.
vital adj.2g.
vitaliciamente adv.
vitaliciedade s.f.
vitalício adj.
vitalidade s.f.
vitalismo s.m.
vitalista adj. s.2g.
vitalização s.f.
vitalizador (ô) adj.
vitalizante adj.2g.
vitalizar v.
vitamina s.f.
vitaminado adj.
vitaminar v.
vitamínico adj.
vitascópio s.m.
vitela s.f.
vitelínico adj.
vitelino adj.
vitelo s.m.
vitícola adj. s.2g.
viticultor (ô) adj. s.m.
viticultura s.f.
vitiligem s.f.
vitiligo s.m.
vítima s.f.
vitimar v.
vitimização s.f.
vitimizador (ô) adj.
vitimizar v.
vitivinícola adj. s.2g.
vitivinicultor (ô) s.m.
vitivinicultura s.f.
vitória s.f.
vitorianismo s.m.
vitoriano adj.
vitória-régia s.f.; pl.: vitórias-
-régias
vitoriense adj. s.2g.
vitoriosamente adv.
vitorioso (ô) adj. s.m.; f. e
pl.: (ó)
vitral s.m.
vitralista s.2g.
vítreo adj.
vitrificação s.f.
vitrificado adj.
vitrificar v.
vitrina s.f.
vitrine s.f.
vitrinismo s.m.
vitrinista s.2g.
vitríolo s.m.
vitrô s.m.

vitrola s.f.
vitualha s.f.
vituperação s.f.
vituperar v.
vitupério s.m.
viúva-negra s.f.; pl.: viúvas-
-negras
viuvez (ê) s.f.
viúvo adj. s.m.
viva s.m.
vivacidade s.f.
vivaldino adj. s.m.
vivalma s.f.
vivamente adv.
vivandeira s.f.
vivar v.
vivaz adj.2g.
vivedor (ô) adj.
vivedouro adj.
viveiro s.m.
vivência s.f.
vivencial adj.2g.
vivenciar v.
vivenda s.f.
vivente adj. s.2g.
viver v.
víveres s.m.pl.
viverídeo adj. s.m.
viveza (ê) s.f.
vividamente adv.
vividez (ê) s.f.
vívido adj.
vivificação s.f.
vivificado adj.
vivificador (ô) adj.
vivificante adj.2g.
vivificar v.
viviparidade s.f.
vivíparo adj. s.m.
vivisseção s.f.
vivissecção s.f.
vivível adj.2g.
vivo adj.
vivório s.m.
vivos s.m.pl.
vixe interj.
vizindário s.m.
vizinhança s.f.
vizinhar v.
vizinho adj. s.m.
vizir s.m.
vó s.f. de vô
vô s.m.; fem.: vó; pl.: vós e vôs
voação s.f.
voadeira s.f.
voador (ô) adj. s.m.
voante adj.2g.
voar v.
vocabular adj.2g.
vocabulário s.m.
vocábulo s.m.
vocação s.f.
vocacionado adj.
vocacional adj.2g.

vocacionalmente adv.
vocal adj.2g.
vocálico adj.
vocalismo s.m.
vocalista s.2g.
vocalização s.f.
vocalizar v.
vocalmente adv.
vocativo adj. s.m.
você pron.
vociferação s.f.
vociferante adj.2g.
vociferar v.
voçoroca s.f.
vodca s.f.
vodu adj.2g. s.m.
vodum s.m.
voduzeiro s.m.
voejar v.
voejo (ê) s.m.
voga s.m. s.f.
vogal adj.2g. s.m.
vogar v.
volante adj.2g. s.m. s.f.
volata s.f.
volátil adj.2g.
volatilização s.f.
volatilizante adj.2g.
volatilizar v.
volatilizável adj.2g.
voleador (ô) s.m.
volear v.
vôlei s.m.
voleibol s.m.
voleibolístico adj.
voleio s.m.
volemia s.f.
volêmico adj.
volição s.f.
volitar v.
volitivo adj.
volt s.m.
volta s.f.
voltado adj.
voltagem s.f.
voltaico adj.
voltairiano (ê) adj.
voltar v.
voltarete (ê) s.m.
volteado adj. s.m.
voltear v.
volteio s.m.
voltejar v
voltímetro s.m.
volubilidade s.f.
volume s.m.
volumetria s.f.
volumétrico adj.
volumoso (ô) adj.; f. e pl.: (ó)
voluntariado s.m.
voluntariamente adv.
voluntariar-se v.
voluntariedade s.f.
voluntário adj. s.m.

voluntarioso (ó) adj.; f. e pl.: (ó)
voluntarismo s.m.
voluntarista adj.2g.
voluntarístico adj.
volúpia s.f.
voluptuário adj.
voluptuosamente adv.
voluptuosidade s.f.
voluptuoso (ô) adj.; f. e pl.: (ó)
voluta s.f.
volutear v.
volutuosidade s.f.
volúvel adj.2g.
volver v.
volvido adj.
volvo (ô) s.m.
vólvulo s.m.
vômer s.m.
vômico adj.
vomitada s.f.
vomitar v.
vomitivo adj. s.m.
vômito s.m.
vomitório adj. s.m.
vôngole s.f.
vontade s.f.
voo (ô) s.m.
voracidade s.f.
voracíssimo adj.
voragem s.f.
voraz adj.2g.
vorazmente adv.
vórtice s.m.
vorticismo s.m.

vorticista adj. s.2g.
vorticoso (ô) adj.; f. e pl.: (ó)
vos pron.
vós pron.
vosmecê pron.
vossemecê pron.
vosso pron.
votação s.f.
votado adj.
votante adj. s.2g.
votar v.
vote (ó) interj.
votes (ó) interj.
votivo adj.
voto s.m.
votos s.m.pl.
vovó s.f. de *vovô*
vovô s.m.; fem.: *vovó*; pl.: *vovós* e *vovôs*
voyeurismo (*vuaie*) s.m.
voyeurista (*vuaie*) adj.2g.
voyeurístico (*vuaie*) adj.
voz s.f.
vozear v.
vozearia s.f.
vozeirão s.m.
vozeria s.f.
vozerio s.m.
vudu s.m.
vuduísmo s.m.
vulcânico adj.
vulcanismo s.m.
vulcanização s.f.
vulcanizado adj.
vulcanizar v.

vulcanologia s.f.
vulcão s.m.
vulgar adj.2g. s.m.
vulgaridade s.f.
vulgarização s.f.
vulgarizado adj.
vulgarizador (ô) s.m.
vulgarizar v.
vulgarmente adv.
vulgata s.f.
vulgívago adj. s.m.
vulgo adv. s.m.
vulnerabilidade s.f.
vulnerabilização s.f.
vulnerabilizado adj.
vulnerador (ô) adj.
vulnerante adj.2g.
vulnerar v.
vulnerável adj.2g.
vulpino adj.
vulto s.m.
vultoso (ô) adj. "volumoso"; f. e pl.: (ó); cf. *vultuoso* (ô)
vultuoso (ô) adj. "inchado"; f. e pl.: (ó); cf. *vultoso* (ô)
vulva s.f.
vulvar adj.2g.
vulvite s.f.
vulvovaginal adj.2g.
vulvovaginite s.f.
vum-vum s.m.; pl.: *vum-vuns*
vupt interj.
vurmo s.m.

W w

w s.m.
wagneriano (*v*) adj. s.m.
wagnerismo (*v*) s.m.
wagnerista (*v*) adj. s.2g.
wagnerita (*v*) s.f.
waimiri-atroari adj. s.2g. s.m.; pl.: *waimiris-atroaris*
warfarina (*v*) s.f.
watt (*uót*) s.m.
watt-hora s.m.; pl.: *watts-hora* e *watts-horas*
wattímetro (*uo*) s.m.
watt-minuto s.m.
watt-segundo s.m.
weber (*v*) s.m.
weberiano (*v*) adj. s.m.
wildiano (*uail*) adj. s.m.
windsurfar (*uind*) v.
windsurfe (*uind*) s.m.
windsurfista (*uind*) s.m. s.2g.

W

X x

x s.m.
xá s.m. "soberano"; cf. *chá*
xácara s.f. "composição poética"; cf. *chácara*
xadrez (ê) adj. s.m.
xadrezista s.2g.
xaile s.m.
xainxá s.m.
xairel s.m.
xale s.m.
xamã s.m.
xamânico adj.
xamanismo s.m.
xamanista adj. s.2g.
xamanístico adj.
xampu s.m.
xangaiense adj. s.2g.
xanhar v.
xantina s.f.
xantínico adj.
xantocromia s.m.
xantocrômico adj.
xantopsia s.f.
xantungue s.m.
xanturênico adj.
xapuriense adj. s.2g.
xara s.f.
xará adj. s.2g.
xarapa s.m.
xarelete (ê) s.m.
xareta (ê) s.f.
xaréu s.m.
xaria s.2g.
xaropada s.f.
xarope adj. s.m.
xaroposo (ô) adj.; f. e pl.: (ó)
xavante adj. s.2g.
xavecada s.f.
xavecagem s.f.
xavecar v.
xaveco s.m.
xaxado s.m.
xaxim s.m.
xeique s.m.
xelim s.m.
xelita s.f.
xem-xém s.m.; pl.: *xem-xéns*
xenobiótico s.m.
xenoenxerto (ê) s.m.
xenofilia s.f.
xenófilo adj. s.m.
xenofobia s.f.
xenofóbico adj.
xenofobismo s.m.
xenófobo adj. s.m.
xenônio s.m.
xenotransplante s.m.
xepa (ê) s.f.
xepeiro adj. s.m.
xeque s.m. "chefe árabe"; cf.: *cheque*
xeque-mate s.m.; pl.: *xeques-mate* e *xeques-mates*
xereca s.f.
xerelete (ê) s.m.
xerém s.m.
xerente adj. s.2g.
xererém s.m.
xereta (ê) adj. s.2g.
xeretada s.f.
xeretar v.
xeretear v.
xeretice s.f.
xeréu s.m.
xerez (ê) s.m.
xerezado adj.
xerife s.m.
xerimbabo s.m.
xerocado adj.
xerocar v.
xerocópia s.f.
xerocopiar v.
xeroderma s.m.
xerófilo adj.
xerófita s.f.
xerofitico adj.
xerofitismo s.m.
xerófito adj.
xeroftalmia s.f.
xerografar v.
xerografia s.f.
xerográfico adj.
xeromorfia s.f.
xeromórfico adj.
xeromorfismo s.m.
xeromorfose s.f.
xeroquista s.2g.
xerose s.f.
xerósico adj.
xerostomia s.f.
xerox (cs) s.m.f.2n.; tb. pl.: *xeroxes*
xérox (cs) s.m.f.2n.
xexelento adj.
xexéu s.m.
xi interj.
xiba s.f.
xibéu s.m.
xibi s.m.
xibio s.m.
xibolete s.m.
xibungo s.m.
xícara s.f.
xifoide (ó) adj.
xifóideo adj.
xifopagia s.f.
xifópago adj. s.m.
xiismo s.m.
xiita adj. s.2g.
xilema s.m.
xileno s.m.
xilindró s.m.
xilo s.f.
xilocaína s.f.
xilocopíneo s.m.
xilofagia s.f.
xilófago adj. s.m.
xilofone s.m.
xilofonista adj. s.2g.
xilografia s.f.
xilográfico adj.
xilógrafo adj. s.m.
xilogravado adj.
xilogravador (ô) adj. s.m.
xilogravura s.f.
xilogravurista adj. s.2g.
xiloma s.m.
xilopódio s.m.
ximango s.m.
ximbé adj.2g.
ximbeva adj.2g.
ximbimba s.f.
xingação s.f.
xingador (ô) adj. s.m.
xingamento s.m.
xingar v.
xingatório adj. s.m.
xingo s.m.
xinguano (u-a) adj. s.m.
xintoísmo s.m.
xintoísta adj. s.2g.
xinxim s.m.
xiquexique s.m.
xique-xique s.m.; pl.: *xique-xiques*
xiri s.m.
xis s.m.
xisto s.m.
xixá s.m.
xixazeiro s.m.
xistoso (ô) adj.; f. e pl.: (ó)
xixi s.m.
xixilado adj.
xixo s.m.
xô interj.

xocó adj. s.2g. s.m.
xodó s.m.
xogum s.m.
xogunato s.m.
xoroca s.f.
xororó s.m.

xota s.f.
xote s.m.
xoxota s.f.
xuá s.m.
xucrice s.f.

xucrismo s.m.
xucro adj.
xucuru s.m.
xurreira s.f.
xurumbambo s.m.

Y y

y s.m.
yeatsiano adj.

yenita s.f.
yersínia s.f.

yué s.m.
yuppismo s.m.

Z z

z s.m.
zabaneira s.f.
zabelê s.m.f.
zabumba s.2g. s.m.
zabumbado adj.
zabumbar v.
zabumbeiro s.m.
zaga s.f.
zagaia s.f.
zagaieiro s.m.
zagal s.m.
zagueiro s.m.
zaino adj. s.m.
zaire s.m.
zairense adj. s.2g.
zambê s.m.
zambé s.m.
zambeta (ê) adj. s.2g.
zambi s.m.
zambiano adj. s.m.
zambo adj. s.m.
zamboda s.f.
zamparina s.f.
zanaga adj. s.2g.
zanga s.f.
zangado adj.
zangão s.m.
zangar v.
zangarrear v.
zangoso (ó) adj.; f. e pl.: (ó)
zangurriana s.f.
zanho adj.
zanzar v.
zapatismo s.m.
zapatista adj. s.2g.
zape s.m. interj.
zapeada s.f.
zapear v.
zápete s.m.
zapoteca adj. s.2g. s.m.
zarabatana s.f.
zaragata s.f.
zaragateiro adj. s.m.
zaranza adj. s.2g.
zarcão s.m.
zarolho (ô) adj. s.m.
zaronga adj.2g.
zarpada s.f.
zarpagem s.f.
zarpar v.
zarzuela (ê) s.f.
zás interj.
zás-trás interj.
zé s.m.
zê s.m.

zebra (ê) s.f.
zebrado adj. s.m.
zebrar v.
zebrina s.f.
zebroide (ó) adj. s.m.
zebruno adj.
zebu s.m.
zebueiro adj. s.m.
zebuíno adj.
zebuzeiro adj. s.m.
zefir s.m.
zefirino s.m.
zéfiro s.m.
zeína s.f.
zelação s.f.
zelado adj.
zelador (ô) adj. s.m.
zeladoria s.f.
zelar v.
zelo (ê) s.m.
zelosamente adv.
zeloso (ô) adj.; f. e pl.: (ó)
zelote s.m.
zé-mané s.m.; pl.: zés-manés
zen adj.2g. s.m.
zen-budismo s.m.; pl.: zen-
-budismos
zen-budista adj. s.2g.; pl.:
zen-budistas
zé-ninguém s.m.; pl.: zés-
-ninguém
zenital adj.2g.
zênite s.m.
zepelim s.m.
zé-pereira s.m.; pl.: zés-pereiras
zé-povinho s.m.; pl.: zés-
-povinhos
zerado adj.
zeragem s.f.
zeramento s.m.
zerar v.
zerinho adj.
zero num.
zero-quilômetro adj. s.m.
zeta s.m.
zeugma (ê) s.m.
zibelina s.f.
zigoma s.m.
zigomático adj.
zigoto (ó) s.m.
zigue-zague s.m.; pl. zigue-
-zagues
ziguezagueado adj.
ziguezagueante adj.2g.
ziguezaguear v.

zigurate s.m.
zilhão s.m. num.
zimbabuano adj. s.m.
zimbabuense adj. s.2g.
zimbo s.m.
zimbório s.m.
zimbro s.m.
zimógeno adj. s.m.
zinabre s.m.
zincado adj.
zincagem s.f.
zincar v.
zinco s.m.
zincogravura s.f.
zine s.m.
zineiro s.m.
zinga s.f.
zingador (ô) s.m.
zíngaro s.m.
zingueiro s.m.
zinha s.f.
zinho s.m.
zínia s.f.
zinido s.m.
zinir v.
zioziar v.
zipar v.
zipe s.m.
zíper s.m.
zipermania s.f.
ziquizira s.f.
zircão s.m.
zircônio s.m.
zirconita s.f.
ziriguidum s.m.
ziu-ziu s.m.; pl.: ziu-zius
ziziar v.
zoada s.f.
zoadaria s.f.
zoar v.
zodiacal adj.2g.
zodíaco s.m.
zoeira s.f.
zoilo s.m.
zombador (ô) adj. s.m.
zombar v.
zombaria s.f.
zombeteiramente adv.
zombeteiro adj. s.m.
zona s.f.
zonação s.f.
zonado adj.
zonal adj.2g.
zonalidade s.f.
zoneado adj.

zoneamento s.m.
zonear v.
zoneiro adj. s.m.
zonofone s.m.
zonzeira s.f.
zonzo adj.
zonzonar v.
zonzura s.f.
zoo (ó) s.m.
zooantropomorfo adj.
zoobento s.m.
zoobotânico adj.
zoocoria s.f.
zoofagia s.f.
zoófago adj. s.m.
zoofilia s.f.
zoófilo adj. s.m.
zoofisiologista s.2g.
zoofitossanitário adj.
zoofobia s.f.
zoofóbico adj.
zoófobo adj. s.m.
zoogeografia s.f.
zoogeográfico adj.
zoolagnia s.f.
zoólatra adj. s.2g.
zoolatria s.f.
zoolite s.f.
zoólito s.m.
zoologia s.f.
zoológico adj.
zoologista s.2g.
zoólogo s.m.
zoomórfico adj.
zoomorfismo s.m.
zoomorfo adj.
zoonose s.f.
zooparque s.m.
zooplâncton s.m.
zooplanctônico adj.
zoospórico adj.
zoósporo s.m.
zoossanitário adj.
zootaxia (cs) s.f.
zooteca s.f.
zootecnia s.f.
zootécnico adj. s.m.
zootecnista s.2g.
zootecnologia s.f.
zootrópio s.m.
zora s.f.
zoró adj.2g.
zoroástrico adj.
zoroastrismo s.m.
zoroastrista s.2g.
zorra (ó) s.f.
zorrento adj.
zorrilho s.m.
zorro (ô) s.m.
zóster s.m.
zuadeira s.f.
zuarte s.m.
zuavo s.m.
zuir v.
zulu adj. s.2g. s.m.
zum s.m.
zumbaia s.f.
zumbi s.m.
zumbido s.m.
zumbidor (ô) adj.
zumbinismo s.m.
zumbir v.
zumbo s.m.
zumbumbeiro s.m.
zum-zum s.m.; pl.: *zum-zuns*
zum-zum-zum s.m.; pl.: *zum--zum-zuns*
zungu s.m.
zunideira s.f.
zunido s.m.
zunidor (ô) adj.
zunir v.
zura adj. s.2g.
zuraco adj. s.m.
zureta (ê) adj. s.2g.
zurrador (ô) adj. s.m.
zurrapa s.f.
zurrar v.
zurro s.m.
zuruó adj.2g.
zurzir v.

Estrangeirismos

A

ablaut s.m. al.
abstract s.m. ing.
ace s.m. ing.
acting-out s.m. ing.
affair s.m. ing.
affaire s.m. fr.
aggiornamento s.m. it.
agrément s.m. fr.
agribusiness s.m. ing.
airbag s.m. ing.
allegro s.m. it.
anima s.f. lat.
animus s.m. lat.
antidoping adj.2g.2n. s.m. ing.
antiquariato s.m. it.
antispam s.m. ing.
apartheid s.m. ing.
Apfelstrudel s.m. al.
aplomb s.m. fr.
apparatchik s.m. rus.
approach s.m. ing.
apud prep. lat.
argot s.m. fr.
atelier s.m. fr.
Aufklärung s.f. al.

B

baby-beef s.m. ing.
baby-boom s.m. ing.
baby-doll s.m. ing.
babylook s.f. ing.
baby-sitter s.f. ing.
background s.m. ing.
backup s.m. ing.
bacon s.m. ing.
badminton s.m. ing.
bambino s.m. it.
banana split s.f. ing.
band-aid s.f. ing.
bandleader s.m. ing.
banner s.m. ing.
barbecue s.m. ing.
barman s.m. ing.
bar-mitzvá s.m. hebr.
baseball s.m. ing.
bas-fond s.m. fr.
beagle s.m. ing.
beatnik s.2g. ing.
bebop s.m. ing.
belvedere s.m. it.
berceuse s.f. fr.
best-seller s.m. ing.
betting s.m. ing.
bicicross s.m. ing.
big bang s.m. ing.
big brother s.m. ing.
big shot s.m. ing.
bip s.m. ing.
biscuit s.m. fr.
biseauté adj. fr.
bisque s.m. fr.
bit s.m. ing.
bitter s.m. ing.
black adj. ing.
black power s.m.
black-tie s.m. ing.
blasé adj. s.m. fr.
blazer s.m. ing.
blend s.m. ing.
blitz s.f.2n. al.
blockbuster s.m. ing.
blog s.m. ing.
blonde s.m. fr.
blowup s.m. ing.
blue s.m. ing.
blue chip s.f. ing.
blue jeans s.m. ing.
blues s.m. ing.
bluesman s.m. ing.
blush s.m. ing.
board s.m. ing.
bob s.m. ing.
body-board s.m. ing.
bold s.m. ing.
bonbonnière s.f. fr.
bon-vivant s.m. fr.
booking s.m. ing.
bookmaker s.m. ing.
boom s.m. ing.
boot s.m. ing.
boquerone s.m. it.
boulevard s.m. fr.
boulle s.m. fr.
boutade s.f. fr.
boy s.m. ing.
brainstorming s.m. ing.
brandade s.f. fr.
brandy s.m. ing.
breakfast s.m. ing.
bresaola s.f. it.
brevet s.m. fr.
bridge s.m. ing.
brie s.m. fr.
briefing s.m. ing.
broadcasting s.m. ing.
brodo s.m. it.
broker s.m. ing.
brownie s.m. ing.
browser s.m. ing.
brunch s.m. ing.
budget s.m. ing.
buffet s.m. fr.
bug s.m. ing.
bullying s.m. ing.
bunker s.m. ing.
bureau s.m. fr.
business s.m. ing.
button s.m. ing.
bye-bye s.m. ing.
byte s.m. ing.

C

cabaretier s.m. fr.
cabernet adj. fr.
caleçon s.m. fr.
caliente adj. esp.
call-girl s.f. ing.
camembert s.m. adj. fr.
cameraman s.m. ing.
camping s.m. ing.
campus s.m.; pl.: *campi* lat.
caniche s.m. fr.
cantabile s.m. it.
cantata s.f. it.
canyon s.m. ing.
cappuccino s.m. it.
caput s.m. lat.
cardan s.m. fr.
carpaccio s.m. it.
carpincho s.m. esp. plat.
carré s.m. fr.
cartoon s.m. ing.
cash s.m. ing.
cash flow s.m. ing.
cashmere s.m. ing.
cassata s.f. it.
cassis s.m. fr.
cassoulet s.m. fr.
cast s.m. ing.
casting s.m. ing.
catch-as-catch-can s.m. ing.
catchup s.m. ing.
catering s.m. ing.
catogan s.m. fr.
causerie s.f. fr.
causeur s.m. fr.

causeuse s.f. fr.
cave s.f. fr.
cavum s.m. lat.
cebiche s.m. esp.
chagrin s.m. fr.
chaise s.f. fr.
chaise-longue s.f. fr.
chambray s.m. fr.
chambre s.f. fr.
champagne s.m. fr.
champignon s.m. fr.
chantilly s.m. fr.
charge s.f. fr.
charleston s.m. ing.
charlotte s.f. fr.
charter s.m. ing.
chateaubriand s.m. fr.
check-in s.m. ing.
checking s.m. ing.
check-list s.m. ing.
check-up s.m. ing.
check-out s.m. ing.
cheddar s.m. ing.
chef s.m. fr.
chemisier s.m. fr.
cherry s.m. ing.
chester s.m. ing.
chez prep. fr.
chianti s.m. it.
chic adj.2g. s.m. fr.
chiffon s.m. fr.
chihuahua adj.s.2g. esp.
chili s.m. esp.
chintz s.m. ing.
chip s.m. ing.
chop-suey s.m. chin.
chutney s.m. ing.
ciao interj. it.
cinemascope s.m. ing.
cinquecento s.m. it.
ciré s.m. fr.
clearance s.m. ing.
click s.m. ing.
clinch s.m. ing.
clochard s.m. fr.
closet s.m. ing.
close-up s.m. ing.
clown s.m. ing.
cocalero s.m. esp.
cockpit s.m. ing.
cocktail s.m. ing.
cocotte s.f. fr.
cognac s.m. fr.
coiffeur s.m. fr.
colored adj.s.2g. ing.
colt s.m. ing.
combo s.m. ing.
comics s.m. ing.
commodity s.f. ing.
compact disc s.m. ing.
condom s.m. ing.
confit s.m. fr.
confiteor s.m. lat.
connaisseur s.m. fr.
consommé s.m. fr.

container s.m. ing.
continuum s.m. lat.
cooky s.m. ing.
cool adj. ing.
cooler s.m. ing.
cooper s.m. ing.
copydesk s.m. ing.
copyright s.m. ing.
cornflakes s.m. pl. ing.
corpus s.m.; pl.: *corpora* lat.
coterie s.f. fr.
country adj.2g.2n. ing.
couvade s.f. fr.
couvert s.f. fr.
cover adj.2g.2n. s.2g. ing.
cowboy s.m. ing.
crack s.m. ing.
crawl adj.2g.2n. s.m. ing.
cricket s.m. ing.
croissant s.m. fr.
crooner s.2g. ing.
cross-country s.m. ing.
cult adj.2g.2n.
curry s.m. ing.

D

dacha s.f. rus.
dancing s.m. ing.
dandy s.m. ing.
darling s.2g. ing.
daschund s.m. al.
dasein s.m. al.
database s.m. ing.
data center s.m. ing.
dataflash s.m. ing.
data room s.m. ing.
datashow s.m. ing.
deadline s.m. ing.
dealer s.m. ing.
débâcle s.f. fr.
débris s.m. fr.
début s.m. fr.
deck s.m. ing.
deck-cassete s.m. ing.
décor s.m. fr.
découpage s.f. fr.
default s.m. ing.
deficit s.m.2n. lat.
dégradé adj. s.m.
déjà-vu s.m. fr.
délavé adj. fr.
deleatur s.m. lat.
delikatessen s.f. al.
delivery s.f. ing.
délivrance s.f. fr.
démarche s.f. fr.
démodé adj.; fem.: *démodée* fr.
denotatum s.m. lat.
dépaysement s.m. fr.
desideratum s.m. lat.
design s.m. ing.

designatum s.m. lat.
designer s.m. ing.
diesel s.m. ing.
diet adj.2g.2n. ing.
dimmer s.m. ing.
disc-jockey s.m. ing.
disc-laser s.m. ing.
display s.m. ing.
divertissement s.m. fr.
dobermann s.m. al.
dockside s.m. ing.
do-in s.m. jap.
dolce far niente s.m. it.
donjuán s.m. esp.
doppler s.m. ing.
doublé adj. s.m. fr.
download s.m. ing.
drag-queen s.m. ing.
drawback s.m. ing.
dread s.m. ing.
dress-code s.m. ing.
drink s.m. ing.
drive s.m. ing.
drive-in s.m. ing.
driver s.m. ing.
drops s.m. ing.
drugstore s.m. ing.
dumping s.m. ing.
durée s.f. fr.
duty free s.m. ing.

E

e-book s.m. ing.
éclair s.m. fr.
écran s.m. fr.
ecstasy s.m. ing.
e-mail s.m. ing.
enjambement s.m. fr.
enragé adj.; f.: *enragée* fr.
ensamble s.m. fr.
entente s.f. fr.
entourage s.m. fr.
entrecôte s.f. fr.
entrevero s.m. esp.
ersatz s.m. al.
escargot s.m. fr.
establishment s.m. ing.
étagère s.f. fr.
étamine s.f. fr.
éthos s.m. gr.
expert s.2g. ing.
expertise s.f. ing.

F

factoring s.m. ing.
fade-in s.m. ing.
fade-out s.m. ing.

fairplay s.m. ing.
fait-divers s.m. fr.
faisandé adj. fr.
fake adj. s.2g.2n.
faraday s.m. ing.
farro s.m. it.
fashion adj.2. ing.
fast-food s.m. ing.
fauteuil s.m. fr.
fax modem s.m. ing.
feedback s.m. ing.
feeling s.m. ing.
féerie s.m. fr.
feng-shui s.m. chin.
ferry-boat s.m. ing.
fettucine s.m. it.
fin-de-siécle s.m. fr.
finesse s.f. fr.
fioratura s.f. it.
fitness adj.2g. ig.
flamboyant adj. s.m. fr.
flash s.m. ing.
flashback s.m. ing.
flat s.m. ing.
fog s.m. ing.
foie gras s.m. fr.
folder s.m. ing.
fondue s.f. fr.
footing s.m. ing.
foulard s.m. fr.
fox-terrier s.m. ing.
foyer s.m. fr.
franchise s.f. ing.
franchising s.f. ing.
frappé adj. fr.
freelance adj. s.2g. ing.
freelancer s.2g. ing.
freeware adj.2g.2n. s.m. ing.
freeway s.m. ing.
freezer s.m. ing.
frisson s.m. fr.
front s.m. fr.
führer s.m. al.
fulltime adj.2g. ing.
funk s.m. ing.
futon s.m. jap.

G

gadget s.m. ing.
gag s.f. ing.
gaijin adj. s.2g. jap.
game s.m. ing.
gamine s.f. fr.
gang s.m. ing.
gap s.m. ing.
garçon s.m. fr.
garçonnière s.f. fr.
garden-party s.m. ing.
gauche adj. s.2g.
gauleiter s.m. al.
gay adj s.2g. ing.

gentleman s.m. ing.
gestalt s.f. al.
geyser s.m. ing.
ghost-writer s.2g. ing.
gigabit s.m. ing.
gigabyte s.m. ing.
gigot s.m. fr.
ginseng s.m. ing.
girl s.f. ing.
glamour s.m. ing.
glitter s.m.2n. ing.
globe-trotter s.m. ing.
gnocchi s.m. it.
goal s.m. ing.
gobelin adj.2g. s.m. fr.
gospel s.m. ing.
gossip s.m. ing.
gourmet s.m. fr.
greencard s.m. ing.
grid s.m. ing.
grill s.m. ing.
grunge adj. s.m. ing.
gruyère s.m. fr.
guard-rail s.m. ing.
gulag s.m. rus.

H

habanera s.f. esp.
habitat s.m. lat.
habitué adj. s.m. fr.
hacienda s.f. esp.
hacker s.m. ing.
haddock s.m. ing.
hall s.m. ing.
halloween s.m. ing.
hamburger s.m. ing.
hamster s.m. ing.
handball s.m. ing.
handicap s.m. ing.
happening s.m. ing.
happy end s.m. ing.
happy few s.m. ing.
happy hour s.f. ing.
hardcore adj.2g. s.m. ing.
hardware s.m. ing.
headhunter s.m. ing.
headphone s.m. ing.
heavy metal adj. s.2g.2n. ing.
hedge s.m. ing.
hélas interj. fr.
hi-fi s.m. ing.
high-life s.m. ing.
high-tech s.m. ing.
hinterland s.m. al.
hip-hop s.m. ing.
hippie adj.s.2g. ing.
hit s.m. ing.
hit-parade s.f. ing.
hobby s.m. ing.
hockey s.m. ing.
holding s.f. ing.

holter s.m. ing.
homebanking s.m. ing.
home office s.m. ing.
home page s.f. ing.
homo sapiens s.m. lat.
home theater s.m. ing.
homus s.m.2n. ár.
hooligan s.m. ing.
hors-concours adj. s.2g.2n. fr.
hors-d'oeuvre s.m.2n. fr.
host s.m. ing.
hostess s.f. ing.
hot-dog s.m. ing.
hot-line s.f. ing.
hot-money s.m. ing.
hully-gully s.m. ing.
humour s.m. ing.
hybris s.f. gr.
hype s.m. ing.
hyperlink s.m. ing.

I

ibidem adv. lat.
iceberg s.m. ing.
id s.m. lat.
idem pron. lat.
imbroglio s.m. it.
impeachment s.m. ing.
imprimatur s.m. lat.
incipit s.m. lat.
incontinenti adv. lat.
infectum s.m. lat.
influenza s.f. it.
in-octavo s.m. lat.
input s.m. ing.
inro s.m. jap.
insight s.m. ing.
intelligentsia s.m. rus.
intermezzo s.m. it.
internet s.f. ing.
interview s.m. ing.
intifada s.f. ár.
intranet s.f. ing.
item adv. lat.

J

jambière s.f. fr.
jam session s.m. ing.
jazz s.m. ing.
jazz-band s.m. ing.
jazzman s.m. ing.
jeans s.m.2n. ing.
jeton s.m. fr.
jet-set s.m. ing.
jet-ski s.m. ing.
jeu-de-mot sm. fr.
jihad s.m. ar.

jingle s.m. ing.
job s.m. ing.
jogger s.2g. ing.
jogging s.m. ing.
joint venture s.f. ing.
joruri s.m. jap.
joystick s.m. ing.
jukebox s.f. ing.
jumping s.m. ing.
junk-bond s.m. ing.
junk-food s.f. ing.
juste-milieu s.m. ing.

K

kabuki s.m. jap.
kaiser s.m. al.
kana s.m. jap.
kart s.m. ing.
karting s.m. ing.
ketchup s.m. ing.
kibutz s.m. hebr.
kick-off s.m. ing.
kilt s.m. ing.
king size adj.2g.2n. ing.
kirsch s.m. al.
kit s.m. ing.
kitsch adj.2g.2n. s.m.2n. al.
klaxon s.m. fr.
knockdown s.m. ing.
knockout s.m. ing.
know-how s.m. ing.
krill s.m. ing.
kung-fu s.m. chin.
kýrie s.m. gr.

L

lady s.f. ing.
laissez-faire s.f. fr.
lan house s.f. ing.
laptop s.m. ing.
layout s.m. ing.
lead s.m. ing.
leasing s.m. ing.
legging adj.2g.2n. s.f. ing.
leitmotiv s.m. al.
lied s.m. al.
lifting s.m. ing.
light adj2g.2n. ing.
lingerie s.f. fr.
link s.m. ing.
living s.m. ing.
lobby s.m. ing.
lockout s.m. ing.
loess s.m. al.
loft s.m. ing.
login s.m. ing.
logoff s.m. ing.

longneck s.f. ing.
long-play s.m. ing.
long-playing s.m. ing.
loop s.m. ing.
looping s.m. ing.
lounge s.m. ing.
lovelace s.m. ing.

M

madeleine s.f. ing.
mademoiselle s.f. fr.
magnificat s.m. lat.
mahatma s.m. sâns.
mailing s.m. ing.
mainstream adj.2g.2n. s.m. ing.
maître s.m. fr.
make-up s.m. ing.
management s.m. ing.
manager s.m. ing.
marchand s.m. fr.
mariachi s.m. esp.
marijuana s.f. esp.
marketing s.m. ing.
marshmallow s.m. ing.
mass media s.m.pl. ing.
medley s.m. ing.
meeting s.m. ing.
ménage s.f. fr.
ménage à trois s.m. fr.
menu s.m. fr.
merchandising s.m. fr.
métier s.m. fr.
mignon adj. s.m. fr.
milkshake s.m. ing.
mis-en-plis s.m. fr.
miss s.f. ing.
mix s.m. ing.
modem s.m. ing.
motocross s.m. ing.
mountain bike s.f. ing.
mouse s.m. ing.
mousse s.f. fr.
mozzarella s.f. it.
muffin s.m. ing.
music hall s.m. ing.
must s.m. ing.

N

naïf adj. s.2g. fr.
nécessaire s.f. fr.
nerd adj. ing.
net s.f. ing.
netsuke s.m. jap.
network s.f. ing.
new age s.f. ing.
new-look s.m.2n. ing.

new wave s.f. ing.
nightclub s.m. ing.
nonchalance s.m. fr.
nonsense s.m. ing.
notebook s.m. ing.
nouveau-riche s.m. fr.
nylon s.m. ing.

O

off adv. ing.
office-boy s.m. ing.
off-line adj.2g.2n. ing.
offset adj.2g.2n. ing.
offshore adj.2g.2n. ing.
offside s.m. ing.
ok adj. s.m. adv. ing.
ombrellone s.m. it.
ombudsman s.m. ing. (<su.)
omertà s.m. it.
on adv. ing.
on-line adj.2g.2n. ing.
opus s.m. lat.
outdoor s.m. ing.
outlet s.m. ing.
output s.m. ing.
outsider s.2g. ing.
ouverture s.f. fr.
over adj. s.m. ing.
overbooking s.m. ing.
overdose s.f. ing.
overnight s.m. ing.
overprice adj.2g.2n. s.m. ing.

P

paddock s.m.ing.
pager s.m. ing.
palmier s.m. fr.
panneau s.m. fr.
panzer s.m. al.
paparazzi s.m.pl. it.
paparazzo s.m. it.
paper s.m. ing.
papier-mâché s.m. fr.
pappus s.m. lat.
paraglider s.m. ing.
parking s.m. ing.
parole s.f. fr.
parterre s.f. fr.
partisan s.m. fr.
partner s.m. fr.
parvenu s.m. fr.
pas-de-deux s.m. fr.
pasodoble s.m. esp.
passe-partout s.m.2n. fr.
passim adv. lat.
pastrami s.m. rom.
patchwork s.m. ing.

páthos s.m.2n. gr.
pâtisserie s.f. fr.
pattern s.m. ing.
pedigree s.m. ing.
peer-to-peer adj.2g.2n. ing.
peignoir s.m. fr.
pelouse s.f. fr.
peluche s.f. fr.
pence s.m. ing.
pendrive s.m. ing.
penny s.m. ing.
perfectum s.m. lat.
pessach s.m. hebr.
petit-four s.m. fr.
petit-pois s.m.2n. fr.
physis s.f. gr.
pickles s.m.pl. ing.
pickup s.m. s.f. ing.
pidgin s.m. ing.
piercing s.m. ing.
pin-up s.f. ing.
pit-bull s.m. ing.
pixel s.m. ing.
playboy s.m. ing.
playground s.m. ing.
poodle s.m. ing.
pool s.m. ing.
pop adj.2g.2n. s.m. ing.
popstar adj.s.2g. ing.
pot-pourri s.m. fr.
presto adj. s.m. it.
profiterole s.m. fr.
punk adj. s.2g. ing.
push-up s.m. ing.

Q

quadrivium s.m. lat.
quantum s.m.
quark s.m.
quid s.m. lat.
quiz s.m. ing.
quodlibet s.m. lat.
quorum s.m. lat.

R

rack s.m. ing.
radicchio s.m. it.
raffiné adj. fr.
rafting s.m. ing.
ragtime s.m. ing.
raid s.m. ing.
rally s.m. ing.
ranking s.m. ing.
rap s.m. ing.
rapper s.2g. ing.
rapport s.m. fr.
rave adj.2g. s.m. ing.

ray-ban s.m.2n. ing.
rayon s.m. ing.
recall s.m. ing.
receiver s.m. ing.
réchaud s.m. fr.
récit s.m. fr.
record s.m. ing.
referendum s.m. lat.
reggae s.m. ing.
reich s.m. al.
relais s.m.2n. fr.
relax s.m. ing.
release s.m. ing.
remake s.m. ing.
rendez-vous s.m. fr.
rentrée s.f. fr.
replay s.m. ing.
reset s.m. ing.
resort s.m. ing.
réveillon s.m. fr.
revival s.m. ing.
road-movie s.m. ing.
rock s.m. ing.
rock-and-roll s.m. ing.
rocker s.2g. ing.
rock'n' roll s.m. ing.
roller s.m. ing.
rosé adj. fr.
rouge s.m. fr.
round s.m. ing.
roux adj. s.m.2n. fr.
royalty s.m. ing.
rush s.m. ing.
rugby s.m. ing.

S

saison s.f. fr.
sampler s.m. ing.
santería s.f. esp. cubano
sashimi s.m. ing. (<jap.)
sauté adj. fr.
savoir-faire s.m. fr.
scanner s.m. ing.
scat s.m. ing.
scherzo s.m. it.
scholar s.m. ing.
scifi s.m. ing.
script s.m. lat.
self-made man s.m. ing.
self-service s.m. ing.
serata s.f. it.
serial killer s.m. ing.
set s.m. ing.
sex appeal s.m. ing.
sex shop s.m. ing.
sex symbol s.m. ing.
sexy adj.2g.2n. ing.
shampoo s.m. ing.
sheik s.m. ár.
shiatsu s.m. ing. (<jap.)
shilling s.m. ing.

shopping-center s.m. ing.
shopping s.m. ing.
short s.m. ing.
show s.m. ing.
show biz s.m. ing.
show-business s.m. ing.
show-off s.m. ing.
showroom s.m. ing.
shoyu s.m. ing. (<jap.)
silkscreen s.m. ing.
site s.m. ing.
skate s.m. ing.
sketch s.m. ing.
slide s.m. ing.
smoking s.m. ing.
snack-bar s.m. ing.
soccer s.m. ing.
socialite s.2g. ing.
soft adj.2g.2n. ing.
software s.m. ing.
soi-disant adj.2g.2n. fr.
soirée s.f. fr.
sommelier s.m. fr.
soufflé s.m. fr.
souvenir s.m. fr.
speaker s.2g. ing.
speech s.m. ing.
spray s.m. ing.
staff s.m. ing.
standard adj.2g.2n. s.m. ing.
status s.m. lat.
stent s.m. ing.
step s.m. ing.
stock-car s.m. ing.
strass s.m. fr.
stress s.m. ing.
stripper s.f. ing.
striptease s.m. ing.
stylist s.m. ing.
superavit s.m. lat.
superstar s.2g. ing.
sursis s.m. fr.
sushi s.m. ing. (<jap.)

T

tableau s.m. fr.
tailleur s.m. fr.
talk show s.m. ing.
tandem s.m. ing. (<lat.)
tanguería s.f. esp. plat.
tape s.m. ing.
technicolor s.m. ing. (marca registrada)
techno adj.2g.2n. s.m. ing.
teen adj. s.2g.2n. ing.
teenager s.2g. ing.
telegame s.m. ing.
telemarketing s.m. ing.
teleprompter s.m. ing.
terrier s.m. ing.
tête-à-tête s.m. fr.

thinner s.m. ing.
thriller s.m. ing.
ticket s.m. ing.
timer s.m. ing.
timing s.m. ing.
tiramisu s.m. it.
toilette s.m. s.f. fr.
toner s.m. ing.
top s.m. ing.
topless s.m. ing.
top model s.f. ing.
tópos s.m. gr.; pl.: *tópoi*
tour s.m. fr.
tournedos s.m. fr.
tournée s.f. fr.
trade s.m. ing.
trade union s.f. ing.
trading s.f. ing.
trailer s.m. ing.
trainee s.2g. ing.
training s.m. ing.
transponder s.m. ing.
trash s.m. ing.
trattoria s.f. it.
travelling s.m. ing.
trekking s.m. ing.
trend s.m. ing.
trial s.m. ing.
trottoir s.m. fr.
troupe s.f. fr.
trust s.m. ing.
t-shirt s.f. ing.
tsunami s.m. jap.
turnover s.m. ing.
tutti-frutti adj.2g. it.
tweed s.m. ing.
twist s.m. ing.

U

übermacht s.m. al.
underground s.m.

upgrade s.m. ing.
upload s.m. ing.
up-to-date adj.2g.2n. ing.

V

vamp s.f. ing.
van s.f. ing.
vaudeville s.m. fr.
vernissage s.m. fr.
videobook s.m. ing.
videoclip s.m. ing.
videogame s.m. ing.
videolaser s.m. ing.
videomaker s.2g. ing.
videotape s.m. ing.
videowall s.m. ing.
viking adj.2g. s.2g. ing.
vintage adj.2g.2n. ing.
vis s.f. lat.
vis-à-vis adj.2g. adv. prep. fr.
vison s.m. fr.
voile s.m. fr.
voucher s.m. ing.
voyeur s.m. fr.

W

waffle s.m. ing.
waiver s.m. ing.
walkie-talkie s.m. ing.
walkman s.m. ing.
walkover s.m. ing.
warrant s.m. ing.
waterproof adj.2g.2n. ing.
week-end s.m. ing.
weltanshauung s.m. al.
western s.m. ing.
whist s.m. ing.

winchester s.m. s.f. ing.
wireless adj.2g.2n. ing.
workaholic adj. s2g. ing.
workshop s.m. ing.

Y

yakisoba s.m. ing. (<jap.)
yakuza s.f. ing. (<jap.)
yang s.m. ing. (<chin.)
yankee adj. s.2g. ing.
yin s.m. ing. (<chin.)
yorkshire terrier s.m. ing.
yuppie adj. s.2g. ing.

Z

zabaione s.m. it.
zafu s.m. jap.
zazen s.m. jap.
zeitgeist s.m. al.
zoom s.m. ing.
zucchini s.m. it.

Reduções mais correntes

A

ABI – Associação Brasileira de Imprensa
ABL – Academia Brasileira de Letras
Ac – Actínio (Elemento Químico)
AC – Estado do Acre
a.C. – antes de Cristo
a/c – ao(s) cuidado(s) de
ADN – Ácido Desoxirribonucleico
Ag – Prata (Elemento Químico)
AGU – Advocacia Geral da União
Al – Alumínio (Elemento Químico)
AL – Estado de Alagoas
Alca – Área de Livre Comércio das Américas
Am – Amerício (Elemento Químico)
AM – Estado do Amazonas
a.m. – *ante meridiem* ('antes do meio-dia', em latim)
ANAC – Agência Nacional de Aviação Civil
AP – Estado do Amapá
APAC Área de Preservação do Ambiente Cultural
APP Área de Preservação Permanente
Ar – Argônio (Elemento Químico)
ARN – Ácido Ribonucleico
As – Arsênio (Elemento Químico)
At – Astatínio (Elemento Químico)
Au – Ouro (Elemento Químico)
AVC – Acidente Vascular Cerebral

B

B – Boro (Elemento Químico)
Ba – Bário (Elemento Químico)
BA – Estado da Bahia
Be – Berílio (Elemento Químico)
Bh – Bório (Elemento Químico)
Bi – Bismuto (Elemento Químico)
Bk – Berkélio (Elemento Químico)
BOPE – Batalhão de Operações Policiais Especiais (da PMERJ)
Bovespa – Bolsa de Valores do Estado de São Paulo
BPM – Batalhão de Polícia Militar
Br – Bromo (Elemento Químico)

C

C – Carbono (Elemento Químico)
°C – grau Celsius
Ca – Cálcio (Elemento Químico)
CADE – Conselho Administrativo de Defesa Econômica
cal – caloria
Cd – Cádmio (Elemento Químico)
CD – *Compact Disc* ('disco compacto', em inglês)
Ce – Cério (Elemento Químico)
CE – Estado do Ceará
CEP – Código de Endereçamento Postal
CET – Companhia de Engenharia de Tráfego
Cf – Califórnio (Elemento Químico)
CGC – Cadastro Geral de Contribuinte
CGU – Controladoria Geral da União
CIA – *Central Intelligence Agency* ('agência central de informações', em inglês)
CIC – Cartão de Identificação do Contribuinte
Cl – Cloro (Elemento Químico)
CLT – Consolidação das Leis do Trabalho
cm – centímetro
Cm – Cúrio (Elemento Químico)
CMN – Conselho Monetário Nacional
CNJ – Conselho Nacional de Justiça
CNPJ – Cadastro Nacional de Pessoa Jurídica
CNTP – Condições Normais de Temperatura e Pressão
Co – Cobalto (Elemento Químico)
Cofins – Contribuição para o Financiamento da Seguridade Social
COI – Comitê Olímpico Internacional
Copom – Comitê de Política Monetária
CPF – Cadastro de Pessoas Físicas
CPI – Comissão Parlamentar de Inquérito
CPU – *Central Processing Unit* ('unidade central de processamento', em inglês)
Cr – Cromo (Elemento Químico)
Cs – Césio (Elemento Químico)
CSLL – Contribuição Social sobre o Lucro Líquido
CTI – Centro de Terapia Intensiva
Cu – Cobre (Elemento Químico)

D

d – dia
dB – decibel
Db – Dúbnio (Elemento Químico)
d.C. – depois de Cristo
DDD – Discagem Direta a Distância
DDI – Discagem Direta Internacional
DETRAN – Departamento de Trânsito

DETRO – Departamento de Transportes Rodoviários
DF – Distrito Federal
DIU – Dispositivo Intrauterino
DJ – *Disc Jockey*
DNA – *Desoxyribonucleic Acid* ('ácido desoxirribonucleico', em inglês)
DOS – *Disc Operating System* ('sistema operacional em disco', em inglês)
DP – Delegacia de Polícia
DST – Doenças Sexualmente Transmissíveis
DVD – *Digital Video Disk* ou Digital Versatile Disk ('videodisco digital ou disco digital versátil', em inglês)
Dy – Disprósio (Elemento Químico)

E

E – Este ou Leste
e.g. – *exempli gratia* ('por exemplo', em latim)
ENADE – Exame Nacional de Desempenho de Estudantes
ENEM – Exame Nacional do Ensino Médio
Er – Érbio (Elemento Químico)
Es – Einstêinio (Elemento Químico)
ES – Estado do Espírito Santo
etc. – *et cetera* ('e mais outras coisas', em latim)
Eu – Európio (Elemento Químico)

F

F – Flúor (Elemento Químico)
°F – grau Fahrenheit
FAB – Força Aérea Brasileira
Fe – Ferro (Elemento Químico)
FGTS – Fundo de Garantia do Tempo de Serviço
Fm – Férmio (Elemento Químico)
FMI – Fundo Monetário Internacional
Fr – Frâncio (Elemento Químico)
FUNAI – Fundação Nacional do Índio
Funasa – Fundação Nacional de Saúde

G

g – grama
Ga – Gálio (Elemento Químico)
Gd – Gadolínio (Elemento Químico)
Ge – Germânio (Elemento Químico)
GHz – giga-hertz
GLP – Gás Liquefeito de Petróleo
GNV – Gás Natural Veicular
GO – Estado de Goiás
GPS – *Global Positioning System* ('sistema de posicionamento global', em inglês)

H

H – Hidrogênio (Elemento Químico)
h – hora
ha – hectare
HD – *Hard Disc* ('disco rígido', em inglês)
He – Hélio (Elemento Químico)
Hf – Háfnio (Elemento Químico)
Hg – Mercúrio (Elemento Químico)
HIV – *Human Imunodeficiency Virus* ('vírus de imunodeficiência humana', em inglês)
Ho – Hólmio (Elemento Químico)
HPV – *Human Papiloma Virus* ('papilomavírus humano', em inglês)
Hs – Hássio (Elemento Químico)
http – *HiperText Transfer Protocol* ('protocolo de transferência de hipertexto', em inglês)
Hz – hertz

I

I – Iodo (Elemento Químico)
ib. – *ibidem* ('aí' ou 'ali mesmo', em latim)
IBAMA – Instituto Brasileiro do Meio Ambiente e dos Recursos Naturais Renováveis
IBGE – Instituto Brasileiro de Geografia e Estatística
IBM – *International Business Machines*, em inglês
ICMS – Imposto sobre Circulação de Mercadorias e Prestação de Serviços
id. – *idem* ('o mesmo', em latim)
IDH – Índice de Desenvolvimento Humano
i.e. – *id est* ('isto é', em latim)
IHGB – Instituto Histórico e Geográfico Brasileiro
IML – Instituto Médico Legal
In – Índio (Elemento Químico)
INCRA – Instituto Nacional de Colonização e Reforma Agrária
INPC – Índice Nacional de Preços ao Consumidor
INPE – Instituto Nacional de Pesquisas Espaciais
INPI – Instituto Nacional de Propriedade Industrial
INSS – Instituto Nacional do Seguro Social
IOF – Imposto sobre Operações Financeiras
IPI – Imposto sobre Produtos Industrializados
IPTU – Imposto Predial e Territorial Urbano
IPVA – Imposto sobre a Propriedade de Veículos Automotores
Ir – Irídio (Elemento Químico)
IRPF – Imposto de Renda da Pessoa Física
IRPJ – Imposto de Renda da Pessoa Jurídica
IRRF – Imposto de Renda Retido na Fonte
ISO ou **iso** – *International Organization for Standardization* ('organização internacional para padronização', em inglês). [Trata-se de marca registrada cuja sigla é produto de uma inversão arbitrária das letras iniciais do intitulativo inglês.]
ISS – Imposto sobre Serviços
ITBI – Imposto de Transmissão de Bens Imóveis Intervivos
ITR – Imposto sobre a Propriedade Territorial Rural

J

J – Joule

K

K – Potássio (Elemento Químico)
kg – quilograma
kHz – quilo-hertz
Km – quilômetro
Km/h – quilômetro por hora
KO – *knockout* ('fora de combate', em inglês)
Kr – Criptônio (Elemento Químico)
kW – quilowatt

L

L – Leste ou Este
La – Lantânio (Elemento Químico)
LCD – Liquid Crystal Display ('vídeo de cristal líquido', em inglês)
LER (é) – Lesão por Esforço Repetitivo
Li – Lítio (Elemento Químico)
LP – *Long Play* ('longa duração', em inglês) [Referência ao disco de vinil que gira à razão de 33 1/3 rotações por minuto]
Lr – Laurêncio (Elemento Químico)
LSD – *Lysergic Acid Diethylamid* ('dietilamida do ácido lisérgico', em inglês)
Lu – Lutécio (Elemento Químico)

M

m – metro
m.d.c. – máximo divisor comum
m.m.c. – mínimo múltiplo comum
MA – Estado do Maranhão
MBA – *Master of Business Administration* ('mestre em administração de empresas', em inglês) [No Brasil, enquadrado como 'Especialização' ou 'Pós-graduação *lato sensu*'.]
Md – Mendelévio (Elemento Químico)
Mercosul – Mercado Comum do Sul
MG – Estado de Minas Gerais
Mg – Magnésio (Elemento Químico)
mg – miligrama
MHz – mega-hertz
min – minuto
ml – mililitro
mm – milímetro
Mn – Manganês (Elemento Químico)
Mo – Molibdênio (Elemento Químico)
MP – Ministério Público
MPF – Ministério Público Federal
MS – Estado de Mato Grosso do Sul
MT – Estado de Mato Grosso
Mt – Meitnério (Elemento Químico)

N

N – 1. Nitrogênio (Elemento Químico) 2. Newton. 3. Norte
Na – Sódio (Elemento Químico)
NAFTA – *North American Free Trade Agreement* ('tratado norte-americano de livre comércio', em inglês)
NATO – North Atlantic Treaty Organization [Ver *OTAN*]
Nb – Nióbio (Elemento Químico)
Nd – Neodímio (Elemento Químico)
Ne – Neônio (Elemento Químico)
NE – Nordeste
NGB – Nomenclatura Gramatical Brasileira
Ni – Níquel (Elemento Químico)
No – Nobélio (Elemento Químico)
NO – Noroeste
Np – Netúnio (Elemento Químico)
NW – Noroeste

O

O – 1. Oxigênio (Elemento Químico) 2. Oeste
OEA – Organização dos Estados Americanos
OMC – Organização Mundial do Comércio
OMS – Organização Mundial de Saúde
ONG – Organização Não Governamental
ONU – Organização das Nações Unidas
op. – *opus* ('obra', em latim)
op. cit. – *opere citato* ('na obra citada', em latim)
Os – Ósmio (Elemento Químico)
OTAN – Organização do Tratado do Atlântico Norte [ver *NATO*]

P

P – Fósforo (Elemento Químico)
PA – Estado do Pará
Pa – Protactínio (Elemento Químico)
Pasep – Programa de Formação do Patrimônio do Servidor Público
Pb – Chumbo (Elemento Químico)
PB – Estado da Paraíba
PC – *Personal Computer* ('computador pessoal', em inglês)
Pd – Paládio (Elemento Químico)
PDF – *Portable Document Format* ('formato de documento portátil', em inglês)
PDV – Ponto de Venda
PE – Estado de Pernambuco
Petrobras – Petróleo Brasileiro S.A.
PF – Polícia Federal
ph.D. – *Philosophiae Doctor* (Doutor em Filosofia, em latim)
PI – Estado do Piauí

PIB – Produto Interno Bruto
PIS – Programa de Integração Social
Pm – Promécio (Elemento Químico)
p.m. – *post meridiem* ('depois do meio-dia', em latim)
PMERJ – Polícia Militar do Estado do Rio de Janeiro
PNB – Produto Nacional Bruto
Po – Polônio (Elemento Químico)
Pr – Praseodímio (Elemento Químico)
PR – Estado do Paraná
P.S. – *post scriptum* ('escrito depois', em latim)
Pt – Platina (Elemento Químico)
Pu – Plutônio (Elemento Químico)

Q

Q.G. – quartel-general
Q.I. – quociente intelectual

R

Ra – Rádio (Elemento Químico)
Rb – Rubídio (Elemento Químico)
Re – Rênio (Elemento Químico)
Rf – Rutherfórdio (Elemento Químico)
Rh – Ródio (Elemento Químico)
RJ – Estado do Rio de Janeiro
RN – Estado do Rio Grande do Norte
Rn – Radônio (Elemento Químico)
RNA – *RiboNucleic Acid* ('ácido ribonucleico', em inglês)
RO – Estado de Rondônia
RPG – Reeducação Postural Global
rpm – rotação por minuto
RR – Estado de Roraima
RS – Estado do Rio Grande do Sul
RSVP – *Répondez s'il vous plaît* ('responda, por favor', em francês)
Ru – Rutênio (Elemento Químico)

S

s – segundo
S – 1. Enxofre (Elemento Químico) 2. Sul
SAC – Serviço de Atendimento ao Cidadão
SAMU – Serviço de Atendimento Móvel de Urgência
Sb – Antimônio (Elemento Químico)
Sc – Escândio (Elemento Químico)
s.d. – sem data
SE – 1. Estado de Sergipe. 2. Sueste ou Sudeste
Se – Selênio (Elemento Químico)
S.E. – Sudeste
Selic – Sistema Especial de Liquidação e Custódia
Sg – Seabórgio (Elemento Químico)
Si – Silício (Elemento Químico)
SI – Sistema Internacional de Unidades
SINAES – Sistema Nacional de Avaliação da Educação Superior
SiSU – Sistema de Seleção Unificada
Sm – Samário (Elemento Químico)
Sn – Estanho (Elemento Químico)
S.O. – Sudoeste
S.O.S. – Sinal para pedido de socorro.
SP – Estado de São Paulo
Sr – Estrôncio (Elemento Químico)
Sr. – senhor
STF – Supremo Tribunal Federal
STJ – Superior Tribunal de Justiça
SUS – Sistema Único de Saúde
SW – Sudoeste

T

t – tonelada
Ta – Tântalo (Elemento Químico)
Tb – Térbio (Elemento Químico)
Tc – Tecnécio (Elemento Químico)
TCU – Tribunal de Contas da União
Te – Telúrio (Elemento Químico)
Th – Tório (Elemento Químico)
Ti – Titânio (Elemento Químico)
TJ – Tribunal de Justiça
Tl – Tálio (Elemento Químico)
Tm – Túlio (Elemento Químico)
TO – Estado do Tocantins
TOC – Transtorno Obsessivo-Compulsivo
TPM – Tensão Pré-Menstrual
TRT – Tribunal Regional do Trabalho
TSE – Tribunal Superior Eleitoral
TST – Tribunal Superior do Trabalho
TV – televisão

U

U – Urânio (Elemento Químico)
UE – União Europeia
UNESCO – *United Nations Educational, Scientific and Cultural Organization* ('organização das nações unidas para a educação, a ciência e a cultura', em inglês)
Unicef – *United Nations Children's Fund* ('fundo das nações unidas para a infância', em inglês)
UPA – Unidade de Pronto Atendimento
URL – *Uniform Resource Locator* ('localizador padrão de recurso', inglês)
UTI – Unidade de Terapia Intensiva
Uub – Unúmbio (Elemento Químico)
Uuh – Ununhéxio (Elemento Químico)
Uun – Ununílio (Elemento Químico)
Uuo – Ununóctio (Elemento Químico)
Uuq – Ununquádio (Elemento Químico)
Uuu – Ununúnio (Elemento Químico)

V

V – Vanádio (Elemento Químico)
v.g. – *verbi gratia* ('por exemplo', em latim)

W

W – **1.** Tungstênio (Elemento Químico) **2.** watt.
w.c. – *water closet* ('banheiro', em inglês)
w.o. – *Walkover* ('vitória por desistência do competidor', em inglês)
www – *World Wide Web* ('rede de alcance mundial', em inglês)

X

Xe – Xenônio (Elemento Químico)

Y

Y – Ítrio (Elemento Químico)
Yb – Itérbio (Elemento Químico)

Z

Zn – Zinco (Elemento Químico)
Zr – Zircônio (Elemento Químico)